The Hegemonic Competition of the Great Powers

강대국 패권경쟁과 남북한 관계

1990년대 이야기

유찬열

박영사

To Mijung and Kyungkun, who have moved on to a Different Land

오랫동안 정치학에 관해 공부하면서 많은 생각에 젖게 됐다. 그 중에서도 우선 떠오르는 것은 오늘날의 각국은 별개로 존재하는 것이 아니라 세계 속의 하나로 산다는 것으로, 한국은 한 나라만으로서의 삶이 아니라 세계 속의 한국으로 살고 있다는 사실이다. 한국에서 벌어지는 일은 세계 뉴스의 일부가 되고 또 세계 뉴스는 실시간으로 한국으로 전해진다. 유럽연합 탈퇴와 더불어 스코틀랜드의 분리 독립 시도에서 나타나는 영국의 현실, 프랑스에서 30대의 젊은 마크롱이 대통령으로 당선된 배경, 메르켈이 이끄는 독일 경제의 놀라운 활력은 세계 뉴스의 일부이다. 2017년 11월 초에는 남미의 석유 부국 베네수엘라가 2,300%에 달하는 인플레이션과 더불어 곧 국가 부도에 처할 수 있다는 소식이 지구 곳곳에 전해졌고, 트럼프 대통령의 아시아 순방 일정이 일본, 한국을 거쳐 중국, 베트남으로 향한다는 것 역시 전 세계에 전파됐다. 한국 내의 소식도 마찬가지이다. 한국 정부의 이데올로기적 성향, 미래 정책 방향, 또 국내 정치의 행태와 시민들의 다양한 행동 하나 하나는 전 세계의 세밀한 관찰 대상이다.

또 다른 이해는 오늘의 시점은 과거로부터 왔고, 또 오늘은 먼 미래로 향하는 특정한 시점이라는 인식이다. 비록 오늘이 과거와 상당 수준 단절된 새로운 형태일 수도 있지만 그럼에도 불구하고 과거의 일정 부분은 분명 현재에 영향을 미치고, 또 현재의 상당 부분은 미래에 그에 상응하는 역할을 하게 되어 있다. 아테네 문화가 로마에 영향을 미치고 그것이 중세를 지나 근대와 현대에도 상당 수준 작동하는 것, 오늘날의 중국에서 도저히 이념적으로는 이해할 수 없지만 또다시 공자를 거론하는 것, 또 북한이 공산주의를 표방하면서도 3년 상을 치러 유교적 사회주의라고 지칭되는 것은 모두 그런 예일 것이다. 그것이 아마 역사학자들이 역사는 논리적인 것이 아니라 부가적인 것이라고 말하는 이유일 것이다. 한편 오늘이 내일에 미치는 영향은 오늘은 내일로 가고 또 더 먼 미래로 가는 하루일 뿐이라는 의미를 갖는다. 많은 사람들은 마치 오늘 또는 가까운 미래가 한 개인이나 정부가 책임져야 할 전부인 것처럼 인식하고 살아가지만, 실제 그것은 먼 미래로 향하는 짧은 순간으로 오늘의 행동과 인식은 가까운 장래를 넘어 먼 미래의 삶, 현실, 역사에 지대한 영향을 미친다. 미래의 결과는 그 당시 정책 결정자들에 의해서만 정해지는 것이 아니라 오늘의 판단에 의해 직접적이고 누적적으로 영향을 받는다. 그 미래가 비록 먼 미래라 할지라도 그렇다는 사실은 오늘의 판단, 결정, 행동이 역사적 계속성의 차원에서 고려되어야 함을 의미한다.

이 책은 그런 인식의 바탕 위에 쓰여졌다. 여기서는 1990년대라는 냉전을 갓 지난 특정시기에 끊고 싶어도 끊을 수 없는 미묘한 협력과 경쟁관계를 이어가는 미국, 러시아, 중국, 일본이라는 4개의 강대국과 북한의 대내외적 현실에 관해 논의한다. 이들이 초점이 되는 이유는 그들은 지구상에서 가장 강력한 국가들로서 세계 곳곳뿐 아니라 한반도의 운명에 결정적으로 영향을 미치고, 남북한은 숙명적으로 얽혀 있기 때문이다. 이 책에서 의도하는 것은 1990년대 그 나라들과 그들 관계에 관한 구조적 차원의 설명으로, 그 논의는 중요하고 의미 있는 골격을 이루는 사건들을 중심으로 전개된다. 그것은 아마 '역사란 무엇인가'라는 문제와도 관계가 있을 것이다. 이 나라들의 현실을 10년 단위로 보여주는 것은 의미 있는 일인데, 왜냐하면 그들 서로의 대외관계, 국내 정치, 사회상의 비교가 가능하고 그로써 세계 국제질서, 동북아 안보구조의 큰 그림을 넘어 그 당시 그들이 무엇을 위해 어떤 삶을 살았는가를 생생히 조명하기 때문이다.

그 당시 각 나라의 현실은 모두 하나같이 엄청난 감동의 현장임을 보여준다. 미국의 경우에 인상 깊었던 것은 그 지도자들의 정책적 포부에서 나타나는 꿈, 이상, 그리고 원대한 비전이었다. 그것이 옳던 그르던, 또 제3국에게는 달리 해석되겠지만, 자기들 국가와 문명에 대한 자부심의 토대 위에 새로운 세계를 건설하고자 하는 그들의 야심찬 욕망이 세계에 투영되고 그것이 어떤 반작용을 일으켜 특정 결과로 귀결되는 것은 어느 드라마보다도 더 흥미로웠고, 그것은 차례로 필자에게 한국의 오늘날 현실과의 불가피한 비교로 이어졌다. 그 당시 러시아의 대내외적 난관, 특히 코지레프 외교장관의 서방에 대한 애절한 호소는 그의 외모만큼이나 다정하면서도 간절한 것이었지만 그것이 무참히 거부당한 것은 국제정치의 현주소를 확실하게 보여주었다. 중국과 일본의 침착하면서 신중한 판단, 북한의 사투, 한국의 북한 핵을 둘러싼 다양한 시도 역시 모두 세계사의 한 축을 담당하는 어려운 노력을 의미한다.

이 책은 필자가 학교에서 학생들에게 강의한 내용을 정리한 것으로 집필 과정에서 여러 동료들로부터 많은 도움을 받았다. 원고를 읽고 세부적 코멘트를 해주신 여인곤, 안승국, 김우연 박사께 감사를 드리고, 국제관계 이론 및 현실 전반의 이해에 관해 많은 도움을 주신 연현식, 김의곤, 정상돈, 최대석, 유승익, 연상모, 신성순, 박진수 교수께도 감사를 드린다. 대학원에 다니면서 바쁜 가운데에서도 자료 수집에 많은 도움을 준 조승리양에게도 감사의 마음을 표한다. 또 이 책의 출판을 허락해 주신 박영사의 안종만 대표님, 임직원 여러분, 그리고 전채린 과장, 김한유 대리께 감사의 말씀을 올리며, 그동안 뒤에서 격려해 준 아내 병춘과 딸 성주에게 감사의 말을 전한다. 많은 점에서 부족한 책이지만 그 내용이 세계정치, 강대국, 남북한의 외교, 안보에 관심 있는 분들에게 조금이라도 도움이 되기를 바라며, 모든 부족한 점은 필자의 책임이라는 것을 말씀드리는 바이다.

2018년 2월
유찬열

서언 1

Chapter 1

신 국제질서와 미국의 국제적 주도권

Ⅰ. 냉전의 종식 ·· 11

Ⅱ. 객관적 현실 ·· 14

  1. 클린턴 행정부의 외교, 군사, 경제정책 14
  2. 워싱턴 외교, 안보 당국자들의 인식 30

Ⅲ. 미국 현실의 해석 ·· 41

  1. 단극체제의 변화 가능성 42
  2. 미국 대외정책의 경제 패권적 성격에 관한 시각 50
  3. 미국의 패권 필요성 여부 55
  4. 미국 패권 유지 자신감의 배경 62

Chapter 2

혼란과 방황의 러시아

Ⅰ. 객관적 현실 ·· 73

  1. 옐친의 집권과정 73
  2. 대외관계 76
  3. 국내현실 93
  4. 옐친의 두 번째 임기 98

Ⅱ. 러시아 현실의 해석 ·· 101

1. 러시아 외교안보 위기의 실상　101
    2. 러시아 국내 질서의 진면목　118

Chapter 3

취약한 중국

Ⅰ. 객관적 현실 ·· 139
    1. 대외관계　140
    2. 군사력과 국방 현대화　154
    3. 국내 상황　164
Ⅱ. 중국 현실의 해석 ·· 193
    1. 중국 국내질서의 양상　193
    2. 중국 대외정책의 성격과 미국의 정책방향　205

Chapter 4

경제 실리를 추구하는 일본

Ⅰ. 객관적 현실 ·· 236
    1. 대외관계　236
    2. 경제와 국내 정치　251
Ⅱ. 일본 현실의 해석 ·· 255
    1. 일본 대외정책의 성격　255

Chapter 5

생존의 기로에 선 북한

Ⅰ. 객관적 현실 ·· 285
    1. 김일성 통치하의 북한　285
    2. 김정일 시대　296
    3. 한국의 포용정책과 북한　309
Ⅱ. 북한 현실의 해석 ·· 319
    1. 북한의 위협과 한국의 대비책　319
    2. 남북한의 통일 가능성　334

결언: 뒤돌아 본 1990년대

1. 1990년대 미국 외교의 단면 ··· 344
2. 러시아의 난관 ·· 355
3. 중국의 정책 현실성 ·· 359
4. 일본 외교의 진면목 ··· 364
5. 위기의 북한과 남북한 관계 ··· 370

인명색인   377
사항색인   381

1990년대는 그 나름대로 역동의 시기였다. 그것은 상호확증 파괴와 핵 군비경쟁으로 특징되는 냉전시대와 같은 아슬아슬하게 위험한 시기도 아니고, 또 그 이전의 제2차 세계대전과 같은 대량파괴와 살상의 전쟁 시기도 아닌, 정확히 예측할 수는 없지만 어떤 긍정적인 지구적 추세가 등장할 것 같은 새 시작을 알리는 뜻 깊은 출발의 순간이었다. 새로운 시작의 그 시대는 수십 년의 냉전을 뒤로 하고 떠오르는 세계 질서와 미래에 관한 호기심, 의구심, 경각심으로 가득차고, 또 일부에게는 낙관과 두려움이 교차하는, 모두가 각자의 기대 속에 움직이는 적극적 활동의 시기였다. 그 속에서 절망하는 나라들도 있었고 어느 국가들에게는 과거와 별 차이가 없을 수도 있었다. 오히려 몇몇 국가들에서는 진영 논리가 사라지면서 과거 냉전 시대 강대국들이 자기들 영향권으로 인도하기 위해 제공한 유인 요인이 감소하고 정치적 구애가 사라진 경우도 있었다. 그럼에도 많은 나라들이 안도감을 가진 것은 적어도 정치, 이념적 대결이 완화되어 각국이 선호하는 정치 발전의 길을 택할 수 있고, 핵전쟁의 공포가 사라지며, 과거 끝없이 요구되던 무기 현대화를 위한 값비싼 국방비가 경제발전이나 사회복지에 쓰일 수 있다는 막연하면서도 기대 섞인 전망 때문이었다.

그렇지만 새 시대에 지난 수십년 간 세계를 지배하던 이데올로기가 사라진 것은 아니었다. 그것은 공산주의가 쇠퇴하면서 자유민주주의가 더 이상 과거 수준의 이념 투쟁에 개입할 필요가 감소된 것으로, 오히려 세계는 정치적 다원주의, 시장경제 원리가 가장 중심적 사상으로 역할하는 세상으로 변모했다. 그것은 토마스 쿤이 말하는 새로운 패러다임의 세계로 후쿠야마의 '역사의 종언' 논리와 주장은 그런 추세를 대변했고, 새로운 세계관의 우세에도 불구하고 신세계의 도래는 역사의 연속성을 입증했다. 그래도 지구 곳곳의 이념과 생활 방식이 하루아침에 바뀐 것은 아니었다. 각국, 각 민족은 자기들의 역사, 전통, 그리고 일정수준 독자적이고 다양한 가치를 고수하면서 서로 다른 위치에서 서로 다른 전략을 추구했다. 공산주의를 패퇴시킨 주역 미국은 그곳에서 희망으로 가득 찬 미래를 보았고 자국이 세계의 중심이라는 자신감으로 충만했다. 미국의 영향력은 지구 전체에 미쳤고, 정치, 사회사상과 문화는 더 멀리 퍼져 나갔으며, 미국 국민들은 세계 곳곳에서 부러움과 존경의 대상이 됐다. 아직 문제는 있었다. 소련 공산주의가 지구상에서 사라진 지금 미국의 많은 현안 중에서 가장 우려되는 사항은 세계 최대의 산업생산에도 불구하고 경제 발목을 잡는 5조 달러 규모의 국가 부채였다. 그래도 미국은 희망에 부풀었고 지난 수십 년간의 노력은 이제 보상받을 시간이 된 것으로 이해됐다. 더 이상의 군비 지출은 불필요할 것으로 보였고 세계에 전진 배치된 미군 병력의 부분적 철수는 경제 회복에 도움을 줄 것이다. 자유민주주의는 그 우수성을 입증했고 이것은 미국뿐 아니라 서구 문명 자체의 승리이다. 민주당 출신인 빌 클린턴은 서구 민주주의에 열광했다. 전 세계는 자유, 인권, 법치, 공정한 경쟁으로 상징되는 서구적 가치를 수용할 것이며 많은 나라들은 다당제 정치체제, 시장경제를 선호할 것이다. 이제 세계 평화를 위해 필요한 것은 기존의 대량살상무기를 폐기하고 그를 추가로 개발하는 불량국가들의 잘못된 열망을 억지하는 일이다. 미국에 맞설 강대국은 아직은 등장하지 않았고 부분적으로 예상되는 타국으로부터의 도전에 대해서는 미래지향적으로 대처할 것이다.

서유럽 역시 지구적 공산주의 소멸에 환호하면서 자유주의가 지배하는 신질서 도래를 열렬히 환영했다. 이제 그들은 거의 동일한 가치를 소유하는 미국과 더불어 세계 역사의 새로운 주역이 되고 싶은 열망을 발전시켰다. 마스트리히트 조약을 통한 유럽연합(EU: European Union)의 창설, 유럽 중앙은행 및 단일통화 유로(Euro)의 도입, EU의 회원국 확대, EU 의회선거는 유럽의 정치, 경제적 진전, 또 세계 통합과 협력의 상징으로 대두됐다. 제2차 세계대전 이후 약간의 반목은 과거의 일부로 치부됐으며, 드골 이후 독자노선을 선호하던 프랑스의 나토 복귀는 유럽 통합의 의미를 더 짙게 채색했다. 그래도 그들은 미국과의 협력을 중시했다. 그들은 소련 붕괴에도 불구하고 아직도 나토가 유럽 안보에 필수불가결한 존재임을 인정했고, 유럽 국가들이 중심이 된 군사동맹체 서유럽연합(WEU: Western European Union)은 일단 유사시 나토 지휘권을 수용할 것을 서약했다. 그들은 수년 전 제1차 걸프전에서의 협력을 기억하면서 미국과 함께 동유럽, 아프리카, 동남아시아를 포함하는 세계 각지에서 평화유지 활동에 적극 참여했다. 그 당시는 서유럽에게는 새로운 세계에서 새로운 역할을 할 준비가 된 희망의 시기였고, EU 내 독일의 압도적 역할에 대한 우려, 중동, 아프리카로부터의 대량 난민 유입으로 인한 고충, 그리고 영국의 EU 탈퇴(Brexit)는 상상을 뛰어넘는 먼 미래의 일이었다.

서유럽의 이웃 동유럽은 어떤 상황에 처해 있었나? 동유럽 국가들에서는 희망과 비관이 교차했다. 오랜 기간 자유민주주의와 서유럽을 부러워해 온 그들 대다수는 인내심을 갖고 EU와 나토 가입을 위해 서방이 제시한 정치, 경제적 조건인 자유민주주의 정치질서와 시장경제를 추구했고, 그들의 노력은 1990년대를 거쳐 그 이후로 가면서 폴란드, 체코, 헝가리를 포함해 수많은 동유럽 국가들의 이들 기구 가입으로 보상받았다. 나토의 경우 헝가리, 체코, 폴란드가 우선 가입 대상이 된 것은 그들이 지리적으로 서유럽에 더 가깝기 때문이지만, 그 나라 국민들이 이미 냉전시대 다른 동유럽 국가들보다 먼저 민주주의를 갈망한 것에 비추어 잘된 일이기도 했다. 그렇지만 체코슬로바키아와 유고슬라비아는 국가적 해체를 경험했는데, 그것은 원래의 뿌리를 찾고 민족적 소망을 이루기 위한 일이기는 하지만 다른 한편으로는 또 다른 비극의 시작이 될 수 있었다. 특히 유고슬라비아에서 분리 독립한 보스니아-헤르체고비나에서는 인종, 종교 갈등으로 인해 그리스 정교(Orthodoxy) 세르비아계의 밀로셰비치가 수많은 이슬람 주민을 학살하는 참사가 발생했다. 코소보 사태 역시 인종, 종교 갈등에서 비롯된 사건 중 하나였다. 동유럽의 역사적 변화가 새로운 출발을 위한 서막일지, 아니면 강대국 정치의 희생물이 되는 또 다른 전환점이 될지를 판단하기는 아직 이르다. 많은 동유럽 국가들이 새로운 정치체제, 경제제도를 받아들이고 더 나은 문명으로의 새 출발을 다짐했을 수 있지만, 희망을 쫓는 익숙하지 않은 새 생활이 그들에게 얼마나 잘 맞을지는 더 오랜 관찰을 필요로 한다.

중남미, 중동, 아프리카에서도 크고 작은 일들이 발생했다. 아이티와 파라과이에서는 군사 쿠데타가 발생했고, 이라크의 사담 후세인은 3만 5천명의 자국 시민이 사망하고 7만 명 이상이 부상당한 제1차 걸프전 패배에도 불구하고 재기를 다짐하고 있었다. 소말리아에서는 군벌들의 권력투쟁으로 인한 민간인 피해를 막기 위해 유엔과 미국이 인도주의 목적으로 개입했으며, 르완다에서는 후투족과 투치족의 부족 간 갈등으로 80만 명의 주민이 살해됐다. 르완다의 경우 과거 그 나라 식민 종주국 벨기에가 주도하는 8백 명 규모의 최초 유엔 평화유지 병력은 이미 참사가 자행된 이후 도착했고, 미국은 소말리아 평화유지 작전 당시의 어려움을 감안해 르완다 개입을 계속 거부했다. 클린턴 대통령은 '민주적 평화'라는 이상을 표방하는 대외정책 슬로건에도 불구하고 미국이 르완다 사태에서 인도주의 정신을 발휘하지 못한 것에 대해 사과했다. 그래도 중동, 아프리카, 중남미의 몇몇 나라에서는 자유선거의 실시로 약간의 민주적 진전이 있었고 그것은 자유주의 진영에 세계는 앞으로 전진하고 있다는 정치, 심리적 위안을 제공했다.

미국과 서유럽이 신세계 질서, 자유민주주의의 확산, 서방 가치의 승리에 환호할 때 구소련을 계승한 러시아는 전혀 다른 상황에 처해 있었다. 러시아는 처음부터 충격에 휩싸였다. 구소련 영토의 70% 이상을 차지하는 러시아는 비록 유엔 의석, 핵무기를 포함해 정치, 군사적으로 구소련을 계승했지만 그 대외환경은 과거와는 판이하게 달랐다. 러시아는 더 이상 강대국이 아니었다. 서쪽 국경선을 마주한 발트 3국과 동유럽이라는 완충 국가들의 대부분은 친 서방으로 선회했고, 구소련 공화국들과의 협정을 통해 창설한 독립국가연합이라는 커다란 정치, 안보 틀은 거의 작동하지 않았다. 몇몇 구소련 공화국들과는 동맹을 맺었지만, 또 다른 몇몇 국가와 관련해서는 인종, 종교 문제로 군사적 개입이 불가피했다. 미국의 의도는 의심스러웠다. 워싱턴은 항상 수사적으로 친 러시아를 표방했지만 나토의 동유럽으로의 확대를 논의하는 서방의 태도는 큰 실망으로 다가왔다. 국내 역시 혼란의 연속이었다. 수십 개의 정당이 생겨나 각 정파는 서로 권력을 잡으려 각축했고 서방의 조언을 따른 시장 경제 시행의 결과는 충격 그 자체였다. 서방이 제시한 '충격요법'이 정말로 러시아에게는 충격이 됐는데, 그것은 외부로부터의 신선한 충격이 아니라 러시아인들의 정체성과 미래 발전 가능성을 어둡게 하는 두려운 성격을 띠었다. 대외무역과 해외투자, 민영화, 수요와 공급, 가격 경쟁을 추구하는 시장경제는 마이너스 성장, 고도의 인플레이션을 초래했고, 상대적으로 평등했던 사회에서 빈부격차가 생겨나고 실업이 확산되면서 과거로의 회귀를 원하는 사람들의 숫자가 급격히 늘어났다. 워싱턴의 독려에 힘입어 옐친과 그의 행정부 관리들은 자유주의 원칙을 고수하려 노력했지만 그것은 국민들의 계속적 실망만을 야기했다. 러시아는 나라 전체가 정신적 충격에 휩싸인 상태에서 제대로 판단할 수 없었고, 국민들 역시 갈피를 잡지 못했다. 그곳에서 지난 수백 년의 역사, 전통과 배치되는 새로운 서구 민주주의 실험은 성공하기 어려웠고, 그것이 리더십의 능력 부족, 국민의 합리적 의식 결여, 아니면 서방의 과도한 욕망에 의한 것인지, 아니면 오히려 푸틴의 시대에 보는 것처럼 러시아인들에게는 잘된 것일 수도 있는지는 미래의 역사에 의해 판명될 것이다. 전 세계에서 자기 운명을 자기 스스로 결정할 수 있는 나라는 미국, 러시아, 중국, 인도 네 나라뿐이라고 어느 러시아 전문가가 말한 바 있는데, 그 나라는 서방의 여망과는 반대로 그렇게 스스로, 그리고 서서히 역사의 뿌리, 원래의 길로 향하고 있었다.

    1990년대 동아시아 정세는 북한을 제외하면 그리 요동치지 않았다. 1990년대 초의 중국은 여러 측면에서 아직 많은 어려움에 처해 있었다. 대외적으로는 천안문 사태로 인해 서방으로부터 경제제재의 대상이 되었고, 제1차 걸프전은 인민해방군 전력이 서방에 비해 얼마나 취약한지를 여실히 보여주었다. 대내적으로는 자유주의 확산의 사조를 방지해야 했고, 지난 10여 년간 추진해 온 사회주의 시장경제의 불씨가 꺼지지 않도록 성장을 이어가야 했다. 동시에 사회, 경제적 변화로 인해 많은 도전이 제기됐다. 그것은 소련 붕괴의 여파로 인한 공산당의 정통성 약화, 반체제 움직임, 해안과 내륙의 빈부 격차, 사회 계급의 분화와 부르주아와 프롤레타리아를 포함하는 새로운 계층의 생성, 각종 범죄, 그리고 국가와 사회의 부가 증대되어 가면서 수반되는 부정부패의 확산을 포함했다. 그 래도 베이징 정부는 중국의 미래 발전과 번영을 위해서 개혁, 개방의 지속을 통한 경제성 장의 동력 유지가 가장 중요하다고 생각했다. 서방의 경제제재에 대항해 막후의 지휘자 덩샤오핑은 남순 강화에서 자유주의가 없이도 경제를 발전시킬 수 있다는 신념을 설파했 고, 시간이 가면서 중국 경제는 더욱 활력을 얻었다. 무역에서의 흑자는 점점 더 커져갔 고, 해외로부터의 증대하는 외국인 투자는 경제성장에 박차를 가했으며, 쌓여가는 외환보 유고는 베이징의 선택이 옳았음을 입증했다. 증대하는 경제력과 나아지는 삶의 질을 무 기로 베이징은 미래지향적 대세가 중단되지 않도록 국민을 설득하는 한편, 자유, 민주, 인권을 옹호하는 반체제 인사들에게 반혁명의 이름으로 무자비한 박해와 억압을 가했다. 국외로부터의 경제제재, 정치적 비난, 비판, 그리고 국제 사회에서 당한 몇몇 모욕과 수 치에 대해서는 자세를 낮추어 최소한으로만 반박했다. 중국 리더십은 덩샤오핑의 지침대 로 도광양회를 준수했고, 국제정치의 석학 한스 모겐소의 격언대로 자신의 능력에 맞게 행동했다. 장쩌민 시대의 현명하고 결단력 있는 행동, 그리고 그 이후 개인적 카리스마나 영달보다는 국익과 국민을 먼저 생각한 후진타오의 사려 깊은 정책적 판단은 시간이 가 면서 중국이 누리게 되는 G－2라는 영광스런 위상의 초석이 되었다. 서방의 예상을 뛰 어넘는 중국의 획기적 부상은 역사발전을 이루는 과정에서 정치 리더십과 국민의 협력이 긍정적으로 상호작용한 결과였다. 비록 일부에서 서방식 사고와 관념에 대한 열렬한 추 종이 있었지만 많은 숫자의 국민들은 자의 반, 타의 반, 정치 리더십의 역사 발전관을 따 랐고, 그것은 중국이 과거의 '중화' 국가라는 원래의 탁월한 위치를 찾아가는 원동력이 되었다.

　　1990년대의 일본은 어떤 상태에 처해 있었을까? 그 당시 일본의 대외환경에서 가장 주목받은 것은 미국 정부와 일부 국제정치 전문가들이 도쿄가 미·일 동맹을 파기하고 독 자노선을 추구할지 모른다는 의구심을 제기한 사실이다. 그렇지만 일본은 자국이 외교, 군사 위상을 재정립하려 시도할 수 있다는 외부의 예상에 연연하지 않았는데, 왜냐하면 도쿄는 그럴 필요도, 의지도, 또 어떤 의미에서는 여력도 없었기 때문이다. 냉전 이후 시 대의 일본 안보는 과거보다 훨씬 더 안전해졌다. 맹방인 미국의 세계 유일 초강대국 지위 확보는 일본에게 모든 면에서 도움이 될 것인데, 왜냐하면 그것은 일본이 주변 강대국 러 시아 및 중국과 겪는 영토, 역사, 지정학적 갈등, 또 전 세계에서 발생하는 수많은 문제 를 해결하는데 긍정적 요소로 작용할 것이기 때문이었다. 서방이 설정한 국제정치의 틀 안에서 안보 무임승차의 혜택을 누리고, 또 서방이 설치한 국제경제의 제도 안에서 모든 나라가 인정하는 경제성장을 이룬 일본이 미국에 도전한다는 가정은 이율배반적 생각이었다. 이미 서방의 일원으로 편입되어 지난 수십년 간 워싱턴의 리더십을 추종하고 대부분의 국민이 친미 성향을 가진 일본이 이제 새삼스럽게 미국에 도전한다는 것은 일종의 기우였다. 물론 역사 속에서 강대국의 흥망, 도전과 응전, 그리고 동맹의 전환이 하나의 계속성으로 존재하지만, 그 당시의 일본은 그럴 의도가 전혀 없었다. 일본은 미국이라는 나라의 능력, 성격, 의도에 대해 잘 파악하고 있었고 그 모든 것은 지난 수십년 간의 미·일 관계 속에 충분히 반영돼 있었다. 이제 도쿄의 정책은 또다시 워싱턴의 리더십을 충실히 따르는 방향으로 설정됐다. 향후 일본이 해결해야 할 과제는 미국이 일본에 대해 갖고 있는 국제적 외교 주도권 도전에 관한 의심을 해소하고, 워싱턴이 오랜 기간 시정을 요구해오던 미·일 무역 흑자폭을 축소시키는 것이었다. 외교, 안보 과제는 미·일 군사동맹의 현대화를 통한 아태 지역에서의 역할 확대, 그리고 국제사회에서 요구되는 평화유지 활동에 일정수준 부응하는 것으로 해결될 것이다. 무역과 투자를 포함하는 불균형적 미·일 경제관계는 그동안 일본이 사용하던 세련된 협상전략으로 어느 정도 피해갈 수 있을 것이나. 어느 면에서 도쿄에게는 국내 문제의 해결이 더 시급했다. 국내에는 해결해야 할 수많은 난제가 산적해 있었다. 정치적으로는 과거 거의 단일적이고 통합적으로 움직이던 보수 구도가 해체되고 정치 문화는 참신한 세력의 등장을 원하는 새로운 방향으로 진화하고 있었다. 다양한 세력의 부상으로 대표되는 새로운 정치 정향의 추세 속에 일본 정치는 요동쳤다. 경제는 수십 년 만에 처음 마이너스 성장을 경험했고, 도쿄 당국이 제시하는 모든 종류의 치유책은 거의 작동하지 않았으며, 그것은 하루가 다르게 발전하는 중국의 경제 성장과 더 극명하게 대비됐다. 일본은 대외관계에서 공세적 자세를 취할 필요도, 이유도 없다고 생각했다. 평화헌법으로 인해 군사력 증강이 제한되고 제2차 세계대전의 참화를 기억하는 상당수 국민들이 대외 팽창에 반대하는 상황에서, 또 잘못된 외교 선택이 엄청난 역효과를 초래할 수 있는 여건에서, 도쿄의 전략은 과거 정책의 연속선상에서 대외경제 확대와 국내 문제 해결에 더 몰입하는 형태를 띠었다. 일본의 그런 행동은 2000년대 이후 중국의 급부상 북한의 핵무장, 그리고 변화하는 국제질서의 위협이 눈앞의 도전으로 다가올 때까지 계속됐다.

그렇지만 북한의 경우는 전혀 달랐다. 주지하다시피 1990년대 동아시아에서 가장 큰 운명의 변화를 맞이한 것은 북한이었다. 북한은 그야말로 사면초가의 위기에 처해 있었다. 최대의 적 미국은 절대 우위를 차지했고, 군사, 경제 지원의 원천인 소련은 멸망했으며, 중국 사회주의의 향방은 그 마지막 종착지를 알기 어려웠다. 일본과의 관계개선 전망은 어두웠고, 같은 민족이면서도 대결로 점철된 한국과의 관계에서 세력균형은 시간이 가면서 더 불리해지는 것으로 보였다. 국내에는 대외관계 못지않게 문제가 많았다. 주체와 자력갱생에 의존하는 경제는 제대로 성장할 수 없었고, 그것은 식량, 에너지, 소비재, 달러의 절대 부족을 야기했다. 홍수, 천연재해는 기아를 더 악화시켜 인민 수십만이 기아로 사망하는 불행을 초래했다. 일부 주민들은 전체주의 독재에 반발해 김일성 가계를 비난하는 대자보를 붙였고, 러시아에서 교육받은 북한 군 장교들의 쿠데타인 푸룬제 사건이 입증하듯 군대 내에서 불만 세력이 성장했다. 풍전등화의 위기에서 평양 당국의 생존 전략은 대외적으로는 핵무기와 미사일 개발을 포함하는 군사력 증강으로 자국의 안보를 보호하고, 대내적으로는 군대를 장악해 반체제, 혁명의 가능성을 제거하는 쪽으로 방향을 설정했다. 김일성을 승계한 김정일은 선군정치, 강성대국의 기치를 내걸었다. 그것은 핵무기와 미사일 개발, 재래식 전력 보강, 당과 군대의 일치된 행보, 국내 동요계층과 적대세력의 진압을 의미했다. 북한 당국은 자기들이 불량국가로 불리던, 나중 조지 W. 부시 시대 그랬듯이 '악의 축'으로 불리기를 마다하지 않았고, 오로지 현실주의적 파워 정치의 측면에서 군사력 증강만이 자기들의 살 길이라고 생각했다. 한국과 국제사회는 계속해서 북한과의 교류, 북한 사회의 개방을 원했지만 동독을 포함하는 동구 공산주의의 몰락과 루마니아 차우체스크의 운명을 목격한 평양 당국은 진정한 의미의 통행, 통신, 통상은 결코 허용하지 않았다. 남북한 간의 기본합의서, 주한미군의 전술 핵무기 철수, 제네바 합의에서의 경제 지원, 또 한국이 구사한 햇볕정책과 그 후신 평화번영 정책의 혜택을 이용하면서 북한은 핵무기, 미사일을 포함하는 대량살상무기 개발에 모든 초점을 맞추었고, 그것은 북한의 수소폭탄을 포함하는 서로 다른 용량의 핵탄두, 대륙간 탄도탄(ICBM)과 잠수함 발사미사일(SLBM)을 포함하는 다양한 사거리의 미사일 보유, 그리고 한국의 군사력 균형에 있어서의 절대적 열세로 귀결되었다. 미국 고위 장성들은 이미 수년 전부터 계속적으로 미 의회에서 북한의 핵탄두 소형화와 대기권 재진입 기술 확보는 시간문제라고 증언해 왔는데, 그것은 이제 부정할 수 없는 현실이 됐다.

뒤에 이어지는 본론의 챕터들은 1990년대 세계에서 가장 강력한 힘을 가진 4개국과 남북한의 외교, 안보에 관해 서술, 분석한다. 한국의 현실은 익히 잘 알려져 있기 때문에 북한 부분에 남북한을 묶어 함께 설명 할 것이다. 각국의 '객관적 현실' 설명 뒤에 붙여진 '각국 현실의 해석' 부분은 세계 석학들의 견해로, 비록 그것이 서로 다른 견해를 표방해 논란을 야기하고 또 반드시 옳은 것이 아님에도 불구하고 탁월하고, 체계적인 분석을 제시해 그 당시 외교, 안보를 깊이 있게 이해하는 데 큰 도움을 줄 것이다. 그 당시 각국의 정책과 현실, 또 각 석학들의 분석에 관한 필자의 견해는 각 챕터 중간에 간략하게, 그리고 마지막 결언 부분에서 총체적으로 다루어 질 것이다. 여기서 세계 4개 강대국을 집중 설명하는 이유는 그 나라들이 세계정치 운영에서 가장 큰 영향력을 행사하고 더구나 공교롭게도 한반도를 둘러싸고 한국의 현재와 미래 운명에 깊이 관계되어 있기 때문이다. 그들 행동에 대한 자세한 논의는 그 당시 그들 힘의 규모, 그리고 그들 정책의 목표, 수단, 과정, 결과, 특수성, 한계에 대해 많은 것을 알려줄 것이다. 그들의 힘은 어디서 유래하고, 그들은 힘을 어떻게 행사하는가? 그들은 무슨 생각을 갖고 어떻게 행동했으며, 그것은 무엇을 의미하는가? 그들은 서로와 어떻게 연계되어 있고 어떻게 타협, 충돌하는가? 그것은 한국에게 어떤 의미를 가지며 그동안 한국이 가졌던 생각은 국제정치의 현실에서 어떻게 해석되어야 하는지와 같은 많은 것들이 자동적으로 논의될 것이다. 여기서 사용하는 접근법은 어느 특정 이데올로기나 특정 국가의 이익과 선호를 떠나 실제 역사적 현실을 중심으로 가능한 한 중립적, 객관적으로 국제관계를 설명하는 조지 리스카(George Liska), 한스 모겐소(Hans J. Morgenthau), 케네스 왈츠(Kenneth N. Waltz), 존 머샤이머(John J. Mearsheimer)와 같은 현실주의, 신 현실주의 방식을 따를 것이다.

신 국제질서와
미국의 국제적 주도권

Ⅰ. 냉전의 종식

Ⅱ. 객관적 현실

Ⅲ. 미국 현실의 해석

I 냉전의 종식

　　1991년 말 소련의 붕괴는 대다수의 정부, 학자, 전문가들의 예상을 뛰어넘는 사건이었다. 비록 고르바초프가 신사고, 페레스트로이카, 글라스노스트와 같은 획기적 대내외정책으로 서방의 큰 관심을 모았지만 그래도 대부분의 전문가들은 소련 공산주의의 붕괴가 그렇게 갑작스럽게 찾아오리라고는 생각하지 않았다. 그 당시 미국의 대통령이었던 조지 H. W. 부시는 소련이 그렇게 해체될 것이라는 생각보다는, 모스크바가 평화로운 진화를 계속하는 것을 방해하지 말아야 하며 일단 유사시에는 또다시 봉쇄로 복귀해야 한다는 생각을 갖고 있었다. 1985년 소련 공산당 서기장에 취임한 고르바초프의 경우는 더 말할 나위도 없었다. 그는 서방과의 화해와 국내 개혁정책이 소련 사회주의의 부활로 이어지리라고 확신했으며, 단 한순간도 자기의 조국이 그렇게 허망하게 역사의 물거품으로 돌아가리라고는 추호도 생각하지 않았다. 1989년 브레즈네프 독트린을 포기하면서 시작된 동유럽의 민주주의 확산 당시에도 고르바초프는 소련 붕괴에 대한 개념은 별로 없었고 1990년 봄, 발트 3국의 독립을 눈앞에 두고 그 나라들에 군사 간섭을 시도했을 당시에도 그는 소연방의 해체는 있을 수 없다고 생각했다. 그렇지만 미래 비전의 확신에 가득 찬 그도 국내에서 당, 정, 군의 보수주의 쿠데타가 발생하고, 또 가장 가까운 연방국가인 우크라이나마저 독립하면서 소련의 해체라는 역사적 현실 앞에 무기력할 수밖에 없었다.

　　돌이켜보면 40년 이상 지속된 자유세계와 공산세계, 그리고 특히 양극체제의 중심 국가인 미국과 소련의 냉전은 상대방의 필멸을 추구한 서로에게 돌이킬 수 없으며, 그 결과를 예측하기 어려운 힘든 과정이었다. 처음에 미국은 새로운 자유민주주의 정치, 경제 세계질서를 마련하고 소련의 공산주의로부터 자유세계를 보호하겠다는 신념으로 냉전에 뛰어들었고, 반면 마르크스－레닌이즘으로 무장한 소련은 제국주의 성격을 가진 자본주의가 존재하는 한 전쟁은 불가피하다는 생각으로 자유주의에 맞섰다. 그러나 미국은 지혜롭게도 소련과의 투쟁에서 많은 유리한 정책수단으로 무장되어 있었다. 외교적으로 미국은 뛰어난 수완을 발휘했다. 유라시아 대륙의 주변부(rimland)를 따라 펼쳐진 전진배치와 동맹형성, 제3세계에 대한 자유민주주의와 시장경제의 이식, 1960년대 말 이후의 대내외적 안보 환경을 고려한 공산권과의 데탕트, 레이건의 강경한 수사와 끈질긴 외교, 그리고 냉전 종식의 현장을 지휘한 조지 부시(George H. W. Bush) 대통령의 인내와 침착함은 미국 승리의 필수불가결한 요소였다. 미국의 군사력은 세계 최강이었다. 비록 이미 1960년대 중반 이후 미·소간의 군사력은 핵전력 균형을 의미하는 상호확증파괴(MAD: Mutual Assured Destruction)의 상태로 진입했지만, 이 강력한 군사력이 없이는 미국의 대소 억지전략은 시행이 불가능했다. 동시에 미국의 외교와 군사를 떠받쳐 준 경제력은 모든 미국 능력의 하부구조로서, 시장경제의 높은 생산성, 자유무역과 해외 투자에서 유래하는 경제적 이익에 의해 가능했다.

소련 역시 필사의 힘을 다해 미국과 경쟁했다. 가장 대표적인 것은 군비경쟁으로 소련은 미국과 핵전력 균형 유지에 성공했다. 또 미국이 해군력이 강한 것과 대조적으로 소련은 지상군과 지상배치 장거리 대륙간탄도미사일(ICBM: Inter-Continental Ballistic Missile)에서 유리한 고지를 점했다. 그렇지만 소련은 외교적으로 치명적 실수를 저질렀는데, 그것은 모든 면에서 결정적으로 중요한 중국과의 불화였다. 모든 공산주의 세력을 규합해 미국 및 서방과 투쟁하는 소련에게 중소 분쟁은 결정적 취약의 원인이 되었고, 데탕트 이후 더 구체화된 미·서유럽·중·일 공동전선은 소련에게 엄청난 정치, 심리, 군사적 부담이 되었다. 소련의 이데올로기는 변형된 공산주의인 중국식 사회주의 이데올로기에 의해 도전받았고, 군사적으로도 소련은 중소 국경에 엄청난 병력을 배치해야 했다. 소련의 또 다른 결정적 약점은 경제적 부실이었다. 소련은 시장 경제가 아니기 때문에 마르크스 용어를 빌릴 때 기업 성장과 고용확대에 필요한 "잉여이익"을 창출할 수 없었고, 따라서 자국방어뿐 아니라 동유럽을 포함해 세계 공산주의를 지원해야 하는 소련 경제는 침체를 면치 못했다. 이윤이 없고 가격이 형성되지 않으며 소비재 생산이 부족한 낙후된 경제를 가진 소련은 따라서 군비경쟁에 필요한 자금을 마련할 수 없었고, 이것은 궁극적으로 1980년대 중반 이후 고르바초프로 하여금 국제경쟁에서 서서히 물러나게 만든 가장 큰 원인이 되었다.

그렇지만 냉전이 끝나고 공산주의의 문제점이 모두 다 명확하게 드러난 현 시점에 소련이 냉전에서 패배한 이유는 더 명확해진다. 고르바초프가 서기장에 취임한 이후 계속 말했듯이 소련 공산주의는 (자유민주주의에 비해) 모든 면에서 가라앉고 있는 문제덩어리 체제였다. 소련 공산당은 부패, 태만, 경직으로 인해 더 이상 공산주의와 소련 국민 여망의 견인차 역할을 하지 못했고, 자유민주주의의 다당제 정치제도에서 볼 수 있는 신뢰받는 리더십을 제공하는 데 실패했다. 생산성이 없는 기업은 도태시킬 수 없었는데, 이것은 그것이 전 국민의 실업으로 이어져 엄청난 사회 문제를 야기하기 때문이었다. 국민들은 낮은 주택 보급률, 교육의 질적 저하, 도시 범죄와 빈민, 억압된 언론에 지쳤고, 사회주의 부활을 목표로 뒤늦게 시행된 페레스트로이카와 글라스노스트는 소련을 새로운 사회로 탄생시키는 데 역부족이었다. 그리고 시간이 가면서 서방과의 경쟁에서 뒤처진다는 것이 널리 알려지면서, 동독, 헝가리, 체코, 폴란드, 또 소련을 포함하는 수많은 공산국가에서 자유민주주의로의 체제전환에 대한 희망이 싹트기 시작했고, 이러한 새로운 현실에 대한 이해는 공산주의 붕괴로 이어졌다. 결국, 소련 공산주의는 외교, 경제정책의 실패에 의해 미국과 자유민주주의에 패배했지만, 근본적으로는 이데올로기와 체제 자체에 문제점을 갖고 있었다. 한마디로 냉전의 종식은 공산주의에 대한 자유민주주의 위대한 승리를 의미했다.

그러나 냉전의 중요하고 간과하지 말아야 측면, 역학, 메커니즘에 대해 조금 더 자세히 관찰해 볼 필요가 있다. 흥미롭게도 국제정치의 석학 케네스 왈츠(Kenneth N. Waltz)는 수십년 간 진행된 냉전과 양극 체제 종식의 과정에서 미·소 모두 그들의 안보 행동에서는 사실상 전혀 차이가 없었다고 분석했는데, 그의 견해는 국제정치의 속성과 특징에 관해서 많은 것을 알려준다.[1] 냉전시대 미·소의 경쟁양상은 극도로 비슷했는데, 이것은 군비경쟁과 해외간섭주의 정책을 포함했다. 소련은 육군에서 더 강했고 미국은 해군에서 큰 우위를 점하고 있었지만, 소련 해군의 경우 미국 해군의 절반 이상을 넘은 적은 없었다. 이들 각자는 재래식 무기에 의한 기습공격이든 핵 억지이든 자기들의 군사전략은 방어적이고 상대방의 것은 공격적이라고 비난했지만 사실 둘 다 마찬가지의 전쟁 교리를 발전시켰다. 미국은 한국, 베트남, 대만에 대한 보호가 나타내듯 적극적으로 외국에 개입하는 정책을 펼쳤는데, 이것은 자유민주주의 체제의 이식을 겨냥했다. 소련 역시 국제공산주의 확산을 위해 1956년 흐루시초프(Khrushchev) 시기 헝가리에 침입, 1969년 프라하의 봄을 진압하고 아프가니스탄, 앙골라, 모잠비크, 에티오피아에 개입했는데, 해외간섭의 빈도에 있어서는 미국이 소련보다 두 배 이상 더 많았다. 미·소 양국 모두 양극체제 내에서 유리한 세력균형과 위상을 유지하려 노력하는 과정에서, 소련은 일류 군

---

1 이런 입장은 미국과 자유세계는 공산측이 악의 제국이며 모든 문제와 불행의 근원이고, 소련과 공산측은 서방의 자유주의, 시장경제가 제국주의의 본질이라고 말하는 것과는 큰 대조를 이룬다.

사력을 3류 경제력으로 지탱할 수 없었다. 과거 미·소 중심의 양극체제에서 두 개 초강 대국간의 경쟁은 과거 다극체제 때보다 훨씬 더 첨예했고, 그들의 행동은 극히 단순하면 서도 지독할 정도로 서로 똑같이 행동하는 대칭적 특징을 띠었다. 미·소 모두 동맹국과 우호 국가를 유치하기 위해 치열하게 외교전을 펼쳐야 했고, 군사적으로도 핵 군비경쟁 의 악순환에서 벗어날 수 없었다. 그렇지만 냉전 시기는 지금까지 알려진 바로는 가장 긴 평화를 구가했는데, 그것은 양극체제와 핵무기의 존재 때문이었다.[2]

II 객관적 현실

1. 클린턴 행정부의 외교, 군사, 경제정책

미국 대통령 빌 클린턴

냉전이 종식되면서, 미국에서는 클린턴 행정부가 등장했다. 비록 냉전이 종식되는 과정에서 조지 H. W 부시 대통령의 역할 이 중요했지만, 미국 국민들은 기울어져가는 경제문제 등을 감안 해 빌 클린턴(Bill Clinton)을 다음 대통령으로 선택했다. 새로 등 장한 클린턴 행정부는 무슨 생각을 하고 있었고, 어떤 정책을 시 행했으며, 그것은 미국에게 대내외적으로 어떤 의미를 갖는가? 취 임 당시 클린턴은 많은 생각을 가졌다. 예컨대 대선 후보 시절 계 속해서 강조했던 바와 같이 그는 미국 경제가 되살아나야 한다고 생각하고 있었다. "문제는 경제야, 이 바보야"라는 그의 대선 구 호가 그의 그런 생각을 대변했다. 미국 국내 경제상황은 과거에 비해 훨씬 덜 활력적이었 다. 직업의 창출은 과거보다 느렸고, 소득증가는 정체됐으며, 국가부채는 증가하고 있었 다. 대외경제는 쌍둥이 적자(twin deficit)로 인해 경쟁력을 상실해 가고 있었는데, 무역적 자는 일본과의 국제통상에서 누적된 것이고 재정적자는 구소련과의 군비경쟁, 그리고 존 F. 케네디 시대 이후 증가한 사회보장의 확대가 두 가지의 가장 큰 이유였다. 「강대국의 흥망」 저자 폴 케네디(Paul Kennedy)가 냉전이후 시대 미국의 힘은 쇠퇴할 것이라고 예측

---

2 Kenneth N. Waltz, "The Emerging Structure of International Politics," International Security, Vol. 18, No. 2 (Fall 1993), pp. 44-48.

한 것은 그 전망의 정확성, 확실성 여부를 떠나 미국에게 큰 경종을 울리는 예언으로 간주됐다.

　그 당시 세계 유수의 전문가들과 미국의 주요 언론들은 새로이 펼쳐지는 신국제질서에 관해 많은 논의를 전개했다. 그것은 좌파와 우파의 넓은 스펙트럼을 오가는 역동적 논의로서 미국의 단극체제 확보 여부, 다극체제로의 이행 가능성, 미국 대외정책의 경제 중심적 속성, 미국의 바람직한 대외정책 방향, 미국 패권의 필요성 여부, 미국 영향력의 지속 가능성 등 다양한 주제를 포함했고, 그것은 클린턴 행정부의 대외정책에 관한 다양한 이정표를 제시했다. 일부에서는 미국의 패권을, 다른 일각에서는 적응을 통한 유연한 정책을, 또 다른 일부에서는 신고립주의를 주장했다. 신고립주의로 회귀해야 한다는 의견은 생각보다 강력한 것으로 보였다. 1993년의 어느 여론조사는 미국인들의 국제문제에 대한 관심은 현저하게 하락하고 있고, 그들은 국내문제를 훨씬 중요하게 생각하고 있다고 주장했다. 일부 조사는 대부분의 미국인들은 외국의 비민주적 정부에 대해 워싱턴이 노골적으로 개입하는 것에 반대하고, 미국의 패권확보에 찬성하는 사람은 10%에 불과하다는 결과를 제시했다. 잘 알려진 미국의 역사학자 아서 슐레진저(Arthur Schlesinger, Jr.)는 미국의 세계적 역할에 관한 미국인의 인식은 1990년에서 1994년에 이르면서 크게 변화했다고 주장했다. 그는 그 시기 미국의 동맹국에 대한 안보역할 수행의 필요성은 61%에서 41%로, 외국의 침략으로부터 약한 나라를 보호하는 것은 57%에서 24%로, 그리고 인권 증대에 대한 지지는 24%, 개도국 생활수준 증진에 대한 지원은 19% 하락했다는 통계를 제시했다. 이 수치들은 워싱턴은 국제문제보다는 국내문제에 더 치중하기를 바란다는 미국인들의 인식을 대변하는 것으로 보였다.[3]

　신고립주의자(neo-isolationist)들은 다음과 같이 주장했다. 이제 소련이 붕괴된 상태에서 미국은 병력감축, 국방비 축소, 또 전진배치 감축을 통해 원래 미국 생성 초기의 모습인 동시에 미국 대외정책의 또 다른 큰 축인 고립주의로 돌아가야 한다. 미국 안보환경에 대한 위협이 없는 상태에서 다른 나라 안보에 대한 워싱턴의 간섭은 자제되어야 한다. 세계 군사비의 1/3 이상을 차지하는 2,500억 달러에 달하는 미국 국방비는 축소되어야 하고, 워싱턴은 서유럽의 나토를 해체하고 동아시아 해외 전진배치로부터 철수해야 한다. 미국의 해외전진 배치는 오히려 그들 문제에 불필요하게 끼어들게 만들고 그것은 미국의 국방비만 증가시킬 것이다. 3억 인구와 전 세계 GDP의 44%를 생산하는 서유럽 국가들

---

3 Eugene R. Wittkopf, "What Americans Really Think about Foreign Policy," The Washington Quarterly, Vol. 19, No. 3 (1996), pp. 92-93.

의 자국 안보에 대한 책임은 미국의 개입을 필요로 하지 않고, 나토의 동쪽으로의 확대는 러시아 민족주의의 반발을 초래할 뿐이다. 중국이 일본과 대만을 공격할 것이라는 가정은 너무 성급한 결론이고, 한국, 호주, 뉴질랜드 역시 모두 스스로 방위가 가능하다. 미국이 외국을 보호하는 동안 그들 나라들은 자기들 경제성장에 몰두하고 그것은 미국 기업의 경쟁력 약화로 귀결될 것이다. 중동은 약간 예외인데, 그것은 그 나라들이 스스로 안보를 보장하지 못하기 때문이다. 현재 사우디아라비아, 쿠웨이트, 요르단에는 5천명 이상의 미 육군, 해병대, 공군이 주둔해 있고, 카타르와 바레인에는 미 해군 제5함대 본부가 위치해 있다. 만약 이라크가 또다시 이웃을 공격하려 한다면 미국은 이를 방지해야 하지만, 이스라엘의 군사력은 충분하고 미국의 보호가 필요한 정도는 아니다.[4]

　미국이 세계 문제에 개입하고 강력한 군사력을 유지해야 한다는 주장은 몇 가지 논리에 근거하지만, 그것은 사실이 아니다. 첫째, 미국은 패권을 위해 강력한 군사력을 필요로 한다고 주장하는데, 만약 워싱턴이 러시아, 중국, 일본, 유럽과 같은 경쟁 가능한 국가들의 군사, 경제력을 규제하려 시도하면 그것은 이들 국가들의 강력한 반발을 초래할 것이다. 둘째, 미국이 개입하지 않을 경우 강대국 간의 전쟁 가능성이 증대한다는 주장이 존재한다. 그러나 냉전 시대에도 강대국 간에 직접적 전쟁을 피할 수 있었던 이유는 미국의 주도적 역할보다는 소련에 대한 국제적 반대와 상호확증 파괴라는 핵무기의 상호 억지가 더 주요한 요인이었다. 세 번째는 미국의 적극적 역할이 핵확산을 방지한다는 것이다. 이것도 사실이 아닌데, 그 이유는 어느 한 나라의 핵능력을 완전히 규제하는 것은 그 나라의 파괴가 아니고서는 불가능하기 때문이다. 개입을 통해 미국의 가치를 확산시켜야 한다는 네 번째 주장도 문제가 있다. 민주주의, 평화의 이름으로 외국에서 전쟁을 하는 것은 환영받지 못할 것이고, 다른 나라에 어느 한 나라의 특정한 도덕과 윤리를 강요하는 것은 오히려 비민주적 패권 행위에 불과하다. 다섯 번째는 개입이 세계적 경제 개방을 보장한다는 주장인데, 이것 역시 잘못이다. 국제적 경제 개방에 필요한 것은 정치, 군사 패권보다는 미국 경제의 우수성, 경제적 상호 필요, 그리고 개방 경제가 세계 경제의 풍요를 가져온다는 정치, 심리적 확신이다. 미국 미래 경제의 번영은 잘 교육된 인력을 유지하고 국내문제를 수정하는 것이지, 해외에 군사를 배치시키는 것에 의해 결정되지 않는다. 그렇듯 미국의 무분별한 해외개입은 자제되어야 하고 꼭 필요할 경우에만 신중하게 시행되어야 한다. 그것은 다른 나라가 미국의 번영을 위협하거나, 또는 세계가 타국의 군

---

4 Gholz, Press, and Sapolsky, "Come Home, America," International Security, Vol. 21, No. 4 (Spring 1997), 7-11, 17-29.

사위협으로 인해 완전히 위기에 처했을 경우라는 전제하에서만 그 정통성을 인정받을 것이다. 그것은 세계로부터의 완전철수가 아니고, 무조건적 평화주의가 아니며, 반드시 필요한 경우에만 최소한으로 개입한다는 조심스러운 원칙이다. 이제는 미국이 집으로 돌아올 때이다.[5]

그러나 신고립주의자들의 주장이 반드시 미국의 평균정서를 대변한 것은 아니었다. 1990년대 전반기 통계에서 조사된 많은 다른 항목들은 다른 결과, 다른 해석을 도출하기에 충분했다. 예컨대 미국인의 10%가 워싱턴의 유일패권 확보를 옹호했을 때 80%는 외국과의 비용 분담, 공동 리더십을 선호했는데, 이것은 고립주의 선호의 증거가 아니다. 1990~1994년 기간 이라크의 공격으로부터 쿠웨이트, 사우디아라비아를 방어하거나 또는 아랍 국가가 이스라엘을 공격했을 때 미국 군대를 동원해야 한다고 답한 사람의 비율은 과거에 비해 줄어들지 않았다. 핵 비확산이 중요한 대외정책 목표라고 답한 비율은 오히려 59%에서 82%로 증가했다. 냉전이 끝나고 외국으로부터의 압도적 위협이 감소하면서 국내문제의 중요성이 증가한 것은 상식적 판단에 비추어 당연했다. 그러나 그와 동시에 국제문제를 중시하는 태도에는 큰 변화가 없었고, 핵 비확산의 경우와 같이 일부 국제문제를 중요하게 생각하는 사람의 비율은 오히려 증가했다. 여론조사가 행해지는 시점 또는 질문 항목의 구성에 따라 많은 다른 결과가 도출된다. 여론조사 결과는 얼마든지 실제 상태를 정확히 반영하지 못할 수 있다. 그렇듯 미국이 상대적 고립으로 돌아가기를 원한다고 일부에서 주장하는 것은 지나치게 성급한 결론이었다. 미국인들 신념에 있어서의 계속성, 서유럽과 동맹국 방어에 대한 의무와 책임감은 여러 광범위한 분야의 국가안보 문제에 걸쳐 계속 반복되는 것으로 평가됐다. 미국인들의 대외정책 의견은 상황에 따른 유동성에도 불구하고 확고한 국제주의 신념의 구조 속에 견고하게 안착해 있었다.[6]

신고립주의에 반대하는 다른 극단에는 미국이 패권을 유지해야 한다는 의견이 존재했다. 많은 전문가들이 그런 주장을 제기했는데, 마이클 린드(Michael Lind)는 미국이 신질서 속에서 패권을 유지하려면 강대국으로 부상하는 잠재 세력에 대응해 미국과 유럽이 유라메리카(Euramerica) 공동주권(condominium)을 설정하는 것이 최선이라는 다소 극단적이고 획기적인 의견을 제시했다. 그는 미국과 유럽은 공통의 규칙 하에서 작동하는 유럽연합(EU) 형태의 유라메리카 연합을 건설해야 한다고 주장했다. 미국은 흥기하는 아시아 국가인 일본과 중국에 대응해 미국 리더십 하에서 서유럽과 탈소비에트 유럽을 하나의

5 Ibid., pp. 5-6, 32-39, 47.
6 Wittkopf, pp. 94, 104.

체제로 묶는 유라메리카 연합을 구축해야 한다. 19세기 이후 미국은 루즈벨트(Theodore Roosevelt)에서 윌슨(Woodrow Wilson)에 이르기까지 어떤 집단안보 체제로 적당히 위장된 미국(과 영국)의 지구적 연합을 선호했는데, 유라메리카 설립은 워싱턴 대외정책의 역사적 주요 목표인 패권 확보를 실현시킬 것이다.[7]

린드는 그 당시의 세계정세에 대해 다소 독특하고 예외적인 분석을 제시했다. 오늘날 일본과 독일의 증대하는 파워는 미국이 지배하던 지구적 영향권과 프랑스가 많은 영향을 미치던 유럽 공동체의 몰락을 야기할 것이다. 미·중 경쟁에서 미국을 돕는 역할에 소극적인 도쿄의 워싱턴에 대한 지지는 바뀔 수 있을 것이다. 클린턴 행정부는 미·일 양자관계 약화의 가능성을 인식하고, 동아시아에서 새로운 다자구조 설립을 통해 일본을 견제하려 시도해 왔다. 경제 분야에는 아시아태평양 경제협력체(APEC)가 존재하는데, 그 목적은 아시아 무역체제에서 유래하는 미국의 이익을 보장하기 위한 것이다. 안보 분야에서 미국은 아시아 지역에서 유럽안보 및 신뢰구축기구(OSCE: Organization for Security and Confidence-building in Europe)를 닮은 범태평양 안보조직의 출현을 선호한다. 이들 기구는 태평양 연안(Pacific Basin), 또는 태평양 주변(Pacific Rim) 공동체로서 동북아, 동남아시아, 그리고 중남미 여러 나라까지 포함하는 광범위하고 서로 다른 성격의 국가들을 포괄하는 정치, 군사적 집합체이다.[8] 유럽에서는 통일된 독일이 냉전시대 드골 이후 지속돼 온 프랑스의 EU 지배에 대한 열망을 좌절시킬 것이다. 독일의 통솔력은 EU에 대한 프랑스의 구상을 넘어선다. 유럽에서 독일의 영향력은 과거 자기들의 경제, 문화적 영향권이던 지역으로 확대되는데, 이것은 유럽에 대한 드골 이후의 프랑스 비전을 어둡게 한다. 이미 많은 프랑스인들은 프랑스가 독일이 중심이 된 대유럽(Greater Europe)과 그 영향권으로부터 밀려나 하나의 작은 국가로 전락할 것을 우려하고, 그런 인식은 이들로 하여금 프랑스는 자국 중심적 사고를 넘어 범대서양 공동체 내에서 그들의 정체성을 확립해야 한다고 주장하게 만들었다.[9]

일본은 미국이 지배하는 세계질서를 재구성하고, 독일은 냉전시대 프랑스가 큰 영향을 미치던 유럽의 질서를 바꾸고 있다. 워싱턴은 도쿄, 베를린의 정치적 야망에 강력 대응해야 하며, 최근 많이 논의되는 미국의 고립주의는 분명 실패할 것이다. 미국의 고

---

7 Michael Lind, "Pax Atlantica," World Policy Journal, Vol. 13, No. 1(Spring 1996), pp. 6-7.

8 태평양 연안(Pacific Basin) 개념은 서방 또는 대서양 공동체라는 개념이 유럽에서 드골의 범유럽 반 대서양주의를 견제한 것과 비슷한 역할을 할 것으로 기대됐다. 범태평양 개념은 미국을 배제하는 범아시아 이데올로기에 대한 완충작용을 할 것이다.

9 Lind, pp. 3-4.

립주의는 3개의 경제 블록과 정치적 다극체제의 형성으로 이어질 것이다. 미국 중심, 아시아 중심, 그리고 서유럽 중심의 세 개의 경제 블록 중 아마도 가장 강력한 블록은 서유럽의 선진 과학기술을 동유럽과 엮는 독일이 주도하는 대유럽(Greater Europe)일 것이다. 한걸음 더 나아가 만약 독일이 지배하는 대유럽이 중국과 연계되는 중·유럽 연대(Sino-European Entente)가 형성된다면 그것은 미국 최악의 시나리오가 될 것이다. 그것은 압도적 경제력과 군사력을 구비한 유라시안 체제로 발전할 것이고, 시간이 가면서 북미지역의 정치, 경제적 몰락을 유도할 것이다. 그럴 가능성을 방지하기 위해서라도 미국은 독일이 주도하는 유럽과의 협력, 특히 공동 주권을 마련해야 한다. 이것은 일본, 중국, 또는 부활하는 러시아와의 경쟁에서 승리하는 결정적 계기를 제공할 것이다. 범대서양(Trans-Atlantic) 연합은 인종 전쟁의 수사를 가진 범아시아 블록을 만들어 내지는 않을 것인데, 왜냐하면 일본, 중국을 포함하는 아시아 국가들의 군사, 경제적 단합은 역사적인 이유, 또 현실 상황에 비추어 불가능하기 때문이다.[10]

전문가들의 국제정세와 미국 정책에 관한 진단, 예측, 처방이 얼마나 합리적이건 또는 황당하건, 클린턴 행정부는 밝은 미래에 관한 큰 희망을 갖고 외교안보를 운영해 나갔다. 그 이유는 적어도 그동안 미국의 가장 큰 걱정거리인 숙적 소련이 사라지고 더 이상 모든 국민을 불안으로 몰아넣고 천문학적 비용을 요구한 군비경쟁에서 탈피할 수 있다는 최소한의 안도감이 있었기 때문이다. 한걸음 더 나아가 소련이 사라진 상황에서 미국이 주도하는 자유민주주의가 세계의 마지막 정치 제도가 될 수 있다는 후쿠야마의 '역사의 종언(The End of History)' 주장은 민주당 출신인 클린턴의 가슴을 설레게 만들고 있었다. 결과적으로 클린턴 행정부의 대외정책은 전문가와 언론의 논의를 선별적으로 수용하면서 미국의 국제적 주도권, 세계패권을 추구하는 방향으로 추진됐는데, 그것은 아마도 수천 년의 외교역사에 비추어 어쩔 수 없는 불가항력적 선택이었을 것이다.

■ 구체적 요소

신세계 질서 속에서 미국이 추구해야 할 바람직하고 이상적인 외교, 안보정책에 관한 전문가들의 의견이 서로 다른 가운데, 클린턴 행정부 당시의 실제 정책은 어떤 모습을 띠었나? 1990년대 클린턴 시대에 들어와 워싱턴이 실제로 추구한 대외, 안보정책의 골격은 무엇인가? 미국은 새로운 국제질서 속에서 어떤 외교안보 목적을 띠었으며, 어떻게 행동했고, 그것은 다른 나라들로부터 어떤 반응을 불러일으켰나? 한마디로 그것은 견제와

....

협력, 압박과 대화, 강요와 설득을 번갈아 사용하면서 미국의 국제적 주도권, 패권을 연장시키기 위한 조심스러우면서도 세련된 조치의 연속으로 특징지어졌다. 패권을 유지하는 이 전략은 워싱턴의 다양하고 현란한 수사에도 불구하고 클린턴 행정부 정책에 광범위하게 포진되어 있었다.

워싱턴은 미국이 국제패권을 확보했다는 것을 상당 수준 현실로 받아들였다. 그 상황에서 워싱턴의 정책은 어렵게 확보한 국제적 주도권을 잃지 말아야 하고 사실상 미국의 패권을 유지해야 한다는 방향으로 설정됐으며, 미국 정책의 관심사는 정치·군사, 경제, 민주주의 확산, 인도주의 개입 등 여러 가지 요소를 망라했다. 그 안보정책은 1993년 9월 앤서니 레이크(Anthony Lake) 대통령 안보보좌관의 발표를 계기로 공식적으로 '개입과 확대'(Engagement and Enlargement)라고 불렸는데, 그것은 미국의 사활적 이익이 존재하는 곳에 개입해 미국의 이익을 확대시킨다는 의미였다. 그것은 냉전시대의 봉쇄로부터 냉전이후시대 미국의 패권유지, 선별적 개입, 협력안보의 여러 성격을 혼합한 개입정책으로의 전환이었다. 그 정책은 미국 리더십과 단독적 군사력의 필요성을 강조하면서 워싱턴의 국제 패권(primacy) 유지에 대한 열망을 드러냈고, 그 정책 속에는 국제주의에 기초한 협력안보(cooperative security)와 선별적 개입(selective engagement)의 의도와 절차가 복잡하고 세밀하게 스며들어 있었다.[11] 그 정책의 정치·군사에서의 최고 관심사는 미국의 국제적 주도권에 도전하는 국가나 국가군이 나타나지 않도록 하는 것이었는데, 그것은 1992년 미국 국방성의 국방계획지침(DPG: Defense Planning Guidance, 1994~1999)에서 드러나듯 몇몇 강대국 중 특히 일본이 미·일 동맹을 파기하고 군사적 독자노선을 걸으며 미국 패권에 도전하는 것을 방지하는 과제에 가장 큰 관심을 기울였다. 비록 미국 관리들이 세계 패권에 관심이 없는 듯이 행동하고 또 클린턴의 개입과 확대라는 용어가 미국의 패권 유지에 대한 노골적 의도를 다소 가렸지만, 워싱턴의 국제 패권 확보에 관한 실제 의도는 국방계획지침을 넘어 개입과 확대 안보정책 속에 확고하게 자리 잡고 있었다.[12] 그렇지만 잘 알려진 바와 같이 일본은 현명하게도 1997년 미·일 가이드라인에 합의하면서 미국의 작은 동반자(junior partner)로서의 위상에서 벗어나지 않았고, 다른 한편 신중상주의 경제정책을 통해 침체되는 국내 경제를 회생시키고 세계경제 내에서 경쟁력을 잃지 말아야 한다는 명제에 몰두했다.

· ·

11 Barry R. Posen and Andrew I. Ross, "Competing Visions for U.S. Grand Strategy," International Security, Vol. 21, No. 3 (Winter 1996/97), pp. 44-45.

12 Michael Mastanduno, "Preserving the Unipolar Moment," International Security, Vol. 21, No. 4 (Spring 1997), p. 67.

정치, 군사적 우위를 지키기 위한 미국의 노력은 동시다발적으로 진행됐다. 미국은 일단 국방차관보 조셉 나이(Joseph Nye)의 나이보고서(Nye Report)가 적시하듯 유럽과 동아시아에 향후 20년간 각각 10만씩의 군사를 배치시키고 그곳에 전진배치를 유지해 필요할 경우 언제든지 군사 개입이 가능한 준비태세를 유지하기로 결정했다. 그것은 아태지역에서 일본을 미국의 영향력에 귀속시키고, 중국의 행동과 강대국으로의 부상에 제약을 가하며, 북한의 이탈을 규제하고, 궁극적으로 역내 안정과 평화를 보장하는 목적을 띠었다. 미국은 유럽에서는 예상을 뒤엎고 나토를 존속시키기로 결정했다. 나토가 대소봉쇄에 초점이 맞추어졌던 것에 비추어 많은 전문가들이나 심지어 고르바초프까지 나토는 해체되거나 정치 논의 기구로 역할 변경이 있어야 한다고 주장했지만 워싱턴은 이를 거부했다. 그 때 워싱턴은 나토의 해체는 유럽이 과거 제2차 세계대전 전의 치열했던 지정학적 경쟁으로 복귀할 것이라는 미래 가정을 명분으로 내걸었고, 동시에 독일과 프랑스가 주축이 된 유럽 10개국 군사공동체인 서유럽연합(WEU: Western European Union)이 병력, 자금, 의지 부족으로 그 기능이 미미했던 것 역시 나토 존속의 명분을 제공했다.[13] 미국은 또 WEU가 나토구조를 모방하지 못하도록 조치하고, 위기나 전쟁시 WEU는 나토의 지휘를 받도록 규정했다. 미국은 그렇게 나토를 존속, 동유럽으로 확대시키고 심지어 그곳에 미사일 방어망까지 설치했는데, 이것은 시간이 가면서 모스크바가 워싱턴으로부터 적대적으로 돌아서는 결정적 계기를 제공했다.

■ 대량살상무기 확산의 방지

미국이 관심을 가진 또 다른 중요한 정치, 군사이슈는 대량살상무기 확산의 방지였다. 1993년 1월 미국과 러시아는 일단 제2차 전략무기감축협정(START II)에 서명해 다탄두 개별진입미사일(MIRV: Multiple Independent Reentry Vehicle) 사용을 금지하기로 합의했다. 구소련 해체에 따라 러시아, 우크라이나, 카자흐스탄, 벨로루스 4개국에 흩어져 있는 구소련 핵무기는 모두 모스크바가 관장하기로 했는데, 워싱턴은 넌-루가(Nunn-Lugar) 프로그램을 통해 자금과 기술을 제공하면서 이들 나라의 전략무기 해체를 지원했다.[14] 그 당시 우크라이나의 경우, 그곳에 잔존하던 모든 구소련 핵무기는 1994년

....

13 WEU는 2011년 6월 30일 공식 해체됐다.

14 조지 H. W. 부시 미국 대통령과 미카일 고르바초프 러시아 대통령이 협상한 제1차 전략무기 감축협정 (START I)은 1991년 7월 31일 체결됐고 1994년 12월 발효됐다. 그 협정은 각 서명국이 1,600기의 대륙간 탄도미사일(ICBM)과 폭격기에 6천개 이상의 핵탄두를 탑재하지 못하도록 규정했다. 그 협정은 미, 러 양국이 합의할 경우 5년간 시효가 연장될 수 있었으나 양측은 그렇게 하지 않기로 결정했고, 2009년 12월 5일

미국, 영국, 러시아의 그 나라에 대한 영토 및 안전보장과 경제지원을 대가로 전량 폐기
됐고, 다른 나라로부터도 엄청난 수의 핵탄두와 운반수단이 해체됐다. 미국은 이라크와
북한의 핵개발과 확산 가능성에도 주목했다. 조지 H. W. 부시의 '사막의 폭풍(Desert
Storm)' 작전에 의해 사담 후세인(Saddam Hussein)이 쿠웨이트로부터 철수한 이후에도 이
라크는 중동 맹주의 위상에 대한 야심을 버리지 않는 가운데 계속 핵, 화생무기를 개발하
는 것으로 여겨졌다. 소련 붕괴 이후 사회주의권으로부터의 정치, 군사, 경제 지원 중단
으로 최악의 경제난을 겪고 있는 북한의 김일성 역시 핵개발이 자국 생존의 열쇠라는 생
각에 계속 집착하고 있는 것으로 분석됐다. 워싱턴은 이들을 핵무기를 개발하고 또 전쟁
도발을 통해 미국 안보를 훼손할 수 있는 불량국가(rogue state)로 지목하고 이에 대한 대
책마련, 즉 지역위협 규제 대책을 서둘렀다. 워싱턴은 최악의 경우 만약 이들 불량국가들
이 동시에 전쟁을 일으키는 2개의 주요 지역위기(MRCs: Major Regional Contingencies)가
발생하면 미국은 동시승리전략(Win-Win Strategy)으로 그들을 동시에 진압할 것이라는
계획을 선포했다.[15]

· ·

시효가 만료됐다. START II는 조지 H. W. 부시 미국 대통령과 보리스 옐친 러시아 대통령 간에 서명됐다.
미국은 START II를 1996년 1월, 러시아는 2000년 4월 비준했지만, 그 협정은 전혀 시행되지 않았다. 그
이유는 미국이 조지 W. 부시 행정부 당시 대탄도 미사일(ABM: Anti-Ballistic Missile) 협정에서 일방 탈퇴
한 것을 문제 삼아 모스크바가 2002년 6월 그 협정에서 탈퇴, 무효화시켰기 때문이다. 빌 클린턴 대통령과
보리스 옐친 대통령 간에 1997년 시작된 제3차 전략무기 제한협정(START III)은 중간에 협상이 중단됐고
서명되지 않았다. 미국의 조지 W. 부시 대통령과 러시아 블라디미르 푸틴 대통령은 또다시 모스크바 협정
(Treaty of Moscow, SORT: Strategic Offensive Reduction Treaty)을 체결했다. SORT는 2001년 11월
미국 조지 W. 부시 대통령과 블라디미르 푸틴 러시아 대통령 사이에 합의되어 2002년 5월 이들 두 대통
령 간에 서명됐고, 2003년 6월 발효됐다. SORT는 START II를 대체하는 효과를 냈다. SORT는 배치되는 전
략 핵탄두 수를 2012년까지 1,700-2,200개로 제한할 것을 규정했지만 검증 및 투명성 조항을 결여했다.
그러는 가운데 2012년 12월 시효 만료되는 모스크바 협정을 대체하기 위해 2010년 4월 8일 미국의 버락
오바마 대통령과 러시아의 드미트리 메드베데프 대통령 간에 2018년 2월 5일까지 유효한 새로운 전략무
기 감축협정(New START)이 서명됐다. 여기서 ICBM, SLBM, 핵무장 중폭격기는 총 700개 이하로 규정됐
고, 배치된 ICBM, SLBM, 중폭격기에 탑재된 핵탄두는 1,550개까지만 허용됐다. 배치되거나 배치되지 않
은 ICBM 발사대, SLBM 발사관, 그리고 중폭격기는 800개가 상한선으로 설정됐다. "Strategic Arms
Reduction Treaty(START I), https://fas.org; "Treaty between the United States of America and the
Union of Soviet Socialist Republics on Strategic Offensive Reductions(START I)" www.nti.org
(updated October 26, 2011); Lawrence D. Freedman, "Strategic Arms Reduction Talks,"
https://www.britannica.com, New START Treaty- Department of State, https://www.state.gov

15 처음에 미국은 중동, 한반도에서 동시에 전쟁이 발발하면 중동에 먼저 개입해 승리하고, 나중에 그 군사력
을 한반도로 이동시켜 한반도 전쟁에서 승리할 것이라는 Win-Hold-Win 계획을 표방했다. 그러나 이것은
북한의 남침을 우려하는 한국 정부의 반대에 의해 Win-Win 전략으로 변경됐다.

그럼에도 불구하고 미국은 특별히 사담 후세인 정권을 붕괴시킬 구상은 발전시키지 않았고, 이라크 북부와 남부에 비행금지 구역을 설정해 이라크 항공기가 쿠르드족과 시아파를 공격해 주변정세를 악화시키는 것을 허용치 않는 정책적 제한에 머물렀다. 북한 핵개발의 경우는 다소 달랐다. 북한의 핵개발은 이라크의 경우보다 더 현실적 문제로 대두됐는데, 그것은 국제원자력기구(IAEA: International Atomic Energy Agency)가 북한이 제출하는 자료로부터 평양이 수차례

사담 후세인

에 걸쳐 사용 후 핵연료에서 1~3개의 핵탄두를 제조할 수 있는 플루토늄을 빼돌린 것을 밝혀냈기 때문이다. 미국과 한국은 북한의 핵 개발 저지를 위해 여러 가지 방안을 고안해 냈다. 노태우 대통령 당시 한국은 한반도의 남쪽에서 미군이 보유한 모든 핵무기를 철수시켰다고 선언했고, 또 핵무기 개발 저지뿐 아니라 미래 한반도 통일의 기반을 마련하기 위해 남북한 간의 화해협력, 군사 불가침, 교류협력을 규정한 남북기본합의서를 채택했다. 그럼에도 불구하고 북한의 계속적인 핵개발 시도로 인해 1993~1994년 한·미 대 북한 간에 핵을 둘러싼 본격적 게임이 전개됐고, 그 때 한반도는 엄청난 전쟁의 위험에 시달렸다. 그렇지만 미국의 전 대통령 지미 카터(Jimmy Carter)가 중재자로 나서면서 제네바 합의(Agreed Framework)가 체결되어 한, 미, EU가 경제지원과 정치적 관계개선을 제공하는 대가로 북한은 핵동결을 약속하고, 당분간 북핵문제는 동결상태로 진입했다. 이로써 미국은 일시적으로 두 개의 불량국가가 제기하는 문제를 순연, 일단락시키는 계기를 마련했다.

■ 미국의 경제회복

클린턴 행정부는 미국의 경제회복을 매우 중시했다. 이것은 미국의 국내총생산이 5조 달러 규모인데 국가 부채 역시 5조 달러를 약간 상회해 이자 지급 및 원리금 상환 부담에서 유래하는 경제적 위축이 큰 문제로 대두됐기 때문이다. 여기서 워싱턴의 해결책은 몇 가지의 창의적 시도에 초점을 맞추었다. 워싱턴은 무역 및 관세에 관한 일반협정(GATT: General Agreement on Trade and Tariffs)의 세계무역기구(WTO: World Trade Organization)로의 전환은 지구적 차원의 관세를 더 낮추고 미국의 제조품, 서비스가 타국 시장에 진출할 기회를 획기적으로 넓힐 것으로 생각했다. 이것은 당연히 미국 경제의 생산성이 우수한 이점을 사전에 감안한 조치였다. 특히 머지않아 이루어질 것으로 예상되는 14억 인구를 가진 중국의 WTO 가입은 미국이 주도하는 세계경제의 시장을 획기적으로 확장시킬 것이다. 1980년대 말 출범한 APEC에서의 미국 상업 활동은 더 활발해졌고,

생산성이 뒤처지는 캐나다, 멕시코와의 북미자유무역협정(NAFTA: North American Free Trade Agreement)은 미국 경제가 도약하는 데 크게 기여했다.[16] 미국 내에서 NAFTA에 대한 반대 의견이 존재했는데, 그것은 조지 H. W. 부시 시절 미국이 동아시아 지역에서 일본을 중심으로 하는 자유무역지대가 형성되는 것에 반대한 전력이 있고, 또 GATT가 EU와 비슷하게 외부 경쟁자에 반대하면서 자기들끼리의 특혜적 시장 접근만 허용하는 또 하나의 지역적 자유무역지대를 허용하면 그것은 제2차 세계대전 이후 미국이 표방해온 공정하고 개방된 다자무역질서의 수립, 세계 무역장벽의 제거에 걸림돌이 될 수 있기 때문이었다.[17] 그러나 클린턴 행정부는 일단 무역과 투자 활성화를 통한 경제회복이 우선 중요했고, NAFTA의 좋은 실적은 그들의 중요한 업적으로 간주됐다. NAFTA를 통한 미국의 상품, 서비스 수출은 지속적으로 증가했는데, 1994년 전반기 멕시코에 대한 미국 수출은 16.4% 증가했고 멕시코의 미국 수출은 21% 증가했다.[18] 일본, 한국과 같이 시장을 개방하지 않고 민족주의적 경제를 추구하는 나라들에 대한 워싱턴의 압력도 거셌는데, 미·일 경제관계 불균형 시정을 위한 워싱턴의 전례 없이 거센 일본 문호개방 시도는 세계의 많은 이목을 끌었다.

클린턴 행정부는 특히 새로 부상하는 10개의 시장(BEMs: Big Emerging Markets)에 주목했다. 그들은 세계 인구의 절반을 갖고 세계에서 가장 빠르게 성장하는 (대만, 홍콩을 포함해서) 중국, 인도, 인도네시아, 브라질, 멕시코, 터키, 한국, 남아프리카 공화국, 폴란드, 그리고 아르헨티나였다. 실질적인 세계 경제성장의 75%는 개도국 중에서도 주로 BEM에서 유래했다. BEM은 일본이나 유럽 선진국보다 성장속도가 훨씬 빨랐다. 그들은 미국의 고속성장 산업인 정보기술, 통신교환, 건강 및 의학 장비, 환경기술, 수송, 발전, 재정 서비스와 같은 상품과 서비스를 구매하려는 경향을 보였다. 1994년 초 멕시코는 일본보다 미국 상품을 더 많이 소비했다. 그 10개의 BEM은 일본이나 유럽보다 훨씬 더 많이 미국의 상품과 서비스를 필요로 할 것이다. 이 시장에 대한 성공적 개방은 미국으로 하여금 수백만 개의 새로운 직장, 더 많은 보수를 받는 직업의 창출, 국내 생산성의 상승, 인플레이션 억제, 무역 및 재정적자 감소를 가능케 할 것이다. 1988~1995년 기간 미국의 무역 증가는 미국 전체 경제성장에 60% 공헌했다. 1990년대 중반 미국의 상품수출은

---

16 NAFTA는 레이건 행정부 시절의 미-캐나다 협상을 10년 후 클린턴 시기에 멕시코를 포함해 성사시킨 것이다.

17 Jagdish Bhagwati, "Beyond NAFTA: Clinton's trading choices," Foreign Policy, No. 91 (Summer 1993), p. 162.

18 John Stremlau, "Clinton's Dollar Diplomacy," Foreign Policy, No 97 (Winter 1994-95), p. 24.

720만개의 직업을 지원했고 2000년까지 그 숫자는 1,300만개로 증가할 것으로 예측됐다. 미국의 서비스 산업이 외국 시장에 성공적으로 정착한다면 그것은 미국의 무역적자를 상쇄시킬 것이다. 그런 기대감은 미 상무부 국제무역 담당 차관 제프리 가르텐(Jeffrey Garten)으로 하여금 미국 외교안보는 이제 상업 이익을 중심으로 전개되고 경제 외교가 현 시대의 주요 문제를 해결하는 핵심적 역할을 하는 시기로 진입하고 있다고 주장하게 만들었다.[19] 그 결과는 클린턴 초기 5조 달러의 국내 총생산이 그가 퇴임할 시점에 8조 달러 가까이 증가한 것이었다. 이로써 그동안 워싱턴이 걱정하던 국가 부채 문제는 더 이상 미국의 주요 관심사로 대두되지 않았고 미국 경제는 끝없이 순항할 것으로 보였다.[20]

■ 민주주의 확산

그럼에도 불구하고 대부분의 전문가들은 사실상 클린턴 시절 미국 외교안보의 가장 큰 틀은 민주주의 확산에 있다고 말했다. 이것은 민주주의의 확산은 전 세계를 '평등하게 태어난' 미국이 주장하는 이념, 사상, 가치에 동화시키고 또 이것은 차례로 미국 힘의 영속화에 결정적으로 중요한 계기를 마련할 것이라는 논리에 기초했다. 이 생각은 마이클 도일(Michael Doyle)이 주장한 이론에서 빌려온 것으로 진정한 자유민주주의 국가끼리는 정책의 갈등은 있을망정 전쟁으로는 가지 않는다는 역사적 연구에 기초했다. 이러한 사고는 미국

아리스티드

이 아이티에 개입해(1994~2000) 세드라스(Raoul Cedras) 중장의 쿠데타로 실각한 아리스티드(Jean-Bertrand Aristide) 민주정부를 복권시키고 또 인도적 차원에서 소말리아 (1992~1994), 보스니아(1992~1995)의 인종, 종교 갈등을 해결하는 데 기여했지만, 시간이 가면서 이제 남은 세계 최대의 공산국가인 중국을 민주화시켜야 한다는 생각으로 발전했다.[21] 이것은 클린턴 대통령이 1998년 6월 동아시아를 방문하면서 미국 최고의 맹방

19 Ibid., pp. 18-19, 22-23.
20 빌 클린턴은 1999년 3월 미국 대외정책에 관한 국정 연설에서 지난 6년 간 미국은 270개의 무역협정을 체결하고 성장의 30%가 무역확대에서 유래했다고 말하면서 미국은 세계 최대의 수출국이 됐다고 강조했다. Bill Clinton, "State of the Union Address on U.S. Foreign Policy," in San Francisco, February 26, 1999, USIS distribute (March 12, 1999).
21 소말리아 사태는 맨 처음 국내 여러 파벌이 힘을 합쳐 군부 독재자 시아드 바레(Mohamed Siad Barre)를 권좌에서 축출하면서 시작됐다. 유엔은 35만 명의 소말리아 민간인들이 내전, 질병, 기아로 사망하면서 소말리아 내전에 1992년 4월 안보리 결의안 733, 746을 통해 인도주의 지원과 질서 회복 목적의 평화유지 작전(UNISOM: UN Operation in Somalia)을 시작했는데, 미국은 식량 지원, 물자 공급과 같은 가벼운 임

클린턴 중국 베이징 대학 연설

인 일본 방문을 건너뛰고 중국의 베이징 대학에서 한 연설에서 잘 드러났다. 여기서 그는 중국의 역사적 유산, 지리적 중심성, 군사, 경제적 잠재력에 관한 찬사를 아끼지 않으면서, 동시에 장쩌민 주석에게 인권과 종교적 자유에 관한 한 중국은 역사의 잘못된 쪽에 남아 있고 언제든 자유민주주의라는 역사의 올바른 편에 서야 한다고 역설했다. 그는 또 과거 19세기 서양의 제국주의 시절 유럽 국가들이 중국을 유린했을 때 미국의 팽창은 덜 패권적이었으며, 한걸음 더 나아가 미국의 선교사들이 북경 의과대학을 설립해 중국인을 도왔다는 사실도 덧붙였다.[22]

클린턴의 메시지는 확고했다. 그는 해외 무역과 해외 투자만으로 중국을 더 큰 개방과 자유로 향하게 만드는 것에는 한계가 있을 것이라고 생각했다. 그는 미국은 중국의 역사 과정을 가속화시켜야 한다고 설파했다. 미국의 자만과 만족 또는 침묵은 미국인들이

· ·

무로 이 작전에 참여했다. 그러나 군벌들 간의 투쟁이 심해지고 유엔 평화유지 작전의 취약성이 드러남에 따라 효과가 미미한 UNOSOM I(UN Operation in Somalia)은 안보리 결의안 794를 통해 미군이 주도하는 UNITAF(Unified Task Force)로 대체됐다. 1992년 12월 조지 H. W. 부시대통령은 희망회복 작전 (Operation Restore Hope)이라는 이름으로 UNITAF 지휘 임무를 위한 미군 병력을 파병했다. 1993년 3월 유엔 안보리는 이 작전을 다시 UNOSOM II로 변경했는데, 이때도 지휘권은 미국이 갖고 있었다. UNISOM II의 목표는 가장 강력했던 아이디드(Mohamed Farrah Aidid) 장군 파벌을 포함해서 18개 지역의 군벌들이 중앙 권력을 장악하기 위해 싸우는 것을 막고, 인도주의적 평화를 복원시키며, 식량 및 인도주의 지원이 그것을 필요로 하는 사람들에게 도달하도록 하는 것이었다. 그러나 1993년 9월 미국의 블랙호크(Black Hawk UH-60) 헬리콥터가 모가디슈 상공에서 격추되고 10월 모가디슈 총격전에서 18명의 미군이 사망하는 영상이 미국과 전 세계에 방영되면서 빌 클린턴 대통령은 1994년 3월까지 미군을 완전 철수시키기로 결정했다. 그러나 1994년 3월 미군 병력이 철수하고 1995년 3월 유엔 평화유지군 마지막 임무가 종결된 이후에도 군벌들은 계속 싸웠고, 그 과정에서 아이디드는 1996년 사망했다. 그 후 1997년 12월 이집트 카이로 회담에서 아이디드 파와 마디(Mahdi) 파 간에 휴전, 화해, 임시정부 수립에 관한 협정이 체결됐다. Somali fast Facts – CNN.com, www.cnn.com; Somali Civil Wa r– New World Encyclopedia, www.newworldencyclopedia.org; Somalia, 1992~1993 – Office of the Historian – Department of State, https://www.history.state.gov; Timeline: Somalia, 1991~2008 – The Atlantic, http://www.theatlantic.com; 미국의 아이티 파병은 1994년 9월 23,000명의 병력을 유엔군 병력으로 참여시키면서 시작됐고, 미군은 2000년 1월에 전면 철수했다. Phillippe R. Girad, "Peacekeeping, Politics and the 1994 US Intervention in Haiti," Journal of Conflict Studies, Vol. XXIV, No. 1 (Summer 2004), http://journals.hil.unb.ca

22 클린턴이 맹방 일본을 건너뛰고 중국으로 직행한 것은 공화당 의회, 보수 성향 인사들로부터 많은 비판을 받았다. Douglas Bereuter, "Perspectives on U.S. National Interests in Asia, Heritage Lectures, No. 698 (March 9, 2001), The 7th Annual B. C. Lee Lecture held on March 6, 2001.

의미하는 모든 것에 반대가 될 것이다. 그것은 중국 내부에서 인권과 종교 자유를 위해 싸우는 사람들에게 힘과 위안의 원천인 외부 지지를 거부하게 만들 것이다. 중국에 대한 미국 개입의 가장 중요한 혜택은 그것이 중국 지도자들에게 공적, 사적으로 진로를 바꾸게 압박하는 효과적 수단을 부여하는 것이다. 미국의 의지는 강력하다. 중국 정부는 정치적 신념을 이유로 사람들을 체포하지 말아야 한다. 중국은 감옥에 있는 사람들을 석방하고, 억압적인 주민 통제를 폐지해야 한다. 중국 정부는 달라이 라마(Dalai Lama)와의 대화를 다시 시작하고, 사람들에게 종교의 자유를 부여해야한다. 베이징은 중국인들의 근본적 인권이 부정당하는 한 중국 최고의 잠재력에 도달할 수 없다는 것을 인식해야 한다. 미국은 220년 이상 자유민주주의의 위대한 실험을 해왔다. 미국은 결코 선례의 힘이나 미국 경험의 힘에 대한 신뢰를 잃지 말아야 한다. 미국이 세계와 생각을 더 많이 공유하면 할수록, 더 많이 세계는 미국의 이상을 공유하게 될 것이다.[23]

그렇지만 클린턴의 대중국 정책이 북경에 대해 호의적인 것만은 아니었다. 비록 중국이 아직은 미국에 도전할 수 없는 국가라는 생각이 지배적이었지만, 워싱턴은 중국에 대해 필요할 경우 견제를 계속해야 한다고 생각했다. 1993년 가을 미국은 화학무기 부품이 이란으로 수출되는 것으로 판단해 공해상에서 중국 선박을 불심검문했다. 그때 아무것도 발견되지 않았지만, 힘없는 베이징은 국제적 망신에도 불구하고 워싱턴에 제대로 항의조차 못했다. 미국은 또 인권 차원에서 중국이 죄수들의 노동력으로 수출품을 제조하고 있다고 강력하게 비난했다.[24] 1993년 11월 APEC 정상회담 직후, 클린턴은 중국 공산당 총서기 장쩌민에게 미국의 중국에 대한 경제 최혜국지위(MFN: Most Favored Nation Status) 갱신은 인권, 무기 비확산, 무역 등에 있어서의 만족스러운 진전에 달려있다고 직접적으로 경고했다. 비록 클린턴은 1994년 5월 MFN 갱신을 허용했지만, 1993년 11월 APEC 정상회담 당시 장쩌민은 클린턴이 MFN 연장에 조건을 붙이고 중국 내정에 간섭 하는듯한 발언을 한 것에 대해 상당한 거부감을 나타냈다.[25] 1997년 9월 미국은 일본과 함께 아태지역 안정의 핵심 축 작용을 할 미·일 군사동맹을 한 단계 더 강화시키는 미·일 가이드라인을 발표했는데 이것 역시 상당부분 북한뿐 아니라 중국을 견제할 목적을 띠었다.

23 "Remarks by President Clinton on U.S.-China Relations in the 21st Century," USIS (June 15, 1998), Remarks by President Bill Clinton on June 11, 1998 to the National Geographic Society on U.S.-China relations; 빌 클린턴은 1999년 국정연설에서도 중국과 러시아를 국제체제로 불러내는 것이 지구적 차원의 미래에 직결되어 있다고 강조했다. Bill Clinton, "State of the Union Address" in San Francisco, (February 26, 1999), USIS distribute (March 12, 1999).

24 James Lilley, "Freedom through trade," Foreign Policy, No. 94 (Spring 1994), p. 37.

25 Bryce Harland, "For A Strong China," Foreign Policy, No. 94 (Spring 1994), p. 48.

그 당시 중국의 반응은 상대적으로 미온적이었다. 1999년에는 코소보사태가 발생했다. 이것은 미국 공군기가 코소보사태 수습 과정에서 구유고슬라비아 베오그라드에 위치해 있는 중국 대사관을 폭격한 사건인데, 그 때 중국 후진타오 부주석을 비롯해 14억 중국인들은 총궐기해 세계를 놀라게 할 정도로 워싱턴에 강력하게 항의했다. 그것은 전 세계 사람들에게 오폭을 가장한 미국의 중국 길들이기로 인식됐는데, 클린턴 대통령은 그때 그것이 미 중앙정보국(CIA)의 옛날 지도로 인한 오폭이라고 해명, 사과하면서 간신히 사태를 진정시켰다.

시간이 가면서 미국은 신세계질서 속에서 자국의 중심적 위치를 더욱 공고히 해 나갔고, 미국의 힘은 절정에 달했다. 미국은 도전받지 않는 패권을 확보했다. 아직 어느 나라도 심각한 군비경쟁을 시작하지 않았고, 또 적대적 연합을 시도하지 않았다. 미국은 존재 차원에서의 적을 맞이한 것도 아니고, 눈으로 보이는 포위망의 위협을 맞이한 것도 아니었다.[26] 미국 주도의 기존 질서를 흐트러뜨리려는 국가나 국가군은 없었다. 일본과 독일은 미국의 패권에 도전하기보다는 종속적 역할에 만족했다. 도쿄는 미·일 군사동맹이 일본을 보호하는 다른 한편 일본의 군사력을 제한한다는 것을 잘 알았다. 1994년 후반기 일본 총리실 자문기구인 방위문제위원회(Defense Issues Council) 보고서, 또 1995년 일본의 장기계획 보고서는 모두 일본의 탈냉전기 안보전략으로 미국과의 안보협력 강화를 권

고했다. 독일은 안보정책의 기본으로 나토의 영속화, 미군의 유럽 주둔, 미국의 핵우산 존속을 선호했다. 1994년 독일 수상 헬무트 콜(Helmut Kohl)은 미국의 존재를 유럽 안전을 위해 대체될 수 없는 것이라고 말했고, 독일의 많은 고위 관리들은 똑같은 말을 되풀이했다. 독일의 WEU와 유럽군(Europecorps) 참여는 독자활동 대신 유럽 군사력이 나토에 통합되는 것을 전제로 했다.[27] 독일, 일본 양국의 미래 의도는 불확실하지만, 적어도 현재 이들은 현 체제에서 득을 보는 현상유지 국가이며, 당분간은 이 경향이 계속될 것으로 여겨졌다.

헬무트 콜

러시아와 중국은 다소 문제가 있기는 했지만 그것이 미국의 국제적 주도권, 패권에 도전하는 성격을 띠지는 않았다. 1993년 이후 러시아는 구소련공화국 근외(Near Abroad)지역에서 약간 간섭적으로 행동했고, 발칸, 페르시아 만과 같

26 Josef Joffe, "How America does It," Foreign Affairs, Vol. 76, No. 5 (September/October 1997), p. 14.
27 Mastanduno, pp. 64-65.

은 가까운 지역에서 영향력을 행사하려 시도했다. 그렇지만 이것은 전통적인 지역 강대 세력으로서의 과거 영향권에 대한 영향력 행사였고, 구소련 붕괴이후 자국의 명예와 영향력이 너무 급격히 감소한 것을 고려한 자기 자신의 정체성에 대한 재확인이었다. 비록 1990년대 초에 비해 1990년대 중반 미·러 관계는 덜 우호적이었지만, 러시아는 지구적 차원에서 수정주의를 시도하려는 움직임은 보이지 않았다. 중국은 어떤가? 중국은 시간이 가면서 세계 차원에서 수정주의 국가로 등장할 가능성이 높은 것으로 예측됐다. 중국은 지속적인 경제성장, 군사력 증강과 더불어 대만이나 남중국해에서 러시아와 비슷하게 지역적으로 힘을 발휘하려는 경향을 보였다. 그러나 동시에 중국은 국제사회에서 책임 있는 강대국으로서 현존하는 국제질서의 혜택을 누리기를 원했다. 중국의 외교는 기존 미국 주도의 국제질서에 대한 도전은 아니었고, 군사력 확보는 미국에 대한 군사력 균형을 반영하지 않았다. 비록 1996년 중·러 간의 전략적 동반자관계 형성과 그 이후 그들의 행보가 미국의 미사일 방어체제에 대한 반대, 이라크 제재 철회, 미국의 단극 파워에 대한 반대, 연합 군사훈련을 포함해 워싱턴의 국제적 주도권 행사에 대한 질시와 불안을 내포했지만, 그것은 워싱턴이 건설적 개입을 통해 다룰 수 있는 아직은 제한된 성격의 양자관계였다.[28]

전체적으로 냉전의 종식에도 불구하고 나토는 동유럽으로 확대되어 갔고, 유럽과 동아시아는 확고하게 미국의 지배하에 있으며, 이라크와 북한은 미국의 철저한 감시하에 처해 있었다. 미국의 군사력은 모든 면에서 타의 추종을 불허했고, 미국 경제는 확실히 되살아나고 있었다. 민주주의의 확산은 모든 나라들을 미국인들이 추앙하는 신념, 사상, 이데올로기로 동화시킬 수 있을 것으로 보였다. 그래서 많은 사람들은 미국에 대항해 새로운 강대국이나 강대국 연합이 나타날 것이라는 여러 전문가들의 견해와는 달리 미국의 유일적 지배는 생각보다 훨씬 오래 지속될지 모른다고 생각했다.[29]

---

28 Ibid., pp. 65-66.
29 클린턴 행정부 말기 미국 대외정책의 전반적 양상은 국무장관 지명자 매들린 올브라이트(Madeleine K. Albright)의 1997년 1월 8일 "상원 외교위원회 인준 청문회" 연설에 잘 나타나 있다. 그 연설에서 그녀는 클린턴 행정부가 추구하는 나토의 확대, 아시아에서의 상호번영, 군비통제 및 핵 비확산, 미국의 강력한 외교, 세계경제를 위한 리더십, 자유의 신장과 법의 지배에 관해 자세히 설명한다. USIS 1997. 1. 29일 배포자료; 세계 문제에 관한 미국의 리더십에 대해서는 클린턴 대통령의 연설 "Advancing United States Leadership in the World," USIS distribute (February 24, 1999)를 참조할 것. 2000년 회계연도를 위한 국제문제 프로그램 예산을 신청하면서, 클린턴 대통령은 미국 안보의 보호, 무역을 통한 미국 번영의 증대, 해외평화증진, 국제 공동체 선도, 국제 경제의 안정, 국제발전의 지원에 관한 워싱턴의 입장을 자세히 설명했다.

2. 워싱턴 외교, 안보 당국자들의 인식

1990년대 클린턴 행정부 외교안보와 관련해 그 핵심 당국자, 각료들은 자기들이 추진하는 정책에 관해 무슨 생각을 하고 있었을까? 그들은 위에서 논의한 바와 같이 대량살상무기 확산의 방지, 지역위협 규제, 미국 경제의 회복을 중시했지만, 특히 자유민주주의의 확산을 중시했는데, 그 논리는 무엇이었을까? 흔히 공화당은 외국에 대한 국내정치, 사회 간섭보다 그 나라와의 양국 간 현안인 무역, 안보에 대해 논의하는 것을 중시하고, 반면 민주당은 외국의 국내질서, 인권을 주로 중시하는 것으로 알려졌는데, 과연 클린턴 행정부는 이에 대해 어떻게 생각했을까? 비슷하게 공화당은 군사우선주의이고 보통 민주당은 군사보다는 외교를 더 중시하는 것으로 알려져 있는데, 과연 클린턴 행정부 핵심 당국자들의 군사력에 관한 생각은 무엇이었을까? 그리고 또 국방정책 시행과 실제 전쟁을 하게 될 경우 어떤 단계를 밟을 것으로 구상했는지를 논의해 볼 필요가 있을 것이다.

(1) 자유 민주주의의 확산

■ 현실주의를 감안하는 이상주의적 접근

클린턴 행정부는 왜 민주주의 확산을 중시했을까? 이것은 그 당시 국무부 부장관 스트로브 탈보트(Strobe Talbott)의 설명에서 논리적이고 체계적으로 나타났다. 클린턴 행정부에서 민주주의는 처음부터 국제관계의 중요한 한 가지 요소이다. 이것은 민주국가들은 서로 평화롭게 외교, 군사, 경제관계를 이어가고 최악의 파탄에서 서로 멀리한다는 클린턴의 확고한 신념에 기초한다. 클린턴 행정부는 점증하는 상호의존의 세계에서 미국은 외국의 국내정치에 큰 이해관계를 가지는 것으로 이해한다. 민주주의 국가들은 국내에서 공정한 투표, 인권, 시장 경제, 무역을 옹호하고, 이들의 공통적 성격은 공동의 위협에 대처하고 지구적 차원의 상호의존을 강화시킨다. 민주국가들의 유사한 국내질서는 상호간의 우호적인 정치, 군사, 경제 관계유지에 핵심적으로 중요하다. 모든 국제관계를 힘과 군사력에 의거하는 현실주의적 시각으로만 해결하려는 것은 단편적 사고에 불과하다. 자유민주주의 확산은 미국의 모든 면에서의 국익을 증진시키는 현실주의 성격을 가진 이상주의적 접근이다. 그것은 이상주의만이 아니고 그 속에 현실주의 요소를 내포한다. 더 나아가 원래 미국은 처음부터 특별하고 평등하게 태어난 국가로서 자유, 민주, 평등을 추구하고, 미국의 대외정책은 처음부터 이상주의적 뿌리를 갖고 있었다는 것을 기억해야 한다. 역사적으로 미국의 대외정책은 두 차례의 세계 대전이나 냉전에 뛰어들었을 때 그랬듯이 그것은 지정학적, 경제적 이익을 넘어 항상 독재에 반대하는 자유와 민주라는 숭고한 이상의 바탕 위에 추진됐다.[30]

현실주의 입장을 선호하는 공화당도 과거 민주, 인권과 관련한 대외관계 조치를 많이 취했다. 레이건 대통령 당시 미국이 필리핀의 독재자 마르코스(Ferdinand Marcos) 대통령의 하야를 지지한 것, 의회의 허락 없이 진행돼 큰 논란의 대상이 되긴 했지만 니카라과의 콘트라(contra guerrillas)를 지원해 1990년 자유선거에서 산디니스타 공산정권의 퇴진을 유도한 것, 또 조지 H. W. 부시 행정부가 유엔을 동원해 1993년 사상 처음 캄보디아에서 자유선거를 치르도록 한 것이 그런 예다.[31] 그동안 민주주의가 결여된 세계의 많은 곳에서 민주주의의 뿌리가 내려졌다. 1980년대에 남미의

조지 H. W. 부시

아르헨티나, 브라질, 칠레에서 군사 독재가 물러났고, 민주적 전통이 없는 중동의 땅에서 쿠웨이트, 예멘, 요르단이 미국의 지원 하에 자유로운 경쟁적 의회선거를 치렀다. 아프리카의 남아프리카에서 백인 소수정권이 물러난 것, 시에라리온(Sierra Leone), 레소토(Lesotho)에서 공정하고 자유로운 민주선거가 진행된 것, 그리고 짐바브웨, 보츠와나에서도 민주주의가 제도화된 것이 그것이다. 구소련 붕괴 이후 많은 동유럽 국가에서 자유민주주의가 도입된 것, 또 1990년대 몽고에서도 민주선거와 제도가 자리 잡아가는 것은 가장 극적인 예다.[32]

클린턴 행정부는 출범하자마자 민주주의 확산을 위해 몇 번의 중요한 조치를 취했다. 1992년 소말리아 내전 종식을 위한 인도주의 목적의 파병을 시작으로, 1994년에는 유엔안보리 승인하에 아이티에 다국적군의 일환으로 2만 1천명의 미군을 파병해 그 이전 쿠데타로 실각한 아리스티드를 복권시켰다. 1996년 러시아의 옐친 대통령이 대선에서 패배할 것을 우려해 대선 불출마를 고려하고 있을 때, 클린턴 대통령은 IMF가 러시아에 긴

30 Strobe Talbott, "Democracy and the National Interest," Foreign Affairs, Vol. 75, No. 6 (November/December 1996), pp. 47-49.

31 그 당시 90% 이상의 캄보디아 국민이 크메르 루주의 협박에도 불구하고 투표에 참여했다.

32 남미에서의 민주주의는 더 확고해졌다. 1991년 미주기구(OAS)는 미국의 지도하에 결의안 1080을 채택해 서반구 내에서 민주절차가 거부되는 것을 용납하지 않기로 약속했다. 그렇게 해서 미주기구는 과테말라의 호르세 세라노 엘리아스(Jorge Serrano Elias) 대통령이 1993년 헌정질서를 파괴했을 때 정치, 경제 제재를 부과해 그의 사임과 민주 질서 회복을 성사시켰다. 1996년에는 파라과이에서 육군 사령관이 쿠데타를 시도했는데, 그때에도 미주기구, 미국, 남미 관세연합(Mercosur)은 그를 굴복시키고 민주주의를 회복시켰다. Talbott, pp. 50-55.

급자금을 수혈하는 것을 막후에서 도왔고 그것은 옐친 당선의 중요한 한 가지 이유가 됐다. 보스니아 사태 개입은 그리스정교도(Orthodox Christian)인 밀로셰비치(Slobodan Milosevic)의 세르비아계가 이슬람 크로아티아계와 보스니아계를 대량 학살하는 것을 중단시키는 인도적 목적을 띠었고 그 연장선상에서 1996년 9월 보스니아는 사상 처음 선거를 치렀다. 이 과정에서 미군 지휘하의 5만 3천명 나토군이 결정적 역할을 수행했다.[33]

밀로셰비치

■ 민주주의 제3의 물결과 남은 과제들

클린턴 행정부는 미래에 민주주의가 더 확산될 것이라는 확고한 신념을 갖고 있다. 정보통신 혁명이 중요한 역할을 하는 상태에서 세계 민주주의 확산은 거스를 수 없는 추세다.[34] 아시아의 근대화 성공이 권위주의 지속의 구실로 제시되지만 그것은 동아시아 약간의 경험에 국한된 것으로 더 넓은 남미, 아프리카, 중동에서 진실로 받아들이기에는 근거가 약하다. 한국, 대만, 싱가포르, 홍콩, 중국과 같은 몇몇 나라와는 달리 세계 다른 곳에서의 정치적 자유의 부재는 쿠데타 세력과 정치 지도층의 부패, 극심한 빈부격차를 초래한 경제적 과두제의 출현을 조장시켰을 뿐이다. 이제 워싱턴의 새로운 노력은 더 많은 국가들, 더 많은 사람들을 자유민주주의 치하에서 살게 할 것이고, 클린턴 행정부는 이 역사적 사명에 대해 확실한 책임감을 갖고 있다. 그렇지만 민주주의 확산은 민주주의에 대한 무조건적, 맹목적 우선순위 부여를 의미하는 것은 아니고, 그것은 안보, 군사, 경제를 포함하는 여러 현실주의적 고려와 더불어 신중하게 추진될 것이다.

민주주의는 하루아침에 이루어지지 않고 많은 시행착오와 오랜 시간을 요구한다. 아직도 지구촌의 각처에서는 민주주의에 대한 위협이 존재한다. 알바니아의 베리샤(Sali

---

33 아리스티드(Jean-Bertrand Aristide)는 1990년 12월 유권자의 63%가 투표한 공정 선거에서 67%의 득표를 얻어 당선되었으나 9개월 후 쿠데타로 실각했다. 그 후 권위주의 군사 정권에 의해 자행된 독재, 억압, 경제 침체하에서 수만 명의 난민이 배를 타고 미국으로 건너왔다. 그 때 클린턴 행정부는 유엔 안보리 승인하의 군사력을 포함해 모든 수단을 동원해 쿠데타 지도자를 축출하고 아리스티드를 복권시키도록 조치했는데, 그때 많은 회의론자들은 아리스티드가 일단 복권되면 평생토록 권위주의 대통령으로 남을 것이라고 했다. 그러나 그는 1996년 2월 선거에서 대선에서 패배해 프레발(Rene Preval)에게 대통령직을 이양했고, 이것은 아이티 역사에서 처음으로 민주적으로 선출된 지도자가 다음 대통령에게 평화적으로 정권을 이양한 첫 번째 사례가 됐다. Ibid., p. 58.

34 Ibid., p. 50. 그러나 헌팅턴은 민주주의 제3의 물결을 설명하면서, 민주주의는 서유럽에 국한됐던 아주 희소한 가치이고 냉전이후 시대 세계의 여러 곳에서 배척받고 있다고 주장했다. 나중에 2001년 9·11 사태가 터졌을 때, 그는 불행하게도 나의 1차 예언이 맞았다고 회고했다.

Berisha) 정부에 의한 1996년 선거 부정, 크메르 루주 이후 캄보디아에서의 선거 부정, 또 구공산권 국가들에서 경제 침체로 인한 자유주의에 대한 적대감은 경계해야 할 현실이다. 쿠바, 북한, 미얀마 같은 골수 공산국가들에서는 민주주의가 억압되고 있고, 중국은 한국, 싱가포르의 예를 들면서 민주주의보다는 경제 발전이 더 시급한 과제이고 또 절대 서구 민주주의를 기계적으로 받아들이지 않을 것이라고 말한다. 미국의 개입이 없이는 중국의 민주주의 전망은 더 어두울 것이다. 미국이 비정부기구(NGOs), 아시아재단(Asia Foundation), 민주주의재단(National Endowment for Democracy)과 같은 조직들을 통해 민주주의 프로그램을 확산시키는 것은 상대적으로 적은 돈으로 상상 이상으로 효과를 창출하는 아주 중요한 전략이다. 선거가 반드시 민주주의를 가져오는 것은 아니지만 그것은 다른 대안보다는 낫다. 또 그것의 정착에 오랜 시간이 걸리지만, 그것은 노력의 가치가 있다. 마지막으로, 민주주의의 확산을 위해서는 각 나라들에서 구조개혁, 정치문화의 발전이 병행되어야 한다. 민주주의는 선거뿐 아니라, 좋은 제도, 좋은 시민, 좋은 리더십을 필요로 하기 때문이다.[35]

(2) 군사력의 중요성

미국에서는 보통 민주당이 공화당보다 군사를 덜 중시하는 것으로 알려져 있지만, 이것은 전혀 사실이 아니다. 외국, 특히 적대 세력과의 협상 과정에서 요구되는 군사적 효용성, 외교와 군사의 배합이나 우선순위, 또는 군사력 사용의 시점에 관한 약간의 차이는 있지만, 외교안보에 있어서 군사력의 근본적 역할이 중요하다는 것은 공화당이나 민주당이나 전혀 차이가 없다.

클린턴 행정부는 군사력을 얼마나 중시했는가? 이것은 1994년 10월 앤서니 레이크 미국 국가안보 보좌관의 하버드 대학교 연설에서 다음과 같이 체계적이고 일목요연하게 정리된 바 있다. 냉전이 끝나 완전히 새롭게 변화한 안보환경 속에서도 과거와 동일하게 적용될 수 있는 어떤 오래된 진실이 존재한다. 그것은 냉전종식 이후 해외에 적이 없는 이유로 1920년대의 고립주의 주장이 새롭게 설득력을 얻고 있지만, 아직도 사상적으로 독재와 자유의 싸움은 지속되며, 군사력으로 상징되는 힘, 파워는 아직 중요하다는 사실이다. 미국은 독재의 공포에 맞서 자유, 민주, 희망을 위해 싸워야 하는데, 외교를 위해서는 군사력의 사용 또는 그 사용의 위협이 필수적이다. 미국의 힘은 차이를 만들어 내고,

---

35 Ibid., pp. 55-63.

미국 힘의 핵심은 군사력 사용이나 군사력 사용의 위협에 놓여 있다. 미국의 군사력 사용 위협이 없었다면 아이티(Haiti)는 민주 정부 회복의 기회를 갖지 못했을 것이고, 이라크는 아직도 이웃을 위협하고 있을 것이다. 한마디로 군사력으로부터 분리된 외교는 보통 실패하고, 동시에 외교가 없는 파워는 위험하게 목적을 상실한다.[36]

■ 군사의 우선성

투키디데스의 멜로스 대화(Melian Dialogue), 히틀러에 대한 방어, 진주만 사건의 교훈은 군사력의 중요성을 말해주는 대표적 예다. 투르만 행정부 당시 국무장관 애치슨(Dean Acheson) 역시 "힘 있는 위치에서 협상해야(Negotiate from a position of strength) 한다"고 말했다. 물론 오늘날의 미국 외교는 상호의존론, 또는 특히 미국 민주당이 강조하듯 미국 예(American examples)의 힘과 같은 소프트파워(soft power)에서 많은 강점을 만들어 낸다. 그렇지만 보스니아 사태 당시, 유엔 평화유지군 활동이나 워싱턴의 경제 위협보다는 1995년 미국이 나토 공습 위협을 가했을 때 이슬람 크로아티아계를 위협하던 밀로셰비치의 세르비아계기 철수했다.[37] 북한 핵 프로그램의 경우도 경제 유인보다는 1994년의 군사 제재 위협이 더 효과가 있었다. 외교적 해결을 위한 미국의 파워에서 가장 중요한 것은 군사력이다. 클린턴 대통령도 미국 군대는 '세계 최강'을 고수해야 한다고 말했다. 미국은 페르샤만 같은 위험지역에 사전배치를 시행하고, 해상, 공중수송 능력,

---

36 Anthony Lake, "American Power and American Diplomacy," The Fletcher Forum of World Affairs, Vol. 19, No. 2 (Summer/Fall 1995), p. 87.

37 보스니아 위기(1992-1995)는 구 유고슬라비아 해체 이후 그 일부 공화국이던 보스니아-헤르체고비나에서 인종, 종교 갈등이 시작되고, 시간이 가면서 그리스 정교(Orthodox) 세르비아계가 보스니아 무슬림과 크로아티아계를 대량학살 한 사건을 의미한다. 원래 보스니아-헤르체고비나는 세르비아계, 보스니아 무슬림(Bosniak), 크로아티아계의 3개 인종으로 구성돼 있었는데, 맨 처음 갈등은 보스니아 무슬림과 크로아티아계가 독립을 시도하고 이에 세르비아계가 반대하면서 시작됐다. 세르비아계는 전 국토의 70%를 차지하면서 보스니아 무슬림과 크로아티아계를 공격했다. 세르비아계가 유엔 평화유지군이 보호하는 보스니아 동부 지역 공식 피난처(safe areas)에서 7천명 이상의 무슬림을 살해, 인종청소 하면서, 나토는 1995년 8월 세르비아계에 공습을 시작했고 결국 세르비아 대통령 밀로셰비치는 미국이 오하이오 주 데이턴에서 중재한 평화협상을 받아들였다. 1995년 12월 세르비아, 보스니아 무슬림, 크로아티아 각각의 대통령은 파리에서 데이턴 평화협정에 서명하고 6만 6천명 규모의 나토군의 주둔을 허용했다. Chronology- What happened during the war in Bosnia?, www.reuter.com; John R. Lampe, "Bosnian Conflict, European history 1992-1995," https://www.britannica.com; 2006년 6만 명의 나토군이 완전 철수하기 전까지 미국은 보스니아에 나토군의 일부로 미군 2만 명을 주둔시켰다. Ivo H. Daalder, "Decision to Intervene: How the War in Bosnia Ended," http://brookings.edu; Bosnian Genocide- Facts & Summary - HISTORY.com, www.history.com

기동성을 증대시켰으며, 준비태세에 만전을 기하고 있고, 이라크와 북한이라는 2개의 지역분쟁에서 동시에 승리할 준비를 완료하고 있다. 미국이 언제 군사력을 사용할 것인가? 그것은 미국의 이익이 그것을 필요로 할 때인데, 클린턴 행정부는 그 일곱 가지 경우로 미국 본토와 시민 및 동맹국 방어, 평화를 유지하기 위한 공세의 차단, 중요한 경제이익의 보호, 민주주의의 보호와 확산, 대량살상무기, 테러리즘 및 마약의 확산방지, 안보 공약의 준수, 그리고 재난, 천연재해, 인권말살을 방지하는 인도적 목적을 규정하고 있다. 물론 이들 경우 항상 미국이 군사개입을 하는 것은 아니지만 군사력 사용의 가능성은 더 커진다.[38]

■ 군사력 사용 시의 고려사항

군사력 사용 시의 주의사항은 무엇인가? 군사력 사용에 있어서 수학 공식과 같은 정확한 계산법이 있는 것은 아니지만, 작전의 비용 대 효과, 확실한 임무의 정의, 전략 환경 평가, 탈출전략을 상정해야 한다. 한 가지 특기할 것은 미국은 다국적군을 구성하는 것이 바람직하지만 단독으로도 행동할 준비가 되어있어야 하는 것인데, 왜냐하면 유엔안보리 결정은 항시 담보할 수 있는 것이 아니고 동시에 다국적군 간에 군사력 사용에 관한 이견이 있을 수 있기 때문이다. 미국은 서반구와 제한된 지역에만 영향권을 설정하고

먼 다른 지역의 안정과 질서유지를 위한 간섭을 자제해야 한다는 의견이 있는데, 이것은 아주 위험한 생각이다. 미국은 그 이익과 이상의 범주에 비추어 다른 나라들이 이웃을 불법으로 침략하는 것을 방관할 수 없다. 아이티의 경우, 미국은 군사간섭 이전 3년에 걸쳐 민주적으로 선출된 정부를 회복시키기 위한 협상과 경제제재를 계속했으나 궁극적 성공을 가져온 것은 군사력의 사용이었다. 아이티 장군들은 미국의

후투 - 투치족 종족 갈등

제82 공습항공편대가 출격했다는 소식을 들었을 때 굴복했다. 보스니아에서는 나토의 공중공습 위협 또 그 위협이 구체적으로 실행됐을 때 밀로셰비치는 물러났고, 보스니아인들과 크로아티아인들 역시 자기들의 갈등을 중단하고 연방을 형성해야 한다는 생각에 동의했다.[39] 최근 보스니아에 주둔하는 유엔군과는 별도로 나토가 더 확실하게 정책을 수

---

38 Lake, pp. 88-90.

39 보스니아 무슬림과 크로아티아계는 세르비아계의 인종 청소 대상이 되기 전 자기들끼리 권력, 인종 문제 등에 의거한 갈등을 겪고 있었다.

립하고 군사작전을 시행하는 것은 올바른 결정이다. 소말리아에서의 미국의 임무는 인도주의적인 것으로 미국의 이익은 상대적으로 작았다. 그래도 그곳에서 미국 군대는 문제해결에 필요한 역할을 수행했고, 그것은 수십만 명의 생명을 구했으며, 장기적 해결의 임무는 미국 지원하의 유엔 평화유지군에게로 이양됐다.[40]

■ 의회와 행정부의 협력

군사력 사용에 있어서 의회와 행정부의 협력이 왜, 또 어떻게 중요한가? 미국의 군사개입을 위해서는 여론의 지지, 또 행정부와 의회의 협력이 중요한데 특히 최근에는 CNN등 언론 매체의 역할이 더욱 커져서 미국인들은 해외 개입과 관련한 의사결정에서 매일 갈등한다. 처음 외국의 비참한 모습을 보았을 때 미국인들은 개입해서 문제를 해결해야 한다고 생각하지만, 미국 군인들이 살상당하는 것을 목격하면서 그들의 의견은 정반대로 바뀐다. 여기서 개인보다는 정부가 정말로 개입해야 하는지를 현명하게 결정해야 한다. 대체적으로 페르시아만 걸프 개입에 대한 여론에서 나타났듯 미국인들은 군사력 사용을 크게 혐오하는 것은 아니고 특히 중요한 이익이 걸렸을 때는 개입하면 승리하기를 원한다. 그리고 군사력을 사용할 경우는, 미국은 확실하게 군사력을 사용해야 하는데, 그렇지 않으면 개입의 목표가 부식되고 미군 병력이 위험에 빠지기 때문이다. 이것이 클린턴 대통령이 소말리아 사태에서 성급한 철수에 반대하고 미군 병력수준을 증대시키면서 천천히 일정에 맞추어 추가 사상자가 나지 않도록 철수한 이유이다. 미국의 해외 군사개입에는 의회와 행정부의 협력이 필수적인데, 이것은 결국은 의회와 행정부 모두 궁극적 의사결정에 공동 책임이 있기 때문이다. 행정부와 의회 간의 국가안보에 대한 경쟁의

소말리아 군벌들

논조와 형태는 더 개선돼야 하고 동시에 당리당략을 벗어나야 하는데, 왜냐하면 그렇지 않을 경우 미국의 군대와 국민들이 불필요한 대가를 치르기 때문이다. 미국인들은 아직도 완전히 안전한 세계에 살고 있지 않다. 더 많은 민주주의, 관용, 다원주의를 구축하기 위해서, 또 위험을 물리치고 기회를 확보하기 위해 미국은 외교적 기술을 사용해야 하고 그 기술에 항상 미국의 힘, 군사력을 추가시켜야 한다. 계몽시대의 위대한 현실주의자 프레데릭 대왕(Frederick the

40 Lake, pp. 91-92.

Great)이 "무기가 없는 외교는 악기가 없는 음악(Diplomacy without arms is music without instruments)"과 같다고 말한 것을 기억할 필요가 있으며, 그렇듯 미국은 단호하게 군사력을 사용해야 한다.[41]

(3) 예방 국방

클린턴 행정부 시절의 미국 국방정책은 어떤 개념을 중심으로 전개됐나? 이것은 그 당시 국방장관 윌리엄 페리(William J. Perry)의 클린턴 행정부 국방정책의 구조에 관한 일목요연한 설명에 잘 나타난다. 냉전의 위협이 사라지면서 민주주의와 시장경제가 확산되는 희망적 추세가 존재하지만, 반면 새로운 위협이 등장한다. 그것은 대량살상무기(WMD: Weapons of Mass Destruction)의 확산, 국제테러리즘, 불량국가들에 의한 지역위협, 그리고 중, 동부 유럽 및 세계 도처에서 나타나 그 나라들을 산산이 조각내는 인종, 종교적 갈등이다. 이에 대처하기 위해 미국의 군사력은 대소억지에서 새로운 위협의 방지로 방향전환이 필요하다. 냉전이후시대의 신국방전략은 예방(prevent), 억지(deter), 패퇴(defeat)의 3단계로 구성되어 있다. 예방국방을 통해 위협의 출현을 방지하고, 위협의 출현을 막지 못했다면 억지를 통해 평화와 안보를 구축하고, 억지가 실패한다면 군사력을 사용해 위협을 패퇴시키는 3단계 전략이다.[42]

■ 위협 출현의 방지

예방국방(preventive defense)은 우선적으로는 대량살상무기 확산을 방지하는 것을 가장 큰 의제로 삼고 있지만, 그것은 동시에 민주주의와 시장경제 확산을 돕도록 고안되어 있다. 대량살상무기 확산과 관련하여 미국이 가장 중시했던 것은 과거 구소련 정부 당시 러시아, 우크라이나, 카자흐스탄, 벨로루스 4개 공화국에 분산 배치된 핵전력을 제거하는 것이었다. 다행이 미국은 국제적 주도권을 갖고 1991년 넌-루가의원이 도입한 협력적 위협감축(CTR: Cooperative Threat Reduction) 프로그램을 통해 러시아를 포함해 이들 4개국으로부터 4천개의 핵탄두, 800대 이상의 폭격기, 미사일 발사대를 제거할 수 있었다.[43]

----

41 Ibid., pp. 93-94.
42 William J. Perry, "Defense in an Age of Hope," Foreign Affairs, Vol. 75, No. 6 (November/December 1996), pp. 64-65.
43 Nunn-Lugar Program은 조지아 주 민주당 샘 넌 상원의원과 인디아나 주 공화당 리처드 루가 의원의 이름을 딴 것이다.

1995년까지 우크라이나와 카자흐스탄의 모든 핵무기는 해체됐고, 카자흐스탄의 600kg에 달하는 고농축 우라늄(HEU: Highly Enriched Uranium)은 미국 테네시 주 오크리지(Oak Ridge)의 안전한 저장소로 이송됐다. 벨로루스의 핵무기는 1996년까지 모두 제거되도록 조치됐다. 핵확산을 막기 위한 추가조치로 1995년에 비확산협정(NPT: Non-Proliferation Treaty)이 무기한 연장되었고, 전면핵실험 금지조약(CTBT: Comprehensive Test Ban Treaty), 화학무기 금지조약(CWC: Chemical Weapons Convention), 생물학무기 금지조약 (BWC: Biological Weapons Convention), 미사일기술 통제체제(MTCR: Missile Technology Control Regime)의 실효성을 담보하기 위한 시도가 추진 중이다. 1994년에 미국이 북한의 핵 프로그램 동결을 위해 경제유인을 제공하면서 군사 제재 가능성을 강력히 암시한 바 있는데, 대량살상무기 확산방지를 위해서는 가끔은 강압외교(coercive diplomacy)를 구사 할 필요가 있다.[44]

■ 지구적 차원의 국방개입

예방국방이 민주주의와 시장경제의 지구적 확산을 유도할 수 있는 것은 미국 군부와 다른 나라 군대와의 교류를 뜻하는 국방개입(defense engagement)을 통해서이다. 미국 국방성은 오래전부터 다른 나라 군부와 의사소통과 인적, 물적 교류를 해왔는데, 이제 워싱턴은 이러한 상호작용을 더 확대하려는 의도를 갖고 있다. 이 과정은 제3국 군대를 자유민주주의, 시장경제, 민군관계에 대해 더 많은 지식을 갖도록 만들 것이다. 어느 사회에서건 엘리트 교육을 받고 응집력이 강한 군부의 자유민주주의에 대한 깊은 이해와 지지는 민주주의와 시장 경제 확산, 그리고 미국의 안보이익에 중요한 의미를 가진다. 이것은 어떤 나라가 어떤 특정한 안보, 정치, 사회, 경제의 국내외적 위기에 처했을 때 군부의 향방이 그 나라 민주주의의 미래에 결정적 영향을 미치기 때문이다. 현재 국제군사교육 및 훈련 프로그램(International Military Education and Training Program), 독일의 마셜센터(Marshall Center), 또 하와이의 아태 센터(Asia-Pacific Center)에서 구소련 및 많은 제3국 군인들에게 고등 군사지식, 자유민주주의에서의 민군관계, 또 시장경제에 관한 전문교육이 진행되고, 동유럽의 폴란드, 체코, 헝가리, 루마니아, 불가리아에는 미군이 직접 파견되어 비슷한 활동이 전개된다. 다국적 평화유

독일 마셜센터

44 perry, pp. 67-68.

지, 재난구조, 신뢰구축 및 군비통제, 국방의 투
명성, 그리고 민주주의와 시장경제에 관한 교육
과 의견교환은 미군과 다른 나라 군대 간의 이해
증진과 상호 신뢰구축에 크게 기여한다. 이런 모
든 조치들은 동유럽과 중앙아시아 신생국들을 나
토에 가입시키기 위해 1994년 미국이 발족한 '평
화를 위한 동반자관계(PFP: Partnership for Peace)'

하와이 아태 센터

프로그램의 일환인데, 이를 통해 이들 국가들은 안전을 보장받는 동시에, 민주주의와 시
장경제를 도입, 활성화시킬 수 있을 것이다.[45]

　　지난 수년간 넌-루가 프로그램에 협조적이고 또 보스니아 사태 당시 32개국으로
구성된 나토 다국적군에 참여해 미국의 지휘를 받은 러시아에게는 나토 가입을 독려하기
위한 특별한 지위와 위상이 부여될 것이다. 러시아는 나토의 명령체계를 수용하고 군인
사 교류에 동의했는데, 유럽의 전통적 강대국인 나라가 유럽 안보에 통합되어 평화유지
에 기여한다는 것은 놀라운 역사적 진전이다. 사실 예방국방과 국방개입의 범위는 동유
럽, 러시아, 중앙아시아를 넘어 더 광범위하게 추진된다. 1995년 처음으로 미국 버지니아
주 윌리엄스버그에서 쿠바를 제외한 중남미 34개국 국방장관이 모여 연합훈련, 신뢰구축
등 예방국방 전반에 대한 설명을 청취했고, 1996년에는 아르헨티나가 제2차 미주국방장
관회의(Defense Ministerial of the Americas)를 초청하기로 약속했다. 아태지역의 예방국방,
국방개입은 동아시아 안보의 초석인 일본, 한국, 호주와의 군사동맹, 또 아세안지역포럼
(ARF: ASEAN Regional Forum)과 같은 아세안 국가들과의 다자안보대화의 형태로 진행된
다. 미 국방성은 중국 군대와의 교류협력도 추진하고 있는데, 워싱턴은 그것이 아직도 공
산주의라는 역사의 다른 편에 남아 있는 중국의 정치, 사회 제도, 문화에 긍정적 영향을
미치고, 상호이해를 증진시키며, 갈등 발생 가능성을 축소시키기를 기대한다.[46]

• • • • • • • • • • • • • • • • • • • •

45 Ibid., pp. 68-70.
46 Ibid., pp. 71-72. 1993년 7월 싱가포르에서 개최된 제26차 ASEAN 장관회의와 그 이후 회의(PMC: Post
　　Ministerial Conference)는 아세안 지역포럼(ARF)을 창설하기로 합의했다. 그 창설 회합은 1994년 7월
　　25일 방콕에서 개최됐는데, 그 회의에는 10개 회원국(브루나이, 미얀마, 캄보디아, 인도네시아, 라오스, 말
　　레이시아, 필리핀, 싱가포르, 타일랜드, 베트남)과 아세안의 10개 대화 파트너(호주, 캐나다, 중국, EU, 인디
　　아, 일본, 한국, 러시아, 뉴질랜드, 미국)가 참석했다. 파푸아 뉴기니(Papua New Guinea)와 몽골리아는
　　1999년에 그 그룹에 참여했고, 북한은 2000년에 참여가 승인됐다. ASEAN Regional Forum(ARF)/Asian
　　organization/Britannica.com, https://www.britannica.com; ARF의 목적은 공통의 이익과 관심을 포함
　　하는 정치, 안보 이슈에 관한 대화와 논의를 촉진하고, 아태지역의 신뢰구축과 예방 외교를 향한 노력에

■ 억지와 패퇴

예방국방이 실패할 경우에 추진되는 것은 위협에 대한 억지(deterrence)이다. 자유민주주의와 평화에 대한 도전은 여러 방법으로 규제될 것이다. 중동과 동아시아에 위치한 이라크와 북한이라는 두 개의 주요 지역위기, 국제테러리즘, 각종 인종 및 지역분규를 진압하기 위해 필수적인 것은 미국의 핵 억지력과 우월한 재래식전력, 미사일 방어체제, 전진배치, 그리고 동맹국과의 연합작전이다. 미국은 향후 상당기간 유럽에 10만, 동아시아에 10만 병력을 배치한다는 공약을 발표했고, 특히 이라크가 다시 도발할 가능성에 대비해 걸프지역에 최대 2만 명의 병력을 남겨두었다.[47] 해양세력이며 해상교통로를 중시하는 미국의 항모전단(CBG: Carrier Battle Group), 해병 및 공군 공격부대(Marine Expeditionary Units and Air Expeditionary Forces), 스텔스 전투기, 사전 배치, 또 막강한 육군 병력과 무기체계는 미국의 압도적 승리를 보장할 것이고, 현재 진행 중인 공중 및 해상 수송능력(airlift & sealift) 제고는 실시간으로 요구되는 미군의 기동성과 준비태세를 한층 더 제고시킬 것이다.[48]

미국 항공모함

스텔스 전투기

공헌하는 것이다. 제27차 아세안 장관회의는 "ARF는 역내 정치, 안보 협력에 관한 공개적 대화를 촉진하는 효율적인 아태 포럼이 될 수 있을 것이며, 이 맥락에서 아세안은 아태 지역의 더 예측가능하고 건설적인 형태의 관계를 가져올 수 있도록 ARF 파트너들과 함께 일해야 한다"고 언급했다. ASEAN Regional Forum, aseanregionalforum.asean.org

47 미국은 냉전 최고로 고조됐던 시기에 비해 1/3의 병력을 축소했는데, 미래 위기에 비추어 더 이상의 축소는 고려하지 않고 있다.

48 사전 배치(pre-positioning)는 전쟁에 대비해 물자를 전쟁 발발 가능성이 있는 장소에 미리 배치하는 행위를 말한다. 사전 배치에는 육상 배치와 해상 배치 두 가지 형태가 있다. Perry, pp. 74-76; 냉전시기 미국은 거대 항모가 없던 소련 해군과의 항모 전투를 상정할 필요는 없었지만, 미 항모 전단을 추적하고 일단 유사시 항모를 격침시키는 소련 해군의 공격 잠수함 임무에 대비해 대잠수함 전투 임무에 엄청난 재원을 쏟아 부었다. 미국 항모 전단을 구성하는 대표적인 함정 구성은 항모 1척, 순항 미사일을 장착한 2척의 공격용 순양함, 잠수함이나 전투기 공격을 방어하는 2척의 구축함, 대잠수함 방어를 위한 1척의 프리깃함, 적 함정이나 잠수함을 공격하는 방어용 2척의 방어용 잠수함, 그리고 연료, 식량, 탄약을 수송하는 공급선이다. 항모 전단과 동행하는 다른 함정들도 있을 수 있는데, 경우에 따라 병력수송선, 해병대를 위한 수륙 양용함정, 탱크와 기타 장비, 기회제거를 위한 수송선 등으로, 그것은 모두 임무에 따라 변경될 수

그러나 억지가 실패할 경우, 적국, 적대세력과의 전쟁을 위해서는 두 가지가 특히 중요한데, 그것은 준비태세와 첨단 과학기술의 이용이다. 첫째, 징병제가 아닌 모병제에서 준비태세를 최대한으로 유지하기 위해서는 질 높은 군인들을 채용해야 하고, 이를 위해서 미국은 민간 영역에 뒤지지 않는 높은 임금, 혜택, 근무환경, 주택 시설 및 건강보험을 제공해야 한다. 둘

사막의 폭풍 작전

째, 과학기술의 활용은 우월한 무기체계의 보유를 의미한다. 미국은 '사막의 폭풍' 작전에서 압도적으로 우월한 세계 최첨단의 기술과 무기를 보유하고 있음을 입증했다. 스텔스 기술에 의해 보장되는 공중장악은 적국의 지상군, 해군력을 괴멸시킬 수 있고, 정밀타격은 적의 고정목표를 한, 두 개의 정밀유도무기로 파괴시킬 수 있으며, 우월한 전장인식 능력은 적국의 동태파악을 가능케 하고, 적재적소의 병참지원은 결정적인 전쟁의 승리요소이다. 날로 발전하는 정보통신 기술에 힘입어 새로이 도입되는 스마트 무기(smart weapons), 스마트 정보(smart intelligence), 스마트 전장인식(smart battle ground awareness), 그리고 스마트 병참(smart logistics)은 미국 군대의 전쟁승리 가능성을 한층 더 높일 것이다. 오늘날 미국 군사목표는 군사력의 압도적 우위이다. 클린턴 대통령은 이렇게 말했다. "세계 최고의 강대국으로서, 우리의 결정적 이익과 가치가 걸려있을 때, 우리는 세계를 이끌고 가끔은 개입해서 행동해야 할 의무를 갖고 있다." 예방－억지－패퇴 전략은 새로운 시대에 미국의 지구적 리더십을 지원하고, 미국국민들은 하나의 국민으로서 예방국방의 중추적 역할에 대해 더 확실하게 이해할 필요가 있다.[49]

▥ 미국 현실의 해석

클린턴 행정부가 출범하면서 세간의 관심사는 다양한 주제에 관한 논의에 모아졌다. 그것은 냉전 이후 시대 국제질서의 성격과 구조, 다극체제로의 이행 가능성, 미국 대외정

. . . .

있다. The Carrier Battle Group- Science/HowStuffworks, science.howstuffworks.com 현재는 미국 이외에 러시아, 중국, 인디아, 영국, 프랑스, 이탈리아가 항모 전단을 운영하고 있다.

49 전장 인식능력은 여러 지역의 전쟁 상황을 동시에 파악하는 능력으로 그것은 우수한 C4I를 필요로 한다. 그것은 Command(지휘), Control(통제), Communication(커뮤니케이션), Computerization(컴퓨터화), Intelligence(정보능력)를 의미한다. Perry, pp. 76-79.

책의 세계경제 지배 의도, 미국 패권의 필요성 여부, 또 미국의 패권이 오래 지속될 것이라는 견해의 배경 등 다양한 내용을 포함했다.

1. 단극체제의 변화 가능성

많은 주제 가운데, 냉전 이후 시대 국제질서가 미국의 국제적 주도권을 기초로 한 단극체제인가, 또 그것이 과연 다극체제로 변화해 갈 것인가에 관한 논의가 우선적 관심을 받았다. 여기서 처음 많은 사람들의 관심을 끈 것은 폴 케네디의 견해였는데, 왜냐하면 그는 놀랍게도 미국의 2차 산업 발전이 불충분하고 변호사의 숫자, 보험, 금융 산업 등 3차 산업이 너무 두드러지게 확대되는 것은 미국 경제력의 약화, 그리고 종국적으로 미국 국제역량의 쇠퇴로 이어질 것이라는 비관적 예측을 제시했기 때문이다. 냉전이 종

유니버설 스튜디오

식되면서 미국이 경비절감을 위해 해외로부터 군사축소를 단행하고, 미국의 국가부채가 5조 달러에 이르며, 또 냉전시대 안보비용의 부담 없이 경제 증식에만 치중해 온 일본이 뉴욕과 캘리포니아의 유니버설 스튜디오를 포함해 미국 각지에서 수많은 부동산과 자산을 매입하는 현실이 폴 케네디의 견해를 그럴듯하게 보이게 만들었다.

그렇지만 몇몇 주목할 만한 전문가들은 그와 다른 견해를 제시했는데, 왈츠와 크리스토퍼 레인(Christopher Layne)은 그런 대표적 학자였다. 그들은 냉전 이후 시대의 미국이 일단 국제 질서에 있어서 국제적 주도권, 절대우위를 확보했다고 생각했다. 그것은 미·소가 양분해 지배하던 양극체제에서 소련이 붕괴되어 전 세계가 미국의 영향권에 귀속되고 이로써 미국만이 세계 유일의 초강대국으로 기능하게 됐다는 단순한 사실에 근거했다. 미국 경제가 5조 달러의 부채로 인해 휘청거리는 현실은 차후 해결될 수 있는 문제였고, 적어도 정치, 군사적으로 워싱턴의 영향력에 도전할 국가는 없었다. 이것은 세계 강대국들간의 세력균형 평가에서 확연하게 드러났는데, 무엇보다도 힘의 기반인 군사력, 경제력 비교에서 그랬다. 군사력에서 미국에 견줄 만한 나라는 구소련 밖에 없지만 일단 새로 태어난 러시아는 불꽃 튀는 국제정치의 힘의 경쟁에서 요구되는 정치적 의지를 상실했고, 국내경제 총생산은 3천억 달러라는 참담한 수준에 머물렀다. 유럽의 강대국 독일은 통일 이후 동서독 간의 격차와 통일 후유증을 처리해야 하며, 국내총생산은 1.8조 달러에 불과했고, 군사력 증강은 통일 당시의 국제적 합의에

비추어 비핵화를 포함해 매우 제한적이었다. 영국, 프랑스의 군사력 역시 미국에 비할 바 못되고, 경제력은 1.2~1.5조 달러 수준이었다. 중국의 군사력은 미국에 비해 30년 낙후됐고, 국내총생산은 14억 인구에도 불구하고 영국, 프랑스, 독일보다도 더 적은 1조 달러에 불과했다.[50] 냉전시대 안보 무임승차를 통해 부와 기술을 축적하고 3.5조 달러 경제 규모의 세계 2위 경제대국 일본만이 미국의 도전 상대로서의 가능성을 갖고 있는 것으로 평가됐다. 그들은 그런 국제질서를 단극체제(unipolar) 또는 미국에 의한 평화(Pax Americana)라고 불렀고, 더 많은 숫자의 대부분 전문가들은 그것을 도전받지 않는 미국의 국제적 주도권(unchallenged American international primacy)이라는 명예로운 이름으로 불렀다.

한편 동시에, 그들은 미국이 단극체제를 확보한 것은 맞지만 새로운 국제질서는 미국 주도의 단극에서 권력이 분산된 다극체제로 진행될 것으로 전망했다. 이런 주장에 대해 많은 전문가들이 공감했지만, 일부 계층은 그런 견해를 별로 선호하지 않았다. 미국이 패권을 보유하자마자 그것이 다극체제로 이동해 갈 것이라는 생각은 많은 미국 정치인, 관료, 또 친미 성향의 학자들에게 선호되는 생각은 아니었다. 그러나 다극체제로의 이행이 설득력 있게 제기된 이유는 국제질서 자체가 지난 오랜 기간 세력균형의 원리에 의해 지배받아 강대국의 흥망이 국제정치 역사의 계속되는 양상의 하나로 여겨졌기 때문이다. 예컨대 16세기 유럽의 스페인 패권은 17세기 초가 되면 네덜란드로 옮겨갔고, 그 패권은 또다시 청교도혁명 이후 영국에 의해 도전받았다. 18세기가 되면 새로이 부상하는 국가들이 국제사회에서 두각을 드러냈는데, 그들은 러시아, 프러시아, 오스트리아였다. 19세기가 되면 비인체제가 확립된 가운데, 후반과 종반으로 갈수록 영국과 독일이 패권경쟁을 벌이고 그것은 제1차 세계대전으로 귀결되었다. 히틀러의 제3제국이 국내에서 도덕적으로 많은 문제를 일으킨 것은 사실이지만, 적어도 국제적 차원에서의 제2차 세계대전은 영국 패권에 대한 독일의 두 번째 도전으로 해석되기에 충분했다. 미·소 냉전도 마찬가지였다. 양극체제 내에서 그 두 나라는 서로의 정당한 명분을 갖고 싸웠지만 이제 그 경쟁이 끝나면서 미국은 또 다시 패권을 유지하려 시동을 걸었다. 그런 국제질서에서 다른 국가들이 경쟁을 멈추고 워싱턴의 리더십만을 바라보리라고 기대하는 것은 상식에 맞지 않았다.

---

50 1990년대 후반 구매력(PPP: Purchasing Power Parity)을 감안할 경우 중국의 GDP는 2조 달러에 이른다는 분석이 제기됐다.

■ 미국 주도의 단극체제

　미국이 단극을 확보했고 또 그것이 다극체제로 이행될 것이라는 왈츠와 레인의 견해는 구체적으로 무엇이고, 어떤 논리를 따라 전개되었나? 왈츠는 냉전 이후 시대 초기의 국제질서는 소련의 붕괴와 러시아의 약화로 인해 변형된 양극체제 내에서 미국이 더 이상 어느 한 국가나 국가군에 의해 견제되지 않는 사실상의 국제적 주도권을 확보했다고 분석했다. 레인은 소련의 붕괴로 인해 미·소의 양극체제는 미국 주도의 단극체제로 전환됐는데, 이것은 러시아는 군사강국이고 독일, 일본은 경제 강국이지만 미국만이 모든 카테고리에서 힘을 보유하고 있기 때문이라고 말했다.

　강대국이 되려면 여러 가지 조건이 필요하다. 그 필요조건은 인구, 영토, 자원, 경제, 군사 등 여러 가지로 구성되고, 한 가지 요소만으로는 불충분하다. 인도는 10억이 넘는 인구, 거대한 영토를 보유하고 있고 많은 수재들이 노벨상을 받으며 21세기의 촉망받는 국가로서 남아시아의 지역 강대국으로 간주된다. 그렇지만 그 나라를 아직 지구적 강대국이라고 부르는 사람은 있다. 그 이유는 전체 GDP가 세계차원에서 경쟁국가에 비해 상대적으로 작고 군사력 역시 핵무기 보유에도 불구하고 재래식 능력에서 상대적으로 취약하기 때문이다.[51] 군사력의 경우 핵무기는 상호확증파괴로 상호억지를 가능케 한다. 그렇지만 영국, 프랑스의 경우에서 나타나듯 핵무기 보유만으로 강대국이 되는 것은 아니다. 핵무기가 있어도 재래식 군사력 사용의 효용성은 그대로 존재한다. 냉전시대 미·소가 핵무기 보유로 인해 서로의 직접적 전쟁을 피할 수 있었지만 그들의 이익이 관련된 주변에서의 전쟁에는 재래식 전쟁에 의해 승자와 패자가 결정되었다. 핵무기는 인도적 측면에서 함부로 사용하기가 어렵다. 미국 아이젠하워 행정부 시절의 안보정책의 핵심은 대량보복(massive retaliation)으로 그것은 핵무기를 소형화해 사용한다는 것이었는데, 그것은 인도주의적 고려로 인해 케네디 시절 또다시 재래식 무기의 효용성을 강조하는 유연반응(flexible response)전략으로 바뀌었다. 오늘날 미국의 핵전략은 핵무기를 보유하지 않은 적대국에게는 핵무기를 선제적으로 사용하지 않는다고 말하는데, 그것 역시 핵무기 확산을 막기 위한 조치를 넘어 그 가공할 무기의 파괴성, 인도주의적 고려를 감안한 처사이다. 그래도 중국, 인도, 파키스탄, 심지어 북한까지도 핵무장을 한 상황에서 일본, 독일, 유럽연합 모두 핵무장을 고려할 것이다. 이것은 군사력이 없이 강대국이 되는 것은 불가

51 인도의 2016년 GDP는 2조 2,635억 달러이고 세계 경제의 3.65%를 차지한다. India GDP/1960-2017/ Data/Chart/Calender, https://tradingeconomics.com

능하기 때문이다.[52]

강대국 조건으로 빼놓을 수 없는 것은 경제이다. 경제가 중요하다는 것은 재삼 강조할 필요가 없다. 그 이유는 경제는 모든 행동, 행위의 하부구조를 이루고 경제와 군사는 서로를 지탱해 주는 상호 연관성을 갖기 때문이다. 경제가 충분히 발달하지 못했을 때 국방 분야로 충분한 자금과 기술이 이전될 수 없고, 그것이 군사력 저하로 이어지는 것은 당연하다. 그렇지만 경제력 하나로 강대국이 되는 것은 아니다. 경제가 국제관계에서 중요한 지렛대로 활용되는 것은 사실이지만, 그 효용성은 커다란 한계를 갖는다. 미국과 서방의 경제제재에도 불구하고 이란, 북한, 또 과거의 리비아, 이라크를 포함하는 많은 나라들이 핵탄두, 다양한 종류의 미사일을 개발하는 이유는 경제력을 넘어 군사력의 필요성이 인정되기 때문이다. 역사를 거슬러 올라가면 펠로폰네소스 전쟁 때 아테네는 경제력에서 스파르타보다 더 우월했지만 결국은 먼저 멸망했고, 오늘날 한국은 북한보다 경제에서 30배 이상 우월하지만 북한의 핵무장에 의해 크게 위협받는다. 쿠웨이트는 이라크에 비해 경제적 풍요에서 부족할 것이 없었지만 탱크를 앞세운 사담 후세인에 의해 침략받았고 미국의 개입이 없이는 주권을 회복할 수 없었다. 강대국의 조건에서 군사력 보유는 필수적이고 경제력은 그를 떠받치는 또 다른 수단이다.

■ 일본, 독일의 도전

다극체제로의 이행은 국제질서에서는 당연하고 거부할 수 없는 현상이다. 국제질서 내에서 자동적으로 작동하는 세력균형의 원리는 미국의 선두 위치에 대한 도전을 유도할 것이다. 미국 펜타곤의 국방계획지침은 "다른 거대 산업국들이 미국의 리더십에 도전하거나 기존의 정치, 경제 질서를 뒤집으려 시도하지 못하도록 충분히 설득하고 이들이 더 큰 지역적, 지구적 역할을 탐내는 것을 억지하는" 단극체제 영속을 구상하고, 특히 일본과 독일이 다자 안보와 미국 주도의 경제 구조에서 분리되어 독자노선을 추구하는 것을 방지하는 것을 구체적 목표로 삼았다. 그렇지만 미국의 절대우위 정책은 실패할 것이다. 향후 10~20년 기간 중 일본, 독일, 중국이 새로운 강대국으로 등장할 것이다. 경쟁하는 강대국들은 차등적 성장률(differential growth rate)을 배경으로 경제성장을 지속하고 무정부상태의 국제질서 속에서 미국을 넘어서려는 노력을 계속할 것이기 때문이다. 러시아는 완전히 해체되지 않는다면 과거 제정 러시아나 소련이 그랬듯이 공격적이기보다는 수동적, 방어적이며 세계에 큰 영향을 미치지 못하는 방어적 강대국으로 잔류할 것이다. 로버

52 Waltz, "The Emerging Structure," pp. 50-54.

트 길핀(Robert Gilpin)의 패권안정론(hegemonic stability theory)은 미국과 같은 시혜적 패권국(benign hegemon)은 국제평화, 국제경제, 국제기구 같은 국제 공공재로부터 유래하는 이익과 혜택을 계속 확보하기 위해서 다른 나라들이 강대국을 지지할 것처럼 주장한다. 그러나 조셉 그리코(Joseph Grieco)가 지적하듯 국가들은 오늘의 우방이 내일의 적이 될 수 있기 때문에 협력의 결과적 배분, 또 절대적 이익(absolute gain)이 아니라 상대적 이익(relative gain)에 관심을 두고 그로 인해 시혜적 패권국을 지지하지 않는다. 스테펜 월트(Stephen M. Walt)의 위협균형론(balance of threat theory)도 경쟁 상대국이 미국과 같은 온건한 패권국에 대해서는 덜 반발할 것이라고 주장하지만, 패권국의 오늘의 시혜적 의도는 내일 바뀔 수 있기 때문에 경쟁국은 패권국의 힘 속에 내재돼 있는 위협 가능성을 우려한다는 사실을 간과하지 말아야 한다.[53]

    단극적 패권에 반대해 새로운 강대국이 세력균형을 추구한 몇몇 선례가 존재한다. 첫 번째는 17세기 중반 이후 약 60년 간에 걸친 프랑스 패권에 대한 영국의 도전이다. 1660년 루이 14세가 프랑스 왕위에 올랐을 때 프랑스는 유럽 유일의 강대국이었다. 그 당시 프랑스는 유럽의 경쟁 국가인 스페인, 네덜란드, 영국에 비해 몇 가지 장점을 갖고 있었는데, 그것은 강력한 왕정하의 효율적 중앙집권화, 유럽 최초의 상비군, 그리고 재정장관 콜베르가 지휘한 동, 서인도 무역의 상업적 이익, 농업생산성 증대였다. 그렇지만 외교, 군사, 경제력을 토대로 해외로의 팽창에 나선 프랑스의 시도는 주변국, 특히 영국의 견제로 인해 완전히 좌절됐다.[54] 두 번째는 19세기 중반부터 제1차 세계대전 직전에 이르는 기간의 영국 패권에 대한 독일의 견제다. 영국의 패권은 다른 어느 시대나 마찬가지로 (해군에 기초한) 세계 최강의 군사력, 전세계 제조업의 절반을 차지하는 압도적 경제력, 그리고 세계 최대의 식민지를 배경으로 하는 국제정치 중재자, 균형자로서의 역할에 기인했다. 세계 제1의 패권국 영국의 위세는 영원할 것 같았으나, 그러나 그것은 제조업과 폭발적 수출로 경제력을 강화하고 티르피츠 계획(Tirpitz Plan)으로 해군력을 강화시킨 독일에 의해 결정적으로 견제 받았고, 두 나라 간의 갈등은 결국 제1차 세계대전으로 귀결됐다.

53 Christopher Layne, "The Unipolar Illusion," International Security, Vol. 17, No. 4 (Spring 1993), pp. 5-16.
54 청교도 혁명, 명예혁명을 거치면서 자본주의 국가로 탈바꿈한 영국은 항해조례, 산업혁명으로 경제, 군사력을 강화시키는 동시에 수많은 대불 동맹을 성립시키며 스페인 계승전쟁, 오스트리아 계승전쟁, 7년 전쟁에서 나타나듯 프랑스의 해외팽창을 저지했다. 그렇게 해서 18세기 중반에 이르면 프랑스는 북미를 포함해 세계 전역의 모든 식민지를 상실하고 2류 국가로 전락하게 됐다.

미국과 일본의 강대국으로의 부상은 비록 그것이 영국의 패권에 대한 직접적 도전으로 시작된 것은 아니지만 부분적으로는 영국의 패권에 자극받은 결과였으며, 종국에는 영국 주도의 단극체제(Pax Britannica)를 다극체제로 변화시키는 데 공헌했다. 미국의 강대국으로의 발전은 1840년대의 산업혁명을 거쳐 남북 전쟁 이후 폭발적인 공업발전에 기인했다. 1913년에 이르면 미국은 세계에서 영국(13.6%)과 독일(14.8%)을 합친 것보다 더 많은 제조품을 생산해(32%) 냈는데, 이것은 다른 주요 경쟁국들과 해외이권을 놓고 경쟁하는 데 필수적으로 요구되는 해군력 건설로 이어졌다. 1895~1896년 베네수엘라와 영국령 기아나(Guiana) 사이의 모호한 국경을 둘러싼 영·미 간 분쟁에서 런던이 물러나 남미대륙에서 미국의 주도권이 확인된 것은 영국의 절대우위가 무너지고 있음을 입증했다. 일본의 사례는 매우 독특한 것으로 이것은 서구의 위협 앞에서 부국강병을 토대로 강대국으로 등장한 경우다. 일본은 나중에 청일 전쟁, 노일 전쟁에서 승리하고 결국은 동아시아에서 영국, 프랑스, 미국 등 다른 강대국들의 힘을 희석시켰다.[55]

강대국이 되고 안 되고는 선택적인 것이 아니며, 그 선택은 매우 제한적이다. 일단 일본의 경우 주목할 것은 중상주의에 기초한 경제력의 신장이다. 일본은 과거 메이지 유신 이후에도 그랬지만 제2차 세계대전의 패배 이후 냉전시기 내내 미·일 안보협력의 핵우산 보호하에 오로지 경제적 성장에만 몰두했고 이는 도쿄의 경제적 신화를 성공적으로 창출해 냈다. 유치산업을 보호하고 수입을 규제하면서 수출을 장려하고, 자국 시장개방과 기술이전에 지나치게 소극적인 일본의 정책은 모두 국가 간 경제 경쟁, 경제적 민족주의를 겨냥한다. 해외 공적개발 지원(ODA: Official Development Assistance)은 타국의 자원, 상품시장 확보의 목적을 띠고, 그것은 아세안(ASEAN) 지역으로의 경제침투, 또 아태지역 전체로 경제기지 건설을 확대시키는 효과를 만들어 냈다. 미국의 수퍼 301조, 유럽공동체의 경제통합은 부분적으로는 자유주의 시장경제에서 혜택에만 몰두하고 책임은 지지 않는 일본의 공격적 경제 전략에 대응하는 성격을 띤다. 일본은 그렇듯 동아시아 경제 블록을 선도하고 있고 그런 추세는 계속될 것이다. 일본의 경제성장과 공세적 경제행위, 또 국제통화기금(IMF: International Monetary Fund), 세계은행(IBRD: International Bank for

---

55 일본은 중국이 영국과의 아편 전쟁 이후 식민지로 전락하는 것을 목격했고 자국 역시 미국 페리제독의 함포 사격 이후 서양 각국과 불평등 조약을 체결해야 했다. 서양이 지배하는 세계 질서에서 더 이상의 식민화를 막고 독립을 유지해야 한다는 생각이 일본의 메이지 유신을 야기했고, 이것이 일본으로 하여금 부국강병, 근대화를 통해 강대국으로 등장하는 동력을 제공했다. 서양으로부터의 과학, 군사기술, 군대조직 기술의 도입, 또 서양 모방하기는 일본이 청일 전쟁, 노일전쟁에서 승리하고 결국은 동아시아에서 영국, 프랑스, 미국 등 다른 강대국의 힘을 희석시키고 패권을 다투는 경쟁 강대국으로 등장하는 밑거름이 됐다. Layne, pp. 25-27.

Reconstruction and Development)에서의 선도적 역할은 일본이 강대국이 되고 세계 지배권에 중요한 역할을 담당하려는 의도를 나타낸다. 10년 후 일본의 경제가 절정에 이르면서 도쿄는 그 자신에 어울리는 국제질서를 요구하고 미국의 세계경제 운영에 있어서 가장 큰 파트너로서의 지위를 요구할 것이다. 독일 역시 세계에서 더 큰 경제적 역할을 하려는 움직임을 보이고 있는데, 독일의 국내 총생산은 일본의 절반 밖에 되지 않지만 1986~1992년간의 수출은 미국, 일본을 앞질렀으며 독일 경제는 일본보다 더 세계화되어 있다. 독일 경제는 또 지리적 여건에 힘입어 동유럽, 러시아에서 선도역할을 한다. 오늘날의 경제구조는 미국 중심의 달러권, 독일 중심의 마르크권, 또 일본 중심의 엔권으로 구분되는데, 일본, 독일의 국제경제 활동 증가는 국제정치의 구조가 변하고 있음을 의미한다. 국가들은 항상 부와 안보를 위해 경쟁했고, 미래에도 국가 간 갈등은 존재할 것이다.[56]

일본과 독일은 경제력뿐 아니라 군사력을 강화하려 노력할 것이다. 1970년대 데탕트 시절부터 일본은 구소련 극동군 군사력 증강을 우려해 온 바 있는데, 앞으로도 중국 군사현대화, 중·대만 관계, 북한의 핵무장, 한반도에서의 군사충돌 가능성, 러·일 간의 구릴열도 분쟁, 중·일간의 센가쿠열도 분쟁, 남중국해의 영도분쟁, 또 동아시아로부터 미군의 철수 가능성 앞에서 점차 더 큰 군사 역량의 확보, 또 핵무장을 고려할 것이다. 비록 지금은 국내여론이 공세적 외교, 안보전략에 반대하지만 다가오는 다극적 신국제질서하에서 일본이 계속 핵 비무장만을 고집하기는 어려울 것이다. 강대국 경제를 가진 국가들은 좋든 싫든 강대국이 되게 되어 있고, 자기들이 마땅히 받아야 할 국제적 존경과 위상이 확보되지 않을 경우 내부적 자제는 국가의 무능력에 대한 비판으로 전환되게 되어 있다. 자존심은 국적이 없다. 일본, 독일의 핵무장 자제는 무한정 지속되지는 않을 것이고, 제2차 세계대전에서 유래한 세대적 기억이 희석되면서 그 인내는 점차 약해질 것이다. 독일, 일본이 핵국가가 되지 않는 것은 경제, 기술적인 문제가 아니고 정치적인 문제이다. 독일, 일본의 핵무장이 주변을 우려시킬 수 있겠지만, 이들이 핵무장을 하기로 결정했을 때 과연 누가 이를 막을 수 있겠는가?[57]

중국의 성장도 눈부시다. 1980년 이후 10년간 중국의 경제성장은 평균 9.5%였는데,

---

56 왈츠는 다음 강대국으로 부상할 국가들 중에서 첫 번째로 주목할 국가는 일본이라고 강조했고, 레인도 비슷하게 생각했다. 물론 이것은 2018년 현재의 위치에서 보면 정확한 예측은 아니었다. 그러나 그들은 그렇게 생각했고, 그것은 그 당시 헌팅턴의 '문명의 충돌'만 제외하면 미국 정부뿐 아니라 전문가 대부분에 광범위하게 퍼져 있는 일반적 견해였다. 사실 헌팅턴 자신도 뒤에 설명 되겠지만, '문명의 충돌'을 주장하기 몇 개월 전까지 일본이 미국의 국제적 주도권에 도전할 나라라고 생각했다. Waltz, pp. 57-61.

57 Ibid., pp. 62-67.

연평균 8% 성장을 이룩하는 경제는 9년마다 그 규모가 두 배가 되었다. 이런 추세대로라면 향후 10년 내에 중국은 강대국 반열에 들 것이다. 중국의 급격한 부상에 대처하기 위해서 미국은 일본의 강력한 도움을 절실하게 필요로 할 것이다. 서유럽은 경제통합은 이루었지만, 정치적 진전을 기대하기는 쉽지 않다. 마스트리히트조약 체결 당시 유럽연합은 덴마크와 프랑스의 동의를 얻는 데 많은 어려움을 겪었고 그 경제, 사회조항은 영국에서 논란의 대상으로 남아 있다. 경제 통합이 일정부분 어렵게 성취됐지만 하나의 단일적이고 효율적인 정치조직을 형성하는 마지막 결정은 가장 어려운 것으로 더 이상 앞으로 나가기가 쉽지 않다.[58]

■ 새로운 질서에 대한 적응과 미국의 선택

레인은 미국은 절대 우위를 고수하는 전략보다는 다극체제로의 전환기간 동안 다른 강대국과 함께 협력적으로 국제질서를 운영하는 것이 바람직하다고 조언했다. 미국에 대한 반대는 세계 곳곳에서 들려온다. 프랑스를 포함한 유럽, 일본, 중국, 인도네시아, 말레이시아 일각에서 단극체제는 양극체제보다 더 위협적이라는 견해를 표출한다. 워싱턴의 시혜적 패권정책은 상대방에게 군사, 경제 무임승차를 허용해 오히려 미국의 상대적 쇠퇴를 가속화시킬 것이다. 일본과 독일은 유엔안보리 상임이사국 지위획득 시도, 독자적 정보수집 역량 확충 등 강대국으로의 역할수행에 필요한 준비를 하고 있다. 전략적으로 미국은 해외균형자(offshore balancer) 역할을 하면서 다른 지역에서 패권국의 출현을 방지하는 것이 가장 현명할 것이다. 동시에 미국은 취약해진 경제력 회복 등 내부적 쇠락요인을 시정해야 한다.[59] 그래도 왈츠는 미국에 대한 일본의 도전은 일정시간을 소요할 것이라고 분석했다. 일본의 저출산, 비 이민정책, 고령화, 그리고 현재 기술력의 한계에 비추어 미·일간의 격차가 좁혀지는 기간은 일정시간을 필요로 할 것이다. 당분간은 미국이 경제, 군사적으로 세계를 이끌고 일본, 중국, 독일이 그 뒤를 따를 것이다. 미국, 일본, 독

---

58 이 분석은 2018년 현재의 위치에서 뒤돌아 볼 때 상당히 유효한 예측으로 보인다. 예컨대 독일과 프랑스가 주축이 되어 EU는 유럽의 독자적 공동 안보를 위해 공동 군대를 조직했다. 그렇지만 그 효율성은 많은 의구심을 자아냈고, 그래서 나토가 없이 유럽의 독자적 안보가 가능할지에 대해 많은 의문이 제기됐다. 유럽의 통합은 표면적 경제 통합에도 불구하고 2008년 이후의 남부 유럽, 특히 그리스, 스페인의 과잉 복지로 인한 재정 파탄, 그리고 이를 수습하는 데 있어서의 회원국 간의 이견과 독일 중앙은행의 중추적 역할은 내부적 경제 협력이 쉬운 것만이 아님을 증명했다. 특히 2014년 스코틀랜드의 불발된 분리 독립 움직임, 또 스페인에서의 카탈로니아와 바스크 지역의 분리 독립 움직임 역시 유럽의 정치, 군사 통합의 길은 요원함을 알려주는 계기로 작용한다. Ibid., pp. 68-70.

59 Layne, pp. 39-47.

일, 중국은 모두 새로 꾸려지는 국제체제 내에서의 새로운 위상을 감안해 강대국으로서의 새로운 역할을 배워야 한다. 미국의 경우는 과거와 같이 일방적으로 결정하던 것을 넘어 다른 강대국들과 함께 논의하고 함께 결정하는 시기를 맞게 될 것이다.[60]

2. 미국 대외정책의 경제 패권적 성격에 관한 시각

이제 미국의 대외정책이 경제 중심적 속성을 띠고 있다는 주장이 제기됐다. 그동안 미국이 세계경제 지배를 추구한다는 비판은 어제 오늘의 일이 아니었다. 세계 곳곳에서 그런 비난은 과거에도 항시 존재했고, 그 메커니즘의 체계적 이해를 위해 수많은 수정주의 이론들이 제시됐다. 고전적으로는 레닌에서 출발하고 냉전시대, 그리고 오늘날의 전문가들이 이어받은 좌파적 분석은 미국 및 자유민주주의 시장경제 국가들의 대외정책 이해에 많은 흥미로운 관점을 제시했다. 또 이를 반박하고 자유주의 외교안보 행태를 정당화하기 위해 수많은 크고 작은 우파 이론과 설명들이 제시됐다. 대표적으로 레인(Christopher Layne)과 벤저민 샤츠(Benjamin Schwarz)는 미국 대외정책은 세계경제를 지배하려는 제국주의적 성격을 띠고 있다고 말하면서, 워싱턴이 세계질서 유지의 이름으로 지구상의 모든 분쟁에 개입하는 진정한 목적은 경제적 상호의존을 통해 미국이 주도하는 국제경제를 계속 장악, 유지하기 위한 것이라고 주장했다. 그들은 또 워싱턴 패권전략의 형태와 본질에 대해 자세히 설명하면서 미국은 다가오는 다극세계에서 특별한 나라이기보다는 보통의 강대국으로 행동해야 한다고 조언했다. 샤츠는 별도의 계기에 다시 한번 미국의 지구적 경제지배 전략에 대한 자신의 주장을 펼쳤다. 그는 미국이 나토를 동쪽으로 확대시키는 이유는 미국의 냉전시대 소련 봉쇄를 넘어서는 어떤 근본적 이익을 염두에 둔 조치로서, 여기서 추진되는 독일과 일본에 대한 이중봉쇄는 미국이 성숙한 성인으로서 미성숙한 이들 국가를 감독하는 것이나 다를 바 없으며, 그렇게 나토가 확대되고 미국의 불안정의 전선이 끝없이 확대되면서 미제국은 과다팽창하게 된다고 주장했다. 레인과 샤츠의 주장은 구체적으로 무엇이고, 그들은 그 주장을 뒷받침하기 위해 어떤 논리를 전개했으며, 그런 주장은 과연 객관적으로 어떻게 이해되어야 할까?

· ·

60 왈츠는 독일이 강대국이 되기를 원한다면 그것은 강대국 리스트의 맨 밑바닥에 위치할 것이라고 말했다. 비록 그 경제는 일본 국내 총생산의 절반 밖에 되지 않지만 국경을 넘어서는 상업 활동을 할 수 있는 경제 기초가 존재하고, 다른 한편 핵무기 구비로 전략적 억지력을 확보할 수 있기 때문이다. Waltz, pp. 71-72.

■ 세계질서 유지와 이중 봉쇄

냉전이 종식된 상태에서 미국은 과거와 같이 커다란 안보위협에 직면하고 있지 않다. 지구적 안보위협의 부재는 워싱턴으로 하여금 더 유연하고 편안하고 협력적 국제관계를 유지하게 만들 수 있을 것이다. 그렇지만 미국의 정책은 그런 것이 아니라 계속 새로운 위협을 강조하면서 세계의 크고 작은 모든 문제에 개입하는 형태를 띤다. 1990년대 중반 구유고슬라비아의 보스니아 사태는 그런 경우다. 미국이 계속 새로운 위협을 들추면서 세계 간섭을 계속하는 것은 미국 대외정책의 근본 목표가 세계 패권 확립, 미국이 주도하는 세계질서의 수립임을 알려준다. 소련은 미국이 팽창할 준비가 되어 있는 상태에서 돌발적으로 나타난 적 일뿐이다. 국가안보위원회 68(NSC-68) 정책 기안자 폴 니츠(Paul Nitze)는 미국은 소련이 아니었더라도 세계 패권을 추구했을 것이라고 말했다.[61] 냉전은 미국의 절대우위 전략에 필요한 계기를 제공했고, 이 과정에서 워싱턴은 소련뿐 아니라 과거의 적이며 미래의 적이 될 수 있는 독일과 일본까지 미국의 권위하에 복종시키는 이중 봉쇄(double containment)에 성공했다. 이제 미국은 절대우위 확립과 유지를 위해 몇 가지 전략을 동시에 실시한다. 1992년 미 국방성 방위계획지침은 미국이 압도적인 리더십을 행사하기 위해 독일과 일본이 더 큰 지역적, 지구적 역할을 담당하지 못하도록 조치를 취해야 한다고 강조했다. 이것은 통합된 유럽, 통일 독일, 독자적 일본이 새로운 파워의 핵심으로 부상하지 못하도록 하는 것을 의미한다. 유럽과 동아시아에 주둔하는 총 20만 명의 미군 해외전진배치는 과거 냉전시대 이중 봉쇄의 연장이다. 유럽과 동아시아에 대한 안전 보장은 미국의 지구적 리더십을 보장하고 미국의 이익이 침해될 경우 즉각 개입을 위한 수단이다.[62]

폴 니츠

냉전 시대나 냉전 이후 시대나 미국 대외정책의 근본적 목적은 변하지 않았다. 매들린 올브라이트(Madeleine Albright) 국무장관과 미국 고위 관리들은 새 시대에도 과거의 현상유

매들린 올브라이트

61 Christopher Layne and Benjamin Schwarz, "American Hegemony-Without An Enemy," p. 5.
62 Ibid., pp. 8-10.

지는 미국의 세계 리더십을 위해 꼭 필요한 것이라고 말한다. 최근의 4개년 방위검토보고서(QDR: Quadrennial Defense Review)는 미국의 냉전시대 안보전략의 핵심인 나토에서의 미국 리더십, 페르시아만 오일에 대한 미국의 접근을 위한 보호자 역할, 그리고 미국의 동아시아 동맹은 그대로 유지돼야 한다고 결론지었다. 이것들은 미국 불변의 영원한 이익이다. 미국의 냉전 방위태세와 안보 공약들은 소련을 봉쇄하는 것보다 항상 더 근본적 목적을 갖고 있었다. 1949년 NSC−48의 초안은 세계질서 수립에 대한 미국의 우려와 비전을 잘 요약했다. 그것은 한마디로 미국은 경쟁하는 국가들이 자유무역 정책과 관련된 미국의 이익을 방해하지 못하도록 대비해야 한다는 것이다. 독일과 일본에 안보를 제공하면서 그들의 독립적인 대외, 군사정책을 방지하는 것은 서유럽과 동아시아 국가들 간의 관계를 안정시킨다. 나토와 미·일 동맹은 그들의 좌충우돌하는 힘의 정치를 추방하여 서유럽과 동아시아 국가들이 평화적으로 남아 있도록 안보를 재보장할 것이다. 미국은 미성숙한 이들 국가들에게 성숙한 성인의 자격으로 감독(adult supervision)한다. 오늘날의 미국은 냉전 초기의 미국과 거의 다른 것이 없다. 오늘날에도 미국은 자국이 추구한 통합적, 상호의존적 세계실서에 방해가 되는 깃을 제기히기 위해 전력을 다한다. 미국 대외정책 공동체는 이제 경쟁 강대국들이 자기들의 대외정책을 재국유화(re-nationalization)하는 위험을 경계한다. 미국은 서유럽과 동북아가 독립적 경제 블록을 형성하고 미국 주도의 국제적 경제 상호의존에 도전하는 것을 방지한다. 미국의 해결책은 그 두 동맹국들의 군사적, 정치적 독립을 제한하는 이중 봉쇄 전략을 계속하는 것이다. 이것은 그들을 워싱턴의 영향권에 귀속시키고 경제 상호의존을 계속하게 만들 것이다. 그것은 유럽의 완전통합을 방지하고 일본의 독립적 자주권을 허용하지 않을 것이다. 미국은 동맹국들에 대해 리더십을 발휘하고, 이는 지역안보의 재보장, 안정, 불안정화 하는 군사 경쟁의 배제, 그리고 경제적 상호의존을 가능케 할 것이다.[63]

　미국은 경쟁 강대국의 성장과 독자적 행보를 규제하면서 크고 작은 모든 세계 문제에 개입한다. 보스니아사태 당시 클린턴 행정부는 미국이 개입하지 않으면 유럽은 또다시 과거의 민족 분규, 전쟁, 혼란으로 회귀할 것이고, 이것은 지난 50년간 가까스로 유지되어 온 유럽의 정치, 경제적 개방을 과거의 지정학적 대결로 되돌릴 것이라고 주장했다. 동유럽에서의 분규, 불안정은 서유럽으로 유입되고, 이것은 미국이 주도하는 국제질서,

---

63　Benjamin Schwarz, "Permanent Interests, Endless Threats," World Policy Journal, Vol XIV, No. 3(Fall 1997), pp. 24, 26; 미국의 제국주의적 팽창에 대한 비슷한 내용은 Benjamin Schwarz, "Why America thinks it has to run the world," The Atlantic Monthly, Vol. 277, No. 6(June 1996)에서도 다루어지고 있다. 다만 이 논문은 동아시아, 일본, 중국 이야기를 더 많이 다룬다.

미국의 가치, 시장 경제, 경제적 상호의존을 위협할 것이다. 미국이 지휘하는 나토는 그 존재가치를 입증하고, 유럽의 평화와 안정이라는 주어진 임무를 수행해야 한다. 미국의 번영은 국가 경제의 상호의존에 달려있고, 미국은 경제적 상호의존을 위해 지정학적 안정과 안전을 보장해야 한다. 오늘날 상호의존학파가 미, 유럽, 동아시아의 경제관계는 상호번영에 결정적으로 중요하고 전쟁은 불필요하다고 말하는 것은 미국의 경제적 이익 확대를 위한 하나의 논리적, 이론적 변명에 불과하다.[64]

■ 경제적 상호의존

　　미국의 대외정책은 외국의 군사와 경제, 국내 문제를 동시에 고려한다. 그러나 미국 대외정책의 가장 중요한 핵심에는 자본주의 국가로서의 자유주의 시장경제와 관련된 이익이 자리 잡고 있다. 조지 H. W. 부시 당시 미국이 사담 후세인의 쿠웨이트 침공을 물리치기 위해 걸프전을 치렀을 때, 그 진정한 목표는 중동의 석유였다. 미국 대외정책에서 경제 변수가 중심적 위치를 차지하고 있다는 사실은 마르크스주의자(Marxist), 레닌주의자(Leninist), 또 윌리엄스(William Appleman Williams)와 다른 좌파 역사학자들의 문호개방학파(Open Door School)가 설명하듯 미국 대외정책은 경제적 제국주의를 겨냥하고 있음을 주지시킨다.[65] 그보다는 덜 직접적이지만 빌 클린턴의 보스니아 개입 역시 미국의 물질적 성장, 직업, 유럽과의 상호의존이라는 경제관계 유지의 필요성을 부분적, 묵시적으로 고려했다. 과거 베니스, 네덜란드, 그리고 산업혁명 이전 영국의 중상주의와 마찬가지로 고전적 자유주의 경제는 팽창주의적 대외정책으로 연결됐다. 19세기 자유주의 무역 옹호론자들은 세계의 물질적 부는 풍요로워지고 무역 국가들은 전쟁과 제국주의를 멀리하고 평화를 사랑하게 될 것이라고 주장했는데, 이것은 오늘날의 상호의존 학파가 미국의 서유럽 및 동아시아와의 경제 관계가 모두에게 물질적으로 호혜적이고 전쟁을 멀리하게 할 것이라고 주장하는 것과 비슷하다. 그렇지만 미국 대외정책의 현실은 어떠한가? 오히려 미국 대외정책은 자유무역이 국가 간의 평화로 향하는 이익의 조화를 이루는 것이 아니라, 자유무역이 발생하도록 미국 군대가 조화를 강요하는 모양새가 아닌가? 그 점에서 과거 근대 자유무역주의 맨체스터 학파의 주장이나 오늘날 미국의 경제적 상호의존론이나 모두 자본주의 국가의 경제 활성화를 위한 이론적 위장일 뿐이다. 미국이 다른 나라들에게 그들의 정치, 군사 분규 가능성을 지적하고 또 인권 및 기타 이익 보호를 명목으

64　Layne and Schwarz, pp. 10-11.

65　1959년 발간된 수정주의 역사학자 윌리엄스의 저서 미국 외교의 비극(The Tragedy of American Diplomacy)은 미국 대외팽창의 역사적 현실에 관해 자세히 설명한다.

로 접근하는 것은 모두 그렇게 미국 경제가 그들의 원료, 노동력, 시장에 접근하게 만드는 근본적 목적을 갖고 있다.[66]

■ 제국의 과다팽창

레인과 샤츠는 미국은 대외정책에서 자제해야 한다고 주장했다. 미국의 절대우위 전략은 19세기 영국의 경우가 입증하듯 미국을 전 세계의 모든 문제에 끝없이 개입하게 만들고 그것은 미 제국의 끝없는 팽창과 종국적 몰락으로 귀결될 것이다. 자발적이건 다른 나라의 요청에 의한 것이건 미국의 세계질서 전략은 계속 순화(pacify), 재확인(reassurance), 안정(stability), 경제적 상호의존(economic interdependence)의 과정을 반복하게 되어 있고, 그것은 미국의 안정보다는 불안정의 전선을 끝없이 확대시킬 것이다. 직·간접적 위협, 국제관계의 불안정은 미국에게 제국으로서의 모든 책임을 지게 하고, 이것은 감당하지 못할 정치, 군사, 경제비용을 발생시키며, 그러는 가운데 미국의 힘은 쇠퇴를 면치 못할 것이다. 미국의 이익이 세계질서로 정의되는 한 보스니아 사태는 정류장에서 번호가 다른 버스를 갈아타듯이 동유럽, 아프리카, 중동, 중앙아시아, 서남아시아, 동남아시아, 동아시아 지역에서 계속 등장할 것이다. 미국은 주변에서의 안정이 없이는 중앙에서의 안정이 없다고 말한다. 그러면 미국 안보에 대한 위협은 끝이 없을 것이다.[67]

나토, 동아시아 안보 동맹, 또 세계 각 지역에서 미국의 안보 공약은 미국의 엄청난 노력과 재정을 요구한다. 미국의 국제적 주도권, 패권, 상호의존을 위한 비용은 값이 싼 것이 아니다. 미국의 기존 전략은 세계 각지의 해외전진배치, 또 군사 갈등 발생시의 다른 기회비용에 비추어 계산되어야 한다. 그렇지만 미국이 비싼 비용을 치르는 단점에도 불구하고 절대우위의 세계질서 전략을 포기할지는 의문이다. 아마 과거 모든 강대국들과 제국이 그랬듯이 미국도 지속적으로 엄청난 군사비를 지출하면서 미국 중심적 위치를 고수하려 할 것이다. 오늘날의 미국 대외정책 엘리트들은 바야흐로 미국의 절대우위가 이제 막 완성될 시기에 와 있는 것으로 인식한다. 특별하게 태어난 국가라는 신화를 토대로 워싱턴은 국제질서의 확립에서 강대국 세력균형, 강대국경쟁, 불안정, 다극체제, 전쟁이

---

66 경제적 상호의존은 조셉 나이가 주장한 이론으로, 그것은 미국 주도의 세계경제 속에서 그에 참여하는 모든 나라들은 시장경제에 기초한 국제 무역 과정에서 경제적으로 상호 의존하고 있으며, 그 안에서 각자는 경제적으로 크고 작은 이익을 확보하면서 서로 모두 혜택을 본다는 자유주의의 대표적 이론이다. 그러나 이 이론은 어느 나라가 얼마나 많은 상대적 이익을 보는가에 대해서는 말하지 않는다. 동시에 이 이론은 현재의 세계에서 핵무기의 존재는 전쟁 가능성을 저하시키고 그로 인해 군사력보다는 경제력의 중요성이 상대적으로 더 커졌다고 주장한다. Layne and Schwarz, pp. 12-13.

67 Layne and Schwarz, pp. 14-16; Schwarz, pp. 29-30.

라는 불가피한 패턴을 넘어설 수 있다고 믿는 것으로 보인다.[68] 그러나 미국은 여러 이점에도 불구하고 보통의 강대국과 비슷하게, 또 여러 다른 강대국 중의 하나로 행동해야 한다. 오늘날 미국의 불안정은 세계질서 유지와 국가이익을 동일시하는 대외정책으로 인해 스스로 자초한 결과이다. 다가오는 다극 세계는 거칠고 경쟁적일 것인데, 여기서 미국은 현명하게 행동해야 한다.[69]

　　레인과 샤츠의 생각을 어떻게 평가해야 할까? 미국이 패권주의를 추구한다는 것, 또 워싱턴의 구상이 경제적 상호의존, 이중 봉쇄를 상정한다는 것은 부정하기 어려울 것이다. 그렇지만 여기서 기본적으로 간략하게 지적되어야 할 것은 우선 패권 추구는 경제이익만을 위한 것이 아니라 정치, 전략, 심리, 사회문화적 이유 등 여러 가지에 의해 추진되는 경향이 있다는 것이다. 두 번째 중요한 것은 패권 추구는 미국에만 한정된 현상이 아니라는 것인데, 왜냐하면 역사적으로 힘 있는 국가가 팽창하고 그 파워를 유지하려 하지 않은 경우는 거의 없기 때문이다. 국제정치의 역사는 펠로폰네소스 전쟁부터 냉전에 이르기까지의 서양에서, 중동과 중앙아시아에서는 페르시아의 역사에서, 또 동양에서는 중국의 조공관계에서, 남아시아, 서남아시아에서는 이슬람 사파비드(Safavid) 왕조 무굴제국의 역사적 인도 지배에서, 그리고 전 세계의 각국 역사는 그런 사실을 잘 보여주고 있음을 기억할 필요가 있다.

3. 미국의 패권 필요성 여부

　　레인과 샤츠가 미국 대외정책의 경제 중심적 성격, 과정, 본질을 논했을 때, 다른 몇몇 전문가들은 과연 미국이 패권을 필요로 하는가에 대한 논의를 전개했다. 제국주의라는 용어가 많은 사람들에게 경각심과 거부감을 자극하고 신고립주의자들이 미국은 국제정치에서 상당 수준 철수해야 한다고 생각했을 때, 몇몇 학자들은 패권으로부터 유래하는 정치적 위상, 심리적 만족, 경제, 군사적 필요, 대외관계에 있어서의 절대적 이점을 거

68 미국이 특별한 국가라는 생각은 미국 이상주의의 기반을 이루는 중요한 개념이다. 미국 대외정책은 두 가지의 커다란 특성을 갖고 있는데, 하나는 이상주의와 현실주의적 성격을 가진 것이고, 다른 하나는 고립주의와 국제주의의 성격을 띠는 것이다. 미국의 이상주의는 미국은 귀족제도가 존재하는 유럽과 달리 처음부터 자유, 민주, 평등을 옹호하는 민주 국가로 태어났다는 생각에서 배태되어 윌슨 대통령 당시 미국이 제1차 세계대전에 개입하게 만드는 국민적 열망의 배경으로 작용했다. 미국의 역사학자 슐레진저(Arthur Schlesinger, Jr.)는 이것이 레이건 시대 미국으로 하여금 소련을 악의 제국으로 부르면서 국제정치에 실용적이기보다는 악으로부터 세계를 구한다는 구세주적 방식으로 접근하게 만드는 원인이라고 분석했다.
69 Layne and Schwarz, pp. 17-23.

론했다. 과연 미국은 패권을 필요로 하는가? 미국의 패권 필요성 여부에 관해서는 국제정치의 석학 로버트 저비스(Robert Jervis)와 새뮤얼 헌팅턴(Samuel P. Huntington)의 논쟁이 가장 흥미 있고 심도 깊은 것으로 평가되는데, 과연 그들의 탁월하고 흥미로운 식견은 무엇인가?[70]

(1) 미국 패권에 대한 반대

■ 선별적 현실주의

저비스는 레인이나 샤츠와는 다른 합리적 우파 시각에서, 과연 미국이 새로운 국제환경 속에서 패권, 절대 우위, 국제적 주도권을 추구, 유지해야 하는지에 대해 큰 의문을 제기했다. 그는 클린턴 행정부의 미국이 겉으로는 온건한 측면을 표방하지만 내심 깊숙이 공격적 성향으로 채워져 있는 것에 대해 경종을 울리는 분석을 제시했다. 오늘날 미국의 대외정책, 세계관은 국방계획 지침이 시사하듯 다른 나라와의 국제적 주도권 경쟁에 심리석으로 매몰돼 있나. 이것은 국제정치를 무정부상태(anarchy)에서 진개되는 제로섬 경쟁, 상대적 이익의 계산적 결과로 보는 현실주의의 근본적 입장을 대변한다.[71] 이들이 상대적 이익, 즉 상대방과의 관계에서 누가 더 큰 이익을 차지할 것인가에 초점을 더 맞추는 이유는 이들이 지위, 명예, 자기 이미지, 위상 등 여러 요소와 더불어 무엇보다 파워에 집착하기 때문이다. 국제정치의 갈등 유발적 성격을 강조하는 존 머샤이머(John Mearsheimer)의 공격적 현실주의(offensive realism)는 냉전이후 시대에 서구 선진국 협력이 사라질 가능성에 대비해 잠재적 경쟁자의 의도, 행동에 깊은 관심을 갖고 만반의 대응태세를 갖추어야 한다고 주장한다. 리처드 베츠(Richard Betts) 역시 국제정치는 언제 어떻게 단절되고 변할지 모르기 때문에 항상 조심하고 준비해야 한다고 경고한다. 그러나 미국은 모든 상대를 잠재적 경쟁자, 또 적으로 간주하기보다는 상대방의 의도, 태도, 정책 등 여러 가지 요소를 감안하면서 외교안보에 있어서 선택적, 합리적 의사결정을 내릴 수 있는 선별적 현실주의(eclectic realism)를 필요로 한다. 그런 선별적 시각은 과거 추세

---

70 1993년 봄 헌팅턴은 미국의 패권에 일본이 도전할 것이라고 생각하면서 왜 미국이 세계 패권을 유지해야 하는지를 설명했다. 그러나 그 해 가을 그는 그 주장을 바꾸어 문명의 충돌이라는 새로운 가설을 제시했다.

71 국방계획 지침 1994-1999에는 다음과 같은 구절이 있다. "우리의 첫 번째 목표는 과거 소련이 제기했던 수준의 위협을 제기하는 어떤 새로운 경쟁 상대가 구소련 지역에서든 아니면 다른 곳에서든 출현하는 것을 방지하는 것이다. 구소련을 차치하고라도, 미래에 지역적, 지구적 지배의 전략적 목적과 방위태세를 발전시킬 가능성이 있는 다른 잠재적 국가나 국가연합이 존재한다." Robert Jervis, "International Primacy," International Security, Vol. 17, No. 4 (Spring 1993), p. 53.

나 현재의 상황 판단에 비추어 앞으로 다가오는 세계에서도 선진국간의 협력은 미래에도 계속될 것으로 인식한다. 경제, 환경, 안보와 관련해 자국의 이익을 위한 약간의 이견, 불협화음은 있을 수 있지만, 미국과 주요 선진국간의 후회할 만한 충돌이 있을 것으로는 예상되지 않는다. 정말로 만약 미국이 공격적 현실주의 이론을 따라 모든 다른 선진 강대국 간의 전쟁과 상대적 이익에만 초점을 맞추는 정책을 취한다면, 오히려 그것은 정말로 불행하게도 예측이 실현되어(self-fulfilling prophecy) 강대국간의 전쟁으로 귀결될 수도 있을 것이다.[72]

■ 패권 유지 주장의 오류

미국이 국제적 주도권을 유지해야 한다고 주장하는 사람들은 두 가지 논리를 제시한다. 하나는 경쟁적인 이유로, 각 나라 간에 이해의 갈등이 있기 때문이고, 다른 하나는 (비경쟁적) 협력적인 이유로 지구적 차원에서 미국이 공공재(public goods, collective goods)를 제공해야 하기 때문이라는 것이다. 그런데 이 두 가지 주장 모두 일리가 있는 것은 아니다. 첫 번째로 이해의 갈등과 관련하여, 구조적 현실주의는 모든 경쟁자를 적으로 보는데 이런 견해는 옳지 않다. 예를 들어, EU 통합과 관련해 몇몇 사람들은 EU 내부의 관세가 제거되고 또 EU가 미국 상품에 대해 관세를 높인다면 그것이 미국경제에 큰 해를 끼칠 것이라고 주장했다. 그러나 그렇게 되지도 않았을 뿐더러, 오히려 대부분의 미국인들은 통합된 유럽이 세계의 번영과 미국과의 협력에 도움이 되는 것으로 보았다. 냉전기간 동안 서유럽과 일본이 해외에 대량살상무기 부품을 판매하는 등의 부정적 행동을 했지만, 그것은 그들이 미국에 비해 모든 면에서 비교할 수 없을 정도로 미미한 행위자라고 여기면서 자기들의 행위가 미국 및 세계 안보에 치명적 해를 미치지는 않을 것이라고 생각했기 때문이다. 비슷한 맥락에서, 어떤 사람들은 일본의 경제력 성장이 미국경제의 번영을 위협한다고 보았는데, 이것이 정말 그런가? 일본의 경제 성공이 미국 경제 하락의 근본 원인인지는 정말로 의문이다. 미·일 간 무역수지 불균형은 양국 기업의 생산성, 시민들의 소비수준, 저축률과 관련이 있고 아마도 미국 기업의 생산성이 더 높아지고 시민들의 소비 수준이 절제되지 않는 한, 또 미국의 연구개발이 더 진전되지 않는 한 일본의 계속되는 경제 침투를 막아내기는 어려울 것이다. 앞으로도 미국과 유럽 간의 경쟁은 생존이나 안보를 걱정하는 수준의 것은 아닐 것이다. 미국의 주도권이 주요 경제이익을 가

---

72 선별적 현실주의는 국제정치에서 국가 간 갈등이 상존하고 군사가 중요하다는 현실주의 관점을 수용하면서도 모든 국가 간 관계를 대결적으로 보는 시각을 지양, 일정부분 협력이 필요하다는 선별적 입장을 취한다. Ibid., pp. 54-55.

져 온다고 생각할지 모르겠지만, 그렇지 않다. 안보 위협이 낮은 오늘날 미국이 유럽이나 일본에게 주도권을 이용해서 경제 이익을 얻어내지는 못할 것이다. 두 번째로 공공재 제공과 관련하여, 일부에서는 미국이 정치적, 경제적 공공재를 제공하지 않으면 세계 각처에서 문제가 생길 것으로 본다. 정치적 공공재의 경우, 개방경제, 비확산, (보스니아, 소말리아의) 인권, 환경보호, (걸프전에서 나타나듯 이라크의 쿠웨이트) 침략의 억지 등이 그 대표적 예다. 이것이 다 틀린 말은 아니다. 개방경제는 세계무역기구에 의해 더 확산되고, 비확산은 미국이 주도하는 넌–루가 프로그램의 성공에 의해 크게 힘입었으며, 소말리아의 인권 문제 역시 미국이 아닌 그 어느 나라도 책임지려 하지 않았다. 또 보스니아 사태를 유럽인들에게 맡겨 놓았을 때 그것은 해결의 가능성이 없었고 단지 미국이 나토를 동원해 주도적으로 개입해서만이 그 위기를 극복하고 그곳에서 선거까지 치르게 할 수 있었

제1차 걸프전

다. 그러나 이 주장이 완전히 설득력이 있는 것은 아니다. 특히 보스니아 사태의 경우, 걸프전 연합을 유지한 것은 외교적으로 훌륭했고 많은 국가들이 미국의 정책에 의해 득을 봤다고 생각했을 수 있지만, 유럽 국가들은 자기들이 힘이 없어 어쩔 수 없이 미국에 의지했던 것을 혐오하고 통탄해 했을 수 있고, 그래서 앞으로는 유럽이 미국의 지휘를 덜 받으려 할 수도 있다. 또 미국이 아무리 유일 수퍼 파워라 할지라도, 미래의 공공재를 위한 충분한 재원을 혼자 부담할 여력은 없을 것이다. 마찬가지로, 경제 공공재 분야에서는 일본, 독일, 미국의 3개 무역블록 이야기가 있고 이것은 냉전이 종식되기 이전부터 많은 사람들을 우려케 했다. 그러나 보호주의에 대한 광범위한 우려에도 불구하고 아직 그런 조짐은 확실치 않고 또 동시에 그로 인해 많은 나라들의 상호노력에 의해 개방경제의 가능성은 그 어느 때보다도 더 높다. 만약 미국이 세계 무역블록을 회피하려면, 그것은 미국의 국제적 주도권보다는 비슷한 능력을 가진 선진 산업국들의 공동노력, 공유된 이해, 협상을 통해서만 가능할 것이다. 미국은 냉전시대 힘의 절정기에도 다른 선진 강대국들과 협상을 했지, 명령하지는 못했다.[73]

. . . .

73 Ibid., pp. 59-65.

■ 서구 선진강대국의 협력

냉전 이후 시대에 미국이 필요로 하는 것은 강대국 간의 주도권 경쟁보다는 서구 선진강대국 간의 협력이다. 오늘날 강대국들의 숫자는 적고, 그들 간의 갈등은 크지 않으며, 각자가 약간씩 공헌하면 결과에 큰 영향을 미칠 수 있다. 과거에도 다자협력, 다자안보, 국가 간 협력은 안보에 중요한 수단을 제공했고, 지금 그런 절차를 만들어 낼 조건은 아주 좋다. 선진국들은 서로 착취하려 하면 잃을 것이 많고, 협력하려 하면 얻을 것이 많다. 미국이 모든 것을 홀로 처리하려 하지 않는다면 미국에게 더 많은 혜택이 돌아갈 것이다. 여러 선진국이 협력하면, 비용, 책임, 결정이 분담될 것이다. 가장 시혜로운 국가도 과도한 힘을 갖도록 내버려 두지 말아야 한다는 세력균형 이론의 교훈을 잊지 말아야 한다. 혼자 행동하기보다는 다자 행동이 더 낫다. 과거에는 모든 국가들이 주도권을 추구했다. 그러나 핵무기의 발달, 자유 민주주의의 확산, 민족주의의 감소와 더불어, 주요 선진강대국 간의 전쟁 가능성은 낮아졌다. 국제적 주도권을 추구해야 하는 이유인 강대국 간의 생존과 안보 위협은 사라졌다. 미국의 국제적 주도권 확보에 관한 논리에서 국가 간 이해의 갈등보다는 공공재 제공의 논리가 더 낫지만, 그것도 전체적인 설득력은 약하다.[74]

(2) 미국 패권에 대한 지지

■ 국제적 주도권의 필요성

새뮤얼 헌팅턴은 저비스와 같이 총명한 학자가 왜 미국의 패권보유 필요성에 반대하는지 이해할 수 없다고 하면서 그와는 전혀 다른 다음과 같은 견해를 제시했다. 어느 한 나라에게 국제적 주도권은 너무나 중요한 문제다. 정치는 파워에 관한 행위다. 국제정치에서 파워는 한 행위자가 다른 행위자의 행동에 영향을 미치는 능력을 말하는데, 주도권이 문제가 되는가를 묻는 것은 파워가 문제가 되는가를 묻는 것과 마찬가지다. 파워, 주도권 모두 인간관계에서 문제가 된다. 국제정치, 국내정치뿐 아니라 가족 내에서도 파워는 문제가 된다. 파워와 관련해서, 절대적 이득(absolute gain)은 의미가 없는데 이는 파워는 항상 상대적이기 때문이다. 투키디데스 이후, 파워와 주도권이 중요하다는 사실은 잘 알려져 있다. 지난 수천 년간 국가, 정치집단들이 유리한 세력균형, 패권을 확보하기 위해 어떻게 경쟁하고 싸웠나? 지난 수천년 간 진실이었던 것이 왜 다음 100년간 달라질

것이라고 믿어야 하는가? 파워, 주도권은 반드시 나쁜 일에 쓰여 지는 것이 아니라 좋은 일에도 많이 쓰인다. 안보를 보호하고 이익을 증대시키고 전쟁 없이 국가 목표를 달성하는 데 큰 도움을 준다. 미국과 같이 국제적 주도권을 획득한 국가는 그것을 지키기 위해 노력할 모든 이유가 있다. 냉전의 종식은 역사의 끝이 아니다. 오늘날에도 신문은 걸프전, 소말리아, 보스니아 사태 등 전 세계 구석구석에서 수많은 정치, 인종, 경제적 갈등과 국가 간 반목 등 끊이지 않는 비극을 보도하고 있지 않는가?[75]

오늘날 미국은 일본과 경제 문제로 상당한 갈등을 겪고 있는데, 경제적 주도권은 당연히 문제가 된다. 어떤 사람들은 경제는 제로섬 게임이 아니라고 말하는데 그것은 전혀 사실이 아니다. 경제 성장을 가져 오는 경제경쟁에서 국가 간의 경쟁이나 국내 기업 간의 경쟁이나 속성은 동일하다. 어느 나라는 무역으로 부강해지고 어떤 기업은 쇠락하는데, 이것 모두 제로섬 게임의 결과가 아닌가? 국가 간 경제 관계의 경우, 어느 한나라가 수십 년 간 월등히 유리한 이익을 차지한다면 나중에 다른 나라는 완전히 몰락할 것이다. 주요 강대국 간의 군사충돌 가능성이 낮은 오늘날의 상황에서 향후 강대국 간의 경쟁은 경제 이득에 관한 것일 것이다.

■ 미·일 경제 전쟁

미국의 산업, 재정능력은 당분간은 일본에 의해서, 그리고 나중에는 유럽에 의해 도전받을 것이다. 도쿄는 1950년대 이후 지금까지 신중상주의 경제정책을 시행해 왔는데, 워싱턴은 경제에서의 제로섬 게임을 추구하는 일본의 신중상주의 기제를 잘 이해해야 한다. 첫 번째는 생산자 지배(producer dominance)이다. 일본정부는 기업에 대부분의 저금리 은행대출을 제공하면서 소비자보다는 기업 우선의 정책을 시행해 왔다. 이것은 낙수효과(trickle-down)를 기대하는 조치로 전형적인 국가주의 발상이다. 두 번째는 산업 목표화(industry targeting)이다. 이것은 정보통신, 철강, 기계, 컴퓨터 등 정부가 중요하게 여기는 기간산업, 첨단 기술, 고부가가치 산업을 전략적으로 육성하는 것을 의미하는데, 보통은 국가의 자주성(autonomy), 협상력, 부국강병과 관련된 업종이 선정된다. 이것은 미국이나 대부분의 서구 산업선진국에서 기업들이 미래에 투자할 종목을 자유롭게 선정하고 또 그들 간의 자유 경쟁에 의해 결과가 나타나는 자유주의 시장경제와는 거리가 멀다. 세 번째는 시장 점유율(market sharing)의 확대이다. 일본 기업은 많은 경우 손해를 보거나 이득

75 Samuel P. Huntington, "Why International Primacy Matters," International Security, Vol. 17, No. 4 (Spring 1993), pp. 68-71.

이 적더라도 덤핑의 싼 값으로 물건을 수출해 외국의 시장을 독점하는 방법을 사용한다. 이것은 차후 경쟁하는 외국의 동종 기업을 말살해 그 시장 전체를 장악하는 장기적 효과를 불러온다. 네 번째는 수입제한(import restriction)이다. 산업 목표화와 해외시장 점유율 확대가 일본 신중상주의의 공세적 요소라면, 해외로부터의 수입제한은 일본 신중상주의 경제 전략의 방어적 요소다. 자원이 부족한 일본은 꼭 필요한 원료의 최소한만 수입하고 제조품, 서비스의 수입, 또 외국으로부터의 해외투자는 최소수준만 허용한다. 이것은 다른 산업선진국의 무역패턴과는 너무나도 대조적이다. 일본은 외국 물품이 열등하다든지 또는 자국 국민들이 외제를 선호하지 않는다는 등의 구실을 제시하는데, 이것은 모두 경제적 민족주의의 결과이다. 다섯 번째는 지속적 흑자다. 위에 논의된 모든 방법을 동원해 도쿄는 지난 수십년 간 세계 1위의 외환보유고, 세계 2위의 GDP 규모, 최상위권의 평균 국민소득을 창출했는데, 수출기계(export machine)로서의 그런 전략과 경향은 앞으로도 변하지 않을 것이다. 일본이 신중상주의 방식으로 축적한 자금으로 미국 내 산업, 시설을 매입하고, 연구기관, 로비스트까지 동원해 자국에 유리한 경제, 정치경향을 유도하는 것은 모두 경제전쟁 전략(strategy of economic warfare)의 일환이다.[76]

경제 전쟁의 시기인 21세기에 미국 경제는 하락하는 반면, 일본 정부와 사회는 일본 경제가 미국 경제를 압도할 수 있다고 생각한다. 일본은 미·일 경제전쟁에서 미국에 승리하려는 목표를 갖고 있다. 일본의 경제력 증대는 미국의 경제 번영을 위협한다. 일본 기업들은 미국 내의 영화, 자동차 기업을 포함해 다양한 산업을 사들이고, 이는 차례로 미국의 수익 감소, 공장 폐쇄, 사업 파산, 직업의 상실, 투자처 고갈로 이어진다. 이것은 일본의 경제우위가 어떻게 미국 시장의 지배로 이어질 수 있는지를 선명하게 보여준다. 두 번째로, 일본의 경제우위는 미국에 대한 도쿄의 정치, 사회적 영향력 증대로 이어진다. 1987년 10월의 미국 주식시장 붕괴는 일본인들이 자기들이 보유한 미국 주식의 상당 부분을 일시에 매각했기 때문에 발생했다. 미국이 수퍼 301조를 적용하겠다고 위협하면 일본은 대미투자를 제한하겠다고 암시한다. 또 1989년 통계로 일본의 정부 부처와 민간 기업은 워싱턴 로비를 위해서 연 1억 달러를 사용했는데, 그것은 반일 성향 미국 정치인의 선거 당선을 방해하고 하버드, MIT를 포함하는 각종 연구기관에서 일본에 우호적인 보고서를 생산, 발간해 내는 데 사용되었다. 세 번째로, 일본의 경제 우위는 미국의 국가 안보에 부정적 영향을 미친다. 현 시점에 국방과학에 요구되는 10개의 신기술 중 일본은 5개 분야에서 앞서 있고 다른 5개 분야는 추격 중이다. 걸프전 당시, 미국 국방업체들은

76 Ibid., pp. 72-75.

반도체, 비디오, 미사일, 유도 시스템 등 핵심기술을 일본에서 수입했는데 이런 추세가 계속되는 것을 미국은 경계해야 한다. 경제는 다른 수단에 의한 전쟁의 연장이라고 말한 다니엘 벨(Daniel Bell)의 경고를 되새겨들을 필요가 있다. 워싱턴은 경제 주도권을 도쿄에 뺏기지 말아야 한다. 경제 주도권을 회복하기 위해서 미국은 두 가지를 필요로 하는데, 하나는 일본이 미국을 착취하지 못하도록 외국의 상품과 투자에 대해 일본 시장을 개방시키는 것이고, 다른 하나는 미국 경제의 경쟁력을 증진시키는 것이다. 전자는 일본에 대한 정치적 압력을 통해 가능하고, 후자는 생산성 증대, 연구개발(R&D) 확대, 저축과 투자증대, 연방적자 축소를 요구한다.[77]

■ 미국의 공헌

미국의 국제적 주도권은 미국뿐 아니라 전 세계를 위해서도 필요하다. 전 세계의 어느 나라도 미국과 같이 국제질서와 안정에 공헌할 수 없다. 서유럽은 보스니아 사태를 해결할 수 없었고, 소말리아 사태 역시 미국이 아니면 개입이 불가능했고, 아시아의 중·일 관계, 남북한관계를 포함한 복잡한 인보 역시 미국이 아니면 해결, 중재하기 어렵다. 클린턴행정부의 미국은 다른 어느 나라보다도 자유, 민주, 인권, 개방경제, 국제질서와 같은 민주적 가치를 중시하는데, 이를 위해서도 미국의 국제적 주도권은 필수적이다. 미국의 국제적 주도권이 필요 없다고 말하는 것은 자유민주주의의 핵심 가치인 자유, 민주, 평등, 인권, 사유재산, 개방 경제, 그리고 안정된 국제질서가 필요 없다고 말하는 것과 마찬가지이다.[78]

4. 미국 패권 유지 자신감의 배경

1990년대가 흘러가면서 이제 워싱턴은 점점 더 미국이 향후 신세계 질서 속에서 주도적으로 역할하고, 자국이 원하는 미래 결과를 도출할 수 있으며, 또 앞으로도 오랜 기간 절대우위를 누릴 수 있다는 자신감을 갖게 됐다. 클린턴 행정부가 미국경제를 놀라울

---

77 빌 클린턴 시기 미국은 일본 경제 개방에 총력을 기울였고 그것은 약간의 긍정적 성과를 불러왔다. 그렇지만 미·일 무역 적자에 대한 우려는 일본 정부의 부분적 시장개방, 일본 경제의 약화가 세계 경제에 미치는 영향, 또 증가하는 미·중 적자로 인한 워싱턴의 우려에 의해 다소 완화됐다. 그러나 미국 기업의 생산성이 낮은 이유는 기본적으로 미국 기업이 근로자에게 지불하는 임금이 다른 경쟁 국가에 비해 월등히 높은 것에서 유래한다. Ibid., pp. 76-81.

78 Ibid., pp. 82-83.

정도로 성장시키고, 경쟁하는 강대국들의 위상에 큰 변화가 없고, 동시에 소말리아, 아이티, 보스니아, 북한 핵문제 등 국제 문제에서 미국의 리더십 없이는 사태해결의 어려움이 입증되면서, 미국 미래에 관한 자신감이 넘치는 견해가 많이 등장했다. 그 당시 그런 낙관적 전망은 근거가 없는 것은 아니었다. 많은 미국인들은 이제 정말로 미국이 세계의 중심 국가가 되고, 미국의 정치, 사상, 경제, 문화가 세계 모든 분야를 선도할 수 있을 것이라는 희망찬 인식을 가졌다. 그런 생각을 대변한 대표적 전문가는 마틴 워커(Martin Walker)와 폴 브라켄(Paul Bracken)이다. 워커는 미국이 냉전 이후 시대에 19세기 영국의 경제력과 로마제국의 군사력을 합친 것과 같은 패권을 이룩했다고 하면서 클린턴 시대 미국 대외 정책의 특징, 외교안보의 현실, 또 국제관계를 둘러싼 미국 내 논란과 여론의 향방을 논의했다. 브라켄은 미국의 경제부활은 세계경제 구조하에서 경쟁력 제고를 추구하는 기업적 자유에 의해 가능했다고 설명하면서, 한때 효용이 의문시되던 미국식 자본주의는 독일, 일본식 경제운영 방식을 넘어 미래의 세계경제 모델이 될 것이라는 자신감을 표시했다. 워커와 브라켄의 구체적 주장과 논리는 무엇이고, 그것은 과연 타당성이 있는 주장과 분석인가?

■ 미국 군사, 경제력의 팽창

냉전 종식 이후 미국의 세계적 군사개입은 오히려 확대됐다. 현재 보스니아는 미국의 이익에 핵심적인 곳은 아니지만 워싱턴은 그곳에 2만 명의 미군 병력을 주둔시켜 나토군을 지휘하면서 평화를 구축하고 있고, 이집트에서는 미국이 주도한 이스라엘−팔레스타인 평화협상을 뒷받침하기 위해 골란 하이츠(Golan Heights)에 미군 병력을 파병하기로 약속했다. 조지 H. W. 부시가 이라크를 격퇴한 이후 페르시아 만에는 미국 해군이 주둔하고, 이라크 북부에서는 비행금지 구역이 엄격히 시행되며, 대만 인근에는 베이징이 대만을 흡수하려는 야심을 갖지 못하도록 미국 항공모함이 계속 순찰한다. 중남미의 아이티에서는 워싱턴의 중재로 쿠데타로 집권한 군부세력이 퇴진하고 민주적으로 선출된 정부가 복권됐다. 나이(Nye) 보고서에서 조셉 나이는 향후 20년 간 동아시아, 특히 일본과 한국을 중심으로 태국, 싱가포르를 포함하는 여러 지역에 10만 병력의 미군이 주둔하면서 워싱턴의 안보 공약을 준수할 것이며, 서유럽의 나토에도 역시 10만 수준의 병력이 배치될 것이라고 밝혔다.[79]

79 Martin Walker, "The New American Hegemony," World Policy Journal, Vol. 13, No. 2 (Summer 1996), p. 13.

　　미국경제는 과거보다 훨씬 더 경쟁력을 회복했고 동시에 세계경제에 더 연계되어 있다. 오늘날 미국은 세계 최고의 수출국이고 일본보다 더 수출에 의존한다. 미국은 제조업에서는 1,000억 달러 이상의 적자를 기록하지만, 금융, 수수료, 특허비용에 이르는 서비스에서 1995년 800억 달러 흑자를 기록했다. 또 해외소유 공장에서 본토 공장보다 더 많은 제조품을 생산하고 그 이익은 현지에 재투자되기도 하고 본국으로 재도입되어 국민생활 향상과 국가 경제력, 방위비 지출에 결정적으로 기여한다. 클린턴 독트린은 정치, 군사의 지정학적 전략보다는 무역, 투자의 지경제적 전략에 더 치중한다. 그렇지만 세계경제의 확산은 지구적 경쟁을 불러오고, 여기서 국내의 숙련, 비숙련 근로자의 제3세계 저임금 인력과의 경쟁은 국내적 긴장과 반 국제주의의 요인이 되기도 한다.[80] 그럼에도 불구하고 GATT가 재편되어 추가적으로 관세를 인하하고 무역 분쟁을 해결하는 WTO의 도입은 자유주의 시장경제를 더욱 활성화시킬 것인데, 러시아 및 중앙아시아 국가들의 참여, 또 예상되는 중국의 참여는 지난 수백년 간 전통을 이어온 유럽 내 세계경제가 진정한 의미의 세계경제로 확대됨을 의미한다. 미국, 캐나다, 멕시코의 경제가 통합되어 출발한 NAFTA는 상호무역과 투자를 촉진시켜 서로에게 큰 혜택을 주고, 2020년까지 관세의 완전철폐를 약속한 APEC에서의 미국 경제는 역내 국가와의 교류 협력을 통해 서로에게 필수불가결한 도움을 준다. 비록 전문가들 사이에 지역 경제블록이 종국에는 세계무역기구의 중요성을 잠식할 것이라는 우려가 존재하기는 하지만, 현재 이 모든 경제 기구는 원활하게 작동하고 미국의 경제규모 성장과 세계경제의 번영에 절대적으로 기여한다. 자유 무역을 주장하는 아담 스미스와 리카르도의 꿈이 실현될 수 있다는 것이 미국의 풍요로움과 특별함을 애호하는 사람들의 생각이다. 또 미국의 무역특별대표부는 경제 문호 개방을 위해 세계 각국과 개별적으로 협상을 하는데, 특히 그동안 시장개방에 부정적이었던 동아시아의 일본과 한국이 그 대상에 포함된다. 그렇게 미국 경제는 1989년에 5.2조의 국내총생산이 1995년 7조 달러에 달하고 미국의 부는 1990년대에 들어와 30%의 증가율을 보인 반면, 일본과 통일 독일의 경제성장률은 각각 4%, 5%에 불과했다. 클린턴 행정부 말기가 되면 그 수치는 더 획기적으로 증대될 것이고 그 이후의 미국경제도 현재로서는 낙관적이다.

---

80 여기서 해외지출 축소를 옹호하는 공화당 의원(팻 뷰캐넌)과 미국 근로자의 복지를 추구하는 노동조합 (AFL-CIO의 랄프 네이더) 간의 희한하고 이상한 연합이 형성됐다. Ibid., p. 17.

■ 미국식 자본주의, 미국식 경제 모델

　　세계경제 속에서 미국경제는 과거보다 훨씬 더 경쟁력을 회복했다. 세계경제 속에서 미국경제의 경쟁력 증가는 생산성 향상과 기술 혁신을 가능케 하는 기업적 자유에서 유래했고, 앞으로도 미국식 자본주의는 세계경제의 역할모델이 될 것이다. 1980년대 말까지 미국 경제는 점차 하락했지만 오늘날의 미국 경제는 정말로 살아나고 있다. 오늘날 미국 경제가 성장하는 것은 상당부분 국제 무역, 해외투자, 국제금융에 기인하지만 미국 기업의 경쟁력은 레이건 대통령 시절 사기업들의 자발적인 구조조정, 규모 축소에 힘입은 바가 크다.[81] 미국의 기업적 자유가 기업과 미국 경제를 부흥시켰다. 기업의 규모 축소는 오랫동안 인플레이션이 없는 경제를 가능하게 했고 기술적 역동성과 미국 기업에 대한 새로운 위상을 창출했다. 기술 혁신은 디지털 전자, 생물학 기술, 또 정보통신과 같은 몇몇 핵심 분야에서 최고의 수준을 달성하게 했고, 이것들은 21세기 성장의 기초가 될 것이다. 이 새로운 경제 활력으로 인해 전 세계는 미국을 자기들이 모방해야 할 역할 모델로 간주하고, 미국식 자본주의는 이제 생산성 향상, 노사관계, 부의 생산에 있어서 선진국, 후진국을 떠나 모두의 선망의 대상이 되고 있다. 이 긍정적 변화는 오래 지속될 것이며, 미국의 새로운 경제패권으로 연결될 수 있을 것이다. 그 이유는 세계경제는 점점 더 자본주의화, 시장화되어 가는데, 여기서 미국보다 더 적응력이 높고 경쟁력이 강한 나라는 없기 때문이다. 유럽의 기업과 비교해 볼 때, 미국의 기업은 다윈(Darwin)식 적자생존의 모델을 제시한다. 미국식 자유시장, 자본주의는 분명 정부가 더 큰 역할을 하고 사회 안전망이 더 확대된 일본이나 서유럽 경제 체제보다 더 우수하다는 것을 보여준다. 일본과 유럽이 미국에 도전한다는 것이 알려졌을 때 미국 내에 그들 제도를 모방, 도입해야 한다는 의견도 존재했다. 그러나 이제는 그 반대로 미국이 더 큰 효율성에 근거한 신속한 경제 전환을 이루어냈다. 최근 미국의 경제적 활력은 신경제와 기업의 힘에 기초한 것으로 일시적인 것이 아니다. 이것은 지난 50년간의 유럽, 일본 체제에 대한 경제대안으로 부상했고 세계 자본주의의 역할모델이 되고 있다. 오늘날, 경제적 성공은 부의 창출, 기술적 우위, 혁신, 또 정보통신, 생명공학과 같은 핵심 산업의 지배에 의해 결정되는데, 이것은 러시아, 중국, 기타 제3세계가 추구하는 국가 발전의 이상형이 될 것이다.[82]

· ·

81 레이건 시기의 미국 경제는 공급자 위주의 supply side economics라고 불렸다. 이것은 구조조정을 통해 기업의 경쟁력을 증가시키고 그로 인한 경제 활성화는 더 많은 직업을 창출하고 궁극적으로 수요를 증가시킬 것이라는 기업 위주의 경제논리였다. 그 당시 항공 관제사들이 파업했을 때, 레이건은 그들 대다수를 해고시키고 그 임무를 수행하기 위해 공군 관제사들을 투입시키는 강경책으로 일관했다.

오늘날 세계경제의 규모는 너무 커서 미국 경제가 제2차 세계대전 직후와 같은 압도적인 위상을 차지하는 것은 생각하기 어렵다. 미국은 그 당시와 같이 세계 해외 직접투자의 50%를 달성하지는 못할 것이다. 그러나 더 중요한 것은 미국 쇠퇴에 대한 인식이 잠재워졌을 뿐 아니라 미국이 유럽 및 일본에 대해 경제 위상을 반전시켰다는 사실이다. 유럽 회사들은 고비용 기업 구조를 유지하는 데 많은 어려움을 겪고 있고, 이는 일자리의 상실과 사회안전망의 약화로 이어진다. 독일에서는 더 이상 고용증대가 최선의 목표가 아니고 근로계층의 훈련, 도제 프로그램도 축소되는 경향을 보인다. 유럽 통합과 관련해 놀라운 것은 그 동력이 실행과 괴리되어 있는 것이다. EU는 단일통화, 규칙의 통일, 또 교육과 환경문제에 치중하고, 고용성장, 생산성, 또 유지가능성과 같은 더 큰 문제들은 각 개별 국가들의 책임으로 돌리는 경향을 보인다. 앞으로 EU는 국가들의 기업 간섭 축소의 필요성을 논의하는 문제에 초점을 맞출 것이다. 향후 수년간 일본의 국내총생산은 오히려 감소할 것인데, 이것은 그곳 중소기업들이 국제경쟁을 견뎌내지 못하고 도태되고 있기 때문이다. 일본에서는 평생직장 개념이 후퇴하고, 대기업들에 대한 정부의 간섭이 축소되는 경향을 보인다. 또 일본정부의 세금과 규세를 피해 나국적 기업들이 외국으로 이전한다. 이 모든 현상은 유럽과 일본의 경제 모델이 더 이상 경쟁력을 갖고 있지 못함을 입증한다. 이제 전 세계의 국가들은 미국식 경제 모델을 수용할 것이다.[83]

■ 국제주의 대 반 국제주의 정서

한편, 외국과의 개입 확대에도 불구하고, 오늘날 미국에서는 소위 고립주의 담론, 또 어떤 면에서는 국제주의에 대한 불신이 가끔 거론된다. 이것은 한편으로는 지구적 위협이 없는 상태에서 워싱턴은 국내 경제에 더 신경을 써야 한다는 의미를 띠고, 다른 한편으로는 유엔이 미국의 이익과 의사를 충분히 반영하지 않는 것에 대한 불만을 상징한다. 일부 상원의원, 언론인들이 보스니아 파병에 반대하고 유엔에 대한 불만을 토로하는 것은 반 국제주의 정서의 반영이다. 미국에서 국제주의에 대한 부정적 인식이 존재하는 것에는 두 가지 이유가 있다. 그 첫 번째는 미국이 대외원조에 사용하는 170억 달러에 달하는 비용 때문이다. 1996년 미국 대외원조는 미국 연방예산의 1%를 약간 넘는 수준으로 국무성 비용, 유엔, 세계은행, 국제 통화기금, 아시아 개발은행 등에 대한 재정지원, 그리고 세계의 수많은 민간단체와 군부 지원에 지출되었다. 그 중 1/3은 거의 이스라엘

82 Paul Bracken, "The New American Challenge," World Policy Journal, Vol. 14, No. 2 (Summer 1997), pp. 10-11, 16.

83 Ibid., pp. 17-18.

과 이집트를 위해 사용되었다.[84] 반 국제주의가 논
의되는 두 번째 이유는 불법이민이 증가해 미국인의
일자리를 빼앗아가는 것인데, 여기서 합법적 이민을
통해 가족, 친지와 결합하려는 시도까지 비판의 대
상이 된다. 반 국제주의는 그동안 미국이 냉전의 과
정을 거치면서 사용한 엄청난 규모의 국방비, 레이
건 이후 두 배로 증가해 5조 달러를 넘어선 국가부
채, 그리고 그로 인한 미국 경제상황의 악화, 기업

불법 이민

경쟁력 약화, 일본의 미국 경제침투 등 모든 것이 원인이 됐지만, 다른 한편으로는 남부
의 근본주의, 보수적 교회가 미국인들이 지난 오랜 기간 외국에 시혜를 베푼 것에 반대하
는 성향을 반영한다. 그러나 미국은 다시 고립주의로 돌아갈 수는 없고 현재에도 강력한
국제주의는 계속된다.[85]

　　이 고립주의 담론은 최근 매우 두드러지는데, 이것은 상당부분 향후 미국의 유엔 지
원 자제와 미사일 방어체제 구축을 공언하는 다수파 공화당 의회로부터 유래한다. 오늘
날 미국 정치권과 사회의 일부 성향은 고립주의적이라기보다는 독자주의(unilateralism) 또
는 일방주의라는 말이 더 적절한데, 이 개념은 클린턴 행정부가 소말리아와 아이티에서
"힘 있는 다자주의(muscular multilateralism)"라는 용어를 사용한 것에 반대해 도입됐다.
독자주의는 고립주의라기보다는 프랑스의 드골주의와 비슷하게 미국이 보다 더 국가이익
이 있는 곳에 개입해 정당한 혜택을 보아야 한다는 의미를 띤다. 그러나 이 독자주의는
더 심해지면 고립주의로 회귀할 위험성이 있을 것이다. 대부분의 미국인, 지식인 그룹,
업계, 금융계, 시민단체들은 국제주의의 혜택을 잘 이해하고 이를 지지하지만, 클린턴 행
정부는 공화당 주도 의회의 독자주의 주장에 효과적으로 대응하지 못한다. 미국 행정부
와 의회는 그렇듯 나토의 확대, 중국의 봉쇄, 유럽통합을 촉진하는 독일의 입장, 또 유로
-연방주의에 대한 영국의 반대, 미·일 안보 관계 재협상, 미 지상군의 오키나와와 한국
주둔, 칠레의 나프타 조기 가입, 양자 개발 지원, 유엔에 대한 미국의 지원과 같은 여러

---

84 주로 제시 헬름스(Jesse Helms), 미치 맥코넬(Mitch McConnell)과 같은 상원 외교위원회 공화당 의원들
　　이 미국의 돈과 군대는 미국의 이익이 확실한 곳에만 사용돼야 한다는 식으로 강력하게 주장했다.
85 미국은 클린턴 행정부 시기 경제 증진으로 인해 유엔에 그동안 밀린 유엔 분담금을 지불하고자 했으나,
　　공화당은 이에 크게 반대했다. 공화당의 논리는 유엔 안보리가 러시아, 중국의 반대로 인해 제대로 작동하
　　지 않으며, 또 유엔의 역할이 커지면서 비대해진 유엔의 관료제가 불필요한 비용 증대의 원인이 된다는
　　것을 포함했다. Walker, pp. 13-14.

근본적 문제에 대해 극도로 분열되어 있다.[86]

사실 제2차 세계대전 이후 지난 50년간 미국 대중의 평균 70% 정도는 미국의 국제주의를 선호해 왔다. 이것은 소련과의 대결에 있어서 불가피한 것으로 어쩔 수 없는 추세였다. 또 미국의 국제적 위상, 외교적 영향력, 경제적 풍요가 제2차 세계대전 이후 급상승한 것에 비추어, 워싱턴이 지구적 차원의 역사적 소임을 마다할 필요는 없었다. 일례로 1950년대 미국의 무역규모는 국내총생산의 8%에 불과했다. 비록 미국의 국내총생산이 이미 20세기 초 세계 최선두권에 도달하고 미국의 국내시장이 방대한 이유로 국내총생산에서 차지하는 무역의 비율은 작았지만, 1995년 현재 미국의 해외무역과 해외투자로부터 유래하는 재정 이익은 GDP의 30%로 증가했다. 이것은 경제 규모가 획기적으로 증대하는 과정에서 해외무역과 해외투자가 얼마나 중요한 역할을 했는가를 입증하며, 이러한 자유주의 시장경제가 위축될 경우 미국의 총체적 경제력, 개인 생활과 복지 수준 역시 침체와 쇠퇴를 면치 못할 것임을 말해준다. 그래서 미국인들은 이것을 미국의 자유주의적 국제주의 이념과 정책의 승리로 간주해야 하지만, 일부 비합리적 미국인들은 정부가 국제문제보다는 국내적 사안에 치중해야 한다는 포퓰리즘(populism)적 주장에 동의하는 경향을 보인다. 어떤 면에서 미국은 세계경제에 현재 최고로 통합되어 있으면서도 그 장점, 혜택, 함의에 대해서는 애매, 비합리적으로 판단, 혼동하는 경향을 보인다.[87]

■ 다양한 위협과 낙관적 전망

미국이 세계에서 누리는 높은 위상, 경제적 혜택에 대한 도전이 존재할 수 있다. 미국의 성공적 국제경제가 주의해야 할 장애물이 있다면 그것은 외국, 특히 아시아에서 유래할 것이다. 미국인들은 대체로 자유무역을 선호하고, 국내의 반 국제주의 정서는 별 문제가 아니다. 오히려 미국경제에 대한 위협은 아시아에서 나타나는 반미주의, 보호주의이다. 일본의 호소카와 전 총리, 싱가포르, 말레이시아의 민족주의 지도자들은 미국이 아시아에 지나치게 침투한다는 견해를 표시했는데, 이것은 미국의 경제개방 정책에 대한 위협적 요소이다.[88] 중국은 어떤가? 현재 미국이 아시아에서 가장 중시하는 국가는 중국이

86 Ibid., pp. 15-16; 오늘날 미국 정치와 사회의 분열상은 50/50 나라(nation)라는 용어로 대변된다. 그것은 미국이 이념적으로 공화당과 민주당, 보수와 진보로 양분되어 있음을 의미한다. Morris P. Fiorina, Paul E. Peterson, Bertram Johnson, and William G. Mayer, The New American Democracy (7th ed.), Boston, Columbus, Indianapolis, New York: Longman, 2011을 참조할 것.

87 Walker, p. 16.

88 Ibid., p. 19.

다. 중국의 미래가 어떻게 전개될 지 아직은 불투명하다. 아시아 국가들에 대한 안보 공약, 전진배치에도 불구하고 워싱턴은 아직 세부적인 중국 봉쇄는 구상하지 않고 있다. 그러나 아시아에서의 일련의 협약, 군사배치, 그리고 지역적 현안 논의는 언제든 필요할 경우 매우 신속하게 봉쇄로 전환될 수 있는 미국의 초기 봉쇄전략이 진행되고 있음을 입증한다. 중국의 선택에 따라 미국의 대응도 달라질 것이다.[89]

　　미국의 힘과 국제적 개입에 대한 또 다른 위협이 있다면 그것은 러시아 극우 민족주의, 개혁적 공산주의, 그리고 '문명의 충돌'에서 말하는 이슬람과 중국의 연계에 의한 도전, 또는 중·러 관계 강화로부터 유래하는 도전과 같은 것들이다. 그것들이 현실화된다면 그것은 미국의 미래번영에 대해 큰 위협이 될 것이지만, 그럼에도 불구하고 아직까지는 정말로 아시아와 유럽 모두에서 미국 정책에 순응하는 시대가 열리는 것으로 보인다. 베를린 장벽이 무너지고 유럽 통합이 시작될 때 프랑스의 미테랑 대통령은 새로운 유럽 시대의 개막을 기대했지만, 유고슬라비아 지역 위기가 발생했을 때 유럽 국가들은 모두 미국의 외교와 군대만이 보스니아 문제를 해결할 수 있음을 시인했다. 특히 프랑스는 과거의 드골 독트린을 폐기하고 나토동맹에 재가입할 것이라고 선언했다. 여러 정파가 대결하는 러시아 국내정세의 향후 전망은 더 오랜 관찰을 필요로 하고 이슬람 근본주의는 세계질서 수립을 위한 교리나 전략의 역할을 제공하기에는 역부족이다. 중·러 간의 협력과 동맹 가능성은 양국의 전통적 의심에 의해 제한받을 것이다. 미국은 1년에 다음 10개의 나라 국방비를 합친 것보다 더 많은 2,500억 달러의 국방비를 사용하는데 이것은 큰 부담이라고 볼 수 없는데, 왜냐하면 그 정도의 국방비를 사용해 미국이 19세기 영국의 경제패권과 로마제국의 군사력을 합친 것과 같은 세계 지배를 향유하는 것을 과도하다고 불평할 수는 없기 때문이다. 이것은 미국 국내총생산의 4% 이하로 1940년 이후 미국이 사용한 국방비중 최소 규모이다. 한동안 미국의 국제주의는 해외에서 한동안 심각하게 도전받지 않을 것이고, 미국의 유일무이한 군사력은 오랜 기간 도전받지 않을 것이며, 미국이 중심적 역할을 수행하는 세계경제는 미국에게 유리하게 작동할 것이다.[90]

89　실제로 아직 9·11이 발생하기 전 조지 W. 부시 대통령은 러시아와 중국에 대한 강한 불신을 갖고 있었다. 이것은 부시 대통령의 대선 후보 시절 연설에 잘 나타나 있다. 이 연설에서 부시 후보는 유라시아의 가장 큰 두 개의 세력인 중국과 러시아는 전환기의 국가로서 그들의 미래 의도를 알기 어렵고, 만약 중국과 러시아가 미국의 친구가 된다면 그것은 세계를 안전하게 할 것이고 아니면 미국이 추구하는 평화는 발견할 수 없을 것이라고 경고했다. George W. Bush, "China and Russia- Powers in Transition," Ronald Reagan Presidential Library in Simi Valley, California (November 19, 1999).

90　참고로 한국 전쟁 당시 미국의 국방비 규모는 국내 총생산의 15%였고, 서유럽 재건과 제3세계 근대화를 위해서 사용한 비용은 국내총생산의 20%에 달했다. Walker, p. 21.

9·11 쌍둥이 빌딩 폭격

워커와 브라켄이 대변하듯 미국은 그렇게 자신감에 차 있었다. 워싱턴과 미국의 전문가들은 바야흐로 미국의 절대 우위, 국제적 주도권이 생각보다 오래 지속될지 모른다는 희망을 가졌다. 그러나 이 관념적 환희는 2001년 9월 11일 3천명의 목숨을 빼앗아간 뉴욕 세계무역센터 빌딩에 대한 이슬람 테러리스트들의 여객기 자살 공격, 또 펜타곤에 대한 비행기 자살 공격으로 빌딩 일부가 파손되면서 잠시 주춤해졌다. 정말로 헌팅턴의 '문명의 충돌'이 현실로 다가 오는가 하는 의구심이 급속도로 퍼졌다. 그래도 2001년 새로 출범한 조지 W. 부시(George W. Bush) 행정부는 미국의 세계적 자신감에 대해서는 한 치의 흔들림도 없는 듯 보였다. 이 역사적 비극 앞에서 그는 테러와의 전쟁, 악의 축과의 전쟁에서 미국편에 서지 않는 나라는 적으로 간주될 것이라고 단호하게 말했다.[91]

---

91 9·11 발생 직전 국제 테러리즘이 미국 최대의 안보위협으로 떠오르고 있다는 분석은 Remarks by Director of Central Intelligence George J. Tenet on the "Worldwide Threat 2001: National Security in a Changing World" before U.S. Senate Select Committee on Intelligence, Washington File (February 7, 2001), http://usembassy.state.gov을 참조할 것. 9·11 사태 발생 이후 미국의 대테러 대책에 관해서는 Paul R. Pillar, "The Instruments of Counter-terrorism," (National Intelligence Officer for Near East and South Asia, National Intelligence Council, Central Intelligence Agency), http://usinfo.state.gover/journals/itps/101/ijpe/pj63pillar.htm 참조.

혼란과 방황의 러시아

Ⅰ. 객관적 현실

Ⅱ. 러시아 현실의 해석

I 객관적 현실

1990년대 미국이 국제무대에서 새로운 안보질서를 창출하고 외교, 군사, 경제력 확대를 통해 세계를 지배하기 위한 다양한 수단을 고안, 동원하고 있을 때, 러시아는 무슨 생각을 하고 있었고, 또 어떤 현실에 처해 있었을까? 한마디로 1990년대는 러시아에게 냉전의 굴레를 벗어던지고 민주주의의 희망을 향해 출발했지만, 결과적으로 국제적 굴욕, 정치적 혼란과 반목, 경제 침체와 무능력, 그리고 사회적 난관, 부패, 좌절의 경험으로 가득 찬 불운의 시기였다.

1. 옐친의 집권과정

냉전 종식을 전후해서, 러시아는 보리스 옐친(Boris Yeltsin)에 의해 통치되고 있었다. 1991년 12월 25일 소련이 해체되기 직전 러시아공화국 대통령에 선출된 옐친은 그 당시 가장 미묘한 여러 정치적 사건에 연루되며 복잡한 행로를 거쳐 온 정치 지도자 중 하나였다. 오랜 공산당 지도자인 그는 1985년 이후 소련 민주화 과정에서 영웅시됐고 러시아 민주주의의 상징으로 여겨졌지만, 막상 러시아연방 대통령이 된 이후에는 무능하고 고집스러우며 독재에 탐닉한 현실감 부족한 독재자로 각인됐다.

보리스 옐친

옐친은 원래 어떤 인물이었나? 스탈린 시기 농업 집단화 과정에서 모든 것을 잃은 조부모, 그리고 스탈린 시기 숙청과정에서 체포된 적이 있는 부친의 아들로 태어난 옐친은 젊은 시절부터 반항적인 사람이었다. 그는 1949년 우랄 기술학교(Ural Polytechnic Institute)에 다니기 위해 우랄 산맥의 고향 마을 베레즈니키(Berezniki)를 떠나 스베르들롭스크(Sverdlovsk)로 이주했다. 그는 그곳에서 건설 프로젝트 감독관으로 일하면서 1961년 30세의 나이에 공산당에 입당하고 1968년에는 스베르들롭스크 주당위원회에 참여했다. 1976년 45세의 나이에 그는 그 지역 당중앙위원회(District Central Committee) 제1서기로 임명됐는데, 그것은 미국의 경우 주지사 급 직책이었다.[1]

    1985년 소련 공산당 서기장에 선출된 고르바초프가 옐친을 모스크바로 불러올리면서 그는 러시아의 주목받는 인물로 성장했다. 소련의 부패한 당 위계질서와 정치, 사회 구조를 바꾸지 않고서는 경제의 회복이 불가능하다고 판단한 고르바초프는 기민하고 열정적인 많은 젊은 사람들이 공산당의 지휘부에 배치되어야 한다고 생각했고, 이 과정에서 발탁된 사람들 중 하나인 옐친은 정열적이고 에너지 넘치는 개혁자임을 입증했다. 1985년 7월 옐친은 모스크바 당중앙위원회 건설 담당 서기로 임명됐고, 5개월 후

고르바초프

인 12월에는 모스크바 공산당 시당위원회 제1서기로 승진했다. 새 직책에서 옐친은 공산당 당기구를 개혁하고 부패를 청산하려 노력했고, 이 과정에서 그는 수백 명의 하위직 부패 관리들을 파면시키면서 모스크바 시민들로부터 많은 인기를 얻었다. 그렇지만 1987년 10월 옐친이 공산당 정치국에서 공개적으로 중앙당의 리더십이 너무 보수적이고 페레스트로이카의 속도가 너무 느리다고 비판하면서, 그는 고르바초프에 의해 모스크바 시당서기와 정치국 후보에서 해임됐다.[2] 그렇지만 옐친은 그 이후 다시 정치적으로 재기했는데 이것은 공산당 중앙당의 보수적 위계질서, 무능력에 반대하고 개혁의 가속화를 주장하며, 러시아공화국(RSFSR: Russian Soviet Federative Socialist Republic)의 소련으로부터의 독자성을 강조하는 그의 주장이 설득력이 있었기 때문이다. 1989년 3월 옐친은 러시아공화국(모스크바 지구) 인민대의원대회(Congress of People's Deputies)에서 90%의 득표율로 대의원에 당선됐고, 두 달 후인 5월에는 러시아공화국(모스크바 지구) 의회로부터 파견되는 소련 최고회의(Supreme Soviet of the Soviet Union) 대표단에 선출됐다. 1990년 5월 그는 또다시 러시아공화국 최고회의(Supreme Soviet) 의장으로 선출됐고, 두 달 후인 7월에는 소련 공산당 제28차 당대회에서 연설하면서 모든 소련 공산당 직책에서 사임했다. 이것은 소련 공산당과 러시아공화국 사이에서 더 많은 파워를 확보하기 위한 권력 투쟁의 성격

---

1 스베르들롭스크(Sverdlovsk)는 지금은 예카테린부르그(Yekaterinburg)로 명명된다. "Prominent Russians: Boris Yeltsin," http://russiapedia.rt.com

2 "Boris Yeltsin Biography," http://www.notablebiographies.com

을 떠었다.[3]

    1991년 6월 12일 옐친은 또다시 주민 직선을
통해 6명의 다른 후보를 물리치고 57%의 득표율로
신설된 직위인 러시아공화국 대통령직에 당선됐다.[4]
그 당시 러시아공화국은 아직도 15개 소련 구성 국
가 중 하나였는데, 옐친의 힘과 정치적 역할은 점점
더 커져 갔다. 1991년 8월 8명의 보수 강경파 당, 정
부 지도자들이 크리미아 별장에서 휴가 중인 고르바

탱크 위의 옐친

초프를 3일 동안 강제로 가택 연금하는 쿠데타를 시행했을 때, 옐친은 탱크 위에 올라 대
중 시위를 이끌며 공산주의 보수파의 불법적 정치 시도에 완강하게 저항해 고르바초프가
모스크바로 귀환하는 데 결정적으로 기여했다. 이제 옐친은 러시아공화국의 대중적 영웅
으로 등장했고, 정치적 힘이 고르바초프로부터 그에게로 급속히 기울면서 그의 위상은
점점 더 확고해졌다. 옐친은 크렘린을 포함해 소련 정부를 조금씩 부처별로 장악해 나갔
고, 1991년 11월에는 러시아공화국 영토에서 모든 공산당 활동을 금지하는 칙령을 발표
했다. 12월 초에는 우크라이나가 국내 투표를 통해 소련으로부터 독립을 선언했다. 1991
년 12월 8일 옐친은 전격적으로 우크라이나, 벨로루스(Belarus) 대통령과 벨라베즈
(Belovezh)에서의 비밀 회동을 통해 소련의 해체와 이 3개국의 자발적인 독립국가연합
(CIS: Commonwealth of Independent States) 구성을 선언했다.[5] 불가항력에 직면한 고르바
초프는 옐친과의 회담에서 소연방을 해체하기로 합의하고, 1991년 12월 24일 러시아는
다른 독립국가연합 공화국들과의 합의하에 소련이 차지했던 유엔 안보리 의석을 승계하
기로 결정했다. 1991년 12월 25일 고르바초프가 사임하고 소련이 해체 됐을 때, 옐친은
소련의 계승국가인 러시아연방(Russian Federation)의 대통령으로 남았다.[6]

- -

3 그때 고르바초프는 인민대의원대회에 의해 소련의 대통령으로 선출됐다. John Gettings, "Timeline of Bo
   ris Yeltsin's Life and Career," http://www.infoplease.com; Brittany O'Shea, "Boris Yeltsin (1931-200
   7) president of Russia 1991-1999," http://www.coldwar.org
4 그 당시 차순위 득점자는 18%의 득표율을 기록했다.
5 벨라베자는 폴란드 동부와 벨로루스 서부 사이에 위치한 동유럽의 원시림이다. Belovezhaskaya Forest/
   forest, Eastern Europe/ Britannica.com, https: //www.britannica.com
6 "Boris Yeltsin, President of Russia," https//www.britannica.com; "Boris Yeltsin Biography," http://
   www.notablebiographies.com; Boris Yeltsin- Facts and Summary - HISTORY.com, www.history.com;
   Prominent Russians: Boris Yeltsin, http://russiapedia.rt.com; Boris Yeltsin - New World Encyclopedia,
   www.newworldencyclopedia.org.

2. 대외관계

■ 미국 및 서방에 대한 반감

1992년 초 옐친은 독립 러시아연방의 새 대통령으로서 여러 가지 생각으로 가득 차 있었다. 지난 6년간 러시아는 너무나 많은 대내외적 시련에 시달려왔고 너무나 먼 길을 달려왔다. 1985년 고르바초프가 등장한 이후 소연방은 혼란의 연속이었다. 대외적으로 감당할 수 없을 만큼 수많은 사건이 발생했다. 브레즈네프(Brezhnev) 독트린 폐기에 따른 동구 민주화, 1990년 봄, 발트 3국인 리투아니아, 에스토니아, 라트비아의 독립, 또 수개월 전 우크라이나 독립에 따른 소연방의 해체와 신생 러시아의 탄생은 냉전의 종식을 장식한 20세기 가장 극적인 몇몇 역사의 일부였다.[7] 페레스트로이카와 글라스노스트 시행 이후의 국내적 변화 역시 누구도 예상하지 못한 것이었다. 개혁과 개방, 긍정적이고 민주적인 변화를 통해 소련 사회주의를 되살리려는 시도는 오히려 충돌, 시위, 소연방의 붕괴, 그리고 궁극적으로 미래를 알기 어려운 기약 없는 전진의 연속으로 귀결됐다. 새로운 개혁을 눈앞에 두고 정부의 생각, 이념, 입장에 동조하지 않는 구 공산주의 및 러시아 민족주의 세력들의 반응이 어떤 식으로 표출될 것인가 등의 수많은 상념이 옐친을 중심으로 하는 새로운 지도부의 뇌리를 스쳤다.

새로운 각오로 출발하는 옐친 행정부는 국외, 국내 문제에 대해서 여러 방향에서 다양한 대안을 생각했다. 국제관계에 있어서는 새로이 구성된 독립국가연합 및 구소련 공화국들의 존재에도 불구하고 가장 큰 주안점은 세계 유일의 패권국 미국과의 우호관계 설정에 맞춰져 있었다. 이것은 새로이 형성된 신국제질서 속에서 특히 친서방 대통령인 옐친과 그 측근들에게는 누구보다도 미국이 더 큰 힘을 발휘할 가능성이 높아 보였기 때문이고, 다른 한편 워싱턴은 계속 모스크바에 대한 충분하고 만족스러운 정치, 경제적 지원을 제공할 것이라는 외교 수사를 반복했기 때문이다. 새로이 떠오르는 국제 질서의 구조가 어떻게 운영될지 확실치 않고 또 미국이 경제적 난관으로 국제적 리더십을 발휘할 수 없다고 하지만, 그래도 구소련이 붕괴되고 냉전의 한 축이 무너진 상황에서 미국이 가장 큰 영향력을 발휘하리라는 전망은 상식적이었다. 미국과 서방을 따라 동유럽의 폴란드, 헝가리, 체코뿐 아니라 상대적으로 더 보수적이었던 루마니아, 불가리아에서도 모두 서구 자유주의 민주화 운동이 전개되고 그들 나라 모두는 다당제, 시장경제의 원칙을 새

7 James Graham, "Baltic Independence from the Soviet Union," http://www.historyorb.com

로이 선택, 실험해야 한다고 말했다. 개혁, 개방이 진
행되고 서방의 실상이 언론에 더 공개되면서 심지어
러시아인들까지도 서구식 민주화와 시장으로부터 유래
하는 물질적 풍요에 더 큰 관심을 갖게 되는 큰 변화
가 생겨났다. 이 모든 상황 전환에 관한 현실적 분석은
옐친 행정부로 하여금 일단 대외관계에서 미국과의 우
호에 우선순위를 두어야 한다는 생각의 원천으로 작용
했다.

체코 성지 바츨라프 광장

　그렇지만 시간이 가면서 러시아의 미국 및 서방에 대한 신뢰는 점차 무너지기 시작
했다. 이것은 모든 측면에서 모스크바를 돕는다는 외교적 언사와는 달리 워싱턴의 정책
은 러시아의 이익을 전혀 고려하지 않는 것으로 보였기 때문이다. START I에 의한 미·
러 전략핵무기 감축은 SLBM보다는 ICBM과 전폭기 대수 제한에 초점을 맞추어 러시아
에 불리해 보였고, 워싱턴은 넌-루가 프로그램을 통해 우크라이나, 카자흐스탄를 포함
해 러시아가 관리하는 핵무기 폐기에 모든 관심을 집중시키는 것으로 보였다. 걸프전에
따른 이라크 제재 이후 러시아는 미국 및 서방 병력의 잔류 및 세력 확장으로 인해 중동
으로부터 점차 밀려났으며, 밀로셰비치 사건 이후 전통적 영향권인 동유럽의 보스니아에
서도 비슷한 현상이 벌어졌다. 그래도 모스크바의 가장 큰 우려는 동유럽 국가들의 나토
가입 문제였는데, 왜냐하면 1990년대 초 이후 미국과 서방이 그 문제를 정상회담에서 계
속 논의하면서 점점 더 구체화시켜 가고 있었기 때문이다. 그것은 일회성이라기보다는
러시아 안보에 직접적이고 오랜 영향을 미치는 구조적 문제로서, 모스크바의 서방에 대
한 불신의 정점을 이루는 사건이었다.

■ 러시아-구소련 공화국 관계

　사태가 그렇게 진전되면서 러시아는 점차 과거
구소련의 일부였던 국가들과의 협력을 중시해야 하
겠다는 생각을 한층 더 발전시키기 시작했다. 이것
은 당연한 생각이었는데, 왜냐하면 서방에 기대기는
어렵고 동시에 중국, 일본 등 다른 어느 나라와도 협
력을 추진할 입장에 있지도 않은 러시아가 다시 손
을 내밀고 공생을 추구할 나라는 과거 자신들의 일
부였던 구소련 공화국들이었기 때문이다. 소연방 해

나고르노-카라바흐

타지키스탄

체 이후, 모스크바에서는 이 지역과의 통합이 중요하다는 생각이 점점 더 현실성을 얻었다. 그러나 전반적 CIS 통합은 별 진전이 없었다. 러시아와 다른 CIS 국가들은 국내 생산기지를 보호하고 세수 확보를 위해 경제협정과는 어긋나게 서로의 상품에 대한 관세를 부과하면서 협력보다는 경쟁적 관계를 유지했다. 그런 가운데, 1992년 러시아는 벨로루스(Belarus), 아르메니아(Armenia), 카자흐스탄(Kazakhstan), 키르기즈스탄(Kyrgyzstan), 타지키스탄(Tajikistan)과 함께 군사동맹을 위한 집단안보 협정을 체결하는 성과를 올렸다. 러시아와 벨로루스는 약간의 더 추가적 통합절차를 채택했다. 1997년 4월 옐친과 벨로루스 대통령 알렉산드르 루카셴코(Aleksandr Lukashenko)는 러시아와 벨로루스 두 나라가 독립적이고 주권국가로 남아 있을 것이라는 전제 하에 연합(Union)을 추구할 것이라는 문서에 합의했고, 그 1년 후 그들은 연합헌장(Union Charter)에 서명했다. 벨로루스는 러시아에 정치적으로 귀속되기를 원치 않았다. 1990년대 중반 옐친의 국내 지지가 흔들릴 때, 루카셴코는 의회의 뜻을 거스르고 국내의 시장 개혁에 반대하면서 잠재적으로 러시아가 향하는 방향에 반대했던 전력이 있었다. 그 후 1999년 12월 8일 러시아와 벨로루스는 연방국가(confederal state) 설립 협정에 서명했지만 양국 간 권력 분산은 아직 러시아에게 유리하게 집중되지 않았다. 아르메니아와의 관계에서는 러시아는 그 나라를 동맹국으로 확보하기 위해서 아르메니아-아제르바이잔 간의 나고르노-카라바흐(Nagorno-Karabakh) 갈등을 잘 활용했다.[8] 타지키스탄에 대해서는 러시아 남쪽지역

----

8 나고르노-카라바흐 갈등은 아르메니아와 아제르바이잔 사이의 나고르노-카라바흐 및 7개 주변 지역에 관한 영토 및 인종 갈등이다. 1991년 정치, 영토적으로 아제르바이잔의 일부인 나고르노-카라바흐 자치주는 독립을 선포했는데, 그 이유는 그리스 정교를 가진 그 지역 주민의 80%인 아르메니아계가 이슬람 국가인 아제르바이잔에 귀속되어 살기를 원치 않았기 때문이다. 이미 1988년 소련 시절에도 카라바흐 주민들은 아제르바이잔에서 아르메니아로 자기들 소속이 변경될 것을 요구한 바 있었다. 그러나 아제르바이잔은 그들의 독립을 인정하지 않았고, 이에 반발한 이웃 그리스 정교 국가 아르메니아는 1992년 아제르바이잔을 무력 침공해 나고르노-카라바흐 및 그 주변 일부 영토까지 점령했다. 이 전쟁으로 인해 양측에서 3만 명이 사망했는데, 그 유혈 사태는 1994년 5월 러시아와 CIS가 중재한 휴전으로 일단 중단되었다. 그 후 나고르노-카라바흐 주민들은 아르메니아로부터 군사, 경제 지원을 받고 있고, 그 지역을 실효 지배하는 아르메니아는 나고르노-카라바흐를 독립국으로 인정할 것과 아르메니아와 그 지역과의 연결 통로 안전을 보장해 줄 것을 요구하고 있다. 그러나 이 주장은 국제사회에서 인정받지 못하고 있다. 러시아는 같은 그리스 정교 국가인 아르메니아를 지지하는 반면, 미국은 카스피 해와 그 인근 지역의 지하자원을 겨냥해 아제르바이잔을 지지한다. 이슬람 국가인 터키 역시 아제르바이잔을 지지한다. Armenia, Azerbaijan and

의 불안정과 이슬람 극단주의 확산이 러시아 안보에 대한 위협이라고 말하면서, 모스크바는 1992~1993년 군사적으로 타지키스탄 정부를 지원해 아프가니스탄 국경에 근거한 반군이 시도하는 내란 진압을 도왔다.[9]

    러시아－우크라이나 관계는 2014년 이후와는 다르게 1990년대에는 그럭저럭 운영되어 갔다. 1992년 4월 러시아 의회는 1954년 크리미아의 우크라이나로의 이양은 불법이라고 선언했다. 이것은 오랫동안 러시아 영토였던 크리미아가 흐루시초프에 의해 일방적으로 우크라이나에 주어졌다는 러시아인들의 생각을 반영했다. 1992년 말 우크라이나는 러시아에 양보해 우크라이나의 일부인 크리미아가 독립적으로 다른 나라와 정치, 경제, 사회

레오니드 쿠치마

문화적 관계를 가질 수 있다는데 동의했다. 이것은 크리미아 인구 67%가 러시아인이고 26%가 우크라이나인이라는 현실을 감안한 조치였다. 그러나 우크라이나는 세바스토폴(Sevastopol) 해군 기지를 독점적으로 사용하기를 원하는 모스크바의 생각을 완전히 수용하지는 않았다. 그래도 1997년 5월 옐친과 우크라이나 대통령 레오니드 쿠치마(Leonid Kuchma)는 양국 국경은 더 이상 문제가 아니라고 선언하면서 외교관계의 파탄을 피해갔다. 물론 그 이후 2000년대 양국 관계 진전은 2004년 오렌지 혁명을 거치고 우여곡절 끝에 오늘날 알려지듯 러시아의 크리미아 점령으로 끝났지만 적어도 그 당시 양국 간 긴장은 일단 수면 아래로 가라앉아 있었다.[10]

. . . .

  the Nagorno-Karabakh conflict, react.usip.org〉pub; 더 자세한 논의를 위해서는 Michael P. Croissant, The Armenia-Azerbaijan Conflict: Causes and Implications (Westport, Connecticut: Greenwood Publishing Group), 1998, pp. 8-13을 참조할 것.

9 러시아가 체결한 이들 국가와의 동맹은 2000년 10월 러시아에게 주도 국가로서 더 많은 권한을 부여하면서 그 기능과 활동범위를 확대했다. Stuart D. Goldman, Russian Political, Economic, and Security Issues and U.S. Interests, CRS Report for Congress (Order Code RL33407), pp. 13-14.

10 Ibid., p. 15. 우크라이나 대통령 쿠치마는 1960년 드니프로페트로우스크(Dnipropetrovsk) 주립대학을 졸업한 후 기술자로 경력을 쌓으면서 1972-1982년 그곳에 있는 자기 회사 공산당 서기(Communist Party secretary)의 임무를 맡았다. 1986-1992 기간, 그는 드니프로페트로우스크에 있는 세계 최대 로켓 제조회사 유즈마시(Yuzhmash)의 총지배인(general director)으로 승격했다. 1992년 10월 쿠치마는 우크라이나의 최초의 민선 대통령인 크라프추크(Leonid M. Kravchuk)에 의해 총리로 임명되었지만 경제정책과 관련해 대통령과 충돌한 후 총리직에서 사임했다. 1993년 그는 우크라이나 기업인연합 의장, 드니프로페트로프스크 주립대학교 교수로 활동하면서 1994년 대선에서 과거 공산주의자들의 도움으로 현직의 크라프추크에 승리했다. 첫 번째 임기 동안 그는 러시아와의 관계 강화, 민영화, 자유무역을 추진했지만 경제개혁 실패로 인해 그의 인기는 계속 하락했다. 그래도 그는 선거 부정 의혹에도 불구하고 1999년 두 번째 대선에서 승리했다. 그해 늦게 그는 전 국립은행 총재이며 경제개혁 옹호자인 유시첸코를 총리로 임명했다. 그

그러나 러시아의 구소련 공화국들과의 관계가 모두 원만한 것은 아니었다. 소련 해체 후 독립한 몰도바에서는 그 나라 동부지역의 트란스니스트리아(Transnistria) 분리문제가 주요 이슈로 떠올랐다. 서쪽 드네스트르(Dniester) 강과 동쪽 우크라이나 사이에 좁고 기다랗게 남북으로 위치한 친러 성향의 트란스니스트리아는 몰도바의 특별 위상을 부여받은 자치 지역으로 루마니아계가 다수를 차지하는 몰도바가 루마니아와 통합하려는 것에 반대해 분리 움직임을 보이는 곳이다. 이곳에서는 1992년 3월 이후 5개월 간 무력충

. . . .

러는 가운데 경제는 다소 호전되었지만 쿠치마의 정치적 상황은 악화됐다. 그것은 2001년 유시첸코가 의회의 불신임에 의해 해임되고, 2002년 야당이 쿠치마가 2000년 31세의 반체제 부패 탐사전문 언론인 곤가제(Georgy Gongadze) 암살 연루를 암시하는 녹음파일이 유출되고 유엔 안보리 결의안에 위반해 이라크에 레이더 시스템 판매를 승인한 것이 알려지면서 그의 탄핵을 촉구했기 때문이다. 헌법 재판소에서 2004년 세 번째 대선에 출마하는 것이 승인되었지만 쿠치마는 유시첸코에 반대해 야누코비치(Viktor Yanukovych) 총리를 대선 후보로 지원했다. 결선투표에서 야누코비치가 승리를 선언했지만 야당의 선거 부정 문제 제기로 인해 대선이 다시 치러졌다. 대법원이 명령한 새 선거에서 유시첸코가 승리했고, 쿠치마는 2005년 1월 정계를 은퇴했다. 2011년 3월 그는 곤가제 암살과 관련한 권력 남용으로 재판에 회부됐지만, 법원은 제출된 증거의 불법 취득, 증거능력 불충분으로 그 재판을 종결했다. 곤가제는 2000년 납치되어 목이 잘린 채 살해된 사체로 발견됐다. Leonid Kuchma/President of Ukraine/Britannica.com, https://www.britannica.com; Former Ukraine President Leonid Kuchma investigated over journalist murder, www.telgraph.co.uk; Leonid Kuchma: Gongadze murder case dropped in Ukraine - BBC News, www.bbc.com

돌이 벌어졌는데, 그 때 러시아, 몰도바, 트란스니
스트리아 3자 연합통제위원회가 비무장지대 안보
절차를 감독하도록 휴전이 성립됐다. 그러나 휴전
에도 불구하고 그 지역의 정치적 위상은 해결되지
않았는데, 트란스니스트리아는 국제적으로 승인되
지는 않았지만 실제에 있어서는 독립적 준 대통령
제 공화국으로 그 자체의 헌법, 정부, 국기, 국가,
군대, 경찰, 통화를 보유했다. 러시아는 1994년 몰
도바(Moldova)와의 병력 철수 협정에도 불구하고
트란스니스트리아에 군대를 계속 주둔시키면서

트란스니스트리아

그 지역이 친 러시아 정권에 의해 분리되도록 막
후에서 부추기고, 또 러시아 병력 철수의 조건으
로 계속 트란스니스트리아 위상 문제의 해결을 내
세웠다. 트란스니스트리아 정치, 경제, 군사는 모
두 러시아에 의해 지원됐다.[11] 1991년 4월 구소련
으로부터 독립한 그루지아(Georgia)와 러시아의
관계도 순탄치 못했다. 그루지아는 소련 붕괴 직
전 주민투표를 통해 1991년 4월 소련으로부터 독

그루지아

립했으나 1990년대 내내 내란, 압하지야(Abkhzia)와 남오세티야(South Ossetia) 분리주의
전쟁, 경제위기로 시달렸다. 초대 대통령 감사후르디아(Zviad Gamsakhurdia)는 1991년 대
선에 성공했지만 그 해 말 쿠데타에 의해 축출됐고 1992년 귀국한 전 구소련 외상
(1985-1991) 에두아르드 세바르드나제(Eduard Shevardnadze)는 쿠데타 지도자에 합류했

---

11 트란스니스트리아 자치 공화국은 완전히 친러 성향으로 루마니아인이 다수인 몰도바로부터의 독립을 선호
한다. 그 지역은 수시로 무력시위로 인한 유혈사태를 겪는데, 러시아의 개입과 중재로 간신히 현상을 유지
하고 있다. 몰도바 정부는 트란스니스트리아에 독립국에 가까운 자치권을 인정하면서도 분리 독립은 절대
로 허용할 수 없다는 입장을 취한다. 트란스니스트리아는 냉전의 유산으로, 아제르바이젠의 아르메니아가
통치하는 나고르노-카라바흐, 그리고 그루지아의 남오세티야와 함께 전쟁도 평화도 아닌 상황이 존재하는
구소련의 갈등이 동결된(frozen conflict) 곳이다. 트란스니스트리아 주민들은 몰도바 시민권을 갖고 있지
만 상당수는 동시에 러시아, 우크라이나 시민권도 보유한다. 2006년 9월에는 독립 주민투표가 실시됐는데,
몰도바 정부와 국제 공동체는 그것을 인정하지 않고 있다. 트란스니스트리아 주민들은 러시아와의 통합을
원한다. Trans-Dniester profile - BBC News - BBC.com, www.bbc.com; Transnistria - Moldovan Land
Under Russian Control-Association for ..., adst.org>2014/02>transnistria-moldov...

다. 그 즈음 다수 그루지아인들과 과거 구소련 시기 자치지역이던 압하지야, 남오세티야 지역 간에 광범위한 인종 간 폭력과 전쟁이 분출됐다. 압하지야 전쟁 동안(1992~1993) 압하지야 분리주의자와 북 코카서스(체첸) 지원 병력들은 약 25만 명의 그루지아인을 축출했고, 2만 3천명의 그루지아인 역시 남오세티야에서 도피해 나왔다. 1993년 11월 러시아는 그루지아 내란에 개입해 그 나라가 CIS에 가입하고 러시아 군대 잔류를 허락한다는 조건으로 세바르드나제(Shevardnadze) 정부를 지원했다. 동시에 러시아는 OSCE가 중재한 그루지아로부터의 군사기지 철수 합의 시행을 미루면서 압하지야와 남오세티야 분리주의를 지원했다. 러시아의 지원을 받는 압하지야와 남오세티아는 국제공동체로부터 독립을 인정받지는 못하지만 그루지아로부터 사실상의 독립을 성취했고, 그루지아는 그 곳의 아주 작은 지역에 대한 통제권만을 갖게 되었다.[12]

■ 나토의 확대

국제적으로 러시아의 가장 큰 우려는 나토의 확대와 관련된 것이었다. 그동안 수많은 국제정치 전문가들은 구소련이 붕괴되면서 나토는 그 기능을 정치논의 기구로 전환하거나 아니면 그 존재가 사라질 것이라고 전망해 왔다. 그러나 현실은 그와는 정반대로 나토의 동유럽 전진으로 나타났다. 그 당시 클린턴 행정부가 내건 명분은 만약 나토가 해체되면 유럽이 제1, 2차 세계대전과 같은 구시대의 지정학적 대결로 복귀할 수 있다는 것이며, 따라서 유럽의 질서와 평화를 위해 나토의 존속이 반드시 필요하다는 것이었다.

나토의 최초 동유럽 지역으로의 확대는 1990년 10월 독일이 통일되면서 동독지역이 나토 동맹에 편입된 것에서부터 시작됐다. 그 당시 동독 지역에는 외국군과 핵무기가 배치되지 않을 것이라는 광범위한 일반적 합의와 인식이 존재했는데, 그것은 소련의 불안을 완화시키기 위한 목적을 띠었다.[13] 그렇지만 1991년 초 이후 더 이상 러시아와 독일

12　Goldman, p. 14. 구소련 공화국 그루지아는 1991년 4월 독립했다. 친러 성향의 압하지야와 남오세티야는 그루지아로부터 독립을 원하는데, 러시아는 이들의 독립을 승인했지만 다른 나라들은 그들의 독립을 인정하지 않고 있다. 1995년 그루지아의 세바르드나제는 1995년 공식으로 대통령에 선출된 이후 2000년 재선에 성공했지만, 야당과 국제 감시단의 11월 의회선거 부정 선언 이후 2003년 장미혁명으로 축출됐다. 그 혁명은 세바르드나제 집권당의 지도자였던 샤카스빌리(Mikheil Saakashvili)를 포함하는 몇몇 인사에 의해 추진됐는데, 그는 2004년 대통령으로 선출됐다. Georgia country profile - BBC News - BBC.com, www.bbc.com; "Russia-The Ingush-Ossetian conflict in the Prigorodnyi region," Human Rights Watch/Helsinki (May 1996).

13　Mary Elise Sarotte, "A Broken Promise?" Foreign Affairs, Vol. 93, No. 5 (September/October 2014), pp. 90-97. 미국 및 서방과 러시아 간 나토의 동유럽 확대와 관련한 자세한 논의는 NATO Enlargement: Assurances and misunderstandings (European Council on Foreign Relations), www.ecfr.eu를 참조

의 역사적 희생물이 되지 말아야 한다는 생각을 가진 동유럽 국가들은 안보와 번영을 보장하기 위한 최선의 방법으로 나토와 유럽연합 가입을 위해 열심히 로비하기 시작했다. 그들은 1989년 조지 H. W. 부시 대통령이 선언했듯이 '통합되고 자유로운 유럽'이라는 구호 하에서 워싱턴과 세계 각지로부터 공감하는 사람들의 지지를 받았다. 그 지지자들은 러시아는 동유럽 국가들의 나토 가입에 반대할 권리가 없다고 주장했다. 미국과 기존 나토 국가들은 동유럽 국가들의 열망을 감안해 1991년 11월 로마 정상회의에서 새로운 유럽에서의 나토의 목적과 임무에 관한 신전략 개념을 승인하면서 이들의 집단안보체제 가입을 위해서는 일정수준의 시장경제와 자유민주주의 조건이 충족돼야 한다는 가이드라인을 제시했다.[14] 1994년 1월 브뤼셀 정상회담에서 나토 확

로마 정상회담

브뤼셀 회담

대의 필요성, 방법, 필수사항에 대한 논의가 있었고, 그 다음 해인 1995년까지 동유럽 국가들이 나토에 가입하기 위해서는 민주주의의 요건인 개인적 자유와 법치에 일정수준 도달해야 한다는 합의가 재확인됐다. 1995년에는 또 기존 회원국과 동유럽 국가들의 지역협력을 위해 새로 도입된 제도인 북대서양 협력위원회(NACC: North Atlantic Cooperation Council)와 평화를 위한 동반자관계(PFP: Partnership For Peace)가 어떻게 나토 확대를 지원할 수 있는지에 관해서도 많은 논의가 있었다.[15]

1996년 10월 나토를 확대시켜야 한다는 확고한 신념을 가진 클린턴 대통령은 자기 자신의 재선을 위한 대통령 후보 선거 연설에서 나토는 서방 군사동맹의 제50주년 기념해인 1999년 봄까지 구소련 블록의 첫 번째 그룹에게 완전한 회원자격을 확대해야 한다고 말했다. 클린턴은 나토의 확대는 평화롭고, 통합되고 민주적인 유럽대륙을 건설하고

할 것.

14 NATO Enlargement, www.ecfr.eu

15 PFP는 동유럽 국가들의 급속한 나토 가입에 대한 러시아의 우려를 완화시키고 동시에 동유럽 국가들에 대한 문호를 개방해 놓기 위해 클린턴 대통령이 고안한 중간 공식이었다. NATO Enlargement - A Case Study (Center for Strategic and International Studies), https://medium.com.; NACC는 나중에 Euro-Atlantic Partnership Council로 명칭을 바꾸었다. Carlo Frappi and Andrea Carati, "NATO in the 60th Anniversary of the North Atlantic Treaty," http://www.francoangeli.it.

불안정의 회색 지대 출현을 방지할 것이라고 강조하면서, 러시아가 과거 바르샤바 조약 기구 국가들의 나토 가입을 모든 국가들의 안보를 진전시킬 바람직한 절차로 바라볼 것을 촉구했다. 모스크바의 우려와 관련해서는, 그는 러시아가 나토를 더 이상 냉전의 시각에서 보지 말아야 하고, 나토 이외의 국가는 나토 가입에 대해 거부할 자격이 없다고 덧붙였다. 한 걸음 더 나아가, 그는 미국 국민들에게 그 확대는 그냥 값싸게 얻어지는 것이 아니고, 그것은 미국의 동맹국들에게 신성한 안보 보장을 확장시키는 것을 의미하며, 그것은 한 나라에 대한 공격을 모든 국가에 대한 공격으로 간주하는 새로운 헌신이라고 설파했다. 그는 많은 노력과 희생이 따르는 나토의 동유럽으로의 확대는 잠재 적국에 대항하는 군사적 성격을 띠고 있음을 확실히 인지하고 있었다. 그 당시 클린턴 행정부는 폴란드, 헝가리, 체코 공화국을 제1차 영입 대상으로 선호하면서, 루마니아와 슬로베니아도 염두에 두고 있는 것으로 알려졌다. 백악관 대변인은 클린턴의 언급, 연설은 12월의 나토 외교장관 회담에 영향을 주기 위한 것이라고 설명했다. 그 장관들은 동맹에 최초로 가입할 국가들을 선정하고 그 가입 협상을 시작할 1997년 나토 정상회담 일정을 확정하게 되어 있었다.[16]

마드리드 정상회담

1997년 7월 마드리드 정상회담에서 나토 회원국들은 동맹 가입을 추구하는 12개국 중 우선 3개국에게 회원 자격을 부여하기로 결정하고, 1999년 워싱턴 정상회담에서 폴란드, 헝가리, 체코 3개국에게 공식적으로 나토 회원 자격을 부여했다. 워싱턴 정상회담은 멤버십 행동프로그램(MAP: Membership Action Program)을 통해 새 회원국을 맞아들이는 과정을 확실하게 공식화했는데, 여기서 나토는 가입 희망을 청원하는 국가들의 상태를 몇몇 기준에 비추어 정기적으로 공식 검토하기로 결정했다. 그 기준은 시장경제에 기초한 민주적 정치체제, 소수민족에 대한 공정한 대우, 갈등의 평화적 해결에 대한 헌신, 나토 활동을 위한 군사적 공헌 능력과 의지, 민주적 민군관계와 제도 준수를 포함했다. 일단 한 나라가 기준을 충족시키면, 나토는 그 후 그 나라에게 가입 대화를 시작할 권리를 부여할 것이라고 선언했다.[17] 러시아에게 나토의 동진은 악몽과 같은 것이었는데, 왜냐하면 사실상 미국의 지

---

16 Alison Mitchell, "Clinton Urges NATO Expansion in 1999," The New York Times (October 23, 1996), mobile.nytimes.com.

17 The Evolution of NATO, 1988-2001(Office of Historian-Department of State), https://history.state.g

휘하에 있는 나토 군대가 폴란드, 헝가리, 체코에 군사기지를 설치하면서 점점 더 러시아 국경 가까이로 진군해 오고 있다는 사실은 워싱턴이 러시아를 아직도 신뢰하지 않고 미래에도 적국으로 간주할 것이라는 의미를 띠었기 때문이다.[18] 더구나 1990년대 후반 클린턴 행정부가 동유럽에 러시아 핵전력을 겨냥하는 것으로 의심되는 미사일 방어체제를 설립한다는 계획이 점점 더 가시화되면서 모스크바는 워싱턴과 서유럽을 불신하고 반 서방 입장으로 돌아서게 됐다.[19]

■ 중·러 협력의 재가동

국제적으로 사면초가에 몰린 러시아는 이제 동아시아의 과거 동맹국이며 아직도 혁명 잠재력을 가진 듯 보이는 중국과의 협력에 새로이 눈을 돌렸다. 서방과의 협력이 미래에 어떻게 진행될지 확신을 못하는 상황에서 아직도 신세계질서 속에서 불안해하고 자신의 능력에 대해 확신이 없으며 국제적으로 저자세를 유지하는 중국은 러시아에게는 좋은 협력 파트너로 여겨졌다. 과거 냉전시대 동맹국임에도 불구하고 엄청난 분쟁을 겪었지만 1989년 관계정상화에 합의했던 중국과의 협력 재개는 러시아에게 난국의 국제정치 돌파를 위한 하나의 훌륭한 위안이 됐다. 미국의 새로운 패권에 불안을 느끼고 아직도 중국식 사회주의라는 이름으로 1당 독재를 유지하고 사회주의 시장경제라는 독특한 실험을 계속하는 중국 역시 서방으로부터 버림받는 듯한 러시아와의 협력이 자국의 대내외적 미래발전에 큰 기여가 될 것이라고 생각했다.

러시아와 중국이 1990년대 초 이후 교류가 전혀 없었던 것은 아니다. 1989년 관계정상화를 이루면서 양국은 약간의 안보협력을 추진해 왔는데, 그것은 대체로 군사현대화를 필요로 하는 베이징의 요청에 의해 모스크바가 무기를 판매하는 성격을 띠었다. 실제 1989년 이후 러시아는 계속 중국에 대한 최대 무기 수출국이었다. 그러나 베이징이 수입한 무기가 1990년대 전반기 연 10억 달러에 달하고 그것이 각종 해, 공군 무기를 망라했

ov; Fact Sheet-NATO Enlargement & Open Door, www.nato.int; NATO-Topic: Enlargement, www.nato.int.

18 2014년 러시아가 크리미아를 합병했을 때, 머샤이머는 그것은 서방이 나토를 동유럽으로 계속 확대한 것이 그런 결과의 원인이라고 분석했다. 그는 그 사태의 전말은 서방의 자유주의적 환상이 푸틴을 자극한 것에서 비롯되었다고 꼬집었다. John J. Mearsheimer, "Why the Ukraine Crisis is the West's Fault," Foreign Affairs, Vol. 93, No. 5 (September/ October 2014), pp. 77-89.

19 클린턴 행정부 당시 미사일 방어망 설치에 대한 미국의 입장은 Walter B. Slocombe, "The Administration's Approach," Washington Quarterly, Vol. 23, No. 3 (Summer 2000)을 참조할 것. 미사일 방어망 설치에 반대하는 여러 기술적 이유에 관한 설명은 Richard Garwin, "A Defense that will not defend," The Washington Quarterly, Vol. 23, No. 3 (Summer 2000)을 참조할 것.

지만 양국 간의 우호적 감정은 아직 충분히 무르익지 않았다. 정치, 군사, 경제적 필요에 의한 서로에 대한 의존은 양국이 미국 주도의 국제관계 속에서 각자가 처한 정치적 위상과 미래 안보에 관한 충분한 인식 후 서서히, 그리고 점진적으로 그 모습을 나타내게 되어 있었다.

1992 옐친-장쩌민 회담

상하이 5국 회의

1992년 12월 옐친이 처음으로 중국을 방문했을 때 러시아, 중국 두 나라는 서로를 우호 국가(friendly nations)로 간주할 것이라는 공동성명을 발표했고, 1994년 4월 상하이에서 향후 두 나라는 21세기의 새롭게 형성되는 국제환경에 능동적으로 대처하고 바람직한 국제질서 형성을 위해 협력을 도모하는 '건설적 동반자 관계(constructive partnership)'를 추진할 것이라고 선언했다. 그 이후 그들의 협력은 급진전하기 시작했다. 1996년 4월 옐친이 중국을 방문했을 때 두 나라 정상은 양국 간 전략적 동반자관계(strategic partnership)를 선언하면서, 러시아와 동맹관계에 있는 카자흐스탄, 타지키스탄, 키르기스스탄과 함께 상하이 5국(Shanghai Five) 협력회의를 창설했다. 이 회의는 구소련 공화국들과 중국이 일련의 국경선 획정과 비무장화를 위한 대화를 시행하는 가운데 상하이 시에 모인 5개국 정상들에 의

해 결성됐다. 그 이후로 이들은 매년 정상회담을 개최했고, 해가 가면서 그들의 정치, 경제, 군사, 문화 협력은 더 강화되는 모습을 보였다. 1997년 러시아, 중국은 상하이 5국 협력회의에서 국경지역 군사력 상호감축 협정(Treaty on Mutual Reduction of Military Forces in Border Regions)에 서명하면서 그들이 공유한 국경 100Km 이내에 재래식 병력 배치를 제한하기로 약속했다. 그 협정에 의해 설립된 연합통제 그룹은 1년에 3회에 걸쳐 이 약속의 이행을 모니터하도록 규정됐다. 또 1997년 장쩌민과 옐친은 공동선언을 발표했는데, 그것은 1972년 체결된 미·소 ABM 협정이 존속돼야 하고, 미국이 주도해 이라크 사담 후세인 정권에 부과한 유엔 제재가 철회되어야 한다는 것이었다. 이들 두 지도자들의 발언은 그 당시 워싱턴에서 논의가 진행되는 미사일 방어체제가 자국에 미칠 안보 영향을 감안하고 또 반미, 반서방의 대표 국가인 이라크에게 전략적 움직임의 공간을 부여해 미국이 중동과 지구 곳곳에서 장기적으로 구상하는 세계전략을 견제하겠다는 내심에 근거했다. 장쩌민은 워싱턴의 파워 정치와 패권주의가 세계평화, 안정과 중국 이익에

대한 주요 위협이라는 취지의 발언을 했고, 중국의 주요 언론들은 지속적으로 미국의 패권주의, 권력정치를 지적하면서 유엔 하의 새로운 국제질서 수립을 촉구했다. 그 해 러시아와 중국 해군은 연합 군사훈련을 실시했는데, 러시아에서는 태평양함대의 미사일 순양함과 구축함이 참여했고, 중국은 동중국해 함대의 전함을 파견했다. 양국 간 연합 해군훈련은 양국 협력의 핵심적 양상으로, 전 세계의 해양교통로(high sea)를 통제하는 미국에게 세계의 5대양은 미국의 것만이 아니라는 시위 효과를 띠었다. 그 이후 양국 연합 군사훈련은 2000년대에 들어와 상하이협력기구(SCO: Shanghai Cooperation Organization), 또 러시아, 중국 양자 군사협력 등 다양한 채널을 통해 계속됐다. 러시아, 중국 양국의 행동은 다분히 미국의 국제적 주도권에 반대해 경쟁하는 새로운 파워의 축을 창설하고 이를 통해 일극체제를 넘어 다극체제(multi-polarity)를 지향하고 있었다.[20]

1997 중·러 공동선언

중·러 연합해군 훈련

　　러시아, 중국의 협력은 2000년 타지키스탄 수도 두샨베(Dushanbe)에서 개최된 상하이 5국 정상회담에서 더욱 두드러졌다. 그 정상회담은 5개국 간의 정례화 된 협력 촉진을 위한 국가조정위원회(Council of National Coordinators) 설립을 언급했다. 그 정상들의 공동성명은 5개국이 공동으로 자기들 국경에서의 해방운동, 테러리즘, 종교적 극단주의를 막아내고, (미국을 겨냥한 것으로 보이는) 다른 나라에 인도주의 이름으로 내정 간섭하는 것에 대한 분쇄, 그리고 5개국의 국가적 독립, 주권, 영토적 통합, 사회 안정을 도모할 것을 서약했다. 장쩌민은 2000년 연설에서 "우리는 우리들 나라의 국가적 단합과 주권을 옹호하는 데 있어서 상호지원을 강화하고 역내 안보에 대한 모든 종류의 위협에 저항해야 한다"고 말했다. 동시에 그 그룹의 외교, 국방장관들은 연례회동, 연합 군사훈련, 평화

20 Ariel Cohen, "The Russia-China friendship and Cooperation Treaty: A Strategic Shift in Eurasia?" The Heritage Foundation Backgrounder, No. 1459 (July 18, 2001), pp. 2-3; 중·러 군사협력의 경우, 양국 정부 간 위원회 치침에 따라 1992-2007년 기간, 중국은 러시아로부터 250억 달러에 달하는 항공기, 디젤 잠수함, 구축함, 공중 방어체계, 그리고 기타 소련 시대 무기들을 구입했고, 이것은 러시아 총 해외 무기수출 판매고의 40%를 차지했다. Dmitri Titoff, "Sino/Russian Relations: The Challenge of Military Contacts as China Rises (August 13, 2011), www.e-ir.info〉2011/08/13〉sinorussia...

두샨베 정상회담

SCO 회의

유지활동 관련 정보교환, 그리고 기타 회의와 교류를 더 적극적으로 갖는 데 합의했다. 그들은 미국 정책을 비판하는 뉘앙스를 풍기며 유엔 안보리의 사전 승인이 없는 군사력의 사용이나 그 위협, 그리고 어떤 국가나 국가군이 이기적 목적으로 지구적, 지역문제를 독점하려는 시도에 단호히 반대한다고 덧붙였다. 그들은 두샨베 공동선언에서 그들 그룹은 어느 특정한 제3자를 겨냥하는 동맹이 아니라고 말하면서도, 1972년의 ABM 협정을 강력 지지한다고 말해 미국의 아태지역, 특히 타이완에 배치되는 미사일 방어 체제에 반대하고 있음을 명백히 했다.[21]

2001년 6월 14일 상하이 5국 협력회의는 우즈베키스탄의 참여를 계기로 SCO(Shanghai Cooperation Organization)로 확대, 개편됐다. 러시아, 중국과 참여국들은 상하이 5국 협력회의와 마찬가지로 SCO의 목적이 경제발전, 참여국의 국경선 확정, 이슬람 급진주의 근본주의에 반대하는 것이라고 말했지만, 그들의 행동은 미국과 서방에게 나토에 반대하는 집단 안보체제를 지향하는 성격을 내포한 것으로 해석되기에 충분했다. 점점 더 구체화되는 러시아, 중국의 협력은 2001년 7월 16일 모스크바에서 서명된 양국 간 선린우호협력 협정(Treaty for Good Neighborliness, Friendship and Cooperation)으로 진화했다. 그 협정은 양측에게 상호 호혜적인 군사 협력을 추구하고 상호신뢰를 증진시키는 데 필요한 기타 조치를 취할 것을 촉구했다.[22] 정치, 군사, 경

---

21 상하이 5국 그룹은 국경분쟁을 해소, 신뢰구축 조치의 도입, 테러리즘과 마약 밀수와 같은 역내 불법 행위와 싸우는 데 있어서의 협력을 포함해 몇몇 인상적 성과를 거두었다. 그들은 2000년으로 가면서 점점 더 강력한 어조로 미국의 패권에 대한 반대를 발표했는데, 그 그룹의 특징은 미국이 배제된 채 진행된다는 것이었다. Shanghai Five- An Attempt to Counter U.S. Influence in Asia?- Brookings Institution, https://www.brookings.edu

22 2001년 7월 중·러 간의 우호협력 협정 체결 당시 장쩌민과 푸틴이 발표한 공동성명은 그동안 양국이 지속적으로 주장해 오던 모든 사항을 담았다. 특히 그들은 공정하고 정당한 신 국제질서가 중요하다는 데 공감하면서 서방 주도의 패권에 반대한다는 것을 분명히 했고, 또 양국 간 우의는 평등하고 내정간섭하지 않으며, 모든 차원에서의 협력을 상정했다. Joint Statement Signed by the Chinese and Russian Heades

제적 고려를 내포한 이 새로운 협정은 미국과 서방에 반대해 유라시아 세력균형에 있어서 주요 지정학적 변화가 일어나고 있음을 가리켰다. 이 협정은 5개 주요 협력분야를 망라했다. 그것은 미국 패권에 반대, 4,300Km에 이르는 양국 분쟁구역의 경계선 확정, 무기 및 기술이전을 포함하는 국방협력, 에너지와 원료 공급, 그리고 중앙아시아에서의 무장 이슬람 등장의 저지를 포함했다. 러시아와 중국이 서로의 안보 이익

2001 모스크바 우호협정

을 지원하는 이유는 각국이 상대방을 각자의 전략적 후방(strategic rear)으로 보기 때문이다. 러시아 지도자들은 수시로 러시아에 대한 위협은 나토의 동쪽으로의 확대, 미사일 방어망 설치, 체첸과 중앙아시아의 이슬람 급진세력 확대라고 말해왔다. 중국은 걸프전 성공에서부터 대만 안보에 대한 지원까지 냉전 이후 시대 미국의 국제적 주도권이 제기하는 위협에 주목했다. 그래서 모스크바는 베이징을 향해 '하나의 중국'만이 존재한다고 강조했고, 베이징은 러시아의 체첸에서의 강력한 군사전략을 확실하게 지지했다.[23]

무기 및 군사기술 이전, 군사교류를 포함하는 방위 협력은 2001년 7월 협정의 주요 과제이다. 지난 10년간 다수의 러시아 무기 과학자들이 중국으로 이주하고 그 당시 1,500명의 러시아 군사 과학자들이 중국에서 일하는 것으로 추정됐다. 1990년대 중국은 러시아 군산복합체의 주요 고객이었다. 서방으로부터의 군사기술 이전 제한을 감안한 중국 지도자들은 러시아로 눈을 돌리고, 핵미사일 능력 증대, 우주체계, 해, 공군 능력 증대를 시

JL-2 발사

도했다. 중국이 S300, SA－12, SA－17 그리즐리(Grizzly) 등 다양한 지대공 미사일(SAM: Surface to Air Missile)을 개발, 배치하는 데는 압도적으로 러시아의 도움이 컸다. 1991~1996년 러시아는 중국에 연평균 10억 달러 상당의 무기를 판매했고 다음 5년 간

---

of States, www.chinaembassy.org.zw

23 Cohen, pp. 1, 3; SCO 옵서버 자격을 가진 국가는 아프가니스탄, 벨로루스, 이란, 몽골리아이다. SCO 최초의 연합 군사훈련은 2003년 개최되었고, 주요 군사 훈련은 2005년 이후 열린 평화임무(Peace Mission)이다. 이들은 문화 교류 이외에 경제협력에도 관심을 갖는데, 그것은 국제 파이프라인, 자원 발굴, 그리고 투자를 위한 은행 간 위원회 설립과 같은 것들이다. China's Strategic Partnership with Russia- Wilson Center, https://www.wilsoncenter.org

SU-30MKK

A-50 베리예프

그 액수는 연 20억 달러로 증가했다. 1999년 중국은 쥐랑－2(JL-2) 잠수함발사 탄도미사일(SLBM: Submarine Launched Ballistic Missile) 실험, 동풍－31(DF-31) 대륙간 탄도미사일 실험, 또 중성자탄을 확보했는데, 이 과정에서 러시아는 결정적으로 기여했다. 중국은 현대 공군력 강화에 박차를 가했다. 1993~1997년 기간에 러시아로부터 74기의 수호이기(SU-27)를 구매했고 러시아 특허권 하에서 200대를 더 생산할 계획을 세웠는데, 이것은 미국의 F－14, F－15와 비슷한 성능을 가진 전투기였다. 2001년에는 40대의 수호이 SU－30MKK 다목적 4세대 전투폭격기와 공중급유기를 수입했다. 조기경보 능력 확보를 위해서는 러시아 A－50 베리예프(Beriev) 구매를 계획했다(중국은 러시아로부터 총 525대의 전투기를 구매했거나 생산계획을 갖고 있었다). 해군의 경우는 러시아로부터 4척의 킬로급(Kilo-Class) 디젤 잠수함, 미국 항공모함에 대한 공격이 가능한 핵미사일 장착 구축함(SS-N-22), 또 대잠수함(anti-submarine) 구축함에 배치되는 헬리콥터 Ka－28를 구매했다.[24] 러시아로부터의 무기 구매, 기술이전은 중국 군사력 발전의 핵심적 열쇠였다. 그와 동시에 2002년까지 약 150명의 중국인 장교들이 합동참모본부(General Staff Academy)를 포함하는 러시아 군사시설에서 훈련을 받았고, 2003년 모스크바는 중국에게 핵잠수함, 항공모함, 그리고 장거리 폭격기 운영과 관련된 첨단 방위기술에 대한 더 적극적인 접근을 허용하는 군사기술 협력을 작동시켰다. 러시아와의 공식 국방유대는 중국의 전반적인 전략목표에 연계되었다. EU의 군사기술 수출 장벽에 가로막힌 중국은 국방능력 증진을 위해 러시아의 무기 및 기술 지원을 필요로 했고, 반면 공통 국경에서의 비군사화는 아무르 강을 따라 몇몇 도시에 자유무역 지대가 형성되었듯이 경

24 SU-30MKK 전투기는 2000년 생산된 장거리 전투 폭격기로서 미국의 F-15E와 비슷한 성능을 갖추고 있다. 최고 속도는 시속 2,100km이며 대당 가격은 5,300만 달러이다. 베리예프 A-50은 일류신(Ilyushin Il-76) 수송기에 기초한 소련시절 조기경보기이다. 1992년까지 소련에 의해 약 40대가 생산되었다. 킬로급 잠수함은 잠수 시 3,000톤급 용량으로 공격용 디젤 잠수함이다. 서방에서는 킬로급 잠수함을 블랙홀(Black Hole)이라는 별칭으로도 부르는데, 30년 이상 생산되는 이 잠수함은 원래 바르샤바 조약기구를 위해 만들어진 러시아 주력 잠수함이다. 러시아는 원거리 작전에는 핵잠수함을 투입하고, 킬로급은 주로 연안, 근해 목적에 사용한다. 러시아는 현재 24척의 킬로급 잠수함을 운용하고 있고, 이것들은 중국, 이란, 인디아, 폴란드, 루마니아, 알제리아로 수출되었다. SSK Kilo-Class (Type 877 EKM)- Naval... www.naval-technology.com

체첸 자치공화국

제발전에 유용한 환경을 만들 것으로 기대되었다.[25]

　　러시아, 중국의 에너지 및 원료 공급협정은 경제협력을 의미한다. 경제협력은 양국 동반 관계의 중요한 한 축이다. 급성장하는 경제를 위해 중국은 엄청난 양의 원료를 필요로 했다. 1999년 3천만 톤의 원유를 수입했는데 2010년까지 요구되는 수입량은 매년 1억 톤 정도로 추정됐다. 2020년까지 중국은 원유, 철, 알루미늄 등의 광물, 물에서 자급자족이 불가능할 것이다. 중·러 무역 규모는 1999년 현재 55억 달러 수준인데 러시아는 원유, 천연가스, 전기를 공급하고, 중국은 저질 소비재를 수출했다. 이것은 중국 대외무역의 1.6%, 러시아 무역의 5.7%를 차지했다. 러시아는 중국에게 매년 250~300억 톤 큐빅 미터의 천연가스, 시베리아 수력 발전소로부터 180억 KW 전기, 동시베리아 유전에서 3천만 톤의 원유를 공급할 수 있을 것으로 예측됐다. 또 카자흐스탄에서 생산된 원유도 중국에 공급할 수 있었다. 또 러시아는 중국에 전력 발전을 위한 핵 원자로 6기 건설을 추진했다. 양국의 무역, 투자 규모는 아직 작지만 그 성장 잠재력은 높았다.[26]

・・

25 Cohen, pp. 4-5; 중·러 양국 정부 간 위원회 치침에 따라 1992~2007년 기간, 중국은 러시아로부터 250억 달러에 달하는 항공기, 디젤 잠수함, 구축함, 공중 방어체계, 그리고 기타 소련 시대 무기들을 구입했고, 이것은 러시아 총 해외 무기수출 판매고의 40%를 차지했다. Dmitri Titoff, "Sino/Russian Relations: The Challenge of Military Contacts as China Rises (August 13, 2011), www.e-ir.info

26 Cohen, p. 7; 2004년 중국의 대 러시아투자는 6억 8천만 달러, 러시아의 대중국 투자는 4억 5천만 달러

중앙아시아에서의 협력은 2001년 7월 협정의 중요한 일부분이다. 러시아와 중국은 중앙아시아에서 이슬람 급진세력이 확대되는 것에 극력 반대하는 공감대를 갖고 있는데, 이것은 양국 모두 그로부터 도전받기 때문이다. 러시아 옐친 행정부는 1994년 이후 2천만 이슬람 인구를 가진 체첸 공화국의 독립추구를 무력 진압했지만 그 재발 가능성을 우려한다. 또 이슬람 분리주의 움직임이 북 코카서스 자치공화국으로 유입돼 러시아가 영토, 정치적으로 분리, 약화될 것을 우려한다. 중국의 경우 서북쪽에 위치한 7백만 터키위구르 무슬림 인구를 가진 신장이 폭력적 방법으로 독립을 추구하는데, 베이징은 이를 절대 용인하지 않는다는 방침이다. 그 이유는 그 지역은 영토 면에서 중국 전체의 1/6을 차지하고, 그곳은 서쪽 이슬람 국가들과의 전략적 경계선인 동시에 주요 유전 3곳이 위치하고 있기 때문이다. 또 그곳에는 중국의 핵실험장과 여러 개의 군사기지가 존재한다. 베이징은 신장 무슬림이 경찰, 군인을 살해하고 폭탄 투척, 은행 강도, 시위 등 다양한

방법을 시도하는 것에 대해 강경 진압과 동시에 서부 대개발, 한족 이주를 통해 그 지역을 중국 사회와 문화에 동화시키는 정책을 구사했다. 만약 신장이 독립한다면, 내몽고, 티베트도 독립하려 할 것이다. 러시아, 중국은 그렇게 양국 간 협력, 또 SCO를 활용해 중앙아시아 무장 이슬람의 분리주의에 대처해 나가고 있었다.[27]

신장 지역

를 기록했다. 중·러 무역규모는 2008년까지 568억 달러로 증가했는데, 이것은 지난 10년에 비해 거의 10배 증가한 수치이다. 양국은 2020년까지 무역 규모를 2천억 달러까지 증가시킨다는 계획을 갖고 있다. Sino-Russian ties rise to unprecedented..., www.gover.cn; 2014년 5월 서방과 미국이 러시아의 크리미아 점령을 비난할 때 푸틴은 중국을 방문하고 러시아 천연가스 회사 가즈프롬(Gazprom)과 중국 국영 석유회사 (China National Petroleum Corporation) 사이에 30년 기간 4천억 달러 규모의 가스 공급 계약을 체결했다. 같은 달 중·러 양국은 중국과 일본이 분쟁을 벌이는 동중국해에서 연합 해군훈련을 실시했다. 이것은 미국, 일본 모두에게 큰 고민을 안겨주었다. The new Sino-Russian partnership/ORF, www.orfonline.org

27 Cohen, p. 6.

3. 국내현실

■ 경제 파탄과 정치, 사회적 마비

　　국내발전을 위한 옐친 행정부의 생각은 무엇이었나? 여기서도 마찬가지였다. 폭풍우와 같았던 지난 몇 년을 생각해 보면 앞으로의 러시아 정치발전은 자유민주주의, 다당제, 정치적 경쟁, 투표권의 확산, 헌법과 법치, 개인의 자유, 공정한 경쟁, 인권의 길을 따르는 것이 당연했다. 경제적으로는 시장경제가 정답으로 여겨졌다. 지난 70년 이상을 러시아는 이념에 사로잡혀 국민생활의 질, 소비재의 중요성, 편안한 삶으로부터 멀리해 왔다. 이제 새로이 출발하는 시점에 러시아는 새로운 경제도약을 위해 시장경제를 채택해야 하고, 그 원리는 잘 알려진 바와 같이 사유재산, 수요와 공급, 가격 자유화, 군수 산업의 민수전환, 사기업 육성, 노사 간 타협, 탄력적 근로조건과 노동 유연성, 무역확대, 공업 진흥, 달러의 확보, 교통, 체신, 과학기술의 발전으로 집약됐다. 지난 수십년 간의 경제적 고립에서 벗어나 이제 러시아는 바야흐로 엄청난 양의 천연자원, 군수기술의 민수산업 적용, 우수한 과학자들의 재능을 바탕으로 세계경제의 중심으로 나아갈 것이며 세계사의 새로운 장을 여는 역사적 순간을 맞이하게 될 것이라는 것이 새 행정부의 생각이었다.

　　그렇지만 공교롭게도 러시아의 국내 상황은 처음부터 혼란의 연속이었다. 자유주의, 민주 국가라는 새로운 체제하에서 자기들에게 전혀 생소한 새로운 경제, 정치사회적 실험을 해야 하는 러시아인들에게 기회주의적으로 기민한 몇몇 사람들의 경우를 제외하면 모든 것은 어설프고 서로 상충되며 갈등의 구렁텅이 속에서 빠져나올 수 없는 어려운 상황이었다. 경제는 가장 큰 도전을 제기했다. 자유주의 시장경제를 위해 가장 먼저 요구되는 것은 국영기업의 민영화였다. 그러나 이 과정은 엄청난 부작용, 부조리, 부패로 점철됐는데, 왜냐하면 그 당시 국영기업체를 인수받아 사기업으로 전환시킨 사람들은 대부분 옐친, 또는 그의 측근들과 정경유착으로 맺어진 일부 발 빠르고 기민한 기회주의적 인사들이었기 때문이다. 큰 이윤을 낼 수 있는 석유회사, 중화학, 기계, 군수산업을 정경유착으로 인수받은 소수 수혜자들은 이제 모두 새로운 재벌로 재탄생했고, 이로 인해 러시아 경제는 극심한 빈부격차, 양극화 현상을 목격했다. 10개 이내의 재벌이 국내 총생산의 50% 이상을 차지했고, 국영기업이 민영화 되면서 생산성 증대와 이윤을 추구하는 시장경제의 원리에 따라 수많은 사람들이 직장을 잃고 거리로 내몰렸다.[28]

---

28 러시아 경제는 미국의 국내총생산 5조 달러, 일본의 3.5조, 독일, 영국, 프랑스의 2.5조, 또 중국의 1조 국

IMF 국제통화기금

IBRD 빌딩

러시아 경제가 파탄으로 가게 된 또 다른 원인은 경제 운용방식과 관련이 있었다. 그 때 시장경제로의 급속한 전환을 서두르는 옐친 행정부는 전환기 경제를 위해 주로 서방, 예컨대 개발도상국 발전에 많은 경험을 가진 국제통화기금, 세계은행, 미국 정부에 의존했다. 이들 전문가들은 워싱턴 합의(Washington Consensus)라고 불린 정책을 권고했는데, 그것은 역사적으로 개발도상국, 특히 1980년대 남미에 광범위하게 적용된 선례가 있었다. 그것이 워싱턴 합의라고 불린 이유는 그 정책들이 보통 국제통화기금, 세계은행, 미국 재무부 간의 정책적 합의를 요구했기 때문이다. 이들 세 기관은 모두 국가 개입의 축소와 자유주의 시장 작동이 경제를 발전시키고 국민 모두에게 혜택이 돌아가는 낙수효과(trickle-down)를 가져온다는 (신)자유주의적 견해를 공유했다. 국제통화기금과 세계은행은 자기들이 제공하는 자금 대여에 대해 안정화(stabilization)와 구조조정(structural adjustment) 프로그램으로 알려진 정책적 조건을 부과할 수 있었고, 워싱턴 합의는 그들이 부과, 강요한 기본적 권고 패키지를 반영했다. 그 첫 번째 요소는 국내 경제안정을 위해 엄격한 긴축재정 운영으로 정부 예산적자를 축소시키고 인플레이션을 통제하는 것이었다. 많은 개발도상국, 특히 남미는 1980년대에 초고강도 인플레이션(hyperinflation)으로 고생한 경험이 있었기 때문에 정부 지출을 축소하고 이자율을 인상해 통화 공급을 줄이는 통화주의 접근법이 제안됐다. 두 번째는 국가 지원과 국가 통제를 제거하고 민영화 프로그램을 작동해 시장력을 자유롭게 작동시키는 것이었다. 세 번째는 무역과 환율정책의 개혁으로 그 나라를 지구적 세계 경제에 통합시키는 것이었다. 그것은 수출입에 대한 국가의 제한을 철폐하고 통화의 평가절하를 수반했다(그러나 1990년대 후반까지 워싱턴 합의는 전혀 적절한 결과를 산출해 내지 못한

내 총생산에 훨씬 못 미쳤다. 실제 그 당시 모스크바를 비롯한 러시아 주요 도시의 백화점은 개발도상국에서도 보기 힘든 조악한 싸구려 양말, 모자와 같은 소비재들이 진열장을 가득 메우고 있었는데 이것들은 냉전시대 근대화를 막 시작하는 제3세계 국가들에게서나 볼 수 있는 현상이었다.

다는 것이 분명해졌고, 발전은 단순히 경제 성장이 아니라 빈곤 축소와 국민의 참여를 필요로 한다는 쪽으로 초점이 이동해 갔다).[29]

1992년 1월 2일 옐친은 가격 및 대외무역 자유화를 명령했다. 곧 대부분의 일반 상품가격은 자유화됐고, 정부 배급을 받기 위해 국영상점에 줄서는 현상은 사라졌으며, 가게에는 상품들이 다시 등장했다. 1993~1994년간 시행된 광범위한 민영화 프로그램은 정부로부터 회사의 매니저와 근로자들에게, 그리고 일반 대중에게로 그 몫을 이전시키는 것으로 보였다. 1994년 중반까지 러시아 경제의 거의 70%는 민간의 손으로 넘어갔다. 1995년 국제통화기금의 도움으로, 러시아는 루블을 안정화시킬 수 있었고, 짧은 시간 내에 러시아 경제는 완전한 전환을 경험했으며 적어도 서류상으로는 경제 자유화와 안정으로의 신속한 진전을 위한 개혁을 정착시킬 수 있을 것 같았다. 그러나 겉으로만 그럴듯하게 보인 이 개혁은 실제에서는 전혀 다른 모습으로 나타났다.[30]

급격한 시장개혁을 선호하는 옐친 대통령과 35세의 젊은 경제학자인 총리 대행 예고르 가이다르(Yegor Gaidar)가 채택한 이 '충격요법(Shock Therapy)'은 결과적으로 러시아 경제의 전례 없는 파탄을 초래했다.[31] 러시아인들은 이 갑작스러운 경제적 자유에 대한 준비가 되어 있지 않았고 많은 문제가 발생했다. 1992년 봄 인플레이션은 300%까지 가격상승을 야기했고 1992년 말까지 그것은 2,500%로 치솟았다. 이것은 예금, 월급, 연금의 가치절하로 귀결됐고 경제를 엉망진창의 상태에 있게 했다. 대부분 상품의 가격이 정부통제와 관계없

가이다르

는 반면, 에너지와 교통비 가격은 아직 통제대상이었음에도 불구하고 4배 상승했다. 옐친 행정부는 워싱턴이 처방한대로 거시경제 안정, 인플레이션 통제를 위해 이자율 인상, 통화 규제, 대출제한, 정부지출 감소, 정부지원 삭감, 복지비용 감소를 추진했다. 또 정부지출과 세수의 균형을 맞추기 위해 새로운 세금이 계속 부과됐다. 이 과정에서 수많은 기업

29 Stephen R. Hurt, "Washington Consensus," https://www.britannica.com

30 Denis Aven, "Russia's Economic Transition: Challenges, Results and Overhang," www.yaleeconomicreview.org

31 가이다르는 1991년 소련 붕괴 옐친하에서 직전 부총리 및 경제 장관으로 임명됐다. 그는 의회의 승인을 받지 못한 채 1992년 6월부터 그해 12월까지 총리 대행 자격으로 가격 자유화, 정부 지출 삭감, 민영화를 중심으로 하는 충격 요법을 시행했다. 1993-1994 기간 부총리로 다시 임무를 받은 후 1999~2004년 동안 국가두마에서 활동했으며, 2009년 12월 사망했다. Yegor Timurovich Gaidar/ Russian politician/Britannica.com, https://www.britanic.com; Yegor Gaidar/The Economist, www.economist.com

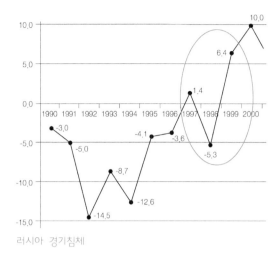

러시아 경기침체

이 폐쇄됐고, 경기가 침체됨에 따라 경제 불황은 갈수록 심해졌다. 가이다르의 안정화, 시장화, 세계 경제로의 편입을 위한 경제개혁은 기업의 줄도산, 광범위한 실업, 소득의 감소, 무역역조로 귀결됐다. 러시아의 올리가키(oligarchy)들은 대부분 급속한 민영화 기간 동안 부를 축적했다. 소수의 러시아 거부 올리가키들은 스포츠 팀으로부터 주요 오일회사까지 모든 것을 소유했다. 이 새로운 몇몇 기업가들은 민영화에서 엄청난 혜택을 본 반면, 1992년 말까지 약 50% 러시아인들의 생활수준은 빈곤층 이하로 추락했다. 민영화의 약속과는 다르게 국내총생산은 매년 하락했고 1991~1996년 사이 그것은 40% 가까이 축소됐다. 이것은 미국이 대공황에 비해서도 더 나쁜 실적이었다. 그 당시 다른 나라들의 국내 총생산은 계속 증가하고 있었기 때문에, 러시아는 한층 더 뒤처졌다. 농장 민영화 과정에서의 불안정으로 인해, 러시아는 1997년까지 식량의 1/3 이상을 수입해야 했다.[32]

　　이제 과거 통제 경제의 기제 하에 일정한 임금과 국가보조로 살아가던 수백만의 중산층 러시아인들의 생활수준은 형편없이 낮아졌고, 소련 시대 광범위한 복지혜택의 프로그램에 의존해서 살던 수백만의 서민층은 큰 타격을 입고 가난으로 내몰렸다. 1990년대 전체적으로 러시아 경제는 형편없이 진행됐다. 1990년대 전체를 볼 때, 러시아는 실제 국내총생산의 50%까지 잃었고, 시민들은 여러 차례의 인플레이션으로 예금을 날려버렸다. 러시아인들은 자기들의 가처분 소득이 급격히 하락하는 것을 목격했다. 러시아의 1992~1999년간 해외로의 자본유출은 수천 억불에 달했다. 이것은 자본주의, 시장경제와 관련해 서방에서 고전적으로 말하는 보이지 않는 손에 의한 조정, 경제적 풍요, 부의 창출, 중산층의 확대와는 거리가 멀었다. 1990년대 중반 IMF가 발표한 러시아의 국내 총생산은 3천억 달러에 불과했는데, 이것은 전 세계 사람들에게 충격으로 다가왔다. 수년 전 냉전시대 세계를 호령하던 러시아의 국내총생산이 그에 불과하다는 사실에 세계는 경악

32 Marshall Poland, "Russian Economy in the Aftermath of the Collapse of the Soviet Union," www2.needham.k12ma.us.

했다. 이런 부정적 지표 속에서, 러시아는 소연방 이후 1997년에 비로소 처음으로 0.8%의 경제성장을 달성했다. 그러나 경제가 조금이라도 낙관적으로 보이기 시작하던 바로 그 1997년 여름 아시아에서 시작된 재정위기가 러시아로 퍼져 루블의 통화가치를 의심하게 만들었다. 통화위기는 곧 그 해 말 오일 가격 하락으로 더 악화됐고, 1998년 중반 러시아는 루블화 평가 절하와 함께 외국 채무자들에게 지불 유예를 선언하면서 국가 부도사태에 처하게 됐다. 1998년 실제 국내 총생산은 다시 마이너스로 돌아서 4.9% 하락했다.[33]

정치, 사회적으로도 마찬가지였다. 러시아 경제가 침체되면서 정치권의 갈등이 심해지고 1992년 이후 옐친 행정부와 (공산당 및 민족주의자들이 주도하는) 의회의 협조는 전혀 이루어지지 않았다. 오히려 이들은 대립, 불신, 상대방에 대한 증오로 가득 찼고, 그런 적대감은 기회가 있을 때마다 상대측을 제거하려는 극단적 조치를 야기했다. 1992년 러시아 연방의회 최고회의(Supreme Soviet) 의장인 루스란 카스블라토프(Ruslan Imranovich Khasbulatov)는 옐친을 지지한다고 말하면서도 옐친의 경제 민영화, 충격요법에 반대하고 나섰고, 1992년 12월 제7차 인민대표대회에서 옐친이 선호하는 가이다르의 총리 임명은 좌절됐다.[34] 1993년 3월 20일 옐친은 텔레비전을 통한 대국민 연설에서 개혁 프로그램 완수를 위해 대통령이 특별권한을 보유할 것이라고 선언했는데, 이에 반대해 최고회의는 대통령 탄핵을 시도했다. 1993년 9월 옐친은 또 다시 칙령에 의해 최고회의를 해산하고 새로운 의회 구성과 신헌법 제정을 위한 국민투표를 실시한다고 발표했고, 이에 대항해 연방의회는 옐친을 대통령직에서 해임시켰다. 10월 3~4일 옐친이 군대와 치안 병력 탱크를 동원해 의회 건물을 공격하면서 대통령과 의회의 갈등은

루스란 카스블라토프

33 Matthew Johnston, "The Russian Economy Since the Collapse of the Soviet Union," www.investo pedia.com

34 카스블라토프는 러시아 경제학자이며 정치인으로 1993년 러시아 연방의 헌법 위기 과정에서 중추적 역할을 한 사람이다. 옐친 대통령은 경제적 충격 요법을 시행하면서 다른 한편 신헌법 도입을 통해 대통령 권한을 강화하려 시도했는데, 그때 최고소비에트 의장인 카스블라토프는 행정부와 의회 권한의 분점을 주장하면서 이에 강력하게 반대했다. 옐친은 1993년 의회를 해산했고, 카스블라토프와 부통령 루츠코이를 필두로 의원들은 의회 건물에 바리케이드를 설치하면서 저항했는데, 그때 옐친은 군대를 동원해 의회 건물에 발포했고 카스블라토프는 체포되어 투옥됐다. 나중에 새로 구성된 두마는 그와 그 당시 반란에 참여했던 의원들을 사면했다. Ruslan Imranovich Khasbulatov facts, information, pictures/Encyclopedia.com; www.en cyclopedia.com; Ruslan Khasbulatov/Russian politician/Britannica.com, https://www.britannica.com

옐친 탄핵 모면

의사당 포격

최고조에 달했는데, 그때 신헌법의 국민투표 통과로 옐친은 간신히 재신임 받게 됐다. 이 과정에서 옐친은 간신히 정치적 위기를 넘겼지만 그의 명성은 크게 흔들렸다. 1980년대 늦게 모스크바 거리에서 시위했던 민주적인 옐친의 상은 잊혀졌고 그는 1인 독재 이미지로 각인됐다. 옐친은 은퇴 시까지 정치적으로 러시아의 정상에 남아 있었지만 마지막 순간의 그는 1991년의 영웅적 모습과는 전혀 다른 인물로 묘사됐나.[35]

4. 옐친의 두 번째 임기

옐친의 인기는 계속 추락해 그는 더 이상 신뢰받는 민주 지도자가 아니었다. 1996년 봄 그가 두 번째 대선에 도전하려 결심했을 때 그의 지지도는 10% 미만으로 회복 불가능한 수준이었다. 그럼에도 불구하고 미국의 클린턴 대통령은 그가 재선에 반드시 도전해야 한다고 조언했고, 그는 여러 가지 방법을 활용해 재선에 성공했다. 그가 활용한 방법 중 유용했던 것은 대통령의 특권을 이용해 소수 부자들로부터 엄청난 정치자금을 지원받고 미디어 재벌들에게 민영화에서의 특혜를 부여하는 대가로 방송과 신문 지면에서 압도적 우위를 누리는 것, 복지 증대, 체첸 전쟁의 종결, 임금과 연금 연체 해소 등 국민의 구미에 맞는 선거 공약의 제시, 그리고 시기적절했던 국제통화기금으로부터의 100억불 금융지원이었다. 그렇게 해서 그는 지방과 소도시의 강력한 구소련 시절 바닥정서를 기반으로 다시 급격히 부상하던 공산당 후보 겐나디 주가노프(Gennady Zyuganov)에게 13% 차이로 승리할 수 있었고, 옐친에 비해 재정 재원이 결여됐던 주가노프는 초기의

---

35 "Boris Yeltsin Biography," http://www.notablebiographies.com; Boris Yeltsin-New World Encyclopedia, www.newworldencyclopedia.org

강력한 우위가 서서히 사라져가는 것을 목격해야만 했다.[36]

겐나디 주가노프

재선에는 성공했지만 옐친은 과거에도 그랬듯이 또 다시 심장 우회수술을 받아 수개월동안 병원에 입원해야 했으며. 건강 문제로 인해 많은 시간 대중의 앞에 나설 수 없었다. 옐친의 두 번째 임기 동안 국정운영이 특별히 나아진 것은 없었다. 오히려 옐친의 미래는 계속되는 경제위기와 개혁 프로그램의 실패, 의회와의 대립의 쓴 후유증으로 먹구름이 드리워졌다. 1997년 그는 계속 어려운 국내 문제에 마주쳐야 했다. 실업은 나아지지 않았고, 무역적자는 더 커져갔으며, 재정은 악화됐고, 고용된 사람들이 급여를 받기 위해 수개월씩 기다리는 것은 다반사였다. 옐친은 체첸전쟁의 종결 이외에는 두 번째 대선에서 표방한 공약을 거의 지키지 못했다. 시간이 가면서 그에 대한 대내외적 도전은 더 악화됐다. 옐친은 국가 부도를 막지 못했고(1998), 국가두마의 공산당 주도 탄핵으로부터 간신히 살아남았으며(1999. 5), 코소보 전쟁(1999) 때에는 나토의 유고슬라비아 개입에 나토－러시아 전쟁 가능성을 거론하며 강력히 반대했지만 워싱턴의 결정에 아무런 영향을 미치지 못했다. 그는 1998~1999년 동안 4명의 총리를 해임했는데, 마지막으로 전체 내각을 사퇴시키면서(1999. 8) 그동안 잘 알려지지 않은 블라디미르 푸틴(Vladimir Putin)을 새 총리로 임명했다.[37] 그리고 그해 마지막 날 그는 다음 대선이 예정된 2000년 3월까지 푸틴을 대통령 권한대행으로 임명한다고 말하면서 조기 퇴임한다고 발표했다(1999. 12). 그때 그는 새로운 천년이 다가오면서

블라디미르 푸틴

러시아는 새롭고 더 유능한 지도자에 의해 통치돼야 하고, 자기의 모든 부족했던 점을 용서해주기 바란다고 쓸쓸하게 말했다. 2001년 푸틴은 옐친에게 러시아 최고상(Order of Service to the Fatherland, First Degree)을 수여하면서 그가 소련을 종식시키는 것을 도와 러시아의 미래를 바꾼데 대한 그의 역할에 상을 수여하는 영예를 부여했다.[38]

---

36 Boris Yeltsin Biography, p. 11; Boris Yeltsin- New World Encyclopedia.

37 공산당이 주도한 대통령의 잘못된 행동에 대한 탄핵은 실패했다. 옐친은 5개의 조항의 탄핵에 직면했는데, 그것은 벨라베즈 협정 서명, 소연방 해체, 1993년 10월의 쿠데타, 1994년 체첸 전쟁의 시작을 포함했다. 그 중에서도 가장 심각한 사유로 제기된 것은 그가 1994년 체첸 전쟁을 시작했다는 것이었다. Boris Yeltsin Biography, p. 12; Boris Yeltsin - New World Encyclopedia.

38 Boris Yeltsin Biography, http://www.notablebiographies.com

　　1990년대 러시아의 정치와 사회는 혼란의 연속이었다. 수백년 간 보기 드문 절대왕정 짜르(Czar) 체제하에서 살아오고 그 이후 74년간 공산당 일당독재하에서 살아온 러시아인들에게 자유민주주의의 원칙들은 하루아침에 실행될 수 없었다. 협상과 타협 대신 독선과 술수가 판쳤고, 정치적 자유, 법치, 인권은 이해하기 어려운 외래의 개념이었다. 사상 처음 경쟁적 정치제도가 도입됐을 때 생겨난 수십 개의 이름도 알기 어렵고 언제 생겼다 언제 사라지는지도 모르는 수많은 정당들은 합종연횡, 불법적 결탁을 일삼는 무책임, 무질서한 정치집단으로 변모했고, 3권 분립, 견제와 균형, 협의에 의한 헌법적 정치과정은 시작이 됐는지도 알기 어려운 이름뿐의 제도였다. 대선을 비롯해 의회, 지방선거를 포함하는 정부의 각 레벨과 여러 지역에서 수많은 선거가 치러졌는데, 높은 투표율에도 불구하고 적지 않은 부정, 왜곡, 탈법이 있었다. 정치인과 정부기관은 부패, 무능력, 또 국민의 요구에 대한 외면으로 일관했고, 기업은 국세청, 경찰과 결탁해 탈세를 일삼았다. 교육의 수준은 낮았고, 니즈니 노브고로드(Nizhny Novgorod)를 포함하는 몇몇 대도시는 민영화되어 제조업, 서비스업이 번성했지만, 대부분의 도시는 레닌의 고향 율리아노프스크(Ulyanovsk)와 비슷하게 아직도 엉망이었다. 새로이 자유가 주어졌지만 아직도 행정부의 통제하에 있는 언론은 정부 비판보다는 옐친 홍보에 치중했고, 어려운 경제사정과 국가통제의 이완은 범죄의 기승을 용인해 전국에 수천 개의 범죄 조직이 생겨났다. 공산주의 시대에 억압되었던 그리스정교(Orthodoxy)가 다시 허용되어 수백 개의 교회, 수도원, 기념탑이 재건되고 러시아인들의 선민사상에 다시 불이 지펴졌지만, 그것은 러시아인들의 씁쓸한 가슴을 달래기에는 충분치 못했다. 많은 사람들은 공산주의 시대의 가난하지만 평등하며 모든 사람이 고용됐던 때보다 더 못한 삶을 영위하게 됐다고 한탄했고, 희망 없어 보이는 러시아 사회는 미래의 좌표를 잃고 방황했다.

　　한때 민주주의 영웅으로 추앙받고 민주화의 이행에 앞장선 보리스 옐친이 두 차례에 걸친 대선에서 승리해 러시아에 민주주의가 정착되고 그가 전환기 러시아에 역사적으로 중요한 역할을 담당했다는 주장도 존재했지만, 그에 대한 평가는 확연하게 엇갈렸다. 서방과 러시아의 일부 계층에서는 그를 정치적 민주주의와 시장경제를 인도한 자유, 민주, 개방적 지도자로 치켜세웠지만, 더 많은 수의 국민들은 그의 능력과 역할을 의심의 눈초리로 바라보면서 그를 서방의 꼭두각시로 인식했다. 1990년대의 러시아는 혼란, 불협

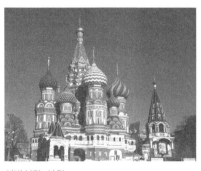

성바실리 사원

화음, 불안과 더불어 어디로 향해야 할지를 모르는 망망대해의 길 잃은 선박의 모습이었다. 외형적으로 선거, 투표, 정당과 같은 정치적 민주주의의 여러 제도가 도입되고 경제 민영화, 소비재 생산, 생산성 증대, 서방과의 교역이 강조됐지만, 이 모든 것은 큰 성과 없이 오히려 혼란, 의심, 미래에 대한 두려움을 부추겼다. 러시아가 어디로 가는지, 어떤 정치 지도자가 필요한지, 서방과의 관계는 잘 진행되고 있는지, 또 궁극적으로 서방식 정치발전이 과연 자기들에게 적합하고 역사적으로 타당한지에 대한 많은 의구심, 회의, 두려움이 존재했다.

II 러시아 현실의 해석

1. 러시아 외교안보 위기의 실상

(1) 러시아의 총체적 대외관계 위기

옐친 시대에 들어와 러시아의 외교안보는 모든 면에서 가라앉고 있었다. 대외관계에서는 과거 강대국으로서의 위용을 잃고 미국의 꼭두각시 비슷하게 행동했고, 예전의 모든 지리적, 정치적 영향권을 상실했다. 일부 구소련 공화국과 군사동맹을 체결하고 몇몇 국가들과의 협력을 통해 최소한의 안보이익을 지키려 노력했지만 그 관계는 계속 삐걱거렸고, 외교안보를 포함해 사회, 경제협력까지 구상하는 CIS의 큰 틀은 거의 작동하지 않았다. 서방의 나토는 계속 동진해 오면서 러시아를 위협했고, 과거 영향권이었던 동유럽 안보, 정치, 사회변동 과정에서 모스크바의 입장은 전혀 반영되지 않았다. 독립을 추구하는 체첸과 중앙아시아 몇몇 지역에서의 이슬람 확산은 러시아 통합에 걸림돌이 될 수 있었다. 시베리아 동쪽 끝에서는 새로운 일터, 돈 벌 기회를 찾는 중국 이민자들이 밀려들어오면서 지역 관할에 문제가 생겼고, 일본과의 관계는 북방 4개 도서 문제로 인해 정상화는 생각할 수 없었다. 러시아 국방, 군사문제는 거의 거론조차 되지 않는 상황이었다. 미국과의 핵 감축협상으로 상당수준의 공격 핵전력을 상실하고 전술 핵무기에 의존해 서방의 위협에 대처해야 하지만, 재래식 전력 증강은 경제력 상실로 꿈도 꿀 수 없었고, 그보다 더 시급한 국내 경제, 사회문제 해결이 우선과제로 떠올랐다. 서방의 민감한 첨단 군사기술 수출금지로 인해 러시아의 낙후된 국방과학 기술은 나아질 기미가 보이지 않았고, 부패한 국내 방산업체 스스로 기술발전을 도모하는 것은 그 가능성이 요원했다. 러시아의 전반적인 외교안보를 어떻게 평가해야 할까? 그 당시 러시아의 전반적인 대외관계 위기와 관련된 가장 포괄적인 분석 중 하나는 알렉세이 아르바토프(Alexei G. Arbatov)에 의해 제시됐는데, 그는 옐친 시대 모스크바가 외교안보를 어떻게 잘못 운영하고 있고, 그 원인이 무엇이며, 올바른 정책운영을 위해 필요한 우선순위가 무엇인가에 대해 체계적이고 탁월한 의견을 제시했다.

■ 러시아의 안보환경

러시아 안보환경은 몇 가지의 대내외적 요소를 갖고 있다.[39] 구소련의 해체는 러시아 안보 위기의 주요 요인이다. 러시아는 과거 전체 소연방에서 인구와 경제 60%를 점하고 영토의 76%를 차지한다. 그러나 구소련의 해체로 인해 러시아는 전략적으로 중요한 발트 3국, 우크라이나, 중앙아시아의 많은 전략적 전초기지를 잃었고, 전체적으로 불안하고 위축된 전략 환경에 처해 있다. 모스크바가 그동안 통치했던 구소련의 영토는 이제 나토나 중국이 보호하는 영토와 직접적으로 국경을 맞대고, 과거 구소련에 속했던 분리된 공화국들은 역사적으로 긴밀했던 군사, 경제, 인종, 문화적 관계에도 불구하고 외국 국가로서 러시아와 일정수준의 갈등관계에 있다. 이런 불확실한 전략 환경은 내부적 요인에 의해 더 악화된다. 모든 권력을 장악한 옐친 대통령과 그의 팀은 경험부족, 정책능력 부족, 또 새 출발에 대한 환희에 사로잡혀 러시아의 미래를 위해 행동해야 하는 결정적 시기를 실기했다. 공산당 정부조직, 제도, 기구개편은 실질적 기능이나 내용의 변화 없이 피상적으로 추진됐고, 친 서방 옐친파는 다른 세력과의 연대, 또는 민주적 지지세력 결집의 중요성을 무시하고 정권을 거머쥔 독자세력으로 행동했다. 의회와의 교류는 최소한이고, 지지층과의 연계는 상당 부분 단절됐으며, 행정부 내에서도 몇몇 수뇌부가 매사를 독

---

39 아르바토프는 그 당시 국제질서는 다극 체제로 진입했다는 견해를 가졌다. 냉전 시대의 양극체제는 서유럽, 일본, 중국 등 세계 각 지역의 파워 센터들이 각자 힘을 갖고 자기의 이익과 선호를 추구하는 다극체제로 전환됐다. 신 국제질서하에서는 미국만이 아니라 다양한 강대국들이 서로 갈등하며 공존하는데, 이 과정에서 문제 해결을 위한 국제기구의 초국가적 역할은 갈수록 더 커진다. 동시에 여러 지역에서 이라크, 북한과 같은 중규모 세력의 국가들이 핵확산, 지역분규, 인종 갈등에 연루되면서 오늘날의 국제정세는 더욱 복잡해지고 더 많은 국제협력을 요구한다. 아르바토프의 이런 견해는 폴 케네디에서 볼 수 있지만, 조셉 나이 역시 미국에 의한 단극 질서와는 다른 견해를 언급한 바 있다. 조셉 나이는 군사적으로는 미국이 단극을 유지하지만, 경제적으로는 미국, 독일, 일본이 3극 체제를 이루고 인종, 지역갈등, 핵확산 등 다른 이슈에서는 다극 질서라는 표현이 더 맞는다고 주장한 바 있다. 그러나 그 당시나 2018년 현재나 냉전이후 시대 국제질서를 뒤돌아 볼 때, 그것은 미국 주도의 단극체제라는 표현이 더 정확한 것으로 평가된다.

단적으로 결정한다. 옐친파에 대한 반대에서 군부, 각 관료부서, 정당, 또 국내 여러 파벌은 각자 목소리를 높인다. 러시아 대외 정책은 구심점의 부재로 시달린다. 이것은 과거 소연방 시절 이데올로기와 사회주의권 이익이라는 대 전제를 중심으로 공산당 중앙위원회, KGB, 국방부, 외교부가 일사 분란하게 대외 정책을 조정했던 것과는 큰 대조를 이룬다. 대외정책의 혼란은 러시아의 극심한 경제, 사회적 위기에 의해서도 영향 받았다. 1992년 여름 이후 정부가 예

발트 3국

산감축과 가격 자유화를 포함한 경제 충격 요법을 시행했을 때, 그 결과는 치솟는 인플레이션, 수용 불가능한 금융 이자, 과도한 세금, 공황과 경제 붕괴였고, 이것은 온건 보수와 극우파로부터 엄청난 반대를 초래했다. 서방의 권고에 따라 총리 대행 가이다르(Yegor Gaidar)가 일방적으로 국민에게 강요한 경제개혁 프로그램은 민주 러시아당(Democratic Russia)을 제외한 모든 정당, 관료, 사회단체들의 반대로 인해 급속히 약화됐다. 의회, 정당, 사회여론을 무시하고 독단적으로 판단하는 옐친파의 의사결정은 다른 많은 세력의 이탈과 더불어 그들의 정치적 고립을 불러왔다. 지금 러시아는 G7, IMF, IBRD의 경제지원에 전적으로 의존하는 처참한 상황에 처해있고 그들의 영향력에 의해 좌우된다. 그러나 이것은 복구 불가능한 것이기보다는 옐친 행정부의 정책적 판단 오류에 의한 잘못된 경제 및 국방 운영의 결과이다. 러시아는 언제든 원하기만 하면 군사력 증강을 포함해 다시 강대국으로 등장할 수 있을 것이다.[40]

■ 대외정책의 행위자

러시아 대외정책에 관한 의견은 네 가지 서로 다른 성향으로 구분된다. 그것은 친서방 그룹, 온건 자유주의자(moderate liberal), 온건 보수(moderate conservative), 그리고 신 공산주의 민족주의자이다. 친 서방 그룹은 옐친 대통령, 안드레이 코지레프(Andrei Kozyrev) 외교 장관을 비롯해 사회 내 학계, 언론 등 다양한 자유주의자들로 구성되어 있다. 이들은

40 Alexei G. Arbatov, "Russia's Foreign Policy Alternatives," International Security, Vol. 18, No. 2 (Fall 1993), pp. 5-7, 14-17.

미·러 군비통제, 지역 안보, 유엔 문제 등에서 주도세력으로 행동하지만, 너무 서방에 편향돼 러시아 이익을 등한시 한다는 비판을 받아왔다. 온건 자유주의자는 사상적으로는 친 서방이고 서방과의 협력에는 찬성하지만 일방적 양보에 반대하며, 러시아 대외정책의 우선순위는 구소련 공화국들의 관계 강화를 추구하는 근외외교에 맞춰져야 한다는 생각을 갖고 있다. 주미대사 루킨(Vladimor Lukin)을 포함하는 외교부 일부 관리, 소장파 장군들, 일부 의원, 젊은 학자인 알렉세이 아르바토프(Alexei Arbatov), 세르게이 로고프(Sergey Rogov), 그리고리 야블린스키(Grigory Yavlinsky) 등이 이에 속한다. 온건보수는 보수적 성향의 엘리트들로 서방의 의도에 대해 온건자유주의자들보다 더 회의적이고 서양의 경제지원에 의존하기보다는 강대국 능력의 보유, 핵무기와 군사력 강화, 또 핵기술과 물질수출 등에 의한 자력경제를 선호한다. 이들은 연방관료, 군 고위인사, 노조 지도자, 상당수 지식인의 광범위한 지지를 받는데, 부통령 루츠코이(Alexander Rutskoi), 최고회의 의장(Speaker of the Supreme Soviet) 루스란 카스블라토프(Ruslan Khasbulatov), 민주당 의장 니콜라이 트라프킨(Nikolai Travkin) 등이 포함된다. 신 공산주의 민족주의자는 (공산주의자라기보다는) 러시아 정교의 근본주의, 반유대주의에 의거해 러시아 제국의 융성과 강대국으로서의 역할을 주장한다. 블라디미르 지리노프스키(Vladimir Zhirinovsky)와 비슷한 사람들로, 이들은 미국 주도의 유엔 제재, 전략무기 감축협정, 유럽 재래식 무기감축(CFE), 그리고 러시아의 일방적 군사력 감축에 반대한다. 동시에 이들은 우크라이나에 강경하게 대처하고, 발틱, 크리미아, 몰도바, 그루지아의 분리주의자들에 대해 공개적 간섭을 제언하며, 보스니아와 이라크에 군사, 경제지원을 통해 미국을 견제하고, 반서방인 쿠바, 이라크, 리비아, 북한과의 동

블라디미르 지리노프스키

맹을 주장한다. 러시아 내에서 이들을 지지하는 계층은 안보, 국방 분야 종사자가 적지 않지만 더 많은 주요 지지 세력은 주로 무지하고 가난한 기층민 집단이다.[41]

....

41 Arbatov, pp. 8-13. 로고프(Sergey Rogov)는 러시아 과학아카데미의 미·캐나다 연구소장이며, 러시아 외교부 자문위원, 두마 외교 분과 자문위원, 러시아 외교정책협회 위원 등 외교, 안보와 관련된 다양한 역할을 수행하는 유명한 학자이다. Biography of Sergey Rogov - European Leadership Network, www.europeanleadershipnetwork.org.; 지리노프스키는 러시아 정치인이고 1991년 이후 러시아 극우 자유민주당(LDPR: Liberal Democratic Party of Russia) 당수 역할을 수행한다. 강력한 러시아 민족주의와 반유대주의로 잘 알려져 있지만, 그는 나중에 자신의 유대계 뿌리를 인정했다. Vladimir Zhirinovsky/Russian politician/Britannica.com; https://www.britannica.com

■ 러시아 대외정책의 문제점

러시아 대외정책은 어떤 문제점을 갖고 있는가? 아르바토프는 러시아 대외정책의 문제점은 몇 가지로 요약될 수 있는데, 그것은 모스크바가 워싱턴의 요구에 너무 쉽게 순응하고, 국가이익, 안보 우선순위를 혼동하고 있으며, 군부의 독자성이 증가하고, 대외정책이 국민의 지지를 받지 못하고 있는 것이라고 말했다. 첫째, 모스크바는 미국과 서방의 요구에 너무 쉽게 순응해 러시아의 국익을 확보하지 못했다. 1990년대 초 이후 러시아는 보스니아, 이라크, 리비아에 대한 유엔 제재, 전략무기 감축협정에서 승인된 무기수준과 제한, 인도에 대한 미사일 기술통제와 이란에 대한 무기 판매, 발틱에 거주하는 러시아 소수민족의 권리, 그리고 러·일 간의 남 쿠릴열도(South Kurile Islands) 분쟁, 동유럽과 러시아의 나토 가입 문제 등 수많은 대외문제에 있어서 '미소(smile) 외교'와 '네(yes)'라는 정책으로 일관해 왔다. 이것은 한편으로는 서방의 정치적 신뢰와 경제 원조를 얻기 위한 방책이지만, 다른 한편 수많은 국민들, 보수주의자, 민족주의자들에게 서방에 러시아의 이익을 팔아넘기는 것이라는 인식을 주기에 충분했다. 러시아는 강대국으로서의 자존심을 지키지 못했을 뿐 아니라, 러시아의 외교안보 이익을 송두리째 미국과 서방에 내주었다. 둘째, 러시아는 국가이익과 해외에서의 안보 우선순위에 대한 명확한 개념을 설정하지 못하고, 그 결과 대외관계에서 계속 실패하는 모습을 보였다. 예컨대 옐친 행정부는 전통적으로 러시아 영향권인 동유럽에서 발생한 보스니아 사태에 제대로 대처하지 못했다. 1993년 5월 코지레프 외교장관이 보스니아 사태 해결을 위한 미국의 밴스-오웬(Vance-Owen) 평화안에 수정안을 제시하면서 유엔 병력의 증원을 제안했지만, 모스크바의 의견은 워싱턴에 받아들여지지 않았다.[42] 비슷하게, 옐친 행정부는 우크라이나, 카자흐스탄, 그루지아 등 구소련 공화국과의 관계설정 중요성을 제대로 인식하지 못하고, 그로 인해 이들과의 관계가 점점 더 악화됐다. 구소련 공화국 곳곳에서 민족주의가 생겨나고, 난민은 증가했으며, 관세장벽이 높아지면서 무역거래가 축소됐고, 우크라이나의 핵무기 안전은 악화됐다. 몰도바, 타지키스탄, 카라바흐, 그루지아에서 민족, 종교, 지역 분규

---

42 밴스(Cyrus Vance)-오웬(Lord Owen) 평화안은 1995년 보스니아 전쟁(1992~1995)을 종결시킨 데이턴 협정(Dayton Accord)이 체결되기 전 제안된 여러 평화방안 중 하나이다. 1993년 1월 유엔특별대사 밴스와 EC 대표 오웬은 보스니아의 3개 전쟁파벌과 협상을 시작했다. 그들이 제시한 평화안은 보스니아를 10개의 준 자치 지역으로 나눈 것으로, 이것은 유엔의 지지를 받았다. 그러나 보스니아의 세르비아 의회는 그 평화안을 거부했고 6월 18일 오웬은 그 평화안은 폐기됐다고 선언했다. Karadzic: Lord David Owen as Witness: Balkan Insight, www.balkaninsight.com; Bosnia: Peace and Reconciliation - Fathom, fathom.lse.ac.uk

가 발생했을 때는 러시아는 여러 국경 주변을 따라 지속적 군사개입을 위해 다양한 조치를 취해야 했다. 세 번째는 1992~1993년간, 모스크바의 군에 대한 정치적 통제의 약화로 인해 군부의 독자성이 증가하는 것이다. 그로 인해 군사력 감축과 재배치, 타 공화국과의 군사갈등 해결방식, 방위산업의 전환, 또 군대시설과 군 인사 재교육을 포함하는 군 개혁에서 막대한 지장이 초래됐다. 더 나아가 옐친이 의회를 우회하는 과정에서 국내정치에 군부를 끌어들인 이후 군대는 옐친의 뜻에 따라 행정부─의회 간의 정치관계에 개입하게 되었고, 이것은 민주사회에서 요구되는 민군관계에 바람직하지 않은 선례를 남겼다. 마지막으로는, 옐친의 대외정책이 국내에서 지지받지 못하는 것이다. 그동안 옐친 행정부는 대외정책 결정에 있어서 많은 취약점을 노출했는데, 그것은 아마추어적 발상, 정책 우선순위의 결여, 러시아의 나토 가입에 대한 잘못된 기대, 국방정책에 대한 통제 결여, 전략 미사일의 목표 재조정과 전략방위구상(SDI: Strategic Defense Initiative) 참여 가능성 검토, 또 다른 공화국에 배치된 핵무기의 잘못된 운영을 포함한다. 서방은 원래 약속했던 것보다 훨씬 적은 대외원조를 제공하고 전략무기 감축협상에서 러시아에게 절대적으로 불리한 합의를 강요했지만, 옐친 팀은 부드러우면서도 아주 조심스럽게 말하고 실용적인 목표를 지향하는 워싱턴의 전략에서 벗어날 수 없었다. 이것은 러시아 국내에서 서방에 대한 일방적 양보와 수치, 또 러시아의 명성, 경제, 정치 안보이익에 나쁜 영향을 미친 것으로 인식되었고, 동시에 옐친과 코지레프가 이끄는 러시아 외교의 위상을 대내적으로 부식시키는데 결정적 역할을 했다.[43]

■ 러시아의 정책 대안

아르바토프는 러시아의 대외정책이 어떻게 개선되어야 한다고 조언했을까? 그는 러시아 대외정책에서 가장 중요한 것은 근외(Near Abroad)외교를 중시해야 하는 것이고, 그 다음으로 러시아 국경선에서 발생하는 지역분규에 잘 대처하고, 지구적 차원의 세력균형을 주시하며, 유엔 평화유지 활동, 비확산을 포함해 국제사회 내의 지구적 역할에 러시아가 적극 참여해야 한다고 권고했다. 첫 번째로 필요한 것은 구소련 타 공화국들과의 관계설정 및 각 공화국 내 소수민족과의 관계 정립이다. 특히 우크라이나, 카자흐스탄과의 관계가 중요한데, 왜냐하면 이들은 러시아와 인접하여 이 지역에서의 폭력, 불안정, 분규는 러시아의 통합을 깰 수 있기 때문이다. 공화국간의 국경선이 문제가 될 경우에는 불가피한 경우를 제외하면 경계선을 다시 긋는 것보다 독립국 간의 협력을 통해 잘 조정할 필요가 있다. 다른 공화국

---

43 Arbatov, pp. 18-23.

에 거주하는 3천만 명에 이르는 해외 러시아인이 소수민족으로 탄압 받을 때 러시아는 제재를 사용할 수 있는데, 그 제재는 이 지역에 국제적 관할권을 갖고 있는 OSCE, CIS 등의 국제기구에 의해 승인되어야 한다. 러시아는 작은 공화국들에게 과거 제국주의에 비추어 양보를 해야 하고 간섭을 조심해야 하는데, 간섭의 경우에는 다자적 접근이 요구된다. 두 번째는 동유럽, 중동, 남아시아, 극동, 서태평양을 포함하는 러시아 국경을 따라 전개되는 지역분규에 대한 정책을 형성하는 것이다. 이것은 구소련 국경지역의 갈등과 불안정 해소를 의미한다. 러시아는 1994년 보스니아 문제를 잘 다루지 못했다. 러시아는 세르비아인(Serbs)들과의 특수 관계를 이용해서 전쟁을 중지시킬 지도력을 발휘할 기회를 잃었고, 나중에 그들이 유엔 제재를 받을 때 그들을 보호하는 책임에서도 실패했다. 앞으로 러시아는 수동적 태도에서 벗어나 더 적극적으로 행동해야 하지만, 서방도 러시아의 견해를 존중해야 한다. 터키, 이란, 중국 등도 러시아 국경지역에서 문제를 야기할 수 있는 국가들이고, 이슬람 근본주의가 중앙아시아에서 생겨나 카자흐스탄과 러시아로 확산될 수도 있다. 세 번째는 유럽, 중앙아시아, 극동에서 파워 센터가 등장하는 것을 방지하는 것이다. 유럽에서는 독일 팽창주의를 막기 위해서 서유럽연합(WEU), OSCE에서 유럽 국가의 통합을 추진해야 하며, 특히 나토를 존속시키는 것이 러시아에게 이익이 될 것이다. 그러나 러시아가 나토 결정에 대해 아무 영향력이 없으므로 나토가 과도하게 활성화되면 그것은 러시아에 대해 큰 위협이 될 것이다. 나토는 러시아의 견해를 충분히 고려해야 한다. 중앙아시아에서는, 그루지아와 아르메니아가 통일 상태를 유지하여 이슬람 근본주의가 팽창하지 않게 하고, 특히 그루지아 정부가 소수민족을 공격하지 않도록 서방과 러시아가 협력해야 한다. 극동에서는 미군 주둔이 바람직하다. 이것은 미군이 철수하면 일본이 재무장할 것이고, 중일 양국은 한국, 대만, 홍콩 등의 문제로 러시아까지 끌어들일 수 있기 때문이다. 통일 한국은 시장경제와 민주주의를 추구해야 하고, 그런 한국이 지역안정, 중국과 일본의 팽창을 막을 것이다. 러·일 간의 북방 4개 도서와 쿠릴열도에 대한 분쟁이 해결되어야 하는데, 이를 통해 10~15년 후 모스크바, 도쿄가 비무장지대, 병력감축, 해상 신뢰구축을 통해 안정을 유도한다면 시베리아 극동지역에 외국이 투자할 수 있을 것이다. 반면, 민족주의자들은 중국과 협력하여 일본을 견제하고 북한과 협력해서 한국을 견제하려 할 것인데, 이것은 한반도와 서 태평양의 핵확산을 조장할 것이다. 네 번째로 러시아의 지구적 역할을 잘 처리해야 한다. 러시아는 유엔 안보리, 국제기구, 유엔 평화유지군 활동을 필요로 하며, 대량살상무기 확산방지에 동참해야 한다. 한편 무기 수출 자제로 러시아가 손해 보는 만큼 서방이 이를 보상해야 한다.[44]

· ·

44 Ibid., pp. 26, 32-33, 37-38.

(2) 서방에 대한 우려

옐친 대통령 임기동안 러시아는 강도 높은 친미, 친 서방 정책을 구사해왔지만 모스크바는 시간이 가면서 점점 더 미국 및 서방의 태도에 대해 의구심을 품게 됐다. 이것은 미국이 모든 미사여구를 사용하면서도 나토를 점점 더 동유럽에 확대시켰기 때문인데, 그 당시의 모스크바는 워싱턴의 의도에 대해 반신반의 하면서도 미국의 리더십을 추종하는 매우 애매한 상태에 있었다. 미국 및 서방에 대한 의구심, 섭섭함, 또 워싱턴의 정책이 변화하기를 바라는 모스크바의 염원을 가장 잘 표현한 것은 그 당시 옐친과 함께 러시아 외교를 이끌었던 코지레프 외무장관의 여러 계기에 걸친 호소였다. 코지레프는 과연 미국과 서방에 어떻게 호소했을까?

안드레이 코지레프

■ 나토 동진의 부정적 효과

전체주의가 붕괴된 이후 러시아에는 많은 정치, 경제적 자유가 부여됐지만 러시아는 아직 부패와 무기력으로부터 벗어나지 못하고 있다. 1993년 의회 선거에서 지리노프스키의 극우 민족주의 정당이 상당한 표를 모았는데, 이것은 모스크바가 서방으로부터 고립되면 러시아 정치가 얼마나 위험하게 흘러갈지를 예견케 한다. 그렇지만 러시아의 개혁은 지지부진하고, 치밀하고 일상적 개혁을 실시하는 데는 아직 많이 부족한 상태이다. 그동안 무르만스크, 러시아 극동(Russian Far North) 등 여러 곳에서 선거가 치러졌는데, 그 경험들은 국수주의나 선동정치보다는 주민생활을 개선시킬 민주정부가 더 절실히 요구되고 있음을 알려준다.[45]

1992~1994년에 이르는 기간 동안 러시아 대외정책은 많은 어려움에 직면해 왔다. 옐친 행정부가 이끄는 러시아는 다당제와 시장경제로의 체제 전환 이후 미국과 서방에 대해 많은 희망과 기대를 갖고 있다. 많은 러시아인들은 과거를 접고 새로운 미지세계로의 항해에서 서방이 등대 역할을 해주고 또 많은 도움을 줄 것을 기대한다. 그렇지만 동시에 관료, 군인, 정치인, 지식인을 포함하는 상당수 보수 성향의 사람들은 미국과 서방의 정책, 입장, 태도에 대해 많은 우려를 떨치지 못한다. 서방, 특히 미국은 나토의 성격, 목표를 근본적으로 변화시키지 않고 신속한 확대전략을 통해 아직도 러시아의 지정학적

45 Andrei Kozyrev, "Partnership or Cold Peace," Foreign Policy, No. 2 (Summer 1995), p. 4.

이익과 직결되어 있는 동유럽 국가들을 나토에 편입시키려는 것으로 보이고, 러시아도 그 대상에 포함된다. 그러나 모스크바와의 충분한 협의 없이 진행되는 이 구상과 행동이 양측 모두에게 도움이 되는지 의문이다. 이 움직임은 유럽을 분열시키고 많은 갈등을 유발해 각국으로부터 국경분쟁, 민족 분규를 조장하는 결과를 가져올 수 있을 것이다. 또 이것은 러시아 내에서 반서방과 제국주의적 팽창주의

부다페스트 정상회담

를 부추기는 정치세력의 부상을 조장해 서방에 대한 거부를 초래할 것이다. 1994년 12월 옐친 대통령이 부다페스트 OSCE 정상회담에서 나토의 동진은 유라시아 대륙을 차가운 평화(cold peace)로 몰아넣을 것이라고 경고한 것은 그런 맥락에서 이해되어야 한다.[46]

■ 미·러 협력의 필요성

현재 미·러 간에는 나토를 둘러싸고 많은 대화가 진행되고 있다. 여기에는, 미국이 러시아의 국내정치와 대외정책을 보는 방법과 시각, 서방과 러시아 간에 유럽을 포함해서 파트너십의 전략적 기초를 마련하는 것, 그리고 나토의 변화에 따라 나토와 러시아 간의 미래 협력 관계의 기제와 구조를 설정하는 문제가 포함된다. 그러나 미래를 향한 이런 긍정적 동향에도 불구하고, 미·러 간에는 아직도 어떤 해소되지 않는, 양국 간의 오랜 상호소외의 찌꺼기가 남아있다. 미국이나 서유럽이 모스크바의 미래에 관한 의구심을 갖고 있듯이 러시아 역시 워싱턴의 진심이 무엇인지에 대해 확신을 갖지 못한다. 구소련 시대 동서관계의 영향이겠지만, 서방 못지않게 러시아에는 아직 비합리적인 반미, 반 서방 정서가 존재한다. 러시아의 여론 주도 계층의 상당수가 과연 서방이 수많은 연설이나 공

46 Ibid., p. 3. 1994년 12월 5~6일에 개최된 부다페스트 정상회담에서, 각 수뇌들은 그 실제 임무를 반영하기 위해 CSCE를 OSCE로 명칭을 변경하고, 몇몇 OSCE 제도 강화에 착수할 것에 동의했다. "새로운 시대에 진정한 파트너십으로"라는 부다페스트 문서는 의장, 사무총장, 사무국, 소수민족 문제 담당 고등 판무관(High Commissioner), 그리고 민주제도 및 인권 사무국의 역할을 강화시켰다. 경제 활동의 효율성 증진을 위해서는 사무국에 상근 경제 전문가와 직원을 보강하기로 했다. 역사적 도전의 하나로 부다페스트 문서는 유엔 안보리 승인 및 당사국 합의를 얻어 CSCE가 나고르노-카라바흐에 무장 갈등 중단을 위한 다국적 평화유지군을 파견할 것을 승인했다. 회원국들은 또 1994년 비엔나 문서가 규정한 신뢰 구축 및 안보증진 조치를 확대할 것을 약속했다. Budapest Summit marks change from CSCE to OSCE/OSCE, www.osce.org〉Events; Towards a Genuine Partnership in a New..., www.osce.org〉Resources

식 정책선언에서 말하듯 호의를 갖고 있는지 의구심을 갖고 있는데, 이것은 서방과의 상호 호혜적이고 평등한 파트너십이 러시아의 번영을 가져온다는 확신이 생길 때 비로소, 점진적으로 소멸될 것이다. 현재의 미·러 관계는 갓 시작되어 앞으로 매일 매일의 사건을 잘 처리하면서 긍정적 미래를 가꾸어나가야 하는 어려운 상태에 처해 있다. 그동안 많은 논의에 의해 미·러 협력에 관한 이론적 기초는 충분히 마련됐고, 이제 필요한 것은 실질적 협력이다. 양국은 경쟁과 대립을 넘어 미래지향적 우호관계를 마련해야 한다. 그것은 유럽의 평화, 지구적 차원의 번영과 미래 세대에 대한 희망을 가져올 것이다. 현재의 국제적 이슈가 아무리 민감하더라도 해결하지 못할 것은 없으며, 대부분 원칙보다는 전술적 차원의 불협화음이다. 서방이 과거 배제되었던 러시아를 더 진지한 대화상대로 인정한다면 미·러 관계는 순항할 것이지만, 미국의 일방적 결정과 러시아의 순종은 많은 반발을 초래할 것이다.[47]

유럽의 국제관계를 둘러싼 미국과 러시아의 협력은 매우 중요하다. 1994년 캐나다 위니펙(Winnipeg)에서 서방선진 8개국(Political Group of Eight: G7+1) 회의가 열려 우크라이나를 시상성세로 전환시키고 경제발진을 이루기 위해 필요한 경제지원의 규모를 논의한 적이 있다.[48] 그때 러시아는 서방이 일방적으로 만든 틀과 구조에 참여해 함께 결정을 내렸지만, 양측이 서로의 입장과 이익을 고려해 우크라이나에 필요한 충분한 원조를 제공하는 성공을 이루었다. 비록 모스크바는 서방의 일방적 통보에 다소 당황했지만 마지막 순간 양측의 양보와 타협은 모두에게 혜택을 안겨 주었다. 반면 1994년 2월 보스니아 사태가 다시 불거졌을 때, 나토는 러시아-세르비아의 오랜 지정학적, 문화적 관계에 대한 고려 없이 일방적으로 세르비아를 공격하기로 결정해, 나중에 나토와 러시아는 별도의 외교경로를 통해 공동 해결책을 모색해야 했다. 처음부터 러시아와 논의가 진행됐다면 불필요한 노력의 소모는 없었을 것이다. 서방에는 러시아의 민주적 변화를 보아가

---

47 Kozyrev, p. 8.

48 Group of Eight(G8)은 원래 G7에서 출발했다. G7은 세계 선도 산업국 지도자들의 1975년 프랑스 비공식 정상회담에서 유래한 것으로 미국, 영국, 프랑스, 서독, 이태리, 캐나다, 일본이 그 회원국이었다. 1975년 최초 회의에 참석하지 않은 캐나다는 1976년 공식 회원국으로 가입했고, EC(European Community) 대통령은 1977년 이후 그 회의에 참석했다. 1991년 G7 정상회담 이후의 비공식 대화에 참여하던 러시아는 1994년부터 정상회담에 공식 참석하기 시작했고, 그 그룹은 그 이후 G8 또는 Political Eight이라고 불렸다. G8 덴버 정상회담은 재정 및 일부 경제 논의를 제외한 모든 문제에서 러시아의 참여를 허용해 새로운 이정표를 마련했고, 1998년 버밍햄 정상회담은 러시아의 공식 G8 회원 가입을 승인했다. 그러나 2014년 3월 러시아가 우크라이나의 자치 공화국인 크리미아를 점령, 병합하면서, 원래의 G7은 러시아의 회원자격을 무기한 유예하기로 결정했고 그로써 G8은 해체되었다. Group of Eight(G8)/international organization /Britannica.com, https://www.britannica.com

면서 모스크바와의 협력을 고려해야 한다는 의견이 있다. 그러나 이런 위기의 상황에서 효율적 파트너십과 러시아와의 협력은 지체 없이 진행되어야 한다. 서로에 대한 의심은 누구에게도 도움이 되지 않을 것이다. 서방의 지원은 러시아가 시장경제와 정치적 민주주의로 진전하는 중요한 동기를 부여할 것이다.[49]

■ 러시아의 입장과 요구

더 근본적인 의구심에 대한 질문은 끊이지 않는다. 나토는 원래 공산주의를 봉쇄하기 위해 설립됐는데, 이제 구소련이 사라진 이 시점에 나토의 존재 목적은 무엇인가? 구소련은 붕괴됐고 러시아는 발틱과 독일에서 철수했지만, 나토가 동유럽 국가들을 회원국으로 영입하려는 것은 아직도 러시아를 의심, 겨냥하는 것이 아닌가?[50] 나토가 동쪽으로 전진하는 것은 러시아에 대한 봉쇄의 연장이 아닌가? 나토의 주 적이 누구인가에 대해 많은 질문이 쏟아지지만, 아무도 대답하지 않는다. 이런 의구심이 1994년 12월 벨기에 브뤼셀 북대서양협력회의(NACC: North Atlantic Cooperation Council)에서 러시아가 나토 군사동맹을 동쪽으로 확대시키자는 서방의 공동 선언문에 서명하지 않은 근본 이유였다.[51] 러시아는 나토에 무조건 적대적 생각을 가진 것은 아니다. 서방이 러시아와 나토의

· ·

49 Kozyrev, p. 9.

50 소련 병력은 소련 해체 이후와 독일 통일 이후에도 1994년까지 동독에 주둔했는데 통일 독일에 잔류한 소련군은 일시적 성격이었다. 수년전의 33만 8천 병력의 대부분은 1992~1993년 철수했고 마지막 남은 1,800명의 병사들은 1994년 8월 31일에 철수했다. 그날 러시아군의 엄숙한 철수 행사에 참석한 옐친 대통령은 철수하는 군인들에게 독일로부터의 군사 위협은 다시는 없을 것이라고 선언했다. 발틱 지역의 라트비아와 에스토니아에 주둔하는 마지막 러시아 병력도 같은 날 철수했다. 리투아니아로부터의 러시아군 철수는 그 전 해인 1993년에 이루어졌다. Russian Troops Leave Germany - The Washington Post, https://www.washingtonpost.com; Archive footage of Soviet troops withdrawing from post-Wall Germany - Russia Beyond, https://www.rbth.com

51 북대서양 협력회의(NACC)는 1991년 12월 20일 나토 동맹국들이 과거 바르샤바 조약기구 국가들과의 대화와 협력을 위한 포럼으로 창설한 조직이다. NACC는 1990년 7월 런던 정상회담으로부터 확대된 우의의 표현인데, 그때 동맹국 지도자들은 냉전 종식에 따라 중부 및 동유럽 국가들과의 새로운 협력관계를 제시했다. 새로이 구성된 CIS의 11개 구소련 공화국들이 NACC에 참여하도록 초청됐다. 그루지아와 아제르바이잔은 알바니아와 함께 1992년 NACC에 참여했고, 중앙아시아 공화국들도 곧 뒤따랐다. 냉전 종식 직후 시기 NACC 논의는 냉전시기 안보 우려의 잔재를 다루었는데, 그것은 발틱 국가로부터의 러시아 병력 철수, 구소련 공화국이나 구 유고슬라비아 지역에서 발생하는 지역 갈등과 같은 것들이었다. 안보 및 국방 관련 이슈에 관한 정치적 협력이 시작됐고, 군부 대 군부 접촉과 협력 역시 추진됐다. NACC는 다자 정치 협의를 통해 1990년대 초 신뢰를 구축하는 데 많은 도움을 주었고, 그것은 1994년 PFP 창설의 밑거름이 되었다. PFP 프로그램은 파트너들 국가에게 자기들 문제의 우선순위를 정하도록 허용해 나토와의 실질적 양자 협력을 발전시키는 가능성을 제시했다. NACC와 OSCE에 참여하는 모든 국가들은 PFP에 참여하도록

확장에 대해 확실하게 논의하면 모스크바는 서방의 생각을 수용할 수 있다. 필요조건이 충족되고 러시아가 이해할 수 있다면 동유럽의 나토 가입에 모스크바는 반대하지 않을 것이며, 아마 러시아도 나토에 가입할 수 있을 것이다. 러시아는 서방으로부터 일방적으로 통보받기보다는 서방과의 진정한 파트너십을 원한다. 러시아의 입장은 나토가 현재의 적대적 군사동맹이기보다는 인종분규, 테러리즘, 대량살상무기 확산, 마약 유통과 같은 국제 문제를 해결하는 범유럽안보기구로 탈바꿈하기를 희망하는 것으로, 이를 위해 모스크바는 몇 가지 제안을 준비했다. 첫째는, 초기 논의 단계에서 나토와 러시아 간에 평화를 위한 동반자관계(PFP) 프로그램을 가동해 대화와 협력을 시작해야 한다. 두 번째는, 3~5년 간의 기간에 나토−러시아 양자 협력과 PFP의 다자협력을 제도화시키면서 나토를 전환시키는 것이다. 나토와 러시아는 현재의 "16개국과 러시아(16+1)" 형태의 나토 중심적이고 불규칙한 일방통보에서 벗어나 모든 차원에서의 정규 논의를 제도화하는 상시협의체와 같은 정상상태로 진입해야 한다. 미국과 러시아의 파트너십은 세계정치의 중요한 요소이다. 그것은 급박한 국제문제 해결을 위한 민주국가의 광범위한 연합 형성을 높는데 있어서 결성석 역할을 할 것이나. 미·러 양국은 이미 많은 논의를 추진해 왔고, 이제 어려움을 넘어 정말로 작동하는 파트너십을 설정해야 한다.[52]

코지레프의 호소를 어떻게 보아야 할까? 과연 그것은 미국, 서방의 정책을 변화시키는 데 조금이라도 효과가 있었으며 또 미국은 그것을 어떻게 받아들였을까? 만약에 미국이 그의 제안과 호소에 대해 무감각했다면 그것은 무슨 이유에서였을까? 또 그런 워싱턴의 태도는 잘못된 것일까, 아니면 그것은 옳은 결정이었을까?

(3) 쇠퇴하는 아태 안보

그 당시 러시아의 아태지역, 동아시아 지역에서의 상황은 어땠을까? 간단하게 말하면, 아태지역의 러시아 상황 역시 유럽 못지않게 암울했다. 이것은 찰스 지글러(Charles E. Ziegler)에 의해 체계적이고 명확하게 분석되었는데, 그는 러시아의 대내외적 현실을 설명하면서 1990년대 러시아가 아태 지역에서 안보, 경제적으로 얼마나 체념, 무기력한

초청됐다. NACC는 1997년 유럽-대서양 파트너십 위원회로 개편, 확대되었는데, 이것은 파트너 국가들과 더 복잡해지는 관계를 더 잘 다룰 수 있는 안보 포럼을 구축하려는 동맹국들의 열망을 반영했다. 파트너 국가들은 국방 개혁, 민주주의로의 전환을 위해 나토와의 협력을 심화시켰고, 몇몇은 이미 그때 보스니아에서 나토가 주도하는 평화유지 활동을 지원하고 있었다. NATO - Topic: North Atlantic Cooperation Council (NACC), www.nato.int; 1991년 12월 20일 NACC의 대화, 파트너십, 협력에 관한 선언은 NATO-Official text, www.nato.int>cps>official_texts_23841 참조할 것.

52 Kozyrev, pp. 11-14.

방관자인가를 자세히 보여주었다.

■ 아태 지역의 러시아 안보 이익

　유럽뿐 아니라 아태지역에서도 중앙아시아에서의 약간 적극적 행동을 제외하면, 옐친 행정부의 대외정책 능력은 무력하다. 취임 후 수년 간 옐친 행정부는 미국과 서방의 요구에 일방적으로 끌려 다니는 모습을 보였고, 그들의 서방 편향, 워싱턴의 외교 주도권에 대한 무분별한 수용, 러시아 국익에 관한 판단부족은 러시아인들로 하여금 그 행정부의 정체성이 무엇인지 의구심을 갖게 만들었다. 과거 역사적으로 위대했던 러시아, 소련 시대의 강력했던 힘은 모두 지난날의 향수일 뿐이다. 옐친 행정부에 대해 가장 비판적인 것은 민족주의자와 보수주의자이다. 그들은 모스크바가 서방의 뜻대로 무비판적으로 움직이는 것은 러시아 국익을 훼손하고 정책능력이 결여된 상태에서 정권을 연장시키려는 시도의 일환이라고 생각한다. 지리노프스키를 포함해서 민족주의자들은 모스크바가 과거 구소련의 일부를 구성했던 중앙아시아 인접 국가들과의 관계 형성, 그리고 그 일대에 거주하는 수백만 러시아인의 안전을 경시했다고 비난한다. 겐나디 주가노프(Gennady Zyuganov) 같은 공산주의 보수주의자들은 러시아가 미국과 협력해 북한 핵개발 저지에 관여하는 것은 서방의 요구를 수용하는 것이라고 비판한다.[53] 그들에게 북한과의 관계 단절은 러시아의 영향권 상

. . . .

53 주가노프는 1993년 이후 러시아 공산당 당수로 활동한 정치인이다. 1960년대 초 동독에 육군으로 근무할 당시 소련 공산당에 입당한 후, 그는 고향인 오리올(Oryol) 지역 공산당에서, 그리고 1983년 모스크바 공산당 고위직을 맡을 때까지 주로 이데올로기 관련 임무를 담당했다. 골수 공산당원인 그는 고르바초프 개혁 비판에 앞장서면서 공산주의, 권위주의 방식으로의 복귀를 주장했다. 옐친 시대 자유민주주의, 시장경제 시도가 부작용을 가져 오고 상당수 러시아인들이 공산주의 시대의 복지에 향수를 느끼는 가운데, 1995년 의회선거에서 새로이 활력을 얻은 공산당의 지도자 주가노프는 1996년 대선에 출마해 옐친과 경쟁했다. 그 당시 그는 서방 앞에 무기력한 러시아를 국내 반역자와 외국의 자본가에 의해 침투, 해체되었다고 주장했다. 1996년 6월 16일 제1차 투표에서 2위로 32%를 획득한 주가노프는 35% 득표율의 옐친과 결선투표를 벌였지만, 많은 군소정당을 제거하고 제3위 후보였던 레베드(Aleksandr Lebed)의 지원을 받은 옐친에게 패배했다. 2000년 대선에서 주가노프는 거의 30%를 얻었으나, 그 당시 대통령 권한 대행(acting president) 푸틴에게 또다시 패배했다. 그는 2004년 대선에는 나서지 않았으나, 그 이후 2008년 대선에서 푸틴 후계자이며 그 당시 총리였던 메드베데프(Dmitry Medvedev)에게 53% 격차로 대패했다. 그는 산업 및 은행국유화, 나토 및 WTO의 영향력 축소를 내세우며 2012년 대선에 또다시 도전했지만, 60% 이상 득표한 푸틴에게 또다시 패배했다. 그래도 그의 17% 득표율은 자유민주당 당수 지리노프스키, 독자 후보 프로호로프(Mikhail Prokhorov), 또 러시아 정의당(Just Russia)의 미로노프(Sergey Mironov) 후보보다는 훨씬 앞선 것이었다. Gennady Andreyevich Zyuganov/Russian politician/Britannica.com, https://www.britannica.com; 2012년 대선에 나설 당시 러시아 현실에 관한 그의 견해와 공약은 Gennady Zyuganov, Candidate for President of the Russian Federation를 참조할 것

실, 수십억 달러의 외채 손실, 사하(Sakha) 공화국으로부터 북한을 거쳐 한국으로 가는 송유관 건설의 차질로 비쳐진다. 베트남과의 관계 약화는 지정학적 이익의 포기이다.[54]

러시아 송유관 현황(Route Magazine, 2010)

사하공화국 송유관

동아시아에서 러시아 군대의 투사능력은 미국, 일본, 중국에게는 더 이상 위협이 아니다. 러시아의 경제적 취약, 정치적 위축, 전력증강의 둔화는 러시아를 동아시아의 강력한 군사 행위자로서의 지위에서 배제시켰다. 그렇지만 러시아에게 지정학적으로 매우 중요한 중앙아시아는 약간 다른 문제이다. 이곳의 신생 공화국들은 앞으로도 러시아의 번영과 안보를 위해 그 협력이 반드시 담보되어야 하는 중요한 대상들이고, 또 그곳에는 범슬라브주의(Pan-Slavism) 실현에 필요한 1천만 명의 러시아 소수민족이 거주한다. 러시아의 개정된 군사독트린은 중앙아시아의 여러 나라 국경선을 전략적 경계선으로 간주하도록 규정했다. 러시아군은 이슬람 민주세력에 반대해 타지키스탄 정부를 지원하고, 중앙아시아의 권위주의 보수 정부를 지지한다. 비록 그 작동은 취약하지만 독립국가연합이라는 커다란 틀을 가진 러시아는 모든 중앙아시아 국가들과 관련되어 있고, 그래서 모스크바는 카자흐스탄, 키르기스스탄, 타지키스탄과 같은 역내 국가들이 중국과 국경 협상을 할 때 이들을 지원했다. 중국 역시 중앙아시아의 인종분규가 확산되어 이슬람 근본주의가 서북부 신장지역에 거주하는 위구르(Uigur), 카자흐, 키르기스 출신 소수 민족을 동요시킬 가능성을 우려하는데, 이런 측면에서 러시아와 중국은 상당한 공감대를 보유한다. 러시아와 중국은 모두 이슬람 극단주의와 급진적 이슬람 운동이 증가하는 것을 방지하기 위해, 그 지역의 정치적 안정과 경제발전이 필요하다는데 동일한 인식을 갖는다.[55]

54 사하 공화국(Sakha Republic)은 러시아의 공화국으로 극동 연방지구의 절반을 이룬다. 지리적으로는 시베리아에 위치해 있고, 러시아 행정구역 중 가장 넓다. Charles E. Ziegler, "Russia in the Asia-Pacific," Asian Survey, Vol. 34, No. 6 (June 1994), p. 530.

55 Ibid., p. 533.

■ 러시아의 아태 지역 군사 및 경제 위상

아태지역에서 러시아 군사능력은 모든 면에서 쇠퇴했다. 러시아는 더 이상 구소련 시대의 강력한 군사력을 필요로 하지 않고, 3,000억 달러 규모의 경제로는 강대국이 요구하는 전력을 건설, 유지할 수 없다. 중·러 국경에서의 병력은 대규모로 감축되었고 몽골에 주둔하던 군대는 최소인력을 제외하고 모두 철수했다.[56] 과거 강대국으로서 유지하던 인도, 베트남, 몽골과의 광범위한 안보, 군사협력은 자취를 감추었고, 러·북 군사관계는 북한 유사시 자동개입조항을 삭제해 군사동맹의 파기를 의미한다. 블라디보스톡 기지의 태평양함대는 연안 해군으로 위축되었고, 항모, 전함, 잠수함의 합동작전은 거의 시행되지 않는다. 러시아 극동의 재래식 군사력은 더 이상 일류 군대가 아니다. 공세적 군사전략은 더 이상 존재하지 않고, 전력증강은 중단됐으며, 무기체계는 노후화되었다. 국방비 지급은 군인들 봉급과 병참, 시설 유지에 불충분하고, 군인들의 탈영, 징집회피로 사기는 계속 저하되고 있다. 러시아 군부 일각에서 미국, 일본의 잠재적 군사 위협, 또 중

---

56 1990년대 중·러 국경에서의 병력 감축은 양국 국경 분쟁의 해결과 더불어 추진됐다. 원래 우수리 강(아무르 강) 국경충돌이 발생했을 때 소련과 중국은 각각 그곳에 65만 명, 81만 명의 병력을 배치했었다. 냉전이 종식되어 가는 상황에서 1991년 5월 16일 장쩌민은 모스크바 방문에서 양측 국경의 군사력을 감축하고 러시아와 우수리 강 연안의 크고 작은 도서 소유권을 거의 절반씩 분할, 보유하기로 합의했다. 군사력 감축은 러시아 측 국경에서 더 완만했는데, 왜냐하면 러시아가 중국보다 국경 인근에 더 부대를 전진 배치시켰기 때문이다. 1993년 4월부터 국경선 획정 협상이 시작되었다. 소련 해체 이후 러시아와 중국의 서쪽 지역 국경은 55km뿐이었고, 나머지는 카자흐스탄, 키르기스스탄, 타지키스탄과의 국경을 마주하게 됐다. 1994년 5월 러시아 총리 체르노미르딘은 베이징을 방문하는 과정에서 국경 무역과 범죄행위 방지를 위한 국경 운영 체계에 합의했고, 그해 9월 10일 양측은 55Km의 중국 서쪽 국경과 관련한 합의에 서명했다. 1997년 11월 베이징 회의에서 옐친과 장쩌민은 1991년 합의 정신을 반영해 양국 동쪽 국경 4,354Km에서의 군비통제에 합의했다. 그들은 양측 국경 100Km 이내에 배치하는 병력을 각각 13만 4천으로 제한해 전체 26만 8천명으로 유지하고, 부대 배치, 정보교환, 군 인사 교류를 포함하는 신뢰구축 조치와 재래식 무기의 감축 기한과 방법에 관한 합의를 도출해 냈고 국경지역 공동순찰, 우수리 강 유역 공동개발을 약속했다. 그들은 2년 내 모든 조치를 완료하기로 합의했는데, 이것은 러시아 측에게 15~20% 가량의 병력, 무기를 감축시킬 것으로 예상됐다. 주로 국경선 300Km 후방에 병력을 배치한 중국은 큰 변화가 없을 것으로 보였다. 7년간 협상 이후 2004년 10월 14일 중·러 양국은 양측 국경 동쪽 지역과 관련된 추가합의를 통해 미해결된 모든 작은 영토 관련 분쟁을 해소했는데, 그때 러시아는 중국에게 인룽(Yinlong) 섬 전체, 아바가이투(Abagaitu)섬 일부, 헤이시아지(Heixiazi, 러시아 명 Bolshoy Ussuriysky)섬의 절반, 그리고 이웃한 일부 하천의 작은 섬들을 이양했다. 이로써 러시아와 중국 간의 모든 영토 분쟁은 해결됐고, 2008년 10월 14일 헤이시아지 섬에서의 경계획정 기념식은 중·러 국경분쟁의 오랜 역사에 종지부를 찍었다. 2010년 원자바오 총리가 모스크바를 방문했을 때, 양국은 공동선언에서 헤이시아 섬을 공동개발할 것이라고 발표했다. The Settlement of the Russian-Chinese Border Dispute, www.marszalek.com.pl

블라디보스톡 해군기지

국의 증대하는 경제력과 군사현대화에 대비해 동아시아에 일정수준의 군사력을 유지해야 한다는 의견을 제시하지만, 모스크바는 동아시아의 지엽적 군사문제에 관심을 쓸 여력이 없다.[57]

아태지역에서 러시아의 경제 역할 역시 너무 미미하다. 1991년 세계 총 무역액은 3조 6천억 달러 수준인데, 그중에서 러시아의 기여는 200억 달러 정도이다. 그것은 아시아 총 무역량 9천억 달러의 2.5%에 불과하다. 1992년 러시아 무역액은 1991년의 절반 수준으로 더 하락했다. 지구경제나 아태 경제질서에서 러시아가 높은 위상을 차지하는 것은 불가능한데, 왜냐하면 석유, 천연가스, 무기 수출이 제한된 상태에서 시장경제로 갓 전환한 러시아가 세계경제 속에서 중추적 역할을 할 방법은 없기 때문이다. 아태지역에서 러시아에게 가장 중요한 무역 파트너는 중국이다. 중·러 무역은 1991년 39억 달러, 1992년 65억 달러, 그리고 1993년에는 77억 달러로 확대되었다. 러시아 수출 품목은 수호이 27기(SU-27), 디젤 잠수함을 포함해 해, 공군 첨단무기가 주종을 이루고, 중국은 저질 소비재와 곡물을 수출한다. 러시아와 중국은 고위층 상호방문을 통해 중국의 시베리아 개발, 러시아의 중국에 대한 군사기술 이전 등 광범위한 경제협력에 합의했다.[58] 한편 러·일 경제협력은 쿠릴열도 분쟁으로 인해 거의 진전이 없다. 양국 무역은 1993년 39억 달러에 불과한데, 도쿄는 쿠릴 문제 해결 없이 러·일 경제관계 진전은 없다는 입장을 고수한다. 한·러 경제관계 역시 과거 고르바초프 시절 러시아가 한국에 진 빚 15억 달러에 대한 이자상환이 지연되면서 그 전망은 별로 밝지 않다. 1992년 11월 옐친이 한국을 방문하면서 러시아의 사하 공화국으로부터 북한을 거

57 Ziegler, p. 534. 냉전시대 북쪽으로 소련과 접경하고 남쪽으로 중국과 이웃한 몽골리아에는 약 7만 5천명의 소련군 병력이 주둔해 있었는데, 1986년 7월 처음으로 중국과의 관계 개선을 염두에 둔 고르바초프의 계획에 따라 그들의 부분적 감축이 시작되었다. 몽골 지도부는 처음에는 중국의 위협을 감안해 소련군 철수를 별로 반기지 않았지만 1989년에 이르러 몽골 개방에 따른 민족주의 정서의 분출, 국제적 역할에 관한 기대로 인해 소련군 감축에 긍정적으로 반응하기 시작했다. 1990년 중반까지 약 80%가 철수했으며, 1992년 12월까지 모든 병력의 완전 철수가 시행되었다. Soviets speed troop withdrawal from Mongolia- UPI Archives- UPI.co, https://www.upi.com.; Soviet Withdrawal from Mongolia, 1986-1992: A Reassessment: The Journal of ..., www.tandfonline.com

58 중국은 러시아에게 독일 다음으로 큰 규모의 무역 파트너였다. 2014년 중·러 무역 규모는 835억 달러로 확대됐다.

처 한국으로 가는 천연가스 파이프라인 건설을 포함해 200~300억 달러 규모의 경제협력을 추진할 것이라고 말했지만 그 실현 가능성은 미지수이다. 한·러 무역은 1991년 12억 달러, 1993년 15억 달러 규모였다. 한국은 1993년 추가로 대여하기로 했던 15억 달러 대여를 취소했다.[59]

■ 러시아 위상의 추락

아태지역에서 러시아의 역할은 어떤 의미로도 위축되어 있으며, 그 전망은 밝지 않다. 구소련 제국의 붕괴 이후 찾아온 국내의 정치, 사회적 혼란, 빈털터리 경제, 그리고 서방에 패배했다는 민족적 자존감의 상실은 러시아를 계속 침체하게 만든다. 아태지역에서 러시아가 어떤 큰 역할을 하거나 그 지역에 중요한 국가로 또다시 인식되기에는 오랜 시간이 걸릴 것이다. 러시아에 대해 주변 국가들은 그 나라는 당분간 아무것도 하지 못할 것이라고 인식한다. 미국이 러시아를 강대국으로 인식할 이유는 없다. 아직 동아시아 태평양 함대에 몇몇 해군 전력이 잔존하지만 그것이 미국의 역내 이익을 위협할 정도는 아니고, 미국은 단지 러시아로부터 대량살상무기 기술이나 부품, 또는 연구 인력이 제3국으로 이전되지 않기를 바랄 뿐이다. 러·일 관계도 하보마이, 시코탄 등 북방 4개 도서 영유권의 해결 없이는 진전되지 않을 것이다. 특히 원자재 수입선 다변화가 가능한 일본이 러시아의 석유나 천연가스에 그다지 의존하지 않는 상황에서 양국 관계의 획기적 발전을 기대하기는 어렵다. 한·러 안보관계에서 특별한 진전을 이룰지는 의문이고, 한국이 러시아 신흥 시장과 풍부한 자원에 약간의 관심을 갖고 있지만 그 획기적 발전의 가능성은 아직 미지수이다. 한 가지 러시아에게 희망이 있다면 그것은 중국과의 관계인데, 이것은 양국 간에 국경, 무역, 무기공급, 또 중앙아시아의 이슬람과 같은 몇몇 공통 관심사가 있기 때문이다. 또 이들의 반미적 성향 역시 서로에게 매력적인 공통점이다. 그럼에도 불구하고 아태지역과 동아시아에서 러시아의 역할은 아주 미미할 것이고, 중요한 문제에 관해 러시아는 당분간 배제될 것이다.

---

59 한국은 노태우 행정부 시절 소련에 총 30억 달러 경제협력 자금을 제공하기로 했는데, 우선 15억 달러를 우선 차관으로 제공하고 추후 나머지 15억 달러를 더 제공하기로 했다. 그러나 러시아 측의 계약 및 채무 불이행으로 추가 제공계획은 취소되었다. Ziegler, pp. 536-537.

2. 러시아 국내 질서의 진면목

(1) 러시아 역사의 맥락과 미래 희망

이제 혼란과 방황으로 특징지어지는 러시아의 전반적인 국내 상황을 다시 한번 자세히 들여다 볼 필요가 있다. 새로이 생겨난 수십 개의 정당, 원초적인 시장경제, 또 처음 보는 자유민주주의라는 사회 질서는 어떤 모습을 갖춰 나가고 있었을까? 이에 대해 간략하면서도 일목요연하고 흥미로운 분석은 데이비드 렘닉(David Remnick)에 의해 제시됐다. 한마디로 그는 오늘날의 실망스러운 현실 속에서도 몇몇 긍정적 요인과 추세가 나타나는 것에 비추어, 또 과거에도 약간의 민주적 전통이 존재했던 것에 비추어, 러시아는 자유민주주의로 발전할 충분한 가능성을 갖고 있다고 분석, 주장했다. 그렇지만 2018년 현재 돌이켜 볼 때 러시아에 자유 민주주의가 정착될 수도 있다는 그의 희망적 예측은 빗나갔다. 잘 알려진 바와 같이 러시아의 역사는 그 후 다르게 흘러갔고, 푸틴 등장 이후 오늘날의 러시아 정치, 사회는 나당세, 시장경제라는 민주제도의 외피에도 불구하고 권위주의로 특징지어진다. 그래도 그 당시 그는 러시아가 서구민주주의를 채택하고 더 나은 미래의 약속을 발견하기를 간절히 기원했던 것으로 보인다. 아마 서구 문화, 사상, 체제에 자부심을 가진 그와 같은 사람들이 그런 소망을 갖는 것은 당연할 것이다. 렘닉은 그 당시 러시아의 국내 상황을 어떻게 묘사하고, 또 그의 미래 희망과 관련해 어떤 분석을 제시했을까?

■ 러시아 역사의 어제와 오늘

1991년 이후 수십 개의 정당이 출현해 대선과 총선을 치르고, 1996년 7월 두 번 째 대선을 치른 러시아에는 얼핏 보면 자유민주주의가 정착되는 것처럼 보인다. 지난 수년간 모스크바를 통치해 오고 친미 외교를 내걸은 보리스 옐친이 대통령에 재선된 것은 서방에는 좋은 소식이지만, 그러나 오늘날의 러시아 현실은 실망으로 가득 차 있다. 정치는 민주적이기보다는 새로 출현한 과두계급(oligarchs)의 권위주의(authoritarianism)에 의해 움직인다. 몇몇의 정치인, 관료, 은행가, 사업가로 구성된 이 배타적 파벌은 대선 과정에서 중추적 역할을 함으로써, 과거에는 대단치 않던 그들이 이제 그 사회의 권력자로 행동한다. 옐친시대 민영화의 책임자이며 1996년 대선을 총괄 지휘한 아나톨리 추바이스(Anatoly Chubais)는 대통령 비서실장으로, 또 그 후 경제 부총리에 임명됐고, 올리가키로서 그의 측근인 보리스 베레조프스키(Boris Berezovsky)는 무능력과 부패에도 불구하고 안

보 부장관직을 맡았으며, 상업
과 공업에 종사하던 몇몇 기민
한 사람들은 시장경제로의 전
환과정에서 부가가치가 높은
공장, 회사, 은행, 방송국을 완
전히 헐값에 인수했다.[60] 러시
아의 정치는 소련시대 못지않
게 국민들과 유리되어 있고,

아나톨리 추바이스   보리스 베레조프스키

정부 관리들은 뇌물을 받아야만 면허와 허가증을 발급한다. 동사무소, 구청, 세무서 등
여러 관공서에는 급행료를 비롯해 업무처리를 위해 요구되는 가격표가 벽에 걸려 있는
경우가 많다. 전환기의 국민 생활은 너무나 혼란스럽고 극도의 부패로 가득 차 있다. 법
에 의한 지배와 민주제도는 존재하지 않고, 중산층은 형성되지 않았으며, 신흥 부자들은
3천억 달러 이상의 돈을 해외로 유출했다. 사회에는 8천개의 마피아 조직이 판치고, 살인
율은 미국의 두 배이며, 경찰은 완전히 부패해 있고, 경호 서비스는 인기 산업 중의 하나
이다. 구소련보다는 낫지만 언론도 자유롭지 못하다.[61]

60 추바이스는 러시아 정치인이며 사업가이다. 1991~1994 기간 그는 옐친 행정부에서 러시아 민영화를 담당
하는 국영자산 위원회 책임자가 되었다. 1992~1996년 기간에는 경제 및 재정정책 부총리로 임명되었고,
1995-96년 IMF, IBRD의 러시아 대표를 역임했다. 1996~1997 기간 대통령 비서실장, 1997~1998 기간 또
다시 러시아 연방 재정장관으로 제1 부총리 역할을 맡았다. 그는 러시아에 시장경제와 사유재산 원칙을 도
입하는 데 주도적 역할을 했다. 1998년 이후에도 계속 여러 대기업 회장으로 재직하고 있다. 그러나 그는
수많은 러시아인들에게 올리가키 체제를 도입하고 자유주의 경제 개혁으로 인해 수백만 명을 가난하게 만
든 가장 증오받는 사람으로 간주된다. Anatoly Chubais - RUSNANO Structure and Governing Bodies -
RUSNANO, en.rusnano.com; Anatoly Chubais - Russiapedia Politics and society prominent
Russians, Russiapedia.rt.com; Russian Liberal Who Aided Post-Soviet Overhaul Comes Under
Attack - The New..., mobile.nytimes.com

61 David Remnick, "Can Russia Change?" Foreign Affairs, Vol. 76, No. 1 (January/February 1997), pp.
35-37. 베레조프스키는 1990년대 러시아가 국영 자산을 민영화할 때 거액의 재산을 축적했다. 그는 처음
러시아 최초의 민간 자동차 회사 로고바즈(LogoVAZ) 운영으로 재산을 축적하고, 그를 토대로 텔레비전 방
송국 ORT를 인수하고, 러시아의 여섯 번째 큰 석유회사 시브네프트(Sibneft)의 상당 지분을 확보했으며,
나중에는 구소련 국영항공 에어로플로트(Aeroflot)의 재정권을 장악했다. 포브스(Forbes)에 따르면, 그의
부가 최고에 달했을 때 그의 예상 자산은 30억 달러에 달했다. 올리가키가 되는 과정에서 그의 정치권과의
연계는 중요한 역할을 했는데, 그는 옐친 경호원, 옐친 막내딸과의 친분을 토대로 그들 그룹의 내부자가
될 수 있었다. 1996년 추바이스와 더불어 옐친 대선의 핵심 자문역으로 역할을 수행할 당시, 그는 수천만
달러의 정치 자금을 지원하고 ORT 텔레비전에서 옐친을 독점적으로 광고하면서 옐친 재선의 일등 공신으
로 부상했다. 그는 정치적 임명으로 보상받았는데, 처음에는 1996년 안보위원회 부장관으로, 그리고 1998

러시아 마피아

　　오늘날 권위주의, 과두체제인 러시아가 민주국가가 될 수 있을까, 아니면 과거로 되돌아갈까? 미래를 예측하기 위해서는 과거 역사를 한번 돌아볼 필요가 있다. 러시아의 짜르체제는 유럽의 절대왕정에서 볼 수 없을 정도로 훨씬 더 억압적이고 지독했다. 서유럽 절대왕정이 자본주의, 민주시민혁명으로 인해 자유, 민주, 평등, 기업, 과학, 공업, 이성, 합리의 가치를 창출할 때, 러시아는 계속 사유재산 불허, 폭력에 의한 강압통치, 농노제도로 일관했다. 비록 크리미아 전쟁에서 영국과 프랑스 동맹군에 의해 패배한 후 농노가 해방되고 알렉산드르 1세 이후 개혁이 추진되면서 일정수준의 공업화가 이루어졌지만, 그러한 성격의 근대화는 서방의 것과는 비교할 수준도 아니었고 본질적으로 달랐다. 또 19세기 이후 이웃하는 서방의 위협이 증대하면서, 그리스정교(Orthodoxy)는 외국인에게 배타적 성격을 띠게 되었다. 그렇지만 러시아에도 민주적 전통이 전무한 것은 아니다. 제정 치하에서도 피터 1세(Peter I)와 캐서린 여제(Catherine the Great)에 대한 저항, 니콜라스 1세(Nicholas I)에 반

. . . .

년에는 CIS의 행정장관으로서였다. 그의 경영하에서 ORT는 처음에는 옐친을 지원하고 그 후에는 옐친이 지정한 후계자인 푸틴을 지원했다. 그는 푸틴 대선 정국에서 푸틴을 재정 지원했고 그의 덕에 두마 의원에 당선됐다. 그러나 올리가키를 청산하고 경제에 대한 국가 통제 회복을 중시한 푸틴의 집권은 베레조프스키와의 갈등을 불러왔다. 푸틴이 전체주의로 복귀한다고 비난하면서 베레조프스키는 '건설적 야당(constructive opposition)'을 구성하고 사법 개혁과 시민사회 발전을 위해 러시아에 수백만 달러 재단을 설립할 것이라고 선언했다. 2000년 7월 이후 러시아 검찰은 베레조프스키를 Aeroflot 재정 관련 부패 혐의로 소환했는데, 그해 그는 영국으로 도피했다. 영국 망명시절 베레조프스키는 푸틴 타도를 촉구하고 푸틴의 반대파를 재정 지원하면서 러시아 정부를 목소리 높여 비난했다. 베레조프스키에게 여러 죄목을 붙이면서 2003년 러시아 정부는 그의 추방을 요구했지만, 영국은 그해 말 그에게 정치적 망명을 허용했다. 2007년 그는 러시아 법정의 궐석재판에서 Aeroflot로부터 횡령 죄목으로 유죄 판결을 받았다. 다음 해 베레조프스키는 전 사업 파트너이며 첼시(Chelsea) 축구 클럽 소유주인 아브라모비치(Abramovic)를 상대로 러시아 석유회사 계약 위반, 협박 등 혐의로 런던 법정에 소송을 제기했다. 그러나 2012년 8월 베레조프스키는 패소했고, 그는 5천만 달러가 넘는 아브라모비치의 법적 비용을 지불하도록 명령받았다. 그것은 영국 역사상 가장 큰 규모의 수천만 달러짜리 민간 소송이었고, 그때 사람들은 탈 소비에트 시기 올리가키의 내부 역학을 조금이라도 이해할 수 있었다. 나중에 그는 런던 자택에서 사망했는데, 그때 경찰은 그가 자살했다고 발표했지만, 푸틴의 살해설, 서방 스파이의 살해설 등 그의 죽음과 관련된 수많은 소문이 나돌았다. Boris Berezovsky/Russian entrepreneur/Britannica.com, https://www.britannica.com; Boris Bereazovsky 'murdered as he was about to hand VLadimir Putin evidence of ..., www.dailymail.co.uk; The Mysterious Death of Russian Oligarch Boris Berezovsky - Bloomberg, https://www.bloomberg.com; Boris Berezovskyh found dead at his Berkshire home/World news/The..., https://www.theguardian.com

대해 시민권과 정치적 자유를 요구한 12월주의자(Decembrist)들의 반란, 지방자치위원회인 젬스트보(Zemstvos)의 도입, 그리고 러·일 전쟁 이후 1905년 입헌 군주제와 1906년의 헌

12월주의자 반란

사하로프

법 도입이 있었다. 흐루시초프 시대 이후, 예술가와 언론이 자유를 선호했고, 안드레이 사하로프(Andrei Sakharov)의 서방식 인권운동이 존재했으며, 솔제니친(Solzhenitsyn)의 자유주의를 향한 외침이 있었다.[62]

■ 러시아의 미래 희망

러시아의 미래도 어떤 희망을 가질 수 있을 것이다. 제2차 세계대전 이후의 독일, 일본이 그랬듯이, 러시아도 독재와 절대주의에서 벗어날 수 있을 것이다. 고르바초프 이후 러시아는 자유민주주의로 방향을 전환해 서방과의 대치와 제국주의를 종식했다. 대량살상무기 기술 및 부품 유출과 같은 오늘날 러시아가 제기하는 군사, 안보 위협은 의도적인 것이 아니고 전환기 혼란의 부산물이다. 러시아와 우크라이나 간의 크리미아에 관한,

62 Remnick, pp. 40-42. 12월주의자(Decembrist)의 반란은 1825년 12월 26일 약 3천명의 러시아 육군 장교들이 상트페테르부르크(St. Petersburg) 피터 광장에서 강압적이고 보수적인 니콜라이 1세의 짜르 즉위에 반대해 일으킨 반란이다. 그들은 승계 1순위였지만 왕족이 아닌 여성과의 결혼으로 인해 승계 선상에서 배제된 상대적으로 자유주의적(liberal) 소양을 가진 콘스탄틴(Constantine)이 즉위하기를 선호했다. 그러나 이 반란은 하루아침에 발생한 것이기보다는 지난 수십년 간 축적된 일부 장교들 사이의 서유럽 형태의 자유주의적 기상의 발로였는데, 왜냐하면 그 반란은 대부분 서유럽의 자유주의 전통에 노출되고 자유주의의 장점이 무엇인지를 아는 사람들에 의해 추진됐기 때문이다. 그 당시 반란에 참여했던 장교들 중 일부는 프랑스 점령에 참여했거나 서유럽 다른 곳에서 복무한 경험이 있었고, 또 다른 일부는 서유럽 자유주의의 영향으로 1810년대와 1820년대 조직된 해방연맹(Union of Salvation), 복지연맹(Union of Welfare), 북부결사(Northern Society), 그리고 남부결사(Southern Society)와 같은 비밀 애국조직에서 활동한 장교들로 구성되어 있었다. 그들이 반란을 일으킨 이유는 여러 계기를 통해서 그동안 그들이 알던 규범인 전제정치, 농노제도가 세계의 전부가 아니고, 러시아에 수많은 부조리가 존재하며, 러시아는 더 나은 자유주의 사회를 지향해야 한다고 느꼈기 때문이다. Decembrist/Russian history/Britannica.com, https://www.britannica.com; Decembrist Revolt - Russian Rulers History, russianrulershistory.com; Decembrist Revolt-New World Encyclopedia, www.newworldencyclopedia.org; The Decembrist Uprising/A Journey Through Slavic Culture, https://russianculture.wordpress.com

또 러시아와 카자흐스탄 간의 북 카자흐스탄에 관한 인종 관련 갈등의 위험은 지난 수년 간 크게 감소했다.[63] 당분간 행정부에서는 옐친의 비서실장 추바이스, 총리 빅토르 체르노미르딘(Viktor Chernomyrdin) 같은 인물들이 핵심으로 기능할 것이고, 정치권에서는 안보장관이었던 알렉산드르 레베드(Aleksandr Lebed), 공산주의 극좌파인 주가노프, 모스크바 시장 루츠코프(Yuri Luzhkov) 등이 힘을 쓸 것이다. 옐친 행정부는 서방과의 우호관계를 유지하겠지만, 국내적으로는 준 과두체제, 준 자본주의에서 한동안 벗어나지 못할 것이다. 그럼에도 불구하고, 오늘날의 러시아 정치는 구소련 시절보다는 훨씬 더 낫고 훨씬 덜 중앙집권적이다. 경제는 아직도 군사화 되어 있지만 사기업으로 전환 중이고, 집단 농장의 90%는 농민들에게 분양되었다. 아직은 많은 도시들이 시장경제를 받아들이지 않고, 블라디미르 푸디아테프(Vladimir Pudiatev)와 같은 마피아는 하바로프스크(Khabarovsk)에 정당과 텔레비전 방송국을 소유하고 영향력을 행사한다.[64] 그래도 시골지역의 가난과 문

· ·

63 카자흐스탄 전체 인구 구성에서 러시아 출신 소수민족은 21%를 차지한다. 러시아 소수민족은 러시아와 카자르스탄 간의 긴 국경선을 따라 위치한 북부 마을의 다수를 차지한다. 그러나 러시아 소수민족은 인질로 잡혀있을 것을 우려하고, 또 증대하는 반러시아 민족주의 정서와 러시아 언어 사용에 대한 압력을 우려한다고 말한다. 많은 러시아 소수민족은 우크라이나의 러시아인들과 비슷한 불만을 갖고 있다. 러시아인들 중 국가 리더십 지위를 차지하고 있는 사람은 별로 없다. 일부 러시아 소수민족들은 크렘린이 선제적으로 평화주의 지원을 제공할 것을 촉구한다. 카자흐 정부는 어느 쪽으로부터이든지 인종 갈등을 촉발시키는 어떤 움직임도 분쇄할 것이라고 말한다. 푸틴은 전 세계에 러시아어를 말하는 사람들을 보호할 것이라고 맹세했다. 카자흐스탄은 세계 최대의 우라늄 생산국이다. 러시아는 또 카자흐스탄을 러시아 제국의 오랜 일부분인 중앙아시아로 급속히 팽창하는 중국에 대한 완충 국가로 간주한다. 그러나 약간의 긴장은 불가피하다. 독립 당시 러시아 소수민족은 카자흐 전체 인구의 38%였다. 2018년 현재는 그들이 1,700만 인구의 20%를 조금 넘는 수준인 반면, 카자흐인들은 66%이면서 계속 확대되는 추세이다. 많은 러시아인들은 이주해 나갔고, 현재 거주하고 있는 많은 러시아 소수민족들은 인종 갈등을 절대 허용치 않는 현재의 나자바예프(Nazarbayev) 대통령 이후에는 다른 옵션이 필요할 것이라고 말한다. In Kazakhstan: fears of becoming the next Ukraine - The Washington Post, https://www.washingtonpost.com; Kazakhstan and its problems/Veterans…, http://www.veteranstoday.com

64 러시아에서 조직범죄는 수세기 동안 존재해 왔다. 구소련에서 1970, 1980년대 범죄 조직들이 큰 돈을 버는 방법 중 대표적인 것은 그들이 조정하는 암시장에서 국내에서 구하기 어려운 질 좋은 서방 소비제품을 파는 것이었다. 소련 붕괴 후 더 많은 마피아가 암시장에 나타나 구소련 공화국 시민들을 착취하고, 전성기에는 러시아 경제의 절반 이상을 통제했다. 러시아 범죄 집단의 숫자는 통계에 따라 조금씩 다른데 적어도 6천개에서 많게는 8천개까지 존재하는 것으로 알려져 있다. 그들 중 200개 이상은 미국, 캐나다, 이스라엘, 독일, 프랑스, 스페인을 포함해 지구적 차원에서 활동한다. 러시아 마피아는 연 900억 달러 수입을 올리는 국제 조직범죄 그룹으로 약 30만 명 조직원을 갖고 있다. 미국에서는 러시아 이외의 나라에서 가장 큰 숫자의 러시아인들이 거주하는 뉴욕의 브라이튼(Brighton Beach)이 미국 러시아 마피아의 근거지이다. 여러 그룹의 범죄자들은 과거 수감자, 부패한 관리 및 사업가, 구소련 공화국의 각 소수 민족을 포함해 다양한 출신으로 구성되어 있다. 미국 FBI는 러시아 마피아를 세계에서 가장 강력하고, 영향력 있

맹이 만연한 중국과 달리 문자 해독률은 99%이고, 러시아 경제의 80%는 민영화되었다. 인플레이션은 1992년 2,500%에서 1995년 130%로 낮아졌고 러시아의 천연자원 매장량은 타의 추종을 불허한다. 러시아인 대부분은 비록 옐친에게 실망했어도 극좌파 공산주의, 급진주의 반서방 민족주의, 반유대주의와 같은 과거로의 회귀는 원치 않는다. 시간은 걸릴지라도 러시아는 자유, 평등, 인권, 행복이 있는 자유 민주주의로 발전할 가능성을 안고 있다.[65]

렘닉의 희망적 분석과는 달리 러시아가 자유민주주의 체제로 전환되지 않고 푸틴이 등장한 이후 또다시 권위주의로 회귀한 것은 많은 자유민주주의자들에게 큰 실망의 원천이 됐다. 그렇지만 그의 낙관은 대부분이 간과하는 러시아 사회의 어떤 다른 측면, 특히 과거 어느 한때에는 비록 짧지만 자유, 민주적 순간이 있었음을 알려주고, 또 동시에 잠시나마 우리에게 러시아라는 독특하고 특별한 나라가 민주주의로 전환될지도 모른다는 지적 낭만과 환희를 누리게 하는 혜택을 제공했다.

(2) 러시아 국내질서의 두 얼굴

러시아가 새로운 민주국가로 태어나려는 국내적 시도는 많은 장애 앞에 가로놓였다. 정치권이나 관료제는 미래 비전이나 국가적 사명감이 부족한 옐친 대통령, 몇몇 대선 공신, 그리고 정치인 출신 장관들에 의해 좌지우지됐고, 사회에는 부조리, 부패, 조직범죄가 들끓었다. 경제는 정치인과 결탁한 몇몇 눈치 빠른 기업인들이 독점했는데, 이들은 국민과 사회에 대한 책임보다는 기회주의적인 개인 치부와 해외로의 재산 도피에 더 큰 관심을 가졌다. 비정상적인 방법으로 자본축적이 이루어지고 새로운 빈부격차가 생겨나면서 국민경제는 과거보다 더 피폐해졌는데, 이런 상황에서 과거 공산주의나 원래 러시아

으며, 악독하고, 치명적인 범죄 집단으로 간주한다. FBI는 러시아 마피아는 이탈리아계 미국 마피아와 비슷하게 거대한 범죄 슈퍼 파워로서 미국 마피아보다는 덜 강력하고 덜 성공적이지만, 미국 마피아보다 더 폭력적이고 사악, 위험하고 두려워해야 할 존재라고 말한다. 그들은 (크레디트 카드, 의료, 보험) 사기, (무기 및 야생동물) 밀수, 살인, 마약, 화폐 위조, 고문, 폭력, 인질, 인신 매매, 매춘, 방화, 국가 간 돈 세탁, 폭발물 투척, 테러리즘, 절도물품 수송 등 상상할 수 있는 모든 범죄를 저지른다. The Biggest Organized Crime Groups in the World/ Fortune, fortune.com>2014/09/14>big...; Urban Dictionary: Russian mafia, www.urbandictionary.com; Russian mafia 'increasingly active' in Germany - The Local, https://www.thelocal.de.; Wikileaks cables condemn Russia as 'mafia state'/World news/The Guardian, https://www.theguardian.com.; Russian mafia taking over French Riviera..., www.telegraph.co.uk

65 Remnick, pp. 44, 47-48.

그리고리 야블린스키

의 역사적 특수성으로의 회귀가 더 나은 대안이 되지 않을까 하는 의구심이 다시 생겨났다. 이것은 공산주의자와 극우 민족주의자들이 1995년 총선에서 다수 당선된 것에서 입증됐다. 1990년대 후반 러시아는 그렇듯 미래를 알 수 없는 불안감과 회의, 그리고 그럼에도 불구하고 더 나은 앞으로의 생활에 대한 막연한 기대가 혼재하는 안개 속에 위치해 있었다. 그 당시의 애매하고 불안하며, 어디로 향할지 모르는 상황에 관한 체계적이고 명확한 분석은 러시아 경제학자이며 정치인인 그리고리 야블린스킨(Grigory Yavlinsky)에 의해 제시됐는데, 그는 그 당시 러시아에서 서구식 자유민주주의보다는 암울한 조합주의적 현실이 어떻게 더 정착되고 있는지에 관해 적나라하게 설명했다.[66]

66 야블린스키는 러시아 경제학자이고 정치인이다. 그는 1990년 고르바초프에 의해 소련 장관위원회 부위원장에 임명되었는데, 그때 그의 유명한 저서 '500일 프로그램(500 Days Program)'에 설명되어 있는 임무에 착수했다. 그것은 가능한 한 신속하게 소련에 사유재산 법령과 시장 경제를 도입하는 데 필요한 일련의 개혁에 관한 것이었다. 1991년 새 대통령 옐친은 야블린스키가 경제 분야에서 큰 기여를 할 수 있을 것으로 기대했으나 그는 옐친이 벨라베자 조약에 서명하면서 소련, 또 구소련 공화국들 간의 정치, 경제 연계를 해체시켰을 때 옐친과 결별했다. 1993년 10월 옐친의 최고소비에트(Supreme Soviet) 해산으로 연방의회 의원들의 반란이 발생했을 때 야블린스키는 TV에 출현해서 옐친에게 사태 진압을 촉구했는데, 이 사건은 곧 그의 인기를 상승시키고 러시아 민주당(Russian Democratic Party) 야블로코(Yabloko)를 창당하게 만드는 계기가 되었다. 야블로코의 주요 정치 프로젝트는 시장경제로의 이전, 세계로의 통합, 소비에트 이후 단일 경제구역의 보존, 밑으로부터의 개혁, 시민 사회 건설을 포함했다. 그 당은 여러 인권, 환경 조직을 지지하고, 여성과 동성애 권리에 관해 공개적으로 말하는 유일한 정당이다. 야블로코의 모토는 "자유와 정의를 위하여(For freedom and justice)"이다. 야블린스키는 대통령 선거에 두 번 출마했는데 1996년 옐친과 경쟁했을 때 그의 득표율은 7.3%로 4위에 머물렀다. 2000년 푸틴과 경쟁했을 때에는 5.8% 득표율로 3위에 그쳤다. 2004, 2008년에는 출마하지 않았는데, 그 이유는 그의 당이 2003 두마 선거에서 요구되는 최저선인 5% 문턱을 넘지 못했기 때문이다. 그는 한동안 정계에서 은퇴했으나 2011. 12월 4일 국가두마와 지방의회 선거가 부정으로 얼룩지면서 정치에 복귀했다. 푸틴이 대표하는 집권 통합러시아당(United Russia)의 신뢰가 하락하는 가운데 야블로코는 상트페테르부르크(St. Petersburg) 의회선거에서 약간의 의석을 얻었다. 통합 러시아당은 선거 승리에도 불구하고 부정선거로 비난받았다. 불공정 선거는 투표함 바꿔치기, 가짜 신분증을 이용한 중복 투표 등 많은 방법을 동원했다. 로스토프(Rostov) 시에서는 통합 러시아당이 투표자의 146% 득표율 확보하는 기현상이 발생했다. 러시아 전역에서 시위가 발생하는 가운데 야블린스키는 2014, 3월 4일 대선에 출마할 것이라고 선언했다. 그러나 그는 결국 출마하지 못했는데, 그 이유는 그가 선거 요건으로 중앙선관위에 보낸 지지자 서명 명부의 25%는 진본이 아니라 복사본이었기 때문이다. 그는 2018년 대선에 또다시 출마할 것이라고 말하고 있다. Grigoriy Yavlinsky - Russiapedia Politics and Society Prominent Russians, russiapedia.rt.com; Grigory Yavlinsky, www.yabloko.ru; Dr Grigory Alexeevich Yavlinsky - Yabloko, eng.yabloko.ru

■ 서구 민주주의 대 조합주의

러시아의 미래가 어떻게 진전될지 아직은 알 수 없다. 러시아는 지금 기로에 서있다. 핵심적 문제는 어느 길을 러시아가 택할 것인가 하는 것이다. 확실한 것은 그것은 공산주의로의 회귀는 아닌데, 이것은 1996년 대선에서 국민들이 민주주의를 표방하는 옐친을 다시 대통령으로 선출한 것에서 나타난다. 그렇지만 오늘날의 러시아는 서구 민주주의라고는 말하기 어려운데, 왜냐하면 러시아의 현실은 자유민주주의에서 추구하는 개인의 자유, 민간 주도, 법치, 인권, 공정한 경쟁, 국민에게 봉사하는 경제보다는 오히려 너무 많은 조합주의적(corporatist) 특성에 의해 지배되기 때문이다. 러시아는 현재의 길을 계속 밟아 조합주의적, 범죄적, 올리가키적 사회로 가든지, 아니면 대안적으로 방향을 바꾸어 더 어렵고 고통스럽지만 정상적인 서구 스타일의 민주주의와 시장 경제로 가는 길을 택해야 하는 기로에 서있다. 조합주의가 무엇인가? 그것은 1970, 1980년대의 남미에서 흔히 볼 수 있는 것으로 제도적으로는 정치적 민주주의, 시장경제로 치장되어 있지만 실제로는 부패한 권위주의에서 나타나는 수많은 현상을 포괄하는 체제를 의미한다. 조합주의에서 중시되는 것은 유기적 공동체라는 미명하에 진행되는 개인 면식, 커넥션, 연고주의로, 이것은 결과적으로 법치 대신 인치, 언론 및 시민 자유의 억압, 그리고 사회, 경제적 부정부패를 초래한다.

오늘날 러시아 경제의 특징은 약간의 서구 자본주의적 성공이 존재하는 것과 동시에 조합주의적 부패가 만연해 있는 것이다. 시장경제가 일부 작동하는 것을 부정할 수는 없는데, 이것은 일부 민영화된 회사들의 국제 경쟁력이 향상되고 IMF가 100억 달러 대출을 약속한 것에서 나타난다. 그러나 러시아 경제는 시장 경제적 특성보다는 조합주의적 성격을 훨씬 더 많이 드러낸다. 유기적 공동체를 강조하는 연고주의, 패거리 정치담합은 시장경제로의 전환 과정에서 옐친 대선 당시 도왔던 7명의 은행가들이 러시아 경제의 절반 이상을 지배하는 것을 가능케 했다. 이들은 아나톨리 추바이스(Anatoly Chubais) 전 부총리하의 민영화 과정에서 정치 연계, 내부 협상(insider deals)을 통해 새로운 경제 특권층 자본가로 등장했다. 이들은 오로지 돈과 권력을 추구하는 사람들로 스뱌진페스트 정보통신(Svyazinvest telecommunications) 회사, 로즈네프트(Rosneft) 석유회사를 포함하는 모든 주요 산업을 독차지했는데, 러시아 국민들은 이들을 준 범죄적 도둑귀족(semi-criminal robber-baron)으로 인식한다. 미국의 유명한 투자가 조지 소로스(George Soros)는 이 과정을 러시아의 국영기업, 국가 자산뿐 아니라 국가의 정통성마저 도둑맞은 것으로 묘사했다. 민영화 당시 경매에 참가한 재벌기업, 은행들이 정치권, 정부와의 연계,

언론 동원, 담합, 부정입찰 등 모든 편법을 동원하는 현실은 러시아에서 진정한 시장경제
가 이루어지지 않고 있음을 입증한다. 정치권과 부패한 관료들은 도둑귀족과 한패거리이
다. 도둑귀족들은 러시아에서 돈을 벌어 외국에 투자한다. 러시아 경제에서 중산층은 생
겨나지 않고 있고, 1998년 현재의 경제수준은 1989년 경제의 반 정도이다. 실질 소득수
준은 1/3로 하락했고, 정부 재정적자는 증가하고 있으며, 상품과 용역의 75%까지 물품으
로 지불되거나 현금화될 수 없는 부실 약속어음으로 결제된다. 외국부채가 급증하고 (미
미했던) 국내부채는 국내총생산의 15%까지 증가해 정부지출 전체의 25%가 부채 관련 지
불에 사용된다. 1995년 12월 국가두마(하원) 450석 중 250석을 공산주의자, 그리고 50석
을 지리노프스키를 추종하는 극우 민족주의자가 차지한 것은 비관적 사회, 경제현실에
대한 실망을 반증한다. 오늘날의 러시아 경제는 1970~1980년대의 남미와 비슷하게 세
계에서 가장 부패한 경제 중의 하나이다. 개인적 커넥션, 부패, 패거리 형성이 가장 좋은
수단으로 간주되고, 뇌물, 마피아, 입찰 조작이 판친다. 작은 사업체도 모두 마피아에게
상납해야 한다.[67]

■ 러시아 정치의 두 모습

러시아의 정치는 어떤가? 그 역시 경제와 크게 다르지 않아, 약간의 낙관적 측면에
도 불구하고 너무나 많은 비관적 측면이 존재한다. 우선 긍정적 측면을 살펴보면 선거의
제도화를 들 수 있다. 선거는 러시아 전체의 각 지역, 각 레벨에서 열렸다. 1995년 12월
의 두마 선거, 1996년 6월 옐친이 재선된 대통령 선거, 또 계속해서 치러진 주지사 및 지
역의회 선거가 그런 것들이다. 투표율은 미국보다 높고, 투표과정은 순조롭게 진행됐다.
사회적으로는 여행, 토론, 결사, 집회의 자유가 확대됐고 인터넷 확산의 결과 정보의 공
유가 증가했다. 그렇지만 그 이면에 너무도 많은 어두운 면이 존재한다. 1996년 5월의
대통령 선거 당시 보기 힘든 부조리가 자행됐다. 선거비용은 공식한도인 2천 9백만 달러
의 15배를 넘어 최소 5억 달러에서 10억 달러 사이로 지출되었고, 이 비용은 대부분 정

67 Grigory Yavlinsky, "Russia's Phony Capitalism," Foreign Affairs, Vol. 77, No. 3 (May/June 1998), pp.
67-71. 1998년 3월 14일 야블로코 제6차 당 대회 기조연설에서도 야블린스키는 러시아 조합주의를 비판
했다. 그는 그 당시 러시아의 사회경제 질서를 소비에트형 독점에 기초한 조합주의, 올리가키 구조로 정의
했다. 그에 따르면 조합주의에서는 무엇보다도 정부는 러시아 시민들 다수가 아닌 좁은 패거리 이익만을
대표한다. 이 체제는 지역 레벨에서 재생산되고, 그곳에서 그 지역과 잠재성에 의거해서 정치, 경제 권력
행사를 열망하는 그 자체의 좁은 패거리 그룹을 구축한다. Keynote Speech by Grigory Yavlinsky,
Chairman of the Public Political Organization "Yabloko" at the 6th Yabloko Congress at the
Otrandoye Resort outside Moscow (March 14, 1998)

경유착에 의해 소수 재벌이 제공했다. 정치와 언론의 유착은 옐친으로 하여금 전체 보도의 53%를 차지하게 했고, 이것은 다음 번 강력한 경쟁자인 주가노프에 비해 3배 많은 양이었다.[68] 다당제 다원주의에 필수적인 정당발전은 아직 너무 미진하다. 이것은 공산주의 70년 일당독재를 경험한 정당 불신이라는 러시아인들의 속성에 따른 것이기도 하지만, 옐친의 자의적 행동으로 인해 더 지체되었다. 옐친은 평시에는 정당을 멀리하고 필요할 경우에만 자기 의견을 지지하는 정당에 접근해 목표를 관철시킨다. 옐친은 또 두마의 절반 의석에 대해 5% 이상의 득표를 한 정당만이 의석을 갖게 하는 당 리스트(Party list)를 폐지했는데, 이것은 너무 많은 정당의 난립으로 인해 의회가 책임 있는 다당제에 의해 작동하기 어렵게 만들었다. 또 그는 최근에는 모든 의석이 지역구에서 선출되는 것을 선호하는데 이것은 그가 개별 선거에 영향을 미쳐 자기가 선호하는 후보를 당선시켜 국가두마를 통제하려 하기 때문이다. 옐친이 권력의 정점에 존재하는 한 러시아 정치는 회복되지 않을 것이다. 러시아 헌법은 완전히 권위주의 헌법인데, 그 이유는 그 헌법하에서는 모든 권한과 파워가 대통령에게 집중되어 있기 때문이다.[69] 정치, 사회의 전반적 현상은 러시아가 아직 민주주의를 위해 갈 길이 멀다는 것을 입증한다. 러시아 사회에서 법에 의한 지배는 너무 취약하다. 행정부가 사법부를 좌지우지하고 하원에서는 수시로 난투극이 벌어진다. 대통령은 특히 예산의 경우, 하원을 거치지 않고 우회해 결정을 내릴 수 있는 제도적 장치가 존재한다. 러시아에 정당, 선거, 언론은 원칙적으로는 존재하지만, 이상과 현실은 많이 다르고 후진적 러시아 민주주의는 아직 가야 할 길이 멀다.[70]

■ 서방의 이익과 러시아의 과제

서방에 어떤 이익이 걸려 있나? 미국과 서방은 러시아가 잘못되지 않도록 많은 주의

---

68 대조적으로 빌 클린턴의 두 번째 대선 선거비용은 1억1천 3백만 달러였다. 1996년 대선 당시 러시아에서 옐친에게 압도적 대선 자금을 제공하고 독점적으로 언론에 노출되게 하는 전략의 일등 공신은 베레조프스키였다.

69 No recovery until Yeltisin gone- Yavlinsky, Interview by Adam Tanner (Reuters), Moscow, September 6, 1998.

70 Yavlinsky, pp. 72-75, 야블린스키에 따르면, 만약 대통령이 어떤 이슈에 관심을 갖지 않으면, 현재 러시아 현실에서는 그 문제는 아예 취급조차 되지 않는다. 동시에 옐친은 정치적으로 무능, 무책임한데, 왜냐하면 그는 그가 추천한 총리가 의회 인준에 실패할 것이 분명한 상태에서도 대안 총리를 물색하지 않고 오히려 복지부동으로 전체 정치, 경제 과정을 마비시키기 때문이다. 러시아는 새로운 대통령을 필요로 한다. Yavlinsky Interviewed on Russian Situation (Radiostantsiya Ekho Moskvy 8 September 1998)

탱크 발포

체첸 점령

를 기울여야 하는데, 왜냐하면 그 경우 서방에도 많은 손실이 돌아가기 때문이다. 미국과 러시아는 대량살상무기 확산의 방지에서부터 경제협력까지 다양한 공통의 이익을 보유한다. 러시아의 부패한 과두체제, 조합주의는 핵, 미사일, 화생무기, 탄저균과 같은 생물학무기 유출을 위한 암시장 번성을 규제하지 못할 것이다. 체첸(Chechnya) 분쟁에 관한 미국과 러시아의 협력은 카스피해 유전 개발과 관련한 서방 기업의 이익을 증진시킬 것이다. 또 오랜 기간 유라시아의 핵심 행위자로 역할해 온 서방과 러시아가 합심한다면, 테러의 온상인 중앙아시아, 중동의 지역 갈등을 해결하는 데 큰 도움이 될 것이다. 서방은 러시아에 큰 영향을 줄 수 있지만, 러시아와 솔직하게 논의할 필요가 있디. 특히 지금 러시아를 가장 위협하고 곤혹스럽게 하는 나토의 동쪽으로의 확대 문제가 그러하다. 서방은 나토를 점점 더 러시아 국경 쪽으로 확대하면서 그것이 러시아에 대한 위협이 될 이유가 없다고 말하지만, 그것은 논리적으로 설득력을 갖지 못한다. 서방의 그런 행동이 계속된다면, 세계정치에 큰 영향을 미치는 거대한 두 개 세력의 미래는 밝을 수 없다. 국내문제에서, 서방은 옐친, 추바이스, 체르노미르딘, 가이다르, 넴초프(Boris Nemtsov)와 같은 친미 인사를 돕기보다는 러시아 민주제도의 발전을 도와야 한다. 옐친이 1993년 10월 (러시아 공화국 최고소비에트 해산과 국가두마 도입에 반대하는) 러시아 의회에 탱크 발포를 명령했고 또 1994년 이후 10만 사상자를 낸 체첸전쟁을 시작했을 때에도 미국은 옐친 행정부를 지지했는데, 그 때 많은 러시아인들은 워싱턴의 행동이 러시아의 진정한 민주주의를 질식시킬 지도 모른다고 생각했다.[71] 러시아는 어떤 길을 가야하고 정치발전을 위해 무엇을 필요로 하는가? 정치적 부패가 없어져야 하고, 정부 고위관리의 재산이 공개돼야 하며, 관료주의와 규제가 철폐되어야 한다. 공정한 경쟁, 경제발전, 중소기업 발전을 위해 정경유착은 근절되어야 한다. 소수 기업이 국민의 3%를 고용하고 국내총생산의 절반을 차지하는 현실이 바뀌기 위해서는 몇몇 오너가 운영하는 기업구조가 바뀌고 거대한 부호의 권력이 제한되어야 한다. 경제는 법에

....

71 옐친의 체첸 공격 당시, 러시아 전투기와 탱크는 체첸 수도 그로즈니에 폭격을 퍼부었다.

의해 규제되어야하고 국제기준에 맞는 공개회계는 부패청산에 도움이 될 것이다. 모스크바에 집중되어 있는 국가 부의 85%는 지리적으로 분산되어야 하고, 농업발전을 위해 소련 국가로부터 물려받은 과두 지주들의 토지를 재분배시키는 토지개혁이 이루어져야 한다. 또 강력하고 독립적이며 부패하지 않은 사법부가 필요하고, 면책 특권을 가진 두마도 잘못할 때는 처벌, 기소될 수 있도록 제도적 장치가 재정비되어야 한다.[72]

(3) 러시아의 허상 경제

1990년대 후반에 접어들면서 러시아의 대내외적 현실은 더욱더 비관적으로 흘러갔다. 미국과 서방으로부터의 정치, 경제적 지원은 러시아가 원하는 만큼의 기대에 못 미쳤고, 오히려 나토의 동쪽으로의 전진은 모스크바에 많은 외교, 심리적 갈등을 안겨 주었다. 국내에서는 옐친이 재선되어 자유민주주의가 정착될 수도 있다는 긍정적 전망이 존재했지만 오랜 기간 역사 속에 쌓여온 러시아적 특징인 민주적 전통의 부재라는 심리적 벽은 더 높아만 갔다. 법치의 개념은 먼 나라 이야기 같았고, 사회에는 범죄, 담합, 폭력이 들끓었으며, 경제 역시 공급과 수요 측면에서 공산주의 시대보다 더 못했다. 구소련 시대에는 비록 질적으로는 부족했지만 정부가 주택, 직업, 식량, 소비재, 또 의료 서비스를 모두 제공한 반면, 이제 자본주의 시장경제가 도래하면서 극심한 빈부 격차가 생겨나 눈치 빠르고 정치적 줄을 가진 사람만이 필요한 재화와 용역을 확보하고 나머지는 실제 생활에서 과거보다 더 궁핍해 지는 기이한 현실에 봉착했다. 이것은 마치 산업혁명 초기 영국에서 소수의 부자가 생겨나고 나머지는 가족단위로 탄광, 공장에서 일하던 시기의 비참함을 연상시켰고, 이를 비판해 상부구조, 하부구조, 생산수단, 생산 양식, 잉여 이익, 자본 축적, 임금경제, 소외와 같은 수많은 파격적 개념을 전 세계에 확산시킨 칼 마르크스와 레닌의 말이 맞는 것이 아닌가 하는 의구심이 되살아났다. 문화의 정수를 이루는 그리스 정교는 외부세계에 대해 심하게 의심하고 적대적이었다. 그리스 정교는 원래 구교 가톨릭이나 신교 프로테스탄트와는 다르게 신부나 목사의 도움 없이 신자들이 신과 직접 소통할 수 있다고 믿는 내재적 그리스도교(Immanentist Version of Christianity)인데, 이것이 서방으로부터의 침입, 또 19세기 결정적으로 서방의 우월감에 반대해 배타적 선민사상으로 변질됐다. 러시아에서 토론과 타협을 중시하는 자유주의 사상이 싹트지 못하고 볼셰비키 공산주의로 이어진 것은 이런 역사의 어떤 일관성의 결과이기도 하다. 여기서

. . . .

72 Yavlinsky, pp. 76-79.

사람들이 밝은 미래를 꿈꾸는 것은 불가능했다. 러시아 경제는 왜 그렇게 처참했을까? 광범위한 경제개혁은 대부분 구소련 공화국을 비롯해 러시아에서 경제 붕괴로 귀결됐다. 1989~1998년 기간 산업 산출량은 45% 하락했고, 사망률은 1980년대 1%에서 1994년 1.5% 이상으로 증가했는데 이것은 매년 70만 명 이상의 사람들이 추가적으로 죽는 것을 의미했다.[73] 소비재는 절대적으로 부족하고 상품과 용역의 질은 형편없으며 실제 생활수준은 계속 하락했는데, 그런 현상의 근본 원인은 무엇인가? 그것은 초기 상황이 열악했기 때문인가, 아니면 잘못된 경제 정책의 선택에 의한 것인가? 급기야 1998년 8월 러시아 정부는 국가부도 사태에 처하고 서방 국가와 재정기구들은 긴급자금을 수혈하기로 했다. 그 당시 러시아 경제 문제점의 메커니즘에 관해 클리포드 개디(Clifford G. Gaddy)와 배리 아이크스(Barry W. Ickes)는 흥미롭고 설득력 있는 견해를 제시했다. 그들은 러시아 경제가 성장하지 못하는 근본 원인은 민영화에도 불구하고 구소련에서 물려받은 생산성이 낮은 기업을 청산하지 않고, 세금연체, 현금보다는 바터제(barter)에 대한 의존, 정부의 지원으로 악순환되는 허상 경제(virtual economy)를 계속하고 있기 때문이라고 진단했는데, 그늘의 구체적 분석은 어떤 내용을 담았을까?

■ 낮은 산업 생산성과 허상 경제

1990년 대 말 러시아는 세금 징수 부족으로 정부예산이 계속 적자를 면치 못하고 달러 부족으로 해외부채, 특히 단기부채 서비스를 감당할 능력을 상실하는 재정위기, 즉 국가부도 상태에 처해 있다. 서방은 이를 해결하기 위해 170억 달러의 자금 대여를 약속하고 러시아 정부도 시장개혁을 계속 추진할 의사를 표시하지만, 사실상 러시아 경제는 시장원리의 채택과는 거리가 먼 방향으로 나아가고 있다. 러시아는 민영화를 포함해 강도 높은 시장경제를 추진한 것으로 알려져 있지만 핵심적으로 그 주요기제의 작동은 매우 미진하다. 시장화 이후 기업의 소유권은 민간으로 전환되었지만 생산성은 나아지지 않았고, 이것은 낮은 임금, 가계부채, 낮은 세금 징수율, 경기침체로 이어졌다. 그렇지만 정부는 수요와 공급, 가격에 의해 움직이는 시장경제의 주요 요소인 구조조정에 부정적

· ·

[73] 군사 분쟁에 휘말린 아르메니아, 아베르바이잔, 그루지야, 몰도바, 타지키스탄과 같은 몇몇 구소련 공화국의 2000년 GDP는 소련 붕괴 이전에 비해 30~50% 수준으로 하락했다. 군사 분쟁이 없던 우크라이나의 GDP 역시 거의 2/3 하락했다. 동유럽 국가에서 산업 산출량은 더 적게 하락했는데, 평균 20~30% 수준이었다. 1990년대 구소련 공화국에서 산출량, 생활수준, 기대 수명에서의 거대한 붕괴는 전염병이나 천연 재해가 없이는 전례가 없는 것이었는데, 대공황 기간 서유럽에서의 GDP는 1929~1933 기간 평균 30% 하락했다. 그리고 그 공황은 1930년대 말까지는 불경기 이전 수준으로 회복되었다. Post-Soviet Russian economic collapse/Inter Press Service, www.ipsnews.net

이었는데 왜냐하면 그것이 실업, 세금 연체, 복지 축소를 더 악화시킬 것을 우려했기 때문이다. 한편 생산성 낮은 제품은 가격 대비 제품의 질에 비추어 해외에서 팔릴 수 없었는데, 이것은 달러 부족으로 이어졌고 이 악순환이 오늘날의 러시아 부도를 가져왔다. 서방이 긴급자금을 계속 지원하는 것은 임금, 공급, 세금을 포함해 경제체계 전반을 왜곡시키고 오히려 진정한 의미의 시장경제가 아닌 허상경제를 유지시키는 결과만을 가져 올 것이다.

러시아의 산업 생산량은 1996년까지 연속 8년간 하락한 후 1997년 1.9%의 생산량 증가가 있었고 GDP 역시 0.8% 증가했지만, 그 해의 실질 산업이익은 5% 감소했다. 손실을 보는 회사의 비율은 1995년 27%에서 1997년 거의 50%까지 증가했다. 1997년까지 지난 7년간 자본형성은 계속 하락했고, 산업, 농업, 교통, 통신을 포함하는 생산부문의 전반적 자본 투자는 1990년의 17% 수준으로 하락했으며, 제철과 기계부문의 공장 및 설비 지출은 1990년의 5.3%에 불과했다. 그래도 회사가 파산하는 일은 없는데, 부실기업 유지는 시장경제에 악영향을 미친다. 회사는 국가에 대한 세금이건 근로자에 대한 임금이건 지불할 때 현금이 아닌 물건으로 지불하는 바터제에 의존하는데, 그 비율은 50%가 넘는다. 1996년 러시아 연방정부에 지불된 모든 세금의 40%는 현금이 아니었고 지방정부 예산에 있어서의 현금 미 지급률은 그보다 더 높았다. 1997년 대기업들은 자기들 사업의 73%를 바터제로 시행하고, 중앙정부로부터 부과된 연방세금 중 80%를 지불했는데 그 중 8%만이 현금이었다. 이것은 가격을 중심으로 움직이는 시장경제가 아니라, 시간 내에 갚을 수 없는 상호부채가 창출되고 임금과 소득은 존재하지만 지불되지 않는 허상경제이다.[74]

이 허상경제의 근원은 구소련에서 물려받은 경쟁력 없는 산업이다. 구소련 경제는 가격이 없는 경제였기 때문에 이들 산업의 생산성이 낮다는 것을 알 수 없었다. 이들은 상품을 생산하지만 부가가치를 창출하지 못하고 오히려 손실을 보는 부실기업으로, 세금을 계속 연체시키며 근로자들에게 임금을 지불하지도 못한다. 소련 스탈린식 체제에는 많은 경제 문제가 존재했다. 가장 일반적 문제는 생산성에 대한 동기부여가 되지 않는 것이다. 고르바초프의 중요한 자문역이 된 러시아 경제학자 야블린스키는 소련 광산에서의 생산성이 너무 낮은 것을 알고 난 후 개혁의 필요성에 설득되었다. 그는 광부들이 일할 동기가 없기 때문에 일하지 않는다는 것을 알았다. 그는 소련 체제는 작동하지 않는데 왜

74 Clifford G. Gaddy and Barry W. Ickes, "Russia's Virtual Economy," Foreign Affairs, Vol. 77, No. 5 (September/October 1998), pp. 54-56. 1998년에 GDP는 또다시 4.9% 하락했다. Matthew Johnston, "The Russian Economy Since the Collapse of the Soviet Union," www.investopia.com

냐하면 작업자들이 일하지 않기 때문이라고 말했다.[75] 오늘날에도 러시아 정부는 구소련의 경제 유산을 단절시키지 않은 채 이들 기업에 자본과 원료를 싸게 공급하고, 석유, 천연가스 판매 소득의 일부분을 재분배하면서 자금을 지원해 준다. 세금연체를 용인하는 것은 시장경제의 엄격한 시각에서 보면 사실상 정부의 기업 지원적 성격을 띤다. 이런 관행은 과거로부터 지금까지 계속되어 왔다. 소련 경제가 거대하고 큰 가치를 창출하는 제조업 부문을 가진 것으로 보였던 이유는 그 시대 산업이 정부로부터 싼 가격으로 원료와 자본을 지원받았기 때문이다. 1980년대 후반기 사우디아라비아가 원유 생산량을 증가시켜 세계 석유 값이 하락했을 때 원유 생산에 많은 재정을 의존했던 소련 정부가 군산복합체에 충분한 자금을 지원하지 못하고 그로 인해 산업뿐 아니라 농업 생산량까지 감소한 것은 생산성과 관련된 소련 경제의 실체를 보여주는 좋은 사례이다.[76] 1990년대에 많은 국영기업이 민영화되었지만, 러시아에서는 소련 시대와 비슷하게 이들에 대한 정부지원은 계속된다. 이것은 시장경제에서는 살아남을 수 없는 체제이다. 허상경제는 가치를 부가하기는커녕 가치를 뺏어가는 제조업을 생존하도록 돕는다. 왜 러시아 정부와 사람들은 이 관행을 지속하나? 그것은 허상 경제가 무너지면, 회사는 부도가 나고, 직업과 임금이 상실되며, 연금이 삭감되고 사회 전체가 붕괴되기 때문이다. 제조업 부문은 손실을 보지만 모든 사람들이 인지하는 이 현실을 누구도 모르는 척 하는 이 위장의 주요 기제는 세금 연체, 물건으로 지불하는 바터제, 그리고 다른 비통화적 지불 수단이다.[77]

■ 허상 경제의 폐해

허상 경제는 현금을 피하려 한다. 왜냐하면 현금 거래를 하면 모든 것이 투명해지기 때문이다. 러시아의 제조업 수출은 1992년에 통계상으로는 증가한 것으로 나타나지만, 실제로는 수출에서 손실을 보았다. 그래도 수출하는 이유는 현금이 필요하기 때문이다.

---

75 그러나 소련 시대 경제가 취약했던 이유 또 다른 이유는 통계에 따라 다르지만 적어도 산업 생산량의 50% 이상이 군대로 유입됐기 때문이다. 1970년대 데탕트 당시에도 소련은 비밀리에 SS-20 중거리 미사일을 배치했는데, 이것은 나중에 미국의 서유럽에 Pershing 미사일을 배치하게 만들었다. 미국 레이건 행정부가 미사일 방어를 위해 SDI를 선언했을 때 소련 정부는 더 많은 산업 생산품을 군대에 투입해야 했다. 그 상황에서 일반인이 접근할 수 있는 산업 제품 양의 부족은 당연했고, 경제 성장률이 현저하게 하락하면서 농업에서 위기가 닥쳐왔다. 그런 위기가 페레스트로카를 도입하게 만들었다. The Economic Collapse of the Soviet Union- San Jose State University, www.sjsu.edu
76 소련 공산주의 사회의 모든 실권은 공산당과 군대와 중공업 산업이 결합된 군산복합체가 가지고 있었고, 일반인들은 중세 시대 노예와 비슷하게 일하면서 그저 생활용품, 식량을 배급받았을 뿐이다.
77 Gaddy and Ickes, pp. 57, 60.

개인가계는 부분적으로는 제조업에서 일하고, 다른 한편으로는 거리에서 물건을 팔거나 소매상을 운영하는 등 개인노동으로 수입을 올려 고통스러운 허상경제에서 버틴다. 허상경제는 최소한의 현금으로 유지된다. 현금을 가진 사람은 몇몇 올리가키 과두 자본가에 국한된다. 허상경제는 많은 부정적 결과를 가져와 모두가 손해를 보게 된다. 첫째로는 실상을 알 수 없어 기업의 구조조정이 불가능하다. 이것은 러시아의 경제발전을 저해하고 러시아인 모두의 생활수준 증대를 어렵게 할 것이며 중산층 성장에 큰 부정적 영향을 미친다. 두 번째로, 국내총생산이 실제보다 최대 5배까지 과장되고, 경제성장률도 과장되어 실제 경제성과의 측정을 어렵게 만든다. 생산성이 취약한 기업은 국민경제를 성장시키지 못하고 기업 자체의 기술부족, 자금부족, 그리고 궁극적으로 산업, 국민생활 발전을 가로막을 것이며, 이것은 시간이 가면서 러시아를 경제 규모와 질에서 계속 세계무대의 뒤처지는 나라로 만들 것이다. 세 번째로, 현금 대신 물건으로 세금을 지불하면 공공부문에서 사회의 우선순위에 따른 국가 발전을 위한 예산집행이 불가능하다. 이것은 필요한 하부구조에 대한 투자, 기간산업을 위한 경제지원, 복지지출, 그리고 나아가서는 첨단무기 구매와 같은 최소한의 국방소요를 채우는 일에도 부정적 영향을 미칠 것이다. 정부는 국민이 원하는 서비스를 전달하지 못할 것이고, 국내, 지구적 차원을 막론하고 러시아 국민의 삶의 질은 점점 더 낙후될 것이다.[78] 허상경제의 한 가지 이점이 있다면, 그것은 직업을 유지시켜 사회 안정에 공헌하는 것이다. 허상 경제가 러시아 사회의 안전망으로 작동하는 것이다. 1998년 제1사분기에 임금연체가 가장 높았지만 3월에 파업을 선언한 회사는 70개에 불과했고, 그나마 한 달 이내에 실제 파업한 회사의 숫자는 7개로 줄어들었다. 이 과정에서 정부는 계속 중재자로서 개입하게 된다. 임금을 지불하지 못해 파업이 날 때 마다 정부가 나서서 문제해결을 약속하고 또 기업을 위해 자금지원을 약속해야 하기 때문이다. 총리 세르게이 키리옌코(Sergei Kiriyenko)를 위시해 모스크바의 새 내각은 경제개혁을 구상하지만, 그것은 생산성 없는 기업을 파산시키고, 이익을 창출하며, 고용을 늘려 시장 경제를 활성화시키는 형태의 서방식 구조조정이 아니다. 그 경제 개혁은 허상경제 내에서의 효율성 제고를 의미하고 계속 허상경제를 지속시키는 성격을 띤 것이다. 서방은 1992년 이후 러시아의 시장경제의 도입을 위해 700억 달러 이상의 긴급자금을 유입시켜 왔는데, 이제 더 이상의 허상경제를 지속시키는 지원은 중단되어야 할 것이다.[79]

---

78 1997년 러시아의 실제 국내총생산은 4,660억 달러로 미국의 6%에도 못 미쳤다. Ibid., p. 62.
79 Ibid., pp. 63-64.

(4) 경제 실패의 원인에 관한 새로운 가설

개디와 아이크스의 분석은 워싱턴 당국과 서방 전문가들의 대부분이 공감, 공유하는 견해이고, 그것은 향후 러시아 경제 운영에 관해 많은 시사점을 제시한다. 그러나 블라디미르 포포프(Vladimir Popov)와 조모 선다람(Jomo Kwame Sundaram)은 그들의 견해에 반대하고 도전하는 다음과 같은 흥미로운 대안적 견해를 제시했다.[80] 많은 사람들은 1990년대 러시아의 경제 불황은 무엇인가 크게 잘못되었고, 만약 다른 정책을 도입했더라면 그 시기 비슷한 운명에 처한 구소련 공화국들의 경제 붕괴 역시 피할 수 있었을 것이라고 믿는다. 결국, 다른 전환기 경제들은 그들보다 더 나았고, 러시아인들은 누구도 그 예외적으로 길고 깊었던 소비에트 이후의 불황이 불가피했다고 믿지 않는다. 탈소비에트 경제전환 정책의 문제는 상당한 논란의 대상인데, 비단 그 논의는 서방이 권고한 이념적 교조주의 색채를 띤 포괄적 충격요법에 의한 정책보다는 실용주의적, 점진적, 부분적 개혁이 훨씬 더 나은 결과를 가져왔을 것이라고 믿는 사람들에게만 국한된 것은 아니다. 1996년 IBRD가 발간한 보고서 "계획에서 시장으로(From Plan to Market)"는 경제 성과에서의 차이는 주로 경제 자유화와 거시 경제적 안정이라는 두 개 측면에서 정책이 제대로 시행 되었는가와 관련이 있다고 분석한다. 그것은 시장경제화는 러시아와 같이 소유권과 시장 제도가 덜 발달한 나라에서도 충분한 성과를 이룰 수 있다는 의미를 띤다. 서방 전문가들이 제기하는 분석은 서방의 시장경제 원론이 그렇게 말하겠지만, 현실적으로는 시장 경제화를 더 많이 받아들인 동유럽에 비해 시장경제 진행이 느렸던 구소련 공화국들에서 경제 불황이 심했던 것에 근거한다. 그렇지만 급속한 경제 자유화와 거시 경제적 안정이 반드시 러시아가 필요로 하는 경제성장과 그에 따른 실질소득의 증가를 가져왔을는지는 의문이다. 산업 산출량 변화에서의 차이를 자유화 지표 및 인플레이션 비율에 연계시키는 시도는 설명적 가치를 제시하지 못한다. 일단 여러 초기 상황이 고려된 이후에는 자유화 지표의 중요성은 감소된다. 시장 자유화가 모든 것이 아니라는 사실은 2017년 중국과 러시아의 자유화 지수는 거의 비슷하지만 경제성과는 전혀 다르다는 헤리티지 재단의 연구결과에서도 입증된다. 물론 장기적 차원에서 아주 오랜 시간에 걸쳐 물가안정과 경제성장을 동시에 추진하는 밑으로부터의 시장경제화는 추후 생산성을 높이고 산업 경쟁력을 제고시켜 국민소득의 증가를 가져올 것이다. 그러나 그 성장 결과 역시 세계경제

----

80 포포프(Popov)는 유엔 사무국 선임 경제 분석관(Senior Economics Officer)이고, 선다람(Sundaram)은 유엔 경제발전 관련 사무총장보(UN Assistant Secretary General for Economic Development)로 재직했다.

속의 다른 나라들과의 경쟁 속에서 산정될 것이다. 또 그것이 일정기간 내에 일정한 성과를 거두지 못한 채 대량실업, 통제하기 어려운 사회혼란으로 이어진다면 그것은 반드시 바람직한 방향이 아닐 수 있다. 세계 경제에 진입하는 국가들에게 시장경제의 원칙은 중요하지만 서방은 전환기 국가들의 경제현실을 감안할 필요가 있다.[81]

러시아(와 구소련 공화국들)의 불황의 깊이는 세 가지 요인이 합쳐진 결과이다. 첫째 요인은 경제 전환기, 산업 및 대외무역 구조의 더 큰 왜곡이다. 탈소비에트 경제 불황은 지난 수십 년간 지속되어 온 경제 왜곡과 그것들을 시정하려는 노력의 누적된 대가에 의한 것이다. 그 왜곡은 구소련 국가들에서의 과도한 군사화와 과도한 산업화, 과거 소련의 구소련 공화국들 및 동유럽 국가들과의 뒤틀린(perverted) 무역 형태, 과도하게 거대한 산업, 기업들과 농장규모를 포함한다.[82] 러시아의 경우, 거대한 군산복합체를 소비재 위주의 민수업체로 바꾸는 것, 또 세계 각국과의 새로운 무역관계를 개발하고 통상관계 다변화를 성취하는 것은 하루아침에 되는 일이 아니다. 두 번째는 1980년대 말과 1990년 대 초기의 국가 및 비국가 제도의 붕괴로서 그것은 혼란한 전환으로 귀결됐다. 국가제도가 더 크게 붕괴된 것 역시 탈소비에트 불황의 심각성을 설명한다. 동유럽과 러시아 (및 구소련 공화국들) 간의 전환기 경제 불황 깊이의 차이는 러시아의 더 큰 제도적 붕괴에 의한 것으로 보인다. 조금이라도 더 일찍, 또 더 오랜 기간 자유, 법치, 인권, 다당제에 노출되어 온 동유럽 국가들은 지리적, 역사적 이유로 인해 러시아에 비해 자유주의와 시장경제로의 전환에서 더 용이했다. 더구나 동유럽 국가들에 비해 국가나 사회 규모가 훨씬 크고 오랜 기간 존속한 러시아의 제도변화는 훨씬 더 큰 사회, 정치, 경제적 여파를 불러왔다. 다른 구소련 공화국들의 변화 역시 더 충격적이었고, 그들은 제도 정비에 더 오랜 시간을 필요로 했다. 그래서 국가 제도, 경제 질서 변화에서도 러시아와 구소련 공화국들은 동유럽에 비해 더 큰 어려움을 겪었고 시장경제 원리의 정착, 민간 기업에 대한 투자 분위기 조성도 상대적으로 취약했다. 세금을 징수하고, 그림자 경제를 견제하며, 예컨대 계약 시행을 통해 법과 질서를 옹호하는 데 있어서 러시아 정부의 더 취약한 능력이 투자와 성장에 도움이 되는 사업 분위기 조성을 잠식했다.[83] 세 번째는 거시 경제적 불안정

81 Vladimir Popov & Jomo Kwame Sundaram, "Post-Soviet Russian economic collapse," www.ipsnews.net

82 뒤틀린 무역 구조는 소련이 구소련 공화국들 및 동유럽 국가들에게 일방적으로 경제 지원을 제공했다는 의미이다.

83 강력하고 활기찬 경제를 구축하는 것은 쉬운 작업이 아닌데, 특히 과거 구조의 잔재가 계속 현재에 어른거릴 때 더욱 그러하다.

을 악화시키는 취약한 정책이다. 탈소비에트 경제전환은 불리한 초기 조건, 제도적 약화, 그리고 취약한 경제정책을 포함했는데, 이것들은 동유럽에서는 덜 문제가 된 것들이다.[84] 1985~1991년 고르바초프의 점진적이고 온건한 시장 개혁이 실패한 이유는 국가 제도가 충분히 강력하지 못한 것이 실패의 주요 원인인데, 옐친의 개혁은 소련 붕괴 이후 최고로 국가제도가 약화된 상태에서 고르바초프보다 훨씬 더 무리하고 갑작스러우며 부적절한 정책의 도입으로 인해 재앙적 결과로 귀결됐다.[85]

---

84 여기서 우즈베키스탄, 벨로루스, 에스토니아는 제외된다.

85 포포프와 선다람은 비록 명시적으로 이야기 하지 않지만, 미국이 처방한 무리한 충격 요법, 지나치게 급속한 자유화와 민영화, 그리고 서방 제도에 대한 무제한적 신뢰는 러시아 경제의 점진적이고 균형적인 경제로의 전환에 방해요소로 작용했다고 우회적으로 말하는 것으로 보인다. Vladimir Popov & Jomo Kwame Sundaram, "Post-Soviet Russian economic collapse," www.ipsnews.net

취약한 중국

Ⅰ. 객관적 현실
Ⅱ. 중국 현실의 해석

I 객관적 현실

국제적 주도권 확보와 대량살상무기 확산 방지를 염두에 둔 미국이 개입과 확대 정책을 시행하고 신생국 러시아가 총체적 혼란 속에서 방황할 때, 중국은 대외적으로, 또 대내적으로 어떤 현실에 처해 있었나? 1990년대의 중국은 대외관계, 군사, 경제 능력 모두에 있어서 아직은 취약한 나라였다. 비록 1990년대 말로 가면서 중국이 점차 강대국으로 부상하고 있고 또 다음 세기 역할은 지금보다는 훨씬 강력할 것이라는 분석이 상당한 설득력을 얻었지만, 적어도 20세기 마지막 10년 간 중국의 위상은 아직은 지구적 강대국으로 부르기에는 여러 면에서 미진했다. 대외관계에서 중국은 미국과 서방에 의해 수시로 견제, 수모를 받았고, 군사력은 미국에 30년 뒤질 정도로 낙후됐으며, 경제 역시 선진 강대국 수준으로 올라서기에는 아직 거리가 멀었다. 그래도 중국의 강대국 관계는 새롭게 부활하는 중·러 협력에 의해 도움 받았고, 이것은 진전하는 미·일 관계에 대해 약간의 방파제 역할을 했다. 그렇지만 중국은 제1차 북한 핵 위기 당시 그랬듯이 최소한의 이익을 지키기 위해 필요한 경우에는 자국의 입장을 확실히 밝혔고, 남중국해에서는 군사, 경제 이익 확대, 영향권 고수를 위해 공세적 태도를 유지했다. 국내 정세와 관련해서는 중국이 구소련 형태로 붕괴, 해체될 수 있다는 비관적 견해가 제기됐다. 구소련, 동구 유럽의 공산주의가 사라지고, 공산주의 이데올로기가 정통성을 잃어가며, 자유민주주의가 세계의 대세가 된 상황에서 중국에서만 유독 마르크스-레닌이즘의 유산이 살아남을 것이라는 보장은 없었다. 1970년대 말 이후로 중국으로 흘러들어간 자유주의 사조가 중국을 새로운 국가로 탄생시킬 것이라는 견해가 근거 없는 억지주장으로만 들리지는 않았다. 그러나 1990년대의 중국은 많은 어려움을 성공적으로 극복했다. 1970년대 말 이후 덩샤오핑(Deng Xiaoping)에 의해 시작된 개혁, 개방을 지속하면서 베이징의 장쩌민(Jiang Zemin)

정부는 중국 공산당의 정통성에 대한 사회적 도전을 막아내고, 주민의 생활향상, 경제발전, 군사력 강화, 그리고 더 나은 미래를 위해 발버둥 치면서 2000년대 후진타오(Hu Jintao)의 탁월한 리더십을 거쳐 2018년 오늘의 중국으로 올라서는 기초를 확립했다.

1. 대외관계

■ 대외관계의 부침

대외관계에 있어서 중국은 수시로 미국의 견제를 받았다. 1989년 수백 명의 중국인을 학살한 천안문 사태가 발생했을 때, 서방은 경악, 분노했다. 1970년대 데탕트를 거치면서 베이징과 협력하고 중국의 경제발전을 도운 결과가 겨우 중국의 자국 시민 대학살이라는 것은 자유세계에게는 믿겨지지 않았고, 더구나 이제 공산주의가 붕괴되어 가는 상황에서 베이징이 낡은 이념에 근거해 전 지구적으로 확산되는 자유민주주의 사조에 찬물을 끼얹는다는 것은 도저히 용납할 수 없었다. 미국은 베이징에 대해 그동안 많은 우호적 생각을 갖고 있었는데, 그 이유는 중국이 과거 1970년대와 1980년대에 대소전략 차원에서 협력을 제공한 국가였기 때문이다. 이제 1989년의 천안문 사태로 중국은 미국에게 친구도 아니고 적도 아닌 국가가 됐다.[1] (조지 H. W. 부시의) 미국과 일본은 베이징에 전면적인 경제제재를 단행했고, 유럽 국가들 역시 스페인 마드리드 회의 결정에 따라 전면적인 무기 금수조치를 부과했다. 그때 중국에게는 자유세계의 결정을 순순히 받아들이는 것 이외에 다른 옵션은 없었다.

그래도 중국은 자국의 핵심적 이익이 침해된다고 생각할 때는 분연히 행동했다. 1993~1994년 중국이 자국의 중요한 영향권으로 간주하는 한반도에서 북한 핵문제가 터졌다. 지구적 세력균형에서 유리한 입장에 있는 한·미 양국은 서방, 러시아, 일본의 동의를 확보하면서 대북한 제재를 구상했는데, 그때 베이징의 반응은 예상외로 강경했다. 한·미·일의 대북제재 의도를 통보받은 중국 공산당 총서기 장쩌민은 만약 한·미 연합세력이 북한에 대해 경제제재, 또는 군사제재를 가할 경우 베이징은 한반도에서 일어날 수 있는 어떤 불상사에 대해서도 책임지지 않을 것이라고 경고하며 베이징의 군사개입 가능성을 강력하게 시사했다.

....

1 Banning Garrett and Bonnie Glaser, "Chinese Apprehensions about Revitalization of the U.S.-Japan Alliance," Asian Survey, Vol. 37, No. 4 (April 1997), p. 383.

중국의 대외관계는 잠시 호전되는 것으로 보였다. 그것은 일본이 가장 먼저 대중국 경제제재를 중단하면서 미국과 서방 역시 경제제재를 해제했고, 한반도에서는 제네바 합의(1994)에 따라 북한이 핵개발을 동결하고 그 대가로 한국, 미국, 서방이 경제지원, 정치적 관계개선을 약속했기 때문이다. 워싱턴의 대중국 경제제재 해제에 대해 많은 반대가 있었지만, 미국의 경제회복을 위하고 또 자국이 주도하는 세계경제의 틀 속에 중국을 참여시켜야 한다고 생각하는 빌 클린턴 대통령은 과감하게 제재 해제를 단행했다. 그

장쩌민

렇지만 1995~1996년 또다시 미·중간에 불협화음이 발생했다. 이것은 1995년 5월 클린턴 대통령이 공화당이 장악한 의회의 요구에 따라 대만 총통(대통령) 리덩후이(Li Teng-hui)의 미국 방문을 허용하고 그가 수학한 코넬대학에서 연설하는 것을 허락한 것에서 비롯됐다. 이때 베이징은 워싱턴의 결정은 1972년 미·중 관계 개선의 과정에서 합의된 상하이 공동성명의 '하나의 중국' 원칙에 어긋나는 처사라며 강력 항의했고, 곧 이어 타이페이가 분리, 독립을 시도할 경우 군사력 사용을 불사할 것이라고 위협하며 3차례에 걸쳐 대만 해협에 엄청난 양의 미사일을 퍼부었다. 일촉즉발의 동아시아 정세를 안정시키고 베이징의 추가 도발을 막기 위해 미국은 항공모함 니미츠(Nimitz)호와 인디펜던스(Independence)호 2척을 파견해야 했다.

■ 대만 사태와 중·대만 관계

1995~1996년 대만 사태는 전 세계의 중요 뉴스가 됐다. 그것은 대만 통일에 대한 중국의 결의를 재확인시켰고, 동시에 워싱턴의 우방에 대한 안보 공약, 중·대만 평화통일에 대한 미국의 의지를 드러냈다. 중국은 이번 기회에 무력사용을 포함해서 어떤 경우에도 대만의 독립은 허용치 않겠다는 결의를 만천하에 공개했다. 중국은 대만 사태를 거치면서 필요한 경우 군사력 사용이 불가피 할 수 있다는 신념을 더 굳힌 것으로 보였다. 이제 중국은 군사력의 필요성, 군사력 증강의 중요성을 더 실감했다. 반면 대만은 이 사태에서 다른 생각을 발전시킨 것으로 보였다. 그것은 타이페이가 워싱턴의 보호가 존재하는 한 주권국가로서의 독립을 포함해 어떤 일도 추진할 수 있다고 믿는 것처럼 행동했기 때문이다. 이것은 1979년 1월 미·중이 관계 정상화를 승인한 이후 원만해져 가던 중·대만 관계의 새로운 반전이었다.

미·중이 공식 외교관계를 체결하기 전까지, 중·대만 관계는 서로에게 지나칠 정도로 적대적이었다. 베이징은 대만 인근에서 수시로 군사적으로 도발하면서 항상 대만이

통일의 대상임을 말했고, 국민당(KMT: Kuomintang)이 지배하는 타이페이는 모든 중국인들에 대한 대표성을 강조하면서 오히려 대만이 본토를 수복해야 한다고 맞섰다. 그러나 중·대만 간의 이런 첨예한 적대적 관계는 1979년 1월 1일 미국과 중국 두 나라가 공식적으로 외교관계를 정상화하면서 상대적으로 누그러졌는데, 그 이유는 미·중 관계정상화의 후속조치로 미국이 대만과의 1954년 군사동맹을 해체한 것에 고무된 베이징이 지난 30년 간의 대만 해방 수사와 무력도발을 중단하고 일국양제 제안으로 대만을 회유하려 했기 때문이다. 타이페이는 미·중 관계정상화와 미·대만 방위조약 폐기에 크게 상심했지만, 중국의 무력에 의한 통일을 방지하고 대만 방위에 적절한 수준의 무기를 제공할 것을 규정한 미국 의회의 대만관계법(Taiwan Relations Act)에 의지하는 것 이외에는 다른 방법이 없었다. 1980년대에 인민해방군은 대만과 마주보는 해안에 위치한 상당부분의 군사력과 시설을 철수했고, 개혁, 개방을 추구하는 중국은 대만에게 무역, 투자, 인적 교류를 제안했다. 타이페이는 외교, 경제적 고립에서 벗어나기 위해 베이징과의 대화에 나섰다. 타이페이는 무역과 투자에는 합의하면서도 직접 교류, 통신, 여행제한의 급속한 완화를 원하는 베이징의 제안은 거부했는데, 이것은 중국의 불명확한 정치적 의도에 대한 대만의 조심스러운 경계심을 반영했다. 1979년 초 중국과 대만은 경제 교류가 전혀 없는 상태에서 1991년 80억 달러를 거쳐 1997년까지 양안 간 무역규모를 연간 265억 달러까지 증대시켰고, 3만 5천개의 대만 회사가 중국에 300억 달러를 투자했다. 인적 교류는 매년 150만 명의 대만인들이 중국을 방문했고, 경제, 사회교류의 분위기는 정치 분야로 이어져 1993년 싱가포르에서 양측 대사들이 회동할 정도까지 진전됐다. 이제 중국과 대만 정부는 통행, 통신의 가속화와 관련된 작은 조치들에 합의했고 실질적 의견교환을 위한 비정부 대화통로를 설립했다. 베이징은 일국양제의 원칙에 기초해 싱가포르 대화를 원했고, 타이페이는 1991년 3월 제정된 국가통일 강령하에서 그 대화에 참여했다. 그러나 이런 우호적 분위기는 리덩후이의 코넬대 연설 이후 반전됐고, 1995년 6월로 계획된 양안 간 대화는 취소됐다.[2]

리덩후이는 어떤 인물인가? 농경제학 교수였던 그는 1978년 타이페이 시장으로 당선됐고 1984년 장징궈(Chiang Ching-kuo)하에서 부통령이 되기 전 대만 주지사로 일했다.[3] 1988년 장징궈 사망 이후, 그는 대만 대통령이 됐고 1990년 의회 간접선거에서 압도적 다수표로 대통령에 재선됐다. 1996년 대만 최초의 직선제 대통령 선거에서 리덩후

---

2 Chas, W. Freeman, Jr., "Preventing War in the Taiwan Strait," Foreign Affairs, Vol. 77, No. 4 (July/August 1998), p. 8.

3 장징궈는 한국명으로는 장경국으로 그는 장개석의 아들이다.

이는 또다시 승리해 원주민 출신이면서 국민당 소속으로 처음 대만 대통령이 됐다. 대만의 정치체제를 민주화시키려 노력한 그는 그동안 본토 출신들이 장악한 국민당이 1949~1987년 기간 계엄령을 통해 원주민들에게 억압적으로 행동하고 대만 독립을 거부하면서 창카이섹의 민족주의적 통일 방안을 강요한 것에 대해 미안한 감정을 가졌다.[4] 그는 원주민들에게 호의적으로 대하면서 그들의 대만 독립 의지를 수용했다. 그는 중국이 민주화될 경우에는 통일이 가능하다고 말하면서도, 야당인 민주진보당(DPK: Democratic Progressive Party)과 비슷하게 대만이 독립국가로서 국제적으로 승인받기를 원하는 성향을 보였다. 민진당(민주진보당)은 어떤 경우에도 통일에 반대한다고 명백하게 말했다. 타이페이 시장인 천수이벤(Chen Shui-bian)은 대만이 국민투표를 통해 중화민국(Republic of China)으로 독립해야 한다고 주장했다. 대만 사태 이후, 리덩후이는 중국에 대한 태도에서 점차 더 대담해졌다. 그는 대만은 1912년 건국된 중화민국의 정통성을 이어받은 국가로 자주독립의 권리가 있다고 주장하면서, 독

리덩후이

천수이벤

립을 위한 외교공작을 추진했다. 타이페이는 많은 개발도상국들에게 경제지원을 제공하면서 대만의 위상증진과 유엔 및 기타 국제기구 가입을 시도했다. 그것은 몇몇 아프리카 국가들을 포함해 개도국들로부터 정치적 지지를 확보하는 데 도움을 주었지만, 그래도 대만의 국제기구 가입은 베이징의 정치적 승인을 필요로 했다.[5]

이제 중·대만 관계는 아주 악화됐다. 이 딜레마가 해결되지 않으면 미국과 중국 모두에게 불이익이 돌아갈 것이라는 것이 명확해졌다. 중·대만 갈등으로 인해 미·중 관계가 악화되면 그것은 세계정세 변화의 큰 요인이 될 것이다. 중국은 무력사용으로 회귀할 것이고 미국은 군사개입을 해야 할 것이다. 미국에서는 중국은 무력을 사용하지 않고 대만은 독립을 추구하지 않으면서 지난 20년과 마찬가지로 사회, 경제교류, 또 평화공존을 하는 것이 최선의 방안이라는 의견이 제기됐다. 안보 전문가들은 미국의 최선책은 중·대

4 창카이섹은 장개석이다. 창카이섹 치하의 대만은 1949~1987년 기간 계속 계엄령을 유지했고, 대만 최초의 자유로운 의회 총선거는 1992년에 허용됐다. Lee Teng-hui, https://www.britannica.com; Eleanor Albert, "China-Taiwan Relations," Council on Foreign Relations, http://www.cfr.org

5 Freeman, p. 9. 천수이벤은 한국어로 진수편이고 타이페이 시장을 거쳐 2000년 5월~2008년 5월까지 8년간 대만 대통령으로 재직했다. 그는 퇴임 후 부정, 부패 혐의로 투옥됐다.

만 경제적 상호의존을 심화시키고, 사회, 문화교류 증진을 돕는 것이라고 주장했다. 워싱턴은 베이징과 타이페이 모두 일방적 변화를 추진하지 않도록 주의를 기울여야 한다. 대만이 군사적 긴장을 고조시킨다면 워싱턴은 대만에 대한 무기판매를 재고해야 한다. 미국은 1992년 대만에 150대의 F-16과 다른 무기들을 판매했는데 지나친 군사지원은 대만으로 하여금 과도한 자신감을 갖게 하고, 동시에 그것은 베이징을 자극할 것이다. 그 분쟁을 군사적 형태로 몰고 가는 것은 대만, 미국, 중국 모두에게 이익이 아니다. 그것은 중·대만 관계의 현상유지가 최선의 대안이라는 의미를 띠었다.[6]

■ 클린턴-하시모토 성명과 미·일 가이드라인

그 즈음 중국을 우려하게 만드는 일이 또 발생했다. 미국 클린턴 대통령과 일본 하시모토 류타로(Hashimoto Ryutaro) 수상은 1996년 4월 17일 도쿄에서 미·일동맹의 중요성을 재확인하면서 21세기 미·일 동맹에 관한 공동성명(US-Japan Joint Declaration on Security: Alliance for the 21st Century)을 발표했다. 그것은 그 다음 해 1997년 9월 미·일 가이드라인 개정으로 이어졌다. 클린턴-하시모토 공동성명은 강력한 양자 관계가 아태지역의 안정과 평화를 보장하는 것을 도왔다고 강조했다. 미·일 양국의 미래 안보와 번영은 아태지역의 미래와 연결돼 있다. 미·일 양국은 두 나라의 국가 정책을 이끄는 심오한 공통 가치에 대한 헌신을 재확인한다. 그것은 자유의 유지, 민주주의의 추구, 그리고 인권에 대한 존중이다.

지역적 이슈와 관련해, 두 정상은 아태지역이 공동체로서 출현하는 것을 목격하지만 동시에 그 지역에 불안정과 불확실성이 계속 존재한다고 지적했다. 한반도에서는 긴장이 계속된다. 핵무기를 포함해서 아직도 아태지역의 군사력 집중은 매우 심하다. 미해결 영토분쟁, 잠재적 지역갈등, 그리고 대량살상무기와 그 운반수단의 확산은 모두 불안정의 근원이다. 역내 안정을 위해 미국의 개입이 중요하고, 이것은 미·일 안보관계의 기초 위에 진행된다. 미·일 동맹의 기초 위에서 미·일 관계는 공통의 안보목표를 달성하고 21세기 아태지역의 안정되고 번영하는 환경을 유지할 것이다. 두 정상은 역내문제의 평화적 해결을 강조했다. 그들은 중국이 긍정적이고 건설적 역할을 하는 것, 미국, 일본 양국이 중국과 협력을 증대시키는 것이 아주 중요하다고 강조했다. 러시아의 지속적 개혁은 지역 및 지구적 안정에 공헌하고, 지속적인 고무와 협력의 대상이다. 도쿄 선언에 기초한 일·러 관계의 완전한 정상화는 아태지역 안정과 평화에 중요하다. 또 한반도의 평화는 미·일에게

6 Ibid, p. 11.

핵심적으로 중요하고, 미·일 양국은 한국과 긴밀하게 협력할 것이다. 지구적 차원의 협력을 위해서, 클린턴과 하시모토는 평화유지, 인도주의 재난구조 활동을 통해 유엔 및 다른 국제기구에 대한 지원을 확대할 것이라고 선언했다. 양국 정부는 군비통제, 군축, 전면 핵실험금지 협상, 비확산에 관해 긴밀히 협력할 것이다. 북한 핵문제, 중동 평화, 그리고 구 유고슬라비아에서의 평화 시행과정에 관한 협력은 양국의 공통된 이익과 가치를 증진시키는 세계 건설을 도울 것이다. 더 나아가 두 정상은 이런 여러 가지 문제를 해결하기 위한 양국 협력증진을 위해 1978년도 방위협력 지침(Guidelines for Defense Cooperation)을 재검토할 것이라고 선언했다. 새롭게 개정되는 미·일 가이드라인은 양자 안보협력을 냉전시대에 비해 한단계 높은 차원으로 이끌 것이다. 두 정상은 이틀 전 1996년 4월 15일 양국 간에 체결된 획득(및) 교차서비스합의(ACSA: Acquisition and Cross-Servicing Agreement)를 다시 한번 환영했는데, 그것은 미국 군대와 일본 자위대 간의 양자 간 병참지원, 공급 및 서비스지원에 관한 규정으로 일본 이외 지역에서 활동하는 미군에 대한 후방지원 확대를 의미했다.[7]

클린턴-하시모토 공동선언 발표 시, 중국은 미·일 간의 고조되는 무역 분쟁에도 불구하고 미·일 안보유대는 강력하다고 인식했다. 베이징은 미·일 안보조약이 미국과 일본 모두에게 이익이 될 것으로 생각했다. 미·일 안보 유대는 중국을 포함하는 지역위협 규제, 한반도 안정, 일본의 독자노선 방지 및 안보 비용 분담에 중요하다. 일본에게 미·일 동맹은 중국, 러시아, 북한의 불확실성으로부터의 보호, 또 일본이 지역적, 전 세계적으로 더 큰 정치, 안보역할을 하는 데 정당성을 부여할 것이다. 동시에 중국은 그동안 미·일 군사동맹이 자국의 이익에도 일부 긍정적 역할을 해왔다고 평가했다. 미·일 동맹은 과거 냉전시대 소련에 대한 견제를 넘어 지역 패권에 대한 일본 야심의 규제, 일본의 군사력 증강과 힘의 투사에 대한 통제, 아태지역 전체에 대한 안정 제공을 포함하는 다양한 이익을 제공한다. 미·일 관계는 너무 강력하거나 너무 긴장되지 않은 상태가 중국의 이익에 가장 적합하다. 미·일 간의 과다한 마찰은 워싱턴의 도쿄에 대한 영향력을 약화시키고 동맹의 파기로까지 이어져 일본의 재무장, 핵무기 개발까지 연결될 수 있을 것이다. 미·일 관계가 너무 밀착되면 그들은 협력해서 베이징에게 군사적 투명성, 군비통제, 무역, 인권, 남중국해에서의 중국 활동에 대해 압력을 가할 것이다. 최악의 경우 미·일 동맹 강화는 대중국 연합 봉쇄의 군사협력으로 연결될 것이다.[8]

7 공동성명은 또 정보공유의 증진, 양국 국방정책 및 군사태세의 긴밀한 논의를 약속했다. 또 전투 지원기(F-2)와 같은 장비, 기술의 연구, 개발 협력도 약속했다. Ministry of Foreign Affairs of Japan, "Japan-U.S. Joint Declaration on Security: Alliance for the 21st Century," (April 17, 1996).

8 Garrett and Glaser, pp. 386-387.

1996년 4월 미·일 공동성명 발표 당시 중국 외교부 대변인 셴궈팡(Shen Guofang)은 "우리는 미·일 국방조치가 양자 성격을 넘어서지 않고 제3자를 건드리지 않을 것을 희망한다"고 말했다. 그 발언은 미·일 군사동맹의 범위가 너무 확대되지 않고 제한적 상태에 머무르는 것에 대한 선호를 반영했다. 그는 또 미·일 공동성명이 역내 문제가 평화적으로 해결되는 것이 중요하다고 강조한 것에 대응해, 대만 문제는 중국 내부의 문제라는 베이징의 확고한 입장을 상기시켰다. 중국의 일부 관료, 언론, 전문가들은 미·일 공동성명에 대해 다양한 해석을 제기했다. 그 도쿄 선언은 미·일 동맹이 일본 본토방위에서 아시아, 태평양 전체에서 발생하는 위협에 대비하는 역사적 전환점을 의미한다. 그것은 한반도에서 대만, 동남아의 영역에 이르는 광활한 지역에서 중국의 안보 불확실성에 대한 견제이다. 대만 인근, 일본 근해, 그리고 남중국해에서의 중국 활동은 미국과 일본의 강력한 견제에 직면할 것이다. 미해결 영토분쟁, 지역 갈등, 재래식 무기와 핵전력의 집중, 그리고 대량살상무기와 운반수단의 확산 방지는 중국을 염두에 둔 것이다. 역내 민주주의 확산 개념은 중국 공산주의 일당체제를 비판한 것이다.[9]

1997년 9월 새로운 미·일 가이드라인이 발표됐다. 이것은 1978년의 방위협력지침을 개정한 것으로, 1년 전 미·일 공동성명의 연장선상에서 취해진 조치였다. 더 강력한 미·일 군사동맹은 아시아 전체의 안정과 평화에 대한 위협이라는 중국 일각의 우려에도 불구하고, 미·일은 양국 간 안보협력 강화, 일본의 안보역할 확대를 공식화했다. 뉴욕 맨해튼에서 합의된 이 개정된 가이드라인 하에서, 일본은 군사 충돌이나 다른 위기의 경우 미국 군사작전에 대해 일본 군사기지 사용을 포함해 각종 지원을 제공할 것을 약속했다. 그 가이드라인은 일본이 국제수역에서 기뢰 제거에 참여하고, 경제재재를 시행하며, 불안정한 국가에 갇혀있는 민간인 구조에 협력할 것을 촉구했다. 미·일 양국은 국방정책과 군사태세에서의 협력 가속화와 비밀정보 공유에 합의했다. 미국 측 대표인 매들린 올브라이트 국무장관과 윌리엄 코헨(William S. Cohen) 국방장관은 1년 이상의 협상과 일본 국내외의 일부 반대에도 불구하고 이루어진 개정에 관한 합의는 아태지역 안보를 증진시키는 중요한 과정이라고 반겼다. 코헨 장관은 "개정된 이 가이드라인은 과거가 아니라 미래 도전에 직면하는 것을 돕기 위해 고안됐다"고 말했다. 그리고 그들은 중국과 다른 아시아 국가들에게 그 새로운 유대는 다른 나라를 희생해 미국의 힘과 영향력을 증대시키려는 노력이 아니라고 강조했다. 미국과 일본 두 나라는 베이징 우려의 주요 원천인 대

---

9 Ibid., p. 389. 셴궈팡은 1978년 이후 중국 외교부에서 일했고, 외교부 대변인(1996~1998) 임무 이후 유엔 대사(1998~2002), 외교 차관보(2003~2005)를 역임했다. Shen Guofang, www.fmprc.gov.cn

만을 언급하지 않은 채, 중국과의 협력에 관해 길게 설명했다. 코
헨 국방장관은 그 새로운 가이드라인은 어느 특정 국가, 제3의
국가를 겨냥한 것이 아니고, 일본과의 안보관계 강화 혜택은 역
내 모든 국가에게 돌아갈 것이라고 덧붙였다. 그 선언은 다음 2
주간 맨해튼 유엔 총회에서 회동할 다른 나라 장관 및 외교관 회
합의 일부로, 올브라이트 국무장관이 중국 외교장관 첸치천(Qian
Qichen)을 만나기 수 시간 전에 나왔다. 첸치천 장관은 그 새 가

첸치천

이드라인에 대해 "중국은 여러 차례에 걸쳐 입장을 확실히 밝혔다"고 간단하게 말했다.
그러나 첸치천의 태도는 부정적이지만은 않았다. 올브라이트는 중국과 의견 불일치하는
부분에 대해서 거의 진전을 이루었는데, 그것은 비확산, 무역, 인권을 포함했다고 말했
다.[10]

　　　　1996년 미·일 공동성명, 그리고 1997년 미·일 가이드라인 발표 당시 첸치천 장관의
태도에서 나타나듯 중국 정부의 반응은 절제되고 신중, 미래지향적인 것이었지만, 미·일
양국의 동맹 재정의가 진행되면서 베이징은 점차 워싱턴 — 도쿄 안보 절차를 부분적으로
재평가하지 않을 수 없었다. 비록 미국, 일본 관리들이 공식, 비공식으로 베이징 정부에
미·일 가이드라인은 중국을 겨냥하는 것이 아니라고 수차례 확신시켰지만, 베이징은 시
간이 가면서 점점 더 그 동맹이 중국을 견제하는 성격을 띠었다는 인식을 갖게 됐다. 미
국 및 일본과의 관계에서 긴장과 불신이 증대하고, 또 일본 국내정치에서 PKO 법안 통
과, 걸프전 당시 비전투 자위대 임무 수행에서 드러나듯 보수성향이 새롭게 나타나면서,
중국은 미·일의 전략 의도에 대해 더 큰 의심을 갖는 상황에 진입했다. 그때 중국은 현
명하고 냉철하게 판단해야 한다고 생각했다. 만약 중국 지도자들이 미·일이 중국의 부상
을 저지, 봉쇄하기 원한다고 결론 내린다면, 베이징은 미·일 안보조약, 미국 전진배치에
대해 노골적으로 반대할 수 있을 것이다. 그러나 그것은 아태지역 전체의 불안정을 심화
시키고, 동시에 베이징에 비싼 대가를 치르게 할 것이다. 국내 경제발전을 포함해 힘이
더 커지기를 기다리는 베이징에게는 1980년대 초부터 그랬듯이 아직도 평화로운 안보환
경이 더 중요하다. 중국은 미국과의 상호의존과 중국의 국가로서의 자주(autonomy) 사이
에서 균형된 입장을 취하는 것이 현명하다. 그런 인식은 베이징으로 하여금 미·일 동맹
이 자국에 대한 위협이라고 결론짓기보다는 아직은 조금 더 기다려 보자는 신중한 자세

10 첸치천은 한국어로 전기침이다. Steven Lee Myers, "Risking China's Wrath, U.S. and Japan Bolster
　　Military Ties," nytimes.com (September 24, 1997)

를 취하게 만들었다. 베이징은 미·일 동맹의 강화가 부분적으로 불쾌하고 우려스러운 일임에는 분명했지만, 아직은 때를 기다리며 더 국력을 기르는 신중한 행로를 택했다.[11]

중국은 갈수록 가시화되는 미·일 미사일방어 협력에 대해서 촉각을 곤두세웠다. 베이징은 미 해군의 해상배치미사일 방어와 일본에 설치되는 지상배치 고고도미사일방어(THAAD: Terminal High Altitude Area Defense)가 중국 핵전력의 80%를 무력화시킬 것으로 분석했다. 모든 종류의 미사일 방어체제는 문제가 될 것이다. 전역미사일(TMD: Theater Missile Defense) 체계는 중국의 대만 공격 능력을 약화시키고, 그 체계의 지속적 발전은 더 정교하고 수준 높은 국가 미사일방어(NMD: National Missile Defense) 체계로 이어질 것이다. 인민해방군 대변인은 미국에 대한 핵 억지를 유지하기 위해 몇 퍼센트의 핵탄두가 미국 탄도미사일 방어(BMD: Ballistic Missile Defense) 체계를 우회할 수 있고, 또 얼마나 많은 핵무기가 미국의 1차 공격에서 살아남을 수 있는지 판단해야 한다고 말했다. 미사일 방어체계를 돌파하기 위해 중국은 다양한 침투 지원수단과 더 정교한 다탄두 개별진입 미사일(MIRV) 기술을 개발해야 한다. 중국은 중단된 핵실험을 재개해야 한다. 미·일 미사일 방어체계 공동개발은 일본의 우주기술과 장거리 탄도미사일 능력증진으로 연결될 것이다. 일단 일본이 미사일 방위체제를 확보하면 도쿄는 그 보호막을 토대로 공격 핵무기 능력을 개발할 것이다.[12]

■ 중·일 간 상호 의심의 이유

1990년대 중반에 이르러 중국과 일본은 서로의 안보관계에서 약간의 불편한 감정을 느끼고 있었다. 물론 엄격하게 말해서 양국 간에 현재의 갈등은 없었다. 양국 간 경제 현실에서 일본은 중국의 최대 무역 파트너인 동시에 해외 직접 투자국이었고, 일본에게 중국은 미국 다음의 두 번째 무역 파트너였다. 경제 유대는 양국 간 상호의존을 심화시켰고 양자관계에서 실용적 태도를 갖게 만들었다. 이 경제관계는 정치, 안보문제의 마찰을 완화시키는 데 많은 도움을 주었다. 또 정기적 안보대화, 초기 군사교류는 상호 신뢰구축에 도움을 주고 있었다. 여기서 미국은 상당한 긍정적 역할을 수행했다.[13] 돌이켜 보면 지난 오랜 기간 중·일 양국은 서로에게 도움이 되는 현실적 정책을 구사했다. 이것은 중·소

---

11 Xiaoxiong Yi, "China's US Policy Conundrum in the 1990s," Asian Survey, Vol. 34, No. 8 (August 1994), p. 677.

12 Garrett and Glaser, pp. 384-385, 393-394.

13 Wu Xinbo, "The security dimension of Sino-Japanese relations," Asian Survey, Vol. XL, No. 2(March/April 2000), p. 309.

분쟁에서 중국이 돌아서고, 데탕트 시기 미·중 협력을 새로이 시작하는 과정에서 비롯된 관계였다. 1950~1960년대 공식 외교 관계가 없이 실리를 위해 추진됐던 양국 무역관계는 1972년 중·일 관계가 정상화되면서 본격화됐다. 양국의 정치 지도자들은 서로를 상호방문하고 경제협력을 급진전시켰다. 1992년 아키히토(Akihito) 일왕 일행의 베이징 방문은 증대되는 양국 협력의 상징이었다. 또 일본은 1989년 천안문 사태 이후 중국에 대한 경제제재를 가장 먼저 해제한 나라였다.

아키히토 일왕

그럼에도 불구하고 1990년대 소련 붕괴로 인해 새로운 안보환경이 조성되고, 미국의 정책이 새롭게 펼쳐지며, 중국, 일본이 새로운 국내외적 상황에 처하면서, 중·일 양국은 기존의 정책을 재검토하지 않을 수 없었다. 미·일 동맹이 한 단계 더 강화되고 일본의 대내외적 행동에서 새롭게 관찰되는 현상은 베이징의 우려를 자극했고, 중국의 새로운 부상은 도쿄에게 일정부분 현실주의적 접근, 분석, 인식을 배제하지 못하게 만들었다. 물론 아직도 중·일 양국은 가능한 범위 내에서 서로에게 적대적이지 않으려 노력했다. 베이징은 중일 경제관계, 또 국내발전을 위한 평화로운 안보환경 유지가 중요한 문제였고, 도쿄는 미·일 간 무역 분쟁, 일·러 간 미해결 4개 북방도서, 또 국내의 경제현안 등 해결할 난제가 산적해 있었다. 그럼에도 중일 양국 모두에게 그 동안의 양자 경제관계 또는 기타 문제 해결이 모든 것이 아니라는 인식은 주권국가로서 당연한 생각이었다. 양국 모두는 기존의 일부 우호적 관계는 그대로 유지하면서도 상대방에 대한 의심을 거두지 않았다. 그들은 오늘의 확고한 사실보다는 상당부분 미래 양국의 행위, 태도, 방향전환의 가능성에 대한 예측, 또 일부 가상 시나리오를 근거로 서로에 대한 경쟁적 심리를 발전시켰다.

중국의 일본에 대한 회의적 시각은 미·일 안보동맹 강화, 일본 군사력 강화, 그리고 일본 국내 정치의 보수화 차원과 관련이 있었다. 중국의 관점에서 미·일 양국은 냉전의 유산인 양자 동맹을 통해 아태 안보질서를 지배하기를 원했다. 1997년의 미·일 가이드라인은 일본 인근에서 갈등이 발생해 미국이 개입할 때 도쿄가 미국을 지원하도록 규정한다. 중국이 내부 문제로 간주하는 대만에 대한 방어는 미·일 가이드라인의 범주에 포함되어 있을 것이다. 대만 문제가 발생할 때 일본은 미국과 함께 군사 개입할 것이다. 비록 미·일 안보 관계가 일본의 필요 이상의 재무장, 팽창주의를 제한하는 데 긍정적 역할을 하지만, 미·일 가이드라인은 일단은 중국을 겨냥한다. 1998년 8월 북한 미사일이 일본 상공을 넘어 발사됐을 때, 일본은 자체 정찰위성을 발사하고 미국과 전역미사일 방어체계에 관해 공동 연구개발 할 것을 결정했다. 전역미사일 체계와 정찰위성을 통한 미·일 정보공유는 중국 핵전력을 무력화시킬 것이다. 또 전역미사일 기술은 일본의 핵 공격 능력을 증진시키는데 사용될 것이다. 일본의 해, 공군 재래식 군사력은 아주 강력하고 아시아에서 그에 맞설 나라는 없다. 일본의 국방비 지출은 세계 2위이다. 현재 일본은 중국의 핵전력을 우려하지만, 일본은 원하기만 하면 언제든지 핵무기, 핵잠수함, 장거리 공격무기 개발이 가능하다. 일본의 중기 방위계획(1996~2000)에 따르면, 도쿄는 병력은 감축시키면서도 무기체계와 장비, 방위 기술은 계속 현대화시킨다는 구상을 갖고 있다. 일본의 국내정치 역시 계속 보수화로 흘러가고 있다. 일본에서는 평화헌법 제9조의 개정 필요성이 계속 제기된다. 1991년 4월 걸프전에 기뢰 제거반을 파견한 이후, 1992년 6월 일본 의회는 평화유지활동 법안을 통과시켰다. 이것은 평화헌법에서 자위대 파병을 금지하기 때문에 그런 헌법적 질서를 우회하기 위해 만들어진 편법적 발상의 결과다. 이것은 일본 해외파병의 시작이 될 것이다. 1994년 이후 도쿄는 대만문제, 중국이 핵실험 한 것에 대해 더 보수적 입장을 취했고, 1995~1996년 많은 일본 정부 관리들은 고노(Kono Yohei) 외무상, 하시모토 수상을 포함해 일본 의회(Diet)에서 중국의 군사 현대화, 영토분쟁, 안보정책에서 유래하는 중국 위협을 증언했다. 1998년 8월 일본 의회는 과거 군국주의의 상징인 히노마루 기(Hinomaru Flag)와 기미가요를 신성시하는 법안을 통과시켰는데, 이것은 모두 일본의 과거 제국주의로의 회귀를 연상시킨다.[14]

중국에 대해 일본은 어떻게 인식했나? 일본은 소련 붕괴 이후 아태 정치, 군사질서에서 중국이 그 권력 공백을 메우며 새로운 강대국으로 부상할 가능성에 주목했다. 중국

---

14 Ibid., pp. 296-301. 일본에서 욱일기(Rising Sun Flag)와 히노마루(Hinomaru)는 1870년 모두 메이지 정부에 의해 채택됐다. 욱일기는 육군과 해군의 공식 깃발이었고, 히노마루는 일본의 공식 국기였다. 일본 군대가 전쟁을 할 때 그들은 욱일기를 앞세우고 전진했고, 외국 영토를 점령했을 때는 히노마루를 게양했다. 그러나 제2차 세계대전 이후 연합군이 일본을 점령하면서 그 사용은 극도로 제한되었는데, 그 이유는 그것이 국내외의 많은 사람들에게 협박, 침략, 포악성, 공격적 제국주의를 상징하는 것으로 인식되었기 때문이다. 그러나 한국 전쟁 이후 일본 자위대는 욱일기를 또다시 채택하고, 히노마루 역시 국기로 살아남았다. 1999년 집권 여당 자민당은 히노마루가 일본의 국기이고 공립학교는 고등학교까지 국기에 경례(honor)해야 한다는 법을 통과시켰다. 그러나 국기에 관한 대중의 인식은 차이가 있다. 일부 일본인들은 그것을 극우의 상징으로 여기면서 일본 군국주의, 제2차 세계대전의 공격성과 연계시킨다. 일부 교사들은 도쿄 교육위원회를 고소한 바 있다. 또 다른 일부는 그 국기가 상징하는 것을 수용한다. 그 함의가 무엇이든, 히노마루는 일본의 지속적이고 강력한 상징으로 남아 있다. 2015년 6월 정부는 국립대학은 국기를 게양하고 그에 경례할 것을 종용했다. Japan's "Rising Sun" Flag Becomes Official History Channel, https://www.historychannel.com.au; Why do flags matter? The case of Japan- the Conversation, theconversation.com

의 군사, 경제적 부상은 아태지역의 세력균형을 변경시키고 지정학적 경쟁을 불러일으킬 것이다. 1995~1996년 중국이 대만 인근에 무시무시한 미사일 포격을 가한 것은 대만을 무력을 사용해 통일하려는 저의의 발로다. 중국은 영토 관련 문제, 영향권을 자국의 핵심적 이익으로 규정하고 이에 대해 강경한 자세를 취한다. 1970~1980년대 베이징은 그 인근 영토 분쟁이 관련된 도서들에 대해 다소 저자세로 그 문제들을 묵살하거나 해결에 관해 미온적 태도를 보였다. 그러나 1992년 2월 '영해와 인근수역에 관한 법률'을 공포하면서 베이징의 태도는 공격적으로 변하기 시작했다. 중국은 일본이 실효 지배하는 센카쿠 열도와 베트남, 말레이시아, 필리핀, 브루나이(Brunei)가 연계되고 중국이 남사군도라고 부르는 스프래틀리(Spratly) 군도에 대한 영유권을 공격적으로 주장하기 시작했다. 이것은 중국 힘이 커지면서 새로이 나타나는 현상이다. 1995년 중국은 필리핀의 반대를 무릅쓰고 남사군도의 일부인 미스취프 암초(Mischief Reef)에 군사시설을 설치, 지배하기 시작했다. 이 모든 것은 중국의 강대국적 자세를 의미한다. 중국은 놀라운 경제성장을 토대로 군사현대화에 박차를 가한다. 중국은 1990년대 전반기에 여러 차례의 핵실험을 진행했는데 이것은 대량살상무기 확산을 방지하고 군비축소를 추구하는 세계적 추세에 어긋난다. 중국 군사 현대화에서 우려되는 점은 중국의 국방비 규모, 그 지출 정확한 내역 비공개, 한마디로 국방비의 투명성이 결여된 것이다. 군사 문제의 많은 부분을 불투명하게 진행시키고 잠재적으로 아태지역의 안보를 위협하는 베이징에 대해 다양한 의심이 제기되는 것은 당연하다.[15]

중·일 간의 상호 의심은 비단 1990년대에만 존재했던 것은 아니다. 그것은 오래된 역사적 뿌리를 갖고 있다. 그러나 그동안 양국은 안보, 경제 현실을 감안해 서로 자제하면서 미래지향적으로 행동한 것뿐이다. 베이징은 일본이 1894년 청일 전쟁 이후의 중국 침략과 만행에 대해 해결하려는 태도를 보이지 않는다고 생각했다. 일본은 난징 대학살을 사실이 아니라고 우기고, 일본 교과서는 제2차 세계대전의 사실을 은폐, 축소한다. 중국인들은 왜 일본이 제2차 세계대전에 대해 확실히 사과하고 배상하는 독일과 같이 행동하지 않는지를 묻는다. 일본의 침략적, 배타적 성격은 오늘날의 일본 행태에도 잠재해 있다. 일본은 중국의 과거 역사와 행태에 대해 어떻게 생각하는가? 일본인들의 뇌리에는 중국이 아직도 과거 조공을 요구하던 중화사상(Middle Kingdom)적 사고방식을 버리지 않고 있다는 생각이 박혀 있었다. 조공관계는 강대국적 접근법으로 주변 국가들이 황제라는

---

15 대부분의 선진국들이 오랜 기간 국방백서를 발간해 온 것과 대조적으로 중국은 최근 국방백서를 발간했는데, 그것도 충분한 설명이 부족해 투명성 보장과는 거리가 멀다. Wu Xinbo, p. 305.

칭호를 사용하지 못하도록 강요했고, 이웃나라 내정에 깊이 간섭했다. 타국의 왕과 왕세자 책봉에서부터 유교의 전파까지 모든 것이 자국의 정치적 이익을 위한 것이었다. 일본인들 생각에는 그동안 도쿄는 과거 일본 제국주의에 대해 충분히 사과했고, 오히려 베이징이 이를 현실주의적 목적상 자기들에게 유리하게 이용하는 것으로 비쳐졌다.

그래도 마지막 순간, 일부 상호의심과 불신에도 불구하고 중·일 양국은 1997년 미·일 가이드라인으로 인해 노골적 갈등으로 치달을 필요는 없다고 생각했다. 두 나라 모두는 그것은 과거 가이드라인을 현실에 맞게 약간 개정한 것뿐이라는 생각을 가졌다. 두 나라 모두는 더 중요한 미래 과제 앞에서 현재의 불분명한 작은 일로 인해 모든 관계를 망칠 이유가 없었다. 전 세계 대부분 국가들이 모두 군사동맹을 토대로 자국의 안보를 보호하는 상황에서 유독 두 나라만이 그로 인해 미래의 모든 관계를 뒤집을 필요는 없었다.

■ 대외관계의 안정화

미·일 가이드라인 신포를 전후한 시기, 중국의 외교는 (제2장에서 설명한 바와 같이) 러시아와 새로운 중·러 협력의 장을 마련하는 큰 성과를 거두었다. 1996년 4월 중국과 러시아는 상하이 정상회담에서 전략적 동반자 관계(strategic partnership)를 선언하고, 1997년 장쩌민과 옐친은 미국이 지배하는 유일적 단극체제보다는 유엔에 의해 운영되고 여러 나라가 서로 공존, 협력하는 다극체제가 세계 평화에 더 도움이 된다는 데 합의했다. 중국과 러시아는 1999년 중·러 연합 해군훈련을 실시하고, 양국 협력을 더 가속화해 2001년 6월 상하이협력기구(SCO) 결성, 그리고 2001년 7월 중·러 선린우호조약 체결을 성사시켰다. 그 모든 결정, 행동, 절차는 새로운 감회였는데, 그동안 지나온 몇 십년간의 소련과의 관계를 돌이켜 볼 때 더욱 그랬다.

중국과 소련은 1950년 군사동맹을 체결했고, 모스크바는 6억 인구의 신생 공산국가 중국을 위해 무기 공급과 경제 지원을 아끼지 않았다. 그러나 그런 중소 관계는 소련 공산당 서기장 흐루시초프가 미국과의 '평화 공존론'을 언급하면서 어긋나기 시작했다. 소련의 진보주의자인 흐루시초프는 스탈린 독재를 비방하면서 서기장 개인이 아니라 공산당이 정치의 중심이 되어야 한다고 말하면서, 그동안 반 서방 전쟁을 위한 중화학 공업 위주의 경제정책에서 소비재 중심으로의 정책전환을 선언했다. 미국과의 데탕트를 거론하고 모든 핵무기 폐기를 주장하며 동구 공산권 국가들로부터 군사 철수를 단행하는 소련은 베이징에게는 미덥지 못한 동맹국이었다. 소련에 대한 중국의 반감은 놀라울 정도로 싸늘했다. 소련의 정치, 경제발전 방식을 멀리하고 중국이 추구하는 방식이 제3세계

정치발전의 모델이 되어야 한다면서 베이징은 대약진을 시도했다. 그러나 그것은 3천만 명의 기아와 전례 없는 산업 생산력 저하로 이어졌고, 마오쩌둥의 도덕적 위상, 정치 지도력에 막대한 타격을 가했다. 류샤오치(Liu Shaochi), 덩샤오핑 등이 생산성 제고를 위해 유인요인 제공의 필요성을 주장하면서 자본주의 맹아(sprout of capitalism) 논쟁이 벌어졌고, 이는 두 차례의 백화제방을 거쳐 문화혁명(1966)으로 이어졌다.

곧이어 발생한 우수리 강에서의 중·소 국경분쟁(1969)은 수백 명의 중국군 사살로 이어지고, 모스크바가 중국을 전멸시키겠다고 극단적으로 위협하면서 베이징은 이데올로기적 순수성을 접고 원래의 숙적인 미국과 협력하기로 결정했다. 참으로 아이러니컬 한 역사의 한 순간이었다. 닉슨 대통령과 키신저 국무장관은 두 공산 강대국 분열의 기회를 놓치지 않았고, 이것은 미국 외교의 최대 성과인 미·중 양국 관계개선을 거쳐 1979년 1월의 관계정상화로 이어졌다. 중국은 1972년 일본과도 관계정상화를 이룩했다. 미국, 서유럽, 중국, 일본에 의해 정치, 군사적으로 봉쇄당하는 소련의 대응은 1970년대 데탕트 시기의 비밀 군사력 증강을 넘어 중국과의 관계개선, 관계정상화의 추구로 나타났다. 1982년 소련 공산당 서기장 브레즈네프는 우즈베키스탄의 타시켄트에서 중·소 관계개선을 원한다고 공개 제의했고, 중국은 소련군의 아프가니스탄 철수, 중·소 국경 병력 감축, 베트남군의 캄보디아 철수라는 3대 장애 제거를 요구했다. 곧 이은 안드로포프와 체르넨코 사망 이후 공산당 서기장에 오른 고르바초프는 신사고 정책에 입각해 중·소 관계개선을 계속 진전시켰고 이는 1989년 중·소 양국이 향후 정상적인 국가관계를 유지한다는 합의로 귀결됐다. 돌이켜 보면 중소 양국이 서로에게 총격을 가하고 수백 명을 살상한 것은 도저히 기억하고 싶지 않으며 상상하기조차 어려운 일이었고, 이제 러시아, 중국 모두는 미국의 절대우위 앞에서 초라한 모습으로 서 있다는 것이 수치스러울 뿐이었다. 보리스 옐친과 장쩌민 두 사람 모두에게는 지난 수십 년의 양국 간 이념, 주도권 분쟁은 미국에게만 도움이 됐다는 것이 명확해졌다. 세계 유일의 초강대국 미국 앞에서 중·러 양국은 또다시 새로운 협력의 장을 열어야 한다는 각성이 새롭게 일었다.

1990년대 후반 중국의 대외관계는 점차 안정되어 갔다. 미국과의 관계는 기본적으로 중국을 '전략적 동반자'라는 이름으로 아직은 대단치 않은 경쟁자로 여기는 세계 유일의 패권국 미국의 베이징에 관한 온건한 개입 정책, 특히 민주주의 확산 정책에 힘입은 바 컸다. 1990년대 말로 다가가면서 클린턴 행정부는 최대 안보목표인 중국을 서구식 자유민주주의로 전환시킨다는 생각으로 베이징에 우호적으로 대했다. 미국은 군비경쟁으로 중국을 괴멸시킬 생각이 없었다. 빌 클린턴은 정치적으로 다원화, 민주화되고 경제적으로 GATT에서 더 진화한 WTO에 중국을 가입시켜 마이클 도일이 주장하는 대로 전쟁이 없는 세계, 미국이 주도하는 평화를 꿈꾸었다. 그런 미국은 중국에게는 다행스러운 나라였다. 비록 1993년 가을 미국 군함이 이란으로 향하는 중국 선박을 공해상에서 불심 검문한 것, 또 1999년 코소보사태에서 미 공군기가 중국 대사관을 폭격한 것과 같은 사건은 양국 관계에 흠집을 내고 베이징으로서는 자존심이 상하는 일이었지만, 그것들은 미·중 양국의 복잡한 관계와 해결하기 어려운 수많은 사건의 맥락에서 몇 개의 작은 에피소드로 간주됐다. 그 당시의 미국은 클린턴 다음 대통령으로 취임하고 중국을 러시아와 함께 가장 큰 위협으로 지목한 조지 W. 부시와는 많이 다른 미국이었다.

　　한편, 중·러 관계는 외교, 군사, 경제 모든 차원에서 순조롭게 진행됐다. 양국 외교관계 강화는 미국의 유일 독주를 막을 것이라는 안도감을 주었고, 러시아로부터의 군사기술과 첨단 장비 도입은 국방 현대화에 도움을 주었다. 중·러 경제협력의 총 액수는 적었지만, 그것은 규모와 범위에서 더 발전될 수 있었다. 러시아로부터의 원유, 천연가스 도입은 발전하는 중국 경제의 큰 버팀목이 될 것이고, 러시아는 중국 소비재의 수출 시장이 될 것이다. 중앙아시아로부터의 이슬람 무장 급진주의의 확산 방지를 위해서 중·러가 함께 참여하는 상해협력기구의 역할은 큰 도움을 줄 것이다. 일본과의 관계는 아직 큰 문제는 없었다. 일본은 외교안보에서 아직 워싱턴의 리더십을 추종하면서 정치적으로 낮은 자세를 유지했고 군사력의 본격적 증강은 추진되지 않았다. 미국과의 무역 분쟁 해결, 국내의 정치적 분열, 경제난관 돌파에 몰두하는 도쿄에게 정치, 군사적 대외 팽창은 아직 가시화되지 않은 명제였다.

2. 군사력과 국방 현대화

　　워싱턴의 정책에 대해 가끔은 저항하고 다른 한편 일정수준 수모에 대해 묵묵부답하는 베이징의 외교 위상은 중국의 군사력과 경제력에 비례해 산정됐다. 경제는 물론이고 중국의 군사력 역시 미국과는 비교할 수 없을 정도로 취약했다. 미국에 비해 30년 뒤떨어진 군사력을 가진 베이징은 미국의 군사력을 두려워하고 경외했다. 미국의 핵전력은 세계 최고였다. 전략무기 감축협정(START I)에도 불구하고 아직 폐기되지 않은 수천기의 지상 및 해상배치 단거리, 장거리 핵미사일, 수백 대의 탑재기를 싣고 수백 척의 순양함, 구축함, 잠수함과 함께 움직이는 10척의 항공모함 선단, 최첨단 스텔스 전투폭격기와 공대공, 공대지 미사일을 장착한 각종 모델의 전투기, 육군과 해병대의 엄청나면서도 효율적인 무기체계, 중국의 10배도 넘는 국방비, 그리고 잘 훈련된 140만의 병력과 세계 도처의 전진배치를 중국이 추월하는 것은 도저히 불가능했다.

100기 이하의 핵미사일로 중국이 미국에 대적할 수는 없었다.[16] 비록 핵전력은 억지를 위해 필요하고 보통은 전쟁에서 사용하지 않는다고 하지만, 결국 냉전시대 미·소 경쟁의 핵심은 수천기의 핵미사일 보유로 이어진 핵 군비 경쟁이 아니었나? 데탕트 당시에도 미·소간에 전략무기 제한협정(SALT: Strategic Arms Limitation Talks)을 통해서 핵전력 증강에 제한을 가했지만, 결국에는 탄두 중량, 미사일 정확도와 사거리를 늘리고 더 성능 좋은 MIRV를 개발하면서 계속 핵전력을 증가시키지 않았던가?

중국 인민해방군의 병력 숫자는 미국보다 훨씬 더 많은 300만 명 이상이지만 육군의 보유 무기는 완전히 낙후된 구소련제였다. 중국은 특히 해, 공군에서 취약했다. 해군은 대양해군용 공격무기인 항공모함은 단 한척도 없었고 아직은 작은 수상함(surface ship)과 디젤 잠수함이 전력의 주축을 이루었다. 중국 해군은 동중국해에서는 국내총생산 1% 이내의 국방비를 지출하는 일본 자위대 해군의 적수가 되지 못했다. 남중국해의 북쪽 해역에서는 대륙 발진 전투기가 작전을 수행할 수 있었지만 남쪽 수역에서는 항공모함 부재로 공군의 작전이 불가능했다. 공군 전투기는 주변국에 비해 2세대 낙후된 것으로 전투기 세대교체는 시급한 과제였다. 특히 1991년의 제1차 걸프전, '사막의 폭풍(Desert Storm)' 작전에서 연합군의 신속한 승리는 중국군을 놀라게 했

사막의 폭풍작전

다. 융단폭격(carpet bombing), 정밀유도 무기, 스텔스 기술, 전자장비 장치, 최소한의 피해로 군사목표를 정확하게 공격하는 능력, 공중 지휘 및 통제 시스템, 공중 급유, 대탄도 미사일방어에서 인공위성의 사용, 전략적 타격, 정보 수집, 집중적 공수와 신속 배치는 베이징으로 하여금 하루 빨리 체계적인 군사 현대화를 추진해야 한다는 사명감을 심어주었다. 미국, 러시아는 물론이고 일본과 비교해도 열등한 재래식 전력으로 중국이 국제무대에서 핵심적 국가이익을 방어하는 것은 불가능할 것이다. 그러한 각성은 베이징 정부에게 큰 심리적 부담이 됐고, 가속화되는 경제 발전을 통해 하루라도 빨리 국방 현대화를 추진해야 한다는 생각은 계속 커져갔다.

■ 낙후된 군사력과 국방 현대화

중국 군사력, 군사구조, 국방현대화의 구체적인 모습은 무엇인가? 중국은 1996년 전

---

16 중국은 1964년 처음으로 핵무기를 개발하고 1967년에 수소폭탄을 위한 핵융합 실험에 성공했다. 1973년 중국의 핵탄두 운반수단은 130개에 불과했는데, 그 중 절반은 미사일이고 나머지는 폭격기였다. 최초의 장거리 미사일은 1970년에 개발됐다.

동풍 31

면 핵실험금지협약(CTBT)에 서명하기 전, 원래 계획되어 있던 핵능력 실험을 앞당겨 실시했다. 자국 보유 핵능력과 핵탄두 용량에 대한 정확한 평가는 경쟁 상대국에 대한 군사력 균형에서 매우 중요했다. 1990년대에 중국은 잘 설정된 탄도 미사일 프로그램에 계속 투자했다. 목표 명중률, 생존성, 미사일 방어를 감안해 중국은 다탄두체계와 잘 어울리는 제2 세대 장거리 핵미사일 개발을 서둘렀다. 그것은 대륙간탄도미사일(ICBM)인 동풍-31(DF-31), 동풍-41(DF-41)과 잠수함발사 탄도미사일(SLBM)인 쥐랑-2(JL-2)였는데, 1995년 중국은 최초로 이동(mobile) ICBM 동풍-31을 시험 발사했다. 동풍-31 미사일은 3단계 고체연료 추진체에 의거해 8천 킬로미터 이상의 사거리를 비행할 능력을 갖추었다. 이것은 이동 미사일인 이유로 발사지점 확인이 어렵고, 정찰기에 잘 포착되지 않으며, 미사일 방어망에 의한 방위도 상대적으로 더 어려웠다.[17] 이것은 그동안 액체연료를 사용하는 중국 제 1세대 ICBM 동풍-5(DF-5)에 큰 힘을 보탤 것으로 기대됐다. 1990년대 말까지 중국은 ICBM을 4배로 증강시켜 현재의 8기를 30기로 증가시킨다는 목표를 세웠다. 이것들은 강력한 사일로(silo)에 배치되고, 고체연료 추진체를 사용해 발사될 것이다. MIRV 기술도 더 발전시킬 것이다.[18] 그럼에도 불구하고 그 당시 중국의 미사일 능력 성장의 초점은 지역 분규, 국지적 제한전에 대비해 중·단거리, 이동성 핵 장착 및 재래식 탄도미사일 동풍-11(DF-11), 동풍-15(DF-15)의 배치에 맞춰져 있었다.[19] 중국은 중, 단거리 탄도미사일을 더 현대화시켰고 SLBM을 추가 생산했다. 미사일 기술은 러시아뿐 아니라 1996년 미국 회사인 휴즈(Hughes)와 로랄(Loral)로부터도 도입됐다. 1999년 인민해방군은 전술적 목적의 중성자탄 개발에 성공했는데, 미국의 콕스-딕스 위원회(Cox-Dicks Committee)는 중국의 산업 스파이가 그 기술을 미국으로부터 절도했다고 비난했다.[20]

· ·

17 David B.H. Denoon and Wendy Frieman, "China's Security Strategy," Asian Survey, Vol. 36, No. 4 (April 1996), p. 425.

18 David Shambaugh, "China's Military: Real or Paper Tiger," The Washington Quarterly, Vol. 19, No. 2 (Spring 1996), p. 28.

19 Avery Goldstein, "Great Expectations: Interpreting China's Arrival," International Security, Vol 22, No. 3 (Winter 1997/98), p. 50.

20 중국은 1980년 신장 롭 노어(Lop Nur) 사막에서 23차례의 핵실험 이후 지상 핵실험 프로그램을 중단했지만 지하 핵실험은 1996년 전면 핵실험 금지에 동의하기 직전까지 실시했다. 중국은 1992년 NPT에 가입하고, 1

해, 공군 전력, 무기체계는 어떠한가? 그것은 한국 전쟁 당시의 구식군대로 묘사됐다. 공군은 후진적이고 해군은 연안 해군에 불과했다.[21] 1990년대 중국 공군은 400대의 J-5, 미그-21(Mig-21)에 기초한 500대의 J-7, 100대의 J-8을 보유하고 있었는데, 중국 공군의 가장 중요한 기본 전투전력은 미그-23(Mig-23)기의 중국형 버전(version)인 J-6였다. 그렇지만 중국이 보유하고 있는 3천대의 J-6는 미국, 일본, 대만, 한국 전투기들에 비해 20년 낙후됐다.[22] 중국이 국내 생산하는 F-8II는 미국이 1960년대 말에 생산하던 것이다. 이스라엘의 취소된 라비(Lavi) 프로젝트에 기초해 중국은 J-10으로 명명된 차세대 전투기를 생산하는 중이었는데, 미국의 F-16 A/B 모델을 따른 이 전투기에 장착된 항공 전자장치(avionics)는 첨단 버전이 아니었다.[23] 중국 공군의 대표적 전폭기 H-6 역시 마찬가지로 낙후됐다. H-6는 소련에 로열티를 지불하는 조건으로 소련제 Tu-16을 개조해 만든 것으로 1990년대에 적어도 150대 이상이 생산됐는데, 그것은 미국 장거리 중폭격기에 비해 항속거리와 폭탄 탑재 능력에서 훨씬 뒤처졌다.[24] 취약한 전력을 보강하기 위해 중국 공군은 러시아와의 군사협력에 의존했다. 미국이 제공하는 현대 항공 전자 공학으로 J-8 능력을 상향조정하려는 계획은 천안문사태 이후의 제재에 의해 완전히 타격을 입었다. 1993-1997년 기간 중국 공군은 러시아로부터 수호이-27(SU-27) 전투 폭격기를 74대를 구매했고, 1996년에는 추가적으로 SU-27기를 공동생산하기로 합의했다. 중국 공군은 그렇게 러시아로부터의 구매 또는 합작 생산을 통해 총 500대 수준의 고성능 전투기 확보를 목표로 했다. SU-27과 J-10의 배치는 중국 공군의 힘을 일부 상승시킬 것이다. 또 2001년까지 추가로 도입한 10여대의 일류신(Ilyushin) 수송기, 40대의 SU-30MKK 다목적 4세대 전폭기, 이스라엘로부터 도입될 공중 급유기와 AWACS, 또 러시아로부터 곧 도입될 A-50 베리예프(Beriev) 조기 경보기는 공군 전력을 상당 수

996년 지하 핵실험 금지에 동의했다. Timeline Chronology of Key Events, http://ww.china-profile.com

21 걸프전 이후 다량의 군사서적이 발간됐다. 그것은 공중 수송, 해상수송능력, 힘의 투사, 기동성, 장거리 투사, 신속 배치 등에 관해 논의했다.

22 Shambaugh, p. 26; 나토는 J-6를 Farmer라는 이름으로 불렀다. https://www.militaryfactory.com

23 라비는 1980년대 이스라엘이 개발한 제4세대 단발엔진 다목적 전투기로서 공기역학적이고, 첨단 전자장치를 구비하고 많은 폭탄을 탑재하는 장점을 가진 기종이었다. 그것은 시험 비행에서 아주 우수한 평가를 받았으나 높은 생산가격과 수출시장에서 미국 전투기와의 경쟁 등 여러 논란으로 인해 1987년 8월 생산이 최종 취소됐다. 그 전투기 개발에는 미국이 지원한 20억 달러와 미국산 첨단 기술이 사용돼 미국은 그 생산에 반대했다. https://fas.org

24 Denoon and Frieman, p. 425; 중국은 2018년 현재 H-6를 개량한 H-6K 약 120대를 운용중이다. David Axe, "The H-6K is China's B-52," https://medium.com

A-50 베리예프

프리깃함

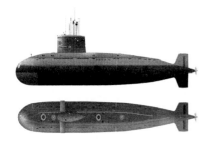

송급 잠수함

준 향상시킬 것이다. 그렇지만 그것은 경쟁하는 주변국에 비해 아직 첨단 전력이 되기에는 부족했다.[25]

　　1990년대 중반, 중국 해군은 공격 전력의 핵심인 항공모함이 결여됐고, 그것은 해군 최대의 약점이었다. 항공모함, 순양함, 구축함, 잠수함으로 이루어진 항모전단이 없이 대양해군, 해외 원정의 위업을 상정하는 것은 불가능했다. 해군의 수상전투함과 잠수함은 연안 순찰 전력이었다. 55척의 수상함정 중 3척의 구축함과 4척의 프리깃함(frigate)만이 현대기준에 부합했다.[26] 해군은 1990년대 말까지 병력과 장비수송을 위한 4천 톤 규모의 유칸급(Yukan class) 수륙양용 함정 2척을 추가 생산하고, 고성능 레이더(Thomson-CSF), 고성능 유도 지대공미사일(Hongqi-61M), 대함미사일(C-803)을 구비한 4천 8백 톤 차세대 루후급(Luhu class) 구축함 2척, 2천 5백 톤 차세대 장웨이급(Jiangwei class) 유도미사일 프리깃함 2척을 추가 진수시켰다. 루후급

구축함은 Type 052 타입과 051B 타입 두 가지가 진수되었고, 프리깃함은 원래는 해안 순찰이 주요 용도이지만 대공 전투와 대잠수함 전투에도 투입될 수 있었다.[27] 중국 해군의 잠수함 전력 역시 아직 취약했다. 해군은 52척의 잠수함을 보유하고 있는데, 핵추진 탄도미사일잠수함(SSBN) 1척, 핵추진 잠수함(SSN) 5척, 비탄도미사일 잠수함(SSG) 1척, 킬로급(Kilo class) 잠수함 1척, 밍급(Ming class), 로미오급(Romeo class) 연안잠수함 44척으로 구성돼 있었다.[28] 탄도미사일을 발사하는 핵추진 잠수함과 대조적으로 비탄도 미사

· ·

25 SU-30MKK는 SU-27기보다 공대지, 공대함 능력이 보강된 신형 전투폭격기로 중국 공군에서는 중요한 위치를 차지한다. 나토는 A-50 베리예프 조기 경보기를 Mainstay라고 명명한다.

26 Shambaugh, p. 27.

27 Luhu Clas Guided-Missile Destroyer, www.military-today.com; Type 053H3 Jiangwei Ⅱ Class frigates- Naval Technology, www.naval-technology.com

28 SSBN, SSN에서 SS는 잠수함(Submarine, Submersible Ship)을 의미하고, B는 탄도미사일(ballistic missile), 그리고 N은 그 잠수함이 핵추진(nuclear-powered) 되고 있다는 것을 뜻한다. SSG의 G는 유도미사일(guided missile)을 의미한다.

일잠수함의 주요무기는 순항미사일(SLCM: Submarine Launched Cruise Missile)이다. 비탄도 잠수함은 핵탄두를 장착한 미사일, 또 어뢰를 발사할 수 있지만, 주력 무기는 순항미사일이다. 킬로급 잠수함은 러시아 디젤 공격 잠수함의 나토 이름이고, 잠수할 경우 최대 배수량은 거의 4천 톤에 다가간다. 이것은 연안에서 어뢰를 사용해 주로 대함, 대잠수함 작전에 사용되는 공격 잠수함(attack submarine)으로 18기의 53 타입(Type-53) 어뢰를 장착했다. 그 잠수함은 7~8 노트의 속력으로 6천 노티컬 마일(nautical mile)의 범위에서 60일 간 해저에 머무를 수 있다. 중국은 러시아로부터 2001년까지 4척의 킬로급 디젤 잠수함을 구입했고, 다수의 러시아 전문가들이 중국의 구식 핵잠수함을 개량하기 위해 중국에서 활동했다.[29] 035 타입(Type 035) 밍급 잠수함은 디젤 추진되고 잠수할 경우 최대 배수량이 2천 1백 톤으로, 1962~1984에 주로 생산된 033 타입(Type 033) 로미오급 잠수함을 개량한 것이다. 035 타입이라는 이름은 중국의 중앙군사위원회가 1967년 밍급 잠수함을 건조하라고 명령한 035 프로젝트에서 유래했다. 17척이 활동 중인 밍급 잠수함 대부분은 북해함대에 속해 있고, 1995년 건조된 13번 째 밍급 잠수함은 동해함대에 배치됐다. 1994년 이후 밍급 및 로미오급 잠수함을 대체하기 위해 국내 생산되고 향후 중국 해군의 기준 잠수함으로 활약할 송급(Song class) 039 타입(Type 039) 디젤 공격 잠수함(Wuhan-C)이 작전에 투여됐다. 송급 잠수함은 잠수시 최대 배수량 2,250톤으로 밍급 잠수함에 비해 더 현대적 수중 어뢰 및 순항미사일 발사 장치를 갖추었고 엔진에 장착된 충격 흡수기로 인해 더 조용하게 작전이 가능했다.[30]

중국의 군사전략은 어떤 형태를 띠었나? 인민해방군은 첨단기술하에서의 제한전(limited war under high-technology conditions)과 적극방어(active defense)를 군사전략으로 채택했다. 1985년 중앙군사위원회는 특히 제한적이고 지역적인 전쟁에 대비할 필요를 강조했다. 그것은 적대적인 소련과의 잠재적 핵전쟁 가능성이 감소하면서 지구적 차원의 전쟁보다 대만, 남중국해 갈등, 그리고 일본과의 센카쿠 열도를 둘러싼 해상갈등을 주로 겨냥한 전략이었다. 그러나 그 제한전 군사전략은 현재 중국군의 군사능력으로는 제대로 수행하기가 쉽지 않다는 문제점을 갖고 있었다. 그것은 여러 가지 이유에 의거했다. 인민해방군은 제한전을 수행하는 데 필요한 힘의 투사(power projection)와 신속배치를 지원할 공중수송(airlift) 및 해상수송(sealift) 능력을 결여했다. 또 국지전인 제한전에서는 공군력과 단거리 미사일을 많이 사용하는데, 인민해방군은 합동 군사작전을 위해 요구되는 통합 전

29 SSK Kilo Clas-Naval..., www.naval-technology.com
30 Type 39/ Song Class Attack Submarine-Naval Technology, www.naval-technology.com〉projects.

장인식에 필요한 C3I(Command, Control, Communication, and Intelligence)가 취약했다.[31]

중국 국방비의 현실은 무엇인가? 중국 국방예산은 가장 논란이 많은 부분이다. 다른 선진국들이 일찍부터 국방백서를 발간한 것에 비해 중국은 최근에야 그 발간을 허용했다. 베이징 당국이 1995~1996 기간 발표한 국방비 총액은 70억 달러였다. 이것은 국가예산의 9.9%, GDP의 1.5%를 차지하는 수치다. 영국 국제 전략문제연구소(IISS: International Institute for Strategic Studies)와 스톡홀름 국제평화연구소(SIPRI: The Stockholm International Peace Research Institute)는 1995년 중국 국방비는 280~360억 달러에 근접할 것으로 평가했다. 반면 어떤 전문가는 1986~1994 기간 국방예산은 160% 증가했지만 인플레이션을 감안하면 실질 예산은 4%만 증가하고, 1994~1995년을 제외하면 공식 국방비 지출은 인플레이션을 밑돌았다고 주장했다. 이렇게 중국 국방비 규모를 기관이나 개인마다 다르게 산정하는 이유는 중국 국방비의 공식적 투명성이 부재하기 때문이다.[32]

국방비 수치가 정확하지 않은 가장 큰 이유는 베이징 당국이 그것을 의도적으로 축소시켜 발표하기 때문이다. 중국의 군사 활동 관련 공식수치는 보통 다른 나라들이 국방예산에 포함시켜 발표하는 내용은 포함하지 않고, 또 다른 나라들이 포함시키지 않는 것은 포함시키는 경우가 많다. 중국에서는 대부분 다른 나라와는 달리 우주 프로그램, 해외 무기구입 비용, 군사물자 생산을 위한 정부 지원, 전략무기 및 핵전력 개발 비용, 군인연금, 비밀 프로그램 수행을 위한 연구개발비, 또 준군사조직인 인민무장경찰 비용은 공식 국방비에서 제외된다.[33] 해외 무기획득과 연구개발 비용은 국방예산에는 포함되지 않고 국가위원회 예산으로부터 직접 할당된다. 반면 중국은 군대 인프라 건설이나 재난구조에 사용되는 비용은 국방 지출에 포함시키는데, 이것들은 오히려 대부분 국가에서는 국가나 지방의 비군사 재정에서 충당되거나 추후 계산을 통해 재 정산되는 성격의 것들이다.[34] 동시에 그런 요인에도 불구하고, 어느 부분을 위한 지출이 중국 전체 국방 예산의 몇 퍼센트를 차지하는지도 불확실하다. 중국에서 실제 국방예산은 주로 보통 일부 무기획득, 군수물자, 월급 증액, 생활수준 향상을 포함해 매일 매일의 운영 유지비에 지출된다. 그래서 대부분 기관이나 전문가들은 중국 국방비는 당국이 발표한 것의 3~5배 정

---

31 중국 초기의 군사전략인 현대 조건 하에서의 인민전쟁은 모택동의 인민전쟁 전략으로 적을 내륙 깊숙이 유도해서 전쟁을 한다는 개념이다. Goldstein, "Great Expectations," p. 44.

32 영국의 국제 전략문제연구소(IISS: International Institute for Strategic Studies)는 중국 국방비는 1991년 110억 달러에서 1993년 270억 달러로 증가했다고 보고했다.

33 Denoon and Frieman, p. 424.

34 What does China really spend on its military? ChinaPower Project, https://chinapower.csis.org

도로 추정하지만, 일부는 심한 경우 공식 수치의 10배에 이른다고 주장한다.

국방비 측정이 부정확한 또 다른 이유가 있다면, 그것은 중국의 높은 인플레이션이 실질 국방비 측정을 어렵게 하고, 또 인민해방군이 관여하는 광범위한 상업 활동에서 벌어들인 수입이 얼마나 군대로 유입되는지가 확실치 않기 때문이다. 중국 인민해방군이 보유하는 5만개의 방위산업체가 창출해 내는 무기 판매와 관련된 50억 달러에 달하는 수익이 군대로 흘러들어간다는 의심은 타당하지만 그에 대해 정확한 경로와 실상은 잘 알려지지 않았다. 한 가지 확실한 것은 국방예산은 꾸준히 증가해 왔다는 것이다. 그래도 중국군 예산은 3백만 병력, 120만 예비군, 1백만 무장경찰 유지에는 충분치 못하고 대부분 선진국 국방예산에 비하면 일부분에 불과하다는 주장이 계속 제기되는데, 예컨대 중국 예산이 300억 달러 수준이라고 하더라도 일본의 1995년 국방비가 538억 달러인 것과는 크게 대비되기 때문이었다.[35]

중국이 거대한 군사력을 구축한다는 것은 사실이 아니다. 미국을 포함해 경쟁 상대국들은 중국의 군사력에 관한 불확실성이 존재한다고 주장하지만, 인민해방군의 취약한 군사력에 관한 불확실성은 실제로는 거의 없다. 1990년대 중국의 군사 현대화는 주변 많은 국가들에 대해 별로 우위를 갖지 못하는 수준이다. 중국 공군과 해군이 군사현대화 능력을 구비하면, 그것은 동남아 개별 국가에 비해서는 유리할 것이다. 그러나 아세안

인민 무장경찰

국가들이 비록 중국보다 전체적 규모에서 적은 군사력을 보유하고 있지만, 그래도 그들은 현대적 해·공군 무기를 보유하고 있으며 거의 대부분 중국 군사력에 대비해 자기들 능력을 증강시켜 왔다. 이 과정에서 미국은 첨단 전투기인 F－16, F－18을 제공해 왔다. 만약에 아세안 국가들이 공동으로 중국에 대항한다면 중국은 해군작전에 필요한 제공권 장악에서 오히려 불리할 것이다. 또 군사적 대가뿐 아니라 외교적으로도 엄청난 대가를 치러야 할 것이다. 대만의 경우도 비슷하다 중국이 1990년대 동안 선택적으로 군사 현대화를 추진하는 동안, 대만은 군사력을 획기적으로 증강시켰다. 중국이 SU－27기를 배치하는 동안, 대만은 150대의 F－16, 60대의 미라지(Mirage) 2000, E2C AWACS에서 지원받는 F－16에 기초한 130대의 국내 생산된 전투기를 배치했다. 중국 해군이 고성능 구

35 Denoon and Frieman, p. 424; Shambaugh, pp. 21-22.

축함, 프리깃함, 잠수함을 배치하는 동안, 대만은 20척의 프리깃함을 미국과 프랑스에서 수입하거나 자체 생산해 수상함 전대 능력을 강화했고 해상 및 지상 대잠수함 전투능력을 제고시켰다. 중국의 중단거리 미사일에 대비해 대만은 고도의 탄도 미사일 방어 체계를 구축했다. 미국이 개입하지 않더라도 중국은 쉽사리 대만을 압도할 수 없을 것이다. 특히 중국이 미국과 일본을 염두에 둔다면 군사 행동이 무모하다는 것은 자명해진다.[36]

　　중국의 국방예산은 정확히 산정하기 어려운데, IISS와 SIPRI는 인민해방군 국방비가 공식 보고된 것의 4~5배에 이른다고 주장한다. 그 추정에 따르면 중국의 1996년 실제 국방비는 평균 400억 달러 정도로 추산된다. 헤리티지 재단은 1996년 중국 국방비 상한선을 400억 달러로 추정했다. 중국 국방비를 산정할 때 중국의 긴 해안선, 14개 국가와 인접하는 국경선은 많은 안보문제를 제기하고, 중국은 자국 보호를 위한 강력한 군사동맹이 없으며, 인민 해방군은 또 국내통제 책임도 보유한다는 사실을 감안할 필요가 있다. 전체적으로 평가하면, 중국의 군사력과 국방 현대화에 대해서는 그 실제 능력 증가보다는 오히려 현재와 미래 중국 군사의 의도 또는 미래 능력의 범위에 대한 추측이 있을 뿐이다.[37] 마지막으로 한 가지 더 추가하면 군사력 사정에 있어서 중요한 것은 상대적 평가다. 비록 중국의 군사현대화가 21세기 중국군을 지금보다 더 강력하게 만들더라도, 그동안 미국의 군사력 증강은 멈추지 않을 것이다. 정보화시대의 군사력은 압도적 전장인식을 얻기 위해 정보를 수집, 처리하고, 그에 따라 행동하고 전파하는 능력에 의존할 것이다. 이것의 확보는 우주배치 감시능력, 초고속 컴퓨터, 그리고 복잡한 정보체계 통합능력에 달려 있다. 국방예산에 대한 투자는 미국이 정보 기술에서 선두를 잃지 않을 것을 의미한다. 미국의 군무혁신(RMA: Revolution in Military Affairs)은 미국의 군사 절대우위를 유지시킬 것이다. 중국은 진정한 의미 있는 수준에서 미국과의 군무혁신 격차를 메우지 못할 것이다. 가까운 미래에 중국이 동아시아에서 미국의 지배적 위상을 대체하기는 어려울 것이다.[38]

■ 주변국 입장과 베이징의 대응

　　중국의 국방현대화에도 불구하고 그 당시 중국 인민해방군을 직접적인 위협으로 보는 전문가는 많지 않았다. 그때 중국의 군사력이 가시적 미래에 위협이 될 것이라고 진단

36 Goldstein, pp. 52-53.
37 David M. Lampton, "China," Foreign Policy, No. 110 (Spring 1998), pp. 15-16.
38 Joseph S. Nye, "China's Re-emergence and the Future of the Asia-Pacific," Survival, Vol. 39, No. 4 (Winter 1997-98), p. 70.

한 전문가는 소수였고, 대부분은 오랜 기간 그것을 걱정할 필요가 없을 것이라고 예측했다. 그럼에도 불구하고 중국의 정치적 진화방향에 대한 확신이 없는 아시아 주변국들은 중국군의 행동과 군사현대화에 대한 의심을 거두지 않았다. 일본, 한국과 더불어 특히 동남아시아 국가들은 중국의 군사동향에 많은 회의감을 갖고 있었는데, 이것은 남중국해에서 중국의 과거 행동 때문이었다. 남중국해에서 중국의 행동은 매우 공세적이었다. 남중국해에는 수백 개의 섬과 암초(reef)가 존재하는데 중국과 동남아 이웃들이 이곳에서 다투는 이유는 이곳의 해양교통로 통제, 섬 및 암초 영유권, 원유, 천연가스 개발권한 때문이다. 역사적으로 중국과 동남아 국가들은 모두 이 지역에서 오랜 기간 어업, 무역을 행해 왔다. 프랑스는 19세기 파라셀 군도를, 또 1930년대 말까지 스프래틀리 군도 대부분을 통치했고, 그 이후 이 지역은 1939년부터 1951년 미·일 샌프란시스코 평화조약 체결 시까지 일본점령하에 있었다. 중국은 1974년, 1988년 여러 섬에 거주하는 베트남인들을 축출하기 위해 군사력 동원을 시도했고, 1995년 초에는 필리핀 인근의 미스취프 암초를 점령했다. 1995년 7월 중국의 첸치천 외교장관은 브루나이에서 개최된 아세안(ASEAN) 장관회의에서 스프래틀리 지역에서 항해의 자유를 보장하고 해상교통로 문제는 1982년 제정된 국제해양법에 의거해 처리할 것이라고 말했지만, 그 이후에도 베이징의 공격적 행동은 그치지 않았다.[39]

미국을 비롯해 주변국에서는 중국의 군사 현대화에 계속 주목했다. 미국의 워싱턴포스트, 월스트리트 저널, 뉴욕타임스 등 모든 주요 언론은 중국의 군사 현대화가 역사상 가장 체계적이고 광범위하게 진행된다고 지적했다. 아직은 취약하지만 공세적, 민족주의적 인민해방군이 전력발전을 계속할 경우 그것이 경쟁하는 주변국에 큰 심리적 부담이 되는 것은 당연했다. 이런 국제적 시선을 의식한 듯, 베이징은 지속적으로 중국의 군사현대화는 최소한의 비용, 최소한의 규모로 과거에 너무 낙후됐던 것을 정상 수준으로 끌어올리는 정도라고 강조했다. 장쩌민은 1995년 11월 한국 국회에서 중국은 절대로 군비경쟁, 패권경쟁에 참여하지 않고, 또 강대국으로 대외팽창을 하는 일은 없을 것이라고 말했다.[40] 중국의 변명은 계속됐다. 중국의 개인당 국방비는 세계 최저이고, 절대치에서 미국, 일본, 주요 유럽국들에 비해 훨씬 적으며, 또 아주 많은 구식무기를 보유한 중국은 군대를 현대화할 주권을 보유하고 있다는 것이다. 중국 전략가들은 첫째로 중국의 핵전력은 소규모이고 공격보다는 최소한의 억지를 보장하는 수준이라는 것을 강조했다. 무기

39 Denoon and Frieman, pp. 425-426.
40 Shambaugh, p. 19.

체계와 관련해서는 1991년 걸프전에 나타난 미국 첨단 무기체계의 위용, 군사력을 거론하면서, 중국의 무기현대화는 선진국에 비추어 갈 길이 아주 먼 방어적 목적을 띤다고 말했다. 중국은 또 자기들의 적극방어개념은 중국이 공격받았을 경우에만 적극적으로 작동하고, 평시에는 공세적이 아니라고 주장했다.[41]

중국이 군사 현대화와 관련된 외국의 의심에 대해 방어적 입장을 취한 이유는 자명하다. 그것은 중국은 아직 미국, 서방, 일본과 비교해 군사, 경제 모두에서 취약했고, 덩샤오핑이 강조하고 장쩌민과 중국 지도부 모두가 따랐듯이 국내 모든 차원 발전을 위해서 평화로운 안보환경이 필요했기 때문이다. 그 당시 중국은 국제적 주도권을 가진 미국과 같이 그렇게 말하고 그렇게 행동할 수 있는 처지가 아니었다. 미국이 중국의 인권을 비난할 때 중국 외교부 대변인은 미국의 무주택자가 얼마나 힘든 삶을 유지하는가를 예로 들면서 간헐적으로 반격했지만, 세계 유일 초강대국과 그 동맹국에 대한 태도에서 베이징의 행동은 상대적으로 위축될 수밖에 없었다. 만약 중국이 남중국해에서 자기들의 구상대로 운영하고 싶어서 군사력을 강화한다고 말하거나, 한반도를 자기들 영향권에 귀속시키기 위해서, 또는 베이징은 공공연히 공개하기는 하지만 대만에 대한 강제통일을 위해 군사력을 강화하는 것이라고 말한다면, 그것은 분명히 전 세계적으로 부정적 반응을 불러일으킬 것이다. 이제 막 성장의 엔진이 작동해 많은 국민의 일자리가 창출되고, 미국, 서방이 주도하는 세계경제의 테두리 내에서 자국 상품을 수출하고 무역과 투자를 운영하고 기술을 수입해야 하며, 또 그를 토대로 국민의 복지, 공산당의 정통성 유지, 군사현대화, 외교적 영향력 확대를 달성해야 하는 중국은 머지않아 다가올 자기들의 시대를 위해 덩샤오핑이 말한 바와 같이 어둠 속에서 때를 기다리면 힘을 길러야 한다는 도광양회의 개념에 충실해야 했다.

3. 국내 상황

(1) 사회주의 시장 경제의 도입

중국의 경제력은 아직은 보잘 것 없고 다른 강대국에 비해 훨씬 취약했다. 경제는 14억 인구라는 엄청난 숫자, 방대한 영토, 풍부한 천연자원에도 불구하고 국내총생산 1조 달러 수준으로 미국의 1/5 정도였고, 일본에 비해서도 1/3 이하였다.[42] 개인 소득수준

---

41 Denoon and Frieman, pp. 426-427.

은 1천 달러 이하로 아직 중국은 절대적으로 빈곤한 나라였다. 1970년대 말 덩샤오핑이 국가 지도자로 등장한 이후 서방에 대한 개방과 정치, 경제개혁을 통해 일정수준 물질생활에 있어서 진전을 이뤘지만, 중국 경제는 이제 막 시장경제의 문턱을 갓 넘은 개발도상국 단계에 있었다. 산업은 군비를 생산하는 일부 중화학, 기계공업을 제외하면 서방이 제공한 자본과 기술에 기초해 주로 노동력에 근거해 소비재를 생산해 내는 단계로, 아직 고부가가치 상품과 첨단 기술 산업으로의 도약은 갈 길이 멀었다.

그래도 덩샤오핑 치하, 장쩌민 시대에 중국 경제는 계속 발전했다. 모든 정책은 1970년대 말 이후 덩샤오핑이 지휘한 개혁, 개방의 연속선상에 있었다. 덩샤오핑은 어떤 인물인가? 덩은 총서기, 국가 주석 등 최고위직을 마다하고 부총리와 당 중앙군사위원회 주석의 위치에서 모든 중국의 정치, 경제발전을 지휘한 사람이다. 덩은 인사 문제를 제외하고는 대부분의 세부적 업무에 거의 개입하지 않았다. 1980년대 경제 개혁 세부사항들은 자오쯔양(Zao Ziyang) 수상에게 위임되고, 문화개방은

후야오방

후야오방 총서기에게 위임됐다. 그가 막후에서 엄청난 영향력을 행사하는 것은 서양인들에게는 이해될 수 없었는데, 왜냐하면 공식직책에 어긋나는 역할의 수행은 서양에서는 객관성의 상실로 해석되기 때문이다. 그는 마오쩌뚱의 숨 막히는 독재와 문화혁명의 폭력성에 지친 중국인들 사이에서 새로운 미래를 위해 나아갈 방향을 설정하는 시대의 상징, 또 능력 있는 달관한 정치, 행정가로 여겨졌다. 그의 행동은 중국의 정치, 문화적 특성에 기초한 것으로 이해됐는데, 왜냐하면 역사적으로 중국의 정치, 행정가들은 도덕적 이데올로기에 맞추어 공정성을 유지하면서 다른 한편 인간관계를 통해 영향력을 행사하는 이중적 방식으로 처신했기 때문이다. 덩의 철학은 실용주의(pragmatism)로 일컬어졌다. 그는 경제발전이 반드시 서구 민주주의적 정치상황에서만 가능하다고는 생각하지 않았다. 남순 강화 당시 그가 언급한 유명한 '흑묘백묘' 이론은 흰 고양이든 검은 고양이든 쥐만 잡으면 된다는 실용주의 사상을 반영했다. 그는 공산당의 우선성을 중시하고 마르크스-레닌이즘이 그대로 유지되는 가운데 경제가 발전되기를 원했다. 그것은 19세기 중국의 제1세대 개혁가들이 서양의 기술을 채택하면서 유교적 가치를 유지하려는 것과 비슷했다. '저작선'에 나타난 덩의 사상은 그가 서방식 시장경제보다는 오히려 정부와 관료가 주도하는 경제 성장을 꿈꾸고 정부통제의 상실을 원치 않는다는 것을 보여주었다. 덩

42 중국 인구는 1982년에 10억 명을 돌파했다.

은 한국으로부터 싱가포르에 이르는 동아시아 경제발전 가속화에 있어서 국가 간섭의 긍정적 역할을 발견한 개발도상국의 지도자로 분류되는 것이 적절할 것이다. 서방에서는 그를 어떻게 평가할까? 그는 한편으로는 중국의 느린 진전에서 근대화로의 전환을 견인한 사람, 또 다른 한편으로는 중국의 시민사회를 건설하는데 필수적인 정치적 자유를 거부한 사람으로 인식될 것이다.[43]

덩샤오핑의 지휘 하에 중국은 1979년 농업, 공업, 과학기술, 국방현대화의 4개 현대화 계획을 발표하면서, 계획 경제의 경직성을 완화시키고 경제 각 분야에 시장 요소를 도입했다. 노동시장 개혁, 농업에서의 인민공사 해체, 직업선택의 자유, 국내 상거래 활성화, 사유재산의 인정, 외국과의 무역 장려와 외국자본에 대한 개방, 환율과 세제 개혁은 중국을 마오쩌둥의 시대와는 완전히 다른 사회로 탈바꿈시켰다.

■ 대외 경제개방

중국 경제는 대외 경제개방과 국내 시장경제 요소의 도입이 서로 상승작용을 하면서 커다란 노약의 시기로 진입했다. 대외 경제개방은 해외무역과 외국으로부터의 해외투자를 의미했고, 국내에서의 경제발전을 위한 개혁은 시장 원리에 따른 사기업 장려, 수요와 공급 원칙 및 가격체계의 인정, 노동개혁, 그리고 법적, 제도적 정비를 포함했다. 중국 경제발전에서 간과할 수 없는 가장 중요한 요소는 대외 경제개방이다. 한마디로, 대외 경제개방이 아니었으면 중국경제는 그렇게 발전할 수 없었을 것이다. 처음 중국은 대외개방에 약간의 우려를 가졌는데, 왜냐하면 그것은 중국의 외국에 대한 종속을 가져올 수 있다는 마르크스-레닌이즘, 좌파의 이론적 추론 때문이었다. 중국은 대외 개방 초기에는 매우 제한적 접근을 시도했다. 동남부 몇몇 특정 개방 지역에 쳐놓은 철조망은 수입 가공무역을 진행하는 과정에서 발생하는 자본주의 사조 유입을 막는 데 도움이 될 것으로 여겨졌다. 그러나 시간이 가면서 그런 조심성은 경제혜택, 활발한 주민이주, 경제경영 노하우의 전수, 기술의 이전 등 수많은 사회, 경제적 이득에 의해 밀려나지 않을 수 없었다.

대외 경제개방은 1979년 6월 대외무역과 해외투자를 활성화시키기 위해 제정된 해외투자 합작법(Law on Joint Ventures Using Chinese and Foreign Investment)과 그 이후 공포된 여러 법률과 규칙으로부터 시작됐다. 그것은 국영 무역회사의 설립, 외환거래 자유화, 외국기업의 투자규제 완화, 본국 송금 허용에 관한 규범을 정의했다.[44] 1980년에는

---

43 Lucian W. Pye, "The Leader in the Shadows: A View of Deng Xiaoping," Current History, Vol. 95, No. 602 (September 1996), pp. 253-254.

44 Jan S. Prybyla, "All that Glitters? The Foreign Investment Boom," Current History, Vol. 94, No. 593

중국 동남부 지역의 선전(Shenzhen), 주하이(Zhuhai), 산터우(ShanTou), 샤먼(Xiamen), 그리고 하이난 섬 전체에 특별 경제구역(SEZ: Special Economic Zone)이 설치됐고, 1984년까지 동남부 해안가 14개 도시가 해외 투자에 개방됐다.[45] 중국 경제는 국내 경제개혁과 대외개방이 상호 견인하는 형태로 발전했지만, 경제발전에 있어서 해외무역과 외국 투자자들의 역할은 결정적으로 중요했다. 중국의 해외무역은 1979년 200억 달러였던 것이 1994년까지 2,370억 달러로 확대됐다. 중국의

하이난 섬 특별경제구역

수출에서는 1980년대 초부터 대미 수출이 가장 큰 부분을 차지했다. 총 수출의 25~30%가 미국을 목표로 생산되고 실제 그렇게 수출됐다. 미국의 대중국 적자는 1991년 27억 달러에서 1992년 183억 달러로 증가하면서 대일적자 다음으로 높은 적자 수준을 기록했다. 미국은 중국의 시장경제화, 세계경제 참여를 독려하기 위해 최혜국 대우를 제공했는데, 그것은 미·중 무역에 있어서 중국에게 커다란 특혜였다. 1990년대 중반 미국이 중국에 투자하는 규모는 2,800개 프로젝트에 63억 달러 수준으로 해외 직접투자 국가 중 두 번째로 컸다.[46]

미국, 일본, 서방 선진 산업국들은 값싼 노동력과 시장 잠재력을 겨냥해 중국에 투자하기 시작했다. 1993년 중국이 확보한 해외직접투자(FDI: Foreign Direct Investment)는 275억 달러였고, 1994년에는 340억 달러, 그리고 1997년에는 435억 달러로 증가했다. 1994년 중국에 대한 외국인 투자는 전 세계 모든 FDI의 17%로 미국에 이어 두 번째 높은 투자였고, 개발도상국으로 가는 모든 FDI의 30%를 차지했다. 대만과 동남아 화교들의 투자는 전체 투자에서 가장 큰 부분을 차지했다. 1985~1994년 간 총 투자액 2,930억 달러 중 75%인 2,220억 달러는 해외 화교가 계약한 것이다. 화교의 투자는 홍콩, 마카오를 포함했는데, 특히 대만의 투자가 최대 규모였다. 해외 화교 투자의 독특한 점은 중국과의 정치, 이념적 차이, 공산 당국의 푸대접, 그리고 대만 회사의 2/5가 이득을 보지 못하면서도 그 투자 양이 많고 지속적으로 이루어지는 것이었다.[47] 1985~1994년 기간 중

45 주하이와 산터우는 광둥 성에, 그리고 샤먼은 푸젠(Fujien) 성에 위치해 있다.

46 1993년 미국 회사들은 중국에 30억 달러 정도 투자했다.

47 해외 화교 투자는 언어의 용이성, 가족 관계, 관료 관계망 작동의 용이성 등 문화적 친밀감이 중요한 요소

미국의 중국 투자는 전체의 6%, 일본은 4%, 독일은 2%를 차지했다. 외국 투자자들은 중국 내에서 사업하는 데 많은 어려움을 겪었다. 중요한 전략사업이나 인프라 관련 사업의 경우, 중앙 정부는 외국인 소유지분에 대한 상한선을 설정하고 해외투자에서 확보하는 최대 이익의 범위를 일정한도에서 규제했다. 당국은 또 외국투자 기업이 달성해야 하는 수출 목표치를 설정하고 지역의 요구 사항을 수용하도록 압력을 가했다. 그 밖에도 외국 기업이 사업을 하는데 있어서 많은 세세한 장애가 존재했다. 그것은 지적 재산권 침해, 직원 및 근로자에 대한 무거운 사회보장 의무, 애매한 법 규정 해석, 비싼 주거비용을 포함했다. 몇몇 불만에도 불구하고 대부분의 외국인 투자자들이 중국에 머무른 것은 언젠가 20억으로 증가할 소비자의 시장 약속에 근거한 것이었다.[48]

■ 노동개혁

대외 경제개방은 국내의 시장경제화와 맞물려 작동했다. 상당수 국영기업이 민간 기업으로 전환되고 사기업이 장려되면서 노동개혁, 고용과 해고라는 새로운 현상이 빚어졌다. 지방, 농촌에서도 인민공사의 해체에 따라 비슷한 현상이 발생했다. 원래 개혁 이전의 중국에서 도시 근로자들은 자기들이 원하는 직업을 가질 자유가 없었다. 그들은 대부분 특별한 신체적 부자유가 없는 한 국영기업에서 일해야 했다. 중앙 정부는 대학 졸업생의 직장을, 그리고 지방 노동국은 고등학교 졸업자의 직업을 결정했으며, 일단 기업에 배치되면 다른 직장으로의 이전은 불가능했다.[49] 도시 근로자들이 기업에 얽매여 있는 것은 농민들이 농토에 묶여 있는 것과 마찬가지였다. 마르크스 이론은 공산주의가 될 때 물질 생산이 넘쳐나 모두가 필요에 의해 생산물을 소비할 수 있고 그로써 근로자의 소외(alienation)는 없어질 것이라고 주장했지만, 중국의 현실은 그와 정반대였다. 오히려 낮은 생산성으로 인해 물품의 품귀 현상은 더 심해졌고, 소외 타파는커녕 근로자들의 노동력이 국가에 귀속되는 어처구니없는 현상이 속출했다. 그것은 근로자가 생산한 상품이 그의 노동력과 분리되는 소외가 아니라, 그의 노동력조차 그의 것이 될 수 없는 앞뒤가 뒤바뀐 사회였다. 특히 중앙 정부가 도시 실업을 막기 위해 이미 과포화된 국영 기업에 더 많은 인력을 공급하면서 생산성은 더 저하됐고, 평생고용의 철밥통이 보장되는 사회에서 사람들은 열심히 일할 인센티브가 없었다. 그들에게 근무 태만, 결석, 불만 토로는 보편

였다.

48 Prybyla, pp. 276-277.

49 Margaret Maurer-Fazio, "Building a Labor Market in China," Current History Vol. 94, No. 593 (September 1995), p. 285.

적 현상이었다.[50]

그러나 시장 원리가 적용되면서 도시에서 기업 매니저의 봉급은 실적에 연계됐다. 정해진 시간 중 적당히 일 하고 능력에 맞게 생산하는 작업 시스템은 사라지고, 이익 및 실적이 모든 평가의 경쟁적 기준으로 등장했다. 기업에서 무능력한 근로자는 해고되고, 노동의 질에 따라 근로 각 계층에 임금의 차등화가 도입됐다. 1986년부터 국영 기업들은 노동 계약제를 도입했다. 성적이 좋은 근로자들은 첫 번째 고용 3~5년 후 재계약됐고, 그렇지 않은 경우는 회사를 떠났다. 노동 교환 센터가 제도화되고, 보너스가 지급됐다. 기업의 임금은 생산성에 연계됐고, 국영 기업들은 잉여 노동력을 제거했다. 여기서 실업이 발생했다.[51] 1979년 6월 실업자 수는 약 2천만 명이었는데, 1982년 중반 그 숫자는 2천 5백만 명으로 증가했다. 결과적으로 기업은 고용과 해고의 권한을 갖게 되고, 개인은 직업 선택의 권한을 갖게 됐으며, 각자의 생산성은 임금 수준의 척도가 됐다. 도시 작업장에 시장 경제적 노동시장이 도입된 것이다.[52]

농촌에서도 마찬가지의 현상이 벌어졌다.[53] 개혁 이전의 농촌에서 농민들은 모두 생산대(Production Team), 생산대대(Production Brigade), 인민공사(People's Commune)로 계층화된 집단농장에 소속됐다. 생산대는 20~30가구가 모여 함께 농사를 짓는 가장 낮은 생산 단위를 말하는데, 이들은 가구등록제에 의해 특정 생산대에 속하고 작업 점수 형태로 소득을 분배받았다. 생산대의 상위 조직으로 생산대대가 있었고, 그 위에는 보통 군(county) 단위에 근거한

인민공사

─────────────────────

50 임금은 이론적으로 동등해야 하지만, 실제에 있어서는 지역, 직업, 산업, 분야, 기업수준, 직장의 특수성에 따라 차등이 존재했다.

51 노동 계약제는 많은 실업을 유발시켰다. 1982년 중반 노동력은 전체 인구의 54%인 5억 5천만 명 정도였다. 전체 노동인구의 약 3/4은 농촌에서 일했다. 1980년대 중반 1억 2천만 명 이상의 사람들이 비농업 분야에서 일했다. 근로자 평균 나이는 약 30세였고, 75%는 45세 이하였다. 근로 계층의 교육수준은 낮았다. 전체 노동인구의 60%는 초등학교 이하의 교육을 받았고, 30%는 문맹, 또는 준 문맹이었다. 1982년 중반 평균 실업률은 약 5% 정도로 추산됐다. 2천 5백만 실업자 중, 1천 2백만 명은 남자였고 1천 3백만 명은 여성이었다. 실업률은 동북지방에서 가장 높았고 남부에서 최저였다.

52 Maurer-Fazio, p. 286.

53 지방의 노동 현실과 관련해, 1991~2001년 기간 농업에 종사하는 인구는 전체의 60%에서 40%로 감소했다. 국영 기업 개혁으로 인한 제조업 종사 노동력의 감소 속도는 농업 분야에 비해 더 느렸다. 그런 개혁과 다른 요인들은 도시와 농촌지역에서 실업과 준 실업을 증가시켰다. 여성은 중국 공산주의 성립 이후 주요 노동 인구로, 15세 이상 모든 여성의 약 40~45%는 고용되었다.

인민공사가 존재했다. 이 집단농장에서 행정적으로 가장 중요한 단위는 인민공사였는데, 그 이유는 그곳에서 트랙터와 같은 주요 농기구를 공동 관리하고 필요한 행정 절차를 처리했기 때문이다. 이런 집단농장은 마오쩌둥을 비롯한 공산주의자들이 창카이섹의 군대에 몰려 도피한 북부 내륙의 옌안(Yenan) 지방에서 관료주의를 배척하는 신민주주의(New Democracy)를 표방하면서 실험했던 농업방식이다. 그들이 쫓겨 가는 과정은 대장정(Long March)이라고 불렸는데, 그 멋있는 표현과 실제 내용이 그렇게 다른 것은 아이러니가 아닐 수 없었다. 그 당시 공산주의 리더들은 생산대를 구성해 모든 농기구를 공동 사용하고 공동 생산한 것을 공동 소비하는 형식을 취했는데, 이것은 미래 공산사회 실현을 위한 예행 연습적 성격을 띠었다. 공동 생산, 공동 소비는 공산주의 이상을 실현시킬 것 같았지만, 현실은 그렇지 못했다. 중소 분쟁에서 소련을 부정하는 과정에서 농민들은 대약진 정책을 강요당했는데, 그것은 알려지기로는 3천만 명을 기아로 숨지게 하는 비극적 사건이었다. 그 후 문화혁명의 가혹한 시기를 지나면서도 그들은 물질적 풍부, 자급자족의 풍요는 맛볼 수 없었다. 농민들은 집단 농장에 귀속된 농노와 다름없었고, 도시 실업 증가를 우려한 징부는 그들의 도시로의 이주를 금지했다.

그러나 1980년대 초 새로운 정책에 의해 인민공사가 해체되면서 농민의 생활은 질적 변화를 경험하기 시작했다. 농민들은 반드시 농업에 종사할 필요가 없어졌고, 시골에 민간 사업체가 들어서면서 일부는 사무원, 점원 비슷한 화이트칼라 형태의 직업을 가졌다. 도시와 마찬가지로 지방에서도 노동의 자유가 주어진 것이다. 1984년에는 토지 소작 노동계약이 허가돼, 일부는 지주로, 일부는 소작농으로 일했다. 지방 정부는 시간 연장이나 강도 높은 강제 노동에 의한 강요된 생산량 증산보다는 자발적 생산량 증대, 가격 인센티브, 잉여 농산물의 개인처분, 사유재산 축적을 강조했다. 농민들은 강제적 집단 농업에서 자유화되어, 상인, 사업가, 자영농, 소작농, 지방 및 대도시 노동자 등 다양한 그룹으로 분화했다. 1993년 말까지 1억 1천만의 농민들이 마을 사업체에서 직업을 찾았고, 1억~1억 5천만의 시골 농민들이 유동 인구로 중국을 떠돌아 다녔다.[54]

■ 환율 평가절하와 세금 감면 제도

시장경제 요소의 도입 이후, 중국경제는 많이 변했다. 집단농장인 인민공사가 해체되고 개인의 잉여 농산물 처리가 자유화되면서 곡물, 축산물, 현금 작물의 생산량이 급속히 증가했다. 인민생활 향상에 기여하는 소비재 산업은 더 강조됐고, 기업에는 자율권이

---

54 유동층은 주로 15~35세였다. Maurer-Fazio, p. 287.

주어져 경영 합리화와 자본 재투자가 가능해졌다. 상업 거래가 더 활발해지고 공업, 과학기술 발전에 박차가 가해졌다. 1990년대에 들어와 중국정부는 계획경제의 폐단을 없애려더 노력했고 상당 수준에서 가격통제를 완화했다. 1980년대의 경제 개혁이 정부가 가진권한과 재원을 분권화하고 폐쇄적 규정을 완화시키는 것이 큰 흐름이었다면, 1990년대초 이후의 새로운 조치들은 시장경제 발전을 더 가속화시키고 경제투명성, 예측성을 전문적이고 세부적으로 더 확대시키는 성격을 띠었다. 1993년 1월 베이징 정부는 시장경제진전을 위한 광범위한 개혁 정책을 공식 채택했고, 그것은 1994년 1월부터 시행됐다. 가장 중요한 두 가지 개혁은 환율의 평가절하와 새로운 조세제도의 채택이었다. 환율은 평가 절하되어 1달러당 8.8위안으로 정착됐다. 달러 대비 위안화가 평가 절하되면서 무역회사들의 수출은 확대됐고, 이것은 국내로 외화 도입량을 증가시키면서 직업의 추가 창출, 소비 진작으로 이어져 경기는 더 활성화됐다. 또 외환관리법 변경으로 각 기업들이달러나 엔화에 대한 접근이 가능해 지면서, 회사들은 과거 암시장에서 비싼 가격으로 외화를 구매하던 비합리적 관행에서 벗어날 수 있었다. 회사들의 실적은 갈수록 좋아졌고일반인들의 생활수준 역시 계속 높아졌다. 경제가 활성화되고 시장경제 규칙이 계속 도입되면서 해외 기업들은 중국 시장에 더 많은 관심을 갖게 되고, 더 많은 해외 투자의 유입은 중국 내 외화 도입을 확대시켰다. 회사들은 이제 새로운 세제 도입에 의해서도 덕을보았는데, 그것은 당국이 수출업자를 위한 부가가치세 환불제도를 단순화시키면서 기업들이 추가 세금 감면을 받게 되었기 때문이다. 그로써 회사들은 수출에 대해 더 큰 인센티브를 갖게 됐다. 정부의 시장화 의지, 몇몇 제도의 구체적 개혁과 더불어 중국 무역은한층 더 활성화됐다. 중국 무역은 오랫동안 수출 가공과 일반 해외무역 두 가지로 구분되어 있었다. 수출 가공은 외국 기업들이 선호했는데, 왜냐하면 그 무역 방식은 수출에 필요한 원자재, 부품, 기술의 국내 반입에 대해 세금을 부과하지 않는 특혜를 부여했기 때문이다. 외국의 자본, 기술, 부품에 접근이 용이한 외국 기업들은 정부의 세제 인센티브를 놓칠 이유가 없었다. 수출가공은 계속 증가했고, 그것은 중국으로의 외화 도입, 기술이전, 경영 노하우 전수에 중요한 역할을 했다. 그러나 세제 개혁에 따라 더 큰 혜택을누린 것은 일반 해외무역이었다. 과거 높은 환율로 수출에 어려움을 겪던 기업들뿐 아니라 내수시장에 치중하던 기업들까지 이제 유리한 무역조건의 혜택을 보기를 원했다. 외국으로부터 정보가 쉽게 유입되고 국내의 해외 투자회사들과의 교류가 많아지면서 국내만 바라보던 기업들은 더 많이 해외시장 공략에 관심을 갖게 됐다. 그것은 무역을 더 활성화시키려는 정부 정책이 옳은 방향으로 가고 있음을 입증했다. 그 결과 일반무역은 약40% 증가했고 외화 유입은 획기적으로 증대됐다. 수출 증가와 외국인 투자 증가가 외국환 공급을 제공한 반면, 외화의 양적 증가는 외환 구매를 위한 수요를 약화시켰다. 정부 외환 보유고는 1994년 516억 달러, 그리고 1995년 말에는 736억 달러로 크게 증가했다.[55]

한편, 수출 기업에게 세제 혜택을 주는 과정에서 중앙정부의 세금 징수액이 축소됐는데, 그에 대해 당국은 어떻게 대처했을까? 1980년대 개혁 이전 GDP의 35% 수준이던 세금 징수는 1993년 GDP의 12.8%, 그리고 1995년에는 GDP의 10.7%까지 축소됐다. 세금 원천이 축소되면서 세금 징수액이 줄어드는 것은 당연했다. 그렇지만 세금 감소에 대한 당국의 우려는 상대적으로 적었는데, 그 이유는 이제 경기가 활성화되고 경제 규모가 커지면서 걷히는 세금의 절대 액은 과거에 비해 덜 우려됐고 동시에 처음부터 당국은 최고 세율을 낮추고 통일되고 공정한 세금제도를 도입해 기업의 경쟁력 강화와 국가경제 부활을 의도했기 때문이다. 세제개혁에서 가장 중요했던 것은 부가가치 세금을 축소하도록 고안된 것인데, 이것은 대부분의 서유럽 선진국들의 세금구조와 비슷한 것이었다. 그래도 나중에 당국은 국방비, 사회안전망 확충, 기업 지원 등 다양한 국가적 과제를 고려해 세수 확보를 위한 다양한 조치를 취했다. 그것은 중앙정부가 일차적 징세 권한을 갖고 세수를 지방정부에 재분배하는 제도의 도입, 수출 기업에 대한 부가세 감세 비율을 17%에서 9%까지 축소시키는 결정, 수입절차의 강화, 외국 투자 상품에 대한 세금감면 취소를 포함했다. 해외무역 관련 분야에 대한 과세 강화는 차후 중국의 수출에 지장을 줄 수 있었다.[56]

■ 획기적 경제성장과 부수적 현상

중국 경제는 그렇게 역동적으로 전환, 발전했다. 중국의 GDP 성장은 세계의 주목을 끌기에 충분했다. 1979년 이후 GDP는 지속적으로 증가해 1989년까지 두 배로 성장했고, 1980년대 GDP 성장률은 10% 근처를 맴돌았다. 1992년과 1993년 GDP는 정부의 인위적인 양적 완화에 의해 각각 특별히 14.1%, 13.1% 성장했고, 이것은 약간의 인플레이션을 유발했다. 1990년대 전반기 5년 연속 물가를 반영한 실질 GDP는 10% 이상 성장했고, 1997년 성장은 거의 9% 증가했다. 지속적 증가 추세는 당분간 계속될 것으로 예측됐다. 경제성장은 수출에 의해 크게 도움 받았다. 1997년 수출은 그 전 해에 비해 20% 이상 증가했고 그해 무역흑자는 400억 달러를 넘었다.[57] 중국 시장에 매력을 느끼는 외

---

55 Barry Naughton, "The Dangers of Economic Complacency," Current History, Vol. 95, No. 602 (September 1996), pp. 261-262.

56 Ibid., p. 263.

57 중국의 1995년 무역 흑자액은 167억 달러, 1996년 무역 흑자액은 123억 달러였다.

국 투자자들에 의해 해외직접투자는 계속 유입됐다.[58] 또 중국은 증대하는 국제 신용도를 근거로 국제시장에서 부채와 자본 기채를 통해 160억 달러의 외화를 추가로 확보했다. 외화의 급속한 증가로 중국은 1997년 말 일본 다음으로 큰 수치인 약 1,400억 달러의 외환을 보유할 수 있었다. 중국 외환보유고와 관련된 또 다른 획기적 사실은 1990년대 말 한국, 태국 등 다른 동아시아 국가들이 외환위기를 겪을 때 중국은 그로부터 안전했다는 것이다. 이것은 중국의 외환보유량이 충분하기도 했지만, 그보다 더 중요한 이유는 외국인들이 중국에 투자한 재원은 주로 실물자산에 대한 직접투자로 채권, 주식에 대한 재정투자와는 달리 쉽게 회수해 갈 수 없었기 때문이다. 오히려 그 당시 중국 위안화는 달러에 대해 평가절상됐고, 베이징은 아시아 국가들의 외환위기 극복을 위해 IMF 구제 금융에 10억 달러를 제공할 수 있었다.[59]

그러나 1990년대의 중국 경제성장 과정에서 몇 가지 현상이 부수적으로 나타났다. 그 중 일부는 당국의 노력에 의해 시정이 가능했고, 어떤 것은 공산주의 국가의 속성상 치유되기 어려웠다. 우선 인플레이션이 유발됐는데, 이것은 정부의 성장 정책에 수반된 통화이완, 그리고 외환의 폭발적 유입이 중요한 요인이었다. 세계경제 속에서 무역과 해외투자가 수반된 경제발전을 추구하고 가격에 의해 움직이는 시장경제 국가에서 인플레이션이 발생하는 것은 당연했다. 이것은 특히 성장이 분배보다 정책에서 우선순위를 받는 개발독재 국가들의 경우에는 매우 보편화된 현상이었다. 중국에서의 물가 상승은 공산품보다는 곡물 가격에서 더 두드러졌는데, 1993년 이후 당국은 인플레이션을 억제하고 국민생활을 안정시키기 위해 많은 노력을 기울였다. 주룽지(Zhu Rongji) 경제부총리는 긴축정책을 선포하고 은행대출 증가, 양적 완화를 제한했다. 또 외화 유입으로 인한 인플레이션 방지를 위해 당국은 위안화로 달러를 사들였다. 결과적으로 인플레이션은 1993년 16%에서 1996년 중반까지 9.8%로 완화됐고, 그 이후 큰 문제가 되지 않았다. 성장하는 경제

주룽지

에서 발생하는 또 다른 문제는 실업이었다. 실업률은 1992년 2.3%에서 1995년 말 2.9%로 증가했다. 1996년 공식 통계는 실업을 520만 명으로 게시했지만, 준 실업, 불완전 고

58 1997년 외국인의 중국에 대한 전체 투자 액수는 640억 달러였고 435억 달러는 직접 투자 액수다. 대조적으로 외환위기를 겪은 나라들은 해외에서 차입한 돈이 직접투자보다 훨씬 많았다.

59 Nicholas R. Lardy, "China and the Asian Contagion," Foreign Affairs, Vol. 77, No. 4 (July/August 1998), p. 78.

용, 보고되지 않은 실업을 포함하면 그 수치는 5.5%에 달했다. 그러나 정부 당국은 성장 경제곡선의 효율적 운영을 위해 많은 노력을 기울였고, 10% 이내에서 공식 실업률을 유지한 것은 개도국 형편상 나쁘지 않은 실적으로 여겨졌다.[60]

■ 구조적 문제점

중국 경제에는 몇 가지 구조적 문제가 존재했다. 대외적으로 문제가 된 것은 무역장벽이다. 중국의 무역장벽은 관세, 수입허가제, 정부 지원을 포함했는데, 시간이 가면서 베이징은 공식 무역장벽을 다소 낮췄지만 수입품 위생검사, 통관절차 지연 등 다른 교묘한 방법의 새로운 장벽이 나타났다. 이것은 클린턴 행정부가 중국의 WTO 가입을 서두르면서 문제가 됐는데, 그때 많은 전문가들은 워싱턴의 성급한 시도에 반대했다. 그들의 생각은 만약 중국이 법적, 경제적 개혁 없이 WTO에 가입하면 다른 회원국들이 피해를 입고 그 기구가 원래 설립 목적대로 작동하지 않을 수 있기 때문이었다. 그렇지만 GATT 우루과이 라운드에서 베이징 당국이 관세, 투자정책을 시정한다고 약속하면서 미국 및 서방의 태도는 다소 관용적으로 바뀌었다.[61]

국내적으로도 중요한 구조적 문제가 존재했다. 첫 번째는 국유기업과 관련된 것이었다. 거대 국유기업들은 에너지, 제조업, 기간산업 등 주요 경제 분야에 집중돼 있는데, 이들의 산업 생산량은 1995년 전체 산업 생산량의 31%에 불과했다. 그럼에도 불구하고 당국은 주요 국유기업 개혁 추진에서 완전한 민영화보다는 절반만 개방하는 형태를 선호했다. 이것은 정부가 사회주의 시장경제의 이념과 권위주의 정치적 속성에 의해 국유기업에 대한 통제 권한 상실을 원치 않았기 때문이다. 기업 민영화는 상당지분의 주식을 보유한 정부가 자기들이 임명한 이사회를 통해 기업에 대한 통제를 행사하는 형식을 띠었다. 정부는 거시적이고 핵심적으로 중요한 사안만 간섭하고, 경제 관리의 세부사항은 기업 자율성에 맡겼다. 국유기업 민영화는 중앙보다 오히려 지방에서 더 많이 이루어졌지만, 여기서도 민영화는 수시로 중앙과 비슷하게 정부 통제하에 민간의 참여를 유도하는 형태를 취했다. 지방정부는 기업통제권을 보유한 상태에서 회사 지분의 20%까지 근로자들에게 주식으로 배분하고 가끔 외부 투자자들에게 일정 한도 내의 주식을 판매했다. 1993~1994 이후 그런 전환이 대규모로 이루어졌지만, 당국은 더 높은 수준의 민영화에는 상대적으로 미온적 태도를 보였다. 이것은 민간 기업이 경제를 주도하는 서방과는 크

60 인플레이션은 1994년 25%, 1995년 17%을 기록했다. Naughton, pp. 262, 264.
61 Greg Mastel, "Beijing at Bay," Foreign Policy, No. 104 (Fall 1996), p. 28.

게 다르고, 90% 이상의 기업이 민영화된 러시아의 기준에도 크게 못 미쳤다. 중앙, 지방 정부가 기업을 통제하고 회사 운영권을 행사하는 것은 지구적으로 통용되는 자유주의 시장경제의 원칙과 현격하게 다르고, 그것은 당국의 기업에 대한 부당 지원, 덤핑, 신중상주의 형태의 경제운영으로 이어져 공정한 국제경제 질서를 해칠 가능성으로 이어질 수 있었다.[62]

두 번째는 금융체계와 관련된 것이다. 중국의 금융, 재정체계는 몇 개의 약점을 갖고 있었다. 우선, 은행이 지배하는 재정체계는 은행들로 하여금 예금자와 투자자 사이 재정거래의 90%를 담당하게 만들었다. 이것은 다른 아시아 국가에 비해 훨씬 높은 비율인데, 작은 자본시장은 은행에 대한 충분한 경쟁을 제공하지 못하고 재정 중간기관의 효율성을 감소시켜 은행 예금 이외의 대안이 없는 예금자들에게 수익률 감소를 보게 만들었다. 그것은 동시에 몇몇 아시아 국가들에서와 마찬가지로 산업 대출에 대해 체계적으로 시장 가치보다 낮은 가격(underpricing)으로의 초기제공을 가능케 했다.[63] 한편, 중국에서 당, 정부 통제 하의 중앙은행은 독립성이 보장되지 않았다. 기업, 산업분야에 대한 대출에서 당, 정부, 중앙은행이 서로 협의하지만, 어느 부분에 대출이 필요한지를 결정하는데 있어서의 많은 경우, 중앙은행보다 당, 정부가 더 큰 힘을 가졌다. 여기서 강력한 정치인들은 중앙은행, 상업은행을 통해 성, 시골지역에서 자기들이 선호하는 산업과 회사에 대해 대출해 주도록 영향력을 행사했다. 그로 인해 한국의 재벌, 인도네시아와 태국의 정부 연결고리를 가진 회사들과 비슷하게 중국 은행들은 국유기업에 대부분의 대출을 몰아주고, 반면 나머지 회사들이나 경제 부문은 자금난에 시달리는 현상이 나타났다. 동시에, 거대 상업은행은 감사 대상이 아니기 때문에 많은 부실대출이 발생했다. 중국의 가장 큰 4개 은행 중 3개는 재정결과 보고의 의무가 없기 때문에 이들의 부실대출로 인한 손실, 또 그로 인한 자본잠식은 거의 드러나지 않았다. 중국 은행들의 사기, 부패, 그리고 다른

---

62 Naughton, p. 265. 정부가 국유기업 경영권을 포기하지 않는 것은 베이징 당국이 진정한 자유주의 시장경제로의 전환 의도가 없기 때문이다. 국유기업은 중앙정부의 국가위원회(State Council)에 소속된 경우가 있고, 어떤 경우는 재무부, 교육부 등 관료부서에 소속되기도 한다. 지방의 성(province)과 시(city)도 지방 국영기업을 소유한다. 신장 위구르 자치지역이 통제하는 국유기업의 경우 신장 투자개발 그룹은 소유권의 100%, 신장 철강 그룹은 15%를 정부가 보유한다. 그래도 정부는 거대 국영기업의 개혁을 시도하는데, 구조 조정과 주식 분산은 그런 시도의 일환이다. 정부 소유권이 국내 민간 기업 뿐 아니라 외국 자본과의 합작을 통해 분산되기도 하는데, 이것은 혼합 소유권의 형태를 띤다. 그 경우 베이징 당국이 복잡한 감독 체계로부터 한발 물러난다면 그것은 진정한 개혁으로 한걸음 더 다가가게 되는 것이다. Vivian Yang, "Opportunities for China's State-Owned Enterprises Abound, but Reform is Key," https://www.weforum.org

63 Lardy, p. 80.

대출 비리에 의한 손실은 인도네시아의 패거리 자본주의, 또는 정치권, 정부의 연결고리가 큰 역할을 하는 한국의 은행 대출 관례와 다르지 않았다. 중국의 대표적 은행들은 재정범죄, 가짜 대차대조표, 거짓 회계장부 작성에 관한 진실을 시인한 바 있다. 몇몇 아시아 국가들과 마찬가지로 중국 금융체계의 사기, 부패, 정치적 영향력에 이르는 공통적 요소는 결국은 중앙은행의 취약한 위상과 상업은행에 대한 느슨한 규제였다.[64]

중국의 금융체계는 많은 문제점을 수반했다. 많은 아시아 국가들과 비슷하게 중국의 국내 대출은 과도한 수준에서 이루어졌는데, 1978~1997 기간 재정기관의 신용대출은 1978년 GDP 대비 53%에서 1997년 100%로 증가했다. 과도한 신용대출로 국유기업의 1995년 부채는 자본의 500%까지 증가했다. 이 과정에서 부실대출은 계속 누적됐는데, 결국 4개 최대 국유은행의 부실대출 비율은 1994년 20%에서 1997년 말 25%로 증가했다.[65] 과도한 신용대출로 인한 또 다른 부작용은 많은 산업이 과다 생산능력을 갖게 만든 것이다. 이것은 중국의 자동차, 맥주, 가전제품, 기계, 화학 산업을 포함하는 900개 주요 산업제품의 활용도가 60% 이하인 것에서 상세히 드러났다. 자동차 산업의 경우, 1990년대 후반까지 중국에서 120개 이상의 자동차 제조업체가 설립됐다. 이것은 수요와 공급 원칙에 의해 움직이는 선진산업국 경제에서는 볼 수 없는 비정상적 현상인데, 왜냐하면 시장경제에서는 그렇게 많은 자동차 회사가 설립되지도 않았을 것이고 살아남지도 못했을 것이기 때문이다. 이 현상은 수입 자동차에 대한 관세를 100% 가까이 부과하고 최대

남순 강화

할당(quota)을 포함해 다양한 방법으로 수입을 제한하는 중국 정부의 자동차 수입 규제정책에 의해 더 부추겨졌다.[66] 과다대출의 또 다른 부작용은 자산 거품이 생성되는 것이었다. 덩샤오핑의 1992년 남순강화는 중국 전역에 부동산 개발을 장려했는데, 그 대부분은 은행대출에 재정지원 받은 것이었다. 그러나 베이징, 상하이, 선전, 하이난 섬을 포함해 많은 개방지역에 건축된 빌라, 타

---

64 한국에서는 한국은행이 재경원에 공식적으로 귀속되어 있는데, 재경원은 낮은 비용으로 주요 산업그룹에 자금을 계속 대주고, 중앙은행이 효율적 감독을 하지 못하게 했다. IMF 구제금융의 핵심 조건은 한국 중앙은행을 독립적 개체로 만드는 입법이었다.

65 부실 대출의 국제적 기준은 이자 또는 원리금을 90~180일 이상 상환하지 않는 것이다.

66 1994년 이후 중국 정부는 자동차 산업을 구조 조정하려 시도했지만 그것은 별 성공을 거두지 못했다. 그 이유는 많은 지방정부들은 심하게 저항했고, 일부는 타 지역에서 생산된 자동차에 대한 판매 및 허가 거부를 통해 자기 지역 생산자를 보호하려 했기 때문이다.

운 하우스, 오피스텔, 사무실 빌딩 공급은 수요를 훨씬 초월했다. 이들 지역의 건물 임대율은 1997년 30%까지 낮아졌는데, 그 과정에서 많은 부도가 속출했다.[67]

■ 법적, 제도적 문제

중국에서는 법의 지배가 취약했다. 중국의 최고 지도자들은 수시로 법치의 중요성을 강조했지만, 중앙의 경제, 무역, 투자관련 지침이 지방에서 준수되는 데에는 한계가 있었다. 지방정부, 지방 관리들은 중앙의 의사에 반해 자기들의 개별적 이익을 추구했고 많은 경우 뇌물에 노출되어 있었다. 서방과의 관계에서 특히 비판받은 것은 지적재산권 관련 사항이었는데, 이에 대해 베이징은 지방정부에 대한 통제력 부족을 내세우며 변명으로 일관했다. 중국의 경제 관련 모든 문제는 본질적으로 그 나라가 아직도 권위주의적 독재국가라는 사실에서 유래했다. 비록 중국이 사회주의 시장경제를 시행하면서 사유재산의 부분적 인정을 포함해 일부 자유주의 국가의 행태를 도입했지만, 베이징 당국은 경제의 모든 측면에서 다른 어느 진정한 자유주의 국가에서도 볼 수 없는 절대적 권한을 보유했다. 중국 정부는 무역 결정의 상당부분을 포함해 경제의 모든 분야를 관장하고 외국과의 사업거래를 대외정책 목표 증진의 수단으로 활용해 왔다. 1990년대 후반 당국은 기둥산업(pillar industry) 명목으로 자동차, 의약 산업을 포함해 주요 전략산업에 관한 발전 계획을 발표하면서 그에 수반하는 구체적 지침을 하달했다. 그것은 수입대체 지침, 지방 발전을 위한 필요, 투자 필수사항, 외환 환율조정을 위시해 WTO 규정에 위배되는 많은 정책적 요소를 포함했다. 외국인들은 중국정부의 영향력이 너무 광범위해 과연 중국이 WTO 규정을 준수할 수 있을지, 중국과의 정상 무역관계가 가능할지를 의문시했다.[68]

■ 사회주의 시장경제의 성공

대내외적으로 어렵고 복잡한 과정에서 중국 경제는 하루가 다르게 성장해 나갔다. 해외투자에 의해 기업과 공장이 설립되고 중국인들이 새 직장에서 일하면서 개인과 가계의 소득이 증가하고 국가는 소득세와 법인세 징수로 부, 외환보유고를 증대시켰다. 이것은 1960~1970년대 한국이 근대화로 부를 축적한 것과 유사했다. 이 과정에서 선진국의 과학 기술, 경영 기법이 중국에 그대로 전수됐다. 외국 투자자들은 일부 소득을 본국으로 송환했지만 상당 부분은 중국 본토에 재투자했고, 자본을 축적한 중국인들은 새 기업을

67 Lardy, pp. 82-83.
68 Mastel, pp. 29-31.

설립하고 또 기존 사업의 능력을 더 확대시켰다. 1980~1990년대를 거치고 2000년대에 들어서면서 이제 중국은 선진국 기업에 기술이전 대가를 제공하던 시기를 벗어나 자국 기업 브랜드로 많은 상품을 수출하게 됐고, 시간이 가면서 경제는 싸구려 소비재에서 토목, 건축, 기계공업, 자동차, 철강, 중화학 공업의 기간산업을 넘어 정보통신기술(IT: Information Technology), 생물학 기술(BT: Biological Technology), 항공우주 산업과 같은 지식기반 경제 산업에도 투자하는 상태로 진전했다. 중국의 부, 무역량은 획기적으로 증가했고, 그 후에도 계속된 성장 추세는 2011년 중국이 일본을 젖히고 국내총생산 8조 달러 규모의 세계 제2위의 경제 대국으로 부상하게 만들었다. 30년 후 중국의 GDP가 미국 GDP의 두 배가 될 것이라는 국제경제 기구들의 전망은 세계 사람들을 더욱 놀라게 하고 있지만, 이미 2014년 IMF, IBRD는 구매력을 감안할 경우 중국의 국내총생산 수치는 미국을 넘어섰다고 평가했다.

(2) 사회적 변화

중국의 경제발전 과정에서 새로운 사회, 경제적 변화가 초래됐다. 지속적 경제 성장은 처음 개방한 해안 지방과 개방이 늦은 내륙지방의 지역 간 빈부격차를 가져왔다. 외국인들의 투자가 집중된 해안지역에서는 일자리가 창출되고 다른 지방에서 사람들이 몰려들며 새로운 서비스 산업이 창출돼 기업과 개인의 부가 축적됐고, 그것은 근대적 도시발전의 원동력이 되었다. 급속한 발전을 원하면서도 산업구조에서 취약한 내륙지방은 개방을 통해 해안 도시들의 경제성장에 다가가는 방법을 모색했다. 우한(Wuhan), 충칭(Chongqing)과 같은 내륙 도시, 또 간수(Gansu), 닝샤(Ningxia) 같은 오지 지역들은 상하이, 광저우(Guangzhou, Canton), 푸저우(Fuzou), 칭다오(Qingdao) 같은 해안 도시들과의 연계를 원했다.[69] 이들은 외국에 대한 개방을 더 선호했지만 일단은 중국 내 해안지역의

. . . .

69 우한은 후베이(Hubei) 성의 수도이며 주요 상업, 산업 도시이다. 1920년대 우한은 창카이섹에 반대해 왕징웨이(Wang Jingwei)가 이끄는 좌파(leftist) 국민당 정부의 수도였다. Wuhan/China/Britannica.com; https://www.britannica.com; 충칭은 양쯔강 상류의 항구, 교통 중심지이고 상업, 산업 센터이다. 충칭은 시추안 성의 일부였으나 1997년 분리되어 중앙 정부 직할시(municipality)가 되었다. 중·일 전쟁(1937~1945) 당시, 그곳은 창카이섹 국민당 정부의 수도였다. Chongqing/China/Britannica.com, https://www.britannica.com; 간쑤 성은 중국 중북부와 북서부 중국에 위치한 성으로, 북쪽으로는 몽골리아, 북동쪽으로 내몽고 자치지역, 동쪽으로는 닝샤(Ningxia)의 후이(Hui)족 자치지역과 산시(Shannxi)성, 남쪽과 남서쪽으로는 시추안(Sichuan)과 칭하이(Qinghai), 서쪽으로는 위구르 신장(Xinjiang) 자치지역에 둘러 쌓여있는 오지이다. 이곳은 중국 중심부와 서쪽의 광대한 지역을 연결하는 전략적 요충지로, 간쑤 성

무역 및 상업 센터에 대한 접근을 통한 발전을 시도했다. 해안에 위치한 주들 역시 내륙과의 긴밀한 유대의 효용성을 인식했다. 이 물적, 인적 교류 관계에서 해안 주에 유리한 약간의 불평등이 존재했지만, 해안, 내륙 모두 고립보다는 개방과 교류가 필요하다고 압도적으로 생각했다.[70]

광저우 야경

경제가 발전함에 따라 새로 생겨나는 일자리를 찾아 지방에서 도시로의 인구이동이 시작됐다. 이들 중 상당수는 자기들이 원하는 직업을 찾았지만 일부는 그렇지 못했다. 어떤 사람은 외국에서 수입된 음식과 과일을 팔고, 어느 지역의 건설 노무자는 식당에서 주방 일을 했으며, 어떤 퇴직 관료는 운전사로 일했다. 또 다른 많은 사람들은 일용직 노동자, 농민공으로 일했다. 농촌에서 도시로 올라 온 사람들 중 상당수는 주거할 곳이 없어 외곽의 값 싼 지역에 도시빈민으로 자리잡았는데, 이것은 제3세계 어느 나라에서나 나타나는 흔한 현상으로 이들은 희망을 갖고 더 많은 돈을 벌어 부를 축적하고 더 나은 직장, 더 나은 주거환경을 위해 경쟁했다.

국가가 일자리를 정해주던 공산주의 형태에서 노동계약에 의해 일자리를 찾는 사회주의 시장경제로 변모하면서 각자의 능력에 따라 사회계급의 분화 현상이 발생했다. 과거에 없던 새로이 생겨난 계급은 사업자 그룹이다. 1990년대 초까지 1억 2천만 명의 지방 노동자들 중 많은 사람들이 국유공장을 떠나 시골 사업 분야로 진출했고, 도시근로자

의 좁은 도로들은 수세기동안 황하강 상류와 중국 터키스탄(Turkistan) 간의 통로 역할을 해왔다. 간쑤 성에서는 대마, 멜론, 약초가 생산되고 남부 지역에서는 말과 염소를 사육한다. Gansu/province, China/Britannica.com, https://www.britannica.com; Gansu, Gansu province, Gansu Information, China Province - China Today, www.chinatoday.com; 닝샤는 소수민족인 후이(Hui) 족의 고향으로 간쑤 성의 동쪽인 중국 중북부에 위치해 있다. 대부분의 지역은 사막이지만, 북쪽의 거대한 황하 평야는 수세기 동안 농업을 위해 개간되었다. 생산되는 농작물은 밀, 쌀, 옥수수이다. 현금 작물로는 깨, 옥수수, 사탕수수가 있다. 닝샤의 5대 특산물에는 구기자 나무(wolfberry), 민감초(liquorice root), 양모가 포함된다. Ningxia, Ningxia Hui Autonomous Region, China Province Information - Ningxia, www.chinatoday.com

70 Stephen M. Young, "Post-Tiananmen Chinese Politics and the Prospects for Democratization," Asian Survey, Vol. 35, No. 7 (July 1995), p. 663. 과거 캔톤(Canton)이라 불린 광저우는 남부 광동 성의 수도이고, 베이징, 상하이에 이어 중국 제3의 대도시이다. 푸저우는 푸젠(Fujian) 성의 수도이며 최대 도시이다. 칭다오는 중국 동쪽 산동 성 남부 해안에 위치한 최대 산업도시, 주요 항구, 해군기지이다 중국에서 네 번째 큰 항구도시이다. 1984년 해외 투자 유치를 위한 개방 도시로 지정된 이후 칭다오 경제는 한층 더 발전했다. Qingdao/China/Britannica.com, https://www.britannica.com

중 상당수 역시 국유기업을 떠나 개인회사에서 돈을 벌기를 원했다. 1992년 말 3천만 명 이상에 이른 그들은 돈, 영리, 자본축적을 추구하면서 새로운 신분으로 등장했다. 그들은 민족, 신분을 불문하고 모든 사회계층, 모든 지역으로부터 충원됐다. 그들 중 일부는 예전에는 당과 관료제 간부였으며, 또 다른 일부는 부녀자, 학생, 농민, 근로자 출신이었다. 어떤 사람은 북쪽에서 어떤 사람은 남쪽에서 왔고, 또 다른 일부는 위구르, 티베트 소수 민족 출신이었다. 사회계급으로 분류되지는 않지만 젊은 세대들은 중국 사회 내에서 독특한 그룹에 속했다. 그들은 이전의 전체주의 시대에 관한 개념보다는 경쟁을 통한 미래 개척에 더 큰 관심을 가졌다. 과거 당, 정부 관료, 국가기업 회사원, 근로자, 농민으로 나뉘던 사회계급은 사회주의 시장경제가 진행되면서 다원주의 사회의 더 다양화된 계급 형태로 분화됐다. 반국가 범죄자가 아닌 이상 누구나 원하는 직업을 가질 수 있었고, 많은 사람들은 능력과 희망에 따라 직업을 선택했다. 다원주의 확산 과정에서 기업가 계급보다 숫자는 작지만 잠재적으로 중요한 그룹이 형성됐는데, 그것은 지식인 계급이었다. 그들은 정부의 권위주의적 통제에서 벗어나려는 성향을 보였고 천안문 이후 국가의 반자유주의적 이념 캠페인에 저항했다. 그들은 1980년대 10년 동안 서방에서 도입된 자유주의 사조에 많은 관심을 가졌다. 자유, 인권, 민주, 법 앞에 평등이라는 개념은 권위주의로 퇴화한 공산주의와 많은 차이를 드러냈다. 그들은 왜 중국에는 개인, 언론, 사회집단에 더 많은 자유가 주어지지 않는가에 관해 불만을 가졌다. 그들은 정부가 과연 국민에게 명령할 권리와 권위를 갖는지에 대해 의구심을 가졌다. 특히 노골적 반체제 인사 그룹은 비록 소수였지만, 그들은 서방과 자유진영의 많은 관심을 끌었다. 왕단(Wang Dan), 웨이징성(Wei Jingsheng), 한둥팡(Han Dongfang), 후샤오티안(Hou Xiaotian), 리훙린(Li Honglin), 다이칭(Dai Qing)과 같은 사람들이 아마 가장 유명한 친 자유주의, 반공산주의, 반체제 인사로 분류될 것이다.[71]

왕단

71 Young, p. 657. 대학 1학년 당시 천안문 사태 주동자 21명 중 하나인 왕단은 1991년 4년 형을 선고받았으나 1993년 가석방 되었다. 1995년 반체제 혐의로 또다시 체포된 그는 1996년 11년 감옥 형에 처해졌으나 병보석으로 만기 전 출소해 미국으로 망명했다. 2008년 하버드 대학에서 역사학 박사 학위를 받은 후 그는 대만 국립정치 대학, 국립 칭화 대학에서 강의했다. 2004년 천안문 사태 15주년 당시 그는 중국 민주주의의 미래는 정치 제도뿐이 아니라 활기찬 시민사회의 성장에 기초한다고 말한 바 있다. 2017년 언론 인터뷰에서 그는 대만을 떠나 다른 나라, 아마 미국으로 갈 것이라고 말했다. Human Rights Watch - Wang Dan - Tiananmen Square, 15 Years On, https://www.hrw.org; Tiananmen activist Wang Dan

이제 중국은 어느 의미에서, 특히 경제적으로는 준 자본주의 사회로 변모했다. 그것은 자유민주주의의 시장경제, 자본주의에 대비해 아마 국가 자본주의라고 불릴 수 있을 것이다. 사회적 위상은 과거 정치적 성분에 의해 결정되던 것에서 이제 돈, 부, 자산의 양에 의해 영향 받았다. 아직 공산당의 위상은 확고했고 국유기업 고위직은 당과 관료제 출신들이 상당부분 차지했지만, 새로운 민간 부유층 계급이 출현하고 개인 간 빈부격차가 새로운 현상으로 대두됐다. 1980년대 중반 이후 점증하는 부자와 빈자의 격차는 1990년대에 더 현저해졌고 역사적인 사회적 불평등의 기억을 되살렸다. 일부는 과거 그대로의 위치에 있는가 하면 다른 일부는 사업가, 전문가, 그리고 매니저를 거쳐 더 높은 지위의 경영자로 신분이 상승했고, 각 개인의 사회적 지위는 달라졌다. 도시에서는 개인 사업가, 매니저, 기술자, 소상공인을 포함하는 새로운 부자들이 외제차를 타고 고급 음식점과 유흥업소에서 자기들의 부를 자랑했다. 공식통계는 없지만 1990년대 중반 중국의 백만장자 수는 1천만 명 정도에 달하는 것으로 알려졌다. 중국의 사회주의 시장경제는 아주 빨리 상층 부르주아 계급을 생산해 냈다. 반면 직업을 찾아 시골에서 도시로 이동하는 1억 이상의 유동인구 중 경쟁력이 없는 많은 사람들은 낮은 임금, 불안정한 주거 환경에서 불만족스러운 삶을 영위했다. 마오쩌둥 시대의 외국 방문객들은 중국의 사회, 경제적 동질성에 놀랐지만, 등소평 시대의 외국 여행자들은 부와 가난의 양극화를 거론했다.[72]

1980년대 중반 이후 상당 수준의 인플레이션이 존재했으며, 환경이 오염되고, 또 경제규모가 커지면서 부패가 증가했다.[73] 그래도 중국인들은 큰 희망을 갖고 농촌에서 도시로 일자리를 찾아 이주하고, 그 유동인구 숫자는 연 1억~1억 5천만 명에 달했다. 중국은 분명 과거에 비해 훨씬 더 잘사는 사회로 변모했고, 덩샤오핑 등장 이후의 생활수준은 훨씬 더 개선됐다. 식량, 소비재 사정은 한결 나아졌고 지방의 빈곤은 획기적으로 감소됐다.

to leave Taiwan/Taiwan news, www.taiwannews.com; 한동팡은 26세의 베이징의 철도 근로자로서 천안문 사태 당시 중국 공산당이 조종하는 전 중국 노조연맹 대안으로 베이징 근로자 자주연맹(BWAF; Beijing Workers' Autonomous Federation)을 설립한 민주투사이다. 베이징 당국은 BWA를 해체하고 한동팡을 1년 10개월 투옥시켰다. 그러나 그는 결핵으로 1991년 4월 석방되어 미국에서 1년 동안 치료받았는데, 귀국 과정에서 홍콩으로 추방됐다. 1994년 그는 홍콩에서 중국 근로자 권리를 옹호하는 비정부기구인 중국 노동게시판(CLB: China Labour Bulletin)을 창설하고 자유아시아 방송(Radio Free Asia)에서 일주일에 3회 중국 근로자를 상대로 인터뷰를 진행하면서 아직도 중국 민주화 운동을 계속하고 있다. Han Dongfang - Human Rights watch, https://www.hrw.org; Han Dongfang/Shanker Institute, www.shankerinstitute.org

72 Maurice Meisner, "The Other China," Current History, Vol. 96, No. 611 (September 1997), p. 266.
73 세계보건기구(WHO: World Health Organization)는 1998년 세계 최악의 환경 도시 10개 중 7개가 중국 도시라고 발표했다.

이 모든 과정이 항상 순탄한 것은 아니었다. 1960~1970년대 세계 대부분의 제3세계 국가들이 겪는 소위 근대화증후군(modernization syndrome)이 수십년 후 근대화를 추진하는 중국에서 뒤늦게 나타났다. 중국이 미국 정치학자 빈더(Binder)가 말하는 분배(distribution)의 위기, 정체성(identity)의 위기, 정통성(legitimacy)의 위기, 참여(participation)의 위기, 침투(penetration)의 위기라는 5가지 위기로부터 자유로운 것은 아니었다. 그렇지만 베이징은 헌팅턴이 말하듯 변화하는 사회의 정치질서를 위한 제도화(institutionalization)의 차원에서 일정수준의 복잡성(complexity), 적응성(adaptability)과 더불어 국가의 자주성(autonomy)과 일관성(coherence)을 특히 강조했고, 그것은 아이러니컬하게도 과장해서 표현하면 정치적 공산주의를 고수하려는 천안문 사태로 나타났다. 관료적 자본주의, 국가 통제하의 경제성장, 생산성 제고와 생산 확대, 그리고 노조결성 금지는 정치적 안정과 경제발전을 동시에 이룩하는 성과를 거뒀다.[74]

1990년대에는 기업의 생산성 증대를 위해 숫자에서 전체 기업의 40~50%에 달하는 국유기업의 구조조정과 민영화의 필요성이 더 강조됐다. 러시아에 비하면 중국의 민영화는 아직 훨씬 부족했지만 그것은 시장경제의 성공을 위해 필수적이었다. 1992년 덩샤오핑은 남순 강화를 통해 검은 고양이건 흰 고양이건 쥐만 잡으면 된다는 실용주의적 '흑묘백묘'를 설파해 자유주의적 민주정치의 당위성을 배제하면서 사회주의적 시장경제 발전 가속화의 필요성을 역설했다. 시장 개혁의 가속화로 인해 1990년대를 거쳐 2004년에 이르면 절대 빈곤층은 2억 6천만 명에서 2,500만 명으로 90% 이상 감소해 중국의 경제발전은 대 성공의 전형으로 기록됐다. 마오쩌둥 시대 중앙 및 지방정부가 개인의 모든 것을 관장하던 시대는 덩샤오핑의 등장과 더불어 이제 여러 면에서 새로운 상황으로 접어들었다. 국가 권력은 아직도 막강했지만 과거에 비해 정부의 통제기능은 이완됐다. 법치는 아직 확고히 정착된 것은 아니었지만, 경제발전, 사회변화의 압력은 중국 내에서 법치의 중요성을 재조명했다. 경제, 시민 생활을 규정하는 일련의 법이 개혁시대에 출현했고 특히 1990년의 행정절차법(Administrative Procedures Law)은 개인이 정부의 권력 남용에 대해 고소하는 것을 허용했다. 1970년대 말 7천명이던 변호사의 숫자는 1990년대 중반 5만

---

74 새뮤얼 헌팅턴은 제3세계의 근대화 과정에서 (자유 민주주의를 정착시키기 위해서는) 정부의 제도화가 가장 중요하다고 역설했는데, 그것은 국가가 국민의 어느 일부에 휘둘리지 않고 국민 전체를 위해서 판단하는 자주성(autonomy), 국민의 요구를 충분히 수용하도록 국가 구조의 전문적 세분화(complexity), 국민의 요구를 잘 파악하고 적절히 대응하는 적응성(adaptability), 그리고 국가 기구가 일사 분란하게 움직이는 일관성(coherence)으로 구성된다. 그 중에서도 헌팅턴은 국가의 자주성을 가장 강조하고, 그 실제 예로 군대와 공산국가의 예를 들어 권위주의적 처방이라는 비판을 받았지만 그 처방 이후 그는 비교정치의 석학으로 우뚝 서게 됐다. Samuel P. Huntington, Political Order in Changing Societies, (1966)를 참조할 것.

명에 달했고, 그 수가 미래에 획기적으로 증가할 것이라는 것은 누구나 예측이 가능했다.[75] 자유주의 사조의 유입으로 대중문화는 표현하기 어려울 만큼 변화했다. 자유주의 영화, 음악, 소설의 영향으로 개인의 권리에 관한 서방사상이 더 많이 전파됐고, 종교의 자유가 확산되며, 의무교육은 1986년 6년에서 1995년까지 9년으로 확대됐고, 도시화가 급속히 진전됐다.

그럼에도 사회, 문화 어느 분야에서도 당, 정부에 대한 노골적 비판은 금지됐다. 권위주의로 퇴회한 공산주의라는 말이 의미하듯, 중국 내의 핵심적인 정치억압과 자유에 대한 상대적 제약은 그대로 존속했다. 중국 내에서 당, 정부의 권한과 권력은 압도적이고, 그에 대한 결정적 도전은 용납되지 않았다. 모든 것은 통제된 상태에서의 권위주의 발전이었다. 중국에는 아직 많은 정치범들이 구속되어 있고, 1995년 당시 베이징 정부는 반혁명 조항에 의해 기소된 죄수가 3천명이라고 시인했다. 웨이징성을 포함해 많은 반체제 인사들은 감옥에서 풀려난 후 또다시 재수감되고 그들의 구속 상태는 계속됐다. 1995년 전국인민대표대회(전인대)에 몇몇 유명한 중국 지식인들이 인권 개선을 위한 진정서를 제출했으나 정부는 아무 답변도 전달하지 않았다. 가톨릭, 기독교도의 숫자는 5백만에 달하지만 정부 정책에 반대하는 성직자들은 계속 체포, 구금됐다. 언론의 자유는 확대됐지만 신문, 방송, 잡지, 출판물의 정부에 대한 직접적이고 노골적인 비판은 허용되지 않았다.[76]

(3) 정치개혁

중국 사회의 총체적 변화는 중국 공산당과 정부가 주도했다. 1990년대 덩샤오핑, 장쩌민 치하의 베이징은 동유럽, 구소련 붕괴의 현실을 목격하고 사회를 엄격하게 통제하는 가운데 권위주의식 개혁, 개방을 추진했다. 그들은 위로부터의 정치발전을 추진하는 가운데 천안문 사태와 같은 자유화, 민주화는 중국을 분열, 분해시킬 것이라고 생각했다. 많은 도시와 지방의 소요, 또 개인의 불만은 그렇게 회유, 진압됐다. 그렇지만 중국에 정치개혁이 전혀 없었던 것은 아니다. 많은 사람들은 보통 중국에는 경제 개방만 있었고 정치개혁은 없었다고 말하지만, 그것은 사실이 아니다. 1970년대 말 마르크스-레닌이즘을 자국 실정에 맞게 변형시킨 중국식 사회주의(Chinese Socialism) 개념이 등장하면서 정치 부문에서의 변화가 뒤따랐다. 당은 국가발전을 위한 큰 원칙을 결정하고, 정부는 제반 사

---

75 Young, p. 661.

76 Ibid., p. 660.

전국 인민대표대회

업의 구체적 행정과 운영을 담당하며, 의회인 전인대는 입법, 예산, 인사 승인의 책임을 갖도록 국가 권력과 책임이 재정비됐다. 불필요한 인력, 예산 낭비를 제거하기 위해 당과 정부 기관의 축소, 조직개편이 추진되고, 당내 정치절차의 개혁이 진행됐다.

덩샤오핑은 당내 정치개혁을 시도했다. 덩은 마오쩌둥 시기의 정치적 불확실성이 제거되기를 희망했다. 마오 시기의 정치는 권력 행사에 대한 원칙이 없고 최고 권력자 한사람의 의지가 모든 것을 좌우했다. 그 속에서 정치에 관련된 권력 엘리트들은 살아남기 위해 폭력, 술수, 모함을 포함해 모든 수단을 동원했다. 덩은 난파한 정치체계를 재건하고 후진적 경제를 개혁하기를 원했다. 비록 천안문 사태에서 국가 전복을 막고 중국식 사회주의를 고수하기 위해 유혈진압을 강행했지만, 덩은 당내 권력 정치를 지배하는 규범을 재정립시켜 정치과정의 투명성을 제고시키고, 당이 더 인민의 견인차 역할을 하기를 원했다. 1980년 2월 '당 내부정치에 관한 원칙(Some Principles on the Party's Internal Politics)'이 발표됐다. 공식적으로 제정된 이 원칙은 공산당원들의 기본권에 관해 규정했고, 이를 계기로 권력투쟁에서 밀려난 파워 엘리트들에 대한 보복은 완화됐다. 1980년대 민주화에 대해 상대적으로 온건한 태도를 옹호했던 자오쯔양과 후야오방(Hu Yaobang) 일가는 권력에서 밀려난 후에도 개인적 안전과 물질적 특권에서 아무 문제가 없었다.[77] 대부분의 권력엘리트들은 지위에서 물러난 이후 마오 시대와 같은 내부적 대량보복의 대상이 되지 않았다. 또 마오 시대에 권력자 한사람에 기대어 무능력하면서도 모함과 술수로 무한정 권좌를 지키는 잘못된 관행을 없애기 위해, 덩은 당과 정부 관리를 일정시기에 의무 퇴역

· · · · · · · · · · · · · · · · · · · ·

77 공산당 총서기(1980~1987) 후야오방은 1989년 4월 15일 사망했는데, 보수주의자들보다 상대적으로 더 자유주의적 성향의 개혁을 옹호한 그의 죽음은 그해 6월 천안문 사태를 촉발시키는 계기가 됐다. 후야오방은 1933년 중국 공산당에 입당한 후 덩샤오핑과 함께 대장정, 중국 내전에 참여했으며, 문화혁명 당시에는 두 번 숙청됐다. 그러나 마오 사망 이후 그는 당 조직부, 선전부 부장에 임명됐고, 1980년 2월에는 중국 공산당 총서기의 직책이 주어졌다. 최고 지도자 덩샤오핑의 지휘하에, 그는 마오 이데올로기의 격하, 개인 독재를 대체하는 집단지도 체제 도입, 무능하고 부패한 마오주의자 척결, 새로운 인재 발굴, 그리고 광범위한 경제 개혁을 추진했다. 그러나 1986년 이후 학생들이 더 빠른 개혁, 더 많은 서방식 자유를 요구했을 때 그는 정치적 통제 상실의 책임을 지고 공개적으로 자안비판 성명을 발표하면서 총서기 직에서 사임했다. Hu Yaobang/Chinese political leader/Britannica.com, https://www.britannica.com; Matt Schiavenza, "China's Forgotten Liberal Hero," https://www.theatlantic.com

하도록 조치했다. 1982년 이후, 부장(장관), 도 당서기, 성장(주지사)의 퇴직 연령은 65세로 규정되고, 그 보좌역인 부부장, 부성장 등은 60세에 강제 퇴직했다. 당, 정부의 모든 고위직 임기는 두 차례로 제한됐다. 이것은 개인 권력의 영속화를 방지하고 다음 세대의 등장을 가속화시켰다. 늙은 혁명동지들은 중년의 전문가들로 대체됐고, 국가위원회 고위직, 당 중앙위원회 위원, 부장, 부부장, 도 당서기, 성장의 평균 연령은 더 낮아졌다. 덩샤오핑의 강제퇴역 연령은 젊고 유능한 인재의 정치충원과 진급을 더 투명하고 예측 가능하게 만들었고, 앞서가기 위한 모험의 유인요인을 감소시켰다. 덩의 개혁은 그의 시대로부터 장쩌민 그룹으로의 안정된 권력이동에 공헌했다. 덩 이후 권력 엘리트는 권력투쟁보다는 핵심정책에 대한 타협에 더 초점을 맞췄다.[78]

중국의 핵심 권력기관인 당의 내부에서 개혁이 진행되는 것과 더불어, 정치, 사회 분야에서 전반적인 제도개혁이 진행됐다. 새로운 사회에 대한 열망이 커지면서, 정치적 권력 분산, 시장경제의 발전, 자유주의 사조의 유입은 서로 상승작용을 일으키며 중국의 정치와 사회를 인지하지 못하는 사이에 점진적으로 변화시켰다. 중국에서 이데올로기로서의 공산주의는 과거에 비해 정통성을 많이 잃었고, 스탈린 또는 마오쩌둥 형태의 공산당 전체주의 통치는 제3세계에서 흔히 볼 수 있는 권위주의 독재로 퇴화했다. 전체주의와 권위주의는 성격이 많이 다르다. 독재적인 요소가 전체주의, 권위주의 모두에 존재하는 반면, 전자는 정치권이 정형화된 이데올로기와 절대적 국가폭력에 근거해 모든 국민이 동일하게 단 하나의 형태로 행동할 것을 요구하고 후자는 정치권의 상대적 강압에도 불구하고 국민들의 권리와 다양성을 일정수준에서 인정한다. 보통 전체주의는 스탈린, 마오쩌둥, 김일성의 좌파 공산주의나 우파 히틀러 또는 제2차 세계대전 이전 일본 군국주의 극우를 말하고, 권위주의는 많은 경우 자유민주주의가 제한적 상태에서 운영되는 정치 체제를 뜻한다. 권위주의의 가까운 과거 첫 번째 예로 스페인 프랑코 총통 당시의 지배를 거론하는 것은 그런 이유다. 쿠바의 카스트로 정권이나 리비아의 카다피 정권과 같이 엄격한 사회주의나 공산주의를 표방하는 국가는 일반적으로 전체주의로 분류된다. 중국은 엄밀한 의미에서 아직도 공산주의 전체주의적 정치 체제에 속했다. 그것은 자유민

---

78 중국의 강제퇴역 조치는 1980년대 소련과 큰 대조를 이루었다. 1981년 소련 당 중앙위원회 재선 비율이 87%인 반면 중국의 1982년 재선 비율은 38%였다. 소련에서 각 당 대회에서 80~89%의 인사가 재 선출된 데 비해 중국 공산당 중앙위원회에서는 위원의 절반만이 당 대회에서 재선됐다. 소련 공산당은 고르바초프가 1988년 6월 퇴직 연령을 70세로 규정하기 전까지는 덩 시대와 같은 비슷한 강제퇴직 제도는 존재하지 않았다. Minxin Pei, "Is China Democratizing?" Foreign Affairs, Vol. 77, No. 1 (January/February 1998), pp. 70, 72.

주주주의는 정치에서 다당제를 인정하는 반면 중국에서는 아직도 공산당 1당 체제를 유지하기 때문이다. 중국이 권위주의로 퇴화했다고 말하는 것은 정치 체제의 전체주의적 성격에도 불구하고 경제적으로 비록 사회주의 시장경제이지만 시장의 원리를 상당 부분 도입했고, 국민에 대한 통제가 마오쩌둥 시기에 비해 현저히 완화됐기 때문이다.

중국의 정치발전은 공산당이 독점하던 절대 권력이 의회와 사법부의 역할 확대에 의해 일정부분 견제되고, 의회는 당의 결정에 반대해 독자적 목소리를 내며, 시민들은 당의 권력남용에 반대해 법원에 고소하는 상태로 진화했다. 비록 전인대의 권한과 권위가 당보다 우선하는 것은 아니지만, 전인대 의원들은 수시로 당이 추진하는 사안에 대해 반대해 당 간부들을 당황하게 만들었다. 당이 추천한 공직 후보에 대한 반대, 싼샤(삼협곡) 댐(Three Gorges Dam) 프로젝트가 처음 제시됐을 때 그에 대해 반대한 것 등 그와 관련된 수많은 예가 있다.[79] 1994년 미국의 한 시사 잡지는 중국 시민이 전인대를 주민 의사를 전달하는 기구로 인식하는 비율이 8년 전에 비해 약 10% 증가했다는 여론 조사 결과를 제시했다.[80] 당의 독자적 결정은 과거와 같이 지방에서 압도적으로 수용되지 않았다. 지방의회 역시 당이 지명한 공직 후보를 수시로 거부했는데, 1988년 통계에 따르면 20개 성에서 15%의 고위직 인사 후보는 당의 추천을 받지 않은 사람들이었다. 아직 공식행정 단위인 군, 성, 그리고 중앙의 공산당 서기, 또 전인대 대의원을 위한 대중

싼샤 댐

----

79 싼샤 댐은 후베이(Hubei) 성 이창(Yichang) 시 서쪽의 양쯔강 부분에 건설된 댐으로 한국어로는 삼협곡 댐이다. 그 댐의 가로 길이는 2,335미터이고 높이는 최대 185미터에 달한다. 싼샤 댐 건설은 1920년대 국민당 정부에 의해 제안되고 마오쩌둥도 그에 대해 관심을 가졌으나 그 계획은 대약진 실패, 문화혁명을 포함하는 국내사정, 그리고 동시에 비용 대 효과, 인근 지역 1,500개 마을로부터 1백만 명 이상의 주민 이주, 수질 오염, 지진 발생 가능성 등 예상되는 부작용으로 인해 오랜 기간 보류되었다. 1980년대에 그 계획이 다시 수면 위로 떠오른 이후 그것은 비로소 1992년 전인대에서 승인되었다. 그 당시 놀랍게도 전인대는 거의 1/3이 기권하거나 반대표를 던졌다. World Bank는 환경 및 기타 우려로 인해 그 프로젝트에 자금 지원을 거부했고, 250억 달러 공사비용은 중국 회사 및 수출 기금, 캐나다, 스위스, 독일, 프랑스, 스웨덴, 브라질 은행들로부터 조달됐다. 그 댐 건설은 1994년 처음 시작되었고 2008년 완공되었을 때 세계 최대의 댐이 되었다. 일부 수력발전 생산은 2003년부터 시작되었고 2012년까지 추가 터빈 발전기가 가동되면서 전력 생산은 22,500 MW까지 증가했다. 그 댐의 목적은 양쯔강 유역 수백만 명을 주기적으로 범람하는 홍수로부터 보호하고, 전력을 생산하는 것이었는데 그 혜택과 문제점에 대해서는 아직 논란이 있다. Three Gorges Dam/Facts, Construction, Benefits & Problems/Britannica.com, https://www.britannica.com; Three Gorges Dam - details about the Huge Water Conservancy project, https://www.yangtzeriver.org

80 그 잡지는 파 이스턴 이코노믹 리뷰(Far Eastern Economic Review)이다.

선거는 존재하지 않지만, 여러 행정 레벨에서의 제한적 경쟁 선거, 또 최하위 레벨에서의 풀뿌리 민주주의 선거는 정치와 권력에 대한 국민들의 인식전환에 기여했다. 법원의 역할 역시 증대했다. 정부에 대한 행정소송을 포함해 각종 소송이 급속히 증가했다. 1986~1996년 기간 민사소송이 최대 4배 증가한 반면, 정부를 상대로 한 행정소송은 124배 증가했다. 1993년 6개 성의 약 5,500명이 응답한 여론조사에 78%는 사유재산은 국가에 의해 침해받지 말아야 한다고 답했고, 77%는 개인의 권리는 조직의 권리보다 더 보장되어야 한다고 답했다. 47%의 응답자는 증거가 불충분한 상태에서의 경찰 구금에 대해 반대했다. 중국 인민들은 이제 광범위한 법에 의한 지배 확산의 경향을 지지했다.[81]

정치와 사회관계 역시 크게 변했다. 정부는 일반시민의 개인적이고 경제적 자유에 대한 대부분의 제한을 폐지했다. 비록 반체제 인사들에 대한 억압은 계속되지만 체제유지와 관계없는 경우의 자유는 대부분 보장됐다. 1953~1975 기간 약 30%의 수감자가 반혁명 분자로 분류됐는데, 그 수치는 1980년 13%, 1989년 0.5%로 떨어졌다. 비록 1995년 아직 수감된 반혁명 분자의 숫자가 3천명에 달했지만 2년 후 1997년에는 반혁명이라는 죄목은 공식적으로 폐지됐다. 물론 서방이 보기에 섬뜩한 현실은 그대로 존재했다. 1994년 통계로 국유기업 사업장 인원의 65%는 공산당 당원이었고, 약 3천개 외국 합작기업 중 23%의 회사에 당세포가 설치돼 있었다. 1995년 시골지역 278만 개 반관반민 기업 중 8.6%에 당세포가 그대로 유지됐다. 서류상으로 중국 공산당은 90만 개의 지방 당세포에 260만 당원을 가졌다. 그렇지만 지방에서의 대체적 경향은 공산당 지방조직의 쇠퇴였다. 1980년대 초 인민공사 해체와 더불어 지방에서 공산당의 힘은 현저하게 약화됐다. 실제에서 공산당 지방조직은 혼란에 빠져있었다.[82]

이 모든 것은 자유세계가 중국에게 바라는 수준의 민주주의에는 훨씬 못 미치고 개혁은 아직 훨씬 제한적임을 입증한다. 그럼에도 그것은 정치발전의 측면에서 중요한 한 걸음이다. 아직도 당은 상대적으로 절대적 권력을 향유하고, 당 최고지도자들은 공산당의 정통성 유지와 일당체제는 절대 양보할 수 없는 절대가치로 인식했다. 상당수 중국 인민들도 비슷하다. 권력의 분산, 공산당의 정통성 약화에도 불구하고, 인권주의 세력 이외의 많은 일반인들은 오랜 기간 다당제는 시기상조라고 생각해 왔고, 중국의 부가 획기적으로 증가하고 상대적 자유가 확대되면서 중국 인민들의 중국 정치체제에 대한 불만은 상대적으로 완화되는 것으로 보였다. 한걸음 더 나아가 중국의 가치, 민족주의를 옹호하는

81 Pei, pp. 75, 77-78.
82 Ibid, pp. 79-80.

상당수 사람들은 반드시 자유민주주의가 자기들 전통, 사상, 문화, 역사에 적합한 것도 아니라고 생각했다. 이들은 1960년대의 한국과 비슷하게 아직은 경제발전이 우선이고 정치 개혁은 나중이라고 믿었고, 권위주의 사회에서 자기들 나름대로의 자부심을 갖고 살았다. 언론의 자유 확대에도 불구하고 이들이 서방, 자유세계와는 달리 정부를 상대적으로 덜 공격하는 것은 정부에 대한 비판을 금지하는 베이징의 정책이 주요 원인이지만, 다른 측면에서는 부분적으로 중국발전의 자부심을 반영한 것이다. 중국의 당과 정부가 아

파룬궁 탄압

직도 압도적 힘을 발휘한다는 것은 상하이에서 민주당 정당 설립 시도를 일망타진한 것(1997), 또 정부에 도전하는 세력으로 성장할 수 있다는 이유만으로 파룬궁을 불법으로 선포하고(1999) 분쇄한 것에서 볼 수 있다. 중국이 빠른 시간 내에 서방과 같은 자유민주주의로 진화하리라고 예측하는 것은 성급한 판단이며, 2018년 현재 그럴 가능성은 갈수록 작아지는 것으로 보인다.

(4) 예상 밖의 성공

1990년대의 중국은 1980년대 말 많은 사람들이 상상, 예측하던 것과는 많이 다르게 진화했다. 동유럽과 소련의 붕괴를 기억하는 사람들은 중국이 소련식으로 해체될 가능성이 높다는 견해를 표명했다. 그들은 개혁, 개방의 과정에서 자유주의, 민주주의 사조가 유입되면서 거스를 수 없는 이 지구적 추세 앞에서 중국 공산주의는 결국 소멸할 것이라고 생각했다. 공산주의 이데올로기의 쇠퇴, 중국 공산당의 정통성 상실, 도시와 농촌 간의 격차, 빈부 격차의 확대, 자유 확대에 따른 사람들의 불만, 시위, 소요, 대규모 인구이동, 도시빈민, 또 신장과 티베트 소수민족의 항거가 중국 사회주의의 해체로 이어질 것이라는 것, 또는 중국의 수십년 간에 걸친 연 10% 경제 성장은 그리 오래가지 못할 것이라는 것이 그런 견해의 근거였다.

중국 붕괴를 예측하는 일각에서는 자세한 여러 세부적 증거를 제시했다. 중국 체제의 첫 번째 약점은 정치적으로 정권이 분열됐다는 것이다. 천안문사태는 상상하기 어려운 일이었고, 그것은 당통제의 약화가 없이는 불가능한 것이다. 당은 경제개방을 어느 정도 통제할 것인가에 대해서 분열돼 있다. 덩샤오핑이 지원하는 장쩌민 총서기, 주룽지 총리는 경제 통제 완화를 선호하는 반면, 많은 보수파 당 간부, 관료들은 시장 확산을 우려

한다. 당은 사회에 대한 정치적 통제에 대해서도 분열돼 있다. 덩샤오핑, 장쩌민은 자유화는 원치 않는 반면, 일부는 당의 사회통제가 이완돼야 한다고 주장한다. 천안문 사태 당시 자오쯔양이 인도한 온건파는 당은 중국 사회의 요구를 수용해야 한다고 주장했고, 양샹쿤(Yang Shangkun) 주석, 리펑 총리가 가세한 강경파는 군사력 사용에 찬성하면서 반혁명 분쇄를 선호했다. 곧 예견되는 덩샤오핑 사후 중국 정책의 향방은 새로운 전기를 맞을 것이다. 두 번째 약점은 당 지도자들과 사회 엘리트 간의 분열이다. 사회가 다원화되면서, 사업가, 학생, 지식인 등 민간 지도자들의 역할이 증대돼 이들이 당에 반대한다. 천안문도 마찬가지의 경우다. 중국 인민해방군은 천안문 당시와 같은 개입을 하지 않을 것이라고 시사하면서, 당의 군에 대한 정치적 사용에 반대하는 방향으로 선회했다. 대중의 불만이 커지면서 혁명적 인민해방군 내에서 상당 부분 농민과 노동자로 구성된 보병의 불만이 증가하는 것은 또 다른 다른 약점이다.[83]

중국 사회는 전체적으로 혼란으로 진입하고 있다. 브라질, 멕시코, 한국, 대만의 경제 발전은 강력한 군대나 당내 결속에 근거한 통일된 권위주의 정권하에서 민간투자 확대에 성공했다. 그러나 중국 정권은 분열돼 있고 민간 투자가 취약하다. 철강, 석탄, 조선, 중기계 같은 굴뚝 산업뿐 아니라 정보통신, 석유화학 등 모든 주요 사업은 전체 기업의 거의 절반을 차지하는 국유기업에 의해 운영되고, 민간 기업은 투자가 취약한 상태에서 덜 중요한 경제 역할을 수행한다. 권위주의적 경제 운영은 머지않아 한계에 도달할 것이다. 국가 재정과 관련해 중앙정부와 지방정부의 세수가 부족하다. 사회주의 세금징수 체계가 취약한 것은 국가 권력의 누수, 공산당 정부에 대한 주민 불만의 상징이다. 통화가치의 하락에 대해 중국정부의 공식 통계는 5%라고 말하지만 외국에서는 8% 정도로 추정한다. 여러가지 증거는 중국이 구소련과 같이 갑자기 붕괴할 수 있음을 예고한다.[84]

---

83 Jack A. Goldstone, "The Coming Chinese Collapse," Foreign Policy, No. 99 (Summer 1995), pp. 42-45; 덩샤오핑은 1997년 2월 사망했다; 양샹쿤의 한국어 발음은 양상곤이다. 그는 대장정 당시 마오쩌둥과 함께 산시(Shaanxi) 성의 옌안(Yenan)으로 퇴각했으나 1966년 문화혁명에서 숙청되어 12년간 복역했다. 덩샤오핑에 의해 복권된 그는 중앙군사위원회 사무총장으로 재직할 당시 인민해방군을 정치적 혁명군에서 현대적 군대로 전환시키려 진력했다. 1988~1992년 기간 당 주석으로 재직한 그는 1989년 덩의 지시에 따라 천안문 사태의 유혈진압을 명령했지만 1992년 공산당의 새로운 권력자 장쩌민에 반대하면서 덩에 의해 모든 공직에서 물러났다. Yang Shangkun/President of China/Britannica.com, https://britannica.com; Yang Shangkun, a Chinese 'immortal', died on September 14th, aged 91, Yang shangkun/The Economist, www.economicst.com

84 Goldstone, pp. 47-52. 중국에서 국유기업 개혁 문제는 오래 전부터 제기되어 왔는데, 가장 중요한 이유는 그것이 비용 대 효과 측면에서 손실을 가져오는 경우가 많았기 때문이다. 그렇지만 2018년 현재 국유기업은 합병을 통해 숫자는 축소되었지만 그 규모와 역할은 오히려 더 커지는 경향이 있고 이것은 특히 시진핑

그러나 중국 붕괴론에 대해 커다란 논리적 반박이 제기됐다. 왜 중국은 왜 붕괴하지 않을 것인가? 야셍 황(Yasheng Huang)은 중국 붕괴 불가론에 대해 다음과 같은 체계적 논

· ·

의 일대일로 사업에서 그 기업들이 아시아와 중동에서 인프라 구축에 활용될 가능성과 연계되어 있는 측면이 존재한다. 중국에서 국유기업에 관한 대규모 개혁은 1990년대 말에 시작되었는데, 이것은 그들이 국영 4대 은행 대출의 2/3를 차지하고 비 현금 계정에서 토지 사용, 수도, 전기세 특혜를 받으면서 산업 산출량의 1/3, 직업 창출에 있어 16% 밖에 기여하지 못하는 비효율의 상징이었고, 그로 인해 은행까지 전체 대출의 25%가 부실로 이어지는 결과를 초래했기 때문이다. 민간 기업은 은행 대출의 1/3 이하만을 받았지만 2016년 국유 기업과 민간 기업의 수익률은 2.9:10.2%의 큰 격차를 보였다. 1997년 구조 조정 당시 국유기업의 고용은 7천만 명에서 3,700만 명으로 거의 반 토막이 났고, 최악 국유기업의 일부 민영화는 수익성을 증진시켰다. 2003년 창설 이후 비 재정(non-financial) 국유 기업을 감독하는 국유자산 감독행정위원회(SASAC: State-owned Assets Supervision and Administration Commission) 통제하의 국유 회사 숫자는 주로 합병에 의해 189개에서 103개로 축소됐다. 국유기업의 자산 대비 수익은 항상 민간 회상 뒤쳐졌지만, 2000년대 초 그 격차는 좁혀졌다. 그동안 국유기업 개혁과 관련해서 몇 가지 방법이 추진되었다. 효율이 적은 국유기업의 합병, 공익 목적의 국유기업과 상업 목적의 국유기업을 구분하고, 국유기업과 민간 기업, 또는 외국 자본과의 합작 투자가 그런 것이었다. 그러나 국유 기업의 민간 투자에 대한 개방은 아주 작았고, 필요한 자본을 조달하거나 심지어 부채를 감추기 위해 추진된 경우도 많았으며, 정부의 통제는 완화되지 않았다. 은행이 부실 대출을 계속하는 이유는 근본적으로 당에서 정부를 통해 은행에 대출압력을 넣고, 그것은 국가 전체 차원에서 고용 유지라는 정치적 목적을 띤다. 고용 극대화라는 정치적 목적이 기업의 수익성보다 우선하고, 그들은 민영화에 대해 별로 적극적이지 않다. 한편 구조 조정과 민영화는 2008년 지구적 재정위기가 닥치면서 무기한 연기되었는데, 그 이유는 그 위기 앞에서 베이징 당국은 국유기업 강화가 세계 경제에서 경쟁력 증진의 열쇠라고 생각했기 때문이다. 은행 대출은 증가했고 국유기업 규모 축소는 중단됐다. 정부는 비효율적 국유기업을 합병을 통해 더 큰 국유기업으로 전환시켰는데, 이것은 오히려 기업의 생산량이 수요를 초과하는 과다 생산 역량(overcapacity)을 초래했고 차례로 또다시 부채 누적, 좀비 기업, 은행 부실 대출의 악순환을 초래했다. 그것은 공장, 주택, 인프라 건설 붐을 불붙였고, 국유 기업 수익은 증가했다. 그러나 회사와 지방 정부 부채 증가를 우려해 은행이 대출을 규제하면서 주택 시장과 인프라 지출은 위축됐고, 공장 산출의 수요는 감소했으며, 회사의 투자 증단은 또다시 기업 적자를 야기했다. 2013년 모든 국유기업의 42%가 손실을 기록했고, 국유 알루미늄 회사는 2014년 최악의 경우로 총 자산의 25% 적자를 보았다. 2001년 이후 처음으로 2015년 국유기업 집단의 총 수익은 감소세로 돌아섰고, 국유기업과 민간기업의 자산 대비 수익 회수율은 20년 만에 최대로 벌어졌다. 2015년 당은 국유기업을 주식 매각, 정치인의 국유기업 임명 보류 등 시장 원리로 운영할 것을 승인했고 2016년 12월 리커창 총리는 개혁을 위해 좀비 기업 정리를 언급했다. 그러나 또다시 공급 부문 개혁을 위한 베이징의 처방은 더 큰 회사로의 합병, 경쟁 국유기업 간의 경쟁을 지양할 초 거대합병이었다. 2016년 11월 당 정치국 회의는 개혁의 핵심을 국유기업 강화, 최적화, 규모 확대로 방향을 잡았고 민영화는 배제됐다. 적자의 국유기업 폐쇄의 가장 큰 장애는 대량 해고로서, 베이징은 이것이 사회 불안으로 이어질 것을 우려하기 때문이다. 중국에서는 국유기업 개혁이 경제회복의 결정적 요소다. Christopher Balding, "China Takes On State-Owned Firms," https://www.bloomberg.com; Gabriel Wildau, "China's state-owned zombie economy,"- Financial Times, https://www.ft.com; James A. Dorn, "State-Owned Enterprises Continue to Hinder Chinese Growth," www.cato.org; Scott Cendrowski, "China's Global 500 Companies are bigger than ever - an mostly state-owned," China's 12 biggest companies are all government-owned/Fortune, fortune.com

리를 제시했다. 일부 중국 전문가들은 대체로 세 가지 요인에 근거해 중국이 붕괴될 것이라고 예측한다. 그것은 중국이 과거 1920년대의 군벌주의와 같은 여러 지방으로의 분열이 가능하고, 공산주의 이데올로기가 실패하고 세금 징수의 어려움을 포함해 중국 공산당 정부능력이 부식될 것이며, 경제개혁으로 인해 중앙정부의 30개 성과 지역에 대한 통제능력이 약화될 것이라는 것이다.[85] 그러나 이러한 평가는 사실에 위배된다. 중국 붕괴에 관한 충분한 증거는 없다. 어느 한 지역의 증거가 일반화되고 신빙성 없는 가정이 특정한 결론을 위해 억지로 꿰어 맞춰지는 것은 잘못된 일이다. 실상은 아주 다르다. 중국의 권위주의 정치체제는 아주 잘 작동하고, 통치능력은 신장되며, 중앙경제에는 문제가 없다. 다음 10년 간 중국은 많은 도전에 직면할 것이지만 안정적으로 현대화를 수행하는 데 문제가 없고 국가적 해체는 없을 것이다. 컬럼비아 대학의 네이던(Andrew Nathan)과 듀크(Duke) 대학의 티안지안 셔(Tianjian Shi)의 연구 결과에 따르면, 중국 국민의 57%가 정부를 지지한다. 이것은 독일의 65%보다는 낮은 수치이지만 이태리의 53%, 멕시코의 42%보다는 높은 지지도다. 중국 내 지식인이 모두 중앙 정부에 반대하는 것 같지만, 지식인과 일반 대중의 정부 지지도는 13%의 차이만을 기록한다. 더구나 이것은 천안문 사태 1년 후의 조사 결과다.[86]

소련, 동유럽의 공산주의 해체와 중국의 경우는 다르다. 소련은 국민의 50% 이상이 소수 민족이었고, 동유럽은 제2차 세계대전 이후 급박한 상황에서 국경선이 민족, 인종을 넘어 일방적으로 획정된 경우가 많았다. 중국에서 인종과 영토가 겹쳐 분리될 가능성이 제기되는 지역은 신장, 티베트, 내몽고이지만, 공산주의와 민족주의가 융합되어 있고 한족이 전체 인구의 94%를 차지하는 상황에서 이들의 분리, 독립 가능성은 제한된다. 중국은 천안문 이후 민족주의를 새로운 정통성의 일부로 수용했다. 중국에서 공산주의 수사(rhetoric)는 약화됐지만 공동체 사회, 정치사회적 안정, 복종과 같은 역사전통은 환영받는다. 1993년 올림픽 경선에서 미국 상원이 2000년 중국 올림픽에 반대한 것에 대해 74%의 중국인들은 미국을 초강대국 깡패로 인식했다. 많은 중국인들은 여러 서방 정부와 국제 미디어가 중국의 해체를 부추기고 중국에 관한 허위사실을 보도한다고 느낀다.[87]

----

85 중국에서 신해혁명 후 군벌주의가 등장한 것은 1913년 위안스카이(원세개)가 또다시 황제임을 선포하면서 각 지역의 군벌이 독립을 선포했기 때문인데, 이것은 1927년 창카이섹(장개석)이 북벌(Northern Expedition)을 추진하고 1931년 베이징에서 국민당(KMT) 중국 정부 수립을 선포하면서 완전히 진압됐다.

86 Yasheng Huang은 MIT 경영대학원(Sloan School) 국제경제 및 중국 경제 교수이며 중국 후단 대학, 후난 대학에서도 특별 교원으로 강의한다. Yasheng Huang, "Why China will not collapse," Foreign Policy, No. 99 (Summer 1995), p. 55; Tianjian Shi, Political Participation in Beijing, Cambridge: Harvard University Press (1997)을 참조할 것

　　중국 정부의 통치 능력에는 문제가 없다. 1920년대 중국이 군벌시대로 해체된 것은 아편 전쟁, 서방의 침략과 중국의 영토 분할, 또 만주족의 중국 지배와 같은 공교로운 사건의 연속선상에서 진행된 흔치 않은 일이다. 또다시 그런 역사가 반복되지는 않을 것이다. 지금의 중국 정부는 중국 영토 내에서 공산주의를 안정화시키고, 군사력을 발전시키며, 경제를 발전시키는 것을 국가적 사명으로 인식한다. 중앙정부의 통제는 확고하다. 중앙의 지방통제에는 전혀 문제가 없다. 세금이 적게 걷힌다는 비판이 존재하는데, 1992년의 경우 실제 세금은 재무성이 집계한 중국 GDP의 14%가 아니라 20%에 달했다. 이것은 교육 예산, 국방 예산을 포함해 전 분야에 걸쳐 공식 예산에 집계되지 않은 수치를 감안할 때 그렇다. 중국에서는 정치개혁과 민주주의 도입이 시도된다. 중앙정치에서의 권력 분산은 전인대의 권한이 강화된 것이 한 예다. 전인대 의장은 상당한 권력자이고 그 보좌역들은 정치국 임원들이다. 전인대가 1992년 삼협곡댐(싼샤 댐) 프로젝트에 반대한 것은 전인대의 역할이 강화됐음을 입증한다. 마을에서는 관리 선출을 위해 경쟁적 선거를 실시하는데, 1988년 전국적으로 시행된 이 제도는 전체 마을의 4/5에서 시행된다. 정치개혁, 권력분산, 마을의 선거를 실시하면서 중앙정부와 지방정부 간의 관계는 더 제도화됐다. 중국의 30개 성, 지역이 상대방에 약간의 반 무역정책을 취한다고 하지만, 지방의 보호주의는 별 문제가 아니다. 중국이 30개의 성, 지역으로 해체될 일은 없을 것이다. 지역 간에 약간의 차등적 성장은 존재하지만 그에 따른 성, 지역 간의 상호 증오는 증대되지 않았다. 도시로의 이민은 해체가 아니라 국가통합의 상징이고, 효율적 정부가 필요한 상태다.[88]

　　결국 돌이켜보면 중국 붕괴에 관한 가설은 모두 낭설로 판명되고, 베이징의 권위주의 정권은 단순한 예측과 확산되는 소문보다는 훨씬 더 견고하게 사회주의를 유지하면서 개혁, 개방에 성공했다. 미국의 대중국 정책에 대해서는 대체로 중국이 오랜 기간 서방을 위협하지 못할 것이기 때문에 봉쇄보다는 클린턴 식의 온건한 개입, 오랜 기간에 걸친 민주화를 통해서 서서히 변화시켜야 한다는 견해가 주류를 이루었다. 중국에 대해 봉쇄를 주장하는 전문가는 극히 적었다. 아마도 그 당시에 중국을 봉쇄해야 한다는 생각은 합리적인 것으로 받아들여지기 어려웠을 것이다. 그 이유는 소련과의 핵 군비에 관한 수십 년에 걸친 아슬아슬하고 피곤한 경쟁에서 막 벗어나자마자, 아직은 취약한 중국의 강대국

87 중국에서 민족주의 정신의 강화는 1989년 천안문 사태 이후 서방의 제재에 대한 베이징의 전략이었고, 공동체 사회, 당에 대한 복종과 정치적 안정 중시를 위한 유교 및 공자 사상의 재조명은 공산당과 유교가 위로부터 아래로(Top-down)의 통치라는 공통점에 기초한 것이다. Huang, p. 56.

88 Ibid., pp. 61, 63, 66.

으로의 미래 부상을 가정해 또 다른 새로운 경쟁에 진입한다는 것은 정치, 경제적, 또는 심리적으로도 비합리적으로 보였을 것이기 때문이다. 그렇지만 현재의 입장에서 뒤돌아 볼 때, 중국의 성장이 제한적이고 그렇게 느릴 것이라는 생각에 기초한 온건한 개입의 견해는 전체적으로 중국 변화의 속도, 위협 가능성을 너무 과소평가했던 것으로 보인다. 그 이유는 중국은 이제 생각보다 훨씬 빨리 성장했고, 세계의 많은 사람들은 이 예상치 못한 현실에 놀라고 있으며, 이제 서방은 중국의 위협, 다가오는 미·중간의 패권경쟁을 크게 우려, 경계하고 있기 때문이다. 특히 2000년대 공산당 총서기 후진타오와 총리 원자바오 (Wen Jiabao)를 위시해 중국 최고 지도부 인사들이 계속해서 중국은 절대로 서방의 자유 민주주의를 기계적으로 그대로 답습하지 않을 것이라고 강조하는 것은 서방에 큰 심리적 부담으로 남아 있다.[89]

‖ 중국 현실의 해석

1. 중국 국내질서의 양상

(1) 권위주의 정부의 성공적 개혁, 개방

1990년대 중반 중국의 여러 가지 객관적 현실에 관해 수많은 전문가, 학자들은 각자의 의견을 제시했다. 제럴드 시갈(Gerald Segal)은 '중국이 그렇게 중요한 국가인가'와 같은 질문을 하는가 하면, 일부에서는 중국을 매우 후진적인 문명으로 기술했다.[90] 많은 다양한 의견 중 그 당시 중국의 전반적인 국내외적 상황, 중국인들이 갖고 있는 대체적

---

89 행정부 총리인 원자바오는 미국 언론과의 인터뷰에서 여러 차례 민주화 자체의 개념에는 긍정적으로 발언했다. 예컨대 중국에서 민주주의가 증진돼야 한다고 말하고 아랍의 봄에서 나타난 민주주의는 좋은 현상으로 인식했다. 그렇지만 그것은 서구 민주주의에 대한 용인을 의미하지는 않았다. 그는 중국식 민주주의를 옹호했다.

90 제럴드 시갈은 중국을 대단치 않게 생각했다. 그에 따르면, 경제, 세계 파워, 또 사상 원천으로서의 중국은 과대 평가됐다. 정치적으로 중국의 영향력은 미미하고, 군사적으로는 소련과 같은 지구적 경쟁자이기보다는 지역 위협이며, 경제적으로 중국은 상대적으로 작은 시장이다. 그는 중국은 서방이 생각하는 것보다 훨씬 덜 중요한 나라이며 앞으로 그에 맞게 중견국으로 대우해야 한다고 주장했다. Gerald Segal, "Does China Matter?" Foreign Affairs, Vol. 78, No. 5 (September/October 1999), Vol. 78, No. 5, pp. 24-36.

생각, 또 그 나라 정치발전의 미래 진행 방향에 대해 타당성이 있는 것으로 많은 사람들의 공감을 얻었던 것은 윌리엄 오버홀트(William H. Overholt)의 분석이었다. 그는 그 당시 중국의 현실, 또 베이징과 중국 국민들이 지향하는 체제에 관해 어떤 분석을 제시했을까? 가장 핵심적으로 그는 중국 내에 약간의 논란과 반대가 있지만, 중국의 당, 정부, 국민에게는 지난 15년간 추진해 온 개혁, 개방, 시장 경제를 지속해야 하는 당위성에 관한 압도적 합의가 존재한다고 강조했다.

■ 발전 지향적 권위주의에 관한 광범위한 합의

오늘날 중국의 중앙 정치는 연로하고 인생을 마감해 가는 덩샤오핑을 대신해 공산당 총서기 장쩌민, 총리 리펑, 부총리 주룽지를 포함하는 제3세대 지도자들이 운영한다. 덩샤오핑 사후 중국에 커다랗고 갑작스런 정치, 경제적 단절이 일어날 것을 우려하는 목소리가 있지만, 제3세대와 그보다 더 젊은 지도자들은 지난 15년간의 개혁, 개방을 계속할 것이다. 오늘날의 중국은 전체주의에서 아시아에 전형적인 권위주의로 퇴화했는데, 경제가 더 빨리 발전하고 대외관계기 더 안정될수록 중국의 정치, 경제적 자유화는 더 가속화될 것이다. 미국은 이런 옳은 방향으로의 추세에 걸림돌이 되지 말아야 한다. 박정희 사후의 한국이 좋은 예다. 그 당시 많은 미국 사람들은 과거 이승만 말기나 장면 정권시절 혼란으로의 회귀를 우려했지만, 한국인들은 박정희의 경제 및 대외정책을 압도적으로 지지했다. 이것은 발전 지향적 권위주의 정치가 수출 위주의 시장경제와 결합해 과거의 굶주림, 과거 일본에 의한 국가적 치욕, 북한과의 전쟁 가능성에 대한 두려움을 없앴기 때문이다.[91] 창카이섹(Chiang Kai-shek) 이후의 대만, 리콴유(Lee Kuan Yew) 이후의 싱가포르, 그리고 띤나술라논(Prem Tinsulanonda) 이후의 태국도 마찬가지이다. 반면, 국민적 합의를 이끌어낼 만한 충분한 성공이 없었던 아프리카, 남미, 인디아, 필리핀의 경우는

---

91 William H. Overholt, "China after Deng," Foreign Affairs, Vol. 75, No. 3 (May/June 1996), pp. 64-65. 장쩌민은 중국 공산당 총서기(1989~2002), 중앙군사위원회 주석(1989~2004), 그리고 국가 주석(1993~2003)으로 재직했고 1997년 덩샤오핑 사망 이후에는 명실상부한 중국 최고 지도가가 되었다. 1946년 중국 공산당에 입당한 이후 상하이 자오퉁(JiaoTong) 대학에서 전기공학을 수학하고 여러 공장에서 엔지니어로 일한 경력이 있는 그는 1982년 공산당 중앙위원회 위원, 1985년 상하이 시장, 1987년 공산당 정치국원으로 승승장구했다. 1989년 천안문 사태를 진압하면서 덩샤오핑은 자오쯔양을 퇴진시키고 장쩌민을 총서기로 임명했는데, 그 이유는 그가 덩의 지침에 따라 공산당 권력을 유지하면서 사회주의 시장경제를 지속할 최고의 적임자로 간주되었기 때문이다. 장쩌민은 새로운 인물들을 당 정치국 상임위원으로 발탁했으며, 공식 직책에서 퇴임한 이후에도 막후에서 많은 영향력을 발휘했다. Jiang Zemin/Chinese politician/Britannica.com, https://www.britannica.com; Jiang Zemon - Forbes, https://www.forbes.com

매우 달랐다.[92]

리콴유

중국 내에는 개혁, 개방, 시장경제, 대외관계에 대한 광범위한 합의가 존재한다. 이것은 사람들이 어떤 정책이 자기들을 기아와 국가적 치욕으로부터 구해내고, 또 미래 사회건설에 긍정적으로 기여할 것인지를 잘 알고 있기 때문이다. 리펑과 같은 보수파는 통제된 개혁, 개방을 원하고 후야오방 형태의 개혁파는 더 빠른 조치를 원하지만, 모든 국가 정책은 사기업 장려, 자본과 노동의 분화, 시장발전, 공기업 조정을 지향한다. 덩샤오핑 등장 이후 오늘날로 오면서, 미국, 일본, 한국, 동남아, 인도, 대만, 러시아를 포함하는 주변국과의 대외관계가 우호적으로 진전되고, 국방비가 국내총생산의 10%(1979)에서 3%로 축소된(1996) 것 역시 경제발전에 대한 우선순위를 반영한다. 중국에는 일당 체제에 기초한 발전 지향적 권위주의에 대한 합의가 존재하는데, 이것은 그렇지 않을 경우 나라가 사분오열될 가능성을 우려하기 때문이다. 일부 노령의 지도자들은 마르크스-레닌이즘을 아직도 신봉하지만 대부분의 젊은 지도자들은 이웃나라 한국의 박정희식 권위주의 전철을 따라야 한다고 믿는다. 중국은 그동안 많이 변화해 이제 많은 자유가 주어졌다. 1980년대 형태의 급속한 자유주의 확산은 오히려 천안문 사태와 같은 부작용을 가져올 것이다. 경제발전과 점진적 사회통제 이완의 병행은 중국을 지속적이고 안정적으로 변화시킬 것이다. 경제 우선 정책이 진행되는 가운데 더 큰 정치적 자유가 점진적으로 도래할 것이다. 1~2세대 가량 이 경향이 지속될 것이고, 나중에는 한국, 대만과 같이 민주적 정치 변화에 대한 열망이 더 커질 것이다.[93]

■ 권위주의적 안정

중국이 소련식으로 해체되는 일은 없을 것이다. 소련 정부는 페레스트로이카, 글라스노스트의 과정에서 분출된 국민의 폭발적 여망을 담아낼 제도적 장치가 부족했고, 이것은 국가의 붕괴로 이어졌다. 그렇지만 중국의 경우는 다르다. 오늘날의 중국 정부는 개혁, 개방의 과정에 대한 충분한 통제를 유지한다. 국민이 정부를 고소하고, 언론의 역할이 증대하며, 출판, 집회의 자유가 확대됐지만, 국가에 대한 정면 도전과 조직적 저항은 용납되지 않는다. 지방의 목소리가 커져 중앙정부의 역할이 제한되는 것 같지만, 그것은

---

92 쁘렘 띤나술라논은 태국의 퇴역 장성으로 1980년 3월부터 1988년 8월까지 총리로 재직했다.

93 Overholt, p. 66.

정치적 분권화의 한 단면이다. 중앙정부의 핵심 기능인 군대와 경찰 통제, 세금징수, 통화 공급에는 문제가 없고, 통화 통일, 세제개선, 은행에 대한 규제 강화, 재산권 강화를 포함하는 광범위한 개혁은 국민적 지지의 기반이다. 오늘날의 중국 경제는 발전일로를 걷고 있다. 지난 15년간 경제성장은 계속 10%를 상회했고, 농업 생산량의 획기적 증대는 기아로부터의 해방을 가져왔으며, 무역량의 급속한 증가는 외환보유고의 증가로 이어졌고, 번영하는 경제는 주민 생활의 획기적 향상으로 이어졌다. 아직 국유기업(SOEs: State-Owned Enterprises)의 절반 정도가 민영화되지 않고 자본시장이 개방되지 않고 있지만, 이것 역시 시장경제가 진행되면서 점차 합리적으로 해결될 것이다. 정보통신을 포함해 몇몇 경제 분야의 개방은 1세대 전의 일본, 한국보다 더 개방적으로 진행됐다. 성장하고 발전하는 중국 경제는 중국인들의 단합을 강화시키는데, 이것은 하락하는 소련경제가 분열을 조장한 것과는 대조적이다. 물론 몇 가지 문제점은 존재한다. 그렇지만 해안과 내륙 간에 경제격차가 커지는 것은 극복이 가능한데, 이는 내륙지방이 해안지방의 역동적 발전에 동참하기를 원하기 때문이다.[94] 사회적 부패가 급속히 퍼지고 그것은 당, 정부, 군대, 경찰에 만연해 있다. 장쩌민은 이를 시정하기 위해 베이징, 선전, 광동 등 주요도시에서 반부패 운동을 벌이고, 정치국 임원인 첸시통(Chen Xitong) 같은 거물을 체포했다. 그렇지만 중국의 최고 지도자들은 부패하지 않았다. 박정희, 리콴유, 대만의 장징궈가 부패하지 않았듯이, 마오쩌뚱, 장쩌민, 리펑, 주룽지는 부패하지 않았다. 이들이 원하는 것은 파워, 명예, 국가 발전에 관한 역사적 사명감이지 돈이 아니기 때문이다. 소련 인구의 절반 이하가 러시아 민족이었던 것과는 달리 중국은 94%가 한족이라는 사실 역시 국가의 해체와 관련된 큰 차이이다. 연방 전체에 퍼져있는 소수민족 갈등으로 소련의 해체가 가속화된 것에 비하면, 한족의 단합은 신장, 티베트, 내몽고, 만주 소수 민족 문제 해결에 긍정적 요소로 작용할 것이다.[95]

　　현재 중국 사회에 잠재되어 차후에라도 해결되어야 하는 문제는 무엇인가? 천안문 사태 당시 장쩌민을 포함한 정치 지도부가 자유와 민주를 갈망하는 지식인과 학생들을

94 시추안 성은 한국어로는 사천 성이다. 내륙에 위치한 인구 1억의 시추안(Sichuan) 성의 일인당 국민소득 증가율은 6년간 50%에 달했는데, 이것은 서양에서는 전례 없는 빠른 성장속도이다.

95 Overholt, pp. 68, 70. 1992년 공산당 정치국원으로 임명된 첸시통은 천안문 사태 당시를 포함해서 1983~1993 기간 베이징 시장으로 재직했다. 그는 천안문 사태 당시 유혈 진압을 결정한 핵심 인물 중 하나로 간주된다. 한때 장쩌민의 정치적 라이벌이며 베이징 파벌의 대표 주자였던 그는 베이징 법정에서 부패하고 타락한 생활, 뇌물 수수와 호화 빌라 건축을 위한 공금 20억 달러 횡령 협의로 16년 형을 선고받았다. Chen Xitong/South China Morning Post, m.scmp.com; Martin Childs, "Chen Xitong: Disgraced former mayor of Beijing," www.independent.co.uk

폭력적으로 유혈 진압한 것에 대해 당, 군부 일부와 사회 일각에 분노가 존재하는 것은 큰 문제이다. 이런 분열적 현상은 사회통합을 저해하는데, 심지어 일부 군부 지도자들은 명예회복 차원에서 민간 지도자들의 잘못된 명령에 따라 어쩔 수 없이 잘못 발포했다는 사실을 알리기를 원한다. 의회의 역할, 법치, 인권 보호가 취약한 것도 문제이다. 의회는 전인대 의장 차오스(Qiao Shi) 치하에서 과거보다 더 큰 목소리를 내고 있지만 아직은 당의 권한이 훨씬 더 크다. 의회가 당이 승인한 삼협곡댐의 추진에 반대 의사를 표명한 것은 중요한 분기점이 될 수 있지만, 정치적 권력분산은 오랜 시간이 걸릴 것이다. 인권의 경우, 반체제 인사 웨이징성을 비롯해 아직도 많은 반체제 인사들이 감옥에 수감돼 있다. 시민들이 정부를 고소하면서 임의적, 자의적 통치가 축소되는 추세가 점차 더 강해지고 있지만, 그것은 아주 점진적이다. 시장경제가 진전되면서 빈부격차가 생기는 것도 문제이다. 국가 최하위 행정단위에서 소수 부자에 대한 반감이 상당하고, 이것은 범죄와 간헐적 폭동의 급격한 증가 원인이 된다. 국유기업과 관련해 상당한 분쟁이 존재한다. 연로한 사회주의자들은 국유기업이 사회 전체의 이익을 위해 효율성을 증가시키면서 존속되어야 한다고 주장하는 반면, 젊은 세대는 정부는 규제자(regulator) 이상이 되어서는 안 된다고 주장한다. 이것은 시간이 걸리겠지만 결국에는 더 많은 경쟁, 사적 소유권, 그리고 민간 경영으로 귀결될 것이다. 그럼에도 불구하고 중국은 전체적으로는 안정적이다. 정치 지도자들은 중국의 앞날을 위해 지나친 정치참여, 급격한 권력의 분산, 시민조직의 형성, 정부의 권위에 대한 도전은 금물이라고 생각한다. 공산당은 경제 개혁과 정치적 적응을 계속하면서 오랫동안 권좌에 있을 것이다. 중국정부는 아직은 권위주의이지만, 최하위 행정단위에서 경쟁적 선거의 도입으로 점진적 민주화를 용인하고, 국민들의 민생과 사회, 경제적 불만 처리에 민감하다. 몇 가지 약점에도 불구하고 덩샤오핑 이후의 중국은 지난 2세기 그 어느 때보다도 더 통일되고, 안정적이며, 안전할 것이다.[96]

96 Overholt, pp. 75, 77. 차오스는 제2차 국공 합작 중인 1940년 공산당에 입당했고 국민당과의 내란 기간 중 상하이 공산당 지하조직에서 활동했다. 1950년대 국영 제철기업을 거쳐 1963년 베이징 공산당 본부 당 중앙위원회 국제연락부에 발령받았으나 문화혁명 기간 하방되어 농장에서 일했다. 마오쩌둥 사망 이후 당 중앙위원회 국제부 부부장으로 복귀한 그는 1982년 국제연락부장으로 승진하고, 계속 당 중앙위원회 조직부장, 정치 법률위원회 서기(Secretary of the Politics and Law Committee), 인민무장경찰 업무를 담당하면서 당의 중요 인물로 부상했다. 1987년 당 의사결정 최고기구인 정치국의 상무위원으로 임명되어 부패 척결을 책임지는 중앙 기율검사위원회(Central Commission for Discipline Inspection)를 관장한 차오스는 1993~1998 기간 장쩌민 총서기, 리펑 총리 다음 중국 권력 서열 3위의 전인대 상무위원장으로 재직했다. 전인대는 그가 상무위원장으로 재임할 당시 당, 정부의 고무도장에서 국민대표기관으로서의 위상을 더 높였다는 평가를 받는데, 그것은 1983~1988년 전인대 상무위원장을 역임한 펑전에 이어 그가 법질서, 법치를 강조하면서 비록 제한적이지만 그 기구를 과거보다 더 많이 정책 논의 포럼, 효율적 입법기구

■ 미국의 대중국 정책

미국은 어떤 대중국 정책을 구사해야 하나? 미국은 중국의 평화로운 진화(peaceful evolution)를 방해하지 말아야 한다. 클린턴 행정부는 1994년 리덩후이의 코넬 대학 방문을 위한 비자 발급으로 인해 베이징을 격분케 했다. 베이징은 이것을 대만은 중국의 일부라는 1972년 상하이 공동성명과 1979년 미·중 관계정상화의 조건에 대한 중대한 위반으로 인식했다. 미국은 중국이 대만의 독립은 군사력을 사용해서라도 절대적으로 막을 것이라는 베이징의 경고를 일축하지 말아야 한다. 대만 관계법의 재확인, 대만의 유엔 재가입 움직임에 대한 지지, 창카이섹의 부인에 대한 상원의 특별환영, 티베트의 분리 독립 지지, 인권남용에 대한 격렬한 비판은 모두 미국 공화당 의회에 의해 제기됐는데, 행정부와 의회 간에 중국 정책에 대한 일관성 있는 긴밀한 협력이 필요하다. 분노한 민족주의적 수사, 군사 훈련, 그리고 대만 근처에 미사일을 발사하여 동아시아 안보를 긴장시킨 것은 세계에서 가장 강력한 나라인 미국이 정상적 외교 방식에 반하는 정책을 구사하고 있다고 생각한 베이징의 내미 인식에서 비롯됐다. 워싱턴은 중국이 현재의 개혁, 개방을 지속하고 점진적으로 자유민주주의 정치 질서를 받아들이도록 인내의 전략을 필요로 할 것이다.[97]

(2) 중국 민주화의 현재와 미래

중국에 계속 자유주의 문화가 유입되고 베이징이 서방에 대한 경제개방과 시장주의 개혁을 지속하면서 과연 중국에도 서방식 민주주의가 싹틀 수 있는가 하는 것이 세계의 많은 관심을 끌었다. 클린턴 행정부가 '민주적 평화'를 표방하면서 전 세계에 자유민주주의의 확산을 추구했을 때 그 가장 큰 마지막 대상이 중국이었다는 것은 잘 알려진 사실이다. 중국이 자유민주주의로 전환된다면 마치 지구상에서 더 이상 국가 간의 갈등은 없을 것처럼 보였다. 14억의 인구가 자유, 민주, 인권의 가치를 수용한다면 그것은 후쿠야마가 말하듯 '역사의 종언'이 될 것이다. 빌 클린턴이 되풀이해서 말했듯 빛

역할을 수행하도록 인도했기 때문이다. 그렇지만 전인대가 당의 위상을 침범하거나 당에 도전한 적은 없는데 특히 덩샤오핑이 사망하고 장쩌민이 최고 지도자로 자리매김한 1997년 이후에는 더욱 그랬다. 그것은 공산국가에서는 당이 모든 것을 주도하는 관례가 헌법, 당 규약에 명시되어 있고 사회, 문화인식도 그렇기 때문이다. 2015년 6월 사망한 그는 온건한 개혁주의자로 알려져 있다. Qiao Shi/Chinese politician/Britannica.com, https://www.britannica.com; Former China Communist Party senior official Qiao Shi dies at 91, South China... www.scmp.com

97 Overholt, p. 74.

나는 역사적 유산, 지정학적 중심성, 군사, 경제발전의 잠재성을 고려해 워싱턴은 중국의 민주주의, 인권, 외교안보, 경제문제에 많은 관심을 가졌다. 중국이 협력한다면 미·러 관계 발전에 도움이 되고, 수많은 국가 간 이해가 교차하는 아시아의 안보가 안정될 것이다. 이라크나 북한이 제기하는 문제의 해결에 중국은 큰 도움을 줄 수 있을 것이다. 중국이 민주화가 된다면 국제 테러리즘을 해결하고 이슬람 문명 자체가 제기하는 도전을 막아내는데 큰 도움이 될 것이다. 1989년 중국은 자유주의의 확산을 우려해 천안문 사태를 유혈 진압했는데, 과연 중국에서 민주화를 논의하는 것이 의미가 있으며 또 앞으로도 그곳에 자유민주주의가 꽃필 가능성이 있을까? 멀 골드만(Merle Goldman)은 개방 이후의 중국에 일반적으로 알려진 것보다 더 광범위하고 많은 정치, 사회적 자유화, 민주화가 도입됐다고 말하면서 중국의 정치발전, 정치적 변화에 대해 흥미롭고 탁월한 분석을 제시했다.

■ 정치개혁의 양상

1970년대 말 덩샤오핑의 등장과 함께 시작된 개혁, 개방의 영향으로 마오쩌뚱 시절의 전체주의는 상대적으로 완화됐고, 덩샤오핑의 핵심 참모인 후야오방과 자오쯔양은 당 총서기와 총리 직책을 번갈아 맡으면서 중국의 자유화, 민주화를 많이 진전시켰다. 1989년 천안문 당시의 일망타진에도 불구하고, 중국은 더 이상 엄격한 의미의 전체주의 사회가 아니다. 많은 지식인, 전문가 그룹, 개혁적 관료, 서방 정부는 중국이 한국, 대만과 같이 정치적 민주주의로 진화할 수 있을 것이라는 희망을 갖고 있는데 과연 그렇게 될까?[98] 돌이켜 보면, 중국은 제도적 차원에서 중요한 많은 민주적 진전을 이루었고 이것은 획기적 변화로 간주되어야 한다. 그 이유는 제도는 계속 반복되는 현상으로 그 사회 변화의 가장 중요한, 대표적, 구조적 측면 중 하나이기 때문이다. 원칙적으로 모든 공산주의가 그렇듯 중국은 아직 공산당 일당의 지배 체제하에 존재하고 외형적으로 거론되는 8개의 정당은 이름뿐으로 이것은 민주적 위장에 불과하다. 당은 대부분의 중요 사안에서 결정적 영향력을 갖고, 자유민주주의 대통령제에서 볼 수 있는 입법, 사법, 행정의 3권 분립은 존재하지 않는다. 마오 시대 중국에서 당은 입법과 행정의 역할을 동시에 수행하고, 명목상

----

98 중국 정치 전문가 리버탈(Kenneth Lieberthal)은 중국 정치를 한 사람의 독재자가 운영하는 것이 아닌 각기 다른 정파, 개인, 그룹의 다양한 목소리가 반영되는 조각난 권위주의(fragmented authoritarianism)라고 불렀다. 하딩(Harry Harding)은 이것을 주요 결정에 많은 인사들이 상호 협의하고 또 일정부분 국민의 목소리와 다양한 의견을 반영하는 협의적 권위주의(consultative authoritarianism)라고 특징지었다. Merle Goldman, "Is Democracy Possible?" Current History, Vol. 94, No. 593 (September 1995), p. 259.

의 입법부인 전인대와 사법부의 역할은 미미한 거수기에 지나지 않았다. 그럼에도 불구하고 지난 십수 년을 지나면서 중국에서는 의미 있는 정치개혁이 진행되어 왔다.

펑전

제도적 차원에서 첫 번째로 주목할 것은 자유민주주의에서 의회에 해당하는 전국인민대표대회(NPC: National People's Congress) 역할의 증대이다. 전인대는 과거에 무기력한 고무도장이었으나 이제는 중요한 이슈에 대해 반대 목소리를 내는 없어서는 안 될 중요한 제도가 됐다. 전인대는 1980년대 중반 혁명 원로인 펑전(Peng Zhen)이 상무위원장으로 재직할 때 역할이 증대됐는데, 1988년 그가 사임한 이후에도 그 기구는 당에 대한 반대와 견제기능을 계속했다.[99] 그것은 1992년 3,000명 규모 전인대 대의원들의 1/3이 당 지도부가 추진하는 삼협곡 수력발전 댐 건설에 반대표를 던진 사실에서 잘 나타난다. 1995년 차오스가 전인대 상무위원장으로 재직할 당시에도 전인대 대의원의 1/3이 상쩌민이 부총리로 추천한 사람 인순에 반대표를 던졌다. 마치 서방 내각제의 의회 역할 비슷하게 전인대는 당이 결정하는 모든 사안에 대해 가, 부를 결정하고 인민 다수의 이름으로 당을 견제하는 모습을 보인다. 물론 전인대에 비해 아직도 당의 힘은 훨씬 강력하고 더 많은 인민의 지

차오스

지를 받지만 적어도 일정 사안에 관한 명목상 당과 전인대의 역할분담은 제도적 진전의 중요한 양상이다. 두 번째는 사법부의 역할 증대이다. 과거 사법부는 전인대와 마찬가지로 당의 시녀였다. 중국의 감옥은 당의 공식 노선, 공산주의적 특성에 반대하는 반체제, 반혁명 분자로 가득 찼다. 사법부의 행정 지침은 당으로부터 유래했고, 각급 법원의 주요임무는 국가 보안기구, 경찰과 협력해 체제 유지에 만전을 기하는 것이었다. 강도, 상해 등 어느 사회에서나 발생하는 사건은 물론 사법부 관할이었지만, 법원의 가장 중심적 임무

. . . .

99 펑전의 한국명은 팽진이다. 그는 1930년대 항일투쟁과 대장정에서 마오쩌뚱과 함께 활동하고 중국 공산화 이후 당 정치국원, 베이징 시장으로 임명되었지만, 대약진을 비난한 이유로 1966년 문화혁명 당시 가장 먼저 하방의 대상이 된 고위직 희생자가 됐다. 그러나 덩샤오핑 등장 이후 복권되어 그는 1979년 베이징 시장, 1982년 당 중앙 정치법률 위원회(Central Political and Legislative Committee) 초대 위원장, 그리고 1983-1988년 5년간 제6기 전인대 상무위원장으로 재직했다. 강경한 공산주의자인 그는 1988년 퇴임 이후에도 후야오방과 자오쯔양 제거와 1989년 천안문 사태 진압을 지지했다. Peng Zhen/Chinese politician/Britannica.com, https://www.britannica.com; Peng Zhen - Alpha History, alphahistory.com

는 이데올로기적 순수성 유지에 집중됐다. 그렇지만 자유가 확산되고 개인 활동의 다양성이 인정되면서 사법부의 임무는 변화하기 시작했다. 이제 법원은 개인 범죄자뿐 아니라 당과 정부 관리를 고소하고 그들로부터 배상, 공식사과를 요구하는 사람들로 들끓는다. 개인들은 법적 침해, 인격모독, 불법 재산탈취, 권력남용 등 갖가지 이유로 법원에 당과 정부 관리들을 고소한다. 아직도 원칙적으로는 사법부가 당의 통제 하에 있기 때문에 소송에서 개인은 자주 패소하지만, 이 새로운 변화는 과거 전체주의 시대에 비해 얼마나 중국 사회가 새로운 방향으로 진화했는지를 보여주는 간과할 수 없는 현상이다. 유명한 문인 왕멍(Wang Meng)의 경우가 나타내듯, 잘 알려진 작가, 교수, 지식인들은 당과 국가 기관이 자신들과 관련된 개인적 문제를 정당하게 처리하지 않았다는 이유로 수시로 법원에 소장을 제출한다.[100]

오늘날의 중국은 스탈린 형태의 소련, 또 과거 마오의 시대와 전혀 다르다. 자유주의에서 나타나는 온갖 사회 현상은 중국에서 수시로 관찰된다. 사업가들은 기업, 경제 운영과 관련해 지방 관리를 상대로 더 자주 고소하는데 이 경우는 당, 정부와 관련된 정치, 사회문제에 관한 고소보다 승소율이 더 높다. 세 번째는 기초의회(local congress) 차원에서 선거의 도입이다. 1980년대 말부터 다수 후보가 경합하는 기초의회 선거가 실시되어 왔다. 선거는 민주주의의 중요한 출발점으로 아직은 기초의회 수준이지만, 그것은 오랜 시간에 걸쳐 더 광범위하게 또 더 높은 수준으로 성, 그리고 중앙당으로까지 확산될 수 있을 것이다. 여기서 농민들은 권한을 행사하기 위해 많은 경우 기초의원이나 지역 간부들을 선거로 교체시키고, 또 당이 선택한 후보를 선택하지 않는다. 1990년대 초까지 전국 기초의회의 1/3 가량이 경쟁적 다수후보 선거를 치른 것은 획기적 진전이다. 1987년에는 당 중앙위원회 선거도 있었는데, 여기서 선거인단은 덩샤오핑의 개혁에 반대하는 많은 혁명 원로들을 퇴진시켰다.[101]

정치적, 제도적 차원을 넘어 당의 공식노선 이외에 더 많은 목소리와 다양한 견해가 존재하는 것은 사회적 차원의 중요한 민주적 변화다. 천안문 당시 투옥된 반체제 인사들은 1993~1994년 경 석방된 이후 계속 민주개혁의 요구를 개진해 왔고, 엘리트 지식인을

---

100 왕멍은 60권 이상의 책을 쓴 저술가, 작가이다. 그는 1949년 공식적으로 공산주의 청년동맹에 가입했지만 1956년 그의 최초 소설 "조직부에서 온 청년(A Young Man Comes to the Organization Department)"으로 인해 부르주아 우파로 낙인찍히게 됐다. 1963년 그는 노동 교화형에 처해 신장으로 유배됐는데 이 시기 그 지역에서의 고생과 위구르족들과 함께 보낸 시간의 경험은 나중에 그의 최고 단편과 소설의 소재가 됐다. 그는 1986-1989 기간 중국 문화부 장관으로 재직했다. Wang Meng: Controversial Communist Writer/ Facts and Details, factsanddetails.com〉sub39〉item1695

101 Goldman, pp. 259-261.

포함해 새로운 그룹들이 민주화에 동참했다. 과거 홍위병 출신 정치 활동가, 학생 운동권 출신, 또 중국 과학원 출신 과학자를 포함하는 지식인들은 당, 의회의 최고 지도부에 개혁을 청원했고, 사법부에 티베트인과 기독교인들을 포함해서 정치적 이견이나 종교적 신

념에 의해 투옥된 사람들의 석방을 탄원했다. 웨이징성 (Wei Jingsheng)의 경우가 나타내듯 이들 중 많은 사람들이 다시 투옥되고 당과 정부의 심한 감시하에 처해 있지만, 과거에 비해 그들의 활동은 더 대담해졌다. 민주적, 다원주의적 경향의 증대는 언론, 출판의 자유가 과거보다 더 용인되면서 더욱 가속화되었다. 1980년대와 1990년대를 거치면서 2,000종 이상의 신문과 저널이 출판되는데, 이곳에서 사람들은 법치, 권력분립, 민주주의, 인권의 본

웨이징성

질과 같은 민감한 정치, 사회적 이슈를 거론, 논의한다. 서방을 여행하면서 얻은 자유, 민주의 개념, 서방가치의 중국 유입은 변화의 촉매이다. 새로이 생겨나는 중산층은 서양, 홍콩, 대만, 일본의 영향을 받아 자유주의 대중문화의 씨를 뿌리고, 미술, 음악, 토크쇼는 개인 사생활에서부터 포르노, 환경 문제까지 모든 관심사를 논의한다. 한 가지 제약이 있다면, 언론이나 대중문화는 당이나 당의 정책을 직접적으로 거론, 비판하지 말아야 하고 그렇지 않은 한에서만 출판이나 논의가 허용되는 것이다. 물론 중국은 아직 통제된 권위주의 사회이고 전체주의적 속성도 그대로 보유한다. 그럼에도 불구하고 새로운 문화는 시간이 가면서 간접적으로 당의 통제를 뒤집고 밑으로부터의 변화를 일으켜 이념적, 정치적 다원주의를 유도하는 것을 도울 것이다.[102]

■ 대만, 한국과의 좁혀지기 어려운 간격

그러나 중국의 민주주의와 관련해, 극복하기 어려운 장애가 존재한다. 중국은 대만이나 한국보다는 민주주의에 도달하는 데 더 길고 왜곡된 과정을 거쳐야 하는 어려움을 겪을 것이다. 비록 경제개혁이 전체주의를 완화시킬 수 있겠지만, 이것이 중국이 반드시 민주주의로 갈 것을 의미하지는 않는다. 중국에 민주화가 진전된다 하더라도 그것이 어

----

102 인민해방군 퇴역 군인의 아들인 웨이징성은 1966년 문화대혁명 당시 홍위병에 가담했지만 1978년 중국 공산당의 일당 독재를 비판하는 '5개 현대화'라는 대자보를 작성하면서 그 다음 해 반혁명 혐의로 체포됐다. 1993년 9월 가석방된 후 1994년 4월 또다시 반혁명 죄목으로 체포되어 징역 14년 형을 선고받았다. 1997년에는 병보석으로 석방된 후 미국으로 망명했다. 그는 서방으로부터 수많은 민주주의 증진 관련 상을 수상했다. Ibid., p. 260..

떤 형태를 띨지 아직 알 수 없고, 그것이 자유민주주의와 비슷할 것이라고 추정하는 것은 너무 성급한 결론이다. 과거보다 많은 자유가 주어졌지만, 아직도 공산당과 지도자를 공격하는 것은 위험하다. 중국은 공식적으로는 공산주의를 신봉하고 당의 중추적 역할은 그대로 존재한다. 덩샤오핑을 독재자로 부르고 당의 정치개혁을 외친 웨이징성은 15년 복역 후 1993년 석방되었지만, 체제 비판 이유로 또다시 수감됐다. 반체제 지식인, 노조 지도자, 기독교인 등에 대한 지속적 억압이 존재하는데, 중국 정부는 어떤 정치적 반대나 어떤 비공식 정치 조직도 진압할 준비가 돼 있다. 베이징은 개인의 자유, 경제적 자유를 허용하면서도 궁극적인 정치적 자유는 용인하지 않는다. 구소련의 멸망, 상당수 동유럽 국가들의 자유주의로의 전환은 베이징에 많은 교훈을 주었다. 중국의 정치탄압은 과거 권위주의 한국이나 대만의 경우에 비해 비교할 수 없을 만큼 훨씬 더 혹독한데, 왜냐하면 이들 나라들에서는 몇몇 지식인, 야당 인사들을 체포하면서도 모든 조직의 형성까지 탄압하지는 않았고 그로 인해 상당수 체제 반대자들은 자기들이 원하는 관직을 차지하고 여러 지역에서 영향력을 발휘하는데 문제가 없었기 때문이다.

중국은 민주화가 진전되기 위한 사회적 여건에서도 불리하다. 한국이나 대만의 근대화가 두터운 중산층을 창출해내고 사회적, 지역적 평등을 이룬 것과 달리, 중국의 개혁, 개방은 해안과 내륙, 역동적 민간 기업과 정체된 국유기업 간의 소득 격차를 보이면서 계층 간 불평등을 생산해 내기 때문이다.[103] 중국에서는 1억 명에 달하는 새로운 중산층이 출현하고 있지만 그들은 전체 인구의 10% 이하이며 독자성이 약하다. 그것은 마오쩌뚱 시절 공산주의 사회 완성을 위해 중산층의 독립성을 완전히 제거한 것에 기인하는데, 그로 인해 오늘날 당의 노선에서 벗어나 독자적으로 활동하는 중산층의 숫자는 상대적으로 적다. 한국, 대만과는 달리 중국에서는 종교의 자유는 제한적이다. 당은 공식적으로는 종교를 탄압하지 않는다고 하지만 실제는 크게 다르다. 종교 집단이 당이나 공산주의 원리에 위반되는 교리나 행동을 보일 때 그에 대한 억압은 거의 자동적이다. 사상, 신앙의 자유가 특히 중요한 이유는 그것이 개인 권리 보장의 척도이기 때문이다. 한국이나 대만과는 달리 중국의 문자 해독률은 갈수록 낮아지는데, 이것은 중국 농민들이 어린이들을 학교에 보내는 대신 농장에서 일을 시키기 때문이다. 한국과 대만의 관료제도에서 미국, 유럽에서 교육받은 사람들이 중요한 역할을 하는 반면, 중국에서 이들은 배제된 상태에서 장쩌민, 리펑 같이 구소련에서 훈련받은 관료만이 주류에 편입된다. 그들이 한국이나 대

---

103 1980년대 초 통계에 따르면, 공산주의를 제외한 전 세계 자유주의 국가 중 분배가 가장 잘 된 나라는 일본, 한국, 대만 순이었다. 2018년 오늘날에도 세계 통계치의 기준인 지니 계수로 보면 한국은 미국보다 부의 분배가 훨씬 잘 된 나라 중 하나이다.

만에서와 같이 서구식 시민사회를 발전시키기는 어려울 것이다. 중국에서 민주화에 반대하는 세력은 생각보다 강력하다. 특히 혁명 원로의 자녀들, 경제, 기술 관료들이 신권위주의(Neo-authoritarianism)를 대체하는 신보수주의(Neo-conservative) 세력으로 떠오른다.[104] 이들은 과거 전체주의 원로들과 비슷하게 민주주의를 분열세력으로 간주하고 경제, 사회 전체에 대한 국가권력의 재중앙집권화를 선호한다. 많은 사람들은 1980년대 후반 이후 신권위주의를 선호해 왔는데, 신보수주의가 신권위주의를 대체하고 있다. 당국은 또 민족주의를 강조하며 반미, 반 서방 성향을 부추긴다.[105] 마오쩌둥의 파괴적 정책과 연루된 마르크스-레닌이즘이 휘청거리고 경직된 사회주의가 퇴조하면서, 중국 당국은 민족주의와 함께 싱가포르 형태의 권위주의적 서열, 위계질서를 옹호하는 유교식(Confucian) 사고를 통일적 행동양식으로 밀어붙인다.[106]

　　구세대에 의한 통치는 증대하는 다원주의 사회의 욕구를 보장하는데 역부족일 것이다. 민족주의와 유교도 다양하고 분권화된 중국의 변화를 막기는 어려울 것이다. 연방주의만이 여러 성, 지방의 다양한 요구를 한데 묶을 수 있는 정치제도일지 모른다. 많은 국민의 공분을 사고 있는 당, 징 관료들의 부패를 막기 위해서는 독립적 사법부의 법적 행동과 더 자유로운 언론이 필요할 것이다. 그래서 민주화는 중국에서 선택에 의해서가 아니라 필요에 의해서 진화할지 모른다. 중국은 민주주의로 갈 수도 있지만 아직은 불확실하다. 그러나 중국에 민주주의가 정착된다 하더라도 그것은 주변국과는 다른 중국식 민주주의일 것이다.[107]

104　신 권위주의는 전체주의가 권위주의로 퇴화하는 과정에서 활동한 사람들이 가진 생각인 반면, 신 보수주의는 과거 전체주의적 속성을 가진 보수 세력의 후예들이 가진 보수적 개념이다. 신 권위주의자들은 시장경제가 충분히 발달해서 중산층을 만들어 낸 이후에는 민주화가 점진적으로 허용될 수 있다고 생각하는 반면, 신보수주의자들은 민주화에 대해 훨씬 더 부정적인 생각을 갖고 있다.

105　반미, 반 서방 민족주의 경향은 1989년 천안문 사태는 서방이 부추긴 것이라는 베이징 당국의 견해에 의해 촉발됐지만, 그 성향은 1993년 중국이 2000년 베이징 올림픽 유치에 실패하면서 더 많은 국민들에게 더 급속한 속도로 확산됐다.

106　중국에서 유교, 공자학교가 새로이 등장하는 이유는 그것이 공산당 통치의 정당화에 유용한 권위주의적 위계질서 요소를 내포하고 있기 때문이다. Goldman, pp. 261-262.

107　2018년 현재, 중국에서 자유민주주의가 정착할 가능성은 거의 없는 것으로 보인다. 덩샤오핑, 장쩌민, 후진타오, 원자바오, 리펑을 넘어 시진핑, 리커창 등 중국 지도부의 어느 누구도 자유민주주의를 중국의 정치 대안으로 생각하는 사람은 없다. Ibid., p. 263.

2. 중국 대외정책의 성격과 미국의 정책방향

중국의 국내 정치·사회, 문화, 그리고 경제 변화에 대해 많은 전문가들이 희망적이면서도 가끔은 희비가 엇갈리는 미래지향적 견해와 분석을 담아냈을 때, 세계의 저명한 외교안보 전문가들은 중국의 국가적 성격과 미래 안보행동, 또 미국의 대중국 정책에 대해 어떤 생각을 가졌을까? 중국의 외교안보와 관련해 어떤 시각이 주류를 이루었고 또 그와 다른 생각은 어떤 것이 존재했을까? 1990년대 클린턴 행정부는 개입과 확대라는 온건한 안보정책으로 세계를 운영하겠다는 생각을 갖고 있었고, 특히 중국에 대해서는 그 나라를 개혁, 개방으로 이끌어 국제사회에 동참시키고 자유민주주의로 탈바꿈시켜 세계평화에 기여하게 만들어야 한다는 강한 신념을 갖고 있었다. 워싱턴의 안보 구상에 영향을 받고 또 그 의도를 뒷받침하기 위해, 그리고 중국 현실에 관한 여러 가지 측면을 고려해, 그 당시 많은 숫자의 전문가들은 미국의 대중국 정책으로 봉쇄보다는 개입을 지지했다. 그들이 개입을 옹호한 이유는 서로 다른 여러 가지 요인에 근거했다. 그것은 중국의 국가적 특성, 역사 인식과 세계관, 객관적인 외교, 군사 능력, 중국 국내의 상황 진전과 미래 행동에 관한 전망, 또 미국 능력의 한계와 대중국 봉쇄가 가져올 지구적 차원의 부정적 효과와 같은 다양한 요소를 포함했다.

데이비드 샴보우(David Shambaugh), 케네스 리버탈(Kenneth Lieberthal), 로버트 로스(Robert Ross)는 개입의 필요성을 주장한 대표적 전문가인데, 과연 그들의 주장과 분석은 어떻게 비슷하고 어떻게 달랐을까? 중국의 대외관계 분석에 있어서 샴보우와 리버탈은 로스에 비해 더 비슷한 견해를 보이는데, 왜냐하면 그 둘은 19세기의 치욕을 기억하고 피해의식을 가진 중국은 대외적으로 반미, 반서방적 수정주의, 방어적 민족주의를 추구한다고 인식하는 반면, 로스는 이미 동아시아 패권국으로서의 위상을 굳힌 중국은 수정 국가라기보다는 많은 면에서 미국에 협력을 제공하는 현상유지 국가라고 생각했기 때문이다. 그들은 개입의 필요성에 관한 이유에서도 약간의 차이를 보인다. 샴보우와 리버탈은 중국은 미국의 대외정책 목표에 부랑자로서 엄청난 피해를 입힐 능력을 갖고 있고, 그것은 미국 능력의 한계를 입증하며, 그로 인해 워싱턴은 봉쇄가 아닌 개입을 선택해야 한다고 생각했다. 반면 로스는 워싱턴에 대해 일정수준의 지렛대를 보유한 베이징은 미국에게 여러 사안에 있어 큰 상처를 입힐 수 있기 때문에 중국의 행동을 경계해야 하지만, 중국의 궁극적 능력은 21세기 오랫동안 취약할 것이기 때문에 현재 상태에서의 미국은 봉쇄보다는 개입이 더 합리적 선택이라고 주장했다. 그의 생각은 향후 베이징의 행동이 본격적으로 미국을 위협하면 그 때에 봉쇄를 추진해도 늦지 않다는 함의를 내포한다. 그래도 그들 모두는 중국의 입장과 위상을 배려하고 상호협력을 추구하는 것이 워싱턴의 더 안정적인 국제체제 운영에 도움이 될 것이라는 것에 동의했다. 한편, 개입에 비해 완전히 다른 견해를 제시하는 주장도 있었다. 개입이 아닌 봉쇄를 주장하는 견해는 그 당시에는 오히려 소수에 속했는데, 그것은 리처드 번스타인(Richard Bernstein)과 로스 먼로(Ross H. Munro)에 의해 제기됐다. 그 주장은 어떤 내용을 담았을까? 클린턴 행정부를 승계한 조지 W. 부시 행정부는 9·11 사태가 발생하기 전, 또 그 이후에도 거의 1년 동안 (러시아와) 중국을 미국에 대한 최대 위협으로 인식하는 경향을 보였는데, 과연 번스타인과 먼로는 선견지명을 가졌던 것일까? 오바마 행정부는 아프가니스탄 전쟁과 이라크 전쟁을 서둘러 종식한 이후 중국에 대한 재균형, 피보트 전략을 구사했는데, 역시 중국에 대한 봉쇄는 불가피했던 것일까? 2018년의 트럼프 대통령도 취임 전, 또 취임 후 중국에 대해 협력을 추구하면서도 불신하는 모습을 보이는데, 대중국 봉쇄는 그만큼 필요한 것일까? 일단 이들 네 명 전문가들의 개별적 주장과 분석을 검토하는 것은 그 당시 중국의 대내외적 상황에 대해 많은 것을 알려줄 것이다.

(1) 중국 대외정책의 구조와 미국의 온건 개입정책

샴보우는 클린턴식의 개입을 옹호한 대표적 중국 전문가 중의 하나인데, 그는 특히 중국 대외정책의 국내적 변수, 국내적 특성을 고려해 봉쇄가 아닌 개입을 주장했다. 비록 샴보우는 중국이 머지않아 강대국으로 부상해 미국에 도전할 것이라는 존 머샤이머(John Mearsheimer)의 주장을 비웃은 후 시간이 가면서 자기 견해와 예측이 틀렸음을 인정했지만, 그의 분석은 그 당시 중국의 대외정책을 이해하는 데 필요한 여러 대내외적 변수에 관해 많은 유용한 정보를 제공했다.[108]

■ 개입 대 봉쇄

오늘날 부상하는 중국을 어떻게 다루어야 하는가에 대해서 많은 논의가 진행되고 있다. 클린턴 행정부가 중국에 대해 온건의 개입을 추구하는 현실 속에서, 일부 전문가들은 봉쇄를 추진해야 한다는 주장을 제기한다. 그들은 많은 인구, 거대한 영토, 전통적 중화국가의 사고방식을 갖고 있는 중국은 필연코 미국 및 서방의 역할에 도전할 것이라고

---

108 머샤이머는 "중국의 비평화적 부상(China's Unpeaceful Rise)"이라는 논문에서 중국은 화평굴기라는 주장과는 다르게 비평화적 부상을 할 것이라고 분석했다. 오늘날 머샤이머의 분석은 세계적으로 많은 설득력을 얻고 있다.

생각한다. 중국의 강대국으로의 부상 잠재력은 간과될 수 없다. 중국 경제는 하루가 다르게 성장하고 그로 인한 군사력의 증강은 무시할 수 없다. 1990년대 초 이후 추진된 중국의 군사현대화는 그 실상을 감춘 채 은밀하게 진행된다. 중국은 서방이 주도하는 국제질서와 지역안보에 대한 궁극적 위험이 될 것이다. 세계 외교사는 부상하는 공세적 국가가 국제질서를 어지럽히면서 기득권세력에 도전하고, 패권적 제국을 형성하려는 수많은 예를 보여준다. 메이지 일본, 빌헬름 2세의 독일, 히틀러의 제3제국, 구소련 모두 그런 경우이다. 중국을 서방이 주도하는 국제질서 속으로 유도한다는 개입의 전략은 어리석고 나약한 발상이다. 그렇듯 봉쇄주의자들은 서방은 중국이 더 이상 성장하기 이전에 중국에 대해 강력한 봉쇄를 실시해야 하고, 그것만이 미래의 평화를 유지하는 최선의 방법이라고 주장한다. 그렇지만 많은 전문가들은 클린턴 행정부의 대중국 정책을 지지하고 중국에 대한 봉쇄는 잘못된 견해라고 반박한다. 그들은 중국을 둘러싸고 있는 대내외적 현실, 미국의 능력, 또 지구적 차원의 국제질서 유지를 위한 최선의 방식은 개입이라고 믿는다. 그들은 대화, 협력, 상호의존, 서로에 대한 존중만이 현재의 국제질서를 유지시키고 중국을 개혁, 개방, 그리고 책임 있는 당사국으로 만드는 길이며, 봉쇄는 실패할 것이라고 주장한다. 과연 어떤 견해가 더 타당성이 있고, 더 현실적이며 더 미래를 내다보는 관점인가? 이를 평가하기 위해서는 중국이라는 국가의 특수성, 중국의 국내 상황을 세밀하게 관찰해야 하는데, 그 이유는 국제정치는 국내 상황, 국내적 변수와 밀접하게 연계되어 있기 때문이다.[109]

■ 중국의 국가적 성격

중국은 어떤 나라인가? 중국은 비현상유지, 수정주의 국가로, 현재의 국제질서에 대해 커다란 피해의식과 불만을 갖고 있고 그것이 바뀌어야 한다고 생각한다. 중국의 인식에 있어서, 현재의 국제체제는 19세기 이후 서방이 세계 각지에서 패권주의, 제국주의를 자행하는 과정에서 창출된 불평등 구조를 갖고 있다. 영국, 프랑스, 독일, 그리고 심지어 일본도 가세해 거의 100년 동안 중국을 약탈했다. 아편전쟁은 영국이 중국과의 무역에서 적자를 메우기 위한 목적을 띠었고, 난징조약을 포함해서 그 이후의 중국 대외관계는 피

---

109 일본은 메이지 유신에서 근대화, 부국강병을 추구했고, 그것은 도쿄의 대외팽창 기틀을 제공하는 계기가 됐다. 빌헬름 2세는 티르피즈(Tirpitz) 계획으로 해군력을 확충하고 영국의 제해권에 도전해 결국은 제1차 세계대전의 주역이 됐다. 히틀러는 제2차 세계대전, 구소련은 냉전의 주역이었다. David Shambaugh "Containment or Engagement of China?" International Security, Vol. 21, No. 2 (Fall 1996), pp. 182-185.

해의 연속이었다. 미국은 영국, 프랑스를 계승한 또 다른 약탈적 서방세력의 하나이다. 오늘날은 미국이 유일 초강대국으로 기능하면서 모든 파워와 영향력을 행사하고 자연히 많은 정치, 경제적 이익이 워싱턴에게로 돌아간다. 오늘날의 국제질서 형성에 중국은 긍정적, 자발적으로 참여한 적이 없으며, 오로지 피해자였을 뿐이다. 베이징의 인식에, 구소련 붕괴 후 재구성된 미국 중심의 국제질서는 시정돼야 하고 중국은 자국에 걸맞는 정치, 군사적 위상을 회복해야 한다. 중국은 미국의 세계적 파워, 월등한 영향력을 약화시키고 대등한 미·중 관계를 구축해야 한다. 중국은 과거의 빛나는 역사를 되찾아야 하고, 아편전쟁 이후 부과된 불평등의 치욕을 또다시 반복하는 잘못을 저지르지 말아야 한다. 중국은 세계에서 가장 오래되고 영광된 역사를 가진 제국이었다. 동아시아 지역에서, 중국은 과거의 우월했던 조공체제에 근거한 역사적 위상을 기억하고 오래전의 영광을 되찾아야 한다는 역사적 사명감을 갖고 있다. 현대판 조공질서는 중국을 지역적 위계질서의 정점에 위치시키고 베이징의 찬란했던 정치적 영향력을 회복시킬 것이다. 국제경쟁에서 승리하고 역내 패권국이 되기 위해 중국은 때로는 군사력에 의존해야 할 경우가 있을 것이며, 한국 선생, 중·인 국경분쟁, 베트남전쟁에서의 중국 역할은 모두 베이징의 확고한 역사적, 정치적 사명감의 발로였다. 베이징은 후견－피후견(patron-client) 관계를 토대로 주변국의 복종과 존경을 희망한다. 그럼에도 불구하고 중국이 기존의 국제질서를 쉽게 바꾸지는 못할 것이다. 미국이 주도하는 서방과 중국의 힘의 차이는 하루아침에 좁혀지지 않을 것이다. 국제정치의 가장 중요한 수단인 군사력과 경제력에서 중국의 힘은 미국과 서방에 도전하기에는 역부족이다. 중·러 관계가 진전되고 있지만 아직 그것은 국제질서의 현실을 뒤집기에는 충분하지 못하다. 중국의 세계에 대한 영향보다는 세계의 중국에 대한 영향이 더 클 것이다. 시장 개혁, 개방은 서방의 지원과 협력을 필요로 하고, 중국이 제2차 세계대전 이후 미국이나 소련이 행사했던 영향력을 보유하기는 어려울 것이다. 중국은 짧은 기간에 과거 냉전시대 미국이나 소련이 누렸던 초강대국의 지위를 갖지는 못할 것이다.[110]

■ 대외정책 결정의 세 가지 국내 변수

중국의 국가적 특성이 반미, 반서방적이고 현존하는 국제질서의 변화를 선호하는 상황에서 그 대외정책을 더욱 자세히 이해하기 위해 필요한 것은 대외정책 형성과정에 관한 관찰과 인식이다. 중국의 대외정책은 국내정치 맥락, 의사결정 과정, 엘리트의 세계관

110 Ibid., pp. 186-187.

이라는 세 가지 국내적 요소에 의해 결정적으로 영향을 받는다. 첫째, 중국 국내정치는 현재 몇 가지 특수한 상황에 처해 있는데, 그 중 우선적인 것은 승계정치가 임박해 있다는 사실이다. 덩샤오핑이 연로하고 병들어 차기 후계자가 대두되는 상황에서 현재 각축하는 총서기 장쩌민, 총리 리펑, 전인대 의장 차오스 중 그 어느 누구도 미국이나 서방과 쉽사리 타협하거나 상대방의 요구를 순순히 받아들일 수 없다. 그 이유는 그런 타협적 행동은 국민들에게 중국의 이익을 포기하는 것으로 비쳐지고 그 즉시 권력투쟁에서 밀려나기 때문이다. 그런 논리는 그들에게 민족주의적이고 강경하며, 남중국해, 대만문제, 미·중 관계를 포함해서 어떤 문제에서도 양보적 태도를 취할 수 없게 만든다. 미국이 대만 대통령 리덩후이에게 비자를 발급했을 때 장쩌민이 고위 장성들의 조언을 받아들여 대만 인근에 고강도 미사일 훈련을 한 것(1995-1996)이 대표적인 예다.[111] 국내정치의 맥락에서 또 다른 중요한 면은 체제의 취약성(system fragility)인데, 이 역시 베이징으로 하여금 강경하고, 반서방적으로 행동하게 만드는 요인이다. 오늘날의 중국은 획기적 발전에도 불구하고 많은 대내외적 문제에 직면해 있다. 공

미사일 훈련

산주의 이데올로기와 공산당의 정통성 약화, 범죄, 부패, 마약, 밀수, 도시 빈민, 지역 및 계층 갈등, 그리고 지방에서의 실업률 증가, 또 5천만 명을 고용하는 12,000개에 이르는 국유기업의 2/3가 개혁을 필요로 하는 적자투성이라는 사실은 중국의 미래에 대한 엄청난 도전이다. 역사적으로 중국은 체제가 취약할 때 외부 간섭을 자국을 전복하려는 시도로 해석해 왔는데, 지금의 베이징 역시 미국의 개입을 비슷한 시각에서 인식한다. 지금과 같이 국내외적 문제가 산적해 있을 때 워싱턴이 수시로 인권, 민주화, 지적재산권 보호, 군비통제를 거론하는 행위는 베이징에게 중국의 약화와 체제 전복의 불순한 의도에서 비롯된 것으로 해석하게 만든다. 국내정치와 관련된 마지막 현실은 중앙의 지방에 대한 통제약화로, 이것은 서방이 원치 않는 현상이 나타나게 만드는 요인으로 작용한다. 오늘날

---

111 후계 권력승계 구도에서 가장 유리한 것은 장쩌민인데, 그 이유는 그는 오랜 기간 덩의 지원을 받아 국민들에게 지도자로 각인돼 있고 동시에 상하이, 산동(Shandong) 지방에 지역적 기반과 함께 군부의 지지를 받고 있기 때문이다. 권력 승계에 관련되어 있는 지도자들은 누구를 막론하고 대외정책이나 안보정책에 있어서 강경하고 민족주의적으로 행동하지 않을 수 없다.

당, 중앙정부는 외교, 군사, 세금징수와 같은 국가적 사안은 확고히 통제하고 있지만, 성 및 그 하부단위에서 이루어지는 모든 세부적 사안에 대해서 감독하기는 어려운 실정이 다. 실제 수많은 국제교류가 베이징의 감시 밖에서 이루어진다. 지방의 국영 핵관련 기업 이 파키스탄에 플루토늄 장치와 무기를 수출해 핵 기술을 유출하는 것, 또 지방의 회사들 이 정보통신 첨단 기술을 무단 밀수해 지적 재산권을 위반하는 것은 대부분 그런 경우에 속한다. 지방당국은 세계무역기구 조항 위반에 둔감하며, 사기업들은 감옥에서 만든 물건 을 수출하기도 한다. 베이징 중앙정부가 서방이 원치 않는 일들을 의도적으로 자행하는 것은 아니다. 이것은 많은 일들이 중앙통제가 미치지 않는 지방의 먼 곳에서 벌어지기 때 문이다.[112]

　　대외정책 형성에 영향을 미치는 두 번째 요소는 의사결정 과정이다. 여러 제도와 개 인은 정책 형성에 큰 영향을 미친다. 대외정책, 안보정책, 군사정책의 결정기구와 관련 인물은 누구이며, 이들은 어떤 성향과 특징을 갖고 있는가? 일단 외교문제의 실무 결정은 첸치천 외교부장과 소수 외교부 고위관리들이 담당하고, 국가안보, 군사문제는 당 중앙군 사위원회와 인민해방군 참모본부에서 1차로 결정한다.[113] 그 이후 이들 부서에서 결정된 사항들은 공산당 정치국과 그 상임위원회에서 최종 확정된다. 정치국 상임위원회는 구체 적 결정을 최종 점검하는 동시에 대외, 안보정책의 거시적 방향, 일반 노선을 결정하고 중요한 외교문제나 정부 간 이견을 조정한다. 과거에는 마오쩌둥, 저우언라이가 대외, 안 보정책에 결정적 영향을 미쳤지만, 1980년대로 들어오면서 정치국 상임위원회의 집단적 의사결정 체제가 확립됐다.[114] 국방문제는 대체로 총서기 장쩌민, 중앙 군사위 부위원장 인 류화칭(Liu Huaqing), 국방장관 자오위안(Chi Haotian)이 주도하고, 군사문제 전반을 다 루는 중앙 군사위원회에서는 특히 정치국 상임위원직을 동시에 수행하는 류화칭 제독의 발언권이 크다. 당 정치국 상임위원을 겸임하고 있는 경제부총리 주룽지는 측근 리란칭 과 함께 국제무역, 재정 등의 경제 문제에 큰 영향력을 가진다.[115] 장쩌민은 당 총서기와

112　Shambaugh, "Containment," pp. 188-196.

113　첸치천은 1988년 4월부터 1998년 3월까지 외교부장, 1993년부터 2003년까지 국무원 부총리로 재직했 다. 그는 2017년 5월 사망했다.

114　저우언라이의 한국명은 주은래이다.

115　주룽지는 1988년 상하이 시장으로 푸둥(Pudong) 지역 발전의 주역이었고 천안문 사태 이후에는 장쩌민 후임으로 상하이 시위원회 서기, 또 1991년에는 국무원 부총리, 1992년에는 정치국 상무위원이 되었으 며, 1993년에는 중국 인민은행 총재를 겸직하면서 그 당시 가장 큰 경제문제였던 인플레이션을 성공적으 로 억지했다. 그는 1998년 3월부터 2003년 3월까지 5년간 국무원 총리로 재직했다. 리란칭은 1980년대 에 텐진시 부시장, 상무부 부부장을 거쳐 1990년 대외경제무역 부장을 역임했다. 1997년에는 정치국 상

국가주석의 자격으로 전반적인 외교, 군사문제에 큰 영향력을 행사하지만, 외교보다는 안보, 국방 문제에 더 치중하는 편이다. 총리 리펑은 외교문제 전반에 장쩌민보다 더 깊이 개입돼 있고, 특히 미국, 러시아, 유럽 관련 문제에 더 신경을 쓴다. 차오스는 전국인민대표대회 의장으로 외교문제에서 아시아, 중동, 아프리카, 남미 쪽에 더 많이 개입한다. 이들 몇몇 주요 인사들과 기구들이 외교, 안보의 최종 결정자로 역할을 하는 한 중국의 서방에 대한 인식과 정책은 반서방적 성향을 띨 것이다.[116]

　　대외정책 형성에 영향을 미치는 세 번째 변수는 파워엘리트들의 세계관이다. 현재의 주요 엘리트들은 장쩌민, 리펑, 차오스, 류화칭, 주룽지, 첸치천, 리란칭을 포함해 1950년대 소련에서 교육 받은 60대 원로들이다. 이들은 서양 제국주의에 대한 반감, 소련에서의 공산주의 교육과 사회화의 영향으로 반미, 반서방적 고정관념을 갖고 있다. 이들은 미국을 신뢰하지 않으며, 미국의 국제적 주도권을 견제하기 위해 러시아와의 관계개선 필요성에 강하게 집착한다. 러시아에 대한 중국 파워엘리트들의 우호적 인식은 구소련 붕괴 이후 중·러 관계가 다시 급속히 가까워지는데 기여했고, 그것은 양국 간 수많은 외교, 군사협력과 사회교류로 이어졌다. 양국 간에는 100개 이상의 양자협정이 체결됐고, 특히 모스크바는 베이징에 서방이 수출을 금지하는 수많은 전략무기와 해, 공군 첨단 무기 및 관련기술을 판매했다. 결국 1996년 4월 옐친의 베이징 방문 시 중·러 양국은 미국의 국제적 주도권에 반대하는 '전략적 동반자 관계'를 체결했다. 이들 파워엘리트들은 천안문 사태는 미국과 서방이 중국 붕괴를 위해 뒤에서 지원, 부채질했다고 믿는다. 그들에게 '평화로운 진화'는 중국의 붕괴를 시도하는 술책으로 간주된다. 1980년대 중국에 급속히 전파된 자유주의 사조는 중국이 밝은 미래를 창출하는데 도움이 되지 않는다. 중국에 우선적으로 필요한 것은 정치적 단결, 경제발전, 군사 현대화이고, 미국이 주장하는 인권과 민주화는 중국을 분열시킬 뿐이다. 중국인은 단합하여 서방의 침투를 막아야 한다. 역사를 돌이켜 보면, 19세기 내내, 또 20세기 전반기에 걸쳐 중국은 서구 제국주의의 희생물이었다. 국토의 대부분은 패권주의 세력의 개별적 영향권으로 쪼개졌다. 수많은 서구 강대국들은 중국을 유린했고, 과거의 위대함과 영광은 수치스런 과거로 퇴색했다. 앞으로도 이런 경향은 멈추지 않을 것이다. 중국은 강화된 민족주의로 무장해 미국과 서방의 침투

　　무위원, 1998년 국무원 상무 부총리로 임명되어 주룽지의 업무를 보좌했다.

116 중앙 군사위원회 주석은 장쩌민이다. 장진(Zhang Zhen) 역시 중앙 군사위 부주석이었지만 국방 문제에 관해서는 류화칭 제독이 더 큰 발언권을 갖고 있었다. 류화칭은 소련 유학파 출신으로 1982~1988년 해군 사령관으로 재직했고, 중국 해군의 핵잠수함 개발을 주도하고 일찍부터 항공모함 보유 필요성을 주장했다. Shambaugh, "Containment," p. 198.

를 막아야 한다. 소련 붕괴 후 미국은 세계 유일의 초강대국으로 등장했고, 중국은 미국의 국제적 주도권에 굴복하지 말아야 한다. 과거의 치욕, 불평등, 잃어버린 위대함을 기억하는 파워엘리트들의 방어적 민족주의는 중국의 힘이 커지면서 그 대외정책을 더 공세적으로 몰아갈 것이다.[117]

■ 개입의 필요성

중국의 대외, 안보정책 결정 과정을 들여다보면, 외부 세계가 중국을 어떻게 대해야 할까는 명확해진다. 한 가지 확실한 것은 국내 정치 우선의 경향, 의사결정의 과정, 엘리트 세계관에 비추어 베이징은 워싱턴과 쉽사리 타협하지 않을 것이라는 것이다. 향후 오랜 기간 중국은 대외관계를 국내 우선적 시각에서 해석할 것이다. 미국이 봉쇄를 강요한다면 그것은 미·중간에 커다란 불화를 초래하고 베이징의 방어적 민족주의는 워싱턴에 대한 엄청난 분노, 돌이킬 수 없는 반목으로 귀결될 것이다. 봉쇄는 워싱턴이 의도하는 중국의 개혁, 개방, 인권, 민주주의를 유도하지 못하고 서방의 여망에 정반대의 결과를 가져올 것이다. 미국이 봉쇄를 추진한다 해도 그것은 성공하지 못할 것이다. 데탕트 이전 미국의 중국 봉쇄는 성공하지 못했고, 오늘날에도 유럽연합, 일본, 아세안은 이미 대중국 봉쇄를 원치 않는다. 미국은 국제질서를 파괴, 불안정화 시키고, 세계경제, 국제환경을 파괴시킬 수 있는 베이징의 능력을 과소평가하지 말아야 한다. 개입에 대해서도 중국은 그것을 별로 달가워하지 않을 것이다. 베이징은 개입을 서방이 선호하는 개혁, 개방, 자유주의 국제 규범의 수용을 추구하는 부드러운 봉쇄(soft containment)로, 또 중국으로 하여금 미국이 관리하는 국제 위계질서에 복종하게 하는 목적을 가진 위장된 봉쇄로 간주할 것이다. 개입은 궁극적으로 다자주의, 국제주의, 상호의존을 확대시켜 중국을 미국적 국제질서 속으로 끌어들이려는 책략으로 인식될 것이다. 개입은 그렇듯 쉽지 않다. 그럼에도 불구하고 개입 이외의 대안은 찾기 어려울 것이다.[118]

---

117 중국과 러시아는 공통 인식을 발전시켰는데, 그것은 나토는 동유럽으로 전진해 모스크바의 전략적 이익을 위협하고 동아시아의 미·일 군사동맹 강화는 베이징의 지역적, 지구적 역할을 제한한다는 것이었다. 옐친과 장쩌민은 여러 계기에 미국이 국제적 주도권을 행사하는 것에 대해 공통적으로 강력한 거부감을 표시한 바 있다. Ibid., pp. 201-203, 205.

118 Ibid., pp. 206-207.

(2) 대중국 개입정책의 필요성

리버탈 역시 봉쇄에 반대해 대중국 개입정책을 주장한 저명한 학자 중의 하나이다. 그는 중국을 어떻게 평가했고 그가 개입을 주장한 배경은 무엇인가? 그는 미·중 관계는 베이징이 제기하는 외교, 군사, 경제 등 다양한 국내외적 문제로 인해 긴장되어 있지만 양국 간의 복잡하고 어려운 관계는 일정부분 워싱턴의 잘못된 행동 자체에서 유래하고, 중국의 역사적 인식과 전반적 능력, 미국 능력의 한계, 또 미국의 현 국제질서 유지 필요성과 미래 이익을 감안해 워싱턴은 봉쇄가 아닌 온건한 개입을 추진해야 한다고 분석했다.

■ 중국이 제기하는 문제점

오늘날 세계에서 가장 관심을 끄는 아시아 국가는 중국이고, 그 나라에 관한 수많은 보도와 의견이 존재한다. 세계는 그동안 중국이 어떻게 변화해 왔으며 현재는 어디에 위치하고 미래에는 어떤 길을 갈 것인가에 관해 세심한 주의를 기울인다. 중국은 어떤 나라이고, 오늘날 대내외적으로 어떤 현실에 처해 있는가? 서방이 보기에는 중국은 아직 문제덩어리이다. 오랜 개혁, 개방에도 불구하고 중국은 비 자유주의, 공산 국가로 그곳에서 법치는 확고하지 못하고 정치는 권위주의적이다. 정부에 대한 지식인들의 비판은 즉각적 검열의 대상이고 개인에 대한 체포는 영장이 없이도 가능하다. 경제는 사회주의 시장경제를 지향하면서 수요와 공급 원칙이 상당부분 도입됐지만 핵심적 측면에서는 자유주의 시장경제가 아니다. 국유기업은 전체 산출량의 상당부분을 담당하고 경제발전 계획, 금융의 역할, 사기업 발전에 관한 정부의 지침 등 여러 측면에서 그 경제가 진정한 시장경제로 갈지는 의문이다. 사회적으로도 많은 문제가 산적해 있다. 국민들 대다수는 광범위한 부패를 혐오하고, 수천만의 유동층은 주요 도시로 몰려들며, 국유기업 근로자들은 시장경제 발전의 효과를 두려워한다. 환경오염, 빈부격차, 교육의 질 저하는 또 다른 예다. 동시에 중국은 많은 대외적 문제를 야기한다. WMD 부품 수출은 이란, 이라크, 북한과 같은 불량국가로 흘러들어가고, 이것은 세계 안보 불안정의 요인으로 작동한다. 남중국해에서 중국의 공격적 행동은 역내 안보 불안정의 원인이다. 국방비 증가에 관한 확실한 통계는 부재하고, 수많은 핵실험은 국제적 여망에 찬물을 끼얹었으며 안보관계자들을 우려하게 만든다.[119] 중국은 아직 서방이 기대하는 그런 성격의 나라가 아니다. 온건, 개방노선을 추구하는 덩샤오핑의 퇴장이 가시화되면서, 군부 강경노선이 등장하는 새로운 가능성을 예

119 중국은 1996년 포괄적 핵실험 금지조약(CTBT)에 가입하기 전까지 총 46차례의 핵실험을 실시했다.

의 주시할 필요가 있다. 리덩후이 사건이 발생했을 때 장쩌민은 처음에는 화석연료 및 미사일 기술통제와 관련된 분야에서의 대화 연기와 같은 온건노선을 택했지만 나중에 공산당 회의 이후에는 군부의 강경입장을 수용했다. 그것은 워싱턴에 대한 삭막한 수사, 많은 미·중 대화의 취소, 주미 중국 대사의 소환, 미국 군사고문단의 추방, 또 미사일 시험발사를 포함하는 도전적이고 도발적인 강경 접근법으로의 선회를 유도했다. 군부의 목소리가 커지는 것은 서방이 옹호하는 원칙적 차원에서의 민군관계에 좋은 소식은 아니다.[120]

■ 미국과 중국의 상호 인식

미국은 중국에 관해 많은 것을 부정적으로 인식하는 경향이 있다. 예컨대 공산당에 대한 국민의 신뢰는 저하되고, 정치과정의 투명성은 결여되며, 진정한 민주, 인권은 아직 갈 길이 먼 것으로 인식된다. 권력 누수로 인해 지적 재산권 준수를 포함하는 베이징의 명령은 지방에서 잘 준수되지 않고, 지방 관리들의 부패는 심각하다. 많은 반체제 인사들은 지속적으로 억압당하고 언론의 자유는 불확실하다. 미국은 대체로 베이징의 대외행동 역시 문세로 인식한다. 리덩후이 사건을 빌미로 한 대민해협에 대한 세 차례에 걸친 엄청난 양의 미사일 투척은 동아시아 안보를 불안정화 시키고, 이란과 파키스탄에 대한 핵기술과 미사일기술 판매는 대량살상무기 확산을 촉진시키며, 대대적인 국방비 증가는 국제적 추세에 역행한다. 그것은 미국과 서방에게 통제하기 어려운 중국은 아시아의 주요 도전이 될 것이라는 함의를 갖고 있다.[121] 그러면 중국은 미국을 어떤 대상으로 인식하는가? 한마디로 중국은 미국에 대해 엄청난 거부감과 의구심을 갖고 있다. 정치 엘리트, 지식인, 일반 대중의 상당수는 워싱턴이 거만하고, 서방의 잣대를 일방적으로 강요하며, 내정에 간섭하고, 중국의 부상을 방해한다고 믿는다. 이들은 베이징이 미국의 요구에 저항해 민족주의적이고 자신감을 갖고 행동해야 한다고 생각한다. 데탕트 이후 진행되어 온 미·중 협력에도 불구하고 중국 내에는 미국에 대한 상당한 불신이 존재한다. 이것은 비단 리덩후이 사건뿐 아니라 잠재의식 속에 내재된 19세기 이후의 역사적 굴욕에 대한 생생한 기억 때문이기도 하다. 대부분의 중국인들은 미·중 협력이 불가능한 것은 아니지

---

120 리덩후이의 미국 입국 결정 당시, 베이징 당국은 중국정부와 인민들은 국가 주권을 수호하고 조국의 평화통일 실현을 위해 어떠한 도전에도 대응할 것이라는 항의 성명을 발표했다. 미국을 방문 중이던 위전우 공군사령관은 일정을 취소하고 귀국했고, 리구이시엔 국무위원의 방미 계획이 취소됐으며, 츠하오티엔 국방장관의 6월 방미 계획이 취소됐다. Kenneth Lieberthal, "A New China Strategy," Foreign Affairs, Vol. 74, No. 6 (November/December 1995), pp. 38-39.

121 1995년 중국은 파키스탄에 M-11 미사일 기술을 이전했다.

만, 자국의 핵심 이익을 보호하고 주권 문제에 강경하며, 대만, 센카쿠 열도, 남중국해 도
서 같은 영토문제에 관해 양보하지 말아야 하고, 서방의 굴레에 또다시 구속되지 않도록
민족주의와 함께 힘을 길러야 한다고 생각한다. 상처받은 자존심, 과거의 영광, 방어적
민족주의가 이들의 뇌리에 깊이 박혀있다.[122]

■ 미국 대중국 정책의 문제점

서방을 대표하는 미국은 중국이 제기하는 문제를 어떻게 처리해야 하나? 중국의 바
람직하지 않은 몇몇 행동에도 불구하고 워싱턴은 중국의 안정, 지속적 개혁, 개방, 국제
적 협력 유지에 큰 이익을 갖고 있다. 비록 중국이 아직 많은 문제를 야기하고 그 미래에
대한 확신은 없지만, 그동안 그 나라가 걸어온 길을 감안해야 한다. 십수년 간의 개혁,
개방, 시장 경제의 진전, 안보 문제에 관한 협력은 미국과 서방에게 중요한 자산이다. 세
계와 아시아 지역에서 중국의 협력을 유도하고 그 나라가 현재의 추세를 유지할 수 있도
록, 워싱턴은 중국을 서방이 주도하는 국제질서 속으로 끌어들이는 노력을 계속해야 한
다. 중국이 반발할 경우 그로 인한 피해는 생각보다 엄청날 것이다. 미국과 중국은 서로에
게 어려운 파트너이다. 두 나라 관계는 오랜 협력에도 불구하고 일정수준의 불신, 오해를
내포하고 있다. 양국 관계가 중국이 제기하는 문제로 인해 어려움을 겪는 것은 사실이지
만, 다른 한편 그 어려움의 상당부분은 워싱턴의 행동 자체에서 유래한다. 미국이 천안문
사태를 계속 거론하면서 중국 지도자들을 도덕적으로 부적절한 것으로 폄하하는 것은 그
들을 화나게 만든다. 또 중국은 냉전 종식 후 미국이 더 이상 자국을 과거 소련 반 패권주
의 동반자와 비슷하게 필수불가결한 존재로 인식, 대우하지 않는 것에 당황, 경계한다. 워
싱턴의 많은 결정은 베이징으로 하여금 불확실하고, 의심스럽고, 불안한 감정을 갖게 만
든다. 현재 클린턴 행정부의 대 중국 정책은 포괄적 개입(Comprehensive Engagement)이고,
그 조건은 서방이 창출한 국제질서와 국제 윤리규범을 베이징이 수용하는 것이다. 그러
나 워싱턴 정치과정의 일관성 부족과 잦은 정책 변경은 미국에 대한 신뢰도를 저하시킨
다. 클린턴은 처음에 최혜국 지위와 중국 인권을 연계시킨다고 말했지만 마지막 순간에

---

122 중국은 대만 인근에 미사일을 시험 발사하면서 동시에 1996년 3월 12-20일 중국 남부와 대만 사이의
동중국해에서 합동 군사훈련을 실시했다. 이 군사훈련과 관련해서 장쩌민 총서기는 그것이 1996년 3월
23일 실시되는 대만 총통 직접 선거에서 리덩후이에 대한 반대를 표시하는 목적이 있음을 공개적으로 시
인했다. 그는 타이완 당국이 분토로부터 분리 움직임을 포기하지 않는 한 이를 저지하기 위한 중국인들의
투쟁은 단 하루도 중단되지 않을 것이라고 말했다. 대만은 이에 대응해 예정보다 한 달 앞당겨 미사일 기
지를 완공했다고 발표하면서 준 전투상황을 발동했고, 미국의 윌리엄 페리 국방장관은 베이징의 미사일
발사는 동아시아 안정을 해치는 행위라고 비난했다. Lieberthal, pp. 35, 39, 41.

이를 철회했다. 리덩후이에 대한 비자 발급은 공화당 의회와 대중의 압력에 의해 베이징과의 처음 약속을 뒤집은 것으로, 중국인들의 엄청난 반발에 부딪쳤다. 워싱턴의 각 관료부서는 각자에게 주어진, 서로 조정되지 않은 상충되는 정책을 추진해 베이징을 혼란스럽게 만든다. 국무부가 인권과 핵확산을 비난할 때 국방부는 군부 간 교류를 제안하고, 무역 대표부가 지적재산권과 관련하여 제재를 거론할 때 상무부는 무역과 투자증진을 추진한다. 미국 의회의 일방적 요구도 문제를 야기한다. 1995년 초 공화당 의회는 클린턴 행정부에게 인도의 달라이라마 망명 정부의 정통성을 인정하고 티베트의 독립을 인정하라고 요구했는데, 이것들은 베이징에게는 받아들이기 어려운 엄청난 분노의 대상이다. 이것은 신장의 경우와 비슷하게 서방의 중국 분열책동으로 인식될 뿐이다. 지난 2년간 무역, 군사, 인권을 포함하는 모든 주요 미·중 관계의 영역에서 워싱턴이 제대로 우선순위를 설정하지 못한 것은 미국에 대한 중국의 반감을 증대시키는 큰 원인이 됐다.[123]

■ 봉쇄가 아닌 개입

어떻게 중국을 나루어야 하나? 일부 선문가들은 중국이 제기하는 상기석 위협을 감안하여 소련식 붕괴가 최선의 방책이라고 주장한다. 그러나 봉쇄는 많은 부작용을 가져와 결국은 실패할 것이다. 봉쇄는 중국 내의 민족주의를 자극하고 군사적 도전을 야기해 중국을 지역적, 지구적 수준에서 부랑자로 행동하게 만들 것이다. 베이징의 협력이 없다면 북한 핵문제는 더 큰 수렁으로 빠질 것이며, 불량국가들의 핵무장은 가속화될 것이다. 미·중간의 대결이 더 가시화되면, 중동의 이란, 중앙아시아의 이슬람 국가들 역시 반서방의 경향으로 돌아설 것이다. 대만 안보는 위협받고 동남아시아 국가들은 위협을 느낄 것이다. 러시아의 행동 역시 덜 바람직한 방향으로 향할 것이다. 베이징의 나쁜 행동에 대한 워싱턴의 제재는 미·중 관계를 더 큰 위험에 빠뜨릴 것이다. 봉쇄는 아시아를 분할하고, 지역의 번영, 안전, 평화를 감소시킬 것이며, 역내 국가들의 국수주의를 강화시킬

· ·

123 1980년대에 달라이 라마는 티베트를 대만과 같이 일국양제의 일부로 대우해 줄 것을 요구했으나 베이징은 이를 거부했다. 1987년 그는 미국 의회에서 중국 군대가 철수하고 티베트의 안전을 보장한다면 티베트는 중국의 주권을 인정할 수 있다는 티베트 5개 평화계획을 발표했다. 그러나 1992~1993 베이징과의 협상에서 달라이라마는 티베트의 진정한 자치를 요구했다. 그렇지만 이 협상은 티베트 자치구역 경계설정을 놓고 결렬됐다. 달라이라마는 더 넓은 중국 서부 3구 지역의 자치를 요구했고, 베이징은 더 협소한 티베트 자치구만을 허용할 수 있다는 입장을 고수했다. 달라이 라마는 1994년 클린턴 대통령과의 면담을 통해 티베트 문제를 과거보다 더 국제화시켰는데, 이 과정에서 미 공화당 의회는 클린턴 행정부에게 베이징에 티베트 독립을 밀어붙이라는 압력을 가했다. 그러나 베이징은 티베트는 중국의 일부이며 대만과는 위상이 다르다는 입장에서 한 치도 물러서지 않았다. Ibid., pp. 42-45.

것이다. 워싱턴은 양자 및 다자접근을 활용해 베이징과 더 안정적 관계를 창출해야 한다. 워싱턴은 유럽, 일본, 그리고 아시아의 다른 나라들이 중국의 국제사회로의 통합을 지지하도록 영향력을 발휘해야 한다. 중국이 협력하지 않고 제멋대로 행동할 경우 국제사회는 큰 대가를 치를 것이다. 동아시아에 전진 배치된 미군은 봉쇄가 아니라, 아시아의 평화유지와 베이징의 불필요한 도발을 심리적으로 억지하는 데 필요하다. 미국의 인권과 민주주의에 대한 옹호는 그대로 지속돼야 하지만, 이것은 미·중관계의 가장 중요한 핵심 요소가 되어서는 안된다. 미국은 자유민주주의의 원칙을 지키면서도 중국 지도자들을 존경으로 대우하고 국내 문제에 대한 간섭을 자제해야 한다. 중국과의 불화는 많은 전략, 경제적 손실을 초래할 것이다. 워싱턴에게는 중국의 개혁, 개방, 그리고 지구적 체제 속으로 통합시키는 방안의 추진이 가장 합리적인데, 이것은 특히 미국의 허약한 지렛대, 의지와 재원의 부족을 감안할 때 더욱 그렇다. 워싱턴이 중국을 미국이 원하는 대로 통제, 움직일 수 있다는 생각은 착각이다. 미·중의 세력 균형에서 중국의 능력은 과소평가되지 말아야 한다. 안정되고 응집력 있는 중국은 군사력 건설을 필요로 하지 않을 것이다. 개혁적이고 근대화하는 중국은 중산층을 생성해 내고, 시장체제로 나아가 법의 지배를 선호하며, 번영하는 국민은 국제적 윤리규범과 국제질서를 수용할 것이다. 건설적 미·중 관계는 베이징으로 하여금 대만 문제, 북한 핵문제, 남중국해, 동중국해의 영토분쟁, 또 더 나아가 이라크, 보스니아에서의 군사 작전이나 무역, 환경, 핵확산을 포함하는 수많은 국제 문제 해결에 크게 기여하게 만들 것이다. 서방이 중국을 해체시키려 하지 않는 한, 베이징은 아마 미래에 건설적으로 행동할 것이다.[124]

(3) 현실주의적 개입정책

많은 전문가들이 중국에 대해 우호적 견해를 피력하고 미국의 대중국 정책은 개입이어야 한다고 주장할 때, 그들의 생각은 몇 가지의 공통점을 갖고 있었다. 예컨대 중국은 19세기 이후 서방 패권주의의 희생물이고, 중국은 상처받은 방어적 민족주의를 갖고 있으며, 서방은 중국의 비통한 심리, 역사적 현실을 이해해 줘야 한다. 중국은 일정수준의 힘을 갖고 미국에 도전하면서 서방이 설계, 운영하는 국제 정치, 경제, 안보질서를 훼손할 수 있고, 그래서 여러 사정상 미국과 서방은 강경한 봉쇄보다는 온건한 개입을 추진해야 한다. 그러한 것들이 대 중국 개입정책 주장의 주요맥락이다. 로스(Robert Ross)는

124 Ibid., pp. 46-49, 35-37.

이와는 약간 다른 뉘앙스를 풍기지만 기본적으로 유사한 시각에서 중국에 대한 봉쇄보다는 개입정책을 옹호했다. 그는 다음과 같이 주장했다. 중국은 21세기에도 한동안 전략능력이 약할 것이다. 오늘날의 중국은 미국과의 갈등을 원치 않고, 오히려 세계경제에 참여하고 지역안정을 선호하는 현상유지 국가이다. 일본, 아세안 국가들과도 분쟁을 원치 않는다. 군사비 지출도 낮은 수준이다. 그렇지만 중국은 국제 레짐(regime), 지역분규를 심하게 악화시킬 수 있는 상당히 강력하고 유용한 카드를 갖고 있다. 미국의 대중국 정책은 추후에 꼭 필요하면 봉쇄를 할 수도 있지만 현재의 여러 사정상 일단은 개입을 추진하는 것이 더 합리적이다. 로스의 주장이 샴보우, 리버탈과 약간 다른 점은 그들은 중국이 피해자라고 생각하는 것과 대조적으로, 로스는 그에 대한 인식은 별로 없고 또 서방이 중국을 동정해야 한다는 생각도 별로 없는 것이다. 반면 그는 다른 전문가들과 마찬가지로 중국이 고립될 경우 미국과 서방에 큰 피해를 끼칠 수 있다는 데는 동의한다. 로스의 입장은 친 중국주의자라기보다는 현실적으로 취약하면서도 해를 끼칠 수 있는 중국에 대해서 추후 필요하면 봉쇄를 할 수도 있지만, 중국의 의도를 확신할 수 없고 베이징을 유인할 여지가 있는 현재로서는 봉쇄보다는 개입이 더 현명한 정책이라는 신중한 판단이다.[125]

■ 중국의 대외적 위상

중국의 급속한 부상이 현실로 받아들여지는 상황에서 베이징을 어떻게 다루어야 하는가에 대해 많은 논의가 진행되고 있다. 그것은 봉쇄냐 개입이냐의 문제인데, 과연 어느 것이 더 합리적일까를 생각해 보려면 중국에 대한 여러 가지 객관적 현실을 알아보아야 한다. 우선 중국은 과거에 어떤 나라였고, 현재는 어떤 성격을 갖고 있나? 또 오늘날의 미·중 관계는 어떤 상태에 처해 있나? 중국은 이미 동아시아에서 사실상 패권적 지위를 확립했다. 중국은 1950년대 한국 전쟁을 거치면서 한반도에 영향권을 설정했다. 1970년대 데탕트 시기 이후에는 미·중 관계 개선이 이루어지면서 워싱턴의 요청에 따라 베이징은 태국을 소련으로부터 보호했고, 크메르 루주(Khmer Rouge)를 도와 소련이 지원하는 베트남이 캄보디아를 흡수하지 못하도록 했으며, 1989년 베트남 군대가 캄보디아에서 철

---

125 다만 로스의 표현과 묘사에 약간 일관성이 부족한 것 같은 인상을 주는 부분은 중국이 군사적으로 그렇게 취약하면서도 정치적으로 큰 해를 끼칠 수 있다는 것은 논리적으로 약간 모순인 것처럼 보인다. 오히려 중국은 아직 '다소 취약'하지만 그 나라가 끼칠 수 있는 해는 여러 여건상 아주 크고, 그래서 일단은 개입을 추진하는 것이 신중할 것이라고 말하는 것이 더 논리적일 것이다. 그의 주장은 저비스(Robert Jervis)의 선별적 현실주의(eclectic realism)와 비슷하다는 느낌을 준다

수하면서 인도차이나 전체를 자국의 영향권에 귀속시켰다.[126] 1970년대 이후 사실상 워싱턴의 지지하에 베이징은 동아시아에 전역에 패권을 설정했고, 중국은 봉쇄가 아니라 오히려 협력 대상으로서의 위치를 굳혔다. 중국이 동아시아 대륙에서 패권을 확립해 온 것은 어제, 오늘의 일이 아니라, 멀리는 수백, 수천 년 전으로 거슬러 올라간다. 그러나 미래의 세력균형 목적상, 중국이 더 넓은 지역으로 영향권을 확장하여 미국의 전략적 이익을 침해할 가능성, 특히 본토를 넘어 동중국해, 남중국해에서 세력을 넓히려는 시도는 경계해야 하고, 또 방지되어야 한다.[127]

■ 중국의 현상유지 선호

오늘날 중국은 어떻게 행동하고 있나? 중국은 러시아, 중앙아시아, 동남아, 또 동북아에서 주변국들과 분쟁을 일으키지 않고 오히려 좋은 관계를 유지하려고 애쓰고 있다. 오늘날의 중국은 호전적이라기보다는, 오히려 현상유지 쪽을 택한다. 이것은 중국이 착해서가 아니라 중국의 전략 능력이 취약하기 때문이다. 베이징이 신중하게 행동하는 이유는 자국의 힘이 서방에 비해 아직은 열등하다는 현실적 판단에 근거한다. 봉쇄론자와 개입론자는 중국에 대한 정책 처방에서 큰 차이를 보이지만, 이들은 공통적으로 중국의 힘은 빠르게 증가하고 있고 앞으로 그것은 더 가속화되어 아시아의 세력균형을 불안정화 시키고 미국의 사활적 이익을 침해할 것이라고 가정한다. 그렇지만 그것은 사실이 아니다. 중국의 힘은 아직은 취약하고 21세기에도 한동안 그럴 것이다. 비록 베이징이 서방의 이익을 침해할 상당수준의 능력과 수정주의 성향을 갖고 있는 것은 사실이지만, 중국의 힘과 강대국으로의 부상 가능성을 너무 미리, 또 지나치게 과장할 필요는 없다. 취약하고 현상유지적인 중국에 대한 미국의 정책은 봉쇄보다는 개입이 더 합

126 크메르 루주는 1975-1979년 캄보디아를 통치한 급진 공산주의 세력이다. 그들은 1970년 시아누크(Norodom Sihanouk) 왕정을 쿠데타로 뒤집고 권력을 장악한 우익 군사독재 세력과 5년간 내전에서 승리해 집권했다. 그들은 집권한 이후 자본주의 척결, 새로운 공산사회 설립을 추진했는데, 그 과정에서 킬링필드라는 오명을 얻으면서 최소 150만 명을 살해했다. 미숙한 농업 개혁은 광범위한 기아로 이어졌고 지나친 자급자족의 강조는 간단한 의료기술 수입에도 반대해 수만 명이 말라리아로 사망하는 결과를 초래했다. 크메르 루주는 1979년 베트남군 침략에 의해 권좌에서 밀려났고, 베트남은 캄보디아에 자기들의 괴뢰 정권을 세웠다. 그 후 크메르 루주는 타일랜드 국경 인근의 시골 외곽으로 도피해 그곳에서 베트남 괴뢰정부와 게릴라전을 펼쳤는데, 그때 소련과 중·소 분쟁을 겪고 있던 중국 정부는 미국의 지지를 등에 업고 소련에 반대해 크메르 루주를 지원했다. Khmer Rouge, Facts, Leadership, & Death Toll, Britannica.com

127 Robert Ross, "Beijing as a Conservative Power," Foreign Affairs, Vol. 76, No. 2 (March/April 1997), pp. 35-36.

리적이다.[128]

　　중국이 어떻게 협력적이고, 또 어떻게, 왜 현상유지를 선호하는가에 관해 조금 더 구체적으로 들여다 볼 필요가 있다. 오늘날 중국은 과거보다 상대하기가 덜 어렵고, 협상하기에 덜 어려운, 협력적 국가로 행동한다. 중국의 협력은 여러 가지 현실에서 드러난다. 북한 핵문제를 해결하기 위해 한국과 논의를 진행하는 것은 과거에는 보기 힘든 행동이고, 대만에 대한 중국의 위협도 사실 그 강도는 과거보다 약해졌다. 1995~1996년의 미사일 훈련은 대만 통일이 아니라 미·대만이 상하이 공동성명에서의 약속을 계속 준수하기를 촉구하는 처사이다. 동남아에서 중국의 위상은 이미 미국이 오래전에 승인한 것으로 새삼 문제 삼을 이유가 없고, 중국이 세계경제에 참여하고 지역 안정을 해치지 않으려 하는 것은 미국의 안보 노력에 추가적 부담을 주지 않는다. 비록 중국이 대외 관계에서 가끔은 마찰을 빚지만, 그것은 동아시아 국제질서를 변화시키려는 시도는 아니다. 사실 중국은 미국에 협력하는 모습이다. 1989년 천안문 사태 이후의 미·중 갈등은 오히려 주로 워싱턴이 초래한 것으로, 중국 인권 비판, 경제 제재, 또 리덩후이 초청이 그런 것들이나. 또 중국은 미국의 무기 확산자제 요청도 일정부분 수용했다. 냉전종식 이후 중국은 중·파키스탄 안보협력을 제외하면, 국제 합의를 위반하면서까지 미사일을 수출하지는 않았고, IAEA 감시를 크게 벗어나 핵기술을 수출하지도 않았다. 1980년대 이후의 중국 국방비 증가는 러시아제 첨단무기를 구매하는 목적이 전부였고, 최근의 군사예산 증가도 부분적으로는 인플레이션에 의해 그 액수가 부풀려졌다. 중·일 불협화음 역시 일본의 국내 정치에 의해 야기된 측면이 크다. 다당제 선거 체제를 가진 일본 정당들은 선거에서 유리한 고지를 점령하기 위해 중·일 영토분쟁, 대만 문제를 정치화시키고, 대중국 경제 지원을 중국 인권과 연계시켰다. 1996년 중·일 센카쿠 열도 갈등이 불거졌을 때, 베이징은 11월 총선이 끝날 때까지 일본 정책이 변화하기를 기다리는 신중함을 보였다. 스프래틀리 도서와 관련된 필리핀과의 갈등에서 중국이 물러서려 하지 않는 것이 다소 우려되기는 하지만 이것이 장기적 추세일지는 더 두고 볼 필요가 있다. 전체적으로 볼 때, 중국은 보수적 현상유지가 선진 산업국들의 대중국 자본투자와 기술이전의 전제조건이라는 것을 잘 알고, 그래서 안정적인 지역 질서를 선호하고 있는 것으로 평가된다.[129]

· ·

128 로스는 중국이 일류 국가라는 말은 하지 않았지만 2류 국가는 아니라고 말하면서 미국의 이익에 다방면으로 상처를 입힐 능력을 갖고 있다고 강조했다. Ibid., p. 34.

129 Ibid., pp. 41-42; 류큐(Ryukyu) 열도 끝자락에 위치해 있는 센카쿠 5개 섬과 3개 암초는 1985년 일본이 내각 결정에 의해 자국 영토로 규정한 이후 계속 도쿄에 의해 지배되어 왔고, 그 후 1971년까지 중국, 타이완 모두 다 그 섬에 대한 일본 주권에 반대하지 않았다. 그러나 1968년 유엔 기구가 그 섬 주변의

■ 취약한 해, 공군

그러면 중국의 군사력은 어떤 수준인가? 사실 중국의 군사력은 상당히 취약하다. 중국 군대는 동중국해에서 일본에게 패할 것이다. 중국의 해, 공군은 일본에 비교되지 않을 정도로 취약하다. 중국이 생산하는 최첨단 전투기인 F-8II는 미국의 1960년대 모델과 비슷한 성능을 갖고 있는데, 이것은 일본이 생산하는 주력 전투기이며 많은 공대공 미사일을 장착하고 조기경보기에 의해 지원받는 F-2에 비해 훨씬 열등하다. 1990년대 중국이 러시아로부터 수입한 수호이 27기 수십대로는 중·일 공군력 균형에 큰 변화를 주지 못한다. 중국의 해군 전력 역시 일본 해군의 거대한 첨단 수상전투함에 비할 바 못된다. 남중국해에서의 중국 군사력은 어떤 현실에 처해 있나? 파라셀 군도의 영유권 문제가 존재하는 남중국해의 북쪽 전역에서는 미국이 개입하지 않을 경우에는 중국이 베트남에 비해 유리하다. 그 이유는 이곳은 중국 대륙발진 항공기의 작전 범위 내에 위치하기 때문이다. 그러나 스프래틀리 군도가 위치해 있는 남중국해 남쪽 지역에서는 중국의 작전이 불가능한데, 왜냐하면 이곳에서는 너무 먼 거리로 인해 대륙발진 항공기가 작전을 수행할 수 없고, 또 이 약점을 극복하기 위한 항공모함이 부재하기 때문이다. 중국의 해, 공군은 이곳에서 미국, 영국의 첨단 전투기로 무장돼 있는 싱가포르, 인도네시아, 말레이시아 군에 패할 것이다. 비록 중국이 스프래틀리 군도를 장악한다 해도 그것은 중국의 취약한 힘의 투사능력을 증대시키지 못하는데, 왜냐하면 그 섬들은 대부분 물 밑에 잠겨 있거나 해군 작전을 위한 병참지원 및 군사기지로는 너무 협소하기 때문이다. 중국이 항공모함을 보유하는 데는 오랜 시간이 걸릴 것이다. 일단 효율적 해상 작전은 3척의 항공모함을 필요로 하고, 그에 요구되는 파일럿, 항공 전자공학, 금속 기술을 포함하는 첨단 과학, 또

해역을 조사하고 해저에 상당량의 원유 매장 가능성을 암시하면서 1971년 타이완이 먼저 그 섬에 대한 영유권을 주장하기 시작했고, 몇 달 후 중국도 그 뒤를 따랐다. 그 후 센카쿠를 둘러싼 몇 차례 중·일 간 갈등 후, 1996년 2월 중국 정부는 '중국 영해 및 인근 지역에 관한 법률'을 공포해 댜오이다오(조어도) 도서에 대한 주권을 주장하고 영토를 보호하기 위해서는 군사력 사용을 마다하지 않을 것이라고 선언했다. 이에 반발해 1996년 7월 일본 하원은 유엔해양협약을 비준하고 외국선박의 조업을 배척하는 200마일 배타적 경제수역을 선포했다. 그 후 1996~1997년 기간 중국, 대만, 일본의 극우성향 시민 단체 회원들이 서로 센카쿠 열도 영유권 주장을 위해 등대 설치, 선박 및 낙하산을 활용한 섬 상륙 등 과격한 행동을 하는 과정에서 사고, 사망, 물리적 충돌이 발생했고, 이것은 중·일 양국 간 긴장을 고조시켰다. 2010년에도 양국 간 긴장이 고조된 바 있는데 2012년 9월 일본 정부는 그 섬들을 개인 소유주로부터 사들여 국유화했다. Han-yi Shaw, "The Diaoyutai/Senkaku Islands Dispute: its History and an Analysis of the Ownership Claims of the PRC, ROC, and Japan," Maryland Series in Contemporary Asian Studies, Vol. 1999, No. 3 Article 1, http://digitalcommons.law.umaryland.edu/

천문학적 재정 능력의 확보에는 오랜 시간이 소요된다. 더구나 중국의 제1세대 항공모함은 배수량, 탑재된 전투기, 장착된 무기의 질을 포함해서 힘의 투사 능력에 있어서 미국 항모와는 비교도 되지 않을 것이다. 마지막으로 비록 중국이 심각하게 군사 현대화를 추진한다 해도, 미국, 일본 역시 그에 뒤지지 않는 속도로 군사현대화를 추구할 것이고, 이것은 중국군이 유리한 군사력 균형을 달성하기 어렵게 할 것이다.[130]

■ 베이징의 지렛대와 현실주의적 개입

그러면 중국은 서방이나 일본에 대해 아무 지렛대도 가지고 있지 않은가? 그것은 전혀 그렇지 않다. 오히려 중국의 비협조는 미국의 안보노력에 엄청난 장애를 야기할 것이다. 기술적, 재정적, 군사적 낙후에도 불구하고, 중국은 국제 문제 해결과 지역갈등 측면에서 엄청난 문제를 일으킬 능력을 갖고 있다. 중국은 이란, 시리아 등에 대한 대량살상무기, 기술, 또 재래식 무기의 수출을 통해, 중동, 북아프리카에서 대량살상무기 확산을 촉진하고 군비경쟁을 가속화시킬 수 있다. 중국의 핵 실험 재개는 미국의 핵실험 금지노력을 잠식할 것이다. 대만 독립과 관련해서는 1995·-1996년 미시일 시험발사 형태로 언제든지 압도적 군사력을 사용하여 지역 안정을 해칠 수 있다. 동중국해에서는 일본의 센카쿠 열도 지배에 반발하고, 남중국해에서는 파라셀 열도와 스프래틀리 도서 관련 분쟁에서 동아시아 불안정을 야기할 것이다. 여기에는 오일을 포함하는 천연자원 문제도 존재한다. 또 중국의 중상주의적 경제정책 시행은 국제무역에 큰 해를 끼칠 것이다. 중국의 이 모든 절제되지 않은 행동은 지역 질서를 어지럽히고, 미국의 안보비용을 상승시킬 것이다. 여러 가지를 종합해 보면 중국은 전략 능력이 취약해 현상유지 성향의 협력적인 국가인 동시에 앞으로도 그 역량은 취약할 것이지만, 그 외교적 무게나 지리적 중심성, 또 몇몇 요소에 비추어 미국이 설정한 국제질서를 어지럽히는 불량국가가 될 가능성이 충분한 나라이다. 이런 중국을 어떻게 다루는 것이 미국에게 더 큰 이익일까? 중국을 봉쇄해야 하나, 아니면 개입을 통해 중국의 개혁, 개방, 또 국제사회로의 통합을 추구해야 하나? 그 대답은 당연히 냉전 이후 시대의 국제질서가 아직은 경쟁하는 진영으로 분리되지 않고 더 안정화될 수 있는 상황에서 중국을 고립시키는 것은 현명하지 못하고, 오히려 중국

----

130 로스는 힘의 투사 능력은 외국에서 구매할 수 없다고 강조했다. 그 이유는 그 비용이 너무 클 뿐 아니라 경쟁하는 상대 나라에서 필수적 장비와 기술을 수출을 통제하기 때문이다. 실제로 2018년 현재 중국이 보유하고 있는 항공모함 랴오닝호는 우크라이나로부터 수입해 개조한 것으로 기껏해야 5만 톤 규모로 미국의 항모의 역량과는 비교도 되지 않는다. 그렇지만 중국은 이미 다른 항모 1척을 자체 생산했고, 추가로 1척을 더 생산한다는 계획을 공포했다. Ross, pp. 36-38.

의 협력과 참여를 확보해 현재의 질서를 강화시키는 것이 합리적이다. 미국의 국제적 주도권은 중국의 건설적 참여가 있을 때 더 안정적이다. 중국의 전략적 취약에도 불구하고 베이징이 끼칠 수 있는 피해를 생각해 보면 이것은 자명하다. 이를 위해서 미국은 중국에게 워싱턴의 명령을 따르라고 할 것이 아니라, 서로의 이익을 균형적으로 분배하도록 타협적 동반자 관계를 택해야 한다. 미국과 그 동맹국들은 국제안보, 국제안정, 대량살상무기 확산방지를 위해 중국이 미사일통제체제, 쟁거위원회(Zangger Committee), 핵 공급그룹(Nuclear Suppliers Group)과 같은 군비통제체제 운영에 참여하도록 조치해야 하고, 중국의 WTO 가입을 위해서는 그 나라의 개발도상국적 경제사정을 긍정적으로 고려해야 한다. 미국과 중국의 타협적 접근을 요구하는 사항은 여러 가지이다. 동아시아 안보의 안정과 미래 대만 문제 해결을 위해서 양국은 서로 타협적 접근을 요구하고, 한반도 핵확산을 방지하기 위해 미·중은 서로 협력해야 하며, 중·파키스탄 안보 유대에 관해서도 서로 타협해야 한다. 워싱턴은 양국 무역 불균형의 경제적 원천이 부분적으로는 미국 제품의 높은 생산단가, 높은 근로자 임금, 저축률 부족, 기업의 생산성 부족에 기인한다는 사실을 인정해야 하며, 중국 정부의 중앙 통제력 약화에 비추어 베이징이 국내법을 시행하고 국제적 약속을 지키는 것의 한계를 인식해야 한다. 워싱턴이 베이징을 배려하는 만큼 중국 역시 상응하는 협력을 제공해야 한다. 미·중 모두 일방적 이익보다는 국제 안정을 더 도모하고 국제 공동체에 대한 강한 책임의식을 가져야 한다. 개입이 잘된다는 보장은 없다. 미·중 양측이 정책을 조율할 때 상대를 불편하게 하는 협상이 따를 것이지만 공동 노력을 통해 해결책 도출을 추구해야 한다. 미국은 가끔은 일방적으로 이익을 지키고 현재의 군대를 아시아에 계속 배치해 전략적 우위를 잃지 말아야 하지만, 미국의 완전한 강제적 조치는 중국의 협력을 이끌어내지 못하고 오히려 미·중 관계 악화와 동아시아의 불안정을 야기할 것이다. 미국과 서방이 현재의 국제질서에서 유리한 전략적 고지를 점유하고 있음을 감안할 때, 워싱턴은 봉쇄를 택하기 전에 개입 정책으로 중국의 협력을 유도할 충분한 이유와 여지가 있다.[131]

----

131 Ibid., pp. 39-40, 43-44; 쟁거위원회는 캐나다를 포함해서 38개 국가로 구성되어 있는데 NPT 체제가 형성된 후에 도입되었다. 그 위원회는 어느 핵 항목이 IAEA 안전조항을 요구하는지를 결정하는 목적을 띠고 있다. 이것은 핵무기에 폭발력을 제공하는 연소 물질과 장비, 또는 그런 물질의 가공, 사용, 생산에 필요하거나 고안된 물질을 포함한다. NPT 체제하에서, 어느 한 NPT 국가 당사자가 다른 비핵 무기 국가에게 이 항목들을 제공할 때 그것은 IAEA 안전조항을 거치게 되어있다. Zangger Committee, international.gc.ca; 1975년에 설립된 핵 공급자 그룹(NSG: Nuclear Suppliers Group)은 비핵무기 국가에게 대한 수출 통제를 조정하는데 자발적으로 합의한 48개국으로 구성되어 있다. NSG는 민간 핵 물질과 핵 관련 장비와 기술의 이전을 관리한다. NSG가 목적으로 하는 것은 상업적, 평화 목적의 핵 수출이

(4) 대중국 봉쇄의 필요성

미국과 서방이 중국을 어떻게 다룰 것인가에 대해 대부분의 중국 전문가들은 봉쇄가 아닌 개입을 주장했다. 봉쇄가 중국을 다루기 어려운 부랑자로 만들어 미국의 이익을 침해하고 세계를 경쟁하는 양대 진영으로 전환시키게 충동질하기보다는, 중국에 대해 다소 우호적이고 부드러운 정책을 사용해 그 나라를 국제 사회에 통합시키고 미국의 리더십을 존중하게 만드는 것이 현명하고 합리적이라는 것이 그 대체적 내용이다. 반면 현실 정치에 밝은 소수의 전문가들은 중국이 위협으로 성장할 수 있고, 또 이미 성장하고 있다고 주장했다. 번스타인과 먼로는 그렇게 주장한 사람들 중의 하나이다. 대부분의 전문가들이 아직은 중국이 취약하고 미래의 중국도 대단치 않을 것이라고 생각할 때, 이미 중국은 그런 생각을 갖고 있지 않고, 중국의 군사 현대화는 첨예한 경계의 대상이며, 미국은 신속하게 봉쇄를 추진해야 한다는 이들의 주장은 그 당시에는 흔치 않았다. 그러나 이들의 주장은 20년이 지난 오늘날 더 현실적으로 들리는데, 그들의 생각이 20년 이상 미래를 내다보고 있었나고 해야 할까?

■ 베이징의 본심

1970년대 데탕트에 따른 미·중 관계 개선 이후 많은 미국인들은 중국은 시간이 가면서 종국적으로 서구화, 민주화될 것이라고 믿었다. 그러나 1980년대 말 천안문 사태가 발생한 이후, 중국은 그런 가능성에서 점점 멀어지고 있다. 오히려 중국은 점점 더 강경해지고, 태평양에서 미국에 대적하는 강대국으로 부상하고 있다. 베이징이 추구하는 것은 미국에 대한 단순한 대립이 아니라 아시아에서 미국을 대체해 지배적 파워가 되는 것이다. 힘이 점점 증가하면서 새로이 생겨나는 경향은 과거 치욕에 대한 만회, 국가적 자존심의 회복, 영광스런 위치로의 복귀, 또 역내 패권국으로의 지위 확보이다. 미국은 이제 더 이상 전략적 동반자가 아니라 중국이 추구하는 목표에 대한 주요 장애로 간주된다. 아태지역의 주변을 따라 배치된 미국 군대의 전진배치와 미·일 군사동맹은 중국의 핵심적 이익에 대한 최대 걸림돌이다. 대만에 대한 보호, 한·미 군사동맹, 또 동남아 국가들과의 정치, 군사협력 역시 산재해 있는 눈엣가시 같은 존재이다. 급속히 성장하는 중국은 이제 아태지역의 모든 국가들은 어떤 국제적 결정을 하고 행동을 할 때 베이징의 입장을 철저

핵무기 제조에 사용되는 것을 방지하는 것이다. 핵 수입이 무기로 이용되는 것을 막기 위해, NSG 회원국들은 신뢰구축 국제조치와 감시검증을 거부하는 정부에게는 핵 무역을 금지하게 되어 있다. The Nuclear Suppliers Group(NSG) at a Glance, Arms Control Association, https://www.armscontrol.org

히 감안해야 한다고 주장한다.[132]

　　중국은 외교적으로 기민하다. 미국과 중국은 지난 수십년 간 우호와 긴장의 여러 단계를 거쳐 왔는데, 워싱턴은 최근 천안문 사태 이후 미국과 다시 우호적 관계를 복원하려는 베이징의 외교적 제스처를 신중하게 판단해야 한다. 1995~1996년의 대만 해협에 대한 세 차례 군사훈련 이후 최근 베이징이 워싱턴에 또 다시 우호적 수사를 사용하는 것은 미국과의 진정한 관계개선을 원하는 것이기보다는 무역, 기술이전, 또 미국 국민의 반중국 감정 이완을 포함해 어떤 특정한 목표를 위한 단기적이고 기회주의적인 전술적 제스처이다. 베이징의 속마음 깊이 감춰져 있는 진심, 장기적인 국가 의도를 파악하는 것이 중요하다.[133]

■ 중국의 부상과 미·중 충돌의 필연성

　　아시아에서 우월적 지위를 얻으려는 중국과 세력균형 목적상 그것을 방지해야 하는 미국은 구조적인 상호 갈등에서 빗어나기 어렵다. 냉전종식 이후 시대에, 핵무기의 존재, 지구적 공통 이슈, 양국의 무역관계를 감안할 때 세계에서 가장 큰 두 개의 세력이 정면충돌하는 것은 누구도 바라지 않는다. 그럼에도 불구하고 21세기 처음 10년간 양국은 아시아를 포함해 주요 지구적 경쟁에서 상호 최대의 적이 될 것이다. 이것은 베이징의 행태에서 극명하게 드러나는데, 중·러 관계의 강화, 러시아의 대중국 첨단무기 수출, 중국의 파키스탄, 이란, 리비아에 대한 대량살상무기 기술 및 장비 수출, 중북한 관계는 모두 그런 경향을 입증한다. 강대국의 흥망이라는 국제정치의 역사에서 나타나듯, 어쩔 수 없이 경쟁해야 하는 관계로부터 양국이 자의적으로 탈피하는 것은 쉬운 일이 아니다. 복잡한 협력, 갈등관계를 맺고 있는 주변의 많은 나라들은 이 경쟁의 역학에서 자유롭지 못할 것이다. 냉전시대에 자유주의와 공산주의로 나뉘어 정치, 경제, 군사, 사회문화적 반목을 되풀이했듯이, 이제 또 다시 새로운 진영의 논리가 등장할 것이다. 그것이 헌팅턴이 '문명의 충돌'에서 설명하듯 서방 대 나머지의 갈등이든, 아니면 전통적인 정치, 군사적 세력균형으로서의 대립이든, 그 결과는 마찬가지의 양극 체제적 대결로의 발전일 것이다.

132 Richard Bernstein and Ross H. Munro, "The Coming Conflict with America," Foreign Affairs, Vol. 76, No. 2 (March/April 1997), p. 20.

133 1994년 3월 중국 군사과학 아카데미 부원장 미젠유(Mi Zhenyu) 소장은 중국군 고위 장성으로서는 처음으로 중국은 항공모함 건조 계획에 관한 초기 단계에 있으며 예산 부족으로 건조가 지연될 수 있다고 언급한 바 있다. 그는 평상시 덩샤오핑의 도광양회와 비슷하게 중국은 조용히 오랜 기간에 걸쳐 복수심을 길러야 하며, 능력을 숨기고 시간을 잘 선택해야 한다고 강조한 것으로 알려져 있다.

세계의 두 번째 강력한 국가로 급속히 떠오르는 중국은 다음 세기에 다루기 힘든 압도적 파워가 될 것이다.

중국의 힘은 점점 더 강해지고, 그에 따라 공세적 행동도 강화된다. 베이징은 미국뿐 아니라 유엔, 서유럽에 정치, 경제적 지렛대를 사용해 클린턴 행정부로 하여금 최혜국 대우와 중국 인권을 연계시킨 초기의 정책을 포기하게 만들었다. 중국은 마오쩌둥 이념으로 무장해 더 사나웠던 시기에는 실제로는 별 힘이 없었던 반면, 새로운 경제발전과 국제무역의 실용주의를 표방하는 오늘날에는 덜 위협적으로 보이지만 실제로는 더 위험하다. 싱가포르의 전 총리 리콴유는 아시아의 많은 작은 나라들은 부상하는 중국이 과거의 조공적 위상을 강요할 가능성을 불편하게 생각한다고 말한 바 있다.[134] 어떤 요소들이 베이징으로 하여금 더 목소리가 크고 자기 입장을 주장하도록 만드는가? 첫째는 소련의 붕괴다. 이것은 하룻밤 사이에 중국의 상대적 지위를 세계 제3의 강대국에서 제2의 강대국으로 상승시켰고, 동시에 고르바초프의 개혁 프로그램은 공산당을 위험에 빠뜨리는 절대로 모방해서는 안 될 부정적 사례로 간주하게 만들었다. 두 번째는 걸프전이다. 이 선생은 베이징에 중국의 군사능력이 미국에 비해 얼마나 뒤떨어져 있는지를 확실하게 일깨워주는 계기로 작용했다. 전 세계에 매스 미디어를 통해 방영된 이 전쟁을 목격한 이후, 인민해방군은 미국의 군사력에 대한 큰 두려움을 갖게 됐고, 핵실험과 장거리 미사일 개발을 포함해 신속하고 광범위하게 군사력을 현대화시켜야만 서방의 위협으로부터 살아남을 수 있다는 절박감을 갖게 만들었다. 세 번째는 천안문 사태다. 이 사건은 공산당의 보수주의자들에게 자유주의적 지식인들을 강력하게 통제하고 반체제 인사들을

· ·

134 리콴유는 싱가포르 초대 총리로서 30년간 그 나라를 통치했다. 그는 1954년 인민 행동당(PAP: People's action Party)을 창설했고 1992년까지 사무총장을 지내면서 8번 계속 선거에서 승리하는 견인차 역할을 했다. 1990년 총리에서 물러나기로 결심한 이후 그는 후계자 고촉통(Goh Chok Tong) 치하에서 2004년까지 수석총리(Senior Minister)로, 또 그의 아들이며 세 번째 총리인 리셴룽(Lee Hsien Loong) 치하에서는 자문역(Minister Mentor)으로 봉사했다. 그와 그의 동지들이 1959년 처음 집권했을 때, 싱가포르는 높은 실업률, 주택 부족, 광범위한 부패로 몸살을 앓았다. 그들은 산업화, 저비용 공공주택 프로그램, 그리고 광범위한 반부패 전략을 실시했다. 그의 정부는 이 문제들을 해결하는 데 성공해 GDP는 1960년 443 달러에서 1980년대 중반 6,700달러로 15배 증가했다. 같은 기간 실업률은 더 이상 문제가 아니었고 공공 주택에 거주하는 사람 수는 9%에서 81%로 9배 증가했다. 부패는 1980년대에 더 이상 문제가 아니었는데, 이것은 그가 강력한 부패방지법, 부패관행조사국, 그리고 관료의 작업환경 개선을 강력하게 시행했기 때문에 가능했다. 1959~1990 싱가포르의 정치적 안정과 급속한 경제성장, 그리고 그에 따른 풍요는 그의 역동적 리더십과 효율적 정책의 결과였다. 그는 포퓰리즘 정책을 멀리하고 실용적 경제, 사회정책을 선호했는데, 그의 통치는 시위 및 언론 통제, 또 정적에 대한 비방죄 고소로 인해 시민의 자유를 억압한 것으로 비판 받았다. 그는 그런 혹독한 조치들이 법치와 함께 경제발전을 위한 정치적 안정에 필수적이라고 주장했다. Lee Kuan Yew Facts - Biography - YourDictionary, biography.yourdictionary.com

재기 불가능하게 만들어야만 중국이 원하는 사회주의 시장경제를 발전시킬 수 있다고 믿게 만들었다. 미국의 패권주의자들이 1980년대에 서서히 자유주의를 중국에 전파시켰고, 또 서방에 또다시 굴복하지 않고 새로운 국제질서를 창출하기 위해서는 베이징은 국내 안보를 철저히 해야 하며, 지금은 중국이 부국강병에 매진할 때라는 것이 이들의 생각이다. 그렇듯, 해외에서 중국은 미국의 이익에 적대적 방식으로 그 힘과 명예를 확대하고, 국내에서는 권위주의, 외국인 혐오증, 민족주의를 강화시킨다. 자유주의 사조의 확산에 대한 우려, 서방 음모에 대한 의심, 천안문 사태 이후 서방의 경제제재, 걸프전 이후의 군사적 두려움, 군사, 경제력과 비례해 증대하는 국제적 야심, 동아시아의 패권국이었다는 역사적 인식이 총체적으로 결합해 중국으로 하여금 더 강력하게 자기들의 주장을 개진하게 만든다.[135]

■ 위장된 군사현대화

중국의 군사 현대화는 숫자상으로는 많은 것을 감추고 있다. 1990년대 중반, 공식적인 국방예산은 87억 달러로, 미국의 2650억 달러, 일본의 500억 달러에 비해 훨씬 적은 수치이다. 베이징은 이것을 중국이 군사적 야심이 없다는 증거로 사용한다. 그렇지만 이 숫자는 실체를 보여주지 않고 오히려 위장돼 있다. 예컨대 퇴역 군인으로 이루어져 있고 실제 무력분쟁 시에는 군 병력으로 활용되는 인민무장경찰(PAP: People's Armed Police)의 예산은 국방비에 포함되지 않는다. 또 핵무기 개발비, 군인 연금, 연구 개발비(R&D), 무기 판매 이익, 군대가 보유한 사업체의 이익도 국방예산에 산정되지 않는다. 러시아에서 구입한 SU-27 전투기 구매 대금은 국방예산이 아니라 국가계획위원회 계정에서 지불됐다. 핵무기 개발 비용 일부는 에너지성에서, 또 항공기 개발비 일부는 국방예산이 아니라 항공 관련부서에서 지불된다.[136]

M-9 미사일

135 Bernstein and Munro, pp. 23-24.
136 인민무장경찰은 1983년 4월 창설됐다. 그들은 인민해방군의 규정과 규칙을 준수하고 인민해방군 군인들과 동등한 대우를 받는다. 110만 명 이상에 달하는 그들은 평시에는 일반 경찰과 같이 국내 보안을 책임지고, 전시에는 인민해방군 지휘 하에 전장 보안, 대간첩 작전, 해안 경비 임무를 수행한다. 1989년 천안문 사태 이후 인민무장경찰의 위상은 급속히 증진됐다. 당 중앙군사위원회는 국내 반란의 경우 제1차 진압 책임은 인민 무장경찰에 있다고 선언했다. 인민무장경찰은 군단 규모의 기계화 보병부대와 신속배치 보병부대를 유지하는데, 이들은 인민해방군 군인들의 무장 반란에도 대응하도록 훈련받는다. 일반 경찰이

그리고 중국 위안화의 실질 구매력을 감안하면 실제 국방비는 아무리 적게 계산해도 최소한 공식예산의 10배인 870억 달러에 이른다. 이것은 대략 미국 국방비의 30% 수준이고, 일본보다 75%가 더 많은 양이다. 더구나 중국 국방비는 계속 두 자리 숫자로 증가한다. 아직은 중국 군사력이 미국에 위협을 가할 수준은 아니지만, 중국이 1990년대에 세계에서 가장 광범위하고 체계적인 군사 현대화를 추진 중이라는 사실은 부인할 수 없다. 중국의 핵무장 능력은 1970년대 말 영국과 프랑스를 앞질렀고 현재 세계 세 번째 규모이다. 최근 가장 경계해야 할 군사력 증강은 대만 침략 능력과 미국 항모를 격침시킬 능력을 증대시키고 있는 것이다. 양안 갈등에 대비해 배치되는 단거리 미사일은 타이페이의 미사일 방어 능력을 넘어서고 러시아로부터 수입되거나 자체 개발되는 순항미사일은 서태평양에서 미국 항모 군단의 접근을 막을 것이다. 베이징은 그동안 계속 대만을 종국적으로 중국에 통합시키는 것은 핵심 이익으로 이를 위해서는 군사력 사용을 마다하지 않겠다고 공언해 왔고, 1995~1996 대만에 대한 미사일 발사 당시 미국이 2척의 항모를 파견한 것을 염두에 두고 그런 능력을 개발해 온 것을 기억해야 한다. 중국은 러시아, 유럽, 이스라엘로부터 공중 조기경보기, 공중 재급유 기술, 킬로급 잠수함을 포함하는 다양한 무기체계를 도입하고, 수십 척의 현대 수상전투함을 건조하며, 대만 공격 목적의 M-9, M-11 미사일 부대를 창설하면서 급속하고 광범위한 군사 현대화를 추진한다. 베이징의 지속적인 군사 현대화는 중국을 아시아에서 미국 군사력에 도전할 수 있는 유일한 국가로 탈바꿈 시킬 것이다.[137]

■ 머나먼 민주화

마이클 도일의 민주적 평화가 예시하듯, 중국이 민주주의가 된다면 미·중간의 갈등은 운영 가능한 수준일 것이다. 베이징이 개인의 자유와 인권을 인정하고 당국의 경제 간섭이 줄어들며 대중의 정부 비판이 허용된다면 미국과 중국의 충돌 여지는 크게 줄어들

. . . .

보통 무장하지 않는 것과 대조적으로 그들은 무장 폭동 통제에 책임을 지고 군대와 경찰의 혼합적 성격을 가진다. People's Armed Police-Chinese Intelligence Agencies, https://fas.orgs

137 M-9 미사일은 수출용 명칭으로 중국 명으로는 DF-15이다. 이것은 600km 사정거리, 500kg 탄두 중량의 1단계, 고체연료를 사용하는 단거리 탄도 미사일이다. 고체연료를 사용하면 최대 2시간까지 소요되는 액체연료와는 달리 15~30분 내에 미사일 발사가 가능하다. 1995~1996 타이완 해협 위기 당시 베이징은 6발의 동풍-15를 타이완 인근에 발사해 미사일 능력을 과시했다. M-11은 DF-11으로 역시 고체연료를 사용하고 300km의 사거리와 탄두중량 800kg를 가진 단거리 탄도 미사일이다. 신형 DF-11A는 사거리를 825Km로 증가시켰다. DF-11-China Nuclear Forces-Federation of American Scientists, https://fas.org; Bernstein and Munro, pp. 25-26.

것이다. 경제적 상호의존의 진전은 국제 문제와 관련된 양국 간 지도자들 간의 협상과 타협을 도울 것인데, 왜냐하면 그 경우 두 나라는 공통의 전략적, 정치적 이익을 갖게 될 것이기 때문이다. 그러나 중국이 민주주의로 변화할 가능성은 당분간은 없을 것이다. 지난 수천년 간 중국 정치 문화는 그것이 왕정이건 공산주의건, 독재, 권위주의로 일관했고, 개인의 자유, 법치, 인권과 같은 자유민주주의의 핵심적 사상이나 제도는 그 나라에 존재하지 않았다. 과거에도 그랬고 현재도 그러하며 중국은 미래에도 서구식 자유민주주의는 수용하지 않을 것이다. 그들 지도자들은 지금도 중국식 사회주의에 대한 견고한 고수를 공언한다. 1980년대에 어느 정도 중국에 침투했던 자유주의 사상은 천안문 사태를 계기로 더 이상 확산되지 않고, 베이징은 미국과 유럽의 경제 제재에 반대하면서 걸프전에서 나타난 미국의 군사적 우월성을 우려하는 군부의 영향에 힘입어 보수, 강경으로 선회한다. 이제 어떤 근거로 중국이 민주주의가 된다고 말할 수 있을까? 중국의 핵심 파워 그룹이나 관료들이 자기들의 파워를 철회하려는 조짐은 보이지 않는다. 오히려 근래에는 정치 원로 자제들 모임인 태자당이나 기술 관료들은 민주주의를 분열적 사상, 체제로 규정하면서, 중국의 미래에 더 중요한 것은 덩샤오핑이 남순강화에서 설명했듯 정치개혁, 정치 민주화가 아니라 군사, 경제력의 성장이라고 말한다. 그들의 사상에 가장 깊이 박혀 있는 인식은 서방으로부터의 자유, 서방적 사상에 도전하는 새로운 중국 문명의 부흥이다. 그들은 이제 자기들의 시대가 오고 있다고 믿는다. 수십 년 후의 미·중 경제 균형은 크게 바뀌고 그에 따라 지구적 차원의 전략, 지정학적 세력분포도 달라질 것이다. 상당기간 일당체제, 국가적 단결, 민족주의 강화가 중국 정치와 사회의 대세를 이룰 것이다. 현재 중국에서 민주화와 인권을 부르짖는 사람들의 숫자는 아주 소수이고, 앞으로도 자유주의 민주화가 이루어지는 것은 상상하기 어렵다. 만약 베이징이 다수의 의견을 존중하고 인권을 존중하는 체제로 변한다면, 나중에는 티베트나 대만의 독립을 인정해야 할 것이다. 베이징이 과연 그런 요구를 받아들일 수 있을까? 이런 영토 관련 문제들은 군사력을 사용해서라도 끝까지 고수할 것이라는 베이징의 핵심이익 영역에 속한다. 그런 경우를 상정해서라도 중국은 민주화 되지 않을 것이다. 마오쩌둥뿐 아니라 덩샤오핑 이후 어느 중국 지도자도 자유민주주의를 거론한 사람은 없다. 그들의 목적은 서양의 과학 및 상업 기술을 습득하고 서방이 부과한 경제체제 속에서 위계질서의 맨 꼭대기로 올라가는 것이다. 중국은 아마도 오랜 기간 조합주의적, 군사적, 민족주의적 파시스트 국가로 남아 있을 것이고, 그 미래가 장밋빛 자유민주주의라고 생각하는 것은 착각이다. 공산당은 정치적 권위를 갖고 계속 중국을 통치할 것이고, 군대는 국내에서 단일 영향력이 가장 큰 집단으로 공산당 정책을 지원할 것이다. 아마도 미래의 중국은 공산당, 군대, 경찰이 통

치하는 공산주의 독재, 권위주의 나라로 남아 있을 것이다.[138]

■ 봉쇄 정책의 필요성

미·중 관계에는 몇 가지 구체적 화약고가 내재돼 있다. 대만은 중국 공산주의에 통합될 의사가 없는 반면, 중국은 대만 통일만큼은 모든 것을 희생해서라도 이루겠다는 생각을 갖고 있다. 만약 중국이 대만을 침략한다면, 미국은 1979년의 대만 관계법에 명시된 안보 공약 의무를 이행하지 않을 수 없다. 남중국해에서 예상되는 중국의 공세도 미국을 우려하게 한다. 힘이 세지고 자신감이 증대하면서 중국은 점점 더 남중국해에서 자국의 권리에 집착한다. 베트남, 필리핀, 말레이시아, 인도네시아, 브루나이, 싱가포르 등 아세안 국가들과 영향권이 겹치는 남중국해에서 만약 중국이 독점적 지위를 확보하게 된다면, 그것은 베이징으로 하여금 태평양에서 인도양에 이르는 해상교통로를 통제하는 권리를 갖게 할 것이다. 오랫동안 해상 이동의 자유를 옹호해 온 해양세력 미국은 자국의 해외 무역과 투자, 또 군사 이동에 막대한 지장을 초래하는 미래 경쟁국의 공세적 행동을 용인할 수 없을 것이다. 한반도 역시 미·중이 영향력 경쟁을 벌이는 곳이다. 이곳에서 중국은 장기적으로 친 중국, 반미, 반일 성격의 통일 한국 출현을 원할 것이다. 한반도가 역사적으로 중국의 직접적 영향권에 속했다는 역사적 기억이 베이징의 욕망을 더욱 부채질 할 것이다.[139]

미국은 어떤 전략을 채택해야 하는가? 미국의 아시아 정책 핵심은 중국이 아시아의 지역패권국이 되는 것을 방지하는 것이다. 아태지역에서 새로운 패권국의 등장은 미국의 외교, 군사, 경제적 이익에 정면으로 배치된다. 이를 위해 워싱턴은 일단 역내 군사력을 강화시켜야 한다. 증대하는 중국 군사력을 실제로 견제할 강력한 전진배치가 필요하다. 일본과 한국에 주둔하는 미군 병력과 첨단장비의 운용, 정보 수집, 준비태세 강화는 중국군의 불필요한 경거망동을 억지하는 데 필수적이다. 미·중간의 군사 대립은 과거 냉전시대 서로가 핵무기로 군사, 세력균형을 이루는 상호확증파괴의 형태로 악화될지 모른다. 동남아 국가들과의 안보 협력 역시 미국에게 중요한 자산이다. 이곳에는 많지 않은 미군

· ·

138 중국에서는 지난 수천년 간 절대 왕정이 존재해 왔고 그를 떠받치는 유교 이데올로기는 위에서부터 아래로의 통치를 정당화하는 이념적 기반이었다. 장유유서, 부부유별, 군주는 군주다워야 하고 신하는 신하다워야 한다는 유교 이데올로기는 각자 자기의 위치에서 주어진 역할 수행을 강조하는 혁명을 방지하는 이데올로기였다. Bernstein and Munro, pp. 27-29.

139 2018년 미국 대통령 트럼프와 중국 총서기 시진핑의 정상회담에 참석한 미국 측 통역관에 따르면, 시진핑은 트럼프에게 한반도 국가들은 역사적으로 중국의 속국이었다고 언급해 한반도에 대한 중국의 역사적 영향력을 강조했다. Ibid., p. 31.

병력이 주둔해 있지만, 이곳은 상징을 넘어 차후 중요한 대중국 견제의 전략 거점이 될 것이다. 두 번째로 중요한 것은 미·일 동맹의 강화다. 미국은 더 이상 일본이 취약한 국가로 남아 있도록 해서는 안 된다. 약한 일본은 동아시아의 안정과 평화에 도움이 되지 않는다. 일본은 (1990년대 중반 당시) 세계 2위의 경제력과 기술력을 가진 나라로 중국 봉쇄에 필수적 파트너이다. 평화헌법을 가진 일본은 자발적으로 국내총생산 1% 이내에서 군사비를 지출하고 비핵 3원칙을 지켜왔다. 그러나 안보환경의 변화는 도쿄 안보정책 변화의 필요성을 말해준다. 일단 일본이 재무장, 본격적 군사 증강을 시작하면 동아시아의 안보 지형은 크게 변할 것이다. 미국은 더 이상 아시아에서 단독으로 중국을 억지하기보다는 당연히 미·일간의 안보 파트너십을 발동시켜야 한다. 냉전시대의 미·일 동맹이 소련 봉쇄에 중요했다면 냉전 이후 시대 미·일 동맹의 임무는 중국을 견제하는 것이다.[140]

---

140 클린턴 행정부 다음의 조지 W. 부시 행정부는 중국을 강력하게 견제하기를 원했다. 그러나 9·11이 발생하고 베이징, 모스크바와의 협력이 필요해 지면서, 부시는 중국 견제를 포기했다. 오바마 행정부는 테러와의 전쟁 종식을 위해 아프가니스탄, 이라크에서 철수하면서 미국 대외정책의 핵심을 중국 견제를 겨냥하는 피보트(Pivot), 재균형(Rebalance) 전략으로 선회시켰다. 여기서 미국과의 협력 핵심은 일본과 더불어 인도이다. Ibid., p. 32.

경제 실리를 추구하는 일본

Ⅰ. 객관적 현실

Ⅱ. 일본 현실의 해석

　　냉전 이후 시대의 일본은 대외관계와 국내정치, 경제에 관해 어떤 생각을 하고 있었을까? 1990년대의 일본은 아직도 세계적으로는 많은 국가의 부러움의 대상이면서도 다른 한편으로는 여러 가지 해결하기 어려운 국내외적 난제를 안고 있었다. 대외관계에서는 소련의 붕괴로 인해 새로이 생겨나는 신국제질서 속에서 자신의 위상을 재정립해야 했다. 미국은 일본이 자국의 세계 패권에 도전할지 모른다고 의심하고 있고, 다른 한편으로는 매년 수백억 달러에 달하는 미·일 무역역조에 대해 분노하고 있었다. 수년 전 천안문사태로 인해 부과된 대중국 경제제재 문제, 신생 러시아와의 북방 4개 도서 영토 분쟁을 어떻게 처리해야 할 것인지에 대해서도 도쿄는 많이 생각해야 했다. 국내에서는 난제가 수북이 쌓였는데, 특히 제2차 세계대전 이후 처음으로 겪는 경제 위기를 어떻게 극복해야 할 것인지, 또 과연 그것이 극복될지 의문이었다. 국내정치에서는 냉전이 끝나면서 국민들은 뇌물로 얼룩진 록히드(Lockheed) 스캔들, 리쿠르트(Recruit) 스캔들 등의 정치적 잡음에 비추어 왜 수십년 간 권력을 장악해 온 자민당이 계속 집권해야 하는지에 대해 의문을 제기하며 더 발전되고 한 단계 더 진화한 새로운 정치질서에 대한 정치발전 요구를 개진했다.

I 객관적 현실

1. 대외관계

(1) 대미 관계

요시다 시게루

대외관계에 관해서 일본에게 가장 중요한 나라는 미국이었다. 이것은 일본은 외교, 군사뿐만이 아니라 헌법, 국내정치 구조, 경제성장, 국민들의 성향 등 모든 면에서 압도적으로 미국의 영향을 받았기 때문이다. 요시다(Yoshida) 독트린에 따른 미·일 안보체제에 대한 의존, 경제성장 중심적 정책, 평화헌법, 반전여론 확산을 포함해서 어느 것 하나 사실상 워싱턴의 입김에서 벗어난 것은 없었다. 냉전이 끝날 무렵 워싱턴은 일본이 제기할 수 있는 군사, 경제 위협에 대해 상당히 심각하게 생각하고 있었다. 1990년대 초의 미·일 관계는 매우 불확실해 보였다. 워싱턴은 일본이 막강한 기술, 경제력을 토대로 군사력을 강화해 미·일 동맹을 파기하고 미국의 국제패권에 도전할 가능성에 주목했다. 기술, 자금력에 기초하고 덤핑, 국가의 기업 지원과 같은 불공정 관행을 이용하는 일본의 미국 경제잠식도 문제였다. 미국과 아직 긴밀한 관계를 유지하면서도, 일본 지도자들은 자국의 경제 행위와 증대하는 일본 경제력에 관한 워싱턴의 강력한 우려와 실망을 잘 알고 있었다. 미국 고위 지도자들은 일본 관리들에게 양국이 함께 변화된 전략, 경제 현실을 반영하고 양자관계에 대해 미·일 견해의 변화를 반영할 새로운 개념적 틀을 만들 것을 촉구하고 있었다. 그 결과에 대한 낙관은 일본에게는 아직은 너무 이른 판단이었다.

일본의 동맹국인 미국의 힘은 1990년대 초반 폴 케네디의 분석과 비슷하게 많은 사람들에게 흔들리는 것으로 보였다. 미국은 5조 달러에 이르는 국가 부채로 인해 동유럽 구공산주의 국가들의 체제 전환과 지구적 차원의 선도 국가에 지워지는 시급한 필요에 따른 재정적 부담 절감을 위해 점차 일본의 협력을 필요로 했다. 1990년 미국, 일본의 총 GDP는 전 세계 GDP의 1/3을 넘어섰다. 구공산권 국가들을 포함해 아시아, 아프리카의 많은 나라들은 일본과 같은 선진국으로부터 원조, 무역, 기술적 혜택을 추구했다. 일본 산업과 기업들은 1990년대 초 이후의 경제 침체에도 불구하고 한동안 세계에서 가장 능력 있는 집단으로 평가됐다. 물론 이 신화는 1990년대가 진행되고 '잃어버린 10년'이라는 말이 나오면서 일부 무너져 내렸지만, 일본 경제는 아직도 그 규모와 기술력에서 세계의 주목을 받기에 충분했다. 높은 저축률과 투자율, 고수준의 교육은 1990년대 한동안 이들 기업의 국제적 리더십을 공고히 했다. 그 경제력은 일본에게 IMF, World Bank, 또 다른 국제 재정기관에서 더 큰 역할을 맡게 했다. 투자와 무역의 흐름은 일본에게 아시아에서 압도적으로 지배적인 경제 역할을 부여하고, 일본의 원조 및 투자는 세계 각처에서 적극적으로 모색됐다. 1990년대의 일본은 아시아 국가 중 주로 도로, 정부 빌딩, 수도, 전기와 같은 하부구조 발전에 초점을 맞추면서 의료, 위생 분야까지 포함해 해외에 가장 많은 경제, 인도주의 지원을 제공한 국가였다.[1]

■ 미·일 경제 불균형 시정

1990년대 초 미·일 간의 가장 시급한 현안인 양국 경제관계 문제가 수면 위로 떠올랐다. 구소련이 붕괴되어 국제적 힘의 공백이 존재하는 상태에서 일본 외교안보의 향방이 관심거리였지만, 미·일 간의 구체적 현안 중 우선적으로 해결, 시정해야 할 문제는 양국 간 경제 불균형이었다. 그 당시 일본은 세계 최첨단 10개 기술 중 절반 이상을 보유하고 있는 것으로 평가됐고, 미·일 경제 불균형은 여러 가지 측면에서 확연했다. 일본은 미·일 무역에서 1965년 이후로 흑자를 기록하고 있었고, 미국은 오랜 기간 일본에게 컬러 TV, 섬유, 철강 등의 대미 수출자제를 촉구해 왔다. 그러나 1980년대에 일본은 취약산업 분야 개방을 거부하면서 미국의 경제 개방 요구에 비협조적이었고, 장기 협상전략으로 시간벌기에 열중했다. 미국 기업들은 일본이 덤핑, 특허권 침해와 같은 불공정 관행을 일삼는 것에 분개했다. 일본은 협상을 할 때마다 자발적으로 대미 수출을 축소시킬 것이라고 말했지만 그것은 실현되지 않았다. 또 일본 회사 도시바(Toshiba)는 1987년 소련에 금지된 잠수함 부품을 판매했다. 1980년 일본의 대미 무역흑자는 100억 달러에서 1987년 600억 달러로 증가했고, 1990년에는 370억 달러를 기록했다. 1990년 미·일 무역 적자의 축소는 일본 통화 엔(Yen)의 평가절상 이후 대미무역 흑자폭이 줄어들었기 때문이었다. 이미 1989년 미국은 일본을 불공정무역 상대국으로 지정하고 정보통신 위성, 슈퍼 컴퓨터를 포함하는 몇몇 구체적 분야가 협상을 필요로 한다고 적시한 바 있었다. 1990년 미국은 미·일 무역을 제한하는 일본 국내의 장애를 제거하기 위한 일련의 노력인 구조조정 회의(Structural Impediment Initiative)를 추진했다. 몇 차례 날선 공방이 진행

---

1 Michael Auslin, "The ABCs of the U.S.-Japan Relationship: Alliance, Business, and Culture," www.aboutjapan.japansociety.org

된 후 1990년 4~7월 일본은 소매업 관행, 토지 사용, 공공사업 투자와 같은 민감한 분야에서의 변화를 약속하고, 미국은 예산 적자를 더 효율적으로 다루고 국내 산업에 투자할 저축 예금의 증대를 약속했다.[2]

1990년 미국은 일본의 가장 큰 수출시장으로 일본 총수출의 34%를 흡수했고, 일본의 미국으로부터의 수입은 총 해외수입의 22%를 차지했다. 미국의 대일 수출은 육류, 어류, 곡물과 같은 농수산물, 그리고 제조품은 소비재보다는 주로 기계, 항공기 및 그 부품, 컴퓨터와 같은 품목이 주류를 이루었다. 일본의 대미 수출은 거의 제조품이었는데, 자동차가 단연 최대 품목으로 전체 대미 수출의 24%를 차지했다. 기타 제품은 컴퓨터, 정보통신 장비, 발전 기계 등이었다. 해외투자의 경우, 1991년까지 일본의 대미 누적 총 투자액은 1,480억 달러인 반면 미국의 대일 투자는 170억 달러에 그쳤다. 일본은 영국 다음으로 큰 대미 투자국이었다.[3] 일본은 미국의 첨단 기술 분야에 대규모로 투자해 미국 기업과 경쟁했고, 미국은 개인, 정부, 기업 모두 적자로 인해 일본과의 경쟁을 우려했다. 일본은 또 상업 유통망에 집중 투자했는데, 그것은 미국으로 수출되는 일본 상품이 도·소매점에서 더 잘 판매되게 하는 목적을 띠었다. 유통망에 대한 투자가 총 대미 투자의 32%를 차지한 반면, 제조업 투자는 20% 수준이었다. 미국 내 일본의 부동산 투자는 150억 달러 규모로 총 대미 투자의 18%에 달했다. 미국에게 일본은 캐나다 다음의 제2의 수출시장으로 미국 전체 수출의 11%를 점했는데, 워싱턴은 일본이 잘 조직된 상품 유통망과 독특한 민족주의 문화를 포함하는 모든 방법을 활용해 미국 제품을 소비하지 않는 것에 대해 큰 불만을 가졌다. 또 일본은 1,000억 달러 이상의 미국 정부 채권을 보유하고 있었는데, 그것은 미국 예산적자 충당에 도움이 되기는 하지만 필요시 도쿄의 대미 정치적 지렛대의 수단으로 사용될 수 있었다. 1990년 대 초 아직 소련이 붕괴되기 전 여론조사에서 미국인들은 소련 군사보다 일본의 경제 압박을 자국에 대한 더 큰 위협으로 인식한다고 답했는데, 그것은 미국의 일본에 대한 인식을 대변했다.[4]

■ 워싱턴의 압력

클린턴 행정부는 경제와 무역을 도쿄와의 현안 맨 위에 위치시켰다. 구소련이 붕괴된 상황의 미·일 관계에서 안보보다는 경제가 우선 급박하다고 생각한 클린턴 행정부는 양국 경제관계의 불균형 시정에 초점을 맞췄다. 워싱턴은 목적달성을 위해서 엄청난 외

---

2 U.S. Library of Congress, "Japan- Relations with the United States," http://countrystudies.us
3 영국의 대미 투자액은 일본 대미 투자액의 두 배에 달했다.
4 U.S. Library of Congress, "Japan- Relations," http://countrystudies.us

부압력을 가할 충분한 준비가 되어 있었다. 그 당시 미국은 일본 경제가 1985년 플라자 협정 이후 통화의 평가절상, 일본 정부의 정책적 오류로 인한 심한 인플레이션, 경기 침체로 인한 구조적 변화를 겪고 있다는 사실에 별로 개의치 않았다. 조지 H. W. 부시 시절 이미 미국의 무역대표부 대표 칼라 힐스(Carla Hills)는 한국, 일본, 동남아 국가를 순방하면서 아시아 각국이 경제적 민족주의를 넘어 문호를 개방할 것을 촉구하고 있었다.[5] 공산주의와의 투쟁에 엄청난 군사비용을 지출하면서 자유민주주의 수호의 선봉에 선 미국은 모든 미국의 군사보호 하에서 경제발전에 매진해 경제성장의 과실을 누리는 세계의 수많은 나라들에게 경제 문호 개방을 요구할 권리가 있다고 생각했다. 1993년 클린턴 행정부는 도쿄에 미·일 무역과 경제관계를 다룰 양자 무역대화 틀(Framework for a New Economic Partnership)의 수용을 밀어붙였다. 워싱턴은 일본 정부에 미국의 대 일본 수출 목표치를 수용하게 하려는 압력을 시도했다. 그 새로운 경제 동반자 관계를 위한 틀은 컴퓨터, 정보통신, 자동차, 자동차 부품과 같은 정치적으로 예민한 분야에서 긍정적 결과를 만들어내겠다는 클린턴의 대통령 후보시절 약속에 접목되어 있었다.[6]

　　미·일 경제 관계를 시정하려는 양국의 회담은 일정수준의 불협화음을 겪었다. 미국이 요구하는 할당량(quota)을 채우지 못할 경우 미국의 경제제재 대상이 될 것을 우려한 일본은 워싱턴의 요구에 머뭇거렸고, 양측은 서로에 대해 약간의 상호의심과 불만을 가졌다. 1993년 미·일 경제 관계에서 서로에게 약간 위안이 되는 것이 있었다면, 그것은 우루과이 GATT 다자 협상에서 일본이 쌀 부족분을 미국으로부터 수입하기로 결정한 것이었다. 이것은 미·일 양측의 무역문제에 관한 추가적 진전의 기초를 제공했으나, 워싱턴은 도쿄로 하여금 미국 상품에 대한 시장개방의 구체적 범위를 설정할 것을 요구했다. 1994년 클린턴 행정부는 또다시 일본을 포함해서 불공정무역을 하는 것으로 간주되는 나라에 대해 수퍼 301조를 적용할 것임을 시사했다.[7] 1994년 5월 무역에 관한 미·일 고위급 협상은 양국 무역 마찰과 관련한 구체적 합의를 이끌어 내지 못했다. 그 때 양국 대표단은 이것이 전체 미·일 관계에 미칠 영향을 우려해 빠른 시일 내에 양국 간 경제 틀을 전체적으로 재검토, 재편성하는 협상을 다시 갖기로 약속했다. 새로운 경제 동반자 관계 틀에서의 협상이 지지부진 했지만, 미·일 양국은 그래도 며칠 후 상호 우호적인 경제 교류 목적상 고밀도 통합회로에 사용되는 세라믹, 기계 제조에 필요한 탄소섬유 재료, 그

5 클린턴 행정부 초대 무역대표부 대표는 미키 캔터(Mickey Kantor)이다.

6 James Roberts, "Bill Clinton and Japan: Getting the Records Straight," www.heritage.org; Masayo Goto, "US and Japan Relations," www.masayogoto.com

7 Goto, "US and Japan Relations," www.masayogoto.com

리고 환경 친화적 공정 건설 기술에 관한 공동연구 진행 의사에 합의했다. 1년 이상의 양자 협상 결과, 1994년 10월 일본은 자국의 주요 3개 시장인 보험, 정보통신, 의료장비 시장을 개방하기로 결정했다. 미국 자동차, 자동차 부품, 건설 및 건축에 사용되는 평면유리 수입에 관한 합의는 30일 내에 처리하기로 했다. 미국은 일본에게 경제문호를 더 개방할 것을 요구했고, 도쿄는 한 걸음 더 나아가 국내 소비 진작을 통해 미국 물품을 국내에서 더 소비하도록 국민을 설득할 것이라고 약속했다.

■ 일본 경제의 위축

그러는 가운데 일본의 대미 무역흑자는 축소되기 시작했다. 그것이 지구적 무역환경의 변화에 의한 것이든, 잃어버린 10년을 경험하는 일본의 환율, 생산비용, 국내 구매력과 같은 일본 경제요소의 변화에 따른 것이든, 아니면 클린턴 행정부 정책의 결과이든, 미국의 대일 무역적자는 축소되는 경향을 보였다. 1995년 미국을 포함해서 일본의 외국으로부터의 수입은 전체적으로 22.3% 증가했는데, 반도체와 전자 제품은 66.6%, 자동차 수입은 40.6% 증가했다. 일본의 대미 자동차 수출은 13.9% 감소했다. 일본 경제는 조금씩 더 개방되기 시작했다. 일본의 자동차 회사 닛산과 도요타가 생산하는 자동차에 제너럴 모터스(GM: General Motors) 부품 자회사인 델파이(Delphi)의 델코(Delco) 배터리가 장착됐다. 자동차 부품, 에너지 포장, 선박제조 사업을 하고 포춘(Fortune) 잡지 500대 기업 중 하나인 테네코(Tenneco)는 도요타의 5천개 정비소와 일본 에너지(Japan Energy) 6천개 주유소에 미국 회사(Monroe and Ranch)가 생산한 충격완화(shock absorber) 부품을 구비하도록 계약을 체결했다. 일본 회사들은 또 미국, 영국, 동남아에 공장을 새로 건설하기 시작했다. 도요타는 미국, 영국, 태국에 공장을 세웠고, 일본 전자업체인 후지쯔(Fujitsu)는 미국 오레곤과 영국에 반도체 공장을 건설했다. 일본 회사들은 수출보다는 현지 생산을 통해 물품을 공급했다. 일본의 통산산업성(MITI: Ministry of International Trade and Industry)은 1995년 해외에서 생산되는 상품가치가 일본 내에서 생산되는 것을 처음으로 넘어섰다고 평가했다.[8]

일본, 한국과 같이 경제 민족주의를 추구하는 국가들의 시장 개방, GATT의 WTO로의 대체, NAFTA 창설, APEC 경제협력 활성화는 미국 경제부활의 계기가 됐고, 이는 미국의 대일 무역보다 대중국 무역 적자의 폭이 더 커지는 새로운 현상과 더불어 점차 워싱턴의 도쿄에 대한 분노를 다소 누그러뜨리는 계기가 됐다. 그러나 그것이 도쿄의 대

8 Roberts, "Bill Clinton," www.heritage.org

미 무역정책이나 경제 구조 변화에 대한 워싱턴의 완전한 만족을 의미하지는 않았다.

　동시에 미국은 일본 경제가 '잃어버린 10년'의 혹독한 상황을 경험하는 것에 비추어 일본의 경제적 난관이 세계경제, 미·일 경제관계에 미칠 영향을 우려했다. 클라이드 프레스토위츠(Clyde Prestowitz)는 1998년 미 하원 예산결산 위원회 청문회에서 일본 경제, 미·일 경제관계에 대해 다음과 같이 우려 섞인 견해를 증언했다.[9] 1993년에 시작된 일본과의 새 경제 동반자관계를 위한 틀에 비추어 볼 때 거의 모든 분야에서 불만족스러운 결과가 나타난다. 일본 자동차 분야는 충분히 개방되지 않았고, 평면 유리의 일본 시장으로의 수입은 일본 유리산업 분야 카르텔에 의해 실망스런 수준에 머물렀다. 보험 업계 역시 마찬가지로 미국 회사들은 일본의 개방이 불충분한 것에 대해 불만을 토로한다. 몇몇 분야에서 약간의 진전이 있었지만 전체로서의 과정은 아직 그 결과가 미진하다. 그러나 동시에, 일본 경제는 이제 결정적 순간에 처해 있다. 일본 국내와 장기 경제발전에 대한 세계적 신뢰 회복을 위해 신속하게 절차를 택하지 않는다면, 상호의존적 경제 틀을 발전시킨 모든 나라들에 대한 전망은 아주 어두울 것이다. 은행 체계, 세금 체계, 그리고 토지 사용규칙이 현재 일본의 경제문제를 해결하기 위해 검토되어야 한다. 일본 정부는 최근 부실대출과 파산 지경의 은행을 처리하기로 결정했는데, 2~5년의 유예기간은 너무 길고 또 우량, 불량의 기준 역시 모호하다. 일본은 아직도 과거의 경제 관행에서 벗어나지 못하고 있다. 아직도 부족한 소비를 획기적으로 진작시키기 위해서는 소비세 감축보다는 (주택) 대출이자 감면이 필요하다. 도쿄 시내의 15% 토지가 채소 재배지로 사용되는 것도 일본 경제의 주요 장애물이다. 지역을 재배치하고 농업 지원 축소와 건축 조항 쇄신은 소비의 물결을 풀어 놓을 것이다. 미국 정부는 일본 시장이 아직도 막강한 영향력을 행사하는 재무성, 통산산업성 등 관료들의 결정에서 벗어나도록 도와야 한다. 일본 산업을 탈규제화시키는 것은 도전적이고 어려운 과정인데, 그 이유는 기업, 규제자의 윤리와 사고방식이 변화하고, 또 투명하고 예측 가능한 형태로 변화하는 데 오랜 시간이 걸리기 때문이다. 일본 정부의 탈규제와 기업의 탈카르텔화는 장기적으로 일본의 경쟁력 강화를 위해 필수적이다. 미국은 일본 정부와 관리들에게 기업의 세부적 운영 간섭에서 벗어나 소비자, 경제, 그리고 국민 전체에 도움이 되는 시장에 대해 신뢰를 가질 필요가 있다는 메시지를 계속 보내야 한다. 일본 경제는 이제 결정적 순간에 처해 있다. 일본의 경제성장은 연평균 2% 이하의 속도로 감소하고 있다. 1997~1998년 아시아 경제위기는 태

9 프레스토위츠는 미 경제전략 연구소(Economic Strategy Institute) 창설자이며 소장이다. 레이건 행정부 당시 그는 미 상무 장관 자문역으로 재직했는데, 그때 그는 미국의 대 일본, 한국, 중국, 동남아시아 무역 및 투자 협상 대표로 활동했다.

평양의 수백만 인구를 가난으로 몰아넣었는데, 지난 수년간 일본의 경기 침체와 정책적 오류는 일본뿐 아니라 세계경제 문제를 악화시키고 있다.[10] 가까운 장래에 세계경제가 직면하게 될 가장 중요한 문제 중의 하나는 아마 일본 경제의 건강함과 건전성을 회복하는 것일 것이다. 이제 미국은 일본의 전반적 경제의 강건함을 회복하고 미국의 이익과 세계 무역체제의 이익을 보존하는 방향으로 보다 나은 전략을 추구해야 할 것이다.[11]

■ 일본의 미국 인식

그러면 일본은 미·일 무역 문제로 강력한 압력을 행사하는 미국에 대해 어떻게 생각하고 있었나? 원래 일본 내에서는 미국, 또 미·일 동맹, 경제관계에 대한 불만은 상대적으로 적었다. 1990년 2월 가이후 도시키(Kaifu Toshiki) 총리하에서 치러진 하원 선거에서 여당인 자민당은 미국 및 서방과의 안보, 경제적 일체성을 외교 정책으로 유리하게 활용했다. 1993년 호소카와 모리히로(Hosokawa Morihiro) 총리의 야당 연립정부는 자민당을

호소카와 모리히로

배제한 야당 연합임에도 불구하고 자민당과 비슷하게 미국과의 경제, 안보 유대 계속, 그리고 일본의 더 많은 정치, 경제적 공헌, 국제기구와의 공조, 세계 평화, 군축, 개도국 지원을 표방했다. 공산당을 제외한 사회당, 민주사회당 등 일부 진보 좌파정당도 미·일 동맹이나 미·일 경제관계 파기로부터 한발 물러섰다. 일본 내의 압도적 견해는 자체 방위력이 충분한 수준에 도달할 때까지 일본 안보는 미·일 안보조약, 미국의 핵우산 제공에 의지해야 하고 일본의 경제성장 역시 미·일 안보체제하에서 성장해 왔다는 것을 잊지 말아야 한다는 것이었다. 냉전 종식 이후

10 1997~1998년 태국, 인도네시아, 필리핀, 말레이시아, 한국 등 아시아 국가에 연속적으로 금융위기가 발생했다. 어느 한 곳에 발생한 경제위기는 다른 지역에 원치 않는 영향을 미친다. 이 위기의 원인은 공통적인 것에 근거했다. 금융 기관들이 외채 차입에 의존하여 수년간 과도한 투기적 대출을 하고 기업 역시 외국으로부터 외채를 도입한 것이 과도한 수준의 민간 채무가 됐다. 은행의 대출 관행에 문제가 있었고 취약한 금융 감독과 부실한 회계기준으로 투명성이 흐려졌다. 또 조기 해결의 의지가 부족한 것도 금융 위기의 원인이 됐다. 미국과 IMF는 금융안정화 방안을 제시했다. 각 국가가 경제개혁을 추진하고, 금융 구조의 개편, 금융 법규 투명성 개선, 기업 구조조정, 시장 개방 등이 그것이다. Madeleine K. Albright, "아시아의 경제위기," 플로리다 마이애미 소재 일간지 '디아리오 라스 아메리카스' 2월 1일 자 기고 칼럼, United States Information Service (February 10, 1998)

11 Clyde Prestowitz, "Japan must act now to restore confidence in economy,"Hearing of the House of Representatives, Committee on Ways and Means, Subcommittee on Trade (July 15, 1998), United States Information Service (August 7, 1998).

일본의 엘리트와 대중 모두 일본의 경제력에 걸맞는 외교적 위상, 또 무조건적 대미 추종외교로부터의 탈피를 주장하는 목소리가 점점 커졌고 미국에 '아니라고 말할 수 있는 일본(The Japan That Can Say NO)'이라는 이사하라 신타로(Ishihara Shintaro)의 주장이 특히 젊은 세대의 생각을 반영했지만, 그것은 미·일 군사동맹의 중요성을 부정하는 것이 아니라 양자 안보관계 내에서 일본의 목소리가 더 반영되기를 바라는 아우성이었다. 그것은 미국이 보장

이시하라 신타로

하는 국제질서 내에서의 경제 성공에 대한 일본인의 민족주의적 자긍심의 반영이었다.

일본 안보정책의 초석이 미·일 동맹과 기타 미·일 양자합의에 기초해야 한다는 생각은 뚜렷했지만, 그러나 일본의 더 큰 군사적 역할에 대해서 회피하는 경향은 그대로 유지됐다. 지난 수십 년간 일본은 평화 헌법 제9조에 기초해 자위대의 해외 군사 파병을 금지해왔고, 군사 충돌은 오직 방어를 위해서만 가능할 뿐이었다. 전수방위, 비핵 3원칙, GDP 1% 내에서의 국방비 지출은 모두 그런 평화 헌법적 역학에서 비롯됐다. 전체 주일 미군의 65%가 주둔하는 오키나와에서 미군 병사들은 수시로 범죄에 연루됐지만, 일본은 미·일 동맹 자체의 중요성에 대해서는 흔들림이 없었다.[12]

■ 미·일 가이드라인

미·일 안보비용 분담, 중국의 부상 가능성, 북한의 핵무장에 비추어 미국이 일본의 안보역할 확대를 원했을 때, 도쿄는 과거와 마찬가지로 워싱턴의 요구에 부응하지만 필요한 최소한의 원칙을 지킨다는 자세로 임했다. 1997년 9월 안보, 군사와 관련한 미·일 가이드라인 개정은 그와 같은 두 가지 경향을 동시에 보여주었다. 그것은 한편으로는 미·일 동맹에 관한 워싱턴의 의견을 존중하면서도,

오키나와 미군기지 비행장

일본의 군사개입에 대해서는 다소 소극적 태도를 띠었다. 1997년의 미·일 가이드라인은 도쿄의 신 방위계획 대강(NDPO: National Defense Program Outline), 워싱턴의 21세기 국가안보전략(National Security Strategy for a New Century), 그리고 1998년 미국 아태 안보

12 나중에 2009년 8월 집권한 일본 민주당의 하토야마 내각이 미·일 동맹과 오키나와 주일 미군 기지의 해외 이전 가능성에 관한 논란의 불을 지폈지만, 그것은 민주당 정권 3년 3개월간의 해프닝으로 끝나고 말았다. Beina Xu, "The U.S.-Japan Security Alliance," CFR Backgrounders (July 1, 2014), p. 2.

전략(US Security Strategy for East Asia-Pacific)과 동일한 궤도선상에 위치했다.[13] 1997년 미·일 가이드라인은 1978년의 방위협력 지침을 처음으로 개정하는 것이었다. 1978년 방위협력지침은 일본에 대한 공세 억지와 무장 공격에 대응하는 행동에 초점을 맞추고, 일본의 안보에 중요한 영향을 미치는 외곽 극동에서의 미·일 협력에 관해서는 간략하게 언급했다. 1978년 방위협력의 초점은 제한적이었는데, 왜냐하면 그것은 미·일 양국 정부는 필요시 미군 병력이 일본 자위대 기지를 사용하도록 지원의 범위와 형태를 함께 논의하고 연구할 것을 촉구한다고 규정했기 때문이다. 반면, 1997년의 미·일 가이드라인은 미·일 양국이 새로이 형성되는 안보 환경에 미래지향적으로 적극 대응할 필요를 반영했다. 그 것은 협력의 범위에서 더 넓은 안보 관점과 더 큰 구체성을 띠었다. 1997년 가이드라인은 정상적 조건하에서, 일본에 대한 무장공격에 대응해서, 또 일본의 평화와 안정에 영향을 미치는 인근 지역의 상황과 같은 다양한 경우에서의 양자 협력을 의도했다. 일본 인근 지역의 상황에서 미·일 양국의 협력은 난민 구호활동과 조치, 수색과 구조, 비전투 소개(evacuation) 작전, 그리고 국제안정을 위한 경제 제재 효율성의 보장을 포함했다. 그 가이드라인은 또 필요한 비전투 병력과 후방 지원을 위한 시설 제공을 약속했다.[14]

　　1997년 가이드라인은 1960년 미·일 동맹인 상호우호안보조약(Treaty of Mutual Cooperation and Security)의 기초 위에 구축됐다. 1997년 가이드라인은 미·일 안보협력의 급격한 변화를 의미하지는 않았다. 1978년 방위협력 지침이 상호우호안보조약의 제5조인 일본에 대한 무장 공격 방지에 초점이 맞춰져 있는 반면, 1997년 가이드라인은 냉전 이후시대의 안보환경 변화를 감안해 안보조약의 제6조인 일본의 안보 및 극동에서의 국제평화와 안정을 위해 도쿄가 미국에게 일본 시설과 지역 사용의 권리를 보장한다는 것으로 초점이 바뀌었다. 미군 병력과 일본 자위대 간의 작전 임무 분담에서, 1997년 가이드라인은 그들의 보완적 역할과 능력을 계속 유지했다. 이 임무 분담은 창과 방패에 비교됐고, 미국은 공격적 임무를 수행하고 일본은 방어적 임무 책임을 떠맡았다. 이것은 일본의 헌법적 제한과 지역적 민감성 모두를 고려한 조치였다. 지역 내 잠재위기에 대응하는 양국의 역할분담은 1997년 가이드라인에 잘 나타나 있었다. "자위대는 인명과 자산을 보

---

13 1998년 미국의 동아시아-태평양 안보 전략은 미·일 양자관계는 미국의 아시아 안보 전략의 주춧돌이라고 강조했다. 미국 전략은 지역 안정과 평화 목표의 지원을 인지하고, 동시에 기존 안보 관계를 기초로 안보 다양화를 증진하는 것의 가치를 인식한다. 미국 전략은 기존의 여러 양자 안보관계의 토대 위에 보완적 다자 안보 대화를 지원하는 것이다. 다자 대화는 증진된 투명성과 신뢰 구축을 통해 긴장을 축소시키는 건설적 잠재력을 갖고 있다. David J. Richardson, "US-Japan Defense Cooperation: Possibilities for Regional Stability," (From Parameters, Summer 2000, pp. 94-104), http://ssi.armywarcollege.edu

14 Richardson, p. 1.

호하고 항해 안전을 보장하기 위해 정보 수집, 정찰, 기뢰제거와 같은 행동을 수행한다. (반면) 미군은 일본 이웃에서 평화와 안보를 회복하는 작전을 수행할 것이다."[15]

구체적 측면에서, 1997년 미·일 가이드라인은 일본의 주변지역 위기시 일본의 비전투 역할 확대, 주일 미군을 위한 주둔국 지위협정(SOFA: Status of Forces Agreement) 개정, 방위정책 검토(DPRI: Defense Policy Review Initiative)를 포함했는데, 방위정책 검토는 동맹국의 역할, 임무, 능력에 대해 재정의하고, 오키나와 주둔 미군 숫자의 축소, 양국 사령부간의 상호 운영성 및 의사소통 증진, 그리고 탄도미사일 방어 분야에서 양국 협력 확대를 논의했다.[16] 양국의 논의는 특히 한반도를 포함하는 일본 인근지역 유사시, 일본이 획득교차서비스합의(ACSA)를 통해 미국의 후방기지로 역할 할 것이라는 약속을 포괄했다.[17] 전체적으로, 1997년 미·일 가이드라인은 미·일 동맹을 재확인하는 가운데 일본의 역할확대를 약속한 것인데, 이때 도쿄는 비전투 역할 확대를 중시해 일본의 군사개입 가능성에는 소극적 자세를 유지했다. 이로 인해 일본의 적은 미국의 적과 동일하고, 일본의 대외정책은 미국의 원칙을 벗어나지 않을 것이며, 동시에 군사적으로는 당분간 일정한계 내에서만 적극적일 것임이 재확인됐다. 1990년대의 일본은 그렇게 대외관계에 있어서는 미국이 수립한 신국제질서에 협력하고 미국이 주도하는 원칙을 따를 것을 분명히 했다. 미국이 주도하는 국제질서 하의 일본 대외관계는 미·일 동맹의 테두리 내에서 작동할 것이 분명했다.

역내 국가들은 어떻게 반응했나? 역내 정부와 언론들은 혼합된 반응을 보였다. 제2차 세계대전 당시 일본의 어두운 에피소드가 어른거렸다. 그래서 잠재적 지역 위기에 대응하는 그 작은 절차들은 일부 정부들의 경계심을 자극했다. 중국 외교부 대변인 셴궈팡은 대만 해협이 미·일 가이드라인에 직, 간접적으로 포함되어 있다면 그것은 중국 주권에 대한 침해, 간섭이고, 이것은 중국 정부와 인민에게 수용될 수 없다고 논평했다. 그러나 대만이 가이드라인에 포함되는가에 대한 우려에도 불구하고 베이징의 전반적 반응은 절제되고 조심스러웠다. 북한 언론 매체들은 그 가이드라인은 전쟁 준비라고 말하면서, "일본의 반동적 통치자들은 해외 팽창의 구시대적 구상을 포기하고 신중하게 행동해야 한다"고 말했다. 필리핀 대통령 피델 라모스(Fidel Ramos)는 그 가이드라인이 일본에게

15 Ibid, p. 2.

16 http://www.state.gov

17 Michael Auslin, "The U.S.-Japan Alliance," American Enterprise Institute(AEI) Online, http:// www. aei.org; Aurelia George Mulgan, "US-Japan Alliance, the big winner from the Senkaku Islands dispute," http://www.eastasiaforum.org

아태지역에서 안보와 안정에 개입할 더 큰 기회를 부여한다면, 그것은 환영받을 것이라고 말했다. 1997년 미·일 가이드라인에서 일본 인근 지역에 정확하게 무엇이 포함되는가 하는 것은 미·일 양국에 의해 의도적으로 불분명하게 처리됐다. 1997년 가이드라인은 "일본을 둘러싼 지역의 상황은 일본의 평화와 안보에 중요한 영향을 미칠 것이다. 일본을 둘러싼 지역이라는 개념은 지리적인 것이 아니라 상황적인 것"이라고 규정했다. 이것은 유연성을 위한 의도적 모호함이었다.[18]

1997년 가이드라인은 일본의 국제적 역할확대를 의미했다. 그것은 1차적으로 미국의 요구에 부응한 것이지만, 부분적으로는 일본이 제1차 걸프전에서 연합군을 위해 130억 달러를 공헌하면서도 국제적 외교, 군사 위상에서 너무 불리한 입장에 있다는 국내 비판을 반영한 조치였다. 그럼에도 불구하고 그것을 군사력을 위주로 한 일본의 대외팽창으로 보는 것은 무리일 것이다. 1990년대에 일본의 몇몇 중요한 국제 공헌이 있었다. 걸프전 직후 일본은 제2차 세계대전 이후 처음으로 걸프 만에 6척의 해상 자위대 기뢰 제거반을, 그리고 1991년 10월에는 이라크 유엔 화학무기 사찰 팀의 일부로 육상 자위대 인력을 파견했다. 1992년 6월 일본 의회에서 최종 통과된 국제평화 협력법(International Peace Cooperation Law)은 유엔 평화유지 활동을 합법화하기 위한 것이었다. 그 법은 일본의 유엔 평화유지활동 참여를 위한 5가지 조건을 설정했다. 그것은 휴전이 시행돼야 하고, 갈등의 당사자들은 평화유지군 배치를 승인해야 하며, 평화유지 병력은 공정성을 유지하고, 참여는 위의 조건이 지켜지지 않으면 유예될 수 있고 무기 사용은 보호를 위해 최소한으로 제한된다는 것이었다. 이런 조치들이 일본이 해외팽창을 하려는 시도의 시발점으로 간주될 수도 있지만, 아직 일본의 해외팽창이 본격화된 것은 아니었다. 2000년대 초 고이즈미가 총리로 취임한 이후 조금씩 그 모습을 드러내기 전까지 일본의 해외팽창은 아직 가시화되지 않았다.[19]

(2) 대중국 관계

일본은 주변 강대국인 중국 및 러시아와는 어떤 관계를 유지했나? 1980년대 말 천안문 사태가 발생했을 때 미국 및 다른 서방국가들의 입장을 고려하는 일본은 이들과 보조를 맞추어 경제 제재, 상호교류 제한 등 베이징 정권의 잘못을 처벌하는 모든 가시적

18 Richardson, p. 4
19 Ibid., p. 5.

조치에 동참했다. 1989년 도쿄는 1990~1995년 기간 동안 중국에 지원하기로 선언한 55억 7천만 달러 특혜 경제 지원을 유예했고, 동시에 중국 내 여러 종류의 프로젝트에서 일하는 일본인 전문가들을 철수시켰다. 또 일본은 중국에 자금 대여를 추진하던 자국의 수출입 은행 정책을 재검토할 것이라고 선언했다. 그 당시 미국, 서유럽, 일본은 중국의 잘못을 바로잡지만 베이징이 개혁, 개방으로부터 문을 닫지 않을 정도로 균형을 맞추는 합리적인 제재를 시행할 것을 의도했다. 그렇지만 미국과 서방의 경제 제재가 생각보다 장기화되고 그 상황에서 중국이 일본에 경제 제재 해제를 강력하게 요청하면서, 도쿄는 다른 나라보다 일찍 제재를 해제하기로 결정했다. 일본은 산업 자본주의 국가 중 가장 먼저 중국과 정치, 경제관계를 복원했다. 이것은 중국에 대한 수십억 불 경제지원 재개와 1992년 아키히토 일왕의 중국 방문, 또 일본 관리들이 과거보다 더 빈번하게 중국을 방문하는데서 여실히 드러났다. 일본의 가이후(Kaifu) 총리는 1990년 7월 휴스턴 G7 정상회담에서 중국에 대한 G7 국가들의 반 중국적 입장을 완화시키려 노력했다. 미국 및 서방의 시각에 유의하면서 일본은 이들보다 먼저 중국과의 경제 관계를 우선적으로 고려하는 조치를 취했다. 일본은 사실 일정 수준 미국의 입장과 다른 자세를 취했다. 시간이 가면서 일본의 중국에 대한 정치적 수사는 약화됐다. 일본 관리들은 중국에 대한 자국의 행동에서 '제재'라는 단어를 사용하기를 거부했고, 제47대 총리 우노 소스케(Uno Soske)는 중국에 대해 제재를 가하는 것은 이웃 국가에 대해 아주 무례한 일이라고 우호적으로 말한 바 있었다. 일본 관리들은 또 가끔 미국이 중국에 대해 취하는 행동은 중국을 고립시킬 수 있는 지나친 징벌적 성격을 띠었다고 비판했다. 이 모든 것은 일본이 안보, 군사, 전략적 측면보다 경제 실리에 더 큰 가치를 부여하는 중상주의적 접근법의 결과로 이해됐다.[20]

1990년 대 전반기에 일본이 중국에 대해 안보문제보다는 경제 사안에 더 관심을 쏟은 한 가지 이유는 아직은 중국의 군사력 증강이 아태지역에서 가시적 위협을 제기하는 수준이라고는 생각지 않았기 때문이다. 평화헌법에서 규정한 군사력 제한에도 불구하고 그동안 도쿄는 막강한 기술력과 경제력을 바탕으로 세계 2위의 국방비를 지출하면서 첨단기술의 무기체계로 무장한 자위대를 유지해 왔다. 핵무기는 없지만 필요하면 언제든 핵무장으로 돌아설 수 있도록 충분한 플루토늄 및 기술적 우위와 더불어 최첨단 해·공군력으로 무장한 도쿄는 베이징과의 경제관계 확대를 더 중요한 이익으로 보았고, 그래서

20 Emma Chanlett-Avery, Kerry Dumbaugh, William H. Cooper, "Sino-Japanese Relations: Issues for U. S. Policy," CRS Report for Congress (December 19, 2008), p. 7; Relations with China, http://countrystudies.us

천안문 당시 부과된 서방의 제재와 달리 중국에 대한 경제제재를 최초로 해제했다. 그렇지만 북한의 노동미사일 발사, 비확산체제에서의 탈퇴, 핵개발과 더불어 1995~1996년 대만해협 미사일 위기, 그리고 중국의 군사 현대화가 광범위하고 포괄적이며 체계적으로 진행되면서 중국에 대한 일본의 인식은 조금씩 바뀌기 시작했다. 증대하는 중·일 관계의 경제적 상호의존이 양국 간 충격의 흡수 요인으로 작용했지만, 냉전 이후 현실에 대한 일본의 적응은 문제가 있는 것으로 여겨졌다. 중국의 여러 안보 행동이 대만을 겨냥한 것이기는 하지만, 그것이 일본 및 역내 다른 국가들에 대해 동일한 근심거리로서의 함의를 갖는다고 느끼는 것은 어렵지 않았다. 일본의 눈에는 중국은 더 이상 일본 원조나 투자를 애원하는 국가가 아니라 일본의 이익에 관한 지역적 경쟁자로 나타나기 시작했다. 이제 새로 나타나는 안보 불안정에 대응해, 미·일 양국은 1996년 클린턴－하시모토 공동성명을 통해 양자동맹의 군건함을 재확인하고, 1997년 9월에는 새로운 미·일 국방가이드 라인을 채택했다. 그것은 대만을 직접 거론하지는 않았지만 일본의 작전범위를 일본 본토에서 이웃 지역으로 확대시켰다. 미·일 동맹의 그러한 움직임은 중국의 우려와 반대에도 불구하고 1990년대 말 미·일 미사일 방어체제 협력으로, 또 2000년대 초 고이즈미의 총리 등장 이후에는 소위 우경화라 불리는 일본 안보정책의 변화로 이어졌다. 그래도 1990년대 후반 중·일 양국은 서로의 행동에 대해 노골적 비판을 삼갔고 경거망동하기를 원치 않았다. 1996년 미·일 공동성명과 1997년 미·일 가이드라인 발표 당시 베이징은 미·일 협력이 중국을 집중적으로 겨냥하거나 중국 내정과 관련된 대만 문제에 대한 간섭이 아니기를 원한다는 취지로 신중하게 언급했고, 도쿄는 대만사태, 중·러 전략적 동반자협정 체결 이후에도 베이징에 대한 경제지원을 대폭 확대하면서 서방 전문가들의 반대를 무릅쓰고 중국의 WTO 가입을 적극 지지했다.[21]

(3) 대러시아 관계

일본의 대러시아 관계는 별로 성공적이지 못했는데, 그것은 양국 간 최대 현안으로 서로 얽혀있는 문제인 북방 4개 도서 반환과 러·일 평화조약 체결에서 거의 진전을 이루지 못했기 때문이다. 원래 냉전 시대의 일·소 관계는 일본이 미국, 중국, 일본 협력을 중심으로 소련을 봉쇄하면서 특히 나빠졌고, 그래서 소련은 오호츠크 해 잠수함 기지로 사용해 오던 북방 4개 도서를 일본에 돌려주겠다는 생각이 전혀 없었다. 러시아 해안경비

21 Xu, p. 2.

대는 가끔 러·일 분쟁지역에서 활동하는 일본 어선을 나포했다.[22] 1991년 말 옐친이 러시아에서 권력을 장악했을 때, 모스크바는 과거 구소련과 비슷하게 북방 4개 도서를 일본에 돌려줄 수 없다는 입장을 취했다. 1990년 7월 소련 붕괴 직전 비록 일본의 가이후 총리가 텍사스 휴스턴에서 개최된 G7에서 북방 4개 도서 문제를 의제에 추가시키고 러시아가 필요로 하는 일부 기술, 재정 지원을 제공하겠다는 의사를 밝혔지만, 도쿄와 모스크바 관계는 취약했다. 1992년 경 옐친은 북방 영토 분쟁에 다소 개방적이었던 것으로 알려졌는데, 그때 일본은 북방 4개 도서 문제 해결의 대가로 수십억 달러 원조를 제의했다. 옐친은 처음에는 그 도서는 일본에 돌려주어야 한다고 말한 것으로 알려졌지만, 그 완화된 관계는 러시아 측의 보수주의, 민족주의 세력의 압력으로 인해 중단됐다.[23] 국내 압력이 증가하면서 옐친은 1992년 9월로 예정된 일본 방문을 취소했지만, 그 방문은 1993년 10월 11일 성사됐다. 그는 러·일 관계의 중대한 장애물인 4개의 쿠릴 도서 분쟁에서 더 이상의 양보를 하지 않았지만, 1956년 일본, 소련의 제2차 세계대전 종결 당시 합의를 지킬 것이라고 약속했다. 1956년의 합의는 일본과 소련 두 나라가 평화조약을 체결할 때, 일본에 가장 작은 두 개의 섬인 하보마이와 시코탄 섬을 반환한다는 것이었다. 그렇지만 그 약속은 실현되지 않았다.[24]

(일본 신당이 주도하는) 비 자민당의 짧은 기간 총리로 재직하던 호소카와 리더십하에서, 1993년 도쿄의 러·일 관계에 관한 선언은 양국 관계에 안전한 유대와 증진을 가져왔다. 그 기간 중 러·일 양국이 평화조약을 맺을 수 있다는 새로운 희망이 생겨났다. 그것은 대러 관계에서 영토 조항과 경제 문제를 분리하지 않는다는 엄격한 원칙에서 약간 완화된 일본의 정책에 근거했다. 그러나 실제 진전은 일어나지 않았다.[25] 1994년 3월 일본의 하타 외무상이 모스크바를 방문하면서 러시아 외교장관 안드레이 코지레프 및 다른 고위 관리들과 만났다. 양측은 지속적인 쿠릴분쟁에 관해 해결할 것에 합의했지만, 그 분쟁이 가까운 장래에 해결될 것으로 보이지는 않았다. 영토분쟁에도 불구하고 하타 외무상은 러시아의 시장지향 경제 개혁을 위한 약간의 재정지원을 제시했다. 1997년 러·일 관계에서의 구체적 관계개선에 대한 희망이 하시모토 총리하에서 발생했다. 하시모토는

22 Relations with China, http://www.state.gov
23 Simo Santeri Holttinen, Post-Cold War Japan's National Security History Under the LDP and DPJ (March 2013), Master's Thesis for Ritsumeikan Asia Pacific University, p. 81.
24 Mark A. Smith, "Russo-Japanese Relations," Conflict Studies Research Centre, Defence Academy of the United Kingdom (October 2003), p. 4,
25 Holttinen, p. 83.

그 해 크라스노야르스크(Krasnoyarsk)에서 옐친과 비공식으로 회동했는데, 그때 두 사람은 양국이 2000년 12월까지 공식 평화조약을 체결하는 것이 양국 모두에게 좋을 것이라는 공통의 이해를 발전시켰다.[26] 그 당시 대화에서 양국 수뇌는 더 긴밀한 상호 경제협력을 논의했는데, 그것은 투자협력, 러시아의 세계경제 편입, 러시아 개혁의 지원, 에너지 대화 강화, 핵에너지의 평화적 이용, 그리고 우주 협력을 포함했다. 그 결과 러시아 극동 개발 프로젝트에 일본이 1억 달러를 투자하는 합의가 서명됐고, 1998년 일본의 수출입 은행은 World Bank를 통해 러시아에 15억 달러 상당의 차관을 제공할 것이라고 발표했다. 그 경제 관계의 완화는 옐친과 하시모토가 1998년 또 다시 도쿄 남서쪽 휴양지 가와나(Kawana)에서 만나는 유인 요인을 제공했다. 여기서 하시모토는 이투루프(Iturup/Etorofu)와 우루프(Urup) 섬 간의 확실한 경계선 확정을 제시하면서 북방 4개 도서문제, 러·일 평화조약의 완전한 해결을 시도했다.[27] 그러나 옐친 시기에 북방 4개 도서와 러·일 평화조약 문제는 더 이상 구체적으로 논의되지 않았고, 하시모토가 1998년 7월 선거에서 자민당 패배로 하차하면서 옐친―하시모토 관계는 끝났다. 그 이후 러시아는 북방 영토 문제를 젖혀두고 양국 평화조약 체결 과정을 완료할 것을 요구했지만 그것은 도쿄에게는 수용 불가능한 일이었고, 그 이후 양국 관계는 계속 냉랭한 상태를 유지했다. 그래도 1999년 러시아, 일본 양국은 옐친의 일본 방문에서 아직도 희망의 과정을 서두르려 노력했다. 그 당시 수상 오부치 게이조는 러·일 간 구성된 '경계선 확정 위원회(border demarcation committee)'를 통해 북방 4개 도서문제와 평화조약 문제를 해결하려 시도했지만 이 모든 것은 성공하지 못했다. 그때 일본은 1950년대 러시아가 타협점으로 내건 일본에 가장 근접하고 가장 작은 섬인 하보마이와 시코탄 섬을 돌려받고 이 문제를 완전히 종결할 것도 구상했다. 그러나 그 계획은 오부치의 조기 사망, 러·일 관계의 미진전으로 인해 전혀 성사되지 못했다.[28]

북방 4개 도서

26 Smith, pp. 3-4

27 이투루프는 일본이 영유권을 주장하는 북방 4개 도서 중 가장 북쪽에 위치한 섬이고, 우루프는 러시아 소유 쿠릴 열도 거의 남단 가까이 위치한 무인 화산섬이다. 우루프는 이투루프의 북동쪽 37Km 지점에 위치한다. 일본이 영유권을 주장하는 북방 4개 도서는 하보마이(Habomai), 시코탄(Shikotan), 구나시리(Kunashiri), 이투루프(Iturup/Etorofu)를 말한다.

28 Holttinen, pp. 84-86.

2. 경제와 국내 정치

(1) 잃어버린 10년

대외정책에 관한 여러 가지 생각과 동시에 사실상 일본의 관심사는 내부를 더 향하고 있었는데, 그 이유는 1990년대에 진입할 즈음 일본 경제는 근래 보기 드문 침체를 겪기 시작했기 때문이다. 처음으로 겪는 '잃어버린 10년'이라는 문제의 해결은 일본에게는 중요한 관심사였다. 비록 그 당시 일본의 GDP가 세계 2위의 규모를 자랑하고 지난 수십년 간 일본식 경제발전이 오히려 미국 방식보다 더 낫다는 의견이 나돌 정도였지만, 이제 일본은 선진산업국에서는 볼 수 없는 독특한 상황에 처했다. 세계의 유명한 경제 전문가들이 그 원인을 여러 차원에서 진단하고 처방을 제시했지만 불행히도 일본의 경제 난관은 '잃어버린 10년'이라는 용어가 나올 정도로 오래 지속됐고, 거의 2010년대 말까지 지속돼 종국에는 '잃어버린 20년'이라는 말이 나올 지경이었다.

지난 수십년 간 일본 경제는 기적에 가까울 정도의 성장을 계속했다. 1955~1970년 간 연평균 성장률은 10%였고, 1970~1980년대는 평균 5% 수준을 기록했다. 그러나 일본 경제는 1980년대 말 이후 갑자기 휘청거리고 그 이후 10년 이상 침체를 면치 못했다. 이런 현상은 1985년 9월 서방선진 5개국(G5) 회담에서 미국이 뉴욕의 플라자 협정(Plaza Accord)에서 일본과 서독의 통화를 평가절상 하도록 강제로 밀어붙인 후 발생했다. 미국이 그렇게 행동한 이유는 미국과 다른 서구 선진국들이 소련과의 냉전에서 많은 비용을 지불해 가며 군비경쟁에 몰입해 있는 동안, 일본은 GDP 1% 이하의 군비 지출로 모든 재원을 경제 발전에 동원하고, 또 더 나아가 자국 회사의 재정지원, 덤핑, 계속적 환율인하 등 다양한 신 중상주의적 방법을 통한 불공정무역으로 세계의 부를 끌어 모으고 있다는 부정적 인식에 기인했다.

이제 일본 통화 엔(Yen)은 1986년 말 미국 달러에 비해 통화가치가 46% 급격히 절상됐다. 이것은 국제시장에서 일본 상품을 더 구매하기 비싸게 만들었고, 1986년 일본 GDP 성장의 주요 요인인 수출은 5% 축소됐다. 경제성장은 1985년 6.3%에서 1986년 2.8%로 급락했다. 이 효과를 완화하고 성장을 촉진하기 위해 일본 중앙은행은 1986년 1월에서 1987년 2월 사이 급진적인 통화완화(quantitative ease)를 통해 국내경기를 살리는 방식으로 고평가된 엔화 효과의 상쇄를 시도했다. 이 기간에 일본 중앙은행은 할인율을 5%에서 2.5%로 절반으로 줄여 국내 투자를 유도했고, 낮은 이자율은 세제 개혁과 함께 경기를 다시 부양시켰다. 1987~1990년 기간 GDP는 5.5% 성장했고, 실업률은 2%로 낮

일본 중앙은행

아졌으며, 정부 예산은 흑자를 기록했다.[29]

그러나 이 한시적 경기 부양책은 부동산과 주식시장 자산 가격의 급격한 상승을 유도했고, 이는 일본 역사 속에서 가장 큰 재정 거품을 만들어냈다. 자민당 정부는 이번에는 긴축적 통화정책을 사용해 이자율을 1989년 5월 2.5%에서 1990년 8월 6%로 인상했는데, 그 이후 불행히도 일본은 전례 없는 자산 가격 폭락, 투자 실종, 고용 및 성장 침체, 시장 붕괴를 경험하게 됐다.[30] 니케이 (Nikkei) 주식시장 지표는 60% 이하로 곤두박질 쳤는데, 그것은 1989년 최고치 4만점에서 1990년 10월 2만점, 그리고 1992년에는 1만 5천점 이하로 하락했다. 1990년 대 중반 경제가 곧 회복될 것이라는 희망하에서 니케이 지수는 약간 다시 상승했지만 경제 전망이 계속 악화되면서 주가는 다시 추락했다. 니케이 지수는 2001년 3월 1만 2천점 이하로 내려갔다. 부동산 가격도 경기 침체기 동안 곤두박질쳐 1991~1998년 기간 80% 하락했다. 1990년대 내내 실제 GDP는 정체되어 연평균 1% 성장에 머물렀고, 1998년 이후에는 마이너스 성장을 기록했다. 실업률은 1991년 2.1%에서 2000년 말 4.7%로 올라갔다. 비록 국제기준으로 보면 그 실업률이 낮은 것으로 보일 수 있지만, 평생고용이라는 문화적, 역사적 선례와 1980년대 그것이 2.8%를 넘은 적이 없다는 사실에 비추어 4.7%로의 상승은 심각했다. 공식 실업률은 또 실제보다 낮게 잡히는데, 그 이유는 일본 정부가 실제로는 일하지 않는 직원이라도 형식적으로만 고용을 하면 그런 회사들에게 고용조정 지원을 제공하기 때문이다.[31]

1980년대 말 자산과 주식시장 거품 붕괴는 금융권과 회사 부채의 위기를 야기했다. 금융권은 대규모 부실 대출로 시달렸다. 돈을 빌린 사람은 파산하거나 또는 상환에 어려움을 겪었다. 그 문제의 범위는 1990년대 초부터 중반까지 충분히 이해되지 않았고, 은

29 Daniel Harari, "Japan's economy: from the 'lost decade' to Abenomics, (Japanese) House of Commons, Standard Note: SN06629, Section: Economic Policy and Statistics (October 2013), p. 3.
30 Benjamin Powell, "Explaining Japan's Recession," Mises Institute, http://mises.org
31 왜 일본 경제가 그렇게 성장이 중단되고 침체됐나? 이에 대해서는 케인즈식 재정이론과 밀턴 프리드만 식의 통화주의자 간에 서로 다른 분석이 존재한다. 또 다른 한편에서는 일본의 경제 침체는 미국이 강요한 플라자 협정에 의한 결과로 워싱턴에 모든 책임이 있다는 의견이 있는 반면, 워싱턴의 일본 환율에 대한 간섭은 오히려 미국이 일본정부의 신 중상주의적 개입으로 인한 인위적 고환율, 엔화 평가절하를 정당한 수준으로 시정한 올바른 조치라는 평가도 존재한다. Powell, p. 2.

행은 처음에는 정부 당국의 지원에 의한 경제 회복이 문제를 완화시킬 것을 기대하며 대출받은 사람들에게 기한을 맞추지 못한 대여금 상환기간을 연장해 주는 인내 정책을 시행했다. 정부의 승인과 더불어 일본 은행들은 악성 부실대출에서 오는 손실을 공개하지 않았다. 이렇게 하기 위해서 은행들은 갚을 능력이 없는 채무자들의 파산을 막기 위해 계속 자금을 빌려주었다. 그 결과는 1990년대 전반기에 계속 신용대출 문제를 누적시킨 것이었는데, 은행은 손실을 안게 되고 파산되어야 할 경쟁력 없는 회사들은 계속 살아있게 됐다. 이제, 장부상에 대규모의 악성부채를 갖게 된 은행들은 사업체에 쉽사리 신규대출을 할 수 없었고, 다른 한편 은행 자본 부족이 해결될 때까지 위험부담을 맡으려 하지 않게 됐다. 그러는 사이 회사들은 부채를 갚거나 더 이상 투자하려 하지 않았는데, 이것은 일본의 이자율이 마이너스 상황인 상태에서 더욱 그랬다. (공공 부채 증가를 야기하는) 정부로부터의 계속되는 재정, 조세정책을 통한 경제 활성화 패키지, 그리고 거의 0%로 삭감된 이자율과 단기 회복기간에도 불구하고 그 잃어버린 10년은 일본 국제 경쟁력의 하락과 GDP 성장의 한계를 목격했는데, 1991~2002년간 일본의 연평균 성장률은 1%였고 이것은 G7의 평균 2.4%와 큰 대조를 이루었다.[32]

(2) 정치적 분열

한편 1990년대 경제가 침체돼 있을 때, 일본 정치 역시 개혁의 이름으로 많은 혼란과 변화를 겪었다. 원래 냉전시대 일본 정치는 자민당이 집권하는 가운데 자민당－관료 연계가 강했다. 자민당은 선거와 정치 판단으로 전국을 관리하고, 관료는 구체적이고 전문적인 정책을 만들어 자민당을 도왔다. 관료가 정책을 자민당에 제출하면 당이 입법을 하고 관료는 예산을 배정받는 형식으로 공생해 온 것이다. 그러나 냉전 말기 정치인들이 수십억 원 규모의 뇌물을 받은 록히드 스캔들, 리쿠르트 스캔들이 터지면서 국내에서 기존의 정치 규칙, 규범의 변화 요구가 증대하기 시작했다. 이제 공산주의와의 대결이 사라진 상황에서 보수적 자민당만이 집권할 필요가 있는 것이 아니었고 특권층인 자민당－관료 연계, 그리고 권력의 집중이 국민에게 가장 좋은 혜택을 가져다주는 것이 아니라는 생각이 확산됐다. 이런 상황에서 1993년 미야자와 기이치가 총리로 재직하던 시절 자민당에 분열이 있어났는데, 그것은 86명의 의원이 탈당한 것이다. 이때부터 정치 개혁 논의가 봇물이 터지고 권력분산, 관료 개혁에 대한 필요성이 강력하게 대두돼 1997년에는 국민

32 Harari, p.4.

권익을 위해 당, 정부의 정보 은폐를 방지하는 취지의 정보 공개법이 통과됐다. 1993년 자민당 분열은 7월 총선에서 자민당이 패배하는 결과를 가져왔고, 그 직후 8개 야당 연립정부가 구성돼 일본 신당(Japan New Party)의 호소카와가 총리로 선출됐다. 이로써 자민당은 1955년 이후 처음으로 여당 권좌에서 밀려났다. 호소카와는 정치 개혁의 일환으로 선거체제 개편을 추진했다. 중, 대 선거구제로부터 소선구제와 비례대표제로 전환됨에 따라 다당체제에서 정권교체 가능성이 높아졌다. 호소카와 내각은 9개월 임기를 마치고 하차한 후 하타(Hata Tsumotu) 내각이 두 달 더 존속했다. 그러나 반자민당 야당 연합이 붕괴되면서, 1994년 자민당이 과거 숙적인 사회당, 또 소규모의 사키가케 신당과 연합해 다시 연립 여당의 일원이 됐다. 첫 총리로 사회당의 무라야마 토미이치가 선임됐다.[33]

1996년 1월 새 선거제도 하에서 치러진 총선에서 자민당은 실질적 집권 여당의 위상을 회복했고 자민당의 하시모토 류타로가 총리로 취임했다. 하시모토는 정치, 행정개혁을 시도했는데, 그것은 총리 권한 강화, 관료제 구조 개편, 독립적 행정기구 설치를 포함했다. 정치 개혁을 위해 지방자치 단체 통폐합을 추진했는데, 이것은 지방의회 의원수를 감축하는 방법을 통해서였다. 1998년에는 지방 의회 통폐합으로 3,300개인 도시, 군, 마을의 숫자가 1,700개로 감소됐다. 이것은 뜻밖의 결과로 이어졌는데, 그것은 자민당에 배신감을 느낀 지방의 핵심 지지

하시모토 류타로

층이 이탈해 결국 나중에 2009년에 이르러 민주당에게 권력을 넘겨주게 된 것이다. 1996년은 새 선거제도에 의해 선거가 진행된 해였다. 이즈음 반 자민당 진영에서는 정당의 이합집산 현상이 계속 발생했고, 그때 민주당이 자민당에 맞서는 야당 성향의 최대정당으로 등장했다. 민주당은 2000년 대중 지지도가 자민당과 비슷할 정도로 정치적으로 성장했는데, 2007년 참의원 선거에서 승리한 후 2009년 중의원 선거에서 다수를 확보해 여당으로 집권하는 기염을 토했다. 1990년대 말은 전체적으로 정치공백의 시기이며 권력이동의 시기였다. 구세력이 힘은 갖고 있으나 자민당－관료 연계 약화로 주요 임무를 수행할 능력은 없었다. 관료의 적극성은 약화되고 관료의 자민당 지지가 축소됐다. 언론의 역할, 공공 이익 개념이 금융 분야의 아성을 깨뜨려 금융 개혁의 빅뱅이 일어났다. 2001년에는 고이즈미 준이치로가 총리에 선임됐다. 그는 총리와 내각을 정치질서의 중심에 놓

33 The Sweeping Changes in Japanese Politics Since the 1990s, http://www.japanpolicyforum.jp; Japan profile - Timeline - BBC News, www.bbc.co.uk

으면서 정치적 진공을 채울 새 리더십을 추구했다. 그는 부실부채를 해결하고, 고속도로를 관리하는 국영기업을 민영화했다. 국가 독점 우편체계를 민영화했고 금융의 분권화를 추진했다. 그의 성과에 대해 부실부채 해결이나 민영화가 충분치 못했다는 비판이 제기됐지만, 그는 경제 불황과 정치─관료 관계 약화의 환경에서 정치 질서와 정부 정통성을 회복했다는 대체로 긍정적인 평가를 받았다.[34]

II 일본 현실의 해석

1. 일본 대외정책의 성격

(1) 해외 군사 팽창에 대한 반대

1990년대 일본은 상당한 경제 침체와 커다란 정치 변화를 겪고 있었다. 그러는 사이 왜 미국 국방성이나 많은 전문가들의 예측과는 달리 일본은 미국에 대한 도전, 외교, 군사적 대외 팽창을 자제했을까? 국제관계와 국내 상황의 연계를 주장하는 사람들의 견해를 확대 해석해 볼 때, 국내 경제가 취약하고 혼란과 변화를 계속하는 국내정치가 대외 팽창을 막은 것일까? 앞으로도 국제적 주도권을 추구하거나 세력균형 인식에 기초한 군사력 증강, 해외로의 팽창은 없을까? 그 당시 일본의 대외정책 현실에 관해서 흥미 있고 설득력 있게 설명한 학자로 피터 카젠쉬타인(Peter Katzenstein)과 노부오 오카와라(Nobuo Okawara)를 들 수 있는데, 그들은 일본이 정치, 군사적 해외팽창을 시도하지 않는 이유는

외교안보와 관련된 국내의 여러 정치, 법, 사회적 메커니즘 때문이라고 진단하며, 앞으로도 아마 일본의 해외팽창은 없을 것이라고 분석했다. 물론 이 견해는 2001년 고이즈미 준이치로가 일본 총리로 등장하고 2009년 민주당의 3년 여 집권 기간을 지나 2012년 아베 신조가 총리로 취임하면서 그 설명력과 정당

고이즈미 준이치로   아베 신조 총리

성에서 상당 수준 도전받고 있다. 그럼에도 불구하고 1990년대 일본 안보행위의 국내적 원천을 분석하는 이들의 견해는 그 당시 도쿄가 대외팽창을 자제했던 이유와 일본 안보정책 결정과정에 관해 많은 것을 알려준다.

■ 국내 질서의 중요성

냉전 이후 시대에 일본이 국제 사회에서 어떻게 행동할 것인가에 대해 전문가들은 서로 엇갈린 견해를 제시한다. 낙관론자들은 미·일 관계의 영향에 의해 일본이 평화주의 국가로 남아 있을 것이라고 예측하는 반면, 비관론자들은 국제체제의 변화가 일본으로 하여금 핵으로 무장된 국수주의 국가로 변신하게 만들 것이라고 주장한다. 일본의 안보정책, 또 미래 일본의 안보행태는 어떤 형태를 띨까? 일본의 안보정책을 분석하기 위해서는 신현실주의자들이 말하는 국제질서, 국제정치의 구조만이 아니라, 비교정치에서 중시하는 국내구조, 정치적 규범, 사상을 살펴보아야 한다. 이것은 일본의 헌법, 정치제도, 사회규범을 점검해야 함을 의미하는데, 이런 입장에서 볼 때 일본은 혁명적 변화가 없는 한 독자적이고 강력한 군사국가로 탈바꿈하지는 않을 것이다. 일본의 평화헌법, 군대에 대한 문민통제의 정치제도, 반군사적 국민여론, 또 미·일 관계는 직업 군인들이 민간 정치인과 관료, 그리고 국민의 생각을 벗어나 정부 내에서 권력의 중심부에 위치해 일본을 공세적 패권국가로 변질시키고 군사적 팽창주의로 회귀하게 하는 것을 불가능하게 한다(다만 한 가지 주목할 것은 미·일 관계가 일본의 적극적 행동을 조장할 수 있다는 사실이다).[35]

■ 헌법과 정부 구조

일본의 군사화를 저지하는 몇 가지 기제가 존재한다. 국내 정치구조, 제도적 차원에서 가장 중요한 것은 헌법이다. 헌법 제9조는 일본은 군대를 보유하지 않는다고 규정하고 있는데, 그것은 국가안보 정책 수단으로서의 전쟁을 거부하고 안보정책에 커다란 제약을 가한다. 이것은 모든 법치 국가에게 당연한 결과로, 헌법조항을 무시하고 행동할 수 있는 자유민주주의 국가는 없기 때문이다.[36]

군사화 방지를 위한 정부구조로는 통제의 기제(mechanism of control)와 조정의 기제(mechanism of coordination)가 존재한다. 민간인이 군부를 확실하게 지휘하는 통제의 메

---

35 Peter Katzenstein and Nubuo Okawara, "Japan's National Security," International Security," Vol. 17, No. 4 (Spring 1993), pp. 84, 86.

36 군대 보유를 불법화하고 안보 정책 수단으로서의 전쟁을 거부하는 일본의 평화헌법은 제2차 세계대전이 종식되면서 맥아더 미군정 당국이 준비한 것으로, 도쿄는 이것을 어쩔 수 없이 수용했다.

커니즘은 일본의 공격적 군사화를 방지한다. 확고하게 형성된 문민통제는 방위성의 독자적 행동을 불가능하게 하고 군사문제를 덜 중시하게 만든다. 총리실이나 방위성 모두 군사 안보 목적의 표현에 부정적이고, 오히려 외교, 국제공헌, 경제 이슈에 더 큰 관심을 갖고 있음을 표방한다. 자위대는 직업 군대이지만, 그곳의 주요 결정은 군인들 자신에 의해 만들어 지지 않는다. 행정차관, 서기 국장을 포함해 방위성의 11개 고위직 중 4개는 외부에서 파견 온 사람들이 차지하는데, 이들은 주로 외무성, 재무성, 통산성으로부터 온 관리들이다. 방위성의 하위직 역시 외부인에 의해 관통되고 수많은 직책이 외부 부처 출신 관료들로 채워져 있다. 방위성 장교들은 민간인 장관과 외부에서 온 민간인들에 의해 완전히 통제되는데, 이것은 직업군대에 대한 철저한 불신에서 유래한다. 군사작전의 범위에서부터 군부가 중시하는 사안, 지향, 도덕성에 관한 모든 측면이 문민통제에 귀속되는 이 기제는 미군정에 의해 도입된 것이다. 일본 군인들은 타 부처에서의 위탁교육을 통해 자유민주주의의 중요성, 군사보다는 외교, 경제의 우선적 중시에 관해 집중적으로 세뇌된다. 일본 군대는 다른 나라의 군대와 같이 철저하게 훈련되고 잘 조직된 기구가 아니다. 1980년대 신 냉전 시기에도 자위대는 동원계획, 군사재판제도, 비상입법, 민방위 제도가 결여되었고, 항공자위대를 제외하면 제대로 정해진 교전규칙도 없었다. 냉전이 종식된 지금 1990년대 중반에도 마찬가지이다.[37]

조정의 기제는 방위성과 자위대의 목소리를 상대적으로 약화시킨다. 군사안보와 경제안보는 서로 다른 정부 부처가 책임을 지고 정책을 입안한다. 경제안보는 외무성(MOFA: Ministry of Foreign Affairs), 재무성(MOF: Ministry of Finance), 통산산업성(MITI: Ministry of Trade and Industry)이 책임을 지고, 군사안보는 외무성, 재무성, 방위성(Ministry of Defense)이 담당한다.[38] 내각입법국(Cabinet Legislation Bureau)도 개입해 이들 관료부처에서 만들어진 정책이 헌법 제9조에 위배되는 것이 없는지를 판단한다. 국방 프로그램개요, 국방예산, 무기 획득, 전력발전의 방향, 군사작전과 같은 국방관련 중요한 문제를 포함하는 군사안보 사안은 우선적으로 안전보장회의(Security Council)에서 승인 받아야 하는데, 이곳에서는 외무상, 재정상, 관방장관, 국가공안위원장, 방위상 그리고 경제계획청장을 포함해 모든 안보, 경제관련 부처가 참여해 합의를 이루게 되어 있다.[39] 내각 관방(Cabinet Secretariat)에서 새로이 재편된 안보과는 안전보장회의의 간사

---

37 그러나 일본 군인들의 전문성과 의견이 모두 배제되는 것은 아니고, 그들의 견해는 보통은 주일 미군과의 의사소통 과정을 통해 반영된다. Katzenstein and Okawara, pp. 95, 97.

38 방위청은 차관급 기관이었으나 나중에 장관급 각료가 지휘하는 방위성으로 조직이 개편됐다.

39 안전보장회의는 1986년 창설됐는데, 그 조직은 총리가 주재하고 내각법 제9조에 의해 규정된 부처 장관

역할을 맡아 모든 안보 이슈에 대한 정부 정책을 조정한다.[40] 내각 관방은 개별 부처의 이익을 넘어설 수 없고 안보과도 마찬가지이다. 방위성은 여러 부처 가운데 하나로만 역할을 할 뿐 다른 부처를 지배하지 못한다. 군사문제에 관한 총리실의 역할은 생각보다 미약하고, 내각 관방에 대한 총리의 통제력 역시 매우 제한적이다. 내각 관방의 여러 부서들은 서로 다른 관료 부처의 이해관계를 조정을 하는 장으로, 이곳에서 총리의 강력한 리더십 발휘는 불가능하다. 실제로 총리의 주요 임무는 부처 간의 서로 다른 의견을 조정하는 것에 불과하고, 서로 다른 목소리를 내는 관료부처를 통제하는 데에는 큰 어려움이 있다.[41]

■ 사회적 규범

일본의 군사화를 막는 다른 중요한 기제는 사회규범에서 유래한다. 일본 사회 내에는 경제안보는 결정적으로 중요하지만 군사안보는 재앙을 가져왔다는 제2차 세계대전의 역사적 기억에서 유래하는 뼈아픈 사회적 규범이 존재한다. 일본은 메이지 유신 이후 부국강병을 추구하면서 제2차 세계대전을 치른 후 군사적 팽창의 위험을 잘 알게 됐고, 이것은 군사를 배제하고 경제를 발전시켜야 한다는 경제 우선주의로 진화했다. 제2차 세계대전 이후 일본의 안보는 미·일 안보체제에 맡기고, 요시다 독트린에 따라 경제 발전을 우선시하는 것이 작고 고립된 섬나라를 다시 일으켜 세우는 유일한 길이라는 인식이 확대됐다. 제2차 세계대전 이후 일본인들은 과거 "서구를 따라잡고 이기기 위해" 기술 발전이 필요하다는 생각을 그대로 존속시켰다. 기술 입국에 관한 일본인들의 집착은 상상을 넘어선다. 과학 기술은 에너지와 자원이 부족한 일본의 해외 의존도를 줄이고 믿을 수

들이 참여한다. 안보회의 의장은 또 회의에 합참의장과 또 다른 필요하다고 여겨지는 장관, 관리를 참석시킬 수 있다. 안보회의는 군사 문제뿐 아니라 비군사 안보 문제도 논의하는데, 그것은 기본 국방정책, 국방 프로그램 개요, 산업 생산과 기타 국방 관련 문제의 조정, 외교 및 국방활동 결정을 포함한다. 안전보장회의 내부에는 국방정책국, 재정국, 국방 장비국 등이 존재하는데, 이 부서들은 대부분 서로 다른 부처에서 파견 나온 관리들이 대표한다. 안보회의와 그에 속한 각 부서들은 주요 파워 센터로 기능하는데, 이런 기제는 방위청 문민통제를 위한 수단이다. 이 민간 그룹하에 제복을 입은 자위대 관료들이 있는데, 그 최고 위직은 합참의장으로 그 휘하에 육상, 해상, 공군 참모총장이 위치한다. National Security Council(NSC)/ Ministry of Foreign Affairs of Japan, www.mofa.go.jp

40 내각 관방은 일본 정부 관료 부처로 관방 장관이 지휘한다. 그 조직은 내각의 공공관계를 담당하고, 내각 각 부처와 각종 기구 업무를 조정하며, 정부를 위한 정보를 수집하고, 총리실을 포함해 내각의 다양한 업무를 관장한다. Cabinet Office, Government of Japan, www.cao.go.jp〉indesx-e; "Chief Cabinet secretary is much more than top government spokesman/ The Japan..." https://www.japantimes.co.jp

41 간혹 총리의 파워가 주요 관료 부처의 이익을 넘어설 만큼 지도력을 발휘하는 경우가 있지만, 그것은 대개의 경우 제도적으로 뒷받침되지 못한다. 총리의 대표적 역할은 관료 부처 간 상이한 견해를 조정하는 것으로 제한된다. Katzenstein and Okawara, pp. 92-93.

없고 변덕스러운 세계질서 속에서 독자적이고 자주적인 생존을 가능하게 할 것이다. 기술이 필요한 이유는 궁극적으로 그것이 지속적이고 장기적인 경제 성장의 전망을 가능하게 하기 때문이다. 획득된 노하우는 일본 경제 전반에 공세적으로 확산되어야 하고, 기술의 국산화, 배양, 확산은 일본으로 하여금 홉스적 세계에서 특별한 취약점을 보완하게 할 것이다.[42]

그와는 대조적으로 군사안보에 대해서는 큰 반감이 존재한다. 일본 국민은 군사 중심의 안보 시각에 반대한다. 메이지 유신 이후 제2차 세계대전에서 실패하고 전쟁에서 엄청난 참화를 겪으면서 군사적 팽창에 대한 우려는 일본인들의 심리에 하나의 독특한 정서로 자리 잡았다. 국민 여론은 대외정책에 큰 영향을 미치는데, 정부가 군사를 중시하는 경향을 보이면 언론, 의회, 대중이 정부정책에 반대, 기소한다. 대중은 거리에서 시위하고 중도, 진보언론은 수많은 논설과 칼럼에서 정부 정책을 비판한다. 일본 내의 여론은 미국에 우호, 편향적이고, 자주보다는 미국에 대한 정치적 의존, 미·일 안보 체제 내에서 안전해야 한다는 수동적 안보를 선호한다. 일본의 번영은 미국이 주도하는 세계경제 질서 내에서 가능했다. 일본인들의 생각에 미국은 우호적 협력의 대상인데, 그 이유는 워싱턴이 일찍이 중국의 공산화에 따라 자위대 설립을 용인, 독려하고 일본의 신중상주의적 경제 관행에 관한 일부 비판에도 불구하고 그것을 수용했기 때문이다. 군국주의에서 자유민주주의로의 전환은 미국의 정책에 의해 가능했다. 신아시아주의, 국수주의의 약화, 군산 복합체의 해체, 초등학교 시절부터 자유민주주의 교육 강화는 모두 워싱턴의 계획에 의거했다. 냉전 이후 시대 미국은 중국의 부상, 북한의 핵무장을 견제하고, 중·일 관계 악화 방지의 중요한 균형자로 존재한다. 미·일 안보체제의 보호막이 사라진다면 그것은 일본의 번영에 절대적으로 불리하고 국방비의 급격한 증가, 불안정한 세계정치 속에서 새로운 변수의 등장과 더불어 일본의 향배를 가늠하기 어렵게 만들 것이다. 군사력 강화, 군사팽창에 반대하는 국민 여론은 다양한 형태로 나타난다. 그것은 전쟁을 금지하는 헌법 9조를 선호하고, 평화헌법 개정에 반대한다. 국민들은 옐친이 이끄는 러시아를 위협으로 보지 않고, 경제를 중시하는 평화외교와 방어위주의 국방정책을 선호한다. 자위대는 국민들 마음속에서 높은 평가를 받지 못한다. 그들은 자위대는 국방, 안보보다는 구제, 복지, 재난 구조 목적을 위해 조직된 기구라고 인식한다. 냉전이 종식된 오늘날에도 자위대의 임무는 국제적으로는 군사 분쟁에 대한 개입이나 일본의 위상 강화보다는 치안 중

----

42 홉스적 세계는 토마스 홉즈(Hobbes)가 그의 저서 리바이어던(Leviathan)에서 언급한 것으로, 국내 정치질서에서 정부가 성립되기 전에는 각 개인은 만인의 만인에 대한 투쟁 상태에 처할 수밖에 없다는 것을 의미하는 말이다. Ibid., p. 98.

심의 국제 평화유지활동, 국내적으로는 재난구조, 비상사태 시의 적극적 구조 활동이 중시된다. 제2차 세계대전의 역사적 교훈과 1945년 이후 평화롭고 번영하는 행위자로서의 일본의 등장에 의해 형성된 안보정책에 만연한 규범적 합의는 오늘날에도 그 맥락은 그대로 유지된다.[43]

■ 경제안보 중시, 군사안보 거부의 경향

그러면 정부구조, 제도, 또 사회적 규범은 일본 안보정책에 어떻게 영향을 미치나? 첫째는 경제적 취약을 축소시키는 경제안보 중시 시각의 출현, 시행이다. 1973년 석유수출국기구(OPEC: Organization of Arab Petroleum Exporting Countries)의 석유 금수로 인해 촉발된 오일 위기 당시, 일본 정부는 중동 오일에 대한 과도한 의존을 줄이고 외교를 통해 다른 산유국으로부터 추가 에너지 공급의 안정적 확보를 시도했다.[44] 원유 가격이 4배 급격히 증가하고 세계 30여 개 국가가 부도를 맞이하는 상황에서 중, 남미, 동남아시아의 대체 에너지 공급원은 도쿄의 경제 안정에 필수적이었다. 동시에 민간 기업은 에너지의 효율적 기술을 적용해 외국 에너지 원천에 대한 의존도를 낮추었다. 정부와 기업은

. . . .

43 Ibid., pp. 100-102. 냉전시기 전쟁에서 가치를 입증할 수 없고 거의 교조적 수준의 반 군사주의에 직면해, 자위대는 대중의 경멸을 경험했다. 1990년대에 들어와 일본 자위대는 마침내 자기들의 이미지와 위상을 약간 더 높일 수 있었는데, 그것은 전쟁을 통해서가 아니라 국제 평화유지활동에서였다. 자위대는 미국 주도 연합군의 일원으로 남부 이라크에 잠시 배치된 적이 있었는데, 그 당시에도 무력 사용을 금기시 하는 그들은 이라크 군을 포함해서 다른 군대로부터의 도움에 의지해야 했다. 한편 자위대는 국내에서도 상당한 신용을 얻었는데, 그것은 1995년 고베 지진, 2011년 후쿠시마 핵 원전 사태 때 나타나듯 재난 구조에서의 빛나는 역할로 인한 것이었다. 그렇지만 2015년 의회를 통과한 안보 법안은 일본이 공격받지 않더라도 자위대가 동맹국 방위를 위해 참여할 수 있다고 규정했는데, 이것은 일본 군대가 전투에 참여하는 계기를 마련한 것으로 평가됐다. 그래도 그 법안은 일본의 해외 군사협력은 일본의 생존이 위협받고, 모든 다른 비군사적 옵션이 소진될 경우, 그리고 군사력 사용은 공격을 억지할 정도로 최소한의 수준에 제한된다는 조건을 첨부했다. 그러나 일본 자위대의 군사적 역할이 제한되어 왔음에도 불구하고, 그 군사능력은 해, 공군에 있어서 영국, 프랑스에 버금가고 필요시 핵무장 능력이 순식간에 확보될 있는 엄청난 수준에 도달해 있다. 그들의 4세대 탱크, 아파치 공격 헬리콥터, 현대 정찰 위성, 그리고 곧 도입되는 5세대 전투기는 일본의 군사능력을 한층 더 강화시킬 것이다. 실제로 상호 운영성 증대를 위해 일본군과 매년 수시로 연합 군사훈련을 하는 미국 군인들은 일본군의 능력에 감탄한다. Toothless tiger: Japan Self-Defence Forces - BBC News - BBC.com, www.bbc.com; Japan (self) defense Forces- BBC News-..., www.bbc.com

44 석유 금수는 1973년 10월 OPEC이 시리아와 이집트가 아랍 국가들의 지원을 받아 시작한 욤키퍼 전쟁 (Yom Kippur War)에서 이스라엘을 지원한 나라들에 대해 석유 수출을 금지한 것인데, 최초로 지목된 나라는 캐나다, 일본, 네덜란드, 영국, 미국이었고, 이것은 나중에 포르투갈, 로디지아, 남아프리카 공화국으로 확대됐다. 1974년 3월 석유 금수 막바지에 오일 가격은 전 세계적으로 배럴당 3달러에서 12달러로 4배 급등했다.

서로의 견해를 공유하면서 경제위기 극복을 위해 노력했는데, 업계는 게이단렌(Keidanren)을 포함하는 각종 단체를 통해 정부의 정책 결정에 자기들의 의사를 전달했다.[45] 정부는 민간영역이 시장 신호에 유의하면서 에너지 비용을 합리화할 것을 기대하고, 그래서 주요 산업국들과 대등하게 경쟁할 것으로 기대했다. 기업들은 중간재 투입을 감소시키는 방향으로 생산과정을 합리화하는 노력을 지속했다. 이 합리화 노력은 오일 의존 산업으로부터 생산된 물질에 대한 수요를 감소시켰고 일본의 산업구조 전환을 가속화시켰다. 정부와 업계의 협력, 그리고 경영과 노동의 협력은 구조전환에서 야기된 마찰을 완화시켰다. 1973년 이후 일본의 원자재 정책은 장기적으로 에너지 의존적 산업을 축소시키고 고부가 첨단 하이테크 산업을 부상시키는 경제 정책과 통합되어 산업구조 전환 및 재편에 기여했다. 1979년 제2차 석유위기 이후에도 이 정책은 변하지 않았다.[46]

일본의 국내구조가 안보정책에 영향을 미치는 두 번째 측면은 군사개입에 대한 저항이다. 일본은 자위대 병력을 전투 역할뿐 아니라 평화유지 활동을 위해서도 해외에 파병하는 것을 지속적으로 거부했다. 이라크가 쿠웨이트를 침공해 발발한 제1차 걸프전 당시 1990년 8월 미국은 일본에게 기뢰제거반과 유조선 파견을 요청했다. 그러나 일본 정부는 기뢰제거반이 전쟁에 연루될 것을 우려해 이를 거부했고, 1991년 1월 전쟁 종식 후 1991년 4월 걸프 만에 자위대 선박을 파견했다.[47] 계속되는 미국의 요구가 있었지만 일

• •

45 게이단렌은 한국어로는 경단련이며, 이것은 일본의 경제단체 연합회(Federation of Economic Organization)를 의미한다. 이 기업 협회는 1946년 회원 기업 간의 차이를 조정하고 정부에 무역, 조세 및 기타 주요 경제 관련 사항에 관해 자문하기 위해 설립됐다. 일본의 가장 강력한 단체 중 하나로, 그 조직에는 재정, 수송, 중화학 공업을 포함해 일본의 약 800개 주요 기업이 속해있다. Keidanren/Japanese association/Britannica.com, https://www.britannica.com

46 Katzenstein and Okawara, pp. 106-107. 일본의 1973년 오일 위기 극복 과정과 관련해, Atsushi Yamakoshi, "A Study on Japan's reaction to the 1973 oil crisis"를 참조할 것, https://open.library.ubc.ca; 여러 기준에서 볼 때 일본 경제는 대외적으로 취약한 면이 있다. 그래서 대부분 사람들은 그 대외경제 정책의 선택 폭이 좁을 것으로 생각하지만, 일본의 국내적 정치 구조는 그 나라로 하여금 제2차 세계 대전 이후 계속해서 더 넓은 선택 폭, 힘, 일관성을 유지하게 했다. 재정, 주요 산업, 무역 회사, 그리고 관료제의 조합주의적 연합은 보수 자민당의 지속적 통치, 정책 형성과정에서 노조의 체계적 배제, 사회보장 제도의 취약과 더불어, 도쿄 정부로 하여금 어떤 조건 하에서, 자본, 기술, 제조품이 일본에 들어오고 나가고 하는 것을 결정하게 하는 공식 결정자로서의 역할을 가능케 했다. 그런 과거 정책으로부터 확보된 힘은 일본 정부가 자국 국제경제 행동의 독자적 선택과 관련해 증대하는 국내, 해외 위협에 계속 성공적으로 대처하는 것을 도왔다. T. J Pempel, "Japanese foreign economic policy: the domestic bases for international behavior," International Organization, Vol. 31, No. 4, pp. 723-774.

47 1990년 8월 2일 시작된 제1차 걸프전은 이라크의 쿠웨이트 침략에 의해 촉발됐다. 이라크의 사담 후세인(Saddam Hussein)은 쿠웨이트의 거대한 오일 자원을 장악하고 중동 지역 파워를 확대하기 위해 8월 초 이라크 군에 쿠웨이트를 침공을 명령했다. 이 행동에 놀란 사우디아라비아와 이집트를 포함하는 아랍 국가

걸프만 자위대 함정 파견

본은 헌법 제9조의 제약으로 인해 평화유지 목적의 군대를 파견할 수 없었다. 그래서 고안해 낸 것이 유엔 평화유지활동 법안(PKO Bill)이다. 평화유지활동은 휴전감시, 선거감독, 의료 수송, 난민과 재건활동에 지원을 제공하는 것이 주목적으로, 어떤 상황에서도 군사력을 사용하거나 군사적 위협을 할 수 없도록 규정되었다. 이들은 자기 방어를 위해서만 사용되는 작은 무기의 휴대만이 허용됐다. 그러나 1990년 10월 제1차 걸프전이 진행되던 시기에 시도된 제1차 PKO 법안은 의회에서 압도적으로 부결됐고, 국민의 70% 이상이 그 법안에 반대했다.[48] 1991년 9월 19일 정부는 제2차 PKO 협력법안을 의회에 제출했는데, 그것은 12월 중의원에서 통과됐고 참의원에서 계속 심의하기로 결정됐다. 그 국제평화 협력법(International Peace Cooperation Law)은 자위대의 참여는 전투를 배제하고 유엔 평화유지활동과 인도주의 국제재난활동으로만 국한했다. 의회 논의의 초점은 자위대가 공격을 받을 경우 무기를 사용하는 것이 정당한지, 아니면 그 무기의 사용이 헌법이 금지한 무력의 사용인지에 관한 것이었다. 정부 법안은 무력사용

────────────────────────────

들은 서방에 개입을 요청했고, 미국 및 서유럽 나토 동맹국들은 사우디아라비아를 보호하고 중동의 현상 복구를 위해 사막의 방패 작전(Operation Desert Shield)을 시작했다. 8월 3일 유엔 안보리는 이라크의 쿠웨이트 철수를 촉구했고 8월 6일에는 이라크와의 전면 무역 금지를 부과했지만, 사담 후세인은 8월 8일 오히려 쿠웨이트를 공식 합병한다고 선언했다. 11월 29일 유엔 안보리는 만약 이라크가 쿠웨이트로부터 1991년 1월 15일까지 철수하지 않을 경우 군사력을 사용할 수 있다고 승인했지만 후세인은 물러서지 않았다. 1991년 1월까지 걸프 만에 결집한 연합군 병력은 미군 54만 명, 영국, 프랑스, 이집트, 사우디, 시리아 및 기타 여러 나라를 포함해 70만 명에 이르렀고, 1991년 1월 16~17일 미국 주도의 대량 공중공습과 더불어 연합군의 군사 공격, 사막의 폭풍(Desert Storm) 작전이 시작됐다. 연합군은 우선 이라크 내 대공방어망, 무기 공장, 정유 시설, 교량, 도로를 파괴한 후, 2월 중순에 이르러 쿠웨이트의 이라크 지상군과 남부 이라크 진지와 탱크 공격으로 방향을 전환했다. 1991년 2월 24일에는 사막의 총검(Desert Saber) 작전이 전개되어 연합군 지상 병력이 사우디 북동부로부터 쿠웨이트와 남부 이라크를 공격해 3일 이내에 쿠웨이트 수도를 재탈환 했다. 미군 주력 장갑 부대는 이라크 200Km까지 진격해 이라크 동남부 알 바스라에서 저항하는 대부분의 엘리트 공화국 수비대(Republican Guard) 부대를 괴멸시키고, 조지 H. W. 부시 대통령은 2월 28일 전쟁 종식, 휴전을 선언했다. 그때까지 이라크 저항은 완전히 붕괴됐는데, 전쟁이 종식되면서 미국은 이라크 북부 쿠르드족과 남부 지역 시아파를 보호하기 위해 북부 이라크와 남부 이라크에 비행금지 구역(No-Fly Zone)을 설정했다. Persian Gulf War - Facts & Summary - History.com, www.history.com〉topics〉persian-gulf-...; Persian Gulf War/Definition, Combatants, & Facts/Britannica.com, https://www.britannica.com; Operation Desert Storm: 25 Years Since the First Gulf War - The Atlantic, https://www.theatlantic.com

48 제1차 PKO 법안 제출 당시 야당은 모두 반대했고, 여당에서도 절반 이상이 반대했다.

을 최대한 배제하기 위해 자위대 해외배치의 조건을 규정했는데, 그것은 상대측이 휴전, 평화유지군 수용, 그리고 평화유지군의 중립성을 인정하는 것이었다. 추가적으로, 자위대는 유엔의 작전지휘 하에 속하지 않고, 자위대 병력은 조직적 군사행동의 일부로서가 아니라 개인적 자위를 위해서만 무기를 사용하도록 규정됐다. 최종적으로, 자위대는 전투 역할이 개입된 평화유지 활동에는 참여하지 못하도록 규정됐고 따라서 무기수송과 같은 가벼운 병참작전에도 관여할 수 없었다. 1991년 11월 여론 조사에서, 거의 60%의 응답자는 자위대병력이 가볍게 무장한 평화유지군 활동에 참여하는 것에 반대했다. 1992년 6월 참의원에서 PKO 법안이 통과되고 그 해 9월 PKO 법에 의해 자위대가 파견됐을 때, 70% 이상의 응답자는 비군사적 문제에 관한 일본의 국제적 공헌에도 일정수준 제한을 두는 것을 선호했다. 미국의 압력과 변화하는 국제질서 하에서 일본은 자위대의 해외 파병에 대해 더 유연할 수 있었지만, 일본 정부뿐 아니라 야당, 언론, 국민 정서 모두 그렇게 적극적 군사 개입에는 반대했다.[49]

■ 미·일 관계에 대한 영향

　　그러면 일본의 정부구조, 사회규범은 미·일 정치안보 관계에 어떻게 작용했나? 이 경우는 한마디로 도쿄는 경제안보를 지키기 위해 미국에 경직된 태도로 대응했고, 군사안보에 관해서는 워싱턴의 요구를 더 많이 수용했다. 그것은 도쿄가 얼마나 경제와 관련된 이익에 민감하게 반응하는지를 말해주는 또 다른 측면이다. 지난 수십년 간 일본은 병력의 해외배치에 대한 제한에도 불구하고, 사실상 미국의 전진기지 역할을 수행했다. 한국전쟁 당시 일본은 미국의 병참기지였다. 한국전쟁을 거치면서 일본 경제는 제2차 세계대전 이전의 수준으로 복귀했고, 도요타 자동차 회사를 포함해 많은 기업들은 미국으로부터의 전쟁 물자 수주를 통해 과거의 경쟁력을 회복했다. 베트남전쟁 당시 일본의 전진배치 기지로서의 역할은 매우 두드러졌다. 오키나와는 미군이 매월 소비한 40만 톤 물품의 75%를 취급한 병참기지였고, 카데나(Kadena) 공항에서는 매시간 20대의 미국 전투기

---

49 Katzenstein and Okawara, p. 109. 일본 정부는 국제 평화유지 노력의 두 기둥은 국제 인도주의 지원활동과 유엔 평화유지 활동에 대한 참여라고 말하고, 이 노력은 1990년대 일본 대외정책의 더 긍정적 진화의 측면을 구성했다. 걸프전에서 일본의 공헌이 부족한 것에 대한 비난에 자극받아 제정된 국제평화 협력법은 일본 정부에게 여러 PKO 임무와 재난 구조에 참여하는 것을 허용했다. 일본 대외정책의 이런 측면은 1990년 가이후 총리에 의해 부활된 유엔 중심 외교와 동일 선상에 위치하고, 더 적극적, 긍정적인 대외정책의 길을 마련할 것으로 여겨졌다. 그러나 PKO 활동과 관련해 국내, 국외에서 많은 논란이 빚어졌는데, 그것은 헌법 개정, 자위대의 위헌성, 해외배치, 그리고 유엔과 국제 사회에서의 일본의 역할에 관한 것이었다. Japanese Role in PKO and Humanitarian Assistance - Springer Link, link.springer.com

요코스카항

가 이착륙했다. 1967년 통계로, 도쿄의 하네다(Haneda) 공항에서는 하루에 거의 5회 미국 군용 전세기가 이착륙했고, 임무 개시 초기에는 10만 명에 이르는 미군 서비스 인력이 그곳을 이용했다. 베트남 전쟁을 위한 물자와 병력 수송을 위해서도 일본의 요코스카(Yokosuka)와 사세보(Sasebo)항은 결정적으로 중요했다.[50] 미·일 안보조약 제6조에 따라 도쿄 당국은 주일미군이 동북아를 넘어 다른 지역에 파견될 수 있다는 입장을 취했고, 걸프전

이후에도 일본의 그런 입장은 변하지 않았다. 1970년대 이후 1980년대로 가면서 아태 지역에서 미군의 군사 활동에 대한 도쿄의 지원은 더 자세하고 더 명확해졌다. 1978년의 방위협력 지침은 정보 교환, 무기 구매, 방산협력, 작전계획을 포함해 모든 군사문제에 있어서의 더 긴밀하고 유기적인 협력을 규정했다. 1981년 미국에서 레이건 행정부, 그리고 일본에서 자민당 스즈키 내각이 출범하면서, 양국의 군사 차원 협력은 더 견고해졌다. 사실 1980년대 이전까지 일본의 국제안보에 대한 생각은 다소 소극적이었지만 스즈키 내각, 그리고 그를 이어받은 나카소네 내각에 이르러 미·일 군사동맹은 한층 더 적극적 성향을 띠었다. 스즈키에 이어 나카소네는 미·일 해군 합동작전의 범위를 넓히고 일본이 서태평양에서 인도양에 이르는 1천 해리 해상교통로 안전에 관한 더 큰 책임을 수용하는 것을 허용했다. 미·일 군사동맹이라는 용어에서 머뭇거리던 도쿄의 태도는 나카소네 내

50 일본은 미국의 전진배치 기지로서 아주 중요한 역할을 한다. 미·일 동맹은 일본의 전진배치 기지 역할로 인해 더욱 중시된다. 오키나와의 카데나 비행장은 아시아 최대의 미 공군기지이다. 그곳에는 미 공군 제18편대, 정찰부대, 제1 대공 야포부대와 기타 여러 부대가 주둔해 있다. 2만 명 이상의 미군, 가족, 일본인 고용원들이 그곳 기지에서 일한다. 하네다 공항은 도쿄 국제공항을 말한다. 그곳은 1978년까지 도쿄 인근의 주요 국제공항이었다. 1978~2010년 기간에는 하네다는 도쿄로 출입하는 거의 모든 국내 항공편과 동아시아 몇몇 주요 도시의 전세기를 다루는 역할을 맡았고, 반면 나리타 국제공항은 대부분의 국제 항공편을 담당했다. 2010년 하네다에 국제공항 시설이 확장되고 네 번째 활주로가 완성되면서 국제항공 업무가 더 확대됐다. 요코스카 항은 도쿄만 입구, 도쿄에서 약 65Km 남쪽에 위치해 있는데, 이곳에는 미 해군기지가 배치되어 있다. 그 임무는 주일 미 해군, 제7함대, 그리고 서태평양에서 작전하는 기타 병력의 병참, 행정 지원, 서비스를 유지하는 것이다. 그곳에서는 미군의 항공모함 로널드 레이건호, 여러 척의 순양함, 구축함 편대가 수시로 작전을 전개한다. 큐슈의 사세보 항에도 미국 해군 기지가 존재한다. 그곳에서는 전진 배치된 부대와 미국 태평양 함대의 방문 작전병력을 위한 병참 지원이 제공된다. 사세보 항은 제7함 대 함정들이 배치되면서 역동성을 다시 찾았다. 그곳에는 많은 수륙양용 공격함, 수송선, 상륙함, 기뢰제거 선박이 정박한다. Sasebo Naval Base/Stripes Japan, https://japan.stripes.com

각의 출현 이후 큰 반전의 모습을 보였다. 이어지는 보수정부는 헌법 제9조를 더 이완해서 해석했고, 1991년 6월에는 일본 선박이 걸프만에서 처음으로 미국 전함에 연료를 제공했다. 그러나 미·일 동맹에서 군사 문제에 관한 느슨한 태도와는 대조적으로, 미국으로의 군사기술 이전에 대한 일본의 태도는 매우 소극적이었다. 단적으로 도쿄는 영국, 프랑스가 참여하고 소련 미사일을 공중에서 레이저 무기로 격추시키는 레이건 행정부의 전략방위 구상(SDI: Strategic Defense Initiative)과 관련한 기술이전을 거부했다. 워싱턴은 미·일 공동연구위원회를 구성해 기술을 이전받기를 원했지만 그 마저도 제대로 실현되지 않았다. 미·일 상호간의 기술 이전은 엄청난 격차를 보이고, 도쿄는 여기서 일방적 이득을 취하는 이기적 태도로 일관했다. 워싱턴은 1950년대 초 이후 1980년대 중반까지 4만개의 기술이전 계약, 또 100개가 넘는 미·일 공동생산 합의를 용인한 반면, 일본은 단지 몇몇 미사일 및 해군 함정 관련 기술만을 이전했다. 일본으로부터 미국으로의 기술 이전에 관한 지속적 문제를 인식해서, 국방장관 딕 체이니(Dick Cheney)는 도쿄를 방문하고 6개 군사기술 이전을 위한 실무그룹을 만들기로 합의했지만 일본으로부터의 기술 이전에 관한 워싱턴의 노력은 의미 있는 성과를 도출해 내지 못했다.[51]

■ 안보정책의 계속성

메이지 유신 이후 부국강병은 일본 안보정책의 전통적 목표였다. 강력한 군대와 성장하고 번영하는 산업화는 국력의 상징이다. 일본은 그를 토대로 오키나와, 대만을 점령하고 한반도와 중국 본토로 진출했다. 식민지의 양이 국력의 상징으로 간주되던 1870년대 이후 신제국주의 시대에 운명의 갈림길을 맞은 일본은 자기들도 서양의 강대국 대열에 합류해야 한다고 생각했고, 그것은 독일, 이탈리아와 더불어 제2차 세계대전의 한 주역으로 역할하게 만들었다.[52] 그러나 태평양전쟁의 종식과 더불어 그 교훈은 새로운 형태로 태어났다. 1945년 이후 군사안보는 더 넓은 국가안보의 정의 속에 한 가지 어두운 측면으로 존재했다. 그것이 또다시 표현된다면 그것은 국제 평화유지활동, 국가 비상시의 긍정적 역할을 통해서일 것이다. 국가구조와 사회적, 법적 규범은 왜 일본의 안보정책이 전통적인 군사적 지위와 힘의 치장을 회피하는지를 설명해 준다. 핵무기 보유, 강력한 군대, 군사적 전진배치는 오직 일부 사람들에게만 바람직한 방향으로 보인다. 국제적 지위

---

51 Katzenstein and Okawara, pp. 111-114.

52 1871년 독일 통일 이후 1890년대를 거쳐 제1차 세계대전이 발발하기 직전까지의 시기를 신 제국주의 시대(The Age of New Imperialism)라고 부르는데, 그 이유는 그 당시가 역사적으로 제국주의에 관한 충동이 가장 컸던 시기이기 때문이다.

는 군사보다는 경제성장, 번영하고 높아지는 개인과 사회의 생활수준에 의해 획득된다는 것이 대부분 사람들의 생각이다. 일본이 자국 경제력에 걸맞은 재래식 군사력을 건설하는데 소요되는 비용은 10년에 걸쳐 매년 1,500억 달러에서 2,000억 달러를 지출해야 할 것으로 추정되는데, 이것은 1990년대 독일 통일에서 요구된 비용보다 훨씬 큰 규모이다. 대부분의 일본인들은 핵무기와 강력한 군대는 부나 힘을 창출하지 못하고, 오히려 큰 경제적 대가와 함께 커다란 정치, 군사 위험을 동반할 것이라고 믿는다. 현실주의가 표방하는 강한 군대의 교조적 논리를 따르기보다는, 일본의 정책 입안자들은 안보정책이 형성되고 시행되는 일본의 국가구조와 규범적 맥락에 의해 제공되는 유인요인이 더 합리적이고 현명하다고 생각한다. 태평양 전쟁 이후 일본의 국제적 위상에 심한 영향을 주는 변화가 많았지만, 그것은 일본 안보정책의 근본적 변화로 이어지지 않았다. 소련 붕괴 이후, 미국의 경제력이 감소하는 반면 일본은 세계에서 두 번째 중요한 산업국으로 발돋움했고, 권력 공백의 국제 체제 변화 속에서 도쿄는 극적인 방법으로 새로운 정책을 추진할 수 있을 것이다. 그러나 지난 40년간의 기록은 그런 변화의 가능성을 낮게 보는데, 왜냐하면 일본의 안보정책은 국제적 요인보다는 주로 국내적 요소에 의해 형성되기 때문이다.53

(2) 경제적 현실주의로서의 신중상주의

구소련의 붕괴에 따른 정치적 권력공백을 메우기 위한 해외팽창이 아니라면 1990년대의 일본은 무엇에 가장 큰 관심이 있었을까? 그 당시 도쿄의 국제사회에서의 행동은 무엇에 주안점을 두고 어떻게 설명해야 할까? 카젠쉬타인, 오카와라와가 국내적 요소를 우선 중시한 것과는 다른 각도에서, 에릭 헤긴보탐(Eric Heginbotham)과 리처드 사무엘스(Richard J. Samuels)는 국가 간의 관계에 우선순위를 부여하면서 일본은 군사안보의 중요성을 간과하지는 않지만 냉전시대 내내 그랬듯이 냉전 이후시대에도 정치, 군사패권보다는 경제력 증강, 경제패권 확보에 가장 큰 관심을 갖고 있다고 설명했다. 그들은 일본의 정책은 국제정치에서의 군사위주 현실주의 인식을 경제에 적용시킨 것이 중상주의적 현실주의(mercantile realism) 행사로 나타난 것이라고 말하면서, 흥미롭게도 자기들이 제시하는 경제 위주의 관점은 국제정치의 이론적 측면에서 군사 위주의 구조주의적 현실주의 이론 재구성 또는 수정에 활용될 수 있는 새로운 시각이라고 특별한 의미를 부여했다.

· ·

53 Katzenstein and Okawara, pp. 115-118.

■ 불확실한 안보환경

냉전 이후 시대 일본의 안보 환경은 새로운 형태를 띤다. 그것은 일본에게 반드시 유리한 것만은 아니고, 어느 면에서는 오히려 전략적, 경제적으로 불리할 수도 있다. 이것은 여러 요인에서 유래한다. 우선 미국은 과거보다 동맹국으로서의 일본을 덜 필요로 한다. 이것은 러시아, 중국이 향후 10~15년간 미국에 대해 충분한 정치, 군사적 위협을 제기하지 못할 것으로 예견되고, 미국의 국방비는 GDP의 4% 정도로 축소됐지만 다음 10개국 국방비를 합친 것보다 더 클 정도로 세계안보 운영유지에 충분하기 때문이다. 미국의 패권에 도전할 나라가 없는 상황에서 일본의 동맹국으로서의 가치(alliance value)가 떨어지는 것은 당연한 일이다. 또 경제 회복을 추구하는 미국은 미·일 동맹관계에서의 보호라는 지렛대를 구실로 일본이 더 많이 시장을 개방하고 더 획기적으로 미국 상품을 수입하도록 강력하고 끈질긴 압력을 가한다. 일본은 그렇게 다소 냉각된 미·일 관계에 직면해 있다.

다른 요소도 일본의 새로운 안보 환경의 일부이다. 북한의 핵미사일은 일본열도 전체를 사정거리 안에 두고 도쿄를 위협한다. 한국 영토에 주둔하는 미군은 일단 유사시 해외파병을 통해 일본안보에 도움을 줄 수 있지만 이 병력들이 통일 후에 그대로 잔류하리라는 보장은 없다. 한반도 통일의 시점을 명기할 수는 없지만 통일 한국이 일본과 대립각을 세울 가능성도 배제할 수 없다. 한국인들의 반일 감정은 수십년 전에 비해 별로 줄어들지 않았는데, 1995년의 한 여론 조사는 한국인의 약 70%가 일본을 증오한다는 결과를 발표했다. 한·일 양국은 여러 사안에서 불협화음을 겪는데, 그것은 역사적 반감, 영토 분쟁, 어업 및 배타적 경제 수역 문제, 군사현대화를 포함한다. 도쿄는 한·일 갈등에 비추어 한·중 관계개선에 대해서도 경계한다. 러시아는 일본에게는 아직 위협이다. 러·일 간의 북방 4개 도서를 둘러싼 영토분쟁은 해결되지 않고 있고, 모스크바의 정치 상황이 변해 민족주의자가 집권할 경우 블라디보스토크에 주둔해 있는 러시아 태평양함대와 극동의 공군력은 부활할 수 있다. 가장 큰 우려는 중국이다. 중일 간에는 많은 반목의 요소가 존재한다. 중국의 군사력은 아직은 러시아보다 못하지만 하루가 다르게 성장한다. 베이징에게 미·일 안보협력은 중국이 핵심이익으로 규정하는 대만 통일과 수시로 불거져 나오는 센카쿠 열도 문제 해결에 대한 걸림돌로 간주된다. 중국은 지리적으로 일본의 중요한 원료 공급지인 동시에 제조품 시장인 동남아의 중간에 위치해 해상교통로 장악을 통해 도쿄의 상업적 이익을 저해할 수 있다.[54]

54 Eric Heginbotham and Richard J. Samuels, "Mercantile Realism and Japanese Foreign Policy,"

■ 군사팽창에 대한 상대적 무관심

　미·일 관계의 냉각, 중국의 부상, 북한의 핵무장, 한일 관계 난맥상 등 냉전 이후 시대의 불확실한 전략 환경 하에서 일본은 몇몇 안보조치를 취했다. 첫 번째 두드러진 조치는 중국과 관련된 것이다. 도쿄는 센카쿠 열도에 해상 자위대를 파견, 순찰하고, 해상 보안청(Maritime Safety Agency)으로 하여금 중국인 해적을 체포하게 하며, 또 수시로 중국 군사력 건설의 투명성을 촉구한다. P-3C 대잠수함 항공기는 북쪽의 홋카이도 기지에서 남쪽의 오키나와 인근으로 재배치시켰다. 무기 체계 현대화와 전력 발전의 경우, 4척의 이지스 순양함과 4대의 AWACS 항공기를 포함해 몇몇 중요한 무기구매가 이루어졌다. 그러나 이러한 조치들은 중국을 견제하기 위해 집중적으로 취해진 현실주의적 군사 행동으로 보기에는 충분치 못하다. 오히려 1996년의 신 방위계획대강(NDPO)은 지상군, 해, 공군 무기의 15~25% 감축을 예고하고, 국방예산 증액에 관한 계획은 별로 중시하지 않았다. 이것은 다른 동북아 국가들의 무기 구매, 전력 발전과 큰 대비를 이루며, 오히려 먼 지역에서 일본 힘의 투사능력을 제한할 것이다. 동시에 NDPO는 국방의 4가지 근본원칙을 그대로 준수한다는 전제 하에 진행된다. 그것은 방어 위주의 정책, 외국에 위협이 되는 군사력 건설의 회피, 비핵 3원칙 고수, 그리고 군대에 대한 문민통제이다. 이것은 일부 전문가들의 의심, 예측과는 달리 일본은 새로운 안보환경에서 군사력 증강, 힘의 팽창을 구상하고 있지 않음을 반증한다.[55]

International Security, Vol. 22, No. 4(Spring 1998), pp. 180-181. 남중국해에서 경쟁하는 국가들은 수 세기 동안 영토 문제로 다툼을 벌여왔지만 시간이 가면서 긴장은 더 고조된다. 중국, 베트남, 필리핀, 대만, 말레이시아, 브루나이는 모두 자기 나름대로의 권리를 주장한다. 중국은 해군 순찰, 도서에 건조물 축조, 암초 매립을 통한 인공 섬 건설을 통해 자국의 팽창적 주장을 뒷받침한다. 미국은 중립적 입장에서 영토 분쟁에 어느 특정 국가의 주장을 지지하지 않는다고 말하면서도, 핵심 항로와 공중 통로 확보에 대한 접근을 보장하기 위해 '항해의 자유' 작전 명목으로 군함과 항공기를 분쟁 도서 인근으로 파견한다. 남중국해에서 미국과 동일한 이익을 보유하는 도쿄는 미국, 일본, 아세안이 베이징의 공세에 외교적으로 공동 대처해야 하고, 다자간 연합 군사훈련이 필요하다고 주장한다. Territorial Disputes in the South China Sea- Council on Foreign Relations, https: www.cfr.org; "Why is South China Sea Contentious? - BBC News - BBC.com, www.bbc.com

55 Heginbotham and Samuels, pp. 183-185; 그렇지만 사무엘스가 말하듯이 NDPO에서 추진하는 재래식 무기의 양적 축소가 군사력에 관한 관심 소홀인지는 의문이다. 그것은 오히려 무기의 양보다 질적 우위를 추구하는 도쿄의 전략으로 해석되어야 할 것이다. NDPO- National Defense Program Outline (Japan)/ AcronymFinder, https: www.acronymfinder.com; 첨단 레이더, 전자전 장비를 갖춘 P-3C는 원래 대잠 수함전, 해상 경계 임무를 띠는 항공기이지만, 조기경보, 정보 수집 임무도 수행할 수 있다. 또 하푼 (Harpoon) 대함 미사일, SLAM-ER 장거리 공대지 미사일, 매버릭(Maverick) 공대지, 공대함 미사일을 갖

두 번째 조치는 미국과의 동맹 재정의에 관한 것이다. 미·일 양국은 클린턴-하시모토 공동성명, 미·일 방위협력 가이드라인을 포함하는 일련의 회담에서 동맹의 현대화, 아태지역에서의 일본 방위선 확대, 한반도 유사시 일본의 미국 후방기지 역할에 합의했다. 그러나 하시모토 수상과 일본 외교부는 회담 직후 이 많은 예민한 개념의 책임에서 한발 물러섰고, 결국에는 양국 모두 그 합의, 선언의 목적과

AWACS 항공기

포함 범위에 대해 애매하고 불명확한 태도를 취하는 비정상을 연출했다. 중국의 군사현대화, 북한의 일탈적 행동에 대한 견제를 추구하는 워싱턴의 의도에 직접적으로 반대할 수 없는 도쿄는 공식대화와 협약에는 긍정적으로 행동했지만, 그것은 적극적이고 공세적이기보다는 수동적이었고, 이것은 내심 깊숙이 일본의 국내외적 상황을 고려한 방어적 자세의 표출이었다. 군사, 전략적 이익보다는 경제적 이익에 더 관심이 많은 도쿄는 중국을 포함해 주변국에 대한 과거의 과오와 관련된 부정적 기억을 되살리고 싶어하지 않았고, 공격적 국제관계 운영으로 인한 주변 국가들과의 무역, 해외투자, 문화적 교류 관계가 훼손되는 것을 원치 않았다. 만약 도쿄가 미·일 관계의 냉각이나 다른 새로운 위협 등장의 환경에서 유리한 세력 균형, 군사팽창의 의도를 갖고 있다면, 아마 일본은 미국과의 군사동맹 강화, 또는 더 높은 수준의 동맹 재조정을 추구했을 것이다. 그러나 일본의 행동이 그렇지 않았다는 것은 도쿄는 고전적 의미의 정치, 군사 패권에 큰 관심이 없음을 반증한다.[56]

일본의 안보조치는 그렇듯 도쿄가 냉전이후 시대의 전략 환경에서 군사안보, 유리한 세력균형, 또는 위협방지나 패권추구에 큰 관심이 없음을 입증한다. 이것은 일본이 군사

추어 해상, 지상에 대한 공격도 가능하다. 원래 미 해군이 적 잠수함을 탐지, 추적하기 위해 고안된 4개의 터보 엔진을 가진 이 항공기는 최근에는 해상 경계를 넘어 지상 경계, 그리고 해상, 지상에서 공격 능력을 수행하도록 임무가 확대되었다. P-3C Orion/Military.com; www.military.com; P-3C Orion Maritime patrol Aircraft - Naval..., www.naval-technology.com

56 미·일 양국 경제 문제에서의 진전도 다소 제한적이었다. 클린턴 대통령이 무역과 투자에 대해 구체적 수치를 제시하며 도쿄의 양보를 요구했을 때, 하시모토 총리의 반응은 대부분 일본 입장의 옹호로 나타났다. 도쿄는 2001년 일본 시장을 대대적으로 개방할 것이라고 약속했지만 그 실현 가능성은 미지수라는 것이 대체적 의견이었다. 동맹을 활용해 일본 시장을 개방시키려는 미국 정부의 노력, 또 일본에서 활동하는 미국 회사들의 타국으로의 이전 위협에도 불구하고 일본의 경제 행동 변화는 상대적으로 제한적이었다. Heginbotham and Samuels, pp. 185-186.

적, 구조적 현실주의 시각이 중시하는 상대적 이득(relative gain)에 별 관심이 없다는 사실에서 다시 한번 입증된다. 일본은 경제관계에서 베이징에게 돌아가는 상대적 이익의 배분에 민감하게 반응하지 않았다. 만약 일본이 중국을 미래의 군사, 패권경쟁에 관한 가상 적국으로 인식했다면, 도쿄는 아마도 앞으로의 여파를 감안해 중국 투자에 소극적이었을 것이다. 그러나 오히려 그와 반대로 일본은 모든 방법을 동원해 조금이라도 더 중국에 투자하려 했고, 천안문 사태 이후에도 가장 먼저 대중국 경제 제재 해제를 주장했다. 일본의 관심사는 우방이건 적이건 오로지 경제 이익에 초점을 맞추는 것으로, 경제적 현실주의 성격을 띤 것으로 평가된다. 중국의 핵 실험, 군사적 투명성 결여, 남중국해에서의 영토분쟁에도 불구하고, 도쿄는 중국 시장 확보와 중일 경제 관계 심화를 위해 20억 달러의 특별 재정지원(1997), 또 1996~1999년 기간 40% 이상의 지원 확대를 약속했다. 1997년 일본은 미국, 서방과의 연대를 파기하고 중국의 무조건적 WTO 가입을 지지했다. 도쿄는 중국이 세계무역체제의 공식 일원이 되고 자유무역이 더 활성화된다면 그것은 일본경제가 더 확실하게 14억 인구의 시장에 침투하는 계기가 될 것이라고 생각했을 것이다. 합작투자, 기술이전에 따른 수수료, 다양한 자원, 값싼 노동력, 그리고 관세장벽을 넘어서는 시장 확보는 일본 경제발전을 한층 더 가속화시키는 촉매가 될 것이다. 냉전 이후시대 도쿄의 대외, 안보정책은 전쟁, 군사팽창, 패권이 일본의 중추적 관심이 아님을 보여준다. 미국 및 중국 모두와의 관계, 또 주변 군사, 전략 환경이 불확실한 상황에서도, 일본은 독립적이고 강력하게 정비된 군사력 강화를 도모하기보다는 경제 이익 확보, 경제력 확대, 경제 패권 획득에 더 큰 관심을 가졌다. 그 상대는 우방이건 적이건 큰 차이가 없었다.[57]

■ 중상주의적 현실주의와 경제 패권의 추구

일본 대외, 안보정책의 최고 관심사는 중상주의적 현실주의에 입각한 경제팽창, 경제적 민족주의, 경제패권의 추구로 요약된다. 냉전 이후 시대와 같이 강대국 경쟁이 정치, 군사적이기보다는 경제적일 가능성이 큰 상황에서, 국가의 부와 기술을 확보, 축적하는 것은 미래 패권 경쟁에서의 승리에 가장 중요한 요소가 될 것이다. 이것이 의미하는 것은 일본이 국제 패권에 관심이 없다는 것이 아니라, 패권을 장악하는 가장 확실한 방법은 경제성장, 경제력 확대를 통해서라는 의미이다. 19세기 독일 경제 사학자 프레데릭 리

57 외국인 투자에 대해 일본이 얼마나 방어적인가 하는 것은 1982~1992년 간 일본에 대한 외국인 투자는 세계 전체 투자의 0.1%에 불과하다는 데서 잘 나타난다. Ibid., p. 188-189.

스트(Frederick List)는 제조업이 군사력, 국력에 왜 중요하고, 20세기 엘리 헥크셔(Eli Hecksher)는 국제경쟁에서 왜, 어떻게 경제력이 중요한지에 대해 역사적, 체계적으로 설명했다. 조셉 슘페터(Joseph Schumpeter)는 기술 혁신이 경제의 구조적 변화, 자본주의 성장의 가장 역동적 힘이라는 것을 알려주었다. 그렇듯 국가의 부는 국제경쟁의 승자가 되는데 있어서 필수불가결한 요소이다. 그렇지만 국가의 부와 기술은 어떤 면에서는 국방력의 기초, 군사적 효용성을 넘어 한 국가의 정치적 지렛대, 정치적 파워를 직접적으로 증대시키는 수단으로 사용될 수 있다.[58] 아랍 산유국들의 석유자원, 21세기의 희토류와 같은 것들이 그것이다. 경제력이 군사력 증강의 기초인 것은 틀림이 없지만, 경제력과 기술은 그 자체만으로도 충분한 정치적 영향력을 발휘한다. 반드시 군사제재가 아니더라도, 경제제재가 얼마나 큰 영향을 미치는가를 보면 국가의 부, 기술이 갖는 정치적 파워, 영향력을 쉽게 알 수 있다. 중상주의의 경제철학은 실제로 정치적 현실주의의 지적 근원이다. 일본은 그런 형태의 중상주의적 현실주의를 추구하는 것으로 보인다.[59]

중상주의적 현실주의는 몇 가지 이론적 관점을 중시한다. 한 국가는 경제안보에서 위협받지 말아야 한다. 비산업화, 경제, 기술적 종속은 경제안보에 대한 큰 위협이다. 다른 국가가 경제, 기술적으로 침투해 한 나라의 경제를 종속시킬 위험이 있을 때, 이에 대해 강력한 견제, 균형을 추구해야 한다. 군사안보가 중요하지만, 많은 경우 경제안보가 더 중요하다. 이것은 강력한 산업, 기술적 기초를 가진 국가는 하루아침에 군사적 거인으로 변모할 수 있지만, 군사적으로만 거대한 국가는 생존을 위협받을 수 있기 때문이다.[60] 미국은 제1의 산업, 기술 국가였던 까닭에 제1, 2차 세계대전이라는 우연한 계기에 세계 지도국가로 발돋움 할 수 있었다. 반면, 구소련은 정치, 군사적으로는 막강했지만 경제적 취약으로 인해 멸망했다. 냉전 시대이건 오늘날의 냉전 이후 시대이건, 일본의 대외, 안보정책은 중상주의적 현실주의의 특징을 띠고 있다. 일본은 오래전부터 우방, 적국을 막론하고, 외국으로부터의 경제 침투, 경제 안보 위협에 민감하게 행동해왔다. 1980년대 후반 미국 국방성이 효율적 무기획득을 위한 컴퓨터 프로그램인 칼스(CALS: Computer-aided Acquisition and Logistical Support System)를 개발하고 보잉, 제너럴 모터스(GM: General Motors) 등 계약

---

58 Ibid., pp. 190-191.

59 리스트, 헥크셔는 모두 중상주의의 중요성을 설명한 경제 사학자, 사상가로 산업 자본주의를 옹호한 아담 스미스도 어느 측면에서는 그들과 같은 생각을 가졌다. 그들 사상의 공통점은 국가의 부는 국제사회에서 필요한 국력의 기본이라는 것이었다.

60 구소련은 왈츠가 설명하듯 일류 군사를 3류 경제로 지탱하지 못하는 상태에서 고르바초프의 신사고, 페레스트로이카를 도입하지 않을 수 없었고, 북한 역시 핵무기를 개발하는 부분적 이유는 경제적 취약으로 인해 재래식 군비경쟁을 감당할 수 없기 때문이다. Heginbotham and Samuels, pp. 192-194.

회사들이 이 생산, 운영 시스템을 채택했을 때, 일본 통산산업성(MITI)은 독자적 칼스를 개발해 자국 물품이 미국 시장에서 배척되는 것을 방지하려 시도했다.61 미국에 물품을 납품하려는 나라가 미 국방성의 결정을 자국 산업에 대한 위협으로 간주하고 그 기준에 맞추기보다는 자국 방식을 제시하는 것은 보통의 상식으로는 이해하기 어렵다. 일본은 기술의 해외이전에 대해서도 극히 부정적이다. 이것은 냉전기간 동안 미국이 동맹 강화를 위해 자국 회사들로 하여금 일본 회사에 기술을 판매하도록 독려한 것과는 큰 대조를 이룬다. 국내에서 자체적으로 발생하는 경제 위험에도 일본정부는 발 빠르게 대응한다. 일본 정부는 자국 회사들 간의 과당 경쟁을 자제하도록 유도하는데, 이것은 시장경제에서 경쟁을 유도해 소비자 가격을 낮추고 생활의 질을 높이려는 미국의 방식과는 완전히 다르다. 수요자보다 공급자 위주의 경제운영 방식은 시민의 안녕과 복지보다 국가적 부의 축적, 경제적 국력증진을 우선적으로 중시하는 중상주의적 성격을 띤다. 도쿄 경제 행태의 본질은 많은 정치경제 전문가들이 설명하는 정당, 관료, 산업체, 은행 간의 정책 연계, 엘리트 그룹의 담합, 자유주의 시장경제가 거부하는 불공정 경제 관행의 표본이다. 이런 행태는 동아시아 국가들의 문화적 속성에 상당부분 뿌리를 두고 있는데, 왜냐하면 그것은 일본뿐 아니라 한국, 대만, 중국에서 공통적으로 발견되기 때문이다. 일본 회사들은 아직도 모두 형제 동업자로 인식되어 시장의 고통을 함께 공유하고 함께 성장한다. 산업의 공동화(hollowing)를 의미하는 비산업화도 경제 안보에 대한 위협으로 간주된다. 이것은 해외에 너무 많이 투자해 국내 산업이 공동화되고 해외로 이전되는 것에 대한 우려를 반영한다. 이것은 국내에서 실업증가, 고용불안, 국민들의 소득저하, 소비감소, 수요부진으로 이어지고 장기적으로 경제 침체를 유발할 수 있다. 기업의 해외 진출을 통한 이익 창출이 중요하지만 그것은 국내산업의 발전, 이익의 국내 재투자, 완전고용의 이상과 균형을 이루어야 한다. 해외 진출로 인한 이익 추구와 동시에 역사 속에서 오래전부터 이어져 온 개인보다는 공동체 중심의 사회 운영은 그대로 유지되어야 한다.62

· ·

61 칼스는 미 국방성이 여러 산업체로부터 무기를 획득하는 과정에서 무기의 질, 비용, 운용 방식 등 그와 관련된 지나치게 복잡하고 과 부하된 업무 부담을 줄이기 위해 도입한 설계, 개발, 구매, 생산 판매 등 표준화된 정보를 공유하는 생산 조달 운영정보 시스템을 말한다. 그로 인해 미국 정부와 모든 무기 생산업체는 표준화된 형태의 디지털 데이터로 정보를 공유할 수 있게 되었다. 그 당시 도쿄는 일본식 칼스 개발에 1,700만 달러를 사용했다.

62 한국은 1960년대 이후 1980년대 말까지 민족주의적, 국수주의적, 중상주의 경제 행태를 보였지만 1990년대 이후 자유화가 진행되면서 국내 기업 간 경쟁이 제도화되고 특히 IMF 이후 국제경제에 대한 개방이 훨씬 증가했다. 오히려 오늘날 일본의 경제 행태는 한국보다는 중국의 사회주의 시장경제 운용 방식과 더 유사성이 많은 것으로 보인다. 그렇지만 1980년대 초 일본 경제의 대외무역, 해외투자 의존 비율이 10% 수

경제적 견제행동은 다른 나라가 자국 경제를 지배할 가능성을 우려해 이를 사전에 방지하는 행위를 의미한다. 냉전시대 미국은 정치, 군사적 보호, 개방된 시장의 형태로 공공재를 제공하려 노력했다. GATT에서의 관세 인하, 비차별적 상업행위, 자유무역의 강화는 한국, 대만, 싱가포르를 포함하는 제3세계 많은 나라들뿐 아니라 일본이 경제적으로 성장하는 가장 중요한 메커니즘을 제공했다. 개방 이후 중국의 경제성장 역시 WTO 체제 속에서 이루어지고 있으며, 특히 중국은 종속이론, 세계경제 이론이 말하는 주변부에서 준 주변부를 거쳐 지금은 국제경제의 핵심으로 자리 잡았다. 물론 일본은 제2차 세계대전 이전 이미 높은 산업 생산성을 획득했고, 그것은 전쟁 이후 일본 발전의 근본 원동력이었다. 그러나 그 높은 산업 능력도 자유무역체제가 제공하는 무역과 해외 투자를 통한 상품, 서비스, 자본의 순환이 아니었다면 능력을 발휘하지 못했을 것이다. 그러나 일본은 미국을 포함하는 세계시장에 대한 우호적, 무제한적 접근에도 불구하고 보호무역 정책으로 일관했다. 해외 투자자들은 일본 시장에 진입하거나 일본회사를 인수합병(M&A)하는 데 많은 어려움을 느낀다. 이것은 정부 규제 때문이기도 하지만, 다른 한편 기업들 자체의 사업관행에 의한 것이기도 하다. 일본 기업들은 적대적 인수합병에 저항하고, 자기들끼리 친숙한 기업 파트너들과 인수합병을 진행시키려는 매우 고립적인 기업 문화를 갖고 있다. 기업 간에는 배타적인 공급자 연계망과 동맹이 맺어져 있는데 이것은 외국회사와 새로 시작하는 기업들의 경쟁을 제한한다. 노동 관행은 직장 이동을 제한하고 생산성을 억압하며 기술 발전에 부정적 영향을 미친다. 대부분 회사의 이사회에 독립적으로 행동하는 감사제도가 결여된 것은 서방과 큰 대조를 이룬다. 문화적이고 언어적 장벽은 외국인이 사업하는데 또 다른 장벽으로 작용한다. 이와 같은 많은 다양한 배타적 사업 환경은 일본과의 자유무역, 자유로운 투자를 제한한다. 냉전 이후 시대에도 일본 내에서 외국 상품이 많이 팔리는 경우는 드물다. 도쿄는 여러 형태로 이 현상을 설명하는데, 일본의 높은 저축률, 일본인의 자국 제품 선호로 나타나는 문화적 특수성, 또 일본 제품의 우수성을 예로 든다. 근래에는 일본 내에서 미·일 동맹보다 아시아 시장을 더 중시해야 한다는 의견이 많이 전파된다. 이것은 아시아 전 지역에서 일본이 구축한 공급-수요, 생산자-소비자 연계 유통망을 감안한 의견이다. 1996년 일본은 아세안(ASEAN) 국가들과의 무역에서 180억 달러 흑자, 대만 및 한국과 230억 달러 흑자를 기록했고, 중국만이 일본과의 양자 무역에서 190억 달러의 흑자를 얻었다. 일본은 거의 모든 무역에

준 것에 비해 오늘날 일본 경제는 30%까지 그 의존도가 높아졌다. Heginbotham and Samuels, pp. 195-196.

서 흑자를 기록한다.[63]

　　군사이익과 경제이익 중 일본은 수시로 경제 이익을 선택한다. 냉전시대 일본은 미국 군대가 자국 본토에 주둔하는 것은 마다하지 않았지만 미국 회사, 은행, 보험회사의 진입에 대해서는 경계했다. 1960년대 말 핵 보유를 포기하면서 핵 비확산조약에 가입한 것은 경제 성장을 위해 필요한 핵에너지를 확보하는 경제적 목적이 주요 동기 중의 하나였다. 냉전 이후 시대에도 비슷하다. 일본은 경제 이익이 존재하는 것으로 판단하는 가장 큰 잠재 적국, 경쟁자인 중국과의 무역, 투자에 크게 개의치 않는 반면, 동맹국, 우방인 미국 및 서유럽과의 경제 관계가 자국 경제에 피해를 줄 가능성에 대해서는 민감하게 반응한다. 회사의 국적도 중요하다. 미국은 그 사업체의 미국 내 활동, 고용과 투자 창출에 관심을 갖는 반면, 일본은 기업의 국가적 소유권을 중시한다. 1995년 미·일 간의 자동차 부품 무역 분쟁은 이 점을 분명히 보여주었다. 도쿄는 워싱턴의 압력을 처음에는 거절했지만 나중에 합의가 이루어졌는데, 그 이유는 일본이 미국에서 생산되는 자국 회사 제품을 수입하는 쪽으로 방향이 결정됐기 때문이었다. 일본은 자기 나라 회사 상품을 수입해서 좋고 미국은 일자리가 그대로 유지되는 것에 만족했는데, 여기서 도쿄가 얼마나 일본 국적을 중시하는지 잘 나타났다. 일본이 회사 국적을 중시하는 것은 발전수입(development import)이라는 제도에서 더욱 두드러진다. 1980년대 알루미늄 생산이 경제성이 전혀 없었을 때 일본 정부는 자국 회사들로 하여금 브라질, 인도네시아 용광로 사업에 집중 투자하도록 유도해 나중에 여기서 생산되는 제품들을 수입하도록 조치했다. 그 이후 쇠고기, 감귤 개방이 이루어졌을 때에도 일본은 마찬가지 방식으로 해외 육우농장과 산림에 투자해 그곳에서 생산되는 일본회사 제품을 수입했다. 오늘날 일본의 많은 정책 입안자들과 전문가들은 이제는 경제력이 군사력보다 더 중요하다고 주장한다. 이시하라 신타로와 소니(SONY)의 전 회장 아키오 모리타(Akio Morita)는 타 강대국들이 첨단 무기체계에 사용하는 마이크로 칩이 일본에서 생산되는 것은 도쿄가 세계에서 가장 강력한 이들 나라들에 대해 정치, 군사적 지렛대를 갖고 있음을 의미한다고 말했다. 일본인들은 이제 경제력은 군사력의 단순

----

63 Ibid., p. 197. 그럼에도 불구하고 2018년 현재 일본은 세계의 주요 무역국인 동시에 최대 투자국 중 하나로 변신했다. 1990년 일본의 총 무역량은 5,220억 달러로 이것은 미국, 독일 다음으로 큰 세 번째 규모이다. 해외투자의 경우 2008~2009년 아시아 금융 위기 이후 일본은 적극적으로 해외투자를 유치하는 전략으로 전환했으며, 아베 총리 시기에는 해외투자 유치 증대를 위해 전례 없는 노력을 기울이고 있다. Japan – US Department of State, https://www.state.gov; 2016년 일본에 대한 해외직접투자는 269억 달러를 기록했는데, 이것은 많은 해외투자자들이 일본 국내 기업을 인수했기 때문이다. 일본은 또 이들이 번 것을 일본에 재투자 하도록 많은 유인 요인을 제공한다. Japan lures record foreign investment in 2016 – Nikkei Asian Review, https://asia.nikkei.com

한 기초가 아니라, 자국의 국가적 주권을 보호하고 타국의 주권을 제한하는데 사용할 수 있는 강력한 무기라고 굳게 믿는다. 이들은 국가적 우월은 이제는 군사적 산물이 아니라 경제력에 의해 정해진다는 확고한 신념을 갖고 있다.[64]

(3) 일본 신중상주의에 대한 미국의 비판적 시각

위에 논의된 바와 같이 몇몇 저명한 일본 전문가들은 1990년대의 일본 외교, 안보 행태는 과거와 마찬가지로 정치, 군사적 팽창보다는 경제안보를 중시하고 경제적 패권을 추구하는 정책을 추진하고 있으며, 앞으로도 그럴 것이라고 진단했다. 일본의 신중상주의적 경제행태에 대해 미국은 어떤 생각을 가지고 있었을까? 1970년대 데탕트 시절 미국이 소련과의 데탕트로 체제경쟁이 약간 완화되었을 때, 워싱턴은 한동안 도쿄의 이기적 경제 행태에 대해 심하게 비난한 바 있다. 그것은 일본 때리기(Japan Bashing)라고 불렸는데, 그 핵심내용은 모든 세계안보의 책임을 떠안은 미국은 군비경쟁으로 인해 엄청난 재정을 사용하는 반면, 일본은 안보 무임승차를 통해 비용을 아끼고 오히려 그 자금으로 미국 시장에 수출을 계속해 눈부신 무역흑자를 기록하는 이기적 행동에 몰두하고 있다는 것이었다. 이제 냉전이 끝나고 미국이 국제경쟁에서 또다시 한숨 돌리면서, 또 미국의 국가 부채가 5조 달러를 넘어 경제에 큰 부담으로 작용하는 상황에서, 워싱턴은 도쿄의 계속되는 신중상주의 경제행태에 대해 엄청나게 분노했다. 윌리엄 네스터(William Nester)는 일본의 이기적 경제 행동, 미·일 경제 관계의 부정적 측면, 미국의 대일 비판적 시각에 관해 체계적이고 설득력 있는 분석을 제시했다.

■ 요시다 독트린

제2차 세계대전 이후의 일본 대외정책은 요시다 독트린으로 특징지어졌다. 요시다 시게루 수상이 주창한 이 정책의 핵심은 안보는 미·일 군사동맹에 맡기고 일본은 경제발전에만 전념한다는 것이었다. 맥아더 군사정부가 들어와 일본의 헌법을 평화헌법으로 개정하고, 군사 보유를 금지하며, 과거의 국가주의, 신아시아주의를 폐기하고, 재벌을 해체하는 것은 도쿄에게는 일본 힘의 무력화를 의미했다. 국방력을 갖출 수 없고 재벌 해체로 인한 경제력 집중이 약화되면서 일본은 난쟁이 국가로 강등되었다. 더구나 미국과 소련이라는 어마어마한 군사력을 가진 두 초강대국이 지배하는 국제 사회에서 일본이라는 무

64 Heginbotham and Samuels, pp. 198-201.

력화된 나라가 미래를 위해 할 수 있는 일은 경제발전에 모든 것을 투입하는 것이 그나마 가장 합리적인 정책으로 여겨졌다. 1937년 중·일 전쟁을 계기로 미국이 석유 금수조치를 취하면서 전반적인 경제제재를 시행한 것, 그리고 그로 인해 일본이 동남아로 팽창해 에너지 자원 확보를 추구한 과거 역사에 비추어 보아도, 도쿄가 지금 취할 수 있는 최선의 길은 경제발전이 유일했다. 1905년 노·일 전쟁에서 승리하고 일본이 강대국 제국주의에 한층 더 박차를 가했을 당시에도 일본은 군사보다는 경제에서 더 큰 약점을 갖고 있었다는 기억이 또 한 번 다시 도쿄의 뇌리를 스쳐 지나갔다.

전쟁의 참화를 겪으면서 일본은 상인의 나라로 다시 태어났다. 그 이전까지 일본은 사무라이, 군인의 나라였다. 12세기 이후 가마쿠라 막부가 들어서고 19세기 중반 미국의 페리제독에게 나라가 강제 문호개방 당하기 전까지, 그리고 그 이후의 근대화, 부국강병, 제국주의 팽창의 길로 들어서 제2차 세계대전에서 패하기 직전까지 일본은 군사적 가치(military value)를 중시하는 나라였다. 그러나 이제 전쟁의 잿더미 속에서 일본은 상업적 가치를 중시하는 나라로 다시 태어나야 한다고 생각했다. 그것만이 앞으로 일본의 미래를 보장할 것이다. 새로운 기회, 국제질서의 변화가 올 때까지 일본은 모든 노력을 경제발전에 헌신해야 한다. 오키나와에 주둔하는 미군은 일본이 워싱턴의 지침에서 벗어나 수정주의 경향, 독자 노선 가능성으로 회귀하는 것에 대한 억지력을 발휘할 것이지만, 동시에 도쿄가 군사력 없이 경제력 건설에 모든 노력을 투자하는 동안 소련이나 중국 공산주의 위협으로부터 보호하는 긍정적 역할을 할 것이다.

■ 미·일 경제의 상이한 접근법

제2차 세계대전이 끝났을 때 일본 경제는 잿더미 속에 파묻혀 있었다. 세계대전 전의 찬란한 군산복합체, 중화학공업, 소비재 제조능력은 상당부분 고갈됐다. 새로이 창설된 기업과 공장에서 생산된 제조품은 겉모양은 수려해도 고장 나기 일쑤였고 서구제품과는 질적 경쟁에서 현저히 열등했다. 그런 침체된 경제가 냉전시대 세계 제2의 산업 규모를 갖게 되고 또 2011년 이후에도 비록 중국 산업 성장의 결과이기는 하지만 세계 제3위 규모를 유지하는 놀라운 신화의 역사적 배경은 무엇인가? 어떻게 전쟁의 폐허에서 일본이 또 다시 오늘날과 같은 경제 대국이 될 수 있었을까? 일본인들은 그것이 자기들의 부지런함, 애국심, 또 높은 저축율과 소비절약에서 나타나는 근면한 국민성, 그리고 투철한 정신의 결과라고 말한다. 그것은 일정부분 사실이지만, 그럼에도 불구하고 일본경제는 처음부터 미국의 지원 하에서 성장했다. 미국이 창설하고 제시한 자유무역 경제 체제가 아니었으면 일본 경제는 오늘날과 같이 성장할 수 없었을 것이다. 그 첫 번째 계기는 한국

전쟁이었는데, 왜냐하면 그 때 미국의 후방기지로 기능한 것이 일본 경제가 제2차 세계대전 이전의 수준으로 돌아가는데 결정적으로 공헌했기 때문이다. 도요타 자동차회사를 포함해 수많은 의류, 전자업체들이 한국 전쟁 당시 미국으로부터의 용역에 의해 부활했다. 그 당시 미국은 모든 힘을 다해 일본을 도울 준비가 되어 있었다. 아시아의 작은 산업국으로 독특한 문화를 갖고 세계를 상대로 싸운, 그리고 아시아에서 보기 드문 산업 기반을 가진 일본을 자유민주주의, 시장경제로 성장시키겠다는 생각은 처음부터 미국이 공산주의 소련, 중국의 팽창을 견제하기 위해 구상한 워싱턴 전략의 일부였다.

미국이 주도하는 자유주의, 세계경제 무역질서는 일본 경제가 되살아나는 가장 중요한 기제로 작동했다. 미국은 GATT를 통해서 전 세계 물품과 용역의 자유로운 교류를 추구했다. 1950년대 초 세계 GDP의 50%를 생산하는 미국은 그 시장을 활짝 개방해 일본을 포함해 전 세계의 상품과 용역이 자유롭게 이동하는 것을 도왔다. 일본은 여기서 미국 시장에 무제한적으로 접근할 수 있었고, 이것은 일본 경제성장의 필수불가결한 동력을 제공했다. 일본의 경제적 성공은 냉전의 특수한 구조 하에서가 아니면 불가능했을 것이다. 일본의 경제팽창은 자유주의적 미국 경제와 세계경제의 테두리 내에서 성장했다. 일본의 보수적 정치지도자들은 기회주의적 적응으로 국제질서의 상황에 능동적으로 대처했다.

그렇지만 자유주의 시장경제 체제 속에서 미국과 일본의 접근법은 완전히 달랐다. 기업의 자유, 창의성, 선도적 역할을 옹호하는 미국은 일본식 경제운용과는 거리가 멀었다. 기업이 자율적으로 물품을 공급하고 소비자의 수요에 의해 시장이 운영되는 미국경제는 일본식 신중상주의 경제 방식에 익숙하지 않았다. 문화, 심리적으로 미국과 큰 차이를 가진 일본은 경제 운영에 있어서 미국과 판이하게 행동했다. 일본의 신중상주의는 여러 가지 방법을 동원했다. 유치산업 보호, 전략 산업 육성, 무역과 투자에 있어서의 높은 장벽, 시장 개방 거부, 평가 절하된 통화가치, 정부의 기업 지원은 미국에게는 낯선 문화였다. 그것은 일본에 절대적으로 유리하게 작용했다. 그것은 무자비한 보호주의, 경제적 민족주의를 내포했다. 자유주의에 깊이 뿌리박고 모든 것을 기업의 자율성과 시장에서의 경쟁에 일임하는 미국이 도쿄의 방식을 채택하는 것은 불가능했다. 비록 미국도 약간의 재정, 산업정책으로 개별적 경제 분야나 회사를 돕고 또 가끔은 외국의 덤핑으로부터 산업을 보호하지만, 그것은 정책적이기보다는 정치적, 간헐적 성격을 띠고, 국내에서 근본적으로 용인되지 않았다.[65] 일본 정책을 시정하고 미·일 경제관계를 개선해 보려는 워싱

---

[65] 데탕트 시기 닉슨 행정부는 마셜 플랜, 해외 원조, 전진 배치, 핵잠수함 개발로 인해 지출한 그동안의 안보 비용, 또 OPEC의 원유가 인상, 그리고 케네디 행정부 시절 급격히 증가한 사회보장 비용으로 인한 미국 경제의 약화 상황 속에서 외국으로부터의 부분적 수입 제한, 3개월 간의 물가 동결을 시행한 적이 있다.

턴의 노력은 체계적이거나 장기적이지 못하고, 근시안적이고 단편적 성격을 띠었다. 미국의 정책은 거대한 전략이라기보다는 휘청거리는 미국 회사의 압력에 대한 수동적 적응에 불과했다.

이미 1960년대 중반 이후 일본은 대미무역에서 흑자를 내기 시작했고, 1980년대 초에 이르러 재정, 기술, 산업에 있어서 미국의 일본에 대한 우위는 흔들렸다. 1993년 일본의 대미 무역 흑자는 600억 달러에 달했다. 그럼에도 불구하고 미국의 대일 압력 효과는 제한적이었다. 미국 정부는 미국 기업들에 떠밀려 일본에 압력을 가했지만 도쿄는 다양한 방식으로 워싱턴의 요구를 거부했다. 미국의 요구에 대한 일본의 대응은 특별하다. 일단 일본은 미국의 요구를 세심하게 평가하고, 그에 따른 대안을 마련하며, 문제가 되는 이슈가 진정되도록 기다린다. 어떤 경우에는 합의를 유도해 해결을 모색하고, 최소한의 대응으로 비난을 중화, 극복하며, 또 위험이 가장 적은 방법을 채택한다. 미국의 압력이 거세거나 직접적이면, 일본은 가끔은 형식적으로만 양보를 해 사실상의 변화는 이루어지지 않는다.[66]

일본의 경제정책, 행동은 신중상주의적으로, 이것은 정당, 관료, 산업, 금융권으로 이루어진 정책 네트워크(policy network)의 긴밀한 공동 작업을 수반한다. 여기서 가격, 시장, 생산의 통제, 또 카르텔을 통한 담합은 아주 흔한 경영방식이다. 신중상주의는 일본 국수주의의 산물이다. 제2차 세계대전에서의 철저한 패배에도 불구하고 그들의 문화, 관행, 심리, 역사 인식은 크게 바뀌지 않았고, 그런 특수성은 경제 운용에도 그대로 적용됐다. 처음부터 요시다 시게루는 "미국이 영국의 식민지였으나 영국을 능가한 것과 같이 일본이 미국의 식민지라면 언젠가는 미국을 능가할 것"이라고 말했다. MITI의 아마야 (Amaya Naohiro) 부장관 역시 비슷한 취지로 말했다.[67] "일본이 상인의 국가로서 살려고 한다면 상인의 길을 전력으로 추구해야 한다. 필요할 때는 산유국에게 오일을 빌려야 한다. 사무라이 사회에서 상인이 번성하려면, 탁월한 정보능력, 계획 능력, 직관, 외교술이

. . . .

그러나 그것은 예외적 경우였다.

66 William Nester "Rules of Engagement," Asian survey, Vol 35, No.4 (April 1995), pp. 323, 325.

67 아마야 나오히로(Amaya Naohiro)는 1979~1981년 기간 MITI 부장관으로 재직했다. 그는 일본 산업이 1960년대 중공업에서 1970년 대 전자 산업과 지식기반 산업으로 전환해야 한다는 MITI의 비전 제시에 있어서 중추적 역할을 했고, 부장관 재직 시절 미·일 자동차 무역 협상에서 일본의 자발적 수출 규제를 제안했다. 1985년 경 그는 일본이 자유 무역국가가 아니라는 것을 솔직히 인정했고 만약 일본이 완전한 자유 무역 국가로 행동했다면 제2차 세계대전의 잿더미에서 그렇게 일어설 수 없었을 것이라고 말했다. Naohiro Amaya Biography/Politician, Critic/Japan-UpClose.com, https://upclosed.com; Naohiro Amaya, 68 - Helped Industry in Japan - NYTimes.com, www.nytimes.com

필요하고, 그리고 아첨꾼이 되어야 한다." 찰머스 존슨(Charlmers Johnson)의 말대로, 일본의 경제 행태는 아담 스미스나 칼 마르크스가 인식, 이해하지 못한 새로운 방식으로 자본주의 제도를 창출해 꿰어 맞춘 것이었다.[68]

■ 미·일 역학 관계

미국과 일본 양국 간에는 전체적으로 어떤 역학 관계가 존재하나? 심리적 역학의 경우, 미·일 양국 관리들은 두 나라의 서로 완전히 상이한 문화, 가치, 행동, 역사에도 불구하고 양측에 도움이 되는 어떤 공통 이익이 존재할 것이라고 막연히 믿어왔다. 이것은 과거 제2차 세계대전에서의 역사적 갈등을 넘어 팽창하는 공산주의에 대한 적극적 방어라는 어떤 공통분모가 있었기 때문이다. 그러나 이제 더 이상 그런 감정이 존재하는지 의문이다. 과거 미·일 간에는 아마에(Amae)가 존재했다. 이것은 일본식 개념으로 부모가 자식의 충성과 애정에 대한 대가로 아이에게 보호와 사랑을 베푸는 심리를 말한다. 그것은 평등, 자유, 개인주의보다는 위계질서, 동질성을 자연스럽고 정당한 것으로 간주한다. 그러나 과거 1945~1969년 시기 워싱턴이 도쿄에 지속적으로 보호, 혜택을 제공해 형성됐던 미·일 간의 아마에는 이제 녹슬고, 양국 간 우정은 과거와 같은 성질의 것이 아니다. 이것은 일본의 안보 무임승차, 신중상주의가 미국의 경제를 심각하게 침해하고 미국의 이익을 크게 훼손하기 때문이다. 미국인들은 이제 일본을 과거와 다르게 인식한다. 더 이상의 일본 보호는 미국인들에게 손실로 돌아온다. 일본은 이제 홀로서기를 지나 미국 경제에 도전, 침해하는 능력을 갖추었다. 양국 관계는 이제 호혜평등을 추구해야 한다. 미국은 나토라는 우월적 동맹관계를 활용해 서유럽의 관세장벽을 철폐시켰듯, 정치, 군사적 영향력을 이용해 일방적이고 불평등한 경제관계를 시정해야 한다. 잠시 양국 간에 불화와 오해가 있을지라도 그것만이 양국의 우정이 오래 지속되게 하는 처방이 될 것이다.[69]

· ·

68 미국의 산업은 그렇게 일본 신중상주의에 의해 잠식당했다. 미국 텔레비전 산업은 그 한 예다. 1960년대 미국은 약 45개의 텔레비전 회사를 가지고 있었지만 1995년까지 제니스(Zenith) 하나만이 존재했다. 1962~1981년 동안 일본의 덤핑을 의심한 미국 정부는 이와 관련해 37건의 수사를 진행했지만 그 결과는 미미했다. 덤핑에 대해 처음에 부과된 17억 달러의 벌금은 6,600만 달러로 축소됐고 미국 대법원은 5:4로 일본에는 카르텔이 없다고 결론지었는데, 일본은 이 소송을 위해 미국 로비스트를 비싼 값에 고용했다. Nester, p. 324, 326.

69 Ibid., pp. 327-329. 일본 관련 연구자들은 탐닉적 의존(indulgent dependency)을 의미하는 아마에가 일본 문화의 재생산과 연계된 독특한 측면이라는 것에 동의한다. 일본의 엄마들은 자식을 과보호하고 그들에게 과도한 사랑을 주는데, 그것은 자식들에게 엄마에게 매달리고 봉사하는 태도를 갖게 만든다. 전문가들은 일본의 모든 사회적 유대는 가족 내에 존재하는 엄마-자식 간의 일차적 경험 패턴의 연장이라는 가정을 수용한다. "Is Amae the Key to Understanding Japanese Culture?", www.sociology.org

미·일 간의 외교, 안보 역학은 어떠한가? 미국이 부과한 평화헌법 제9조는 일본의 안보정책을 제한하고, 비핵 3원칙(1967)과 GDP 1% 이하의 방위비 지출(1976)은 나중에 추가됐다. 일본의 주변수역으로부터 인도양에 이르는 1,000해리 방어는 1982년 레이건, 나카소네 시절에 도입되었다. 주일미군 비용분담의 경우, 도쿄는 대강 그 50%를 부담해 왔는데, 이것은 일본의 능력에 비추어 과도한 지출은 아니다. 일본은 조지 H. W. 부시 대통령의 제1차 걸프전 당시 130억 달러를 제공한 것을 제외하면 항상 여러 가지 이유를 들어 비용분담 증가를 회피해 왔다.[70] 1989년 미국 회계감사원(GAO: Government Accountability Office)은 일본의 방위비 분담과 방위력 증강 노력은 미국의 요구에 미치지 못한다고 결론 내렸다.[71] 워싱턴은 일본에게 방위비 지출을 늘리고 국방 프로그램 완성을 가속화할 것을 종용했지만 도쿄는 1986년까지 그 최소한의 방위 필수요건 시정에 필요한 비용을 지출하지 않았다. 미 국방성은 일본의 군사능력 증강은 지역 안보위험을 축소하고 미군의 전략적 유연성을 증가시킬 것으로 인식했지만, 그로 인해 워싱턴의 안보책임을 줄이거나 미국 국방비를 감축시킬 의도는 갖고 있지 않았다. 주일미군 지원을 위한 일본의 현금 공헌은 1981년 7억 1천 1백만 달러에서 1987년 17억 달러로 증가해 137%의 증가율을 보였지만, 인플레이션을 감안하면 실제 증가는 44%에 불과하다. 일본 노동력 가격상승에 따라 도쿄는 주일미군 병력에 소요되는 일본인 인건비의 절반을 지불할 것이라고 합의하고, 동시에 주일미군 군사시설 개선을 위한 자금지원을 시작했지만, 그래도 그 경제력에 비추어 볼 때 일본은 엔화에 기초한 더 큰 비용을 지불할 수 있을 것이다. 일본의 방위비 지출 증대 가능성이 적은 것을 감안해 미국 관리들이 도쿄에 더 많은 평화유지 활동과 해외 발전자금 지원에 공헌할 것을 촉구했을 때, 일본은 해외 발전자금 증액을 약속하면서 1989년 대외원조 예산으로 111억 달러를 사용할 것이라고 선언했다.[72]

· ·

70 Nester, p. 330.

71 미국 회계감사원은 미국 의회 산하의 회계, 평가, 수사를 담당하는 기관이다. 미 의회조사국, 의회예산처, 기술 평가원과 더불어 미 의회 4대 입법 보조기관 중 하나이다.

72 U.S. GAO-U.S.-Japan Burden Sharing: Japan Has Increased Its Contributions but..., www.gao.gov; NSIAD-89-188 US-Japan Burdern Sharing: Japan Has Increased Its...- GAO, www.gao.gov; 그렇지만 주둔국의 비용 분담이 적지 않다는 의견을 참고할 필요가 있다. 그것은 다음과 같다. 해외 미군 병력이 가장 많이 주둔하는 3개국은 독일, 일본, 한국이다. 일본에는 대략 4만 5천명 이상의 현역 군인, 독일에는 3만 5천명, 한국에는 2만 5천명의 군인이 주둔해 있다. 이것은 전체 해외주둔 미군 숫자의 50%를 상회한다. 미국은 2016년 기준으로 매년 해외주둔 미군을 위해 100억 달러 이상의 비용을 지출한다. 이것은 전체 미국 국방비의 2% 정도이다. 주둔국의 기여는 여러 형태로 올 수 있는데, 그것은 비 현금(in-kind) 지급, 군 시설 프로젝트, 그리고 직접(현금) 지원을 포함한다. 미 상원 군사위원회와 랜드(RAND) 통계에 따르면, 해외주둔 미군 비용의 최대치는 독일에서 발생하는 것으로 그것은 49억 7백만 달러에 달하는데, 그 중

미·일 간의 국제경제 역학은 어떠한가? 일본은 오랜 기간 GATT 규정을 위반하지 않는 자발적 수출규제(VERs: Voluntary Export Restraints)를 활용해 왔다. 이것은 보통 수출국들이 선호하는 조치로, 그 목적은 수입국으로부터의 관세나 쿼터(quota)로 인해 더 나쁜 조건에 처해지는 것을 피하기 위해서이다. 그러나 분규 조정과 의사소통을 통해 문제를 해결하는 절차를 가진 이 조치는 미국 경제에 큰 도움을 주지 못했고, 도쿄의 행동은 말뿐으로 그 실행의 효과는 미미했다. 일본은 1950년대와 1960년대에는 섬유 수출에, 그리고 대표적으로 1980년대 초 이후 자동차 수출에 이 방법을 적극 이용했다. 1981년 5월 미국 자동차 산업이 불경기에 진입했을 때, 일본 자동차 업체들은 미국에 승용차 수출을 제한할 것에 합의했다. 레이건 행정부가 지지한 이 자발적 수출규제는 매년 수입 대수를 168만대로 제한했다. 그러나 그 상한선은 1984년 185만대, 1985년에는 230만대로 증가했다.[73] 또 일본은 미국 내에 자동차 제조공장을 직접 설립하고 자동차 조립을 위한 미·일 합작 회사를 만들어 수출 규제를 피했다. 워싱턴은 도쿄의 끝까지 버티는 벼랑 끝 작전(brinkmanship)에 밀려 항상 먼저 양보해야 했는데, 그 이유는 미국은 전 세계 GDP의 40%를 차지하는 두 나라의 반목이 지구적 차원의 공황, 불경기를 가져올 것을 우려했기 때문이다. 도쿄는 워싱턴의 이러한 불안 심리를 잘 이용했다. 일본은 다른 전술도 적극 활용했다. 1970년대에는 와이즈맨 그룹(Wiseman Group)을 만들어 문제를 토의했는데, 이것은 늘 별 성과 없이 토의로 끝났다. 1980년대에는 단계적 시장개방 전략을 많이 사용했는데, 여기서 일본은 위생 검역절차 강화를 포함하는 모든 수단을 동원해 시장개방

독일 정부는 9억 7백만 달러를 제공한다. 이것은 전체 비용의 18%를 대표하는 반면, 독일의 미군 군사시설에 대한 지불은 서비스나 시설 제공을 포함해 거의 모두 비 현금(in-kind)으로 지급된다. 반면 미군의 일본 및 한국과의 비용분담 합의는 비 현금(in-kind)뿐 아니라 직접적인 현금 지불을 포함한다. 이 나라들은 분담 비율 차원에서 훨씬 더 많은 비용을 제공하는데, 일본은 전체 미군 주둔 비용 40억 달러의 50%, 한국은 전체 비용 18억 7천 5백만 달러의 41%를 제공한다. 미군 기지수용 주둔국의 한 가지 주요 숨겨진 비용은 미군 시설이 위치하는 토지의 사용료인데, 이 토지는 대부분 전략적, 상업적으로 중요한 땅이다. 미국은 그 토지의 가치를 인식해야 한다. 이들 나라들이 SOFA를 계속 옹호한다는 사실은 그들이 제공하는 모든 누적 비용보다 미군의 보호가 더 크다는 것을 가리키지만, 미국으로서는 이들로 인해 해외에서 특별히 싼 가격으로 힘의 투사가 가능하다는 사실을 과소평가하지 말아야 한다. 해외 군사기지가 없을 경우 미국 국가안보의 통합적 측면인 힘의 투사 비용을 고려해 보면 외국에서의 군사 주둔이 얼마나 비용 대 효과 측면에서 유리한 것인지 즉시 나타난다. 그 기지들이 없을 경우 미국의 대안적 비용은 상상을 초월할 정도로 비쌀 것이다. 해외 군사기지들은 전략적으로 중요할 뿐 아니라 동시에 비용 절감에 절대적으로 중요하다. "Burden-Sharing With Allies: Examining The Budgetary Realities," The American Action Forum, https://www.americanactionforum.org

73 Daniel Benjamin, "Voluntary Export Restraints on Automobiles," PERC Report, Vol 17, No. 3 (Fall 1999), https://www.perc.org

을 지연시키면서 자국 시장이 세계에서 가장 많이 개방됐다고 선전했다. 무역역조를 축소시키기 위해 미국이 일본에게 국내 지출과 대외원조를 증가시키라고 압력을 가하면, 도쿄는 늘 대외원조 증가를 선호했다. 그 이유는 그 대외원조는 대부분 일본 제품과 용역의 구매를 전제 조건으로 지정했기 때문이다. 일본 전략은 많은 기상천외한 방법을 동원한다. 외국 제품이 열등해 팔리지 않는다는 주장, 일본에 압력을 가하는 사람을 인종주의자(Japan Basher)로 낙인찍는 행위, 미국의 국무부, 국방부, 상무부, 의회, 백악관 등 서로 다른 부처가 서로 다른 관료적 이해관계를 갖고 있는 것을 이용하는 분리공략은 모두 그런 사례에 속한다. 언론을 동원하는 방법도 사용된다. 미국이 압력을 가할 때마다 일본 언론은 미국 상선이 약한 일본을 침략한다는 기사를 싣는다. 그 검은 배는 1853년 일본의 페리 제독이 이끈 강력한 미국 해군의 상징으로 일본은 항상 그에 짓밟히는 것으로 묘사된다.[74]

　　얼핏 보면 미국은 공세적이고 일본은 수세적인 것으로 보인다. 이것은 양국 간 국력의 차이, 세계적 영향력의 차이 때문일 것이다. 도쿄는 힘없는 일본이 늘 미국의 요구에 시달린다고 말하지만, 이것보다 사실과 더 동떨어진 것은 없다. 일본의 협상 전략은 매우 세심하고, 분석적이며, 심리전에 강하다. 모든 것은 결과가 말해주는데, 지난 수십년 간의 미·일 경제 관계에서 미국의 부가 일방적으로 일본으로 흘러들어 갔다는 것은 도쿄가 얼마나 기민, 주도면밀한지를 말해준다. 미국의 지속적이며 엄청난 규모의 대일 무역적자는 미국 경제가 타격을 입는 주요 원인 중의 하나이다. 워싱턴은 무능한 외교에서 벗어나 더 강경하고 일관되게 도쿄를 압박해야 한다. 가장 좋은 방법은 미국이 1986년 반도체 합의에 사용한 것으로, 특정 시장 분할에 합의하고 목표에 도달하지 못할 때에는 단호하게 제재를 가하는 것이다. 미국은 그 당시 이것이 무역전쟁으로 번질 것을 우려했지만 그것은 기우로 판명됐다. 국제경제가 또 다른 방법으로의 전쟁이라는 석학들의 말을 되새겨볼 때이다.[75]

---

74 1994년 GATT 우루과이 라운드 협상의 결과 WTO는 4년 내에 수입국의 한 분야만을 제외한 모든 분야에서 현재 시행중인 자발적 수출 규제를 폐지하기로 합의했다. Nester, pp. 327-333.
75 Ibid., p. 334.

생존의 기로에 선 북한

Chapter

5

Ⅰ. 객관적 현실

Ⅱ. 북한 현실의 해석

I 객관적 현실

1. 김일성 통치하의 북한

■ 북한의 외교적 고립

1990년대 초 소련의 붕괴, 미국의 절대 우위, 혼란의 러시아, 취약한 중국은 한반도의 남북한 세력균형에 전례 없는 변화를 가져왔다. 한반도에서 미국과 소련의 대치로 남북한 관계에서 팽팽한 외교, 군사 균형을 가져왔던 과거의 역학은 이제 한국에게 현저하게 유리한 상태로 전환됐다. 이것은 무엇보다도 소련의 붕괴가 가져온 당연한 결과였다. 그동안 북한은 소련의 지원에 전적으로 의존해 왔다. 그것은 1945년 일제의 해방 이후 1991년 소련이 붕괴될 때까지 그랬다. 소련이 붕괴되기 직전 고르바초프 시절 한국 노태우 행정부의 북방정책에 의해 한·소 관계 정상화가 이루어지고, 이제 소련이 붕괴한 상황에서 북한은 더 이상 모스크바의 정치, 군사, 경제 지원에 의존할 수 없었다. 이미 한·소 관계 정상화 당시 북한의 실망은 소련이 한국의 돈, 경제력에 팔려갔다는 평양의 논평에서 역력히 드러났다.

한국은 쾌재를 불렀다. 남북한 세력균형에서 한국에게 특히 유리했던 것은 1992년 또다시 노태우 행정부가 한중 관계 정상화를 성사시킨 것이다. 냉전 시기 내내 북한의 비동맹 활동(Non-aligned Movement)과 같은 공세적 외교로부터의 방어에 고심했던 한국은 냉전 말기와 냉전이후 시대 초기 큰 외교성과를 거두었다. 이제 구소련에 이어 중국까지 한국과 관계 정상화를 이룩한 상태에서

노태우 전 대통령

한국의 과거 공산권 두 강대국에 의한 외교 족쇄는 완전히 풀렸다. 그 효과는 노태우 행정부의 큰 외교 업적이고 한국 외교의 큰 성과로서, 미국의 닉슨 행정부가 중국과 관계 개선을 시작해 1979년 미·중 관계 정상화를 이룬 것과 성격상 비슷했다. 한 가지 흥미로운 것은 한중 관계 정상화 당시 북한이 중국에 대해 아무 비난도 가하지 않은 것이다. 그것은 한·소 관계 정상화 당시와는 전혀 다른 반응이었다. 왜 그랬을까? 이제 오로지 유일하게 남은 동맹국 중국에게 비난을 퍼부어 더 이상 외교적 고립을 자초하지는 말아야 하겠다는 것이 아마 평양의 계산이었을 것이다.

한국과는 달리 미·일과의 관계 정상화는 꿈도 꿀 수 없는 북한은 외교적으로 어려운 상태에 처했다. 1970년대 데탕트의 시작과 더불어 북한은 오랜 기간 미국과의 관계 정상화를 추구해 왔다. 유네스코, 세계 식량기구 등 유엔 산하기구에 가입하면서 남북한과 미국을 포함하는 3자 대화 등 여러 외교 방법을 고안하면서 북한은 미국과의 대화, 관계 개선을 추진해 왔지만, 워싱턴의 반응은 냉담했다. 이제 소련이 멸망한 마당에 새삼스럽게 북한과의 관계 개선을 미국이 허락할 이유는 없었다. 북·일 관계도 마찬가지였다. 1950년대 이후 평양은 계속 양국 관계 개선을 추구해 왔지만 북·일 관계는 기껏해야 1980년대 일본 사회당과 북한 조선 노동당 간의 당 대 당 대화가 고작이었고, 공식적인 국가 간 대화는 한·미 양국의 반대에 의해 가로 막혀 있었다. 이제 북·일 대화의 어떤 특별한 물꼬가 트일 것을 기대하기는 어려웠다.

■ 북한 핵 위기의 서막

외교적으로 고립된 북한은 그 생존을 보장하고 한국에게 통일 당하지 않기 위해 새로운 수단을 강구해야 한다는 절박감을 갖기 시작했다. 그것은 북한의 핵무기 개발로 나타났다. 북한이 핵에 대해 관심을 갖기 시작한 것은 1956년 소련과 연합 핵 연구소 조직에 관한 협정을 체결하고 소련의 드브나 핵 연구소에 매년 수십명의 과학자를 파견하면서부터였다. 그 이후 북한은 1959년 소련과의 조소 원자력 평화적 이용에 관한 협정의 토대 위에 1962년 영변 원자력 연구소를 창설하고, 1965년에는 소련으로부터 연구 실험용 소형 원자로 1기를 제공받았다. 1986년에는 자체 기술로 제2원자로를 완공하고 1995년까지 제3원자로를 완성한다는 계획을 추진했다. 북한이 최초로 핵개발 의혹을 불러일으키기 시작한 것은 1985년 미국 언론 보도에서 비롯됐으나, 보다 구체적 의심은 1987년 IAEA 연례 보고서가 북한의 플루토늄 보유 가능성을 시사한 때부터였다.[1]

---

1 북한 핵 위기와 관련된 논의의 일부는 필자가 주간국방 논단에 게재한 내용이다. "북한 핵문제: 해결의 과

북한이 처음부터 핵무기를 개발하겠다는 의도를 가지고 있었는지 불명확하다. 그러나 1980년대 중반 이후 구소련에서 고르바초프가 신사고에 의해 새로운 대외 관계를 구사하고 1989년 동구 자주권 인정에 따라 동유럽에서 자유 민주주의가 확산됨에 따라 위기의 북한 지도자 김일성 주석은 핵무기 개발이 자국의 안보와 생존에 필요한 사활적 수단이라고 인식한 것으로 보인다.

1990년대 초에 이르러 국제사회는 북한 핵 개발의 실질적 가능성에 관해 우려하기 시작했다. 1991년 9월 한, 미 양국은 한국에 배치된 주한미군의 단거리 핵무기를 철수시키고 그 3개월 후 1991년 12월 워싱턴-서울 성명을 통해 그 사실을 국제적으로 확인시키는 전격적 조치를 취했다. 이것은 주한미군의 핵무기를 빌미로 핵 개발을 추진하는 평양에게 대량살상무기 개발을 포기시키기 위한 유인 조치의 일환이었다. 1991년 12월 3일에는 (1991년 9월 남북한 유엔 동시 가입의 후속조치로) 남북 기본합의서가 체결돼 남북한의 정치적 화해, 군사 불가침, 사회문화 교류를 약속했다. 북한도 긍정적으로 반응해 1991년 12월 31일 판문점에서 남북한 비핵화 공동선언에 서명하고, 1992년 1월 IAEA 핵 안전협정에 서명했으며, 1992년 말까지 5차에 걸친 IAEA의 사찰을 받았다. 그 과정에서 북한의 방사화학 실험실 장비는 40% 정도 완성되어 있으며 우려할 단계가 아니라는 결론에 이르게 되었고, 북한 핵개발은 큰 문제는 없는 것으로 이해됐다.

그러나 이런 상황은 1993년 초에 들어와 반전되기 시작했는데, 그 이유는 미국 정보기관과 IAEA 사찰팀이 북한 핵개발 의혹은 완전히 해소되지 않았다고 결론냈기 때문이다. 미국 정보 당국은 위성사진 결과 북한의 미신고 2개 군사시설이 핵시설일 가능성이 높다고 생각했고, IAEA는 북한이 제출한 핵물질 샘플 조사 결과 북한이 추출해 낸 플루토늄은 1990년 한차례만이 아니라, 1989, 1990, 1991 3차례에 걸쳐 생산된 것임을 밝혀냈다. 그때 북한은 핵 문제 해결을 위해 남북한 핵통제 공동위원회에서 추진 중이던 남북한 상호사찰 협상을 중지하고 모든 남북 대화를 거부해 핵개발 의혹을 더 키웠다. 북한의 의심스러운 태도와 북한이 사찰을 거부하는 영변 미신고 2개 시설의 핵 투명성이 보장되지 않는 상황은 1993년 2월 IAEA로 하여금 북한 특별 핵사찰을 결의하게 만들었다.

그러나 북한은 IAEA 결의를 비웃기라도 하듯 그 다음 달 3월 12일 전격적으로 NPT 탈퇴를 선언해 제1차 북한 핵 위기가 시작됐다. 이 탈퇴 과정에서 북한 외교부 제1부부장 강석주와 주중 북한 대사 주창준은 기자회견을 통해 NPT 탈퇴가 "나라의 주권과

정과 전망," 주간국방 논단, 제94-518-1 (1994. 2. 21), pp. 1-17.

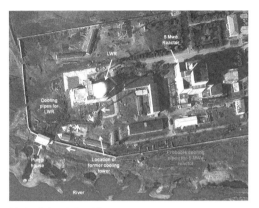

영변 미신고 2개 시설

민족의 이익을 지키기 위한 대응조치"라고 수차 강조하며, 한·미 양국이 유엔 안보리나 기타 방법을 통해 국제 여론, 경제 봉쇄, 군사제재의 수단을 강구한다면 그것은 전쟁이라는 커다란 재앙을 초래할 것이라고 경고했다. 또, 북한은 견고한 군사력과 자립경제를 토대로 국제적 압력에 끝까지 투쟁할 것이며, IAEA가 미국 영향력에서 벗어나 독자성과 공정성을 회복할 때까지 핵사찰을 수락하지 않을 것이라고 덧붙였다. 이런 선언을 뒷받침하기 위해 북한은 3월 8일 준 전시상태를 선언했고, 한미 양국의 북핵 저지 노력은 딜레마에 빠지게 됐다.

■ 한미 공조체제의 외교적 시도

북한의 NPT 탈퇴에 대응해, 한·미 양국은 이 문제를 유엔 안보리에서 논의하려 시도했다. 그러나 그 시도는 처음부터 난관에 부딪쳤는데, 그 이유는 중국이 안보리에서의 북한 NPT 탈퇴 논의는 오히려 사태 악화를 가져올 것이며, 그 문제는 IAEA와 북한 간 문제라는 입장을 고수했기 때문이다. 한미 양국의 시도를 목격한 북한은 계속 성명을 발표하며 한미 공조체제의 어떤 시도나 조치도 실패할 것이라는 강경 자세를 견지했다. 북한의 초강경 태도에 한국은 다각도로 대응책을 검토했다. 첫째, 한국은 남북 기본합의서와 비핵화 선언의 신뢰성을 재검토할 것이나 비핵화라는 기본 틀은 그대로 유지한다는 입장을 취했다. 둘째, 북한 핵문제 해결을 위한 극단적 방법의 동원은 원치 않는다는 점을 명확히 했는데, 왜냐하면 경제제재는 실효성이 의문시됨과 동시에 군사적 충돌로 이어질 수 있기 때문이었다. 셋째, 미국과의 긴밀한 협조를 계속하는 가운데 중국과의 대화를 통해 해결책을 도출하기로 했다. 그 이유는 중국은 북핵 문제 해결의 열쇠를 쥐고 있는 국가로 인식됐을 뿐 아니라 이미 한반도 비핵화를 지지한다는 성명을 수차 발표했기 때문이다. 마지막으로, 유엔 안보리의 어떤 제재나 조치도 한국과의 사전 협의를 필요로 한다고 규정했는데, 그것은 유엔 안보리 결정이 한국이라는 당사자 참여 없이 한반도의 운명을 일방적으로 결정해서는 안 된다는 것을 의미했다.

한국이 가장 원하는 것은 중국의 협력이었다. 한국은 중국이 북핵 문제의 유엔 논의를 거부하고 있음에도 불구하고 중국은 북한 핵보유를 원치 않으며, 또 한반도 비핵화가 중국의 이익에 부합한다는 입장을 도출했다. 일본과의 협의에서는 한·미·일 3국이 공동 보조를 취하고, 북핵 문제의 유엔 안보리 회부시 구체적 조치를 사전에 협의한다는 합의를 이루었다. 미국은 러시아와 공동성명을 모색했다. 1993년 4월 개최된 미·러 정상회담에서 클린턴과 옐친은 미·러 양국의 동반자 관계 재확인, 지역분쟁, 세계 군축과 대량 살상무기 확산금지, 그리고 기타 경제 사항을 논의하는 가운데, 북핵 문제 해결의 필요성을 다시 한번 강도 높게 촉구했다. 특히 NPT 체제의 연장에 관한 결의를 재확인하는 과정에서 미·러 수뇌들은 구소련 국가들이 조속히 NPT 의무를 준수하고, 북한은 NPT 탈퇴를 즉시 철회하고 IAEA의 핵 안전 의무를 즉시 이행할 것을 촉구했다.

　1993년 4월 유엔 안보리는 북한의 NPT 탈퇴 번복을 촉구했다. 그 내용은 5개항으로 구성돼 있었는데 그 중에서도 제5항은 경제 제재를 시사하는 것으로 풀이되는 추가조치를 경고했다. 그런 결의안은 그 당시 중국이 표결에서 기권했기 때문에 가능했다. 그러나 북한의 반응은 또다시 강경 색채를 띠었다. 북한 외교부는 5개 사항을 발표했는데, 그 주요 내용은 유엔 안보리는 북한의 NPT 탈퇴에 관한 관할권이 없고, 안보리 결의는 북한에 대한 내정간섭이고, 북한의 협상 노력은 나약성의 증거가 아니며, 유엔 안보리의 대북한 제재 결의와 실시는 선전 포고로 간주될 것이라고 했다. 국제적 외교 압력은 북한으로부터 냉담한 반응을 불러일으키거나 거의 실효성이 없었다.

　■ 미·북 고위급 회담

　북한의 극단적 대항에 대해, 한·미 양국은 미·북 고위급 회담이라는 외교적 수단을 동원하기로 합의했다. 사실, 한·미 양국은 북한이 1974년 이후 요구해 온 미·북 양자 회담에 부정적 시각을 갖고 있었으나, 북한의 NPT 복귀를 위해 이를 어쩔 수 없이 수용하기로 했다. 특히 한국이 그동안 미·북 양자 대화에 부정적이었던 것은 북한이 미국과의 대화만을 중시하고 남북 대화는 거부할 것을 우려했기 때문이었는데,

제1차 미북 고위급 회담

현재와 같이 위중한 상황에서는 차선책을 동원해야 했다. 1993년 6월 2일부터 11일 사이, 뉴욕에서 4차에 걸쳐 제1차 미북 고위급 회담이 개최됐다. 그 결과 북한은 NPT로부터의 탈퇴를 잠정 유보했고, 여기서 3개항이 합의됐다. 첫째, 미국은 핵무기를 포함해 무

력을 사용하지 않으며, 어떤 무력으로도 위협하지 않을 것을 보장한다. 둘째, 전면적인 안전보장 장치의 공정한 적용을 포함, 한반도의 비핵화, 평화와 안전을 보장하며, 상대방의 자주권을 상호존중하고 내정에 간섭하지 않는다. 셋째, 한반도의 평화통일을 지지한다. 결국 이 합의를 통해 미국은 북한의 NPT 잠정 잔류와 그에 따르는 IAEA의 통상사찰을 도출했고, 북한은 미국으로부터 일정수준의 정치, 군사적 안전에 관한 약속을 보장받았다. 미국이 이렇게 일정한 대가를 치루면서 북한의 잔류를 유도한 것은 단기적으로 큰 성과였다. 그러나 이 회담의 성과는 근본적 측면에서 볼 때, 북한의 NPT 재탈퇴 권리를 인정하고 북한 핵문제의 출발점이었던 영변 미신고 2개 군사시설의 사찰에 관한 어떤 결론도 이끌어내지 못해 진정한 목적 달성에 못 미치는 것이었다.

곧이어 1993년 7월 세 차례에 걸쳐 제2차 미·북 고위급 회담이 개최됐다. 여기서 북한은 IAEA와 가능한 빠른 시일 내에 협상을 시작할 용의를 표명했고, 미국은 북한의 경수로 도입을 지원하는 방안을 북한과 함께 연구할 것에 합의했다. 또 양국 간 전반적 관계 개선의 기초 마련을 위해 다음 회담을 2개월 이내에 개최하기로 합의했다. 제2차 고위급 회담의 성과 역시 단기적이고 부분적 성과로 북한이 IAEA와 핵사찰을 조속한 시일 내에 재개한다고 약속한 것이 전부였다. 미국으로서는 미신고 군사시설에 관한 논의를 도출해 낼 수 없는 상황에서 북한이 신고한 시설만이라도 조속히 사찰 받게 하는 것이 높은 우선순위를 가진 것으로 판단했던 것으로 보인다.

IAEA는 북한의 즉각적 사찰 수용을 촉구하고 나섰다. 한스 블릭스(Hans Blix) IAEA 사무총장은 10월 말까지 북한이 IAEA 사찰을 받지 않으면 감시 장비의 효용성 문제로 핵사찰의 연속성이 중단된다는 의미에서 10월 말이 고비라고 언급했다. 그러나 북한은 또 다시 IAEA의 불공정을 비난했다. 이 시기에 이르면 한, 미 양국의 북핵 문제 해결은 거의 온건책으로 기울어져 있었다. 한국은 미·북 관계 개선 내지는 관계 정상화에 반대하지 않았고, 미 국무부 역시 제재보다는 외교 노력 위주로 문제를 풀어간다는 방침을 갖고 있었다. 중국뿐 아니라 일본도 가끔 북한에 대한 강경 제재는 도발을 초래할 수 있다는 의견을 표명했다. 1993년 11월 미국 시애틀에서의 APEC 회담에서 한·미 양국 정상은 돌연 북한이 요구하는 경수로 지원, 미·북 수교, 또는 팀 스피리트(Team Spirit) 훈련중지는 핵사찰의 반대급부가 될 수 없고, 북한의 무조건적으로 IAEA 사찰과 남북 대화를 수락해야 한다고 말했지만, 그것은 실제 의도라기보다는 선언적 성격을 띤 발언이었다.

1993년 12월 초 북한은 신고 된 7개 핵 시설 중 5곳은 전

강석주

면 사찰을 허용하고, 영변 원자로와 방사화학 실험실 2곳은 제한적 사찰을 용인할 수 있다고 말했다. 거의 같은 시기 북한의 강석주 외교부 제1 부부장은 북한이 요구하는 일괄타결 6개항을 제시했다. 그것은 핵무기 불사용의 문서보장, 남한 핵 불배치 선언, 팀 스피리트 영구중단, 정전협정의 평화협정으로의 대체, 북한 테러국 지정 철회, 그리고 고려연방제 통일방안 지지였다. 1993년 12월 29일 양국 간 뉴욕 실무접촉이 있었고 그 회합에서 합의가 이뤄졌다는 언론 보도는 나왔지만 양측의 합의가 무엇인지는 불확실했다.

■ 대북 경제, 군사제제 시도

1994년 1월 북한은 잠시 영변 7개 신고 시설에 대한 부분적 사찰 허용 의사를 내비쳤다. 북한은 7개 신고 핵 시설 중 5곳은 전면 사찰을 허용하고, 나머지 2곳의 전면 사찰은 허용하지 않을 것이라고 말했다. 가장 큰 핵개발 의심 대상인 미신고 2개 시설은 거론조차 되지 않았다. 그러나 잠시 후 북한은 또다시 일부 가동이 중단된 감시 카메라 등의 필름 및 전지 교환은 허용하겠지만, 그것은 정기 및 비정기 사찰이 아니라 1회 사찰에 한정되며, "북한이 처한 특수 상황에 맞는 순수 담보의 연속성 보장에 필요한 사찰"이라고 덧붙였다. 또다시 한·미 양국의 딜레마가 시작됐다. 그 시기를 전후 해 한·미 양국은 원치는 않지만 대북 경제, 군사제재를 동원해야 할 필요성을 느끼고 있었다. 평양의 의도가 무엇인지 확실치 않고, 하루가 다르게 말을 바꾸며, 도대체 북한이 핵 문제 해결의 의사가 있는지도 가늠하기 어려운 상황에서 한·미 양국, 특히 미국은 세계 유일 초강대국으로서의 특권을 발휘해야 한다고 생각했다. 중국과의 충돌도 예상되기는 했지만 일단 눈앞의 현안으로 다가온 북핵 문제 해결을 위해 가능한 모든 옵션의 고려는 필수적이었다. 1994년 1월 미국은 처음으로 경제 제재시 북한의 도발에 대비해 한국에 패트리어트 미사일을 배치하기 시작했고, 주한미군 관련 전력 강화 의사를 공식화했다. 그동안 한·미 양국 모두 온건과 강경책의 사이에서 많이 고심했지만, 클린턴 행정부는 이제 북한에 대한 제재, 또는 제재 위협이 아니면 북한이 순순히 물러나지 않을 것이라고 판단하는 것으로 보였다.

대북 제재가 가시화되는 상황에서 1994년 3월 판문점 남북한 회담에서 북측 대표 박영수는 남북한 군사 충돌시 서울은 불바다가 될 것이라고 위협하면서 남북한 군사 긴장은

패트리어트 미사일

김영삼 전 대통령

더 고조됐다. 한국의 김영삼 대통령은 대북 제재와 관련해 4강 외교에 나섰다. 그러나 러시아, 일본 모두 대북 제재를 수긍하는 상황에서 중국의 장쩌민 주석은 대북 제재시 어떤 불상사도 책임지지 않을 것이라고 하면서 한·미 양국의 대북 제재에 강력하게 제동을 걸었다. 한·미 양국이 주춤하는 동안 북한의 강경 일변도는 그치지 않았다. 1994년 3월 31일 유엔 안보리가 북한의 재 사찰 수용을 촉구하면서 사찰이 이루어지지 않을 경우 안보리가 다시 대응책을 심의할 것이라는 의장성명을 발표했을 때, 북한은 10일 이내에 5MW 원자로의 연료봉을 교체할 것이라는 강경 성명을 발표했다. 1994년 4월 22일 페리 미 국방장관이 도쿄 회견에서 북한의 연료봉 교체 때 만족할 만한 국제 사찰이 없으면 대북한 경제 제재를 시행할 것이라고 언급했을 때, 북한의 반응은 냉담했다. 1994년 4월 24일 IAEA 대변인이 연료봉 교체시 시료 채취를 약속하지 않으면 사찰단 파견을 고려하지 않을 것이라고 말한 것에 대해 북한은 시료 채취를 허용하지 않을 것이라고 강경하게 대처했다. 1994년 5월 갈루치 미 국무 차관보가 북한이 연료봉을 IAEA의 합의 없이 제거할 경우 모든 외교 노력이 수포로 돌아갈 것이라고 경고했을 때, 북한은 연료봉 교체 시작을 발표했다. 미국과 IAEA는 공동으로 북한이 폐연료봉 추가 인출을 중지하고 적절한 계측 방법에 합의할 것을 제안했지만, 북한의 반응은 급속도의 핵 연료봉 인출로 나타났다. 결국 IAEA는 북한의 연료봉이 50% 정도 인출된 것으로 예상하고 플루토늄 전용에 대한 추후 계측이 불가능하다고 유엔 안보리에 통고했고, 1994년 5월 30일 유엔 안보리는 또다시 의장 성명을 통해 북한의 연료봉 인출 작업을 중단하고 핵 안전조치의 연속성을 보장할 것을 촉구했다. 북한은 또다시 미국과 IAEA의 위협을 단호히 거부할 것이며, IAEA의 연료봉 시료 채취는 절대 허용하지 않을 것이라고 강경 대응했다. 1994년 6월 13일 북한은 IAEA에서 탈퇴하는 동시에 사찰은 불가능해졌다고 선언했다. 이제 한반도의 전쟁 위기설은 전 세계로 퍼져 나가고 있었다. 한국에서는 전시 식량 사재기 열풍이 불어 각 상점에서 라면이 불티나게 팔려 나갔고, 사람들은 어디로 피난을 가야 되는지 정보를 얻기 위해 동분서주했다. 외국 언론은 한반도 전쟁 가능성을 연일 보도했다.

한반도에서 전쟁 가능성이 대두된 것은 지난 수개월에 걸쳐 한·미 양국이 점진적, 체계적으로 대북 제재를 구상했고, 그런 기류가 한국뿐 아니라 전 세계에 알려졌기 때문이다. 모든 대화 가능성이 소진됐을 때 제재가 마지막 옵션으로 등장하지 않을 수 없었다. 미국은 중국의 동참을 설득하는 한편, 한국, 일본, 러시아, 기타 서방 국가들과 함께 구체적인 경제 제재안에 관한 논의를 진행했고, 한반도 무력 분쟁에 대비한 군사계획은 더 철저히 준비됐다. 경제 제재는 단계적 수순을 밟아 기술 교류금지, 자금 지원 중단, 에너지 공급 중단, 전면적 금수 조치 등의 대안이 검토됐고, 더 광범위하게 대북한 무기 수출입 금지, 국제기구 회원자격 정지, 항공기 운항금지, 연 800억 엔에 이르는 조총련계의 대북한 송금 중지, 남북한 교역 중단, 한국 민간 기업의 제3국에서 북한 주민 접촉 금지, 간접교역 중단 등도 검토됐다. 이런 제제 방안은 북한이 핵 사찰을 수락, 거부할 경우 모두를 염두에 두고 단계에 맞게 준비가 됐고, 또 중국이 제재에 반대할 경우에 대비해 한국, 러시아, 서방, 일본, 또 기타 우방과 공조하는 다국적 경제 제재도 구상됐다.

서방, 일본, 러시아와 협력 관계를 구축한 한·미 양국은 제재의 실시에 따른 북한의 군사 도발 가능성에 대해서 체계적으로 준비했다. 한·미 군사당국은 한반도 지역에 대한 감시 및 방위 태세를 시간 단위로 점검했고, 미국의 첩보 위성과 U2 정찰기 등의 각종 첨단 장비들은 북한군 움직임을 소상히 파악했다. 한·미 양국은 만약의 사태에 대비해 북한의 전방부대, 스커드 미사일 기지, 잠수함 기지, 교통 요충지를 포함하는 250여 개의 조기 경보 징후목록을 점검했고, 경제 제재를 포함하는 어떤 제재도 전쟁으로 간주 것이라는 북한의 위협에 만반의 준비태세를 갖췄다. 이 준비태세는 미국의 동시 승리(WIN-WIN) 전략과 한·미간에 사전에 준비된 신작전계획 5027의 토대 위에 진행됐다. 1994년 6월 한·미·일 3국은 유엔을 통한 제제 결의안 초안의 마지막 절충을 시도했고, 한·미·러 3국 정상 간의 직·간접 협의도 진행됐다. 미국이 유엔 안보리에 제출하려고 준비한 대북 제재안의 주요 내용은 북한과의 핵관련 기술협력 및 지원 중단, 비정기 항공 노선 취항금지, 유엔 및 산하 기관들과 모든 국가의 경제원조 중단, 무기 및 그 부품의 금수, 스포츠, 문화, 과학, 기술교류 금지, 외교 공관 및 범위 축소를 포함했다. 또 북한이 NPT를 끝내 거부할 경우 해외 자산 동결 조치가 추가로 시행되도록 규정됐다. 이제 미국의 정책은 제재 실행만을 남겨 놓고 있었다. 미국으로서는 더 이상의 대화보다는 제재만이 유용한 핵 투명성 보장 방안이었다.

■ 제네바 합의

전쟁의 위기 앞에서 북한은 마지막 순간 태도를 바꿨다. 북한은 또다시 새로운 계책을 고안하게 됐는데, 그것은 지미 카터(Jimmy Carter) 전 미국 대통령의 방문을 통해 미국과의 대화를 통한 협상을 진행하는 동시에 한국과의 정상회담을 추진하는 것이었다. 한·미 양측은 비록 제제 의사는 아직도 확실하지만 북한과 협상의 문이 열려 있다는 견지에서 북한 김일성의 제안을 수락했다. 한·미와의 대화를 제안할 당시, 북한은 돌연 대미관계 개선을 절실히 원하며 그러한 관계개선을 위해 할 수 있는 일을 할 것이라고 선언했다. 그 조치의 세부 사항으로 김일성은 2명의 IAEA 사찰단의 잔류 허용, 연변 핵 감시 장비 가동 보장, NPT 잔류, 경수로 지원의 경우 재처리 시설 및 흑연 원자로 건설 중단을 제시했다.

김일성

카터 전 미국 대통령은 6월 15일 평양을 방문해 김일성과 회담을 가졌고 여기서 북핵 문제 평화적 해결의 단초가 마련됐다. 그 다음 달인 7월 김일성은 심장마비로 사망했는데, 북핵 문제의 과도한 스트레스가 원인인 것으로 추측됐다. 1994년 8월 5일 제3차 미·북 고위급 회담이 개최됐다. 이 회담에서 지난 두 차례 미·북 고위급 회담을 더 진전시킨 4개항에 대한 합의가 이뤄졌다. 미국과 북한은 워싱턴과 평양에 연락사무소를 설치하고, 미국은 2,000MW 발전용량의 경수로를 제공하며, 발전소 완공 시까지 대체 에너지를 공급하기로 했다. 북한은 핵 활동을 동결하기로 했다. 세부적으로 북한은 현재 추진 중인 50MW 흑연 감속로 가동 중단, 200MW 발전 용량의 흑연 감속로 건설 계획을 동결하고, 1994년 5월 영변 5MW 원자로에서 인출한 폐연료봉을 재처리하지 않으며, 방사화학 실험실을 봉인해 IAEA의 감시하에 두고, NPT 잔류 용의를 표명하고, 핵 안전 조치 이행에 대한 용의를 표명하며, 남북한 간 비핵화 용의를 표명하고, 남북 공동선언 이행 용의를 표명하기로 했다. 이러한 미·북 간 합의 이행을 위한 실무자 회의는 1994년 9월 10일 평양과 베를린에서 동시 개최하기로 결정됐고, 평양에서는 연락사무소 설치를, 또 베를린에서는 경수로와 관련된 모든 문제를 협상하기로 약속됐다.

1994년 10월 미·북 양측 간에 제네바 합의(Agreed Framework)가 타결됐다. 핵 위기 과정에서 급작스럽게 사망한 김일성의 뒤를 이어 등장한 그의 아들 북한 최고 지도자 김정일은 잠시 후 한미 양국의 제안을 수용했다. 그것은 핵심적으로 한·미·일, 서방이 북한에게 연간 50만 톤 중유, 경수로, 정치적 관계 개선을 제공하는 반대급부로 북한이 핵 개발을 동결한다는 합의였다. 핵 개발은 부족한 전력 보충을 위한 것이라는 북한의 입장을 감안해 중유를 제공하기로 했고, 경수로 제공은 플루토늄 추출이 어려운 것을 고려해 내린 결정이며, 관계 개선은 북한의 오랜 숙원을 수용한 것이었다. 이것은 최선의 해결책은 아니었지만 대립하는 양측의 불가피한 차선책으로 간주됐다. 북한 핵을 포기시키기 위해 전쟁을 하는 것보다는 정치, 경제적 지원을 통한 일시적 동결이 더 나은 옵션임을 누구도 부정하지 않았다. 이것은 남북한, 미국, 중국 모두에게 최악의 파국을 막는, 모두

가 한발씩 물러선 성숙한 해결책으로 간주됐다. 북핵 위기의 전 과정은 전 세계의 이목을 모은 엄청난 사건이었는데, 미국이라는 세계 유일 초강대국을 상대로 한 북한의 죽기살기식 전략과 행동은 절벽에서 물속으로 뛰어들 준비가 되어있다는 의미에서 '벼랑외교(brinkmanship)'라는 이름을 얻었다.

중유, 경수로 제공, 미·북 관계개선, 북한 핵 동결 감시검증 등 제네바 합의 이행의 모든 최고 책임은 미국에게 주어졌다. 이것은 평양이 서울과는 대화, 거래하지 않는다는 한국 배제전략 입장을 거둬들이지 않았기 때문이다. 경수로 공급을 위해 한반도 에너지개발기구(KEDO: Korea Energy Development Organization)가 조직되고 경수로 비용의 70%를 한국이 지불하기로 했지만, 북한은 한국과는 대화하지 않겠다는 한국 배제전략을 고수했다. 한미 양국은 북한이 한국을 배제하는 현실을 감안해, 한반도의 전체적인 안정과 평화, 항구적 평화체제를 논의한다는 명분으로 북한에 4자 회담을 제안했다. 북한은 식량지원 확보를 목적으로 몇 차례 회담에 참석했지만 그것은 결과적으로 1999년 8차 회담에 이를 때까지 별 의미 있는 성과를 내지 못하고 막을 내렸다.[2]

북한은 그렇듯 핵심적으로는 미·북 양자 대화를 고집했는데, 그 이유는 한반도 문제의 열쇠는 미국이 갖고 있다고 인식했기 때문이다. 북한의 계산은 미국과의 집중적인 대화를 통해 미·북 평화협정, 관계정상화, 주한미군 철수를 달성하고, 그 이후 남북한 직접 대결을 통해 한국을 적화통일 시킨다는 것이었다. 그것은 오랜 역사를 갖고 있는데, 그 시초는 한국 전쟁 휴전협정 당시 서명 주체가 미국, 중국, 북한 3개국이었던 것에서 유래한다. 북한은 이것을 당사자 원칙이라고 불렀는데, 김정일 집단은 제네바 핵 합의 이후 또다시 이런 태도로 복귀한 것이다. 처음 취임했을 때 "피는 물보다 진하다"고 말하고, 이인모를 포함해 아직 주체사상을 포기하지 않고 버티는 수십 명의 비전향 장기수를

2 북한의 한국 배제전략에 대응해 김영삼 대통령과 빌 클린턴 대통령은 1996년 4월 16일 한미 제주 정상회담에서 한반도 평화체제 구축과 긴장완화를 위한 4자회담 개최를 제안했다. 한반도 문제를 다루는데 한국이 배제되는 현실은 논리에 맞지 않았고, 그래서 한·미 양 정상은 한반도 문제에 가장 직접적으로 관련이 있는 남북한, 미국, 중국 4개국이 4자 회담에서 한반도의 안정과 평화에 관한 전반적인 문제를 다룰 것을 제안했다. 제주 정상회담의 공동성명은 이 4자 회담은 한반도의 항구적 평화협정을 이룩하는 과정을 시작하기 위한 것이라고 선언했다. 북한 핵문제, 제네바 합의 이행 관련 사항들은 한반도 안정과 평화, 항구적 평화체제 논의에 포함될 수 있었다. 북핵 위기 이후 한국 배제전략을 구사하던 북한은 식량 지원 확보를 위해 마지못해 1997년 12월 9일 스위스 제네바 1차 회담에 참석했다. 그러나 제1차 회담은 아무 성과 없이 끝났다. 그 당시 한·미 양국은 4자 회담 진행을 위한 2개의 분과위원회 설치를 제안했고 북한은 분과위 구성보다는 4자회담에서 취급할 의제를 먼저 정하자고 주장했다. 중국은 남북 화해와 미·북 관계 개선이 필요하다는 원론만 되풀이했다. 그 회담은 분과위 구성에 실패했고 의제 선정에서도 이견만 노출했다. 그 후 4자 회담은 1999년 8월 6차 까지 개최됐으나 별 성과 없이 막을 내렸다.

북한에 송환하면서 남북한 관계 개선을 추구했던 김영삼 정부는 핵 위기 이후 명목상의 4자 회담을 제외하면 북한의 한국 배제 전략에 의해 그 임기 말까지 평양과 사실상 대화조차 할 수 없었고 남북한 관계는 냉랭한 평행선에서 벗어나지 못했다.

2. 김정일 시대

이제 김일성 사후 갑작스럽게 북한의 통치를 책임진 김정일은 대내외적으로 사면초가의 상태에 처해 있었다.[3] 악화되는 외부 안보환경과 국내적 취약은 김정일이 과연 최고 통치권자의 자리를 유지할 수 있을지에 대해 많은 의구심을 제기하는 배경이 됐다. 그 당시 미 중앙정보국과 국방정보국은 동시에 북한이 3년 이내에 붕괴할 것이라는 분석을 제시했다. 한국 행정 부처들은 북한 붕괴의 시기에 대해 서로 다른 견해를 제시했으나 대체로 10년은 소요될 것이라는 것이 일반적 견해였다. 물론 2018년 오늘의 시점에서 지난 역사를 평가해 보면 한국과 서방의 생각이 얼마나 희망적 사고에 매몰돼 있었는지를 알 수 있다.

김정일

그 당시의 김정일은 아마 세계에서 자기 자신이 가장 위태로운 사람이라고 느끼고 있었을 것이다. 그 이유는 자기가 가장 믿고 따른 부친 김일성이 사망했기 때문이다. 김정일은 사상, 세계관, 역사의 모든 인식에서 김일성의 모든 것을 그대로 승계했다. 김정일은 김일성이 창시한 민족주의적 공산주의(National Marxism)인 주체사상에 관해 논문까지 작성했고, 1960년대 중반 그가 조선 노동당 조직지도부 직책에서 출발해 1970년대 당 중앙이라 불리고 1980년 제6차 조선노동당 대회에서 후계자로 지명될 때까지 모두 자기 아버지의 그늘 밑에서 성장했기 때문이다. 동구와 소련 공산주의 몰락을 보면서 김일성은 또 김정일에게 절대 서방식 자유주의에 개방을 해서는 안 되며, 마오쩌둥이 말하고, 자기 자신이 항일 좌익 게릴라로서 투쟁한 경험에 비추어 군사가 중요하다는 의미에서 "권력은 총구에서 나온다"는 것을 확실하게 가르쳤다. 외국과의 경제협력에서 그래서 강조된 것이 더 우월한 경제에 종속되지 않는 조건에서의 교류였고, 공산주의 군대를 지칭하는 인민의

3 김정일 시대에 관한 내용은 1999년 출판된 필자의 논문에서 일부 발췌했다. "The Survival Strategy of North Korea and a Road to the Unification of Korea," Contemporary Security Policy, Vol 20, No. 2(August 1999), pp. 50-76.

혁명군대(Revolutionary Army)에 대한 확실한 통수권 확보였
다. 김일성은 외교에서도 탁월한 듯 보였다. 중·소 분쟁 시
의 등거리 외교, 비동맹 회의에서의 활동, 냉전시기 한국에
대한 정치, 군사적 공세, 최근의 미국을 상대로 한 핵 위기
과정에서의 벼랑외교, 또 비록 성공은 못했지만 미국 및 일
본과의 관계 정상화 시도는 모두 김정일이 본받아야 할 모
범으로 비쳐졌다. 이제 김일성이 사라진 상황에서 김정일은
또다시 북한의 붕괴에 의해 과거 북한과 가장 가까웠던 루

차우체스크

마니아의 차우체스크 부부의 운명이 반복되지 말라는 법은 없을 것 같았고, 국내에서 과
연 군부를 비롯해 사회 내에 잠재해 있는 반체제 적대세력을 완전히 장악할 수 있을지도
근심의 대상이었다. 무엇보다도 서방 일부와 한국 내에서 퍼지는 북한 붕괴론, 김정일의
군부 꼭두각시론은 참을 수 없는 분노의 대상이었다.

■ 대외적 난관

　김정일 등장 당시, 그리고 그 이후 수년간 1990년대에 걸쳐 북한은 대외적으로 그
들 역사에서 가장 어려운 시기를 맞고 있었다. 물론 1998년 김대중 정부의 등장과 함께
남북한 관계가 획기적으로 전환되고, 올브라이트 미 국무장관의 평양 방문, 조명록 조선
인민군 차수의 워싱턴 방문이 입증하듯 한국 정부의 도움으로 북한의 대외관계가 일정수
준 호전됐지만 그 당시의 구조적 안보 환경 자체는 북한에게 절대적으로 불리했다. 무엇
보다 구소련의 멸망은 미국의 유일 득세를 의미했다. 북한이 가장 두려워하는 미국은 이
제 유일 초강대국으로 자국의 의지를 전 세계에서 유감없이 발휘했다. 물론 중국이 미국
의 의지를 견제하지만 그런 반발 역시 제한된 범위 내에서 이뤄졌다. 미국의 2,500억 달
러 국방비, 140만의 병력, 무기의 질적 우수성과 전 세계에 펼쳐져 있는 군사 동맹은 일
단 유사시 미국의 군사적 신속성을 보장했다.[4] 미국 경제는 GDP 6조 달러에 이르고 노
동생산성, 실업률, 재무구조를 포함해 모든 경제 지표는 상향 곡선을 그렸다. 닉슨 시절
붕괴된 브레튼우즈(Brettonwoods) 체제는 새로운 면모로 일신돼 달러화는 기축통화로서
의 기능에 문제가 없었다.[5] 러시아에 대한 경제 원조 규모는 미국에 의해 거의 일방적으
로 정해지고, 유럽에서의 나토 확장 시도는 공개적으로 추진됐다. 이라크는 더 이상 강력

---

4 The White House, A National Security Strategy of Engagement and Enlargement, Washington
　D.C.: The White House (February 1995), pp. 8-10.
5 John Streamlau, "Clinton's Dollar Diplomacy," Foreign Policy, No. 97 (Winter 1994-95), pp. 18-19.

한 군사 국가로 간주되지 않으며, 이란의 근본주의는 미국의 감시하에 처했다. 중국에 대한 인권 간섭이나 대만에 대한 지원 여부는 미국의 국내정치적 여건이나 의지에 달려 있었고, 일본의 재무장 역시 미국의 허락 없이는 불가능했다.[6]

　　물론 미국도 전 세계 국가로부터 견제를 받았다. 러시아의 국내 여론은 미국이 미·러 관계를 독단적으로 처리하는 것에 대해 상당한 반감을 표출했다. 특히 온건 보수와 극우 민족주의자들은 그런 성향을 노골적으로 드러냈다. 서유럽에서는 프랑스가 미국이 일방적으로 운영하는 국제관계에 대한 불만을 표시했고, 중국은 미국의 대중국 정책에 사안별로 반대했다. 마하티르가 이끄는 말레이시아도 미국에 대한 은밀한 반감을 표출했다. 그럼에도 불구하고 미국의 영향력은 막강했다. 많은 국가가 미국의 시도에 반대 의견을 제시하지만, 그것은 결과적으로 하나의 의견에 그치고 말았다. 미국에 대한 반대가 제도화되거나 미국의 시도가 좌절된 적은 별로 없었다. 북한 핵개발 당시 평양에 유화책을 사용했지만, 적어도 그 결과는 북한의 핵 동결로 귀결됐다. 윈스턴 로드(Winston Lord) 미 국무부 동아태 차관보는 워싱턴은 북한의 연착륙을 자국의 대북정책 기조로 삼고 있다고 말하면서, 북한이 일순간에 붕괴되지 않도록 관계 개선과 필요한 식량지원을 제공할 것이라고 말했다. 그렇지만 평양은 그것이 핵 위기 과정에서 급조된 일시적 방편이라는 인식을 지울 수 없었다.[7]

　　러시아의 대북 지원은 과거 구소련에 비하면 너무 미약했다. 옐친하의 러시아는 미국이나 한국과의 관계를 더 중시해 더 이상 전략적 가치가 없는 북한에 대한 실질적 지원을 거의 단절시키는 것으로 평가됐다. 북·러 우호조약에서 러시아의 자동 군사개입 조항이 삭제된 것은 실질적으로는 북러 군사동맹이 폐기된 것과 다름없었다. 북핵 위기에서의 러시아 태도는 북한에 대한 모스크바의 정치, 심리적 상태를 잘 나타냈다. 물론 1996년 이후 러시아의 북한에 대한 태도는 과거보다는 개선됐다. 예컨대 러시아는 북한과 여러 개의 공업 발전 공동 추진계획을 승인하고, 이미 그 작업에 착수했다. 러시아의 이런 태도 변화는 한국으로부터 기대하던 정치, 경제협력이 기대에 미치지 못한 것에 기인했다. 러시아는 수차례 한국에 과거 관계정상화 당시 약속했던 경제지원 확대를 요구했고, 외교적으로도 한·미 양국이 추진하는 4자회담에서 배제된 것에 불만을 가졌다. 그렇지만 일단 러시아가 한·러 관계보다 북·러 관계를 더 중시할 것이라는 증거는 없었다. 중국의 지원 역시 믿을 수 없었다. 중국은 오래전 북한의 최대 적인 미국과 관계 정상화

6 Richard H. Ullman, "A Late Recovery," Foreign Policy, No. 101 (Winter 1995-96), pp. 77-78.
7 윈스턴 로드, 워싱턴 그랜드 호텔 21세기 한·미 위원회 연설 내용, 1996. 2. 8.

를 승인하고 그 후 개혁, 개방 추진 과정에서 전통적 공산주의에서는 상상하기 어려운 사회, 경제적 변화를 용인해 왔다. 또 북한은 중국이 한국과의 관계정상화를 수용한 것을 잘 알고 있었다. 그 당시 평양은 중국에 대해 공개적으로 비난하지는 않았지만 여러 경로를 통해 자국의 위태로운 상황을 베이징에 전달했다. 단 하나 남은 공산주의 지원세력을 잃을 것이라는 두려움이 한중 관계 정상화 당시 평양의 대중국 입장 표명에서 보수적 태도를 취하게 했을 뿐이다. 물론 중국은 천안문 사태 당시 유혈을 동반한 무력 진압을 시도하면서 정치적 공산주의를 그대로 유지할 것을 전 세계에 공표했고, 등소평이 사망한 1997년 당시에도 장쩌민을 중심으로 한 공산주의 1당 체제를 유지한다는 방침에는 변화가 없었다. 또 북핵 위기에서 장쩌민이 대북 제재를 막는 데 결정적 역할을 했고 베이징으로부터의 약간의 경제지원이 북한에게는 긴요했지만, 중국의 미래 변화 속도와 방향에 대해 확실하게 말할 수 있는 것은 아무것도 없었다.

일본은 어떤가? 일본과 같이 막강한 나라가 항상 한국을 지원하는 것은 북한에게는 치명적이었다. 일본은 한반도와 관련된 대외정책에서는 항상 한국을 지지해 왔다. 한·일 양국의 민족적 감정에 근거한 사회, 심리적 갈등에도 불구하고 일본의 한국 지원은 변함없이 지속됐다. 여기서는 미국의 역할이 중요했다. 냉전시대부터 그런 관계는 한·미·일 남방 삼각관계라고 불렸다. 북한은 일본과의 관계 정상화를 수십 년 전부터 희망해왔고, 일본에 조총련이나 사회당을 통해 그 시도를 지속해 왔다. 그러나 북한의 일본인 납치 문제, 식민지 배상금 등 북일 관계 개선에는 넘어야 할 산이 너무 많고, 더구나 북일 관계 정상화가 미·북 관계정상화의 종속변수라는 사실은 평양에게는 좌절일 뿐이었다.

■ 대내적 문제

대내적으로도 북한은 커다란 난관에 봉착했다. 가장 두드러진 문제는 경제력 결핍이었다. 그 당시 북한의 GDP는 200억 달러 수준으로 일인당 국민소득은 1천 달러에 불과했다. 이런 경제 규모는 북한 주민 1인당 한 달에 100달러 미만으로 생계를 유지해야 하는데, 그것마저 GDP의 25%가 국방비에 투입되는 이유로 모두 소비에 사용되지 못해 주민 생활은 비참하기 이를 데 없었다. 북한 경제의 어려움은 보통 3부족이라는 용어로 대표됐다. 그것은 식량, 에너지, 소비재 부족을 말하고 세계 경제의 외각에 위치해 있던 이유로 달러도 절대 부족했다. 식량 부족은 특히 구소련과 동구 공산주의 몰락 이후 특히 악화됐는데, 그 이유는 이들 국가로부터의 원유수입이 단절돼 생산성 향상에 필요한 비료를 제조하지 못하고 트랙터와 같은 기계류 사용이 불가능했기 때문이다. 불운하게도 100년 만에 최대 규모로 발생한 1995년의 홍수 피해는 주민 대부분을 완전히 심각한 기아 상태로 몰아넣었다. 그 당시 북한은 필요량에서 250만 톤이 부족했다. 1997년 탈북한 노동당 국제비서 황장엽의 의견이기도 했지만, 그 당시 기아로 사망한 사람 숫자는 최소한 100만 명 이상에 이르는 것으로 추정됐고 200만 명 이상의 어린이들이 기아 상태에 처해 있는 것으로 알려졌다. 북한의 식량은 국가 배급제에 의존했는데, 그 중에서도 군인들이 하루 700g을 배급받아 가장 좋은 급식 상태를 누렸다. 일반인은 200g 정도 밖에 배급받지 못했는데 그것도 사료용 옥수수가 태반이었다. 이런 곤경에서 벗어나기 위해 북한은 국제 사회에 지원을 호소했는데, 한국, 미국, 서유럽 각국과 중국으로부터의 식량 지원은 필요한 양에 훨씬 못 미쳤다. 향후에도 식량 문제를 해결할 방도는 없는 것으로 보였다.[8]

에너지의 경우, 원유 부족이 가장 큰 문제였다. 과거 원유는 구소련, 동구, 중국 등의 공산 국가들로부터 저렴한 특혜 가격으로 전량 수입했는데, 공산권 붕괴로 인해 그 특혜 수입이 거의 중단되고 중국으로부터의 수입도 감소했다. 그에 따라 북한의 전력발전은 상당히 제한됐고, 식량생산을 포함해 원유를 필요로 하는 모든 산업은 대부분 위축됐다. 이 문제를 해결하기 위해 북한은 제네바 합의에서 연 50만 톤의 원유 제공을 요구하고, 한, 미 양국은 이를 승인한 바 있었다. 소비재 부족의 경우 북한의 소비재는 대부분 형편없는 저질 제품으로, 자유주의 경제에 비해 비교할 바가 못 됐다. 그 이유는 모든 공산국가에 공통적인 것으로 경제 구조 자체가 소위 제국주의와의 대결을 위해 중공업 위주로 편성됐기 때문이다. 북한의 경우는 구소련과 마찬가지로 항상 국방과 경제의 병진을 외쳐 왔고, 과거 구소련 흐루시초프 시기의 소비재 장려가 별 효과를 보지 못했듯이 김일성 시대 제3차 7개년 경제계획 당시의 소비재 생산 독려도 구호에 그쳤다. 그 이후 완충기인 1994~1996년 기간에도 정책적으로는 중공업보다는 소비재를 위한 경공업, 농업에 주력한다는 방침을 표방했지만, 그 성과는 미미했다. 달러 부족의 경우, 그것 역시 북한 경제의 당연한 귀결이었다. 북한은 모든 공산주의 국가들과 마찬가지로 공산권 국가 간의 구상 무역에 의존했다. 시장 원리에 입각한 국제경제는 자본주의 국가의 공산국가에 대한 착취로 인식됐고, 북한은 따라서 자본주의, 시장경제 국가와의 국제 무역을 단호히 거부했다. 모든 수입과 수출은 공산 국가들 자체 내에서 이뤄졌고, 불가피한 수입만 서방 자유진영에 의존했다. 그 결과 북한의 달러 보유는 최저상태에 있었고, 그 당시 100억 달러 국제부채의 이자도 지불하기 어려웠다. 가장 중요한 식량조차 수입할 달러가 부족했고, 기술도입이나 기타 목적으로 사용될 국제 화폐의 보유는 생각할 수조차 없었다.

8 김운근·고재모·김영훈, 북한의 농업개황, 북한 농업 시리즈 D 90-1, 1994, pp. 98-116.

　　대외경제 협력은 어떻게 진행됐나? 경제 차원의 생존전략으로 1991년 12월 평양은 나진·선봉 지구의 개방을 시도했다. 그 기본 전략은 동 지구를 제한적으로 개방해 달러를 획득하고 경제발전의 기초로 삼는다는 것이다. 싱가포르와 비슷한 면적의 이 지역에 대한 외국인 투자를 유치하기 위해, 북한은 10개의 개별 공업지구를 지정했다. 어느 곳에는 정유, 화학, 섬유공업, 자동차 부품, 조선소 단지를

나진·선봉 지구

설정하고, 또 다른 곳에는 관광기지를 구상했다. 이들 중 신흥, 후창 공업지구는 시범 지역으로 설정돼 우선 건설지역으로 지정됐다. 이를 위해 도로와 항만을 포함하는 인프라를 정비하고, 통신 및 숙박 시설도 준비했다. 무역 개방을 위해 20여 가지의 법률도 준비했다. 이런 계획에 따라 1994~1995 기간에 200개 이상의 외국 기업이 현지를 방문했다. 또 북한은 주 무역상대인 조총련과 1996년 2월 당시 94개의 합영, 합작, 가공무역회사를 만들었다. 이 중에서 사업을 시작한 업체는 23개로 북한은 이들을 통해 자본 및 기술 도입을 시도했다. 북한은 이보다는 소규모이나 독일의 동아시아 협회와 무역 협력 체결을 통해 평양 사무소를 개설하고, 네덜란드에 대북 무역투자 센터를 설립하기로 합의했다. 평양에는 홍콩 페레그린 투자 주식회사의 합영 은행인 페레그린-대성 개발은행이 설립됐다. 이 은행은 북한의 대외경제 결제와 외자유치에 관한 금융 서비스 업무를 담당할 것으로 알려졌다.[9] 1996년 9월에는 본격적 투자유치를 위한 나진-선봉 투자 포럼을 개최했다. 그러나 이 포럼은 실패했다. 한국을 의도적으로 배제시킨 동 포럼에 참가한 외국 기업들은 투자 여건이 충분치 못한 것에 실망했다. 전기, 수도, 전반적인 숙박시설이 미비했고, 전화, 팩스와 같은 통신 시설은 제 기능을 못했다. 또 북한은 갑자기 한국 정부 관계자와 언론은 배제시킨 채 한국 기업인만 선별 초청한다는 계획을 발표해 한국 정부는 기업인 방북을 취소했다. 결과적으로 동 포럼에서 6건의 계약만이 성사되고, 그 규모는 겨우 2억 7천만 달러에 불과했다. 이들 기업도 주로 중국계로 서방 선진국을 비롯한 산업국은 그 어느 국가도 투자할 의도가 없음이 증명됐다.[10] 외국인의 눈에는 북한과 같은 신뢰하기 어려운 공산정권은 언제든 배상 없는 국유화를 시행할 수 있는 것으로 비쳐

---

9 내외통신 종합판 59 (1996), pp. 237-242.

10 경남대 극동문제 연구소, 통일전략 포럼 보고서, 96-4, No. 6 (1996. 10), p. 20.

졌으며, 약정된 면세조항이나 기타 각종 약속된 사항은 일방적으로 변경될 수 있는 것으로 여겨졌다. 리비아의 카다피, 쿠바의 카스트로, 이란의 호메이니와 북한의 김정일이 다르다고 믿을 근거는 없었다.

■ 정치, 사회현실

　　국내 정치와 사회는 어떤 상태에 있었나? 여기도 문제가 없는 것은 아니었다. 북한 정치와 관련해 가장 먼저 의구심을 자아낸 것은 김일성 사망 직후 김정일이 공석이 된 국가 주석직과 조선 노동당 총서기직을 승계하지 않는 것이었다. 일반적 상황이라면 빨리 공석을 채우고 공식 직함의 이름으로 통치하는 것이 정상인데, 김정일은 김일성 장례를 3년 상을 치르겠다고 하면서 공석을 그대로 방치했다. 자본주의를 부정하면서 공산주의 이론에 따라 통치한다는 북한에서 봉건주의 시대의 유교적 관례를 시행한다는 것은 전 세계 누구도 이해하기 어려운 일이었다. 어떻게 사회주의, 공산주의 국가에서 3년 상이라는 것이 존재할 수 있는지, 또 공직에 취임하지 않고 어떻게 나라를 운영할 수 있는지 모든 것이 의문투성이였다. 미국의 저명한 정치학자 루시안 파이(Lucian Pye)는 중국에서 덩샤오핑이 중앙군사위원회 주석직 이외의 다른 아무 직책 없이 최고의 지도자로 군림하는 것을 서양 사람의 사고로는 도저히 이해할 수 없다고 말한 바 있는데, 북한의 경우는 중국보다 더 상식에 맞지 않았다. 비슷하게 이해하기 어려운 현상이 또 있었다. 김정일은 공식 석상에 자주 나타나지 않고 외교문서에도 사망한 김일성의 이름으로 서명했는데, 세간에서는 이것을 유훈통치라고 불렀다. 일부 전문가들은 이것이 김일성에 대한 주민의 존경심을 조장하고 그런 주민의 심리를 이용해 정권의 기반을 다지는 행위로 해석했다. 수령－당－인민이라는 유기체적 사회구조 이론하에서 김일성의 유훈통치를 실현하는 김정일의 독특한 통치 방식이라는 것이다.

　　이와 관련해서 국내외의 많은 전문가들은 서로 다른 흥미 있는 의견을 제시했다. 어떤 의견은 경제 개방을 추진하는 개혁파와 군부를 중심으로 하는 보수파 간에 갈등이 존재한다고 했고, 다른 의견은 김정일 퇴진 이후 전문 관료집단이 전면에 등장할 것이라고 했다. 그 당시 가장 관심을 끄는 견해는 김정일이 승계하지 못하는 것은 그가 군부의 꼭두각시이기 때문인데, 그가 두 개의 최고직위를 승계하던 아니던 북한 사회는 군부가 배후에서 조종한다는 것이었다. 또 비슷한 맥락에서 김정일은 곧 숙청될 것이고 군부에서 합리적 통치세력이 출현해 북한의 개혁, 개방을 이끌 것이라는 의견도 제시됐다. 군부가 계속 거론된 이유는 북한 내부에서 그것이 가장 응집력이 강한 파워 엘리트 그룹이기 때문이었는데, 특히 1990년대 초 구소련 붕괴를 전후해 러시아 군사 아카데미 '푸룬제'에 유학하던 젊은 장교들이 비록 실패했지만 북한 내에서 쿠데타를 시도한 적이 있기 때문이기도 했다. 대부분의 사람들은 김정일의 행동이 상식에 맞지 않고, 그래서 북한 정치에 큰 변화가 있을 가능성이 높다고 생각했다. 특히 3년 상이라는 것은 중국, 한국을 떠나 오늘날의 동양사회에서도 이해할 수 없는 일이었다. 그러나 시간이 가도 김정일의 통치는 계속됐다. 북한에서 김정일의 리더십에 대한 도전이 있다는 증거는 없었다. 결국 1997년 3년 상을 끝내면서 김정일은 조선 노동당 총서기직을 맡았고, 추후 국가 주석직은 폐지하는 대신 국방위원장이라는 새 직책에 취임했다. 그로써 한국의 국회격인 최고인민회의 의장 김영남이 국가원수의 역할을 하게 됐는데, 그 이유가 김정일이 외국 사절과 접견하는 것을 피하기 위한 것이라는 분석이 제기됐다. 나중에 2000년 김대중 대통령과 김정일이 평양 남북 정상회담에서 만났을 때 김정일이 세계가 자기를 '은둔의 지도자'라고 부른다는 사실이 흥미 있다고 언급한 것은 그런 과정에서 유래했다. 그렇듯 많은 논란에도 불구하고 북한의 핵심계층에는 사실상 갈등, 권력투쟁은 없는 것으로 결론이 내려졌다. 북한의 정치 지도층은 김일성 사후 김정일을 중심으로 견고하게 단결되어 남북한 대치에서 별 균열을 보이지 않는 것으로 평가됐다.

그 당시 북한 군부는 어땠나? 북한 군부 고위층이 분열됐다는 증거는 없었다. 그러나 군대 중간 간부 계층에는 약간의 동요가 있는 것으로 알려졌다. 그동안 북한 군부는 모든 공산주의 군대와 마찬가지로 당이 확고하게 장악하는 혁명군으로 인식되었고, 군부의 불만은 제국주의의 침략 가능성 앞에 조용한 것으로 해석되어 왔다. 그러나 북한 조종사의 탈출, 보안대 소속 군인들의 탈북, 그리고 많은 일반 장교와 하사관의 한국으로의 망명은 북한군에 문제가 있음을 시사했다. 귀순자들은 북한 군대 내에 상당한 분열의 조짐이 있다고 증언했다. 졸업한 군사 교육기관의 차이에 따라 진급의 속도, 보직, 미래 위상이 영향 받고, 이에 따라 군내에 파벌이 형성됐다. 정치 장교와 직업장교 사이의 갈등도 첨예해 군 감시의 필요성이 증대됐다. 북한 군 중간 계층 장교들의 불만은 일반적으로 5대 불만과 3대 불안 심리로 요약됐다. 5대 불만은 김정일 친위세력의 군대 내 득세, 출신성분에서 비롯되는 차별대우, 비현실적 전쟁 준비에 따른 군 지도부에 대한 불만, 장기복무에 대한 불만, 그리고 군대 내의 비인간적 처우를 의미했다. 3대 불안 심리는 정치사찰로 인한 불안, 전역 후 직장배치의 불공평성, 정치사상 변절자로의 낙인에 대한 불안 심리다.[11]

북한 사회는 어떤 상태에 있었나? 북한 사회 내에도 약간의 균열, 반체제 현상은 존

---

11 내외통신 종합판 60 (1996), p. 483.

재했다. 북한 사회 곳곳에서 사상 이완과 체제에 대한 비판의 증거가 나타났다. 사상 이 완은 당 정책과 노선에 대한 비판, 김일성, 김정일 어록 등 사상학습 기피, 김일성 우상화 훼손, 한국 찬양 등 여러 가지 형태를 띠었다. 당 창건 기념탑 준공에 대해 주민들은 건축물 축조는 북한의 경제회생과는 아무 관계가 없고 오히려 주민 생활만 악화시킨다고 비판했다. 당, 정, 군 일부 간부들은 미래 경제 전망이 너무 불투명하고, 중국과 러시아의 지원이 없는 상태에서 남조선 해방은 물 건너갔으며, 더 이상 이 체제로는 안 된다는 비판을 쏟아냈다. 일부 해외 공관원들은 본국에서 공관 운영비를 보내주지 않는 것에 대해 이미 사회주의는 자본주의에 패배했고 사회주의 북조선에서 기대할 것은 아무것도 없다는 불평을 늘어놓았다. 비슷하게 여러 지역에서 김일성 선전물이 훼손, 파괴되고 체제 저항 사건이 발생했다. 예를 들어, 1994년 8월 초 함북 온성군의 김일성 사적비가 대대적으로 훼손됐고, 동년 12월에는 신의주시 김일성 대형 초상화에 방화가 있었다. 1996년 3월에는 원산 조선소 내의 김일성 영생탑이 폭파되고, 같은 시기에 한국을 찬양하는 벽보가 나붙었다. 국가안전 보위부, 사회 안전부 등 사찰강화, 사상교육, 순회재판에서의 공개 처형에도 불구하고 체제 불만이 사라지지는 않았다. 또 탈북자가 급증했다. 북한 주민의 탈북 현상은 시베리아 벌목공 등 체제 감시가 다소 소홀한 계층에서 처음 시작되었으나 그 규모, 탈출지역, 계층이 점점 확대되고 동기가 다양해졌다. 귀순 동기에서 일부는 체제에 염증을 느껴 탈출했고, 다른 몇몇은 개인적 이유로 탈북했다. 계층의 경우, 하류 계급에 국한되던 것이 점점 지식인, 외교관, 북한 고위간부 친인척, 조종사, 군 간부 등 상류층으로 확대됐다. 차관급 대우를 받는 조종사의 탈출, 외교관 귀순, 김일성 종합대학 교수와 북한군 대령의 탈북, 또 북한 총리의 사위와 정무원 및 노동당 고위간부 자제의 한국으로의 도피는 모두 엘리트 계층의 이반을 의미했다. 1970년대에 25명, 1980년대에 63명이던 것이, 1990년대에 들어와 매년 10명 수준으로 확대됐고 김일성 사망을 전후해 1994년에 47명, 1995년에 26명을 기록했다.[12]

그러는 가운데, 1997년 북한 주체사상 설계자이며 당 서열 24위 황장엽이 한국으로 망명했다. 그 사건은 많은 사람들에게 큰 놀라움으로 다가왔고 전 세계 언론은 그 사실을 대서특필했다. 북한 권력층의 핵심 인사가 북한을 저버리고 그와 투쟁하는 한국에서 새로운 삶을 희망한다는 것은 북한 체제에 문제가 있음을 입증했다. 또다시 권력층 내부에 균열이 존재하는 것 아닌가 하는 의구심이 확산됐지만, 황장엽은 망명 당시 북한 권력층 내부에 심각한 균열은 없고 김정일 정권은 오랜 기간 지속될 것이라고 말했다. 황장엽은

---

12 내외통신 종합판 59 (1996), pp. 266-278.

또 주체사상은 공산주의 사상이 아니라 봉건사상이라고
말했다. 부자세습이라는 정치형태는 봉건국가, 왕정에나
있는 일이라는 뜻이었다. 사실상 그의 말대로 북한은 사
회주의, 공산주의 국가라기보다는 공산주의 사상을 그들
의 말대로 북한의 실정에 맞춘 북한식 공산주의였다. 나
중에 북한의 행태는 유교적 사회주의(Confucian Socialism)
라는 별칭을 얻었다.

황장엽

■ 김정일 체제의 생존전략

총체적 위기 앞에서 김정일 집단은 어떻게 대응했나? 평양은 이러한 위기에서 벗어
나기 위해 필사의 노력을 경주했다. 그것은 '고난의 행군'이라 불렸다. 대외적으로는 미국
및 일본과의 관계정상화를 통해 대외 안보환경을 개선하고, 러시아, 중국과의 관계 강화
로 더 많은 정치, 경제적 지원을 확보하기를 원했다. 국내 조치로는 집권층의 단결, 군부
에 대한 특혜적 지원, 사상의 강화, 그리고 비록 성공할 수는 없었지만 경제 발전을 시도
했다.

북한의 핵개발이 중단된 상태에서, 북한이 체제 생존을 위해 구사한 대외 전략 중
가장 큰 비중을 차지한 것은 미국 및 일본과의 관계정상화였다. 미·북 관계정상화는 북
한 생존의 중요한 하나의 변수였다. 사실 북한은 미국과의 관계정상화라는 커다란 차원
의 관계 개선보다는 오래전부터 한국 전쟁의 연장선상에서 미·북 평화협정 체결을 주장
해 왔으나 평화 협정에 대한 요구는 1990년대 북핵 위기 해결의 과정에서 양국의 전반적
관계정상화의 필요성으로 전환된 것이었다. 북한이 미·북 관계 정상화를 중시한 이유는
일단 그것이 확보되면 미국과의 전쟁에 대한 위험이 사라지며, 그 이후 한국과의 단독 체
제 경쟁을 통해 한국을 압도할 수 있다는 생각 때문이었다. 오랫동안 북한은 미국을 체제
의 가장 큰 적으로 간주해왔다. 북한이 미국을 두려워하는 이유는 간단하다. 그것은 미국
이 세계 유일의 초강대국으로 엄청난 정치적 영향력, 군사력, 경제력을 보유하고, 한국에
대한 지원을 통해 북한을 붕괴시키려 한다고 믿기 때문이다.

북한과 미국의 외교 관계는 과거보다 개선됐다. 북핵 개발 당시 그것을 저지하기 위
한 국제사회의 노력은 북한에게 강경과 유화의 두 가지 정책을 혼용하게 했는데, 그 과정
에서 북한에 대해 상당한 혜택을 부여하게 됐고 미·북 관계 정상화 약속은 그러한 혜택
의 일부였다. 미·북은 그 당시 관계개선을 추구했는데, 그것은 어느 정도 순조롭게 진행
되는 듯이 보였다. 미국은 1995년 초 북한에 제1차 경제 제재를 완화시켰는데, 구체적으

로는 대북 직통전화 허용, 북한의 제3국과의 거래시 미국은행 이용, 광산물 직교역 허용이 포함됐다. 추가적 경제 제재 완화조치도 자세하게 입안됐다. 북한과 미국은 궁극적인 관계정상화를 위해 협상을 계속했으며, 논의 사항은 평양에 미·북 연락사무소 설치, 한국전쟁 당시 사망한 미군 유해송환, 북한 미사일 및 무기수출 금지, 대북 경제지원 확대 등을 포함했다. 그렇지만 미·북 관계정상화에 대한 확실한 일정은 말하기 어려웠다. 한국은 이를 반대했는데, 그 이유는 북한이 제네바 합의 당시 약속된 미·북 관계 개선에 상응하는 남북 대화의 진전을 거부했기 때문이다.

북한은 일·북 관계정상화도 추진했다. 황장엽 전 조선 노동당 국제비서는 북한은 실제로는 미·북 관계정상화보다는 일·북 관계정상화를 더 중시했다고 말했다. 북한의 달러나 기술이 일본(의 조총련)으로부터 흘러들어오는 것에 비추어 일·북 관계정상화는 북한에게 커다란 안보이익을 제공할 것이다. 일·북 관계정상화가 성취된다면, 한·일 안보협력의 효과는 반감되는 결과가 된다. 그러나 거기에 복병은 많았다. 우선 일본은 미·북 관계정상화가 이루어지기 이전에는 북한과 관계 정상화를 추진하기 어려웠는데, 왜냐하면 일본이 일·북 관계정상화를 체결하는 데는 동북아 안보정세 구조에 비추어 미국이나 한국의 정치적 동의를 필요로 했기 때문이다. 또 북한은 식민지 배상금으로 100억 달러 정도를 요구하는 반면 일본은 40억 달러 이상 지불할 수 없다고 버텼다. 따라서 북한의 시도가 언제 자기들의 희망대로 이루어질지는 미지수인 상태였다. 북한은 러시아 및 중국과의 관계 강화도 서둘렀다. 북한은 비록 러시아와의 군사동맹이 거의 무력화되었지만, 그것을 형식적으로는 수용해 적어도 양국 간 군사교류는 지속한다는 생각을 가졌다. 경제적으로도 비록 미미하지만 러시아와의 합작 회사 건설을 통해 공통적 상업 이익을 추구했다. 중국과의 관계에서는 북한은 정치, 군사, 경제 모든 분야에서 강화를 희망했다. 물론 이것도 북한이 원하는 정도로 신속하고 만족스럽게 진행되지는 않았다.

국내적 생존 전략은 정치, 군사, 경제, 그리고 사회문화적 차원으로 분류됐다. 정치적 차원에서 가장 중요한 조치는 사상 강화를 통한 집권층의 단결 확보였다. 이를 위해 북한 수뇌부는 김정일을 유일한 인민의 영도자로 규정하고, 그를 중심으로 한 단결만이 북한을 외부의 위협으로부터 구할 수 있다고 강조했다. 1996년도 신년사는 제국주의의 위협을 받고 있는 북한은 김정일을 수령으로 사상진지, 군사진지, 경제진지 등 소위 북한식 사회주의 3대 진지를 강화해야 한다고 선언했다. 사상진지 강화는 김정일을 정치 사상적으로 추종하고 그만을 절대적 지도자로 인정하면서 혁명을 계속해야 한다는 내용이다. 김정일만이 당과 인민의 공인된 영도자라는 것이다. 김정일 정권은 인민정권으로 "근로 인민대중의 창조적 능력의 조직자"로 정의되고, 공산사회 건설 추진의 원동력의 정의

됐다.[13]

평양은 북한 붕괴설은 어리석은 것으로 일축했다. 서방 국가에서 유포되는 북한 붕괴설에 대해 평양은 하등의 정치적 불안이나 동요는 없다고 강조했다. 북한 사회주의는 외부에서 보는 그러한 무력한 사상이 아니며 주체사상은 강력하다고 덧붙였다. 청소년 사상문제를 전담하는 '사로청(조선 사회주의 노동청년 동맹)' 대표자 회의는 '김일성 사회주의 청년동맹'으로 명칭을 바꾸면서, 각종 사회단체를 동원해 이데올로기 교육을 강화했다. 김정일 체제 고수를 위해 북한 전역에서 '충성의 궐기 모임'과 '붉은기 철학 무장운동'이 전개됐다. 이것은 사회주의 신념화와 도덕화를 위한 주민동원이며, 주체사상이 정당하고 중요한 실천도덕임을 강조하는 집회였다. 여성들에게는 특별 교육이 시행돼 여성들의 "첫째가는 본분은 김정일 장군님의 사상과 영도를 충성으로 받들어 나가고 어떤 역경 속에서도 김정일을 목숨으로 옹호, 보위하는 지극한 효녀가 돼야 한다"는 내용이 주입됐다. 대학 교과목에서도 사상 강화 내용이 대폭 강화됐다. 김일성 종합대학이 선두에서 이 같은 작업을 벌이는데, 전국 사회과학 분야 교과목에서 사회주의 사상에 관한 학습 비중이 더 강해졌다.[14]

군사진지 강화의 경우, 북한은 제국주의자들에게 평화를 구걸하지 않기 위해서는 '선군 정치'에 따른 군사력이 가장 중요한 요소라고 강조했으며, 그것은 '타도제국주의 동맹' 결성 70주년을 맞아 그 중요성이 다시한번 조명됐다. 김정일의 생존전략 중 가장 중요한 것은 보통 '선군정치'라고 말했는데, 그것은 그의 행보 대부분이 군사와 관련됐기 때문이다. 이것은 최고 지도자는 정치와 군사에만 신경 쓰고 경제는 총리, 관료, 기타 전문가에게 위임하라는 김일성의 유훈을 실천하는 성격을 띠었다. 실제로 '선군정치'를 추진하는 김정일은 하루가 멀다하고 군부대를 방문했고, 그에 관한 북한 뉴스는 거의 군대와 관련된 것이었다. 그는 군부의 환심을 사기 위해 군 장성 700명을 일시에 진급시켜 충성심 고취를 꾀했고, 혁명 1세대 대신 충성스런 장군들을 주위에 포진시켜 군부 장악 공고화를 추진했다. 미미한 경제력에도 불구하고 65억 달러 수준의 국방비는 그대로 유지됐다. 군사전략은 아직도 속전속결, 기습공격 능력을 강조하고, 전력발전을 위한 무기체계 강화는 그대로 추진됐다. 고가의 인력 관리비에도 불구하고 120만의 군사는 그대로 유지되고 군사훈련은 오히려 강화됐다. 한국과의 군비통제는 전혀 의도되지 않았고, 오히려 정전협정의 폐기와 주한미군 철수 주장만 되풀이 됐다.[15]

· ·

13 내외통신 59 (1996), pp. 6-7.

14 내외통신 61 (1996), p. 321.

15 국방부, 국방백서 1995-1996 (서울: 국방부), 1996, pp. 61-64.

경제 차원의 생존전략이 성공하기는 어려웠다. 어설프게 구상되고 국제적 불신의 대상인 북한이 추진하는 나진－선봉 개방의 진척을 기대하는 것은 무리였다. 국내 경제 전반은 침체일로를 걸었고 이로부터 벗어날 가망성은 없는 듯 했다. 북한의 노동 생산성은 사회주의 경제가 모두 그렇듯 매우 낮았고 공업수준은 일천하기 짝이 없었다. 고도로 발달된 첨단 기술은 국제 시장에서 비용을 지불하고 상호교환되는데, 세계 무역망의 밖에 위치한 북한은 그 혜택을 볼 수 없었다. 주체 경제의 일환인 기술의 자체 개발은 구호로는 그럴 듯 했으나 실제 효과는 오히려 경쟁국가에 뒤처졌다. 북한 경제는 붕괴 일보 직전이라는 것이 대체적 평가였다. 6년 간 연속 마이너스 성장을 한 국가는 세계에 흔치 않았고 북한 경제의 몰락은 멀지 않은 것으로 보였다.

북한은 그렇듯 다양한 생존, 체제 안정화 전략을 추진했지만, 그 어느 것도 쉽게 이루어질 수 있는 것은 없었다. 북한의 생존 전략은 많은 문제를 내포했다. 대외 관계정상화는 아직 일정이 미정이며, 모든 대내적 조치가 가시적 효과를 나타낼 수 있을지는 미지수였다. 군사력 증강은 경제력 부진에 의해 제한적으로만 진행됐다. 경제 개방의 실질적 진전은 요원했다. 북한이 난국을 돌파하기 위해 가장 필요한 것은 경제력 건설이었다. 그 이유는 북한 체제의 가장 큰 위협은 경제력 결핍에서 유래하기 때문이다. 경제력만 강화된다면, 북한은 우선 당장은 안정된 상태로 돌입할 수 있을 것이다. 식량문제가 해결된다면 주민의 불만은 일단 진정될 수 있으며 주민 소요는 줄어들 것이다. 경제가 회복되면 북한이 가장 중시하는 군사력 증강도 현재보다 급속히 진전될 수 있고, 외교관계에서의 지렛대도 확보될 수 있다. 군부 내의 불만도 현저히 줄어들고 주체사상이나 붉은기 철학에 대한 믿음도 확대될 것이다. 정치권도 일단은 자신감을 회복할 것이다. 그러나 대외 경제 개방이 없는 상태에서 경제력 신장을 기대할 수는 없었다. 문제는 북한이 쉽게 개방할 수 없다는 데 있었다. 김정일 자신은 수차례에 걸쳐 왜 개방을 하면 안 되는가를 설명해 왔다. 그 단적인 지적은 개방은 자본주의와 제국주의 사상, 그리고 개인주의 윤리를 북한에 전파시켜 체제를 붕괴시킨다는 것이었다. 그에 따르면 개방 대신 필요한 것은 당의 철저한 지도, 주체사상의 강화, 관료부패의 척결, 그리고 노동력의 대거 투입을 통한 소비재 생산이었다. 그것이 북한 경제 개방이 제한적인 이유였다. 북한은 대외 개방의 필요성은 인정하나 붕괴의 두려움으로 인해 진정한 개방을 할 수 없었다. 김정일이 집권하는 동안 북한의 실질적 개방 가능성은 낮은 것으로 평가됐다.

3. 한국의 포용정책과 북한

북한이 생존을 위한 사투를 벌일 때 미국의 니콜라스 에버쉬타트(Nicholas Eberstadt)가 한국이 조기 통일을 이루어야 하는 당위성에 관한 논문을 발표했고, 이것은 북한 붕괴론에 다시 불을 지폈다. 한편, 이에 반대하는 성격의 논문이 발표됐는데, 그것은 북한이 여러 가지 여건상 그럭저럭 살아갈 수 있을 것이라는 견해였다. 북한이 엄청난 위기 상태에서도 생존이 가능할 것이라는 이유로 마커스 놀랜드(Marcus Noland)는 북한이 사회주의 국가의 성격상 자급자족 성격이 강하고, 물가가 높지 않으면서 최소한의 사회보장이 제공되고, 또 중국의 최소한의 지원이 생존을 가능하게 할 것이라는 점을 들었다. 북한의 생존에 관한 두 가지 대별되는 견해가 많은 사람들의 관심을 모으는 가운데 1998년 한국에서 햇볕정책(Sunshine Policy)을 추구하는 김대중 정부가 출범했다. 처음에 햇볕정책으로 불리던 한국의 대북 정책은 나중에 포용정책으로 이름을 바꾸었는데, 이는 이솝 우화에 나오는 바와 같이 한국이 햇볕을 오래 비추면 북한이 옷을 벗는다는 내용을 평양이 혐오했기 때문이다. 포용정책은 영어로는 클린턴 행정부의 개입정책을 본 따 공식적으로 개입정책(Engagement Policy)으로 불렸다. 포용정책 이후 남북한 관계는 지난 수년과는 완전히 다르게 획기적으로 개선되기 시작했다. 포용정책은 북한이 핵개발을 추진하는 이유는 냉전 구조가 해체되지 않았기 때문이라고 주장했고, 이것은 미국, 일본, 한국 등 주변국들이 북한을 위협하지 않으면 평양이 핵 개발을 포기할 것이라는 의미를 띠었다.[16]

김대중 전 대통령

- 대북 포용정책의 목표와 정책수단

1998년 2월 김대중 정부가 출범할 때 한국은 어두운 상태에 처해 있었다. 그 당시 한국은 경기 침체, 기업과 금융권의 과도한 외화차입으로 인한 대외 부채 지급 불능, 김영삼 정부의 신속한 대처 미흡으로 IMF라는 한국 사상 최초의 국가부도 사태를 겪고 있었다. 한국의 공식 부채는 1,500억 달러로 증가했고, GDP는 4,500억 달러에서 3,000억

16 김대중 정부 포용정책에 관한 논의는 필자 논문에서 일부 발췌했다. "국민의 정부 대북정책의 구조와 한계," 덕성여대 논문집 제30집 (2002. 2).

달러로 축소됐으며, IMF 및 미국 정부의 권고에 따라 금융 및 기업 구조조정에 착수했다. 부채 투성이의 경쟁력 없는 기업들은 퇴출당했고, 기업합병, 외국 자본에 대한 경제 개방이 추진됐다. 이 과정에서 많은 실직자가 발생했고 근로계층의 노동운동이 확산됐다. 남북한 관계 역시 정체된 상태에 있었다. 1994년의 핵 위기 이후 북한은 계속 한국과는 대화를 하지 않는다는 한국 배제전략을 구사하고 있었고, 남북한 관계의 모든 현안은 한 치의 진전을 이루지 못했다. 한국에 관한 모든 권한은 미국이 갖고 있다는 생각으로, 북한은 미국과의 대화만을 집요하게 고집했다.

남북 대화는 정체되고 국내 경제는 위기에 처한 상황에서 새로 집권한 김대중 정부는 햇볕정책을 표방했는데, 이 정책의 도입에서 가장 중요한 역할을 한 것은 김대중 대통령 자신의 개인 철학이었다. 그는 대북 관계에 대해서 종래의 정치, 군사적 대결, 경쟁보다는 북한과의 대화를 통한 긴장완화와 문제 해결을 선호했다. 통일 방안과 관련해서 그는 오래전부터 남북 정상회의를 최고 의사결정기구로 하는 남북 연합에 이어, 연방제를 거쳐 궁극적으로 통일 국가를 만드는 것을 내용으로 하는 3단계 통일론을 제시했다.[17] 그러나 3년간의 전쟁을 겪고 극단적 대결 상태를 유지해 온 보수적 한국 사회에서 그의 관점은 많은 논란을 불러 일으켰고, 그래서 그는 1997년 대선 후보 당시 원래의 소신을 주장하기보다는 자민련과의 정치 연합을 계기로 역대 행정부들이 추진해 오던 대북 억지와 경제, 힘에 의한 유리한 세력균형, 군사력의 중요성을 강조했다. 이것은 한 국가의 안보정책은 개인의 소신보다는 국가적 지속성이 더 중요하다는 인식을 주었지만, 그러나 최고 집권자가 된 이후 그는 조심스럽게 원래의 구상으로 되돌아갔고 그것은 햇볕정책, 포용정책으로 나타났다.

포용정책은 단기적으로는 화해 협력을 통해서 평화공존을 이룩하고 궁극적으로는 합의에 의한 통일을 달성한다는 목표를 표방했다.[18] 1990년대 전반기에 풍미하던 흡수통일이라는 개념은 북한을 배려하는 의미에서 공식적으로 배제됐지만, 북한을 개혁, 개방시킨다는 생각이 새롭게 대두됐다. 목표 달성을 위한 정책의 수단은 여러 가지로 구성됐다.

---

17 연합뉴스 제1216호 (2000), pp.북12.

18 클린턴 행정부의 한반도 정책 목표는 단기적으로는 북한에 의한 군사력 사용을 억지하고, 대량살상무기 확산을 방지하는 가운데 긴장을 완화하는 것이며, 중기 목표는 북한을 국제 공동체 속으로 끌어들이고, 서울의 주도 하에 평화적으로 화해, 통일하도록 유도하는 것이었다. 이 과정에서 북한의 군사적 위협 감축은 최고의 우선순위가 부여됐다. 김대중 정부도 단기적으로 군사적 대치를 피하는 동시에 북한 내에서의 정치적 파열을 피하는 것을 의도했는데, 이것은 미국의 목표와 잘 어울렸다. 한국은 통일은 좋지만 지금은 아니라는 입장을 갖고 있었고, 중국도 같은 생각을 가졌다. Robert A. Manning and James J. Przystup, 'The Great Powers and the Future of Korea," Council on Foreign Relations (March 2, 1998), pp. 1-5.

정경 분리에 기초한 경제협력의 활성화, 식량 지원, 경수로 제공, 이산가족 상봉, 사회문화 교류가 구상됐는데, 시간이 가면서 북한을 외교적 고립에서 탈피시키기 위한 서방과의 관계 개선이 중시됐다. 경제 관계의 진전은 상호 의존 증대에 의해 정치 관계 진전으로의 연계효과를 가져 올 것으로 기대됐고, 굶주리는 주민에 대한 식량 지원은 한국으로부터의 동포애를 느끼게 하는 계기가 될 것으로 보였다. 헤어진 가족들이 생사를 확인하고, 편지를 교환하며 만나는 것은 서로의 이질감을 축소시키는 결과를 가져올 것이며, 종교인, 학자, 예술인의 상호 방문 역시 마찬가지의 결과를 유도할 것이었다. 미국, 일본, 서방 선진국과의 외교 관계 정상화는 북한에게 전략적 안정감을 부여하여 대량살상무기 개발의 동기를 없애고, 서방의 경제와 문화의 유입은 '은둔의 왕국'에 대한 개방으로 연결될 것이었다. 새로운 이론으로 무장한 김대중 정부는 기대 반, 회의 반의 상태에 있었고 그 새로운 정책이 얼마나 성공적일 수 있을지에 대해서는 누구도 확신할 수 없었다.

■ 일방적 시혜와 모호한 보상

김용순

포용정책에 대한 김정일 정권으로부터의 첫 번째 긍정적 신호는 1998년 4월 6일 대남 담당비서 김용순의 발언에서 나타났다. 그는 "남조선에서 정경분리 원칙에 따라 협력, 교류를 추진한다는 것이 진실이면 우리는 형식에 구애되지 않고 아량으로 대할 것"이라는 성명을 발표했다.[19] 많은 사람들은 굶주림에 지친 북한이 왜 그렇게 교만하게 말하는지, 또 무일푼, 풍전등화의 북한이 왜 그렇게 자존심을 내세우는지 의아해 했다. 1998년 4월 11일에는 북한은 대북 비료지원을 논의하기 위한 베이징 차관급 회담을 수용했다. 이것은 3년 9개월 만에 처음 열린 남북한 직접대화로서 정치적으로 중요한 의미를 띠었지만, 이 회담은 양측의 서로 다른 계산으로 순조롭게 진행되지 못했다. 한국은 대북 비료지원의 대가로 이산가족 상봉, 특사교환, 남북기본합의서 이행 세 가지 사항 이행을 요구한 반면, 북한은 이 회담에서 비료 지원 문제만 논의하고 다른 문제는 추후 새로운 회담에서 다룰 것을 요구했다. 한국 측 요구에 대해 북한은 "한국이 이산가족 문제를 제기하는 기저에는 정치적 전략이 깔려 있는데, 북한은 자주 국가로서 비료와 주권을 바꿀 수 없으며, 남측과의 교류협력이 아니어도 자력갱생과 국제적 경제협력으로 살아갈

19 조선일보, 1998. 4. 6.

수 있다"고 강조했다. 이산가족 상봉에 대한 북한의 우려는 너무도 역력했는데, 그 이유는 평양은 이산가족 상봉을 북한 주민 민심이반의 위험한 계기로 인식하고 있기 때문이었다. 동서독의 '접촉에 의한 변화'가 주민들의 서신왕래, 교환방문, 그리고 동독인의 서독 TV 시청을 통해 이루어졌다는 사실을 잘 아는 북한은 이산가족 상봉을 인도적 차원의 문제라기보다는 정치적 문제로 인식하고 가급적 그것을 저해하는 경향을 보였다.

김대중 정부는 그래도 이제 희망에 부풀었다. 북경에서의 비료 회담이 무산된 것은 덜 중요했는데, 왜냐하면 북한이 대화에 임했다는 것 자체가 회담에서의 합의보다 더 큰 중요성을 갖고 있기 때문이었다. 앞으로 한국 정부가 하기에 따라 북한의 태도는 변할 것이라는 생각은 대한 적십자사로 하여금 굶주리는 동포에 대해서 인도적 지원을 가속화하게 했다. 개인 및 단체 기탁이 줄을 이었으며, 종교, 사회단체 교류도 점차 증가하는 추세를 보였다. 1998년 봄에는 천주교와 기독교 성직자 및 단체들이 평양을 방문하고 종교행사를 가졌다. 현대 그룹의 정주영 회장은 파격적으로 소 500마리를 몰고 비무장 지대를 통해서 평양으로 갔다(1998. 6).

1998년 잠수정 침투

그러나 북한의 행동은 그 의도를 알 수 없을 정도로 불규칙했고 일정한 형태로 정형화 할 수 없었다. 교류 협력의 시작에도 불구하고 북한은 남쪽에 정보 획득의 목적으로 잠수정을 침투시키는가 하면(1998. 6), 극심한 경제난에도 불구하고 인공위성을 발사해(1998. 8), 세계를 놀라게 했다. 특히 인공위성 발사는 국제적 주목을 끌었는데, 왜냐하면 그것은 동북아의 불량 국가가 알래스카, 괌, 일본 오키나와 열도를 공격할 수 있는 장거리 미사일 능력을 개발한 것이며, 5년 이내에 미국 본토를 공격할 수 있는 미사일 개발이 가능함을 입증했기 때문이다.[20] 그러나 1998년 10월 북한은 예상을 뒤엎고 제3차 4자 회담에서 분과위원회 구성에 합의해 대화 채널의 제도화를 원하는 한국의 입장을 수용했고, 이것은 김대중 정부로 하여금 현대 정주영 회장이 북한과의 금강산 관광 협상에서 2004년까지 9억 6백만 달러를 매달 2,400만 달러씩 분할해 지급하기로 한 합의를 적극 지지하게 만들었다.[21]

· · · · · · · · · · · · · · · · · · · ·

20 이것은 대포동 1호 미사일이다. 로켓은 일본 상공을 통해 약 1,320Km를 비행했다. 처음에 그것은 1,600Km 사정거리의 2단계 탄도 미사일인 것으로 추정됐으나, 후에 3,800~5,900Km의 다단계 로켓인 것으로 판명됐다. Center for Nonproliferation Studies, "North Korea: A Second Taep'odong Test?" pp. 2-3, http://cns.miis.edu

한편 베이징을 방문한 김대중 대통령은 장쩌민과의 정상회담에서 현대와 북한 정부 간의 경제협력 현황을 설명하면서 한국의 대북 포용정책에 관한 이해를 구했다. 4자회담 에서의 진전, 북한 헌법의 사회주의적 시장경제 요소 수용, 남북한 간의 교류, 그리고 현 대 금강산 관광을 설명하면서 김 대통령은 중국이 남북한 관계개선과 한국의 포용정책을 지지해 줄 것을 요청했다. 이에 대해 장쩌민은 중국은 햇볕정책에 찬성하고, 미·북 관계 개선을 지지하며, 한국은 북한의 자존심에 상처를 주지 않는 정책이 필요할 것이라고 긍 정적으로 응답했다.

1999년 3월 18일 북한은 비밀 핵 시설로 의심받던 금창리에 대한 IAEA 사찰을 수 용하는 결정을 내렸다. 이것 역시 경제 제재 완화와 식량 60~90만 톤 제공 약속의 대가 로 이루어진 것임도 불구하고 국제 사회에는 커다란 성과였는데, 왜냐하면 투명성이 결 여된 북한의 핵 비밀 개발에 대한 끊이지 않는 의혹을 해소시켜 주었기 때문이다.[22] 대북 포용정책의 가속화를 원하는 김 대통령은 1999년 4월 7일 평양이 주한미군이 평화유지 군으로 한국에 잔류하는 것을 반대하지 않는다는 견해를 밝혔다면서 이것은 북한이 최초 로 주한미군을 긍정 평가하는 것이라고 말했다. 그러나 여러 전문가들은 이에 심하게 반 대했다. 전문가들은 주한미군이 평화유지군으로 전환되면 그들은 유엔 소속이 되고, 유엔 평화유지군은 그 지역 정부의 요청이 있을 경우 철수해야 하므로 이것은 모두 주한미군 을 철수시키기 위한 북한의 술수라고 분석했다. 한국 정부는 대통령의 뜻이 와전된 것으 로 확인하면서 한 발 물러섰다.

1999년 6월 북한은 또다시 경비정 여러 척을 서해안 북방 한계선 넘어 3Km를 불법

---

21 제3차 4자회담에서 한국은 평화체제구축 분과위원회와 긴장완화 및 신뢰구축(남북 경협 포함) 분과위원회 구성을 요구했는데, 북한은 이를 수용했다. 그 당시 한국은 일단 분과위가 구성되면 그 제도적 틀 안에서 한국이 선호하는 주제와 함께 북한이 주장하는 주한미군 철수, 미·북 평화협정을 논의할 수 있다고 전향적 으로 약속했다; 1998년 11월 초 현대그룹 정주영 회장은 북한을 방문하고 김정일과 면담했다. 그 두 사람 은 면담에서 광범위한 사항에 합의했다. 현대는 금강산 해상 및 육상 관광 사업 독점과 금강산 지역 개발 권리를 확보했다. 이 지역 내 호텔, 해수욕장, 온천, 골프장, 스키장 등의 사업권을 독점하는 계약을 체결했 는데, 이에 대해 북한은 면세, 외화송금 자유화 등의 특혜를 부여했다. 현대는 서해안 남포와 해주를 연결 하는 2천만 평 지역에 공업단지를 건설하는 사업 권리도 따냈고, 그 이외에 퇴출선박 해체사업, 화력발전 소 건설사업, 자동차 조립공장 건설에 관한 권리도 확보했다. 아직 매장량이 조사되지는 않았지만 서해안 지역 유전개발도 논의됐다. 조선일보, 1998. 11. 2.

22 미·북 미사일 회담은 수차에 걸쳐 진행됐는데, 1998년 10월 회담에서 미국은 북한의 미사일 개발에 대한 우려를 표시했다. 장거리 미사일 개발 및 이란, 파키스탄에 대한 수출이 양국 관계개선에 걸림돌이 된다고 강조하면서, 미국은 북한이 미사일 개발, 생산, 배치, 시험발사, 수출을 중지할 것을 요구했다. 그러나 북한 은 미사일 개발은 자국의 자주적 권리에 속한다며 미국의 요구를 거부했다. 1999년 1월 16일의 제3차 회 담에서는 금창리 지하시설 사찰 방안을 논의했는데, 북한은 시설 공개의 대가로 3억 달러를 요구했다.

제1차 연평해전

침투시켜, 제1차 연평해전으로 알려진 한국 해군과의 교전에서 자국 함정 5척을 잃고 수십 명의 해군 사상자가 발생하는 군사도발 사건을 감행했다. 한국 함정도 일부 피해가 있었고 7명의 부상자가 발생했다. 곧이어 개최된 유엔사－북한 장성급 회담에서 북한은 이 사건은 한국 측의 선제 사격에 의한 것이고 북방한계선은 북한 12해리 영해에 속하므로 한국 해군이 철수하는 것이 당연하다고 억지 주장을 늘어놓았다. 북한의 서해 도발과 억지주장에도 불구하고 한국 정부는 포용정책을 계속하고 비료, 식량지원, 금강산 관광을 중단하지 않을 것이라고 말했다. 그러나 북한은 또다시 1999년 9월 3일 북방 한계선은 무효라고 선언했다. 북한의 의도는 지난 오랜 기간 지속되어 온 정전협정 체제 무력화 시도의 일부였다. 그동안 북한은 군사정전위원회 대표 한국 장성을 미군 장성으로 교체시키는 데 성공하고 중립국감독 위원회로부터 체코, 스웨덴 등 중립국들을 철수시켜 그 기능을 마비시켰는데, 서해 북방한계선이 무력화된다면 그들이 원하는 정전협정 무력화, 또 미·북 평화협정의 목표에 한 걸음 더 다가가게 될 것이었다.

윌리엄 페리 전 미 국방장관

1999년 9월 12일 북한은 베를린 미·북 미사일 회담에서 대포동 2호 시험발사의 잠정 유예를 수용했다. 미국은 북한에게 일부 경제 제재를 해제할 것을 약속하고 북한은 하와이와 알라스카에 도달 능력이 있는 대포동 2호 미사일 발사의 잠정 중지를 약속했다. 일본의 오부치 게이조 총리도 1999년 8월, 북한 미사일 시험발사 이후 일본이 취해 온 대북제재 조치를 일부 해제시킬 것이라고 말했다. 그 즈음 10여 개월 걸친 페리 보고서가 제출됐다. 1998년 11월 대북정책 조정관에 임명된 이후 페리 전 미 국방장관은 한국, 북한, 일본을 방문하면서 각국의 입장을 정리 반영해 최종 보고서를 발간했다. 북한에 대한 가장 광범위한 심층적 보고서로 알려진 동 보고서는 북한의 붕괴보다는 관계개선, 경제지원, 이산가족 상봉 등을 권고해 대북 포용정책과 비슷한 면이 많이 있었다. 그러나 다른 부분도 있었는데, 그 중 중요한 것은 미국이 북한과의 관계정상화를 추진하는 데 있어서 3단계를 거친다는 것이었다. 제1단계는 북한이 단기적으로 미사일 발사를 자제해야 하며, 미국은 경제제재 조치 중 일부를 해제하고, 한국과 일본도 상응하는 조치를 취해야 한다고 규정했다. 제2단계는 중기적으로 북한이 핵, 미사일 개발을 중단한다는 믿을 만한 보장 장치가 마련되면 그 단계에서 양국 관계정상화 회담을 시작하고, 제3단계는 장기적으로 미국, 한국, 일본, 북한 모두가 한반도 냉전체제를 종식시킨다고 규정했다. 이것은 한국 정부가 미국과 일본에게 제안한 즉각적인 관계정상화에서 신중하게 한발 물러선 것이었다. 한편 페리 보고서는 북한이 주장하는 조미 평화협정과 주한미군 철수는 거부하면서 북한이 만약 한·미·일의 의도에 역행하면 강력하게 봉쇄할 것이라고 경고했다.

포용정책이 시행된 처음 2년간의 성과는 그 결실을 판단하기가 매우 애매했다. 북한은 어떤 경우에는 한국과 미국의 요구를 수용하는가 하면, 어느 경우에는 국제 사회의 이익에 정반대로 행동했다. 한국 내에서는 종래의 적화 전략적 행태 앞에서 무슨 이유로 정치, 경제적 지원을 계속하는지 이해할 수 없다는 여론이 팽배했다. 가끔은 회담에 임하고 가끔은 국제 사회의 요구를 수용하는 평양의 이유는 경제적 실리를 취하기 위한 것 이외에는 없는 듯 했다. 김정일 정권이 내부적으로 주민들에게 포용 정책이 신뢰할 수 없는 것이라고 계속 강조한 것도 마음에 걸렸다. 예컨대 1998년 7월 6일 노동 신문은 햇볕정책을 "북침 정세를 가리고 우리를 내부로부터 와해해 보려는 술책"이라고 공개적으로 비난했다. 1999년 2월 북한 중앙방송은 햇볕 정책을 "북한을 개혁, 개방으로 유도해 사회주의 체제를 붕괴시키고 자유 민주주의 체제를 이식시키려는 목적을 둔 것", 그리고 6월에는 "남조선의 썩어 빠진 반인민적 식민 제도를 북반부에 연장하겠다는 검은 속셈을 포장한 것"이라고 비난했다.[23]

■ 역사적 성과

애매한 상황에서 김대중 정부는 포용정책이 지속할 가치가 있다고 판단했다. 한국 정부는 남북한 간의 불신은 근본적으로 냉전 구조에 원인이 있는 것으로, 이것은 미·북, 일·북 관계 정상화, 그리고 서울의 평양에 대한 화해, 협력에 의해서만 해결될 수 있다고 주장했다. 그것은 북한은 외부로부터의 위협이 줄어들고 내부적으로 안정되면 개혁과 개방을 할 것이고 이것은 한반도에서 대량살상무기를 제거시키는 동기가 될 것이라는 낙관적 생각이었다. 클린턴 행정부도 처음에는 1994년 핵 위기 시 평양의 태도에 대한 부정적 기억, 그리고 김정일 정권의 속성에 비추어 김대중 정부의 시도에 대해 반신반의했으나 결국은 페리 보고서를(1999. 9) 통해 그것을 승인했다.

· ·

23 연합뉴스 제1150호 (1999), pp. D1-D4

김대중-김정일 정상 만남

그러나 2000년 6월 포용정책은 역사적 성과를 거뒀는데, 그것은 남북한이 6월에 정상회담을 갖게 된 것이다. 김대중 대통령과 김정일 국방위원장의 만남은 세계의 이목을 끌만큼 획기적인 것이었다. 세계 유일의 이념을 달리하는 분단국가의 두 정상이 처음으로 만나고, 5개 항의 합의를 통해 한반도에서 화해, 대화, 교류협력, 평화를 약속한 것은 중동과 동북아를 세계에서 전쟁 가능성이 가장 높은 지역으로 간주하는 클린턴 행정부에게도 반가운 소식이었다. 두 정상이 합의한 5개항은 남북한이 민족끼리 자주적으로 통일 문제를 해결하는 것, 북측의 낮은 단계의 연방제와 남측의 연합제의 공통성을 인정하는 방향에서 통일을 추진하는 것, 이산가족 교환 방문과 비전향 장기수 문제 등의 인도적 문제 해결, 경제 협력을 통한 민족 경제 발전, 사회문화 협력과 교류, 합의 실천을 위한 조속한 당국 간 대화 개최였다. 주체라는 낡은 민족적 공산주의를 아직도 신봉하고, 쓰러져 가는 경제에도 불구하고 핵무기와 장거리 미사일을 개발하며, 주민에 대해서는 온갖 탄압을 가하고, 외부와는 관계를 끊고 유일 초강대국 미국의 의사를 거스르는 동북아의 작은 테러 국가 지도자 김정일은 국제 뉴스의 초점이 되었고, 김대중 대통령은 그 노력을 국제적으로 인정받아 노벨 평화상을 받게 됐다. 한국은 특히 기뻐했는데, 왜냐하면 그것은 북한이 그동안 주장하던 '당사자 원칙'을 포기하고 한국이 옹호하던 '실질적 당사자' 원칙을 수용한 계기가 됐기 때문이다.24

곧이어 수많은 후속조치가 뒤따랐다. 2000년 7월 29~31일 제1차 남북 장관급 회담이 개최돼 남북한 관계를 총괄하는 제도적 장치가 마련됐다. 8월 15일에는 200명 이산가족 상봉이 이루어졌다. 한국은 북한에 억류되어 있는 국군포로 송환 요구 없이 남측의 비전향 장기수 수십 명을 북한으로 송환했다. 김용순은 한국의 김대중 대통령, 여야 정치인, 행정부 관리를 만나서 정상회담 실천 절차에 대해 의견을 교환했고, 남북한 국방 장관은 경의선 철도 연결을 위한 비무장 지대에서의 군사 협력을 논의하기 위해 제주도에

----

24 북한이 주장하는 당사자 원칙은 한국 전쟁 휴전 당시 서명 주체가 유엔군, 중국, 북한이기 때문에 한반도 평화는 유엔군 사령관을 임명한 미국과 북한 간에 논의되어야 한다는 것이고, 한국이 주장하는 실질적 당사 원칙은 미·북이 아니라 한국전의 실질적 당사자인 남북한이 모든 문제를 논의해야 한다는 것이다. 북한이 당사자 원칙을 내세우며 늘 한국과의 대화를 거부하던 관행이 남북 정상회담을 계기로 상당부분 무효화됐다.

서 회담을 가졌다. 남북 화해 과정에서 미·북
관계는 급진전했다. 클린턴 행정부는 국방위원
회 제1 부위원장이며 북한 군부 실력자 조명록
의 방미를 허용했고, 그는 클린턴에게 그의 북
한 방문을 초청하는 김정일의 친서를 전달하고
올브라이트 및 코헨 국방장관과 회담을 가졌다.
그 수일 내에 올브라이트 국무장관은 북한을
방문하고 김정일 국방위원장과 미·북 관계 개
선에 대해 논의했다. 2000년 10월 한국에서 열

제1차 남북 장관급 회담

린 아셈회의(ASEM: Asia-Europe Meeting)에서는 아시아와 유럽의 많은 정상들은 북한과
의 관계개선을 약속했다. 일본의 모리 총리만이 일·북 관계개선의 조건 불일치로 그 가
능성을 수용하지 않았지만 영국의 블레어 총리, 독일의 쉬레더 총리를 포함하는 대부분
은 정상들은 모두 북한과의 관계정상화를 약속했다.[25]

2000년 12월에는 제4차 남북 장관급 회담이 개최됐다. 여기서 이산가족 상봉, 6·15
공동선언 이행방안, 교류 활성화, 경제협력이 논의됐는데, 북한의 실질 관심사는 한국으
로부터 200만KW의 전력을 지원받는 것이었다. 북한이 지난 9월 3차 장관급 회담에서
전력 지원을 요청한 데 이어 또다시 그 문제를 제기한 것은 전력난이 얼마나 심각한지를
알게 했지만, 한국은 즉시 대답을 할 수 없었다. 그 이유는 우선 북한의 전력 체계에 대
한 사전 조사를 하는 데 대략 2~3년은 걸리고, 비용의 개략적 추산에서도 송전탑, 변전
소, 선로 건설에 총 5천억원 정도가 요구되기 때문이었다.[26] 특히 전력이 군수용으로 전
환될 가능성도 경계해야 했다.

■ 조지 W. 부시 행정부 출범과 북한의 태도변화

2001년 1월 미국에서 조지 W. 부시 행정부가 출범하면서 미·북 관계, 남북한 관계
는 지난 2년 간 포용정책의 성과에도 불구하고 또다시 대치 국면으로 진입했다. 조지 W.
부시 대통령이 북한 김정일 집단에 대해 완전히 부정적 인식을 갖고 한국의 포용정책에
대해서도 별로 달갑지 않은 인상을 가진 것은 미·북, 남북한 관계에 엄청난 영향을 미쳤

---

25 2002년 현재 북한이 유럽 국가 중에서 프랑스와 아일랜드만을 제외한 모든 국가들과 관계 정상화를 이룩
   하고 그나마 국제 사회에서 고립을 면한 것은 김대중 정부 정책의 결과이다.
26 한국 정부는 여러 상황을 고려해 비용과 시간이 많이 소요되는 직접 송전방식보다는 북한의 낙후된 발전
   소의 효율을 높여주거나 또는 북한 내에 발전소를 건설해 주는 대안을 고려한 바 있다.

제2차 연평해전

다. 부시 대통령은 처음부터 북한을 WMD를 확산시키고 테러를 지원하며, 마약을 수출하는 실패한 국가(failed state)로 보았고 포용정책은 그런 정권의 수명을 연장시켜 준다는 부정적 인식을 갖고 있었다. 미사일 방어체제 설치를 중시하는 부시는 동아시아의 미국 맹방 한국의 김대중 대통령이 한·러 정상회담에서 러시아의 푸틴과 함께 ABM이 국제평화의 초석이라고 공동성명을 발표한 것에 대해 특히 분개했다. 부시의 그런 태도에 한국 정부는 긴장하지 않을 수 없었고, 북한과의 관계를 지난 2년과 동일하게 추진하기는 어려웠다. 이런 역학 관계는 북한으로 하여금 과거의 도발적 행태로 다시 복귀하게 만드는 요인이 됐다. 2001년 초 북한은 미국의 패권주의, 내정간섭, 강압에 굴복하지 않겠다고 항거하면서 한국 정부를 맹비난했다. 평양은 한국이 미국과의 안보 공조를 재개하고 남북 정상회담의 약속을 파기했다고 몰아붙였다. 우여곡절 끝에 개최된 제5차 남북 장관급 회담은 아무 성과를 거두지 못했고, 6차 장관급 회담도 실망의 연속이었다. 2002년에도 미·북 관계, 남북한 관계는 2001년과 마찬가지로 거의 진전이 없었다. 부시는 2002년 1월 29일 미 상하원 합동회의에서 북한을 이라크, 이란과 함께 '악의 축'으로 규정했고, 미·북 간의 외교 접촉은 아무 성과를 내지 못했다. 북한은 과거와 비슷하게 한국에 대해 주적론 철회, 국가보안법 폐지, 주한미군 철수를 주장하면서 2001년과 비슷한 적대적 태도로 일관했다. 특히 2002년 6월 29일 북한은 제2차 연평해전을 도발했다. 그 때 북한은 또다시 서해안에서 북방한계선을 침범하면서 이를 저지하던 한국 해군에게 살상을 가하는 동시에 고속 경비정을 침몰시켰다. 한국 해군은 윤영하 소령, 한상국 중사를 포함해 4명이 사망하고 1명이 실종되었으며, 20명 이상의 병사가 중상을 입었다. 한국 해군은 그 당시 북한 해군의 공격에 수동적으로 대응했는데, 그 이유는 한국 정부가 제1차 연평 해전 당시 북한의 수모를 고려해 교전 규칙을 선제공격을 하지 못하도록 개정했기 때문이다. 그 이후에도 한국 정부는 포용 정책, 금강산관광을 계속할 것이라고 선언했다. 국내외에서는 포용정책에 대한 엄청난 비판이 제기됐다.

그러나 한 가지 흥미 있는 것은 김대중 정부의 후임으로 노무현 정부가 취임하고, 포용정책을 이어받아 그와 비슷한 성격의 평화번영 정책을 추진한 것이다. 부시 행정부는 당연히 노무현 정부의 대북 정책을 선호하지 않았지만, 9·11이라는 특수상황에서 북한 핵문제를 부시가 초기에 구상했던 정권교체보다는 6자 회담이라는 다자 대화와 협상의 틀에서 해결하려 노력한 것이다. 부시 정부의 해결이라기보다는 오히려 협상을 구실로 북핵 문제에 관련해 시간 끌기, 지연작전을 채택했다고 해석하는 것이 더 정확한 표현일 것이다. 그 과정에서 노무현 정부는 테러와의 전쟁에 몰두하는 미국의 입장을 감안, 수용하면서 일정 수준의 독자 행보를 추진할 수 있었다.

II 북한 현실의 해석

국내외에서 북한에 관한 많은 논의가 있었다. 북한 핵문제의 본질과 해결 방안, 북한의 붕괴 가능성, 북한 위협의 평가, 북한 외교안보 행태에 관한 분석, 또 북한 사회를 어떻게 보아야 하는가 등에 관해 수많은 전문가 의견이 대두됐다. 또 포용정책을 구사하는 한국 정부를 어떻게 평가해야 하는지에 관해서 다양한 의견이 제시됐다.

1. 북한의 위협과 한국의 대비책

(1) 미국의 북한 위협 평가

1990년대 후반 북한은 생존의 갈림길에서 헤맸다. 그러나 북한의 미래는 예측하기 어려웠고 북한의 군사정책, 전력은 아직 위협의 대상이었다. 북한의 핵개발은 일시 중단된 것으로 여겨졌지만 평양이 제기하는 갖가지 위험과 위협에 대비해 한·미 군사동맹은 만반의 준비를 갖춰야 했다. 한반도 군사 상황, 위험한 안보 현실에 관한 많은 세부 정보를 갖고 있는 존 틸럴리(John H. Tilelli) 주한미군 사령관은 1997년 3월 미 하원 안보위원회에서 한반도의 폭발성 있고 예측할 수 없는 상황과 그러한 상황이 제시하는 도전에 관해 증언했다. 과연 그의 설명은 어떤 내용을 담고 있었을까?[27]

■ 북한의 위협

한반도는 폭발 잠재성이 높은 지역이다. 이것은 북한이 제기하는 위협에서 비롯된다. 김정일 정권은 예측이 불가능하다. 그 정권은 김일성을 이어받아 공격적 성향을 띠고

---

27 이 부분은 틸럴리 주한미군 사령관이 한반도 안보와 관련해 1997년 3월 6일 미 하원 안보위원회에서 행한 연설의 주요 내용을 수록한 것이다. 그는 1996~1999년 기간 주한 미군사령관, 유엔군 사령관, 한미 연합사령관으로 재직했다.

있고 한반도에서 긴장을 되풀이 해 조성해 왔다. 김정일은 후계자 시절부터 한국에 대한 많은 테러를 자행한 장본인이다. 아웅산 테러는 그 중 한 예다.

북한은 황폐한 경제와 주민 고통에도 불구하고 엄청난 군사 공격 능력을 보유하고 있다. 그 군사능력은 세계 4위에 위치한다. 북한 군사력은 여러 가지 특징을 갖고 있다. 평양은 대다수 병력을 전진 배치시켜 놓고 있는데, 이것은 공격적이고 위협적이다. 북한은 비무장지대 인근에 1만 문 이상의 장사정포와 야포를 배치하고 있는데, 이것들 중 1,300문은 서울과 수도권을 사정거리 안에 놓고 있다. 주한미군 보병 2사단은 북한 야포 사정권 이내에 배치되어 있다.[28] 일단 북한군이 야포를 발사하기 시작하면 수원까지는 엄청난 피해를 입을 것이다. 또 북한 전투기들은 발진해서 서울에 도달하는 데 6분 이내의 시간을 소요한다. 평시에도 북한 전투기가 이륙할 때 한미 양국이 레이더에서 그를 포착해 아군 전투기를 동시에 출격시키는 것은 이들의 작전이 언제 어떻게 변경되어 남한을 순식간에 공격할 지 알 수 없기 때문이다. 북한의 핵개발은 일시 동결됐지만 화생무기 위협은 그대로 잔존한다. 북한의 화학무기 저장량은 약 1천 톤에 이르고 연간 생산량은 4,500톤 수준이다. 생물학 무기 중 가장 위협적인 것은 탄저균이다. 이것은 테러리스트들이 주로 사용하는 것으로 감염되면 흑사병 비슷하게 검게 변해 사망한다. 이것들은 일단 사용되면 민간인들에게도 치명상을 입힐 것이다. 서울은 북한의 각 부대 배치장소로부터의 집중적 무기 시스템에 의해 비교적 단시간 내에 큰 타격을 받게 될 것이다. 북한은 화학무기가 장착되어 있을 수도 있는 전역 탄도 미사일로 남한의 후방지역까지 파괴할 수 있을 것이다. 가장 우려되는 것은 북한의 무기 확산 계획이다. 북한의 핵개발은 제네바 합의에 의해 일단 동결됐지만, 평양의 미사일 개발은 중단되지 않는다. 북한은 다양한 사거리의 미사일을 보유하고 있다. 단거리 미사일은 보통 스커드 미사일로 불리고, 중거리 미사일은 대포동이라 불린다. 북한이 다양한 사거리의 미사일을 개발하는 이유는 남한의 모든 지역을 사정거리에 넣는 동시에 괌의 미군 병력, 일본의 주일미군, 또 멀리는 미국 본토를 공격하기 위해서다. 국제사회는 북한을 설득해 미사일 계획 추진과 이 안정을 해치는 무기 시스템 및 이에 관련된 기술을 비우호국들에게 수출하는 것을 단념시켜야 한다. 또 북한이 한국과 직접 대화를 개시하도록 계속 설득해야 한다.

북한의 주체 이데올로기는 실패했다. 그것이 주장하는 자립경제는 파산상태. 러시아와 중국에 의존하는 데 한계가 있는 김정일 정권은 북한을 유지할 수 없는 상황에 처

---

28 노무현 정부 당시 한강 이북에 주둔한 모든 주한미군을 한강 이남으로 이전시키기로 결정해 2018년까지 주한미군 보병 2사단은 전부 평택으로 이전을 마치게 되어 있다.

해 있다는 것을 깨닫고 있다. 이 홀로 남은 폐쇄적, 군국주의적, 스탈린주의적 사회는 생존을 위해 필요한 많은 원조를 외부세계에 요청한다. 북한의 곡물 수확량은 350만 톤으로, 이것은 인구 2천 3백만이 필요로 하는 식량에서 150만 톤 부족한 양이다. 북한은 지난 7년 동안 경제가 35% 축소되었고, 심한 에너지, 식량, 경화 부족 현상을 겪고 있다. 이런 경제 상황은 기본적으로는 자급자족을 추구하는 자력갱생의 주체경제가 효율성을 발휘할 수 없기 때문이다. 더구나 대외경제 개방을 멀리하는 이유로 기술이전을 포함해 세계 국가들이 추진하는 경제협력과는 거리가 멀고 수입에 사용될 달러를 확보할 수 없었다. 국내 경제 질서는 무능한 계획경제, 생산성 저하, 미숙한 배급체제, 그리고 지난 2년간의 홍수 피해에 의해 더욱 악화됐다. 그 결과 북한 주민들은 영양실조, 건강악화, 불충분한 보건체계, 붕괴하는 산업 기반 등의 고통을 겪고 있다. 북한 주민들이 항의하지 못하는 이유는 평양 정권이 아무리 작은 반항이라도 체제에 대한 위협으로 간주하고 무자비하게 진압하기 때문이다. GDP의 27%에 육박하는 군사비 지출은 경제 성장 부진의 또 다른 원인이다. 북한은 GDP 축소에도 불구하고 실질 군사지출을 언제나 일정하게 유지하려 노력하고 있다. 김정일 정권이 가장 소중히 여기는 북한군은 가용 자원의 최대 분배 몫을 받고 있지만, 그 군대마저도 심각한 자원부족 고통을 겪는다는 징후가 있다. 그럼에도 불구하고 옹색한 처지의 북한군은 한국과의 어떤 무력 충돌에서도 대단한 민, 군사상자들과 손해를 발생시킬 수 있을 것이다.

고난의 행군을 거치면서 북한의 언사와 도발적 행동은 한국에 대해 한층 더 위협적이고 예측하기 어렵게 변화하고 있다. 1996년 9월 북한 잠수함의 한국 영해 침범과 26명의 북한 무장특공대 한국 잠입은 평양의 예측 불가능성을 입증한다. 한미 양국이 걱정하는 것은 북한이 한국과 건설적 대화를 하려 하지 않는 것이다. 북한의 전략은 미국과의 양자 직접 대화를 고집해 군사정전 대화와 미·북 협상에서 한국을 배제하는 것이다. 한미 양국은 북한이 한미 동맹 사이에 쐐기를 박도록 허용하지 말아야 한다.

북한은 내부로부터 붕괴하거나, 아니면 밖으로 폭발하든지 두 가지 중 하나를 겪을 가능성이 높다. 여러 시나리오가 있지만 황장엽의 망명과 같은 사건은 그 의미하는 바가 크다. 그것은 북한 지도층의 단결이 흔들리고 있음을 시사한다. 근본적 변화가 있거나 아니면 외부로부터의 실질적이고 대량 지원이 없는 한 북한은 붕괴될 수밖에 없을 것이다. 미래에 대한 정확한 예측이 어렵고 북한 상황이 잠재적 폭발성을 내포한 것은 우려스러운 일이다. 한미 양국과 이 지역의 동맹국들은 계속 경계를 소홀히 하지 말아야 한다. 전 주한미군 사령관 게리 럭 장군이 북한은 언제든 붕괴될 수 있다고 말한 것에 대해, 북한 인민무력부장은 한반도는 언제든 전쟁에 휩싸일 수 있다고 대응했다. 북한의 태도는 언

제든 전쟁 준비가 돼 있음을 나타낸다.[29]

■ 한미 동맹

한미 동맹의 존재는 한반도의 안정과 번영에 결정적으로 기여했다. 그것은 북한의 남침을 저지하고 도발에 대비해, 한국 정부와 국민이 안전한 안보환경에서 생활하는 것을 도왔고, 또 그들이 경제발전에 전념하는 것을 지원했다. 한미 동맹의 주한미군은 한반도를 넘어 동북아 지역 전체의 안정과 평화 유지에 공헌한다. 한미 동맹은 강력하고 계속 존속할 수 있으며, 미국의 확고한 공약과 양국 동맹의 힘은 긍정적 사태 발전을 촉진시킨다. 한국인들 역시 미국의 존재가 평화와 안정에 절대 중요하다고 믿고 있다.[30]

한국의 방위비 분담금은 1991년 2억 2천만 달러에서 1996년 3억 2천만 달러로 증가했다. 한미 양국은 정기적으로 방위비 분담 협상을 진행한다. 양국은 1995년 11월 1996~1998 기간의 방위비 분담협정을 위한 특별협정(SMA)에 서명했다. 1996년 한국의 방위비 분담금은 인건비를 제외한 주한미군 주둔비의 약 21%를 충당했다. 1997년도 한국의 방위비 분담금은 3억 6천 3백만 달러이고 1998년도는 이것을 10% 인상한 3억 9천 9백만 달러가 될 것으로 합의됐다. 새로운 방위비 분담 협상은 1998년 기한이 만료되므로, 한미 양국은 내년에 계속 협상할 것이다.

한국군의 전력증강을 위한 한미 동맹의 역할은 중요하다. 1996년 한국 정부는 군사 비용으로 159억 달러, 즉 한국 GDP의 약 3.1%를 지출했다. 이 지출은 한국의 F−16 전투기 계획을 위한 52억 달러와 다연장로켓을 위한 4억 5천만 달러를 포함했다. 1997년에 한국은 국방예산을 12.8% 인상할 계획을 갖고 있다. 한국 정부는 지속적으로 무기 체계를 현대화하고 전력을 증강해야 하는데, 북한이 당면한 위협이 큰 상태에서는 더욱 그렇다. 한국이 미국으로부터 도입하는 무기 시스템들은 미국 무기체계와 상호운용이 가능해서 양국의 작전 협력을 더 용이하게 만든다. 1997년에 한국은 항속 거리가 확대된 CH−47 헬리콥터 6대, 최신 공중정보 수집기능을 갖춘 포좌 8대, 호크 방공망을 격상시키는 AN/TSQ−73 미사일 엄호레이더 2대, 또 일련의 첨단기술 무기들을 구입했다.

· ·

29 2018년 현재 북한이 붕괴될 것이라는 조짐은 없고 오히려 한국은 북한의 수소폭탄 실험을 포함한 계속되는 핵실험과 각종 사거리 미사일 시험발사로 인해 큰 위기감에 휩싸여 있다.

30 한미 동맹이 굳건한 한에는 북한의 남침 저지에 문제가 없다는 분석은 Michael O'Hanlon, "Stopping a North Korean Invasion," International Security, Vol. 22, No. 4 (Spring 1998)을 참조, 그러나 주로 재래식 전쟁을 염두에 둔 오한론의 의견은 북한 핵개발 이후 점차 설득력을 잃는 것으로 보는 것이 합리적이다.

■ 전비 태세, 작전, 훈련

전쟁 억지가 실패할 경우, 한미 양국은 북한을 패퇴시켜야 한다. 한미 연합군은 방어태세로 전진배치되어 있고, 북한군의 남진을 방지하고, 서울 점령을 막을 수 있도록 배치되어 있다. 한국이 남침 공격을 받는다면, 한미 양국은 북한의 선도 전력과 후속전력의 수송을 저지하고 전력을 소모시킬 것이다. 적절한 전투 비율이 이루어질 때, 북한의 잔여 전력은 분쇄될 것이다. 북한군 패퇴와 관련된 과업을 과소평가하지 말아야 한다. 그것은 양측에 끔직한 숫자의 사상자를 내는 극심한 전투가 될 것이다. 그래서 전쟁 억지력, 훈련, 그리고 한미 동맹을 통해서 얻은 힘은 최고 우선순위의 과제여야 한다. 남침하는 북한군을 패퇴시키고 서울을 더 안전하게 하기 위해 필요한 전투력을 규합, 투입하는데 시간이 오래 걸리면 걸릴수록 더 심한 참상이 나타날 것이다. 1996년 해외 작전법(FY96 Foreign Operations Act)의 일환으로 한국에서는 1999년 2월부터 대인지뢰 사용 금지가 발효되는데, 그것은 북한의 남침으로부터 서울을 수호하는 주한미군의 능력을 저하시킬 것이다. 대인 지뢰를 포함해 원거리 투입지뢰는 그 숫자에서 한국을 훨씬 능가하는 북한 예비 병력을 분쇄하는 데 절대 필요한 것이다. 대인지뢰 사용 금지는 전진 배치된 한미 양국군에게 훨씬 많은 사상자를 발생하게 하고, 북한의 전진돌파 위험성이 대폭 증대되며, 아마도 방위의 결집력을 위태롭게 만들 것이다.31 전비 태세를 유지하기 위해 한미 연합사령부는 제대로 작동하는 군사훈련 계획을 실시한다. 한미 연합사령부 소속 지휘관들은 계속 실전훈련과 컴퓨터 시뮬레이션 훈련을 실시하고 있다.

■ 우선 과제와 자원

한반도의 전략 환경은 '침략 당할 가능성이 높은 불안한 위험상태'로 평가할 수 있다. 북한과 같이 군사도발과 전쟁을 통해 통일을 실현시키고자 하는 나라는 기회만 있으면 언제나 침략하려 할 것이다. 한미 양국은 북한의 군사적 남침을 저지할 능력 있는 군

---

31 2014년 9월 미국 정부는 대인지뢰는 한반도에서만 예외적으로 사용될 것인데, 그 이유는 그것이 북한의 남침을 억지하는 효과를 갖고 있기 때문이라고 말했다. 워싱턴은 이제 더 이상 대인지뢰를 생산, 구매하지 않을 것이고 오타와 협약(Ottawa Treaty)에 가입하도록 노력할 것이라고 덧붙였다. 모든 대인지뢰의 생산, 사용, 비축, 이동을 금지하는 오타와 협약에는 1999년 처음 발효 당시 40개국이 서명했지만 2018년 현재 160여 개국이 참가하고 있다. 그러나 미국, 러시아, 중국, 인도, 파키스탄, 이란, 이스라엘, 남북한 등 30개 이상의 국가는 아직 이 협약에 가입하지 않고 있다. 김세진, "미국, 대인지뢰 한반도에서만 사용," 허핑턴 포스트코리아, m.huffpost.com; 미국 '대인지뢰 생산, 사용, 이동 금지... 한반도 제외'- VOA, https://www.voakorea.com

대를 가져야 한다. 이를 위해 군사력은 보호되어야 하고, 군사력 보호는 모든 사람의 지속적 경계가 필요한 분야다. 북한의 기습 공격은 즉각 교전 상태로 진입하게 하는데, 그때 군대와 무기의 급속한 이동은 매우 중요하다. 북한의 기습 공격시 군대와 무기의 이동을 위해 전역 미사일 방위체제가 강화되어야 한다. 북한의 미사일 공격을 미사일 방어체제가 막아내는 동안, 군대와 무기는 필요한 곳으로 이동이 가능할 것이다. 1994년 한반도 긴장이 증가되는 동안 배치된 이후 계속 잔류하는 패트리어트 미사일 대대는 환영받고 있고 여전히 매우 중요하다. 그러나 미사일 방어체제가 더 보강된다면 그것은 한미 양국의 방어능력과 전력을 한층 더 강화시킬 것이다. 이것은 공격 무기가 아니고 방어무기이다. 보다 나은 방위는 다양한 사정거리의 모든 북한 미사일에 대비하는 다층 방어수단을 일제히 제공하는 고층 및 저층 시스템을 필요로 한다. 고층 및 저층 전역미사일 방어시스템(TMD: Theater Missile Defense)의 도입은 한미 연합사령부 능력을 대폭 강화시킬 것이다. 만약 북한의 전쟁 준비가 임박했다고 판단되면, 주한미군은 패트리어트 미사일 대대를 추가로 배치할 것이다. 동시에 전략적 군사력 투입을 위해 주한미군은 공중수송 및 해상수송 능력을 계속 강화해야 한다. 이것은 오늘날 많이 수행되는 국지적 제한전에서 병력, 무기, 군수물자 이동을 위해 반드시 필요하다. 현재 주한미군의 해군 및 해병대, 또 육군의 지상 작전은 충분한 자금 공급을 받고 있다. 그러나 부동산 유지, 방호조치, 통신, 수송, 식품 서비스를 포함한 '기지운영'계획은 여러 해 지속되어 온 삶의 질 문제를 해결해 주지 못하고 있다. 일반 자금, 시설 자금, 건설자금 부족 현상이 초래되고 있는 형편이다.

■ 전략비전

주한 미군은 한반도 안정 뿐 아니라 동북아 전체의 안정에 필수적이다. 동북아는 미국에 아주 중요한 전략, 경제적 이익을 제공한다. 미국 총수출의 약 30%는 동북아 국가들에게로 향하고, 이것은 미국에 300만 개의 일자리를 만들어 준다. 이 세계 경제의 중심지는 미국의 경제복지에 아주 중요하다. 그러나 동북아 동맹국들은 이 지역에서 미국의 정책 변화가 가져올 불확실성을 우려한다. 한국 전쟁 기간 중 주한 미 지상군은 11개 사단으로 구성된 3개 군단이었다. 1970년 비무장지대 인근의 미 지상군은 2개 보병사단을 가진 1개 군단으로 구성돼 있었다. 오늘날, 주한 미 지상군의 전쟁 억지력은 2개 여단으로 구성된 1개 사단이 담당한다. 이것은 과거에 비해 상당히 축소된 전력이다. 앞으로 수년간 동북아 안보환경은 매우 중요하다. 북한에서 변화가 일어나는 것은 필연이지만, 이 변화가 일어나는 과정은 아직 확실치 않다. 주한미군과 한미 양국의 작업은 아직 끝나지 않았다. 북한의 위협은 과소평가되지 말아야 한다.

(2) 남북한 양비론

한국에서는 보통 틸럴리 주한미군 사령관이 분석했듯 북한은 항상 위협이며 불량, 테러 국가로 인식하는 것이 대체적 경향이다. 그렇지만 한국계 미국 정치학자 데이비드 강(David Kang)은 실제로는 남북한은 과거 냉전시대 미국과 소련이 그랬듯이 똑같은 형태로 행동하고, 남북한 사이의 안보 행동에서 차이는 별로 없으며, 북한은 보통 알려진 것과 같이 그런 비합리적 국가가 아니라고 주장했다. 그의 분석은 과연 어떤 내용을 담고 있으며 그런 견해는 어떻게 해석되어야 할까?

■ 일반적 인식

대부분의 사람들은 북한이 불량국가이고, 일탈적이고 예측할 수 없는 대외정책을 구사하는 국가로 인식한다. 그러나 북한의 대외정책은 비합리적인 것이 아니다. 북한은 사실 다른 모든 나라와 동일하게 행동하고 평양의 의사 결정에 대해 특별히 놀랄 이유도 없다. 대부분 막연히 알고 있는 사실을 자세히 들여다보면 그것은 실제와 다르다는 것이 입증된다. 결론부터 말하면 북한이나 한국이나 모두 다 현실주의적으로 행동하고 있으며, 그것은 북한만이 그렇게 이상하게 행동하는 국가가 아니라는 사실을 입증한다. 많은 사람들은 다음과 같이 인식, 주장한다. 첫째, 북한은 공세적이고 팽창주의적 국가이다. 북한은 한국 전쟁을 유발했고, 그 이후 계속 공격 준비를 해왔다. 평양이 무력통일을 포기했다는 확실한 증거는 없다. 평양은 안보환경 변화와 한국 국내사정 변화를 이용해 군사분쟁을 일으킬 가능성이 높다. 북한이 비무장지대를 가로질러 지하 터널을 만들고 수시로 테러를 자행하는 것은 모두 북한의 공격태세를 입증한다.[32]

둘째, 미국과 한국은 평화주의 국가이고 북한은 이를 인정한다. 이런 인식은 거의 논란의 대상이 되지 않는데, 왜냐하면 그것이 너무 당연하기 때문이다. 셋째, 북한으로부터의 위협은 한국이 경제적이고 군사적 성장을 계속함에 따라 더 커질 것이다. 이것은 북한의 전반적인 경제, 군사능력이 진전되지 못하기 때문에 남북한 격차가 너무 커지기 전에, 또 기회의 창이 닫히기 전에 북한이 먼저 공격할 것이라는 의미를 갖는다. 넷째, 한반도의 군사력 균형은 전통적으로 북한에 유리했고, 1990년대 초기에도 한국의 군사력은 북한군에

32 David C. Kang, "Rethinking North Korea," Asian Survey, Vol. 35, No. 3 (March 1995), p. 254.

비해 불리하다. 북한의 병력은 120만 명인 반면 한국군은 65만에 불과하다. 한반도의 남북한 군사 불균형은 제2차 세계대전 발발 전 추축국과 연합군 사이의 불균형과 비슷하다. 다섯째, 한반도는 화약고다. 그곳은 세계에서 가장 전쟁 발발 가능성이 높은 곳이다.[33]

■ 기존 인식의 문제점과 그에 대한 비판

사람들은 용어의 사용에 있어 너무 자의적으로 해석한다. 사람들은 공격적(aggressive), 공세적(offensive)과 같은 단어를 남발하는데, 용어의 사용에 신중을 기해야 한다. 남북한 군사력이 모두 다 비무장지대를 중심으로 집중적으로 전진배치되어 있는데 왜 북한군만이 공세적이라고 표현되어야 하는지 납득이 가지 않는다. 남북한 전투기가 모두 몇 분 만에 상대지역을 공격할 수 있는데, 왜 북한 공군만 공세적인가? 1980년대 중반 소련이 외국으로부터 군사력 철수를 선언했을 때에도 자유민주주의 국가들은 소련이 동독 국경에 군사를 재배치하는 데 며칠 밖에 걸리지 않기 때문에, 소련은 아직 공세적이라고 말했다. 한국 남단의 병력 역시 단시간 만에 북한 접경에 도착할 수 있는데, 왜 이것은 공세적이라고 하지 않는가? 북한이 군대를 전진배치시키는 것은 주한 미군 전술핵무기에 대한 대응이다. 이것은 미군이 전술 핵무기를 사용할 때 북한군이 남쪽으로 내려와 한국군과 엉키면 그 무기를 사용하지 못할 것이라는 것을 감안한 조치다. 그렇듯 용어의 남발은 현실을 왜곡시키기 때문에, 그런 단어의 사용에 주의를 기울여야 한다.[34]

위의 일반적으로 알려진 다섯 가지 사항이 사실이 아니라는 것을 밝히기 위해서는 철저한 검증이 필요하다. 첫째, 북한이 무절제하고 언제든 남침 할 것이라는 주장은 사실과 동떨어져 있다. 북한의 남침과 관련해 가장 먼저 거론되는 것은 보통 1950년 한국 전쟁이다. 요지는 그 당시 북한이 먼저 침략했고, 그런 속성은 아직 계속된다는 것이다. 사실 당시 북한이 먼저 선제공격을 통해 남침한 것은 사실이다. 그러나 한국 전쟁은 그 당시 전쟁 잠재성이 높은 상태에서 발발한 것이다. 비무장 지대에서는 양측에 의한 잦은 도발, 군사적 긴장이 존재했고, 한국의 이승만 대통령은 북진을 외쳐댔다. 또 그 전쟁은 미국이 한국을 (애치슨 발언에 의해) 미국 방어선 밖에 위치시켰을 때 발생했다. 누가 먼저 전쟁을 시작했는가는 이념에서 극단적으로 치우친 사람들이 묻는 질문이고, 그것은 상대적으로 덜 중요한 문제다.[35]

33 Ibid., p. 256.
34 데이비드 강의 입장은 이 책 제1장에서 왈츠가 미국과 소련의 안보 행동은 결과적으로는 마찬가지였다고 설명하는 신 현실주의 분석과 비슷한 성격을 띤다. Ibid., p. 257.
35 데이비드 강은 긴장이 아주 고조된 상태에서의 군사 충돌은 어느 누구 한쪽의 잘못이라기보다는 오히려

1993년 현재 북한이 1950년 당시와 같은 한국 적화 통일의 공격적 의사를 갖고 있는지 의문이다. 또 만약 북한이 무절제하고 한국 국내정세의 불안을 틈타 공격할 의도가 있다면, 한국에서 쿠데타가 두 번 발생했을 때, 그때 왜 침략하지 않았나? 북한은 두 번이나 쿠데타가 발생했을 때 그 기회를 잡았어야 했다. 북한이 수시로 테러에 의존하는 것은 무절제한 공격성과 관련해 어떻게 설명되어야 하나? 평양이 가끔 테러를 자행하는 것은 중심적 세력균형이나 현상유지에는 도전하지 않고 주변적 행동을 택하는 것을 의미한다. 평양은 테러에 의해 주한미군을 포함하는 남북한 간의 중심적 세력균형이 흔들리지 않는다는 것을 잘 알고 있을 것이다. 테러는 테러였을 뿐이고, 평양이 남북한 간의 전면전 위험을 감수한 적은 없다. 1950년대 중반 이후 북한이 전면전을 고려한 적은 없다. 한반도에서 미국의 안보 공약, 주한미군으로 인해 억지가 성공적으로 유지되는 한, 북한은 침략할 수 없을 것이다.[36]

둘째, 한국과 미국은 평화적이고 평양은 이를 인정한다는 것은 사실과 다르다. 한미 양국은 그들이 평화적이라고 주장하지만, 북한이 이들로부터 첨예한 위협을 느끼는 것은 국가로서의 당연한 책무이다. 한마디로 말해 북한은 한미 동맹으로부터 위협받는다. 많은 첨단 무기를 동원하고 미군이 본토로부터 날아오는 한미 연례 안보훈련인 팀스피리트 훈련(T/S: Team Spirit)은 북한에게는 방어적 성격이 아니라 공격적으로 보인다.[37] 북한은 한국 자신을 위협적 존재로 인식한다. 주한미군이 아니더라도 한국은 북한보다 우월한 군사력을 보유하

박정희 전 대통령

고 있다. 이것은 방위비 지출, 무기의 질적 우위, 탄약, 공급선, 군사훈련에서 역력히 드러난다. 전술 핵무기를 처음 가지려고 시도한 것은 북한이 아니라 1970년대 박정희 대통령 당시의 한국이다. 주한미군 전폭기는 핵무장을 하고 있고, 태평양 제7함대 역시 핵능력을 구비했다. 북한이 핵무장을 고려한 것은 한국 및 일본의 경제 성장, 소련 및 중국과의 관계 냉각 등 다양한 요소에 기인했다.[38]

셋째, 한국에 뒤질수록 북한의 위협이 증가한다는 것은 사실이 아니다. 북한은 지난

그 충돌 가능성은 당연한 것으로 받아들여져야 하며, 왜 그런 상태로 진입했는가가 더 중요한 이슈라고 주장하는 것으로 보인다. Ibid., p. 258.

36 Ibid., p. 259.

37 한국은 1990년대 초 남북한 관계 개선 목적으로 팀 스피리트 훈련을 중단했다.

38 Ibid., pp. 261-262.

오랜 기간 침략하지 않았는데, 왜 지금 군사력 균형이 불리할 때 침략을 감행할까? 그것은 논리에 맞지 않는다. 평양은 오히려 자국 안보가 위태로운 상황에서 더 조심할 것이다. 넷째, 지난 오랜 기간 또 1990년대 초에도 군사력 균형이 북한에게 유리하다는 것은 사실이 아니다. 지난 15년 간 경제적으로 성장하는 한국은 북한보다 더 많은 국방비를 지출했다. 1977년 북한 국방비가 10억 달러일 때 한국은 18억 달러를 지출했다. 북한 병력이 한국군에 비해 거의 두 배가 되지만, 전쟁에서는 병력이 전부가 아니다. 무기 체계, 훈련 수준, 병참을 포함해서 고려할 요소가 많이 있다. 북한군이 우세하다는 것은 전혀 사실이 아니다. 특히 주한 미군, 또는 한미 군사동맹이 군사력 균형, 전쟁에서의 승리 가능성 계산에 포함되어야 한다. 다섯째, 한국이 화약고라는 것은 사실이 아니다. 지난 수십년 간 전쟁이 없었는데, 이것은 아주 운이 좋거나 아니면 화약고가 아니기 때문이다. 실제로 1953년 이후 한반도 상황이 전쟁 상태로 간 적은 거의 없다.[39]

■ 김일성에 대한 인식

그동안 사람들은 북한에 대해 말할 때 모든 것을 김일성과 연관 지어 설명했다. 많은 사람들은 평양의 모든 행동을 비합리적이고 무분별한 김일성에 의해 자행된 것으로 해석했다. 1992년 어떤 분석가는 북한이 남침할 이유에 대해 김일성이 비합리적이기 때문이라고 말했다. 그러나 과연 그런지 의문이다. 그는 오랜 기간 북한을 통치해 왔고, 일본 정부는 노련한 정치인 가네마루 신이 김일성과 회담하는 것을 반대하지 않았다. 그는 또 소련과 중국 사이에서 주체사상이라는 이념을 도입해 국가적 권위, 자주를 행사하면서도 등거리 외교에 의거해 양국으로부터 군사, 경제 원조를 획득했다. 비합리적인 사람이 어떻게 그렇게 복잡한 외교 업무를 수행하고 북한 인민들로부터 추앙받을 수 있나? 또 만약 모든 것이 김일성과 관련 있다면, 김일성이 아니라면 북한의 행태, 또 남북한 관계가 달라질까? 아마 그렇지 않을 것이다. 김일성 개인의 가치 체계만으로 평양의 행동을 설명할 수는 없다. 김일성이 사망한 지금 앞으로의 북한 행동, 또 남북한 간 관계 변화는 모든 것을 그와 연관 지어 설명하는 방법론의 한계를 알게 할 것이다.[40]

39 Ibid., p. 263. 그러나 2010년 김정은 집권 당시 북한의 연평도 포격은 전쟁 행위였는데, 왜냐하면 그것은 휴전협정 이후 한국 영토에 대한 북한 최초의 직접적 군사공격이었기 때문이다. 야포 사격은 보통의 군사도발의 수준을 넘는 강도 높은 군사 행동인데, 그로 인해 한국은 해병대원 2명이 순직하고, 군인 중경상 16명, 민간인 사망 2명, 민간인 중경상 3명의 인명 피해를 입었다. 만약 그로 인해 한국군이 대량보복을 했다면 그것은 전면전으로 비화될 수도 있었지만, 한국은 포격을 발사한 북한 무도와 개머리 포진지 방향으로 비슷한 수준의 대응포격만 실행해 더 큰 전쟁으로 번지지 않았다. 북한은 10명의 군인이 사망하고 30여명이 부상당한 것으로 알려졌다. "연평도 대응포격 때 북한군 40여 명 사상," www.rfa.org

■ 핵무기

한미 양국은 북한의 핵개발이 한반도 정세를 불안정화 시킨다고 주장한다. 그러나 여기서 주지할 사항이 있다. 첫째, 북한이 핵을 개발한 것은 1980년대이다. 북한은 소련, 중국과 비슷하게 더 일찍 핵을 개발할 수 있었는데, 왜 1980년대까지 기다렸을까? 그것은 1970년대 한국의 경제, 군사 능력이 급격히 성장하고 또 한국이 1970년대에 핵개발을 시도한 것에 대한 반작용이었다. 한국은 1970년대 내내 핵무기를 구입하려고 아주 많이 시도했는데, 그것은 미국과 북한 모두에게서 커다란 반작용을 초래했다. 북한은 핵개발을 통해 안보를 추구했다는 것을 감추지 않았다. 둘째, 생존이 위협받고 안보 딜레마에 처해 있는 북한과 같은 나라는 핵무기 확보를 통해 국방을 보장받기를 원할 것이다. 북한은 자기들의 취약성을 잘 알고 있다. 초강대국의 지원이 약해지는 상황에서 약소국인 북한은 그 국방을 책임져야 하고 핵무기 개발은 한 가지 효율적 방법이다. 북한의 핵개발이 협상 칩이건 억지를 위한 것이건, 그것은 생존을 위한 수단이다. 북한은 미국이 1990년대 초 전술핵무기를 한국으로부터 철수시켰지만, 한국에 대한 핵 억지 공약이 견고하다는 것을 잘 인식한다. 그동안 북한이 NPT에서 탈퇴하거나 IAEA 사찰을 거부한 것은 속임수 못지않게 평양의 공포와 혼돈에서 비롯된 결과로 보인다. 셋째, 북한 핵무기는 한반도에서의 군사력 균형을 변화시키지 못할 것이고, 오히려 억지를 더 견고하게 만들 것이다. 한국과 동맹을 맺은 미국이 핵무기를 보유하는 상황에서 북한의 핵무기는 미국에 대한 억지력으로 작용할 것이다. 핵무기는 정치적 무기이고 군사적 무기가 아니다. 보통 핵무기는 공격에 사용되지 않는다. 핵무기라는 엄청난 무기의 보유로 인해 북한은 오히려 더 전쟁을 회피하려 할 수 있다. 한국에 대한 미국의 안보 공약이 확고한 한, 한반도에서의 전쟁 가능성은 낮고, 정치적 안정은 그대로 유지될 것이다.[41]

(3) 북한 체제의 속성

북한이 제기하는 수많은 위협에 대해 사람들이 서로 다른 견해를 제시하고, 특히 한국에서 보수 세력과 진보가 두 개의 서로 다른 극단적 생각을 가진 양대 진영으로 나뉘어 서로의 주장에 있어서의 격차를 줄이지 못하고 있을 때 북한을 탈출해 한국으로 망명

40 데이비드 강의 북한 행동, 남북한 관계에 대한 입장은 국제정치 분석에 많이 사용되는 전형적인 신 현실주의적 해석이다. Ibid., p. 264.

41 Ibid., pp. 265-267.

한 황장엽의 생각을 들어보는 것은 큰 의미가 있을 것이다. 아마 북한의 실상에 관해 황장엽만큼 잘 아는 사람도 드물 것이다. 북한 주체사상의 설계자이며 노동당 국제비서를 거치며 이론과 실무를 겸비한 황장엽의 의견을 들어보는 것은 북한 사회를 이해하는 데 많은 도움을 줄 것이다. 그는 북한 체제의 속성과 현실에 대해 어떻게 평가했을까? 한마디로 그는 북한 사회를 현대판 봉건사회로 규정했다.

■ 당 경제, 군사경제

김일성과 김정일은 '사회주의 지상낙원을 건설'했다고 항상 주장해 왔다. 그러나 오늘날의 북한은 경제 위기에 처해 있는데, 그것은 미국과 서방의 대북 경제 제재라기보다는 김정일의 봉건적인 개인 독재가 빚어낸 결과다. '당 경제'라는 명목하에 평양은 영도자 개인이 움직이는 개인 경제를 창출했다. 당 경제에는 일반 주민생활과는 달리 존재하지 않는 것이 없으며, 외화벌이를 위한 주요 기업을 망라하고 있다. 조선 노동당 직속 '39호실'의 '충성의 외화벌이'라는 구호하에서, 도, 시, 군의 당 조직은 토종 생산물 같은 특별한 수출 원천을 탐구해 외화를 벌어들인다. 군사 경제는 당 경제와 마찬가지로 일반 경제로부터 완전히 분리되어 있다. 북한 주민은 식량난에 허덕이고 공업 전반은 마비되어 있지만, 별개로 작동하는 당 경제와 군사경제는 국가 안보라는 미명하에 비밀리에 운영되며 모든 것에서 우선순위를 차지한다.[42]

1995년 100년만의 대홍수 참사를 겪은 북한에서는 50만 명이 기아로 사망했다. 그래도 김정일 집단은 수령이 국민 경제 살리기에 혼신을 다하고 있다며 수령 덕에 이만큼 잘 사는 것이라는 거짓 선전을 망설이지 않는다. 김정일은 경제에 관여하지 않으며, 경제는 모두 내각의 책임이다. 김일성은 생전에 김정일에게 국가 수뇌는 정치, 군사 문제에만 몰두해야 한다고 가르쳤다. 김정일은 당과 군사 관련 업무만 관장하고 경제의 실제 기획 및 시행은 완전히 내각 부서의 책임에 달려 있다.[43] 경제가 잘못 돌아갈 경우 내각의 경제 책임자를 경질해 가면서 모든 책임을 그들에게 떠넘긴다. 평양 당국이 부자세습의 나라이고 국민 생활에 신경 쓰지 않는다는 것은 김일성 시신을 그가 집무하던 주석궁인 '금수산 기념궁전'에 안치한 사실에서 잘 드러난다. 북한은 '빌어먹는 나라로 전락'했지만, 김정일은 그 궁전을 새로 꾸미고 시신을 방부 처리하는 데 8억 9천만 달러의 비용을 지출했다.[44]

42 황장엽, 「북한의 진실과 허위」, 서울: 통일정책 연구소, 1998, pp. 11-14
43 김일성 사망 이후 김정일 대외 행사의 가장 많은 부분은 군부대 방문, 군인들 사기진작에 맞춰져 있었다. 이 행동은 그의 선군정치 정책의 연장선상에 위치했다.

■ 김일성, 김정일 가계의 사기극

북한은 거의 준전시 체제로 항상 전쟁 분위기 사회다. 전쟁 분위기로 몰고 가는 것은 북한 주민도 아니고 한국도 아니다. 그것은 바로 북한 통치자들이다. 그들은 정의의 전쟁과 부정의의 전쟁을 구분하면서 항상 전쟁 준비에 몰두한다.[45] 그들은 늘 정의의 전쟁을 통해 미 제국주의로부터 한민족을 해방시키고, 남한 내에서 부르주아 독재로부터 신음하는 프롤레타리아 계급을 해방시켜야 한다고 주장한다. 그렇지만 김정일이 전쟁을 준비하는 것은 한반도를 적화통일하고 한반도 전체의 통치자가 되기 위해서다. 김일성 부자는 소련식 사회주의 이론을 10배나 더 개악하고 주체사상을 악용해 북한에 봉건주의식 사회주의를 도입했다. 그들은 수령론, 유기체론을 앞세우며 북한을 이중, 삼중 감시체제로 유도했다.[46]

김일성 집단은 혁명전통을 미화하는데, 그것은 자기들의 가계 통치, 부자세습을 위한 정치 선전일 뿐이다. 김일성은 본인이 일본 제국주의로부터 북한을 해방시켰다고 하는데, 실제 북조선을 해방시킨 것은 소련이다. 김정일은 백두산 밀영에서 태어난 것이 아니라 김일성의 소련군 복무 당시 러시아에서 태어났고 그 당시 '유라'라는 러시아 이름을 갖고 있었다. 그들은 미 제국주의의 침략에 맞서 싸워야 하는 총사령관 직책을 위해 김일성, 그의

혁명 전통 미화

부인 김정숙, 김정일을 3대 장군이라 칭한다. 김일성과 김정일의 부자세습은 도적질과 다를 바 없다. 김일성은 파렴치한 큰 도둑이고 김정일은 북한을 테러 국가로 변모시켰다. 김정일이 집권하면서 북한 경제는 과거보다 더 나빠졌고, 당과 군대의 사유화를 가속화했다. 과거 '당 중앙'으로 불리던 김정일은 지금은 '조국'이라 불린다. 어떻게 주민을 굶어 죽게 만드는 수령이 '조국'이 될 수 있는가? 김일성, 김정일 혁명 전통 미화는 북한의 전

----

44 시신 방부처리는 러시아가 세계 최고의 기술을 보유한 것으로 알려져 있는데, 평양은 김일성 시신 방부처리를 위해 러시아로부터 전문가를 초빙해 작업을 진행시켰다. 황장엽, p. 17.

45 공산주의 이론에서 정의의 전쟁(just war)은 억압받은 민족, 국가, 사람을 해방시키는 것이고, 부정의의 전쟁(unjust war)은 제국주의자들 간의 전쟁이라고 규정한다.

46 북한의 헌법, 노동당 규약에는 북한 정권은 프롤레타리아의 이익을 가장 중시하고 한반도를 주체사상화시키는 것이 조선 노동당, 북한의 궁극적 목표라고 규정되어 있다. Ibid. pp. 21-27.

주민을 대상으로 실시된다. 북한의 어린이들은 탁아소, 유치원 때부터 수령 우상화 교육을 받는다. 소년단 조직, 청년 조직도 예외 없이 김부자 우상화 교육을 받고, 청년 시절에는 김정일의 '총폭탄'이 되기 위한 교육을 받는다.[47]

김정일 집단은 절대로 개혁, 개방을 하지 않을 것이다. 그들은 개혁, 개방은 수정주의, 자본주의의 길이라고 비방한다. 공산, 사회주의 이론은 노동계층이 만들어 낸 것이아니라 문화적 지식인들이 만들어 냈다.[48] 북한의 개인 독재는 민주주의를 배제하고 오히려 봉건주의로 후퇴했다. 그 이유는 북한에는 민주주의에서 신봉하는 인간의 평등이아니라 신분의 차이가 계급화 되어있기 때문이다. 북한에서는 태어날 때부터 지주, 부르주아 계급의 자손은 모두 감시의 대상인데, 그것이 왕조에서나 가능한 출생에 따른 신분의 차이가 아니고 무엇인가? 김정일 집안이 개혁, 개방을 하지 않는 이유는 자기들의 죄가 너무 커서 그것을 세계 인민에게 공개할 수 없기 때문이다. 북한에 법은 존재하지 않는다. 그것은 법치 국가가 아니라 개인독재 국가일 뿐이다. 북한이 세계에서 저지른 테러는 모두 김정일이 지시한 것이다. 마약 밀매도 모두 김정일의 허락하에 진행된다.[49]

■ 강경 도발의 대외정책

북한은 대외정책 기본 이념으로 자주, 평화, 친선을 표방한다. 그러나 실제에 있어서는 자주, 친선보다는 고자세를 띠어 중국, 베트남과의 관계가 좋은 것은 아니다. 또 평화보다는 전쟁을 준비하고 테러를 일삼는 군국주의 사회다. 북핵 위기 당시 북한의 협상단은 한·미·일에 대항해 한국 불바다, 일본 중심부 타격의 공격 위협을 서슴지 않았다. 북한은 미국과의 협상이 장애에 부딪치면 비무장 지대, 군사 분계선에서 고의로 도발한다. 대외 도발의 경우 그것은 수시로 북한의 강경하고 보수적인 인민무력성 소행이라는 견해가 나도는데, 외교문제에 인민 무력성은 관여하지 못한다. 테러, 군사도발에 관한 설명은 모두 김정일의 지시로 외교부가 조작하는 것이다. 군부의 테러, 전쟁 발발 강경 발언은 모두 위협전술이다. 북한은 중국을 과거보다 덜 신뢰한다. 북한은 중국의 개혁, 개방이

---

47 한국 텔레비전 방송에 나타나듯, 북한은 어린이들에게 미국은 제국주의 국가이고 타도의 대상이라고 가르치며, 미군, 미국인을 표적으로 내세워 총검술 놀이를 시키면서 어린 시절부터 세뇌교육을 시킨다. ibid., p. 35, 45-46.

48 이것은 흥미 있는 견해이다. 마르크스, 레닌 모두 문화적 지식인이고, 그들의 사상이 전 세계 공산주의 설립의 기초가 되었다. 한편 과거의 마르크스주의는 전체 이론 차원에서는 상부구조의 하부구조에 대한 영향을 강조하는 신 마르크스 주의(neo-Marxism)로 수정, 진화했다.

49 탈북 외교관 고영환의 저서 「평양 24시」에 따르면, 주 스웨덴 주재 북한 대사 길재경은 마약 밀매 혐의로 추방됐다. 황장엽, pp. 56-58.

북한에 영향 미칠 것을 우려하고, 그래서 중국 개방 이후, 베이징의 대북한 영향력은 거의 차단됐다. 북한은 주변 4강대국의 갈등을 잘 이용한다. 미·중 갈등, 러·일 관계를 이용한다. 대외정책의 실제에 있어서 북한은 북·일 관계 정상화를 가장 중시한다. 그것은 일제 식민 배상금 확보를 위한 것이다. 북한은 미·북 관계 정상화가 이루어질 경우 미국 대사관이 평양에 설치되는 것에 반대하는데, 이것은 자유주의 사상 전파를 우려하기 때문이다.[50]

일본에 거주하는 교포에 대한 정책도 모두 기만적 성격을 띤다. 교포 정책의 핵심은 김일성 부자를 숭배하게 만드는 것이다. 북한은 일본에 설립된 조총련을 활용해 일본 정부와의 협상에 활용하고, 또 그들의 경제력으로부터 물질적 도움을 받는다. 조총련은 북한 체제를 모방해 자체 보위부도 운영한다. "조총련은 모든 면에서 북한 체계를 모방했고 일본 어디서도 볼 수 없는 북조선 형의 작은 독립왕국이다." 조총련은 200여 개의 합영회사를 만들어 북한을 지원했으나, 현재는 2, 3개만 가동된다. 북한은 또 범민족회의 같은 조직을 통해 해외 교포들을 평양으로 유인하고, 그들에게 수령 우상화, 사회주의 낙원이라는 기만 선전을 계속한다.[51]

■ 북한 사회의 핵심적 양상

북한은 전체주의적 사회주의와 동양식 봉건주의가 결합된 '현대판 봉건사회'로 지칭될 수 있고, 또 봉건적 사회주의로 불릴 수 있다. 북한은 과거 왕조와 같은 개인독재 사회이고 당은 절대적 위치를 차지한다. 중앙위원회 산하에 정치국, 비서국이 있는데, 실권은 비서국이 장악하고 있다. 사회 모든 분야에는 당 위원회가 설치돼 있다. 국가안전보위부는 비밀경찰 역할을 하고, 공개경찰 역할은 사회 안전부가 수행한다. 당 경제, 군대 경제는 일반 국가경제로부터 독립적으로 작동하는데, 이것은 봉건적 사회주의에서나 가능한 일이다. 모든 사회관계는 수령과 인민의 관계로 집약되고, 북한에는 세습적 계급이 존재한다. 주체사상은 봉건사상으로 변질됐는데, 전체주의, 계급주의, (유교의) 봉건주의가 얽혀서 수령 절대주의로 변모했다.[52]

50 북한에 대사관이 설치되어 있지 않은 미국은 북한 문제에 있어서 영국 대사관에 많이 의존하는 경향이 있다. Ibid., pp. 63-67.

51 Ibid., p. 74.

52 김일성이 사망했을 때 김정일이 3년 상을 치룬 것은 헌팅턴이 말하는 유교적 사회주의(Confucian Socialism)의 대표적 현상이다. Ibid., p. 81, 87-91.

2. 남북한의 통일 가능성

(1) 조기 통일론

냉전 종식 이후의 북한 대내외적 현실, 핵개발, 안보 행태의 본질, 체제 변화 가능성, 한국 및 국제 사회의 대응에 관한 많은 논의가 진행될 때, 북한의 미래 운명과 관련해 1990년 대 중반 한국에서 큰 반향을 불러일으킨 논문이 출판됐는데, 그것은 니콜라스 에버쉬타트(Nicholas Eberstadt)의 "조속한 한국통일(Hastening Korean Unification)"이었다. 그의 주장은 특히 한국에서 북한의 조기 붕괴 가능성을 급속히 확산시키는 계기가 되었는데, 과연 그는 북한의 미래에 대해 어떻게 예견하고, 또 그를 위해 어떤 논리를 제시했을까?

■ 조기 통일의 경제, 군사적 이익

북한의 주변국들은 모두 한국의 조속한 통일이 서울에 도움이 되지 않을 것으로 인식한다. 이것은 대체로 지정학적 또는 한국의 재정적 이유를 그 근거로 제시한다. 1991년 그 당시 노태우 대통령은 한국은 가속화된 통일을 원치 않는다고 선언했다. 독일 통일의 경험에 비추어 많은 전문가들은 북한이 정치, 경제 개혁을 이루고 한국이 재정적으로 충분히 준비가 됐을 때 통일을 하는 것이 좋을 것이라고 조언했다. 그렇지만 아론 프리드버그(Aaron Friedberg)의 예측대로 향후 국제정세가 더 경쟁적으로 치달을 가능성에 비추어 한국에 의한 자유민주주의로의 통일은 빠를수록 더 나은 것으로 보인다. 조지 H. W. 부시 대통령은 1992년 한국 방문 당시 한국이 통일될 날이 필연적으로 도래할 것이라고 말했지만, 제네바 합의에서 나타난 미국의 한반도 통일에 관한 가정은 그것이 장기적일 것을 예상, 전제한다. 미국은 개념적으로는 한국의 통일을 지원하지만, 제네바 합의에서 나타난 북한 핵 동결, 경수로 제공, 또 그에 필요한 사찰의 구체적 과정은 통일을 서두르지 않는다. 미국의 경우는, 한반도가 통일될 경우 미국이 한국과 체결한 안보조약, 전진배치에 차질이 빚어질 수 있는 상황을 예상하기 때문이다. 중국, 러시아, 일본이 한국의 조기 통일을 반대하는 것 역시 모두 자기들 나름의 이유가 있다. 중국의 경우는 북한이 미국과의 완충지역 역할을 하고 한중 경제관계가 유익하기 때문이고, 일본은 통일 한국이 제기할 외교, 경제 도전을 의식하기 때문이다. 러시아는 자국 문제를 해결하기 어려운 상황에서 그 지역에서 새로운 국가의 탄생을 반길 이유가 없다. 그렇지만 북한이 정치, 경제적으로 더 나아질 지는 미지수이고 또 미래의 남북한이 더 우호적 관계를 설정하게

될지도 의문이다.[53]

남북한 간의 경제 격차는 오히려 시간이 갈수록 더 벌어질 가능성이 높다. 북한의 경제는 1996년 광범위한 기아가 입증하듯 계속 하락하고 있고, 반면 한국은 OECD에 가입했고 인디아에 비견할 정도의 가난으로부터 벗어나 그리스, 포르투갈과 같은 생활수준을 누린다.[54] 북한 경제는 개혁, 개방 시에만 호전이 가능한데, 평양은 자유화 추진의 성향은 전혀 보이지 않는다. 비록 한국 초고속 성장의 속도가 둔화된다 할지라도 남북한 경제 격차는 갈수록 더 커질 것이고, 시간이 가면서 통일의 경제적 비용은 오히려 증가할 것이다. 많은 사람들은 독일 통일에서 서독이 동독에 쏟아 부은 비용을 고려해야 한다고 말하지만, 서독이 동독을 위해 사용한 자금은 경제성장을 위한 투자가 아니라 서독 수준의 사회보장 제공을 위한 것이었다. 아직 자국의 복지가 부족한 한국이 독일 모델을 그대로 채택할 이유는 없다. 한편 한국에 의한 조기 통일은 한국과 주변국 모두에게 경제적 이점을 가져다 줄 것이다. 한국은 노동력 부족의 완화, 임금 및 생산원가 절감의 혜택을 누리게 되고, 장기적으로 북한 인프라와 산업 능력 혁신에 따라 역동적인 공급효과 (supply side effects)를 경험할 것이다. 북한 경제의 근대화 효과가 한국으로 흘러들어 오면서 한국은 전후 일본, 독일과 같은 폭발적 경제성장의 가능성을 접할 수 있다. 중국과 러시아뿐 아니라 세계 여러 나라의 한국 투자도 더 커지고 그들 경제도 혜택을 볼 수 있을 것이다.[55]

· ·

53 Nicholas Eberstadt, "Hastening Korean Unification," Foreign Affairs, Vol. 76, No. 2 (March/April 1997), pp. 77-78.

54 2017년 구매력(PPP: Purchasing Power Parity)을 감안한 통계로 한국은 일인당 GDP에 있어서 32위로 39,446달러를 기록하고, 46위 포르투갈은 30,192달러, 51위 그리스는 27,861달러를 벌어들인다. 참고로 1위 카타르는 129,112달러, 2위 룩셈부르크는 107,736달러, 4위 싱가포르는 90,724달러, 13위 미국은 59,607달러, 19위 호주는 50,817달러, 21위 독일은 49,814달러, 24위 캐나다는 47,731달러, 27위 영국은 44,001달러, 28위 프랑스는 43,652달러, 30위 일본은 42,860달러, 35위 스페인은 38,238달러, 36위 이탈리아는 37,905달러를 기록한다. 러시아는 52위로 27,466달러이고 중국은 81위 16,674달러이다. CIA 자료에 따르면 2015년 북한 일인당 GDP는 1,700달러이다. 한편 2017년 현재 가격(current prices)을 기준으로 한 전체 세계 GDP 규모에서 한국은 12위 1조 4,980억 달러 수준으로 전 세계 GDP의 1.92%를 생산하고, 포르투갈은 2,027억 달러로 0.26%, 그리스는 1,931억 달러로 0.25%를 생산한다. 참고로 한국과 직접 관련이 있는 1위 미국은 19조 4,171억 달러로 세계 GDP의 24.9%, 2위 중국은 11조 7,953억 달러로 15.1%, 3위 일본은 4조 8,412억 달러로 6.2%, 러시아는 1조5,607억 달러로 2%를 차지한다. 유엔 통계국 자료에 따르면 2014년 북한의 GDP는 174억 달러이다. List of Countries by Projected GDP 2017 - StatisticsTimes.com, statisticstimes.com; UNdata/country profile/Democratic people's Republic of Korea, data.un.org; North Korea- The World Factbook - Central Intelligence Agency, https://www.cia.gov

북한의 군사적 위협이 줄어들 것이라는 보장도 없다. 많은 사람들은 북한의 핵개발이 중단된 것으로 믿지만, 북한은 핵전쟁 사령부를 설치했고, 알려진 것보다 한두 개의 더 많은 핵무기를 보유했을 수 있다. 북한은 그들 중요한 전략 구상의 일부인 핵 옵션을 포기하지 않을 것으로 보이고, 북한의 화학무기 제조능력이나 보유량 역시 세계 최고 수준이다. 또 미사일 개발도 노동 미사일, 대포동 미사일을 거쳐 장거리 미사일 개발에 박차를 가한다. 그러나 만약 한반도에 자유민주주의 성향의 통일 한국이 성립된다면 그것은 동아시아 안정과 번영의 초석이 될 것이다. 대치하고 있는 200만 병력은 축소될 것이고, 한반도의 대량살상무기는 해체되며, 통일 한국의 핵무기 포기는 동아시아 WMD 확산 방지에 도움이 될 것이다. 중국이 비밀리에 WMD 부품, 장비, 기술을 이전시키는 것은 더 어려워질 것이다. 통일 한국의 대외정책은 친서방, 온건, 실용주의적일 것이다.

■ 한국 및 주변국의 임무

그러나 조기 통일에 두 가지 장애가 존재한다. 첫째는 중국과 러시아가 한국 통일을 도울지 의문이다. 중국은 특히 한국의 현상유지를 선호한다. 그렇지만 중국, 러시아 모두 한반도 통일을 돕는 것이 그들에게 이익이 될 것이다. 예컨대 만약 북한의 위기로 인해 중동으로부터의 원유 수입이 중단된다면 그것은 주요 오일 수입국인 중국에게 심각한 타격을 입힐 것이다. 두 번째는 제네바 합의의 내용이다. 일부 전문가들은 제네바 합의는 그 이행 절차상 미국과 동맹국들을 북한에 끌려 다니게 하고, 반면 평양이 그 합의 이행의 주도권을 갖게 설계되어 있다고 지적한다. 특히 미·북 관계 정상화를 비롯한 복잡한 로드맵은 조속한 한국 통일의 비전을 제한한다. 제네바 합의는 북핵 문제 해결을 위해 만들어진 것이 아니라 단지 그 문제를 순연시키게 한다. 북한 핵 문제는 소련식 원자로의 기술적 명세에서 유래하는 것이 아니라 북한 국가의 성격과 의도에서 유래한다. 북한 정권은 그 자체로서 핵문제이고, 평양 정권이 존속하는 한 핵문제도 함께 존속할 것이다. 제네바 합의 문서로 인해 한국 통일이 늦어지는 것은 큰 문제다.[56]

한국 통일에 대해 가장 큰 영향을 가진 서방 국가는 한국, 미국, 일본이다. 한국은

---

55 Eberstadt, pp. 81-83.

56 에버쉬타트의 예측대로 제네바 합의는 북한 핵문제를 순연시킨 것뿐 아니라 북한에게 추가 핵개발을 시도하는 시간을 준 결과가 됐다. 이것은 북한이 제네바 합의를 위반하고 비밀리에 우라늄 농축 장비를 파키스탄으로부터 도입해 1년에 1~2개씩 핵탄두를 제조했기 때문이다. 북한의 강석주 외무 부상은 조지 W. 부시 행정부의 제임스 켈리 국무부 동아태 차관보가 평양을 방문했을 때 우라늄 농축 장비를 보여주면서 비밀 핵 개발을 시인한 바 있다. Ibid., pp. 88-89.

조기 통일의 필요성에 대해 국민을 설득하고 구체적 청사진을 마련해야 한다. 또 미국, 일본은 한국과 함께 다자 차원의 준비를 해야 한다. 통일을 지향하는 한국은 세계적 기준에 맞도록 국내 개혁을 추진해야 한다. 한국에는 오랜 개방 경제임에도 불구하고 시장 경제의 왜곡이 존재한다. 일본이나 유럽연합보다 더 극단적인 농업 보호주의는 폐지돼야 하고, 재정자본 시장은 더 개방되어야 하며, 외국 투자를 위한 전체적인 여건은 더 개선되어야 한다. 한때 김영삼 대통령이 '한국병'이라고 부른 시민 의식과 법체계 역시 개혁이 필요하다. 1996년 한일 양국은 독도 분쟁을 겪었는데, 서울-도쿄 관계는 더 증진돼야 한다. 한·미·일 협력, 국제기구 및 일본, 서방의 한국 투자는 북한 지역 경제 살리기에 큰 도움이 될 것이다. 북한에 대해서 한국은 억지와 함께 화해도 시작해야 한다. 분단된 한국의 상처를 치료하는 것은 중요한 임무다. 통일 이후에도 강력한 한·미 안보관계가 선호되고 국제 자본이 유입되는 것은 경제 회생 비용 마련에 큰 도움이 될 것이다.[57]

(2) 북한 생존론

국내외에서 북한 붕괴 가능성이 점쳐지고 한국에서 조기 통일에 대한 열망이 커져갈 때 북한 사회주의 체제, 북한 사회의 독특한 성격을 감안해 평양은 간신히 명맥을 유지하는 가운데 그럭저럭 살아갈 수 있을 것이라는 견해가 등장했다. 마커스 놀랜드(Marcus Noland)가 제기한 이 주장은 에버쉬타트가 시사한 북한 붕괴가 가능하고 조기 통일을 달성해야 한다는 설명과 대비돼 많은 이목을 끌었는데, 2018년 현재 과거의 북한을 돌아볼 때 현실을 잘 설명하고 미래를 정확하게 예측한 탁월한 분석으로 평가된다.

■ 체제 유지가 가능한 북한 경제

전례 없는 기아가 북한 일부에서 진행되고 전반적인 경제는 형편없지만, 평양정권은 체제 유지를 위한 최소한의 요건은 외부의 지원이 없이도 유지할 수 있을 것이다. 무엇보다 염두에 두어야 할 것은 북한 경제에 관한 실상을 알기 어렵다는 것이다. 북한에서 모든 경제, 사회 통계는 비밀로 간주된다. 북한 경제에 관한 통계는 대부분 실제로는 한국은행이 산출해 낸 자료에 근거한다. 그리고 그 자료는 한국 정보기관이 확보한 데이터를 취합한 것에 한국 가격과 실제 생산 지표에 부가가치 상수를 곱해서 산출한 것이다. 원래 최초의 추정치가 부정확하기 때문에 그 진위를 알기 어렵고, 한국 가격과 부가가치 가중치가 적합한 것인지도 확실치 않다. 더구나 최종 성장률 수치는 한국 정부 부처 간 협상에 의해 정해진 것이라는 소문도 있다. 그런 상황에서 한국은행은 북한 경제가 1991년부터 1996년 기간 약 30% 정도 감소되었다는 통계치를 제시하는데, 그것은 전환기 경제에서 아주 나쁜 수준은 아니다. 동시에 북한에서는 GDP 통계치와 같은 비율로 주민 생활이 하락되는 것은 아닌데, 그 이유는 주택, 교육과 같은 전반적인 서비스 부분은 사회주의 회계 체계에서는 추정이 어렵고, 또 제조품 생산의 축소만큼 하락하지는 않기 때문이다. 따라서 GDP 감소가 반드시 고통의 지수나 정치적 불만의 지수로 간주될 수는 없다. 물론 북한의 대외경제에 관한 통계는 상대적으로 정확하다. 이것은 상호 확인이 가능한 외국 정부의 보고 수치를 오류 보고와 수송비를 감안한 이후 무역 추정치와 자본이동 추정치를 산정하기 때문이다. 그런 점에서 북한 무역에 관한 몇 가지 사항은 확실하다. 그것은 북한 무역 상대국이 상대적으로 적은 몇몇 국가에 한정돼 있고, 무역량이 축소되는 가운데 만성적 무역적자를 경험하고 있다는 것이다. 북한은 중국과는 적자를, 또 한국과는 무역 흑자를 기록하고 있는데, 만약 중국, 한국 두 나라가 정치적 관계를 감안해 북한과의 무역을 진행한다면, 그것은 결과적으로 두 정부가 북한의 무역을 지원해 주는 것과 마찬가지이다. 그럼에도 오늘날의 북한은 수억 달러의 재정 적자를 경험하고 있다. 북한 달러 수입의 가장 큰 원천은 일본에 거주하는 소수 한국인들이다. 일본 거주 일부 한국인들이 북한으로 달러를 직·간접으로 송금하는데, 그 양은 연간 최소 수백만 달러에서 최대 20억 달러에 이른다. 이 통계에도 보통 수천만 달러의 계산 편차는 존재한다. 이 돈은 많은 경우 재일 한국인들이 파친코(pachinko) 사업에서 번 돈이다. 북한은 지금 경제 곤경을 극복하기 위한 한 방법으로 나진－선봉 경제특구를 운영하는데, 그 정도로 북한 경제의 하락을 막을 수는 없을 것이다. 한편 경제 난관이 정치 변화로 이어진다는 확실한 이론은 없으며, 주체사상은 북한의 민족주의에 잘 접목돼 있다. 1980년대 동유럽과는 달리 북한에서 대중의 불만을 정치 행동으로 연결시킬 제도는 없다. 중국, 일본, 한국이 북한의 붕괴를 원치 않는 상황에서 북한은 그럭저럭 생존할 가능성이 높을 것이다.[58]

■ 외부의 지원

북한 농업은 원천적으로 구조적 문제점을 갖고 있다. 가장 큰 문제는 관료제가 운영하는 집단 농장이 필요한 효율성을 확보하지 못하는 것이다. 북한의 집단 농장은 경지를

---

58 Marcus Noland, "Why North Korea will muddle through," Foreign Affairs, Vol. 76, No. 4 (July/August 1997), pp. 107-108.

제대로 경작하지 못했고, 비료 사용도 너무 취약했다. 또 최근의 홍수는 복구에 수십 년이 걸리는 환경 파괴를 초래했다. 집단농장을 운영하면서 식량을 자급자족 하는 것은 불가능한데, 현재 북한의 식량 부족분은 약 200만 톤에 달한다. 북한의 에너지 문제는 어떤가? 북한의 에너지 난 역시 심각하다. 북한은 연료와 비료 생산을 위해 원유 수입에 의존해 왔다. 그러나 외화 부족과 러시아, 중국으로부터의 특별가격 지원 축소는 원유수입을 크게 축소시켰다. 전기 생산은 기본적으로 석탄, 수력발전에 의존해 왔는데, 국내 석탄 생산이 악화되면서 전기 생산도 더 어려워지는 상태다. 발전 송전망은 트랜스미션 유실로 고전하고 있다. 1994년 제네바 합의는 경수로 원자로 건설기간과 전기 송전망 복구기간 동안 원유를 제공하는데, 그것은 약간의 에너지 문제를 시정해 줄 것이다. 그래도 1991년 전기 생산 수준에 도달하려면 북한은 더 많은 추가 에너지를 필요로 할 것이다.[59]

만약 식량과 에너지에 관한 객관적 추정이 옳다면, 북한은 그 정도의 부족분을 구매하는 데 큰 어려움을 겪지 않을 것이다. 그것은 수천만 달러면 가능할 것이다. 기아가 전국에 광범위한 것으로 알려지고 있지만 그것은 지방의 농민이 아닌 노동자 계층에 더 큰 영향을 미치고 그래서 알려진 것과 같이 전국적이기보다는 몇몇 지방에 제한된 것일 수도 있다. 북한 정부의 중앙 식량배급 체계가 과거보다 악화된 것은 사실이지만, 그래도 중앙 정부의 경제 기능은 생각보다는 일관성을 갖고 시행된다. 이 과정에서 정부는 국민의 묵종을 유도하는 데 큰 장애는 겪지 않는 것으로 보고되고 있다. 전체적으로 중앙정부가 주민 생존을 위해 필요로 하는 경제 총량은 북한 경제의 오차 범위 내에 있을 것이다. 북한은 외부로부터의 도움이 없이도, 또는 아주 작은 도움으로도 생존할 수 있을 것이다. 중국, 한국, 일본이 조금이라도 북한을 지원하려는 의도가 있다면 북한의 생존은 문제가 없을 것이다. 중국은 이미 대북 식량 지원을 추진하는데, 일부는 국가 간 무역, 일부는 상업적 교환, 또 일부는 조건 없는 원조를 통해서이다. 수십 년간 국가 주도 계획경제, 집단생활을 영위해 온 북한은 아마도 아프리카, 인도 대륙의 최악의 기근은 막을 수 있을 것이다.[60]

· ·

59 북한의 대부분 경제 문제는 일차적으로 구소련으로부터 유입되던 원유를 포함해 사회주의 국가 간 원조 성격의 무역 중단에서 유래했다. Ibid., p. 109.

60 북한 경제가 살아남은 몇 가지 요인은 장마당을 통한 자력갱생 노력, 제네바 합의에서 유래하는 경제 지원, 김대중 정부 햇볕정책을 통한 대북 지원, 그리고 가장 결정적으로 중국의 공개, 비공개 지원을 포함했다. 그 과정에서 북한은 1990년 대 말로 가면서 처음으로 플러스 경제 성장을 기록했다. Ibid., p. 110.

■ 북한의 세 가지 옵션

북한 정부가 가진 옵션은 세 가지다. 첫 번째는 문제를 해결하기 위한 근본적 개혁이지만, 그것은 정권의 생명을 위협한다. 두 번째는 붕괴를 각오하고 현재 위기를 넘기기 위해 그대로 버티는 것이다. 세 번째는 임시로 적응하면서 그럭저럭 살아가는 것이다. 첫 번째 개혁옵션은 가장 좋은 방법이다. 그러나 중국, 베트남식의 개혁은 북한에서는 어려울 것이다. 중국과 베트남에서는 농업이 많고 국가가 소유한 중공업 분야가 상대적으로 발달되지 않았었다. 그들은 농업 분야에서 개혁을 시작했는데, 그곳에서는 가격 자유화가 효율적 이득을 창출했고, 저생산 잉여 농업 노동력이 새로 출현하는 비 국가 또는 준 민간 경공업 및 서비스 분야로 흡수돼 국가 경제 전환에 필요한 세제 재원으로 사용됐다. 그러나 북한의 경우는 다르다. 북한은 중공업이 많아 개혁과 경제 전환에 어려움이 있다. 동시에 일단 개혁을 시작하면 한국과의 관계를 비롯해 국제 여건상 평양 정권은 위험에 처할 것이다. 안전한 외부 환경이 없는 상태에서는 북한 군대도 국가 안보를 위험하게 하는 경제 개혁에 반대할 것이다.[61]

두 번째 방안은 그대로 버티는 것인데, 이것은 북한 주민 상당수를 위험에 처하게 할 것이다. 북한 붕괴로 인한 통일 비용은 적어도 1조 달러로 예상되는데, 이것은 한국이 감당하기 어려운 큰 금액으로 독일 통일 비용보다 더 비싸다. 만약 북한이 붕괴되면, 한국은 북한 주민의 남하를 막기 위해서 비무장 지대에서 남하하지 못하도록 하거나, 아니면 북한 지역에 해외투자를 유도해 그들이 그 지역에 머물도록 해야 할 것이다. 그 경우 World Bank는 향후 오랜 기간 매년 44억 달러를 지출해야 할 것이다.[62] 세 번째는 개혁과 버티기 양극단 사이의 중간 공식으로, 임시 처방을 통해 그럭저럭 살아가는 옵션이다. 여기에는 루마니아의 교훈이 적용될 수 있을 것이다. 루마니아와 북한은 일인당 국민소득, 사회지표, 노동의 분양별 분산, 그리고 중앙 계획경제와 그로 인한 문제점에서 아주 비슷하다. 니콜라이 차우셰스쿠(Nicolae Ceausescu)의 개인 우상 숭배는 1971년 평양을 방문한 데서 비롯되었다고 말한다. 루마니아와 북한은 둘 다 1970년대 계획경제 접근법

61 순전히 경제적 측면만 고려하면 마커스의 설명대로 북한의 경제는 고도로 중공업화, 군사화되어 민수 경제로 전환하기 어려웠는데, 이것은 1990년대 옐친 시기 러시아 경제 현실과 비슷했다. 그렇지만 개혁, 개방이 더 어려웠던 이유는 그로 인해 한국의 자유주의, 시장경제 문화가 유입되면서 초래될 붕괴 가능성을 우려했기 때문이다. Ibid., pp. 112-113.

62 이 분석이 반드시 옳은지는 의문인데, 왜냐하면 에버쉬타트의 설명대로 국제 사회의 지원을 토대로 이 문제를 해결해 나갈 수 있기 때문이다. 또 통일은 일시적 경제 문제를 넘어 더 중요한 가치를 지니는 중요한 일이기 때문이다.

이 실패하면서 경제적 문제를 겪었다. 한 가지 차이점은 루마니아가 외채를 갚는 결정을 한데 반해 북한은 서방 채무자들에 대해 국가 부도를 내버린 것이다. 서방에 대한 채무 이행을 위해 국내 소비를 억제하면서 루마니아 주민들의 생활은 하락하기 시작했고, 1985년 에너지 위기 기간 악천후에 의해 경제가 치명타를 입은 후 주민 생활은 더 악화됐다. 루마니아 사람들은 악조건에서 일하도록 강요됐고, 농업 기계는 가축으로 대체됐다. 그럼에도 1987년까지 주민의 봉기는 일어나지 않았고, 차우셰스쿠 정권은 무사했다. 쿠바, 자이레, 이라크의 경우도 비슷하다. 루마니아의 차우셰스쿠가 국민의 혁명에 의해서가 아니라 쿠데타에 의해 축출된 것은, 북한에서 쿠데타만 방지하면 주민의 혁명이 일어나지 않을 수 있음을 반증한다. 김정일과 간부들이 정치와 군사 문제를 그럭저럭 잘 운영해 나가면, 북한의 주민 봉기는 막을 수 있을 것이다.[63]

■ 관련국들의 상이한 입장

중국, 러시아, 일본, 그리고 한국까지도 통일 한국보다는 현상유지를 선호하는 것으로 보인다. 중국은 북한을 완충국으로 간주하고, 남북한 사이에서 외교를 하고 있다. 러시아, 일본도 북한을 완충국으로 유지하는 데 필요한 재원 사용을 마다하지는 않을 것이다. 그렇지만 미국에게는 한반도 통일이 이익일 수 있다. 대량살상무기 확산 방지 차원에서, 주한미군의 안전에서 그렇다. 다른 나라와 달리 통일 한국에 대한 미국의 이익은 특별하다. 어쨌든 북한은 루마니아 식으로 그럭저럭 생존할 수 있고, 특히 중국이 도우면 체제유지의 가능성은 더 커질 것이다.[64]

---

63 그것이 아마도 김정일, 김정은 모두 주민 생활과는 관계없이 정치, 군사에만 모든 노력을 집중하는 이유일 것이다. Noland, pp. 114-117.

64 중국의 대한반도 정책은 오랜 기간 두 개의 한국 운영이라고 불렸고, 북한 붕괴에 반대하는 러시아의 푸틴 대통령 역시 북한의 생존을 위해 정치, 경제적으로 공개, 비공개적으로 지원한다.

1990년대는 이미 과거이며 역사가 됐다. 그것은 불과 20여 년 전으로 오늘날의 모든 사람들 기억 속에 그대로 생생하게 남아 있지만 다시는 돌아올 수 없는 시간이고 그 시대 각국의 의사결정, 행동, 그리고 그로 인한 결과를 되돌릴 수는 없다. 그 당시 경쟁하는 국가들의 수뇌와 정책 입안자들은 아마도 그 상태에서 자기들에게 최선이라고 생각되는 결정을 내렸을 것이다. 그러나 그들의 정책과 행동은 전혀 다른 양상을 띠었다. 그것들이 어떻게 서로 다르고, 그 이유는 무엇이며, 또 궁극적으로 그런 현상이 무엇을 의미하고 어떻게 해석되어야 하는지에 관한 분석은 국제관계의 이해에 많은 도움을 준다. 다른 한편, 수십 년이 지난 오늘날 그 시대를 객관적, 중립적으로 되돌아 볼 때 그 당시의 행위가 반드시 옳은 것, 또는 합리적인 것이 아니었을 수 있다는 생각이 들 수 있다. 또 다른 경우에는 과연 더 나은 결정이 있었을까 하는 판단을 내리기도 어려울 것이다.

그 당시 각 국가 행위의 옳고 그름이나 합리성에 관한 판단에 있어서의 어려움은 국제문제 전문가들의 견해에도 그대로 적용된다. 모두 다 탁월한 지식과 이해를 보유한 전문가임에도 불구하고 그들의 생각은 많은 차이를 나타낸다. 절대적으로 옳고 합리적인 것이 있는지, 아니면 상대적으로 더 옳은 것이 있는지, 아니면 옳고 그름 없이 서로 다른 것뿐인지를 포함해 많은 사안이 관심의 대상이다. 그럼에도 불구하고 국제정치 수천 년의 역사 속에서 관찰되는 계속성과 변화에 대한 인식은 그 당시 행동, 그리고 그에 대한 전문가 설명에 관한 보편적 평가를 내리는 잣대로 작동하고, 그것은 미래의 정책 결정에 중요한 교훈을 제공할 것이다. 여기서는 그 당시 각국의 정책과 행동, 그리고 그를 분석한 석학들의 해석에 관련된 몇 가지 특기 사항을 검토하고, 그것이 오늘날의 뒤돌아본 시각에서, 또 세계사적 관점에서 어떤 의미를 갖는지에 관해서 논의할 것이다.

1. 1990년대 미국 외교의 단면

큰 틀에서 볼 때, 클린턴 시대 미국의 외교, 안보는 성공적이었다. 어렵고 힘든 과정을 거쳐 확보한 국제적 주도권과 패권유지 목표를 달성하기 위한 정책 수단의 행사와 결과는 상당 수준 성공을 거두었다. WMD 확산의 방지에 있어서 START I과 넌―루가 프로그램은 큰 차질 없이 진행됐고, 이라크와 북한을 포함하는 몇몇 지역위협에 대한 규제는 적어도 일단은 동결 상태로 진입했다. 국가 부채는 클린턴 임기 말 GDP가 8조 달러로 증가하면서 더 이상 문제가 되지 않았고, 민주주의 확산 노력은 소말리아에서는 다소 문제가 있었지만 보스니아와 아이티에서 그런 대로 좋은 성과를 거두었다.

클린턴 행정부 자신은 워싱턴의 국제적 시도가 많은 성공을 이루는 것으로 생각했고 미국 국민들 역시 상당수는 자국의 세계 질서 유지 노력이 많은 성과를 거두는 것으로 인식했다. 또 그 당시 현실에서는 그것이 사실이었다. 그렇지만 그것은 문제가 없는 것은 아니었고 또 미래에 어떤 결과를 가져 올지에 대해서는 아직 충분히 예견되지 않은 상태였다. 예를 들어 강대국 관계에서 미국의 행동은 러시아로부터 큰 반발을 초래했고, 그것은 나중에 푸틴 집권 이후 돌이킬 수 없는 관계로 이어졌다. 미·러 관계가 곤경에 처한 가장 큰 이유는 나토를 동유럽으로 확대시키려는 워싱턴의 의도에 모스크바가 강력하게 반발했기 때문이다. 그동안 서구 민주주의를 선호하는 옐친 행정부는 세계의 리더 미국의 지침에 충실하면서 정치적 다원주의, 시장경제 정착에 많은 노력을 기울였다. 옐친은 워싱턴이 제시한 경제 처방에 반대하는 의회에 맞서 물리적 충돌을 감수해가면서 시장경제를 옹호했고 낮은 가능성에도 불구하고 클린턴의 독려에 따라 두 번째 대선에 출마해 재선에 성공했다. 그런 옐친 행정부에게 나토를 동유럽으로 확대시키고 그곳에 미사일 방어망까지 설치하려는 워싱턴의 시도는 돌이킬 수 없는 배신감을 안겨주었다. 코지레프의 설명에서 나타나듯 미국에게 정책 변경을 요구하는 옐친 행정부의 간절한 호소는 워싱턴으로부터 아무 긍정적 답변을 듣지 못했고, 미국의 모스크바 요청에 대한 일방적 무시는 시간이 가면서 두 나라가 서로 다른 길을 가는 결정적 계기로 작용했다. 나중에 옐친이 물러나고 푸틴이 집권한 이후 미국 대통령 조지 W. 부시 역시 러시아의 반대에도 불구하고 ABM으로부터 일방 탈퇴해 모스크바로 하여금 START II의 무효화를 선언하게 만든 바 있다.

미국의 행동과 러시아의 반발을 어떻게 해석해야 할까? 얼핏 보면 미국은 무자비하고 러시아는 윤리적으로 피해자로 보일 수 있다. 왜냐하면 무소불위의 미국이 혼란 속에 방황하는 러시아를 철저하게 약화시키고 조금이라도 더 유리한 안보 우위를 확보하려 시도하는 것이 지나치게 이기적이고 무자비하게 보일 수 있기 때문이다. 그런 측면이 없는 것은 아니다. 워싱턴이 서구 민주주의를 선호하는 옐친 행정부의 입장을 감안해 모스크바의 진언을 수용했더라면 아마 양국 관계는 더 순항했을 것이다. 그러나 미국을 반드시 비난할 수는 없을 것인데 왜냐하면 호불호를 떠나 강대국, 우위의 국가가 상대적으로 약한 국가의 의사를 무시하고 자국 의지를 밀어붙이는 것은 아직도 존재하는 역사적 계속성의 중요한 일부분이기 때문이다. 워싱턴 지도자들은 자기들 합리화를 위해서도 여러 가지로 생각했을 수 있다. 미국의 나토 동진은 불과 수십 년 전 관행인 식민화도 아니고, 러시아의 자산을 약탈한 것도 아니며, 그 대신 아직 불완전한 미국 안보를 한 치라도 더 안전하게 만들려는 조치이다. 나토의 동진은 러시아가 적으로 변신할 가능성을 완전히 배제할 수 없기 때문이며, 동시에 동유럽 국가들로부터의 요청이 있었기 때문이다. 만약 모스크바가 서방과 적대 의사가 전혀 없다면 그들이 한때 구상했듯 러시아 역시 나토의 일원이 될 수도 있을 것이다. 미사일 방어망의 동유럽 설치 역시 비슷하다. 워싱턴은 계속 그것이 이라크, 북한, 이란을 포함하는 불량 국가들로부터의 소규모 공격에 대비한 것이라고 말해 왔고, 그것이 수천 개의 러시아 미사일이나 높은 수준의 중국 미사일 방어에 거의 효용이 없다는 것은 이미 널리 알려진 사실이다. 만약 러시아가 서방에 대한 적대감이 없다면, 또 미사일을 발사할 의도가 없다면 미사일 방어망 설치에 반대할 이유는 없을 것이다.

워싱턴으로서는 더 많은 생각을 했을 수도 있다. 러시아는 지난 수십년 간 미국을 붕괴시키려 모든 것을 동원한 당사국 소련의 후예이고, 새로운 지도자의 등장, 경제력 상승, 또는 국내 여론 변질에 따라 그 대외정책이 어떻게 변화할지 알 수 없다. 러시아는 아직 수천 개의 전략, 전술 핵무기를 보유한 채 각종 무기를 수출하고, 세계 굴지의 에너지 대국이며, 구소련 공화국들에 대한 영향력을 재확보하려는 움직임을 보인다. 1996년에는 아직 공산주의를 고수하며 자유민주주의를 극구 부정하는 중국과 '전략적 동반자' 관계를 새로이 체결하고, 상하이 5국 협력회의에서 군사, 경제 대화, 연합 군사훈련을 실시한다. 공개, 비공개적으로 미국의 국제적 주도권에 반대해 다극체제를 지향한다고 선언하며, ABM 조약 폐기에 반대하는 러시아를 신뢰하기는 어렵다. 역으로 생각해 보면 이 논리는 더욱 확실해질 것이다. 만약 냉전에서 공산주의 소련이 승리하고 미국이 패배했다면 그 결과는 어떻게 됐을까? 나토의 보호가 사라지고 군사력이 취약한 서독은 소련의 지원을 받는 공산 동독에 흡수되지 않았을까? 서유럽 각국에서 공산주의, 사회주의 세력이 발현하며 도미노 효과를 발휘하지 않을까? 소련은 미국의 군사적 재기를 막기 위해 아마 핵무기를 포함해 상당부분 재래식 전력 폐기에 나설 것이다. 불과 몇년 전 미국, 영국, 프랑스는 같은 나토의 일원인 통일 독일에게 핵무기 개발 금지, 병력의 일정 상한선 준수를 통일의 조건으로 강제 부과했는데, 소련은 미국에게 그렇게 하지 않을까? 또 미국 국내에서 다당제와 사유재산제를 철폐하고, 공산당을 부활시키며, 개인의 자유보다는 다수의 의사, 개인의 인권보다는 대중의 권리, 자유주의 헌법보다는 공산당 규약을 강요하지 않을까? 미국과 미국인들은 아마 자신들이 소련이나 과거 어느 서방 패권국, 또는 어떤 역사 속 제국보다 더 시혜적이고 온건하다고 생각했을 것이다. 그런 인식은 1998년 클린턴이 베이징 대학에서 한 연설에도 잘 나타나 있다. 미국은 더 단순하게 생각했을 수도 있다. 그것은 앤서니 레이크 설명의 맥락에서, "강대국은 할 수 있는 일을 하고 약소국은 해야만 하는 일을 한다"는 펠로폰네소스 전쟁의 격언은 오늘날에도 유효하고, 인간성의 불완전에 기초한 현실주의 이론은 오늘의 친구가 내일의 적으로 바뀔 가능성을 배제하지 않는다고 가르친다는 것이다.

미국의 미·중 관계 운영 역시 큰 문제는 없었지만 그것도 워싱턴의 의도대로만 흘러가지는 않았다. 미국은 처음부터 중국에 대해 견제와 협력을 병행 구사했다. 워싱턴은 한편으로는 중국을 서방 중심의 국제사회로 통합시키기 위해 천안문 사태 이후 부과된 경제 제재를 철회하면서 중국의 WTO 가입을 지지했고, 다른 한편으로는 공해상에서 이란행 중국 선박을 검문하고 미·일 가이드라인을 개정하면서 중국의 일탈 방지에 대한 준비를 게을리 하지 않았다. 그렇지만 중국은 필요할 경우 최소한의 조치는 취했는데, 리덩후이의 미국 방문 당시 베이징의 미사일 시험발사와 코소보 사태 당시 중국 온 국민의 항의가 그런 경우였다. 특히 위에 설명했듯 1989년 관계정상화 이후 점진적으로 발전된 중·러 관계는 1996년 전략적 동반자 관계 선언을 거쳐 상하이 5국 협력회의 창설과 SCO 재편, 그리고 2001년 중·러 선린우호협력 협정 체결로 이어졌는데, 그것은 반미, 반서방적 성격을 띤 행위로 이해될 소지가 충분했다. 결과적으로 미국의 대중국 관계는 워싱턴에 분노한 러시아와 워싱턴에 불만을 가진 중국 두 나라가 전략적 동반자 관계를 형성해 미국, 나토, 미·일 동맹에 대치하는 잠재성을 띤 형국으로 점진적으로 진행돼 가고 있었다.

반면 미·일 관계는 큰 문제없이 진행됐다. 처음부터 일본은 미국의 국제적 주도권에 도전할 생각이 없었고, 미·일 양국 간 경제 불균형 문제는 협상이 진행되면서 일본의 무역흑자 축소, 추가적 시장 개방, 국내 소비 진작을 포함해 서로가 이해할 수 있는 조치에 대한 합의로 귀결됐다. 미국은 WTO, APEC, NAFTA, 그리고 새로이 부상하는 신흥 10개 시장에서의 경제이익 확대로 경제 활성화를 이루었고, 일본 국내경제의 침체, 중국으로부터의 무역 적자 확대는 한동안 미·일 관계를 괴롭혔던 경제관계 해소의 계기가 됐다. 동시에 미·일 가이드라인 개정을 포함하는 양국 안보협력은 북한의 핵개발, 부상하는 중국의 힘, 중·러 관계의 새로운 움직임에 자극받아 고이즈미 총리 이후 양국 관계의 강화로 이어졌다.

클린턴 행정부의 대외정책, 군사정책은 어떤 특성, 특징을 갖는가? 클린턴 행정부 외교, 안보에서 우선 관심을 끄는 것은 민주주의 확산 정책이다. 탈보트에 따르면, 미국은 외국의 국내정치에 큰 이해관계를 갖는데, 그것은 다른 나라에 자유민주주의를 확산시키려는 워싱턴의 노력을 의미한다. 마이클 도일이나 그의 말대로 모든 나라가 자유민주주의를 수용한다면 국가 간의 갈등은 상대적으로 축소될 것이다. 역사적으로 대부분의 나라가 비슷한 정책을 취했다. 심지어 공산주의도 자기들 체제 이식, 유지를 원했다. 스탈린의 동유럽 공산화를 넘어 흐루시초프의 헝가리 침입, 브레즈네프의 프라하의 봄, 고르바초프의 발트 3국 방문 모두 그런 경우다. 탈보트는 미국 공화당도 민주주의 절차 회복을 위해 외국에 개입했다고 말한다. 민주주의를 사랑하고 그에 대해 큰 자부심을 갖는 미국인들이 다른 나라가 동일한 가치, 국내정치 질서, 제도를 공유하기를 원하는 것은 자연스러운 일이다. 그렇지만 상대적으로 미국 공화당은 민주주의 가치를 옹호하면서도 외국에 대해서는 전략, 경제와 같이 각국의 객관적 이익 중심으로 국제관계를 풀어나가는 것이 더 바람직하다는 점을 강조한다. 그 이유는 그들은 그것이 내정간섭으로 비칠 수 있는 것을 우려하기 때문이다. 실제 외국의 경우 자유민주주의의 가치를 옹호하는 나라는 미국의 민주주의 확산 시도를 선호하지만, 16~18억의 이슬람, 14억의 중국, 1억 4천만의 러시아를 포함해 세계 인구의 절반은 자유민주주의에 대한 선호가 별로 없고 더 나아가 적대적으로까지 생각할 수 있다는 점을 염두에 둘 필요가 있다. 헌팅턴은 자유민주주의는 세계의 많은 곳에서 배척받고 있다는 점을 강조하면서, 결국은 그것이 '문명의 충돌' 원인이 되고 있다는 점을 지적한 바 있다. 그는 또 자유민주주의는 원래 유럽이라는 먼 지역의 희귀한 개념으로 서방의 등장이라는 역사적 과정에서 보편적 개념으로 인식된 것이라고 말하면서, 어느 나라가 자유민주주의를 시행하려면 그것은 선거를 넘어, 개인의 자유, 법치, 인권, 공정한 경쟁과 같은 근본적 가치를 내포해야 한다고 덧붙였다. 그 이유는 민주주의는 권력의 분산을 포함해 국민에 의한 지배를 의미하는 보편적 개념인 반면, 자유민주주의는 민주주의를 실현하는 한 가지 특수한 방법으로 서방이 추구하는 이데올로기적 방식이기 때문이다. 공산주의가 인민민주주의라고 말하고, 아랍의 봄이 자유민주주의로 가는 것은 아니며, 중국의 민주주의도 현재로서는 자유민주주의로 가지는 않을 것으로 보는 것은 모두 그런 관점에서 이해될 필요가 있다. 탈보트는 또 민주주의 확산은 이상주의적 발로이지만 그것은 현실주의적 고려와 맞물려 시행된다는 점을 강조한다. 이것은 민주주의가 미국의 이상을 대표하는 둘도 없이 중요한 가치이지만 그것이 외국과의 관계에서 최고의 우선순위를 갖는 것은 아니라는 의미이다. 그것이 적은 비용으로 큰 효과를 내는 합리적 방식이고, 또 군사, 경제적 고려와 동시에 계산되어 그 우선순위가 정해진다는 그의 설명은 현실주의적 판단의 중요성을 강조한다.

한편 멜로스 대화에서부터 오늘날의 북한 핵문제 당시 제네바 합의에 이르는 과정을 예로 들면서 군사력의 중요성에 관해 말하는 국가안보 보좌관 앤서니 레이크의 설명에 주목할 필요가 있다. 그는 특히 군사력의 역할과 중요성은 경제능력, 경제적 지렛대, 그리고 민주주의와 인권에서 유래하는 소프트파워를 넘어선다고 증언하는데, 그것은 역사적으로 확인된 사실에 대한 체계적 이해를 바탕으로 한다. 그의 말대로 오늘날까지 과연 설득과 선의로 국제관계가 이루어진 경우가 몇 번이나 있는지 되돌아 볼 필요가 있다. 펠로폰네소스 전쟁의 경우 아테네는 경제력과 직접 민주주의에서 월등히 앞섰지만 군국주의, 독재, 농업국가 스파르타에게 멸망당했다. 아테네가 오늘날까지 더 많이 거론되는 이유는 오늘날 서구 민주국가들이 그들의 역사적 전통을 먼 그리스의 아테네에서 찾기 때문이다. 아테네 멸망 당시 그 가장 주요한 원인이 민주적 국내 절차를 너무 중시한 나머지 전쟁에 임할 수 없었던 사실은 큰 교훈을 준다. 멜로스 대화도 마찬가지이다. 멜로스인들은 수백 년 간 자기 나라의 역사, 전통, 정의를 지켜왔지만 그것은 아테네의 군사공격 앞에서 무참히 무너졌다. 아테네는 멜로스의 호소에 귀를 기울이지 않았는데, 그것은 클린턴 행정부가 나토 동진을 우려하는 러시아의 간청에 눈을 감은 것과 비슷한 양상을 보인다. 2,500년 전의 진실이 오늘날에도 하나의 계속성으로 전해 내려오는 것은 여러 나라에게 많은 교훈을 준다.

국제관계에서 군사력의 중요성에 관한 레이크의 설명은 윌리엄 페리의 클린턴 행정부 군사 준비태세에 관한 설명에서도 공통점이 발견된다. 그는 엄청난 무기체계, 군사전략을 포함해 미국의 압도적 군사능력 실상에 관해 자세히 설명하지만, 그보다 더 흥미 있는 것은 미국 군대가 전력증강 자체뿐 아니라 지구적 차원의 국방개입을 통해 자유민주주의, 시장경제 이식을 돕는 그 메커니즘이다. 그가 설명하는 바와 같이 군사, 경제, 정치질서, 사회문화가 맞물려 돌아가는 현실은 국제관계의 원리에 관해 많은 것을 말해준다.

클린턴 행정부 대외정책, 외교, 안보에 대한 석학들의 분석은 어떤 의미를 지닐까? 왈츠와 레인이 설명하는 다극체제로의 이동은 역사적으로 입증된 계속성으로 그것을 부정하기는 어려울 것이다. 이미 오늘날 미국과 중국의 G2 시대가 된 것이 그것을 증명한다. 미국의 국제적 주도권에 일본과 독일이 도전할 가능성이 가장 높다는 그들의 예상은 빗나갔지만, 사실 그런 예측은 쉽지 않은 일이다. 19세기 영국이 세계패권을 누리고 있을 때 런던 역시 프랑스와 러시아 둘 중 한 나라가 자기들의 주도권에 도전할 것이라고 믿었고, 독일이 도전자의 역할을 할 것이라는 생각은 추호도 없었다. 왈츠의 주장 가운데 흥미 있는 것은 일본, 독일 모두 핵무장을 할 것이고 누구도 그것을 막을 수 없을 것이라는 견해다. 일본은 이미 기존 보유하는 플루토늄 양이나 아오모리 현의 재처리 능력에 비추어 수개월 내에 수백, 수천 개의 핵탄두를 제조할 수 있는 것으로 알려져 있는데, 오늘날 중국의 위협, 북한의 핵무장에 대비해 보통헌법을 도입하려는 도쿄의 시도에 비추어 그의 예측은 실현될 가능성이 높을 것이다. 레인의 설명에서 주목할 것은 길핀의 패권 안정론이나 월트의 위협 균형론이 설득력이 없다는 분석인데, 그 말은 일리가 있는 것으로 평가된다. 그 이유는 우선 대부분의 나라들은 패권 안정론에서 말하는 것과는 달리 아무리 시혜국이라 할지라도 그들에게 감사해 하지 않기 때문이다. 대부분의 나라는 시혜국의 행동과 관련해 자국의 손익 계산에 바쁘고, 또 세력균형의 변화가 가져올 결과 예측에 분주할 뿐이다. 더 나아가 패권 안정론은 정당한 이론으로 수용하기 어렵고 오히려 미국의 국제적 주도권을 옹호하기 위해 짜 맞추어진 느낌을 주는데, 왜냐하면 국가들은 대체로 안정보다는 상대방에 대해 유리한 세력균형을 추구하고 그것은 국가 간 갈등으로 이어지기 때문이다. 과거 로마나 중화제국(Middle Kingdom)에 의한 패권 시기 주변국들이 그들이 제시하는 국제 공공재, 국제제도에 만족했을 것이라는 가정은 논리적 비약일 것이다. 오늘날에도 마찬가지이다. 미국과 서방이 창설한 WTO에서 많은 혜택을 보고 있지만 중국은 그에 대해 감사, 지지하기보다는 그 속에서의 월등한 경제 창출을 통해 궁극적으로 주도권을 차지하고 자국이 원하는 아시아 인프라투자은행(AIIB: Asian Infrastructure Investment Bank), 일대일로와 같은 제도를 부과하기를 원한다. 월트의 위협 균형론 경우도 비슷하다. 그것은 세력균형과는 다른 관점을 제시하기 위해 만들어진 이론으로 그 주요 내용은 어느 한 나라는 모든 (힘이 센) 국가를 견제하는 것이 아니라 위협을 제기하는 국가에게 세력균형을 취한다는 것인데, 그것은 역사적 현실에 부합하지 않는다. 만약 그 이론이 맞는다면 그것은 왜 미국이 위협을 제기하지 않는 독일을 나토를 통해 이중 봉쇄하며, 또 왜 프랑스는 미국을 벗어나 독자 노선 추구의 경향을 보이는가를 설명할 수 있어야 한다. 그것은 미·일 관계에서의 일본에 대해서도 마찬가지인데, 왜냐하면 전 세계는 워싱턴의 도쿄에 대한 이중 봉쇄를 기정사실로 인정하고 있기 때문이다. 현실적으로 또 역사적으로 모든 국가는 상황이 변해가면서 서로에게 위협을 제기할 수 있다고 보는 것이 순리일 것이다. 그런 측면에서는 '민주적 평화' 이론도 설득력이 약한데, 왜냐하면 그 이론 역시 '위협 균형론'과 비슷하게 왜 클린턴 행정부가 나토가 해체될 경우 민주적인 서유럽 국가들이 과거의 투쟁적 관계로 돌아갈 것이라고 가정했는지, 또 왜 서유럽 국가들이 오늘날의 분규, 미래 분쟁에서 자유롭지 못할 가능성이 높은지를 설명하지 못하기 때문이다.

레인과 샤츠의 미국 대외정책이 세계경제 지배를 추구하는 제국주의적 성격을 갖고 있다는 시각은 어떻게 이해해야 할까? 우선 오늘날에는 서방이 주도하는 국제정치 세계에서 제국주의라는 용어는 상대적으로 많이 통용되지 않는다. 그 용어는 정의와 함의는 약간 다르지만 패권주의라는 말로 대체되는 경향이 있고, 그것은 자본주의가 시장경제로 대체되는 것과 비슷한 이치다. 또 패권의 경우도, 그 말 자체보다는 국제적 주도권이라는 용어가 더 많이 사용된다. 한마디로 용어의 대체는 느낌과 감정을 순화하는 성격을 띤다. 과거에는 제국주의라는 용어가 많이 쓰였고 지나간 역사에 대해서는 그 용어의 사용을 망설이지 않는다. 페르시아제국, 로마제국, 대영제국, 중화제국 모두 마찬가지이다. 또 미국의 시대가 지나간 이후의 미래에는 아마 오늘날의 시기를 미국에 의한 평화(Pax Americana)라는 말로 표현할 것이다. 현 시대에 그런 용어를 쓰지 않는 이유는 부분적으로는 그것이 상대측의 질시, 적대감, 도전을 야기하기 때문일 것이다. 제국주의, 패권주의를 어떻게 규정해야 하나? 모겐소는 제국주의는 현상을 변화시키려는 국가의 경향을 말하고 그래서 히틀러의 독일이 제국주의라고 말했다. 그렇지만 그 정의가 반드시 옳은지는 의문이다. 로마제국, 비잔틴 제국, 대영제국 모두 기존의 기득권 국가가 성취한 영향력의 범위를 말했기 때문이다. 미국 힘의 행사 범위가 영향권인지, 국제적 주도권인지, 패권인지, 제국인지는 용어에 있어서 불분명하고 또 정도 차의 문제이지만, 미국이 상대적 의미에서 패권을 획득하고 그를 유지하고자 하는 의지를 가진 것을 부정하기는 어려울 것이다. 오늘날 러시아, 중국, 북한, 그리고 중동, 중앙아시아, 아프리카의 많은 반 서방 경향을 가진 나라들은 대부분 미국의 패권에 반대한다고 공공연히 말한다. 레인과 샤츠가 미국이 경제 패권을 포함해 세계에서의 국제적 주도권을 확보하고자 하는 국가라고 규정하는 것을 부인하기는 어려울 것인데, 왜냐하면 이미 알려진 바와 같이 미 국방성의 국방계획지침은 유일 초강대국 지위 보존 의사를 분명히 했고 클린턴 행정부 주요 인사뿐 아니라 언론, 학자 모두 그것을 기정사실화하기 때문이다. 레인과 샤츠 주장의 핵심은 그들 말대로 경제 변수가 중심적 역할을 하는 시각으로 자유무역, 경제 개방, 경제적 상호의존이라는 경제적 필요성은 미국의 외교, 안보 집단으로 하여금 국제적 주도권, 패권, 세계질서 수립의 임무를 수행하도록 만든다는 것이다. 그것은 외교, 군사는 경제적 목적에 봉사하고 경제는 외교, 군사력을 증강시키는 토대로 작용한다는 관점으로, 현실에서는 외교, 군사가 먼저인지 경제가 먼저인지는 문제가 되지 않는다. 그 변수들은 다만 그렇게 서로의 필요에 의해 상호작용을 하는 메커니즘의 일부일 뿐이다. 그들의 주장과 설명에서 레인과 샤츠는 또 이중 봉쇄 개념을 도입한다. 그것은 미국이 시장경제 확산과 세계질

서 수립을 위해 나토를 통해 독일을 봉쇄하고, 미·일 군사동맹으로 일본을 규제한다는
것으로, 미국의 봉쇄는 냉전시대 소련에 대한 봉쇄가 1차 목적이었고, 과거의 적이었고
미래에 도전할 가능성이 있는 독일과 일본의 봉쇄는 2차 목적이라는 의미를 가진다. 그
주장 역시 부정할 필요가 없는데, 왜냐하면 그것은 지난 오랜 기간 입증된 군사동맹의 역
사에 그대로 투영돼 있기 때문이다. 군사동맹의 제1차 목표가 떠오르는 적에 대한 견제
이고, 두 번째 목표가 도전 가능성이 있는 작은 동맹국(junior ally)에 대한 견제라는 것은
이미 조지 리스카가 설명한 동맹, 탈동맹, 신동맹의 메커니즘에서 밝혀진지 오래이다. 세
계질서 수립과 경제적 상호의존의 상관관계가 제국, 패권국의 과다팽창으로 이어질 것이
라는 그들의 주장 역시 역사적 사실과 동떨어진 것은 아니다. 이미 미국은 냉전시기 소련
과의 경쟁에서 데탕트를 수용한 바 있는데, 그것은 핵무기의 과다 보유로 인한 피로감뿐
아니라 그동안의 마셜 플랜, 한국전쟁, 월남전, 근대화를 위한 제3세계 지원, 핵무기 및
재래식 전력발전, 전진배치 비용과 더불어 OPEC의 석유가 인상에 따른 경제 약화로 인
해 더 이상 체제 경쟁을 할 수 없었기 때문이다. 그것은 브레즈네프의 소련에도 마찬가지
였다. 모스크바 역시 왈츠가 말하듯 3류 경제로 일류 군사를 지탱할 수 없었고 그래서 데
탕트를 쉽게 수용했다. 그것은 고르바초프에게도 마찬가지로 적용됐다. 그도 소련 사회주
의가 망할 것이라고 생각한 적은 한 번도 없었고 신사고, 합리적 충분성, 페레스트로이
카, 글라스노스트는 단지 사회주의 부활의 기제로 도입됐을 뿐이다. 경제적 상호의존, 세
계질서 수립, 도전 방지와 현상유지를 위한 순화, 그리고 영향권에 편입된 국가들에 대한
안보 공약, 제국의 과다팽창은 하나의 연결고리를 이루며 계속되는 메커니즘일 뿐이다.
패권국의 과다 팽창은 미국이나 소련에만 국한되는 것도 아니고 과거 몽골의 원제국도
마찬가지였는데, 각 지역이 서로 다른 칸(Khan)국을 형성한 것은 그 제국의 규모가 과다
하게 컸기 때문이다.

　　국제체제 내 국가 간 경쟁에서 시장경제 국가들의 팽창과정에 관한 그들의 설명은 상
당 수준 설득력을 갖고 있다. 그러나 여기서 한 가지 짚고 넘어가야 할 것은 그것이 공식
제국(official empire), 비공식 제국(unofficial empire), 패권(hegemony), 중간지대(intermediate
zone), 영향권(spheres of influence)이든, 아니면 회색 지대(grey area)이든 명칭, 지배의 정
도, 범위와 상관없이, 팽창하고 지배하고자 하는 욕망은 자본주의, 시장경제 국가에 한정
되어 있는 것이 아니라 모든 국가에 공통적으로 적용된다는 사실이다. 로마제국은 시장
경제 국가가 아니었고, 페르시아제국, 몽골제국, 중화제국 모두 시장경제와는 거리가 멀
었다. 과거 중국의 조공관계가 경제 착취와는 거리가 멀고, 오히려 정치, 군사관계였다는
것은 이미 잘 알려져 있다. 세력 팽창과 패권의 형성은 국내 경제체제와는 상관없이 모든

국가의 공통적 야망으로, 그것은 국제정치에서 국가의 최소한의 목표는 생존이고, 중간 목표는 유리한 세력균형이며, 최종 목표는 패권의 확보라는 역사적 사실에서 생생하게 입증된다. 미국을 포함한 서구자본주의, 자유주의 국가만이 팽창을 추구하는 것 같이 묘사되는데, 그보다 더 사실과 동떨어진 것은 없다. 현실에서는 왕정, 공산국가를 포함해 모든 국가는 패권을 추구한다. 어느 한 국가가 패권을 추구하지 않을 경우 다른 국가가 나서서 그 권력의 공백을 채우게 되어 있고, 그것은 국제정치가 원하든 원치 않든 국가 간의 구조적 경쟁(built-in structure of competition)으로 특징지어지는 것과 동일한 이치에 속한다. 왈츠가 일본, 독일을 지칭하면서 필요할 경우 강대국으로서의 역할은 자국의 선호와 관계없이 주어진다고 말한 것도 마찬가지의 의미를 가진다. 한 가지 더 덧붙이면 약소국은 국제정치의 희생물이 되기 쉽지만 그것은 그들이 선해서가 아니라 힘, 군사력과 경제력이 없기 때문이다. 포르투갈, 네덜란드, 산업혁명 이전의 영국 모두 강대국이 아니었지만 지역적 약탈, 대외 팽창, 국제경쟁에 개입했고, 19세기의 작은 나라 벨기에는 아프리카에서 가장 잔인한 식민주의를 시행했다.[1] 국내질서도 국제사회에서 중요한 역할을 하는데, 일반적으로 민주국가는 상승세에서 힘이 결집되고 더 큰 역량을 발휘하지만 위기시에는 분열된다는 것이 전문가들의 대체적 견해다. 좌파 분석의 또 다른 문제점은 모든 것을 경제에서 출발해 경제로 해석하고 경제적 이익이 모든 것을 좌우한다는 생각인데, 그것은 사실이 아니다. 그것은 외교, 군사, 경제가 함께 움직이는 가운데에서도, 정치, 전략, 심리, 사회 문화적 이익 등 다양한 이익이 존재하기 때문이다. 문화적 제국주의라는 용어가 그런 의미를 대변하고, 30년 전쟁, 또 문명의 충돌도 경제 이익에 의해 촉발되지 않았다.

저비스와 헌팅턴의 미국 패권 필요성에 관한 논의는 국제정치의 본질에 관해 많은 식견을 제공한다. 그 두 석학은 서로 다른 견해를 갖고 있는데, 각자의 설명은 일정부분의 타당성을 내포한다. 우선 저비스는 EU 통합은 미국 번영에 도움이 되고 일본 경제의 번영은 미국 경제 약화의 원인이 아니라고 지적하면서, 모든 경쟁자를 적으로 돌리는 것은 바람직하지 않다고 말한다. 선별적으로 경쟁해야 한다는 그의 선별적 현실주의 입장은 합리적으로 보이는데, 왜냐하면 모두와의 경쟁은 필요한 협력을 구할 수 없고 또 미국을 지치게 만들기 때문이다. 패권국이 침략의 격퇴, 개방 경제, 비확산, 민주적 가치와 같은 공공재를 제공한다는 논리에 대해서는 그는 그것은 일정부분 사실이지만 모든 국가들

---

1 Robert W. Strayer, Ways of the World (2nd ed.), Boston, New York: Bedford/ St. Martin's, 2012, pp. 774, 887, 894.

이 그것을 환영하는 것은 아니고 또 그 비용 역시 미국 혼자서 부담하기는 어렵다고 지적한다. 그 말도 일리가 있다. 그 이유는 위에서 설명되었듯이 그런 입장은 어떤 특정 가치만 옳다는 편견의 소산일 수 있고, 모든 국가가 동일한 가치를 숭상하는 것은 아니기 때문이다. 그는 마지막으로 세력균형의 교훈을 거론하면서 미국은 다자협력, 다자안보를 포함해서 선진 강대국들과의 협력을 권고한다. 그것 역시 합리적이고 성숙한 선진 국가의 태도일 것이다. 그러나 저비스 견해의 문제점은 과연 그것이 현실성이 있는가 하는 것인데, 왜냐하면 오늘날에도 국가들은 사실 그가 제언하는 바와 같이 합리적, 공정 배분, 도덕적, 타국 지향적으로 행동하지 않기 때문이다. 그의 말대로 미국과 비슷한 가치를 갖는 서방 국가들과의 협력은 상당 수준 합리적으로 진행될지 모른다. 그러나 그것도 반드시 보장할 수는 없는데, 왜냐하면 어느 한 국가는 다른 나라와의 관계, 또 국내 여론의 압박 속에서 활동하기 때문이다. 더구나 역사, 문화적 배경이 다르고 이익이 상대적 배분으로 산정되는 상황에서 국가 간 협력이 순조롭게 진행되리라고 생각하는 것은 다소 이상적 추론이 되기 쉬울 것이다. 2018년 오늘의 관점에서 보면 영국의 EU 탈퇴나 스페인 카탈로니아 자치정부가 중앙정부로부터 독립하려는 시도는 저비스의 생각이 현실주의를 표방하고 있음에도 불구하고 부분적으로 이상주의적 편향성을 가진 것으로 보이게 만든다.

헌팅턴은 전혀 다르게 생각한다. 그의 주장은 미국은 가능하다면 패권을 확보해야 한다는 것이다. 그에 따르면, 파워, 주도권은 모든 인간관계에서 문제가 되고, 파워는 상대적이다. 그는 지난 수천 년간 국가들은 서로 패권을 차지하려 시도했는데, 다음 100년간에도 그 경향은 바뀌지 않을 것이라고 말한다. 여기서 그는 모겐소 류의 현실주의적 입장을 취해 인간의 본성은 완전하지 못하다는 가정에서 출발하는 것으로 보인다. 인간성에서 슈퍼 에고(Super Ego)는 일부분이고 현실세계는 에고(Ego)나 이드(Id)에 의해 움직인다. 인간 세계는 갈등과 분쟁으로 점철돼 있다. 그는 또 패권은 좋은 일에 쓰일 수 있다고 말하면서, 소말리아, 보스니아 사태, 동아시아 안보에 대한 기여, 자유민주주의 가치의 보호와 확산을 예로 든다. 그런 입장은 서방이 구축, 인도하는 세계가 더 나을 것이라는 가정에 기초해 있고, 그가 서구 문명, 서구 문화에 대해 가진 자부심을 반영한다. 그는 여기서 만약 서구가 행동하지 않으면 그동안 세계질서는 새로운 방향으로 진행할 것이라는 것을 암시한다. 다만 더 가치중립적으로 평가하자면, 이미 언급한 바와 같이 서방이 추구하는 공공재가 반드시 모두에게 이롭거나 선호되는 것은 아니다. 그 자신 역시 자유민주주의는 서방의 희귀한 가치로 지금 보편화되어 있는 것 같지만 사실은 세계 각지에서 배척받고 있다고 시인한 바 있고, 레인이나 샤츠가 주장하듯 시장경제의 확산을 전혀 다른 시각에서 보는 세력도 적지 않기 때문이다. 반 서방 세력은 오늘날의 중국과 같이 왜 서방이 설정한 가치와 제도가 우선권을 가져야 하느냐고 묻는다. WTO가 설정한 기준, 또 서방의 중국 사회주의 시장경제, 일본의 신중상주의에 대한 비판은 미국에게 유리한 기준으로 간주될 수 있다. 이슬람은 경제성장과 세속적 삶에서의 풍요에 대한 관심이 상대적으로 적고, 러시아의 생활과 주민 만족도는 권위주의 푸틴 치하에서 옐친시대보다 못하지 않다. 마지막으로 그는 미국 경제는 일본의 신중상주의에 의해 많은 어려움을 겪고 있고, 여기서 워싱턴은 주도권을 회복해야 한다고 조언한다. 그의 입장에서 그 견해는 타당하다. 서방이 부여한 세계경제의 틀인 WTO는 중상주의적 방식을 거부하는데, 그 속에서 작동하는 일본은 그 규정을 어기고 있기 때문이다. 그의 견해는 결국 역사주의적, 현실주의적이고 국제관계에서의 현실에 잘 접목되어 있다. 다시 한번 강조하면 누가 어떻게 말하고 또 어떤 미사여구, 또는 어떻게 변명하든, 경쟁하는 국가들은 가능하면 모두 패권을 차지하려는 속성을 갖고 있다. 헌팅턴의 말 같이 지난 수천 년간 지속되어 온 계속성은 다음 100년간 바뀌지 않을 것이고, 그것은 현실주의자들이 말하듯 근본적으로는 불완전한 인간성에 근거한 것이기 때문일 것이다. 그들은 외형적으로는 합리적이고 중립적으로 말하겠지만 그 행동은 세속적 이익, 유리한 세력 균형, 패권 추구로 방향을 정할 것이다.

마지막으로 워커와 브라켄의 의견을 어떻게 평가할 수 있을까? 워커는 미국의 세계 군사 개입이 확대되고 경제가 활력을 찾는 것에 기초해 미국의 힘을 19세기 영국의 경제력과 로마제국의 군사력을 합친 것과 같다고 말했다. 그는 WTO의 도입을 자유주의 시장경제의 지구적 확대를 옹호한 아담 스미스와 리카르도의 꿈이 실현되는 것으로 규정했다. 브라켄은 미국 경제를 다윈 식 적자생존 모델이라고 말했다. 그는 기업의 자유는 노동 개혁, 사기업 구조조정, 기술혁신을 가능케 하고 그것은 미국의 정보통신, 생명 공학과 같은 지식기반 경제 도입의 원천이 됐다고 분석했다. 그리고 미국식 경제 모델이 이제는 독일, 일본 모델보다 더 좋은 경제방식으로 각광 받을 것이라는 희망을 피력했다. 그들은 이구동성으로 미국은 국제주의에서 혜택을 보고 있는데, 그에 도전하는 추세가 있을 수 있지만 미국의 미래는 낙관적이라고 분석했다. 워커와 브라켄의 견해에 문제는 없다. 그들의 분석은 사실에 근거한 것으로 군사력과 경제력을 기초로 한 미국의 힘은 그 당시 그런 낙관이 가능했을 것이다. 오바마 시기 새로 개발된 셰일(Shale) 오일 추출 기술 역시 그들 말대로 기술 혁신을 가능케 하는 미국 경제에서 가장 먼저 시도됐고, 그것은 미국 경제 성장의 새로운 전기를 제공했다. 그러나 한 가지 지적하자면, 워커가 말한 대로 몇 가지 미국 도전에 대한 시나리오 중 하나의 성격을 가진 9·11이 발생한 것으로 그것은 미국 및 서방에 큰 위협으로 다가왔다. 수천 명이 본토에서 살상 당한 이후 미국 정부가 그대로 있을 수는 없었을 것이다. 그러나 그렇게 시작된 테러와의 전쟁은 부시 행정부로 하여금 아프가니스탄, 이라크 전쟁으로 이끌었고, 그 과정에서 6천 명 이상의 미군이 사망하고 미국 경제는 또다시 타격을 입게 됐다. 그리고 오늘날 미국의 국제적 주도권은 또다시 중국에 의해 도전받고 있으며, 다극체제로의 이전은 아직 진행형이다.

2. 러시아의 난관

1990년대의 러시아는 대내외 정책 모두에서 실패했다고 해도 과언이 아니다. 대외 관계에서 모스크바는 나토의 동유럽으로의 진전을 막지 못했고, 아르바토프가 설명하듯 구소련 공화국들과의 근외외교는 군사개입을 포함해 불협화음으로 얼룩졌으며, 지글러가 분석하듯 아태, 동아시아 지역에서 러시아의 존재는 절대적으로 약화됐다. 그러나 중·러 협력은 러시아에게 큰 성과였고, 메드베데프, 푸틴 시대를 거치며 더 성숙해진 그들이 오늘날 말하는 역사상 최고의 양국 협력 관계는 서방이

푸틴 대통령

주도하는 국제질서에 강력한 도전세력으로 자리한다. 아리엘 코헨, 마틴 워커가 분석하듯 서방에서는 러시아, 중국 양국의 역사적 불화, 지리적 근접, 또 국가 이익의 상이성에 의해 두 나라의 협력이 오래 가지 못할 것으로 예측했지만 오히려 시간이 가면서 그 유대 관계는 더 밀접해 진다. 그 두 나라 협력의 실체는 국제경쟁에서 가장 우선시 되는 군사력과 경제력의 융합을 중심으로 작동한다. 물론 각각의 목표와 이해관계, 이익 산정 방식이 다르지만 그들은 이미 적어도 반미, 반서방이라는 가장 중요한 가치에서 일치한다. 그것은 2001년 우호협력조약 체결 당시 확인되었고, 그 이후 북한 제재에 대한 반대, 체첸, 신장, 티베트, 대만에서의 양국 이익에 관한 상호 지지를 포함해 국제관계에서 수없이 재확인됐다. 러시아는 중국의 불법 이민자들이 일자리 명목으로 시베리아로 진입해 그곳에 불법 거주하는 것에 불만이고 중국은 러시아가 수출하는 무기와 군사 기술 수준이 낮은 것이 못마땅하지만, 두 나라는 전략적 협력이 사소한 갈등보다 더 중요하다는 확실한 공감대를 갖고 있다. 냉전시대 그들의 감정적 불화로 시작된 갈등이 미국과 서방의 우위를 가져다주었다는 역사적 인식은 앞으로도 그들에게 오랜 기간 기억될 것이다. 동시에 9·11 사태를 포함해 모든 종류의 테러에 반대하면서도 그들이 이슬람 문명에 대해 비적대적, 또 부분적으로 우호적 성향을 가진 것을 감안하면, 러시아, 중국의 협력은 헌팅턴이 말하

는 서방 대 나머지 구도의 절반 이상 비율을 차지할 것이다.

국내에서의 경제 실패는 여러 가지 원인이 복합적으로 작용한 결과이다. 워싱턴의 처방은 서방에게는 문제가 없는데, 왜냐하면 그것은 러시아를 진정한 자유주의 시장경제로 전환시키고 GATT와 WTO가 주도하는 세계경제 속으로 유도할 목적을 띠었기 때문이다. 새로운 경제 체제로의 전환을 위해 러시아는 과거 경험하지 못한 낯선 경제 요소를 필요로 했다. 국제경제에 참여하기 위해서는 대외무역 개방, (불공정 경쟁과 덤핑을 막기 위한) 정부의 기업지원 및 개입 축소, 통화의 평가절하 차원에서의 환율 개혁이 필요했고, 시장경제 구축을 위해서는 수요와 공급에 근거한 가격 자유화, 국영기업의 사기업으로의 민영화, (생산성 제고를 위한) 구조조정이 요구됐다. 그러나 서방의 재정지원과 더불어 시행된 이 정책은 많은 부작용을 초래했고, 그것은 언급된 바와 같이 산업 위축에 따른 GDP 하락, 기업 도산, 광범위한 실업, 인플레이션으로 이어졌으며 경제 안정화를 위한 긴축 재정, 이자율 인상은 경기침체를 더 악화시켰다. 시장 개혁에 반대하는 의회, 국민의 실망과 반발에 직면해 옐친 행정부는 실업 축소를 위해 구조조정을 미루고, 생산성 없는 부실기업에 대한 정부지원을 계속하며, 임금 지급이 어려운 상태에서 세금 연체와 바터제를 용인해 결국은 개디와 아이크스가 말하는 (기업 생산성, 경쟁력에 기초한 시장경제가 아닌) 허상경제로의 귀결을 허용했다.

왜 이 모든 문제가 불거졌을까? 옐친 행정부에 국내외 문제를 다루는데 있어서 여러 전문가들이 분석, 제안하듯이 더 나은 방안이 존재했을까? 대외관계에 있어서 아르바토프는 옐친 행정부의 정책이 경험부족과 판단 오류에 의해 지나치게 친 서방으로 흘렀고, 그래서 전략무기감축협상, 이라크 제재, 보스니아 사태를 포함하는 많은 문제에서 서방의 요구에 너무 일방적으로 순응했다고 비판했다. 그러나 그 당시의 러시아가 과연 워싱턴의 의지에 반대할 명분이나 능력이 있었는지 의문이다. START I은 이미 고르바초프 시기 미·러 간에 합의된 사항이 옐친 시대에 비준된 것으로 그 당시의 국력 차, 또 러시아가 새로운 정치, 경제 체제로 출발하는 시점에 그 거부는 쉽지 않았을 것이다. 걸프전 관련 이라크 문제도 비슷한데, 왜냐하면 걸프전은 1991년 초에 종식돼 미국 및 서방 병력은 소련이 붕괴되기 전 최고 혼란시기에 이미 그곳에 주둔하기로 결정했기 때문이다. 보스니아 사태 역시 수많은 나토 회원국들이 중심이 되고 러시아 군이 그 일부로 참여해 전투를 치른 상태에서 모스크바의 입김은 제한받을 수밖에 없었을 것이다. 국내의 옐친 행정부 대외정책에 관한 비판 역시 비판으로 그칠 가능성이 높았을 것으로 보인다. 핵전력과 재래식 전력 증강, 또 반미, 반 서방 동맹을 통해 서방에 대항해 러시아의 안보이익을 보호하는 것이 바람직하다는 국내의 제안은 고르바초프 이후 옐친 행정부에서 더 가속화 된 새로운 실험의 동력을 제한하기에는 시기적으로 너무 이른 방안이었을 가능성이 높다. 근외외교의 경우 역시 러시아가 그것을 시도하지 않은 것은 아니었다. 실제 적지 않은 시도가 이루어졌지만 그것이 지지부진했던 이유는 수십 년간 러시아의 식민지나 다름없는 상태에서 존재한 구소련 공화국들이 연방 해체 직후 또다시 과거 종주국의 동맹, 정책 연대 제안을 가볍게 받아들일 이유가 없었기 때문이다. 푸틴은 2000년대 후반 CIS에 대해 이혼하기 직전의 상태에 있다고 언급한 바 있는데, 그와 같이 기민한 지도자의 노력이 실효를 거두지 못하는 상황을 감안할 때 옐친 시대의 시도는 그보다 훨씬 더 어려웠을 것이라고 짐작하고도 남음이 있다. 구소련 붕괴의 잿더미에서 가까스로 난산으로 태어난 러시아의 대외관계에서의 어려움은 지글러의 관찰에서도 그대로 입증된다. 그는 모스크바가 아태, 동아시아 지역에서 서방에 일방적으로 끌려 다녔다고 말하면서도 러시아의 군사, 경제 역량에 비추어 미국이 그 나라를 강대국으로 인정할 이유는 없고 또 중·러 관계만이 러시아의 희망이라고 분석했는데, 그보다 더 정확하고 적절하게 그 당시 러시아의 현실을 지적하기는 어려웠을 것이다.

러시아 경제는 왜 그렇게 침체되고 불황으로 얼룩졌을까? 또 다른 방법을 택했다면 경제상황이 더 나을 수 있었을까? 전문가들은 러시아 경제 침체의 원인에 대해 서로 다른 해석을 제시하는데 그것은 어떻게 이해되어야 할까? 개디와 아이크스를 포함해 서방 전문가들은 러시아에서 무역개방, 시장의 자유, 국가개입 축소, 경제 안정화를 포함하는 시장경제화 부족이 실패의 원인이라고 지적한다. 러시아 경제가 성장하지 못하고 국민들이 생활고에 시달리는 근본적 이유를 설명하고, 또 앞으로 그 나라 산업발전이 지향해야 할 방향을 제시한다는 측면에서 그들의 분석은 뛰어난 것으로 보인다. 그들이 설득력이 있는 이유는 러시아를 포함해 경쟁적 국제경제 체제 내에서의 어느 한 나라 경제의 성장과 상대적 번영은 시장경제이건 사회주의 경제이건 궁극적으로 기업 및 노동 생산성의 우월에 기초하기 때문이다. 자유주의 경제를 받아들인 러시아가 허상경제의 편법을 사용하기보다는 기업 구조조정에 기반한 생산성 증진이라는 시장경제의 원리와 원칙에 더 충실해야 한다는 미래를 위한 그들의 조언은 그 나라 경제발전에 중요한 핵심적 권고사항일 것이다. 러시아는 그들의 견해대로 기업 구조조정, 생산성 증대, 산업 다변화를 거쳐야만 더 수준 높은 경제, 국민생활 수준의 향상을 유도할 수 있을 것이다. 러시아와 같이 원유, 천연가스를 포함하는 천연자원에 많이 의존하고 지구적 원유 가격의 부침에 따라 경제가 크게 영향 받는 나라에게 그런 식견과 제안은 특히 값진 것이다. 2008년 미국에서 시작된 지구적 불황, 2014년 크리미아 점령 이후 서방의 대러시아 경제제재, 그리고 동시에 시작된 원유가격 하락으로 인해 모스크바가 겪는 어려움을 고려할 때 그들의 견

BLACK SEA TENSIONS

해는 더 이상 시기적절할 수 없다.

그러나 러시아 경제가 침체에서 벗어나지 못했던 이유는 허상경제, 생산성 및 기업 구조조정 이외의 요소에도 영향 받은 것으로 보인다. 시장경제의 테두리 내에서만 보면 서방 전문가들의 말은 더 없이 타당하지만, 경제적 차원을 벗어나 거시적으로 판단하면 그것은 정치, 사회, 문화, 국제적 요인 등 다른 요소를 더 감안할 필요에 도달한다. 이슬람권에서 경제발전이 느린 것은 종교라는 압도적 변수로 인한 것이고, 사우디아라비아, 쿠웨이트를 포함하는 아랍권의 경제성장 부진은 왕정과 종교라는 정치, 문화적 요인에 의한 것이며, 과거 공산주의 경제 실패의 경우는 정치, 군사적인 이유라고 볼 만한 충분한 여지가 있다. 옐친 행정부는 가능한 한 서방의 권고를 많이 수용하려 했지만 그런 노력은 다른 요인에 의해 침해받았고, 러시아의 실패는 경제적 변수뿐 아니라 더 다양하고 더 많은 비경제적 변수의 상호작용에 의한 복합적 결과일 것이다. 그런 측면에서 블라디미르 포포프(Vladimir Popov)와 조모 선다람(Jomo Kwame Sundaram)의 해석은 상당한 수준의 타당성을 지닌다. 그들이 분석하는 바와 같이 러시아의 경제적 혼란은 시장 자유화와 생산성 취약의 경제변수를 넘어 더 광범위한 환경 속에서 빚어진 정책능력 부족의 결과로 보는 것이 타당할 것이다. 옐친 행정부의 시장경제 시도는 성공하기에는 너무 많은 정치, 사회, 경제적 제약에 시달렸다. 수세기 전부터 존속해 오고 옐친 역시 그로부터 자유롭지 못했던 연고주의, 면식에 의한 러시아 문화는 민영화 과정에서 올리가키를 탄생시켰고, 그것은 주요산업 독점을 통한 부의 양극화를 초래했다. 렘닉과 야블린스키가 설명하듯, 올리가키가 옐친을 포함한 정치권에 자금을 제공하고 그 반대급부로 경제적 혜택을 수수하는 조합주의적 정경유착 행위 역시 과거 소련시대의 관행과 그로부터 도출된 유기적 사회관계의 폐해에서 유래했다. 시장경제 구축의 노력은 그렇듯 새 정부의 신제도 도입에도 불구하고 큰 국가, 큰 사회에서 오랜 기간 존속한 구제도, 사회문화 구조의 여파에 의해 훼손됐다. 기업과 일반인들 역시 예외는 아니었다. 그들은 과거의 익숙한 관행에서 벗어나지 못한 채 세금탈루, 지하경제에 대한 의존을 계속했고, 그것은 민간 기업에 대한 투자와 산업성장의 제한을 촉진했다. 그렇지만 다른 한편에서는 시장경제가 진행되고 있었다. 새로운 기업이 생성되고 상품이 출시되며 소비자들의 구매는 수요, 공급의 원칙을 자극했다. 그러나 가격 자유화로 인한 인플레이션 방지와 정부 지출 축소를 위해 추진된 이자율 인상과 대출 제한의 안정화 긴축정책은 기업부도, 대량실업을 유발했고, 전례 없는 불황을 타개하기 위해 정부는 좀비 기업의 생존을 유도하는 허상 경제의 길을 밟게 됐다. 경제침체에 이르는 모든 악순환은 구시대적 가치와 새로운 시대 정신이 공존하는 가운데 시장경제가 제대로 작동하지 못한 체제 전환기 어려움의 한 측면으로 규정될 수 있을 것이다. 만약 국내정치에서라도 옐친의 의사당 포격이나 의원들의 바리케이드 설치와 같은 극단적 대치를 넘어 일정수준의 협력이 존재했다면 경제발전의 가능성은 아마 더 높았을 것이다. 또 만약 모스크바 국내정치가 동시대 중국 덩샤오핑과 장쩌민에 의한 권위주의 체제하에서의 발전과 비슷한 형태였다면, 러시아에서도 일부 중산층이 생겨날 가능성은 상대적으로 더 컸을 것이다. 자유민주주의를 추구하는 서방이 보기에 한 가지 흥미로우면서도 실망스러운 것은 푸틴의 강대국화, 메드베데프의 경제 현대화를 거쳐 오늘날에 이르러, 러시아인들 대다수가 서방식 자유민주주의, 시장경제보다는 권위주의 체제하에서 대내외적으로 더 만족하고, 더 나은 삶을 산다고 느끼는 아이러니이다.

3. 중국의 정책 현실성

1990년대의 중국은 모든 면에서 성공적이었다. 외교, 안보 운영에 있어서 중국 당국은 강온 양면 전략, 대화와 압박을 병행 사용하면서 국내 경제발전을 위한 안정된 안보환경 구축이라는 국가적 목표 확보에 최선을 다했는데, 그것은 국력에 비례해 힘을 행사하는 현실주의 성격을 띠었다. 천안문 사태 당시 서방의 제재나 미·일 가이드라인을 포함하는 자유세계의 공세에 대한 베이징의 태도는 절제, 신중, 온건했고, 남중국해의 군사, 경제이익, 한반도의 영향권, 대만 독립 가능성과 같은 핵심이익이 침해됐다고 생각했을 때는 강력하게 반발했다. 그들의 행동은 공세적인 것이 아니라 수세적인 것이었는데, 그것은 베이징이 자기들의 취약한 군사, 경제 능력, 그리고 동시에 객관적 힘의 상대적 부족에도 불구하고 지구적 차원에서 행사할 수 있는 정치적 반발 및 시위의 효과에 대한 확실한 인식에서 유래했다. 군사 현대화는 비록 아직 서방에게는 위협수준은 아니었으나 적어도 대만이나 한반도 유사시를 염두에 둔 국지전에 요구되는 전력발전의 필요조건 확보에 많은 노력을 기울였다. 미·일 동맹 현대화와 미사일 방어체제 구축, 일본의 우경화 조짐에 대해서는 러시아와의 전략적 동반자 관계 체결을 통해 나름 미래 위협에 대비하는 모습을 보였다.

안전한 안보환경 확보를 위한 투쟁은 국내에서의 경제발전을 겨냥한 조치였다. 중국 경제는 하루가 다르게 발전했다. 자유가 급격히 주어져 정치권과 사회 각 계층의 반발을

제어하기 힘든 상태에서 시장경제 운영에 어려움을 겪은 러시아와는 대조적으로, 중국의
경제발전은 처음부터 전형적인 권위주의 통제 하에서 내부로부터의 도전에서 벗어나 체
계적, 계획적으로 진행됐다. 그것은 러시아의 경제발전 과정이 정경유착의 올리가키 등장
에도 불구하고 서구 자본주의와 비슷하게 기업가, 또 수요와 공급의 보이지 않는 손에 맡
겨진 것에 비하면, 상대적으로 과거 근대 독일과 일본의 산업화 과정, 또 한국 박정희 정
부의 근대화와 비슷하게 배링턴 무어(Barrington Moore)가 말하는 백색혁명 형태의 경제,
정치발전 성격을 띠었다. 중국 경제발전의 주도세력은 기업가와 근로자가 아니라 정부였
다. 그것은 진정한 의미의 시장경제가 아니었고, 그래서 준계획경제, 준시장경제의 특성
을 복합한 사회주의 시장경제라 불렸다. 러시아에서 정부 개입 최소화가 적어도 원칙상
중시된 것과는 대조적으로, 중국 정부는 처음부터 경제의 모든 것에 개입, 결정했다. 그
것은 대외 경제개방의 범위와 속도, 경제 관련 법규의 형태, 국유기업의 민영화 수준, 전
략산업의 구분, 은행 대출 및 세제 혜택 대상의 선정, 환율의 인위적 조정, 근로자 요구
와 노동운동의 억압을 포함했고, 아이러니컬하게도 공산주의 원래의 이념인 분배보다는
성장을 중시했다. 그것은 국가 자본주의적 성격을 띠었고, 국민들 생활수준 향상은 근대
화 국가들의 경우와 비슷하게 성장 우선에 따른 낙수효과를 통해 이루어졌다. 그래도 러
시아를 위한 서방의 처방과는 전혀 다르게 진행된 중국의 경제발전은 1990년대 말까지
국민들을 빈곤에서 해방시키고 미래 성장의 동력을 담보하는 획기적 성공으로 인정받았
다. 그리고 그 사회주의 시장경제의 독특한 실험은 2011년 이후 중국을 세계 GDP 2위
의 경제 대국으로 성장시켰고, 그 나라를 세계경제의 주변부에서 핵심으로 이동시키면서
G2의 일원이라는 영예 획득에 결정적으로 기여했다. 그것은 이제 현대사에서 일본, 한
국, 대만의 경제성장 못지않은 또 다른 경제기적, 경제 성공으로 인정되고, 서방의 자유
주의적 시장경제만이 부를 이루는 유일한 길이 아니라는 인식을 확대시켰다.

　　한편 중국의 정치, 사회적 변화 역시 그 과정과 형태는 경제발전과 비슷했다. 자유
민주주의 국가에서 정부 부처 간 권력 분립에 의해 견제와 균형이 유지되는 가운데 국민
은 자유롭게 이익을 추구하는 것과는 대조적으로, 중국에서의 정치발전은 공산당이 일당
체제를 유지하는 가운데 의회와 사법부의 권한을 점진적이고 자의적으로 허용하는 방식
으로 진행됐고, 종교, 언론의 자유와 인권의 한계를 포함하는 사회적 변화의 범위와 속도
역시 핵심적으로는 당에 의해 결정됐다. 그래도 과거 마오쩌둥 시기에 비해 중국은 획기
적 변화를 이루었다. 풀뿌리 레벨에서의 선거, 정치지도자들이 국민의 의견을 수렴하는
민주적 행태, 의회와 법원 역할의 증가, 지방에 대한 중앙통제의 이완, 언론매체에 의한
다양한 의견의 확산, 종교 및 개인 자유의 확대, 사유재산 보유를 통한 계층의 생성, 계

급의 분화가 그런 것들이다.

　　그동안의 중국 국내 변화, 그리고 그 상상되는 미래 모습에 관련된 서방 전문가들의 진단은 매우 인상적이다. 오버홀트는 마오쩌둥 시기의 어둠을 지나 덩샤오핑 등장 이후 새로운 사회 건설을 위해 긍정적으로 변해가는 중국의 시도와 노력을 적나라하고 정확하게 잘 그려냈다. 한마디로 그는 1990년대 중국에는 국민을 과거 19세기 서방과 일본으로부터의 역사적 치욕과 기아에서 해방시킨 당, 정부 중심의 발전 지향적 권위주의하에서의 개혁, 개방, 시장경제 지속에 관한 압도적 합의가 존재한다고 분석했다. 그는 한 걸음 더 나아가 당, 정부 통제하의 점진적 개혁과 발전은 시간이 가면서 대만, 한국과 비슷하게 자유와 민주에 대한 더 큰 열망으로 이어질 것으로 희망적으로 전망했고, 미국과 서방에 중국의 평화로운 진화를 방해하지 말아야 한다고 조언했다. 중국 지도부의 구상과 행동, 경제변화의 양상, 사회적 변모, 국민의 기대, 그리고 한국, 대만, 싱가포르와의 비교를 통한 중국 체제의 변화에 관한 그의 묘사는 매우 사실적이며 역동적이다. 그의 현실 분석은 탁월하다. 그렇지만 2000년대가 시작되고 오늘날로 오면서 나타나는 중국의 국내 정치와 사회 현실의 추세는 그의 희망적 예측과는 상당한 차이를 보인다. 오늘날의 중국은 그가 말한 것과 같이 자유민주주의의 확산으로 이어지기보다는 경제력 확대, 국제적 지위 향상이 실현되면서 중국식 역사 창조를 향해 전진하고 있다. 중국인들이 자기들이 원하는 민주화의 방향으로 나갈 것이라는 미래 예상은 골드만에 의해 비교적 정확하게 제시됐다. 골드만 역시 중국의 정치, 사회변화에 관해서는 긍정적 관점에서 평가했다. 그녀는 정치적으로는 중앙권력의 수평, 수직적 분산과 더불어 더 다양한 수준에서 선거가 진행될 것이고, 사회적으로는 다원주의와 대중문화가 확산되면서 더 높은 수준의 민주화가 이루어질 것이라고 말했다. 그러나 골드만은 중국 민주화는 서구식 자유민주주의 형태일 것이라는 보장은 없다는 점을 강조했다. 그녀는 그 근거로 여러 가지 구조적 현실을 지적하는데, 그것은 반체제 인사, 노조, 기독교인에 대한 당의 지속적 억압과 정치적 자유의 상대적 부재, 민주화를 추진할 중산층의 취약한 자주성, 그리고 반 서방 민족주의, 서열 중시 유교형태의 신보수주의의 등장과 같은 정치의 새로운 경향을 포함한다. 2000년대를 거쳐 오늘날로 오면서 현실은 골드만의 예측과 비슷하게 전개된다. 장쩌민 시대를 지나 후진타오로 오면서 중국의 경제발전은 한층 더 가속화된 반면 정치, 사회적 억압은 줄어들지 않았다. 후진타오, 원자바오를 포함하는 베이징 핵심 지도층은 수차례에 걸쳐 중국은 서구식 자유민주주의를 절대 기계적으로 그대로 받아들이지 않을 것이라고 강조했는데, 그것은 중국 민주주의는 중국식 형태를 띨 것이라는 의미를 가진다. 흥미로운 것은 푸틴 시대의 러시아와 비슷하게, 중국의 경제가 발달하고 국민의 삶이 나아지면서

시진핑

후진타오

국민들 역시 정치적 억압에 대한 저항보다는 중국식 민주주의에 체제 순응적으로 변화하는 현상이다. 이것은 시진핑 시대에는 더욱 두드러지는 것으로 보인다. 이것은 19세기의 상처받은 자존심의 반영일 가능성이 높고, 또 많은 전문가들이 지적하듯 그 나라에 민주적 전통이 없는 역사적 토대의 연장선상에서 이해될 수 있을 것이다. 클린턴 대통령은 민주적 평화에 대해 거의 교조적 신념을 갖고 있고, 국무부장관 탈보트는 민주적 전통이 없는 곳에서도 그 뿌리는 내려질 수 있고, 민주주의는 많은 시행착오와 오랜 시간을 요구하며, 그것은 어느 다른 정치적 대안보다도 낫다는 신념을 설파했다. 그러나 중국의 현실이 그들의 인식, 여망과 다른 방향으로 진전하는 것은 서방과 자유민주주의 세계에는 매우 애석한 추세일 뿐이다.

중국 외교, 안보에 대한 서방 전문가들의 진단과 처방 역시 탁월하다. 그들의 분석은 사실을 잘 반영하고 2018년 지금과는 사뭇 다른 그 당시 현실에서 그들의 조언은 최선이었을 것이다. 서방으로부터 받은 역사적 굴욕에 기초한 중국의 방어적 민족주의, 그리고 그로 인해 수정주의적 성격을 띠는 중국 대외정책의 특징에 관한 샴보우, 리버탈의 설명은 그보다 더 사실인 것은 없다. 샴보우의 대외정책 결정과정에 관한 세부적 설명, 리버탈의 미국 대중국 정책에 있어서의 오류, 그리고 그들이 공통으로 지적하는 미국 능력의 한계에 대한 설명도 상당한 설득력을 지닌다. 로스의 약간 다른 해석 역시 설득력을 갖는데, 왜냐하면 중국이 현상주의 유지를 선호한다는 그의 분석은 현상적으로는 사실이기 때문이다. 그것은 중국이 비록 실체와 본질에 있어서는 수정주의를 추구하지만 현실적으로는 안전한 안보환경 설정을 위해 평화와 안정이라는 현상유지를 선호한다는 의미를 가진다. 샴보우, 리버탈, 로스 모두가 베이징이 미국과 서방에 대해 상당수준의 지렛대를 보유하고 있고 여러 상황을 감안할 때 봉쇄보다는 개입이 더 합리적 정책이라는 데 동의하는 것 역시 적실성 있는 판단이다. 소련에 대한 40년 이상의 피곤한 봉쇄가 끝나자마자 아직은 대단치 않은 중국을 향해 또 다른 치열한 국제경쟁, 봉쇄를 시작한다는 것은 정치, 경제, 심리적으로 부적절할 것이기 때문이다. 그렇지만 오래도록 중국이 취약할 것이라는 그들의 예상은 빗나간 것으로 보아야 할 것이다. 중국 경제력이나 군사력은 대부분 전문가들의 생각보다 훨씬 일찍 예상을 뛰어넘는 수준에서 강화됐다. 후진타오 시대를 거치면서 중국은 이미 세계 경제력 2위의 자리에 올랐고, 그 경제력은 시진핑 시대로 오면서 아시아 인프라투자은행(AIIB), 일대일로, 그리고 아프리카, 중앙아시아를 포함하는 세계 각국에 대한 지원이 입증하듯 세계 경제의 또 다른 축 건설을 위한 경쟁으로 향하고 있기 때문이다. 중국의 군사력 건설 역시 세계적 주목의 대상으로 등장했다. 오늘날 베이징 군사전략, 전력발전의 핵심은 미국 군사력의 접근을 막기 위한 접근방지, 지역거부(A2AD: Anti-Access, Area-Denial) 전략과 서태평양에서 미국 태평양 함대의 공격을 사전 차단하기 위한 순항 미사일 개발과 배치로 요약된다. 동시에 베이징은 미국이 압도적으로 우월한 능력을 보유하고 통합전쟁 수행에 절대적으로 필요한 지휘통신 감시체계(C4ISR: Communication, Command, Control, Computerization, Intelligence, Surveillance, and Reconnaissance) 개발에 전력을 다하고 있다. 2018년 현재 아직 그래도 중국의 군사력이 미국에 비해 20년 뒤처져 있지만, 그 간격 역시 지난 기간 베이징이 30년 낙후된 군사력을 20년으로 축소시켰듯 앞으로 10년으로 축소될 것이고, 20~30년 후 중국 GDP가 미국의 두 배에 달하면서 군사력 균형은 또 다른 양상을 띠게 될 것이다. 그런 측면에서 버스타인과 먼로의 분석과 미래 예측은 통찰력이 돋보인다. 그 당시 그들의 주장은 전문가와 일반인 모두에게 다소 과도한 측면이 있다고 여겨졌는데, 왜냐하면 아직 취약한 중국을 상대로 무자비하게 군사력을 휘둘러대는 미국이 정말 국제평화를 표방하는 국가인가라는 의문을 불러일으키고, 인권, 인도주의, 정의를 표방하는 워싱턴의 이미지에 손상을 낼 수 있기 때문이었다. 그렇지만 20년이 지난 이제 그들의 분석이 결과적으로 미래에 대해 정확하게 예측한 것을 부인할 수는 없다. 아마 이제 필요한 시기가 다가오면서 새롭게 봉쇄를 시작하면 될 것이지만, 오바마 행정부는 이미 아프가니스탄, 이라크로부터의 철수를 일단락 짓고 중국을 겨냥하는 재균형, 피보

오바마 전 미국 대통령

트 전략으로 선회해 초기 봉쇄를 시행한 바 있다. 재균형 전략은 중동, 중앙아시아에 배치된 전력을 상당부분 철수시켜 전체 전력의 60%를 동아시아, 아태지역을 겨냥, 배치하는 것으로, 그 주요 목적은 일본, 한국, 동남아, 인도와의 협력을 통해 중국에 대한 초기 봉쇄 진용을 구축하는 것이다. (트럼프 대통령은 대선 후보 시절 중국 경제 위협에 대한 방어를 중시했지만, 집권 후의 대중국 정책은 중국 경제, 또 북한 핵문제 해결과 관련되어 오락가락 하는 모습을 보였다. 그러나 그는 2017년 12월 국가안보전략 보고서에서 러시아와 중국을 수정주의 국가로 규정하면서 경쟁국가로 적시했다) 한 가지 덧붙이면, 중국의 방어적 민족주의에 대한

지나친 배려는 불필요할 수 있는데, 왜냐하면 거듭 말했듯이 중국이 미국의 배려에 감사해 하는지는 의문이기 때문이다. 흥미롭고 아이러니컬한 것은 중국이 아니라 워싱턴이 베이징에 계속 감사해 하는 오늘날의 현실이다. 오바마 대통령 시절 힐러리 클린턴 국무장관, 가이트너 재무장관은 계속해서 중국 지도자들에게 감사를 표했는데, 그 이유는 베이징이 워싱턴의 경제협력 요청을 수용해 자발적 대미 수출 축소, 수출 대신 인프라 투자를 통한 GDP 성장, 위안화의 평가절상을 시행했기 때문이다. 서방의 많은 전문가들이 말하는 중국의

트럼프 대통령

상처받은 자존심에 대한 배려와 그를 위한 온건정책 시행은 도덕적, 철학적으로 높은 뜻을 갖지만 현실은 그와는 다르게 진행된다는 것을 기억할 필요가 있다. 또 중국이 더 큰 힘을 갖게 될 때, 그 행동이 어떻게 변할지도 의문이다. 이미 중국은 필요할 경우 여러 계기에 그 힘을 행사했지만, 아마 베이징은 그 힘의 확대에 비례하는 계속 새로운 정책과 행동을 지향할 것이다. 그것은 덩샤오핑과 장쩌민 시대의 도광양회, 유소작위가 후진타오의 평화발전, 화평굴기를 거쳐 시진핑 시대에 신형대국관계, 분발유위로 바뀐 것에서도 잘 나타난다. 서방 전문가들은 중국인들이 과거 자기들이 세웠던 조공관계의 꼭대기를 기억하면서 과거의 치욕에서 벗어나기를 원한다고 말했는데, 미래의 중국은 또다시 국제 위계질서의 정점에서 자기들의 욕망을 채우려 할 것이다. 그런 성향은 시진핑 주석이 트럼프 대통령과의 정상회담 당시 한반도 문제를 거론할 때 한반도 국가들은 역사적으로 중국의 속국이었다는 취지의 말을 한 사실에서도 잘 드러난다. 그들은 아직도 어느 강대국과 마찬가지로 과거 중화제국의 꿈을 되살리려는 야망을 갖고 있고, 그것은 어느 국가든지 오늘날의 현실에서도 제국과 패권을 이루려는 꿈을 가지고 있음을 말해준다.

4. 일본 외교의 진면목

일반적으로 일본의 외교, 안보는 경제 중심적 성격을 띠고 있다는 것이 대체적 평가이다. 그것은 경제가 우선하든 아니면 경제와 안보, 군사가 함께 가던지 그 강조점은 대부분 경제에 주어지기 때문이다. 그러나 그것을 넘어 1990년대 일본의 외교는 적극적 의미에서는 신중하고 절제되어 있다는 인상을 지울 수 없고, 소극적 의미에서는 수세적, 방어적으로 보이는 것이다. 그것이 수세적으로 보이는 이유는 아마 많은 전문가들이 지적하듯 제2차 세계대전 이후 일본에 부과된 평화헌법, 그리고 전쟁의 악몽을 기억하는 사

람들에 의해 옹호되는 사회적 규범과 비군사 경향 때문일 것이다. 동시에 그것이 신중, 침착하게 보이는 이유는 한스 모겐소의 말대로 일본이 현실주의적 입장에서 자국의 능력에 맞게 행동하기 때문일 수도 있다. 덩샤오핑이 힘을 기를 때까지 기다리라고 한 교훈이 일본에서도 그대로 적용되는 것과 같이 보인다. 이것은 일본은 상당한 군사, 경제능력을 가진 나라이지만 국내적 제약이 해제되고 대외관계에서 그들의 역할이 충분히 정당화될 때까지 기다리는 인내심을 갖고 있을 가능성을 암시한다. 고이즈미 시대를 지나 수년 전 아베 총리가 오늘날의 중·일 관계는 제1차 세계대전 이전의 영·독 관계와 비슷하고, 일본은 중국이 힘으로 현상을 변경하는 것을 절대 용납하지 않을 것이라고 말하면서 보통국가를 지향하는 현실은 그런 분석의 배경이 될 수 있을 것이다.

　　1990년대의 일본은 국제적 주도권에 관한 미국과 일부 전문가들의 우려를 불식시키고 확실하게 워싱턴의 리더십을 추종하기로 결정했다. 그것은 현실적이고 신중한 결정인데, 왜냐하면 도쿄는 미국 주도의 국제질서에 도전할 능력도 없고, 또 그럴 의사도 없기 때문이다. 이것은 서유럽이 나토를 포함하는 미국과의 협력을 수용한 것과 비슷한 의미를 갖는데, 왜냐하면 그들이나 일본 모두 미국과 일정 수준의 정책적 불일치를 겪었지만 종국에는 그 수용이 자기들에게 훨씬 큰 이익을 가져다준다고 판단했기 때문이다. 그렇듯 일본은 미국과의 협력을 선호했고, 도쿄의 미·일 관계 운영은 성공적이었다. 미국이 몇몇 구체적 산업 분야를 적시하면서 일본시장의 개방을 원했을 때 도쿄는 약간의 지체 후 그 요구를 긍정적으로 수용했는데, 그것은 1970년대 이후 누적된 미국인들의 분노를 완화시키고 미래 양국의 협력을 확보하기 위한 최소한의 적극적 조치였다. 일본은 오로지 경제, 부만을 추구하는 중상주의적 경제동물, 수출기계라는 전 세계적 오명에서 벗어나야 할 필요를 직감했을 것이다. 미국과 일본은 미·일 가이드라인 개정에서도 서로의 입장을 배려하면서 양측 모두에게 수용 가능한 합리적 결과를 도출해 냈다. 그 협정은 미국은 전투 임무를 담당하고 일본은 인근 지역 유사시 재난구조, 경제제재, 후방지원과 같은 비전투 임무에 투입되는 상호 보완적인 역할 분담을 규정했다. 여기서 일본의 대외정책은 또다시 신중한 측면을 드러냈는데, 왜냐하면 그것이 비록 도쿄의 국제적 안보역할 확대를 의미했지만 일본의 본질적인 군사적 해외팽창을 포함하지 않는 성격의 협정은 국내의 정치, 사회적 필요와 중국을 포함한 주변국의 우려를 불식시키는 일석이조의 효과를 동시에 충족시켰기 때문이다.

　　중국과의 관계에서도 일본은 신중하고 조심스럽게 접근했다. 아직은 취약한 중국에 대해 일본은 처음에 1970년대 이후 대소 봉쇄의 필요에 의해 진행된 미국, 중국, 일본 협력의 맥락에서 중·일 간 협조 관계를 지속하고 지난 수십 년간의 추세에 따라 대중국 무역 및 투자 관계에 더욱 매진하기를 원했다. 그것이 이미 설명된 바와 같이 도쿄가 천안 문 이후 대중국 제재를 가장 먼저 해제하고 베이징에 대해 온건한 외교 수사와 태도를 고수한 이유였다. 그 과정에서 중국의 남중국해와 센카쿠 열도 인근에서의 공세, 군사 현 대화, 그리고 중·러 협력이 가시화되었지만, 일본은 미국과 함께 미·일 동맹 현대화로 대응하면서 중국에 대해 가능하면 비적대적 태도를 취하려 노력했다. 미·일 가이드라인 발표 당시 미국, 일본이 그것은 특별히 중국을 겨냥하는 조치가 아니라고 말하고 또 대만 포함 여부에 관해 모호하게 처리한 것은 모두 베이징을 자극하지 않으려는 미국과 일본 의 외교적 배려를 상징했다. 미·일 공동성명과 미·일 가이드라인에 대해서 베이징 역시 미·일 협력이 중국의 핵심 이익을 침해하지 않기를 희망한다는 비적대적, 비공격적 태도 를 취한 것은 미·중·일 삼각관계, 또 중·일 관계가 아직은 통제된 경쟁 상태임을 입증 했다. 베이징으로서는 아직 일본의 군사력 증강과 해외팽창이 본격화되지 않은 상황에서 도쿄와의 관계를 적대상태로 돌릴 이유가 없었다. 군사력 현대화에 따른 안보 딜레마가 대부분의 나라에서 존재하는 불가피한 현실에서 일본이나 중국 모두 한발씩 양보하고 그 대신 경제적 상호의존의 관계에서 필요한 물질적 요구를 충족시키는 것이 합리적이라는 것은 현실적이고 순리에 맞는 판단이었다. 그런 인식은 도쿄로 하여금 중국과의 일정수 준 상호불신과 의심에도 불구하고 베이징에 대한 수십억 불의 재정지원, 경제지원의 확 대, 중국의 WTO 가입을 앞장서 옹호하게 만든 배경으로 작용했다. 그런 상호 절제의 관 계는 일본에서 고이즈미 총리 취임 이후 미·일 동맹의 현격한 강화, 일본 우경화, 센카 쿠 관련 영토 분쟁, 역사 문제로 인해 양국 관계가 경색되기 전까지 계속됐다.

일본의 대러시아 관계 역시 과거 관계의 연속선상에서 신중하게 추진됐다. 냉전시대 일·소 관계는 적대적이었지만 이제 일본의 러시아에 대한 적대감은 상대적으로 완화됐 다. 일본은 러시아와 경제 협력을 확대하고 과거 일·소 관계의 유산인 북방 4개 도서를 반환받기를 원했다. 도쿄는 모든 여건에서 우월한 일본이 모스크바에 경제지원을 제공한 다면 그것은 문제 해결에 결정적 단서가 될 것이라고 생각했다. 그렇지만 양국 관계는 특 별한 진전이 없었는데, 그 이유는 러시아는 북방 4개 도서 반환을 원치 않는 반면 일본은 원칙적으로 영토 문제 해결 없이 러시아와의 경제협력과 평화협정 체결은 불가하다는 입 장을 고수했기 때문이다. 수차례의 정상회담과 외교장관 회담에서 도서 반환의 대가로 도쿄가 10억 달러 이상의 경제지원과 일·러 평화협정이라는 경제, 외교 보상을 제시했지 만, 그 타협은 마지막 순간에 결렬을 면치 못했다.

일본의 외교, 안보에 관한 전문가들의 분석은 어떻게 평가해야 할까? 일본은 워싱턴 의 리더십을 추종하는 현상유지를 선택하고 결과적으로 해외 군사팽창을 시도하지 않았는데, 카젠쉬타인과 오카와라는 그것이 대외관계에서 도쿄의 신중하고 절제된 판단력에 의한 것이기보다는 국내 정치, 사회적 메커니즘이 작동한 결과라고 말한다. 비교정치에서 중시하는 국내적 요소에 초점을 맞추는 그들의 설명은 일본 대외정책의 특수성, 형성과 정, 한계에 대해 많은 것을 알려준다. 그들의 말대로 일본의 대외정책은 평화헌법, 군부에 대한 문민통제, 또 국민들의 반군사적 사회 여론에 의해 직접적으로 영향 받고, 그로 인해 일본 당국의 외교, 안보는 군사안보, 해외에서의 군사개입에 반대하면서 경제 우선주의, 경제안보, 기술발전의 방향으로 편향된 경향을 보이는 것이 사실이다. 국제 평화협력 법안 통과가 그렇게 오래 걸리고 많은 반대에 부딪쳤던 것, 해외 PKO 활동에서 조금이라도 군사적 충돌이나 군사적 의심을 살 수 있는 행동에 개입될 가능성을 원천 차단하려는 도쿄의 노력, 또 혁명적 변화가 없는 한 일본의 강력한 군사체제 확립, 해외 팽창은 없을 것이라고 말하는 그들의 주장은 모두 그런 견지에서 이해될 수 있다.

그렇지만 그들의 이론적 관점이 전적으로 옳은지는 의문인데, 왜냐하면 국가 간의 관계에 우선적 중요성을 부여하는 대안적 설명이 더 설득력이 있기 때문이다. (그런 의미에서 그들의 분석은 순서에서 앞뒤가 바뀐 것으로 보인다) 그것은 일본이 대외팽창을 하지 않는 원인은 국내 규제 때문이기보다는, 국제질서, 다른 나라들과의 대외 관계 현실에 비추어 팽창하지 않는 것이 유리하다고 판단했기 때문이라는 의미이다. 1990년대에 미국이 넘어서지 못할 압도적인 힘을 발휘하고 주변에 아직 특별히 위협 대상이 없는 상태에서 일본이 적극적인 군사화, 해외 팽창을 할 수도 없었고, 또 할 이유도 없었다고 보는 것이 더 합리적일 수 있다. 그런 논리는 어느 한 나라의 국제 사회에서의 행동은 현실주의, 신현실주의가 말하듯 무정부 상태 하에서 다른 나라와의 상대적 역학관계가 국내적 요소보다 우선적 고려 대상이라는 의미를 가지며, 그것은 만약 일본이 팽창의 필요를 느낀다면 국내의 법, 정치 구조를 바꿔 가면서 군사력 강화, 대외 팽창을 추진할 것이라는 추론을 정당화한다. 실제 오늘날의 일본 현실은 그런 분석의 타당성을 뒷받침하는데, 왜냐하면 도쿄는 고이즈미를 지나 오늘날의 아베 시대에 이르기까지 이미 상당 기간 평화헌법 수정에 대한 큰 열망을 보여 왔고, 또 군사력 강화, 해외 팽창의 가능성은 점점 커지고 있기 때문이다. 군부에 대한 문민통제가 군사안보와 해외팽창을 규제하는 중요한 요소 중 하나라는 그들의 설명 역시 역사적 차원에서 이론적으로 일반화되기는 어려운데, 왜냐하면 고대 아테네, 19세기 영국, 프랑스 식민주의를 넘어 오늘날의 미국 해외팽창까지 모두 완전한 문민 통제하에서 나타나는 현상이기 때문이다. 일본의 반군사적 국민 여론, 사회 규범이 일본의 해외 팽창을 막는다는 주장도 이론적으로 일반화되기는 어렵다. 그와 역으로 역사는 정당한 이유가 있을 경우 국내 여론, 사회규범이 자동적으로 바뀌어 군사안보, 해외팽창을 지지하게 되는 것을 보여주는데, 비스마르크에 의한 통일 이후 1890년대의 독일, 중국의 강대국화와 북한 핵무장의 위협을 인지하는 2000년대 이후 일본에서 경제력에 걸맞은 외교 위상 확보를 위해 군사안보를 더 중시하고 보통헌법을 도입해야 한다는 목소리가 커지고 또 그런 환경에서 이시하라 신타로의 '미국에 아니라고 말할 수 있는 일본'(The Japan That Can Say No)이 많은 지지를 받는 것이 그런 예에 속한다.[2] 왈츠는 그런 현상을 '자존심은 국적이 없고' 그런 심리와 현상은 군사력 강화, 안보 딜레마, 국가 간 충돌의 원인이 된다고 지적한 바 있다.

헤긴보탐과 사무엘스의 분석은 매우 예리하고 설득력이 있다. 그들의 주장은 한마디로 일본은 군사적 중요성을 간과하지는 않지만 도쿄의 더 큰 관심은 경제력 증진을 넘어 경제패권을 지향한다는 것이다. 그들은 또 군사 중심의 구조적 현실주의 이론보다는 경제 중심의 경제적 현실주의 시각이 도쿄의 행동을 더 잘 설명한다고 주장한다. 그들의 주장에 큰 문제는 없다. 실제 일본 당국 대외정책의 현실은 그들 말대로 대외 지렛대로서의 국가의 부와 기술력 확대, 기술의 해외 이전을 우려하는 경제안보 중시, 외국의 인수합병에 대한 반대를 포함하는 경제적 견제행동으로 특징지어지기 때문이다.

그렇지만 그들 주장대로 정말 국제정치의 현실주의 이론이 군사보다 경제 위주의 관점으로 재구성될 필요가 있는지, 또 굳이 군사와 경제를 분리해 생각할 필요가 있는지 의문이다. 그 이유는 현실주의는 경제적 중요성을 간과하지 않으며, 또 역사적 차원에서 그들의 주장은 사실이 아니기 때문이다. 국제정치사는 군사와 경제는 어느 요소가 우선한다기보다 그 두 요인이 함께 움직이고 어느 한 가지가 결여될 경우 다른 한 가지가 제대로 작동하지 못하는 것을 보여준다. 16세기 스페인 제국의 붕괴는 경제력 고갈로 군사작전을 할 수 없었기 때문이지만, 반면 17세기 전반기 유럽에서 가장 부유한 네덜란드의 경제 붕괴는 군사력이 부족했기 때문이다. 17세기 중반 이후 영국의 초기 부상은 경제력의 결과라기보다는 해양에서의 군사능력이 탁월했던 것이 더 큰 이유이며, 산업 혁명 과정이나 그 이후의 영국 제국주의는 군사와 경제라는 두 변수가 계속 상호작용하는 가운데 진행됐다. 굳이 군사력의 우선성을 말하자면 서유럽 국가들의 번영은 아무리 국내에서 산업이 발달했어도 중동, 아시아, 아프리카를 포함하는 전 세계에서의 군사 정복이 없이는 일정수준을 벗어나지 못했을 것이다. 18세기 러시아의 위용, 또 러시아, 프러시아, 오스트리아 간의 각축 역시 경제 변수보다는 군사적 요인이 더 큰 역할을 수행했다. 20

---

2 이 현상에 대한 자세한 논의는 Eugene A. Matthews, "Japan's New Nationalism," Foreign Affairs, Vol. 82, No. 6 (November/December 2003), pp. 74-90.

세기 미·소의 냉전에서 소련은 군사적 상호확증 파괴에도 불구하고 경제력 부족이 멸망의 근본 원인이지만, 냉전 종식 후 클린턴 시기 미국 경제의 회복은 경제적 기초 못지않게 전 세계에 전진 배치된 군사력에 근거한 외교 수완 발휘에 의해 큰 도움을 받았다. 더 간단하게 말하면 국방력이 부족할 경우 한 나라의 경제는 생존할 수 없는데, 사담 후세인의 쿠웨이트 침공, 또 오늘날 한국이 경제 우위에도 불구하고 북한의 핵무기에 위협받는 것은 그런 확실한 예다. 이 모든 사례는 경제와 군사는 상황에 따라 어느 한 가지 변수가 더 중요할 수 있지만 결국은 서로 연계되어 함께 움직인다는 사실을 입증한다.

　세부적으로 한두 가지 더 지적하면, 주변 국가들의 전력증강과 비교해 일본 신 방위계획대강에서의 무기의 양적 감축을 일본의 군사팽창에 대한 무관심으로 간주하는 그들의 분석은 약간 과도한 측면이 있는 것으로 보이는데, 왜냐하면 그것은 미·일 군사동맹의 보호와는 별도로 이미 재래식 전력이 영국, 프랑스와 비슷하고 중국에 비해 월등히 유리한 상태에서 당국의 철저한 군사력 균형 계산 이후에 내린 결정일 가능성이 높기 때문이다. 그것은 냉전 종식 이후의 미국이 외국 위협의 감소에 따라 병력 축소, 해외전진 배치 축소를 단행한 것과 비슷한 형태로 이해될 수 있을 것이다. 그들은 또 일본이 가상 적국으로 인식하는 중국에 투자하는 것이 경제적 현실주의의 증거라고 주장하는데, 그 생각의 과도함 역시 왜 미국이 가상적국이 될 수 있는 중국과 무역을 진행하고 대규모로 투자하는지를 생각해 보면 스스로 명백해질 것이다.

　마지막으로 네스터의 분석은 1970년대 데탕트 시절부터 이어져 온 일본의 이기적 경제 행태에 대한 미국의 분노를 적나라하게 표현한다. 그의 설명은 헤긴보탐, 사무엘스의 신중상주의적 경제패권 분석과 동일한 맥락에서 이해될 수 있다. 미·일 경제관계의 현실과 모든 상상 가능한 방법을 동원하는 일본 신중상주의의 세부적 전략에 관한 묘사는 도쿄의 전술이 얼마나 다양하고 치밀한가를 잘 보여준다. 그것은 많은 국가들에게 일본 전술의 실체를 보여주고 그 대비책 마련에 큰 도움을 줄 것이다. 워싱턴의 행동이 공세적으로 보이지만 실상에서 미국은 늘 일본에게 휘둘린다는 그의 설명은 특히 흥미롭고 상당 부분 실제 현실을 반영한다. 그는 미국의 대일 무역정책의 가장 효율적 방법은 도쿄에 특정시장 개방을 요구하는 것이라고 제안했는데, 클린턴 시기 실제 진행된 미·일 무역 불균형 협상에서 워싱턴이 그런 방법을 사용해 일본 시장을 개방시킨 것은 그의 식견이 합리적이라는 것을 증명한다.

5. 위기의 북한과 남북한 관계

1990년대의 북한은 거의 풍전등화의 상태에서 생사의 갈림길을 헤맸다고 해도 과언이 아닐 것이다. 그렇지만 제네바 합의의 약속 위반, 전쟁불사 위협 등 모든 방법을 동원한 북한은 결국 한미 양국의 의지를 거스르면서 핵무기 개발에 성공했고, 여러 계기로부터 유래한 경제지원, 장마당을 포함하는 경제 회생의 방법으로 붕괴 직전의 위기에서 벗어났다. 1990년대와는 달리 2018년 현재 북한의 붕괴를 거론하는 사람은 없고, 오히려 한국은 북한의 다양한 사거리의 미사일과 수소폭탄에 의해 위협받는 상태가 됐다. 미국의 조지 W. 부시 행정부는 북한을 '악의 축'의 하나로 지목하면서 김정일 정권 교체를 시도했지만, 9·11 발발 이후 차선책으로 도입된 6자회담은 원하는 성과를 얻지 못했고, 트럼프 행정부는 전쟁 가능성을 포함하는 모든 옵션을 거론하며 북핵 문제 해결을 시도하고 있지만 그 결과는 미지수이다. 이 모든 과정에서 중국의 역할이 결정적으로 중요하다는 것은 전 세계 모두가 아는 사실이지만 베이징은 한반도 비핵화를 지지한다고 말하면서도 실제에 있어서는 북한 보호에 모든 노력을 기울이는 것으로 보인다. 황장엽은 타계 전 중국은 북한 핵보유에 반대하지 않는다고 말한 바 있는데, 그 말의 중요성을 간과하지 말아야 한다. 베이징은 북한 붕괴를 수용하지 않을 것으로 보이는데, 아마 그것은 중국이 나중에 전개될 미국 및 서방과의 경쟁에서 북한이라는 이데올로기적 추종자를 필요로 하기 때문일 것이다. 반미, 반 서방으로 돌아선 푸틴 시대의 러시아도 북한에게 100억 달러 부채를 탕감해 주었고, 그런 평양과의 관계에 대한 우호적 시각은 자연히 북한 붕괴와 트럼프 공세에 대한 반대로 연결된다. 한국은 참수 작전, 킬 체인, 선제공격을 상정하는 작전계획 5015, 사드 배치로 북한 핵을 억지하겠다는 전략을 표방하고 있는데, 그것이 실제 상황에서 얼마나 효율적으로 작동할지를 예단하기는 어렵다. 한국에서는 미국 전술핵무기 재도입이 거론되고 있지만 워싱턴은 현재 입장에서는 그에 반대하고 있으며, 또 일각에서 거론되는 한국의 자체 핵개발은 실현되는 데 많은 장애를 맞을 것이다. 남북한 간에 문제가 되는 것은 두 나라가 같은 민족으로 통일을 당연한 것으로 인식하기 때문이다. 만약 두 나라가 서로 다른 국민의 나라라면 그 걱정은 덜 할 것인데, 왜냐하면 각자는 타국 일에 지금과 같이 우려, 개입할 필요가 적을 것이기 때문이다. 그러나 숙명적으로 한쪽이 패배해야 하는 상황에서 그 심각성은 더욱 두드러지는데, 왜냐하면 대화와 합의를 통한 통일은 거의 불가능할 것이기 때문이다. 그런 경우는 역사적으로 거의 존재하지 않았고, 우여곡절 끝에 타협으로 맺어진 예맨 통일은 통일 이후의 내란에서 군사력이 강한 북예멘이 남예멘을 흡수하는 형태로 결과 지어졌기 때문이다. 한국은 과거 북한에 대한 흡수통일, 대화를 통한 통일 등 다양한 시나리오를 논의해 왔지만, 이제는 상황이 완전히 반전됐다. 그동안 한국은 경제 우위, 민주주의, 한류를 포함하는 소프트 파워를 중심으로 우월성을 강조하고 또 북한과의 통일 경쟁에서 당연히 승리할 것으로 생각했지만, 몇개의 원자탄이 수소폭탄으로까지 발전하면서 통일 경쟁에서의 승리가 아니라 그 안위가 위협받는 역전 상황에 처하게 됐다. 미래 남북한 경쟁의 과정에서, 또

수소폭탄 모의실험

궁극적 통일 이후 그동안 남북한 양측이 선택한 외교, 안보 정책의 합리성과 타당성, 그리고 한국의 각 행정부가 실시한 안보정책에 관한 재평가가 이루어질 것이다. 모든 것은 역사에 의해, 또 세계적 차원에서 공정하게 재평가될 것이다.

　북한에 관한 전문가들의 견해는 어떻게 평가되어야 할까? 한국 안보에서 중요한 한축을 담당하는 주한미군 사령관으로서 존 틸럴리는 한미 양국의 편에서 자유민주주의에 대한 북한의 위협을 평가한다. 한반도의 폭발 잠재성, 북한의 군사공격 능력, 화생무기 위협능력, 주체 이데올로기의 실패, 파산상태 경제에 관한 그의 평가, 그리고 북한의 위협을 막기 위한 한미동맹의 강점과 약점에 관한 그의 자세한 설명은 모두 객관적 사실에 근거한다. 2018년 한국의 사드체계 배치 결정에 비추어 그가 이미 그 당시 고층, 저층의 다층 전역 미사일 방어망의 중요성을 강조한 것은 군사 전문가로서의 그의 안목을 돋보이게 만든다. 그렇지만 그 이후 몇 가지의 상황 변화를 지적하면, 노무현 정부의 주한미군 이전 계획에 의해 보병 2사단은 2018년까지 평택으로 이전을 마치게 되어 있고, 대인지뢰 사용금지는 유보됐다.

　황장엽의 설명은 틸럴리의 견해와 비슷한 맥락에서 전개된다. 북한의 정치, 사회, 대외관계에 관한 그의 설명은 한국인뿐 아니라 전 세계인들에게 북한 핵심구조의 이해에 관한 가장 정통한 분석으로 기억될 것이다. 필요한 모든 세부사항을 구조적으로 해부하는 그의 해박한 설명은 감탄을 자아낼 정도로 명료하고 체계적이다. 그는 북한을 마르크스가 말하는 공산사회가 아닌 현대판 봉건사회라고 규정했는데, 그보다 더 정확한 표현은 없을 것이다. 그 이유는 김일성 일가가 그의 말대로 봉건 영주와 같은 위치를 차지하는 그 사회에서 모든 인민은 처음부터 봉건제의 신민과 같이 특정 사상으로 세뇌되고 출신 계층에 따른 차별대우로 인해 인간 평등은 존재하지 않기 때문이다. 농민들이 아침부터 농지에 나가 밤늦게까지 일하는 것 역시 농토에 묶인 봉건사회 농노생활이나 다를 바 없다. 남북한 관계에 있어서도 북한이 원하는 것은 한반도 전체의 통치를 위한 적화통일

조총련 본부

이라는 그의 식견은 존중되어야 하는데, 왜냐하면 한국 내에는 견제를 배제하는 북한과의 협력이 통일을 위한 최선의 방안이라는 감상적 사고가 상당한 범위에서 퍼져 있기 때문이다. 김정일 시대 북한이 위기에 처했을 당시 한반도 적화통일이라는 용어는 당분간 사라졌지만, 이제 수소폭탄 실험이후 또다시 김정은 집단이 그런 용어를 사용하는 현실에 주목할 필요가 있다. 마지막으로 재일 조총련이 축소판 북한이며 그들이 자체 보위부까지 운영한다는 것은 대부분의 사람들에게는 충격일 뿐이다.

에버쉬타트와 놀랜드의 북한 붕괴론, 조기 통일의 당위성에 관한 논란은 흥미진진한 주제인데, 왜냐하면 1990년대 중반 한국에서는 그 이슈에 관한 논의가 봇물을 이루었기 때문이다. 비록 에버쉬타트의 소망대로 자유민주주의에 의한 한반도 통일은 실현되지 않았지만, 그의 설명은 여러 측면에서 많은 타당성을 내포한다. 가능하다면 자유주의에 의한 빠른 한국 통일이 더 바람직하다는 그의 견해는 한국인들에게는 특히 설득력이 있는데, 왜냐하면 역사는 통일은 그렇게 쉽게 이루어지는 것이 아님을 증명하기 때문이다. 서양에서 민족국가 출현의 시초로 간주되는 30년 전쟁 이후 전개된 국가 간 통일의 과정은 찰스 틸리(Charles Tilly)가 말하듯 전쟁, 고통으로 점철되었고, 불과 20여 년 전의 동서독 통일 역시 프랑스와 영국의 독일 통일 반대에 비추어 미국의 의지가 아니었으면 그 실현이 불가능했을 것이다. 동시에 현재의 남북한 관계에 비추어 보아도 핵무기로 무장하고 다시 소생하는 북한이 적화통일을 포기하지 않는 상황에서 한국에 의한 통일을 상정하기는 어렵다. 남북한 간의 격차가 시간이 갈수록 더 벌어지고 통일 비용이 더 커질 것이라는 그의 주장, 또 통일 당시의 경제 비용 절감 및 조달 방법에 관한 제안 역시 합리적인 현실적 판단이다. 한국의 조기 통일에 대한 장애로 그는 중국과 러시아의 현상유지 선호를 거론했는데, 그 지적 역시 현실적으로 사실에 부합한다. 반면 놀랜드는 북한의 붕괴가 실현성이 낮은 이유를 체계적으로 잘 설명했고, 그의 분석대로 북한은 그럭저럭 간신히 연명해 왔다. 지금도 사실 평양은 경제적으로는 간신히 버티는 상황이지만 그야말로 핵무기, 수소폭탄 실험으로 한국에 대해 압도적으로 유리한 군사적 우위를 확보했다. 이것은 앤서니 레이크가 논의하고 위의 많은 여러 논의에서 자세히 설명한 국제 관계에서 군사력의 중요성, 우선성을 말해주는 단적인 증거다. 놀랜드의 북한을 포함하는 사회주의 경제 운용에 관한 체계적 설명은 설득력이 있고 그것은 특히 북한이 경제 취약으로 인해 파탄날 수 있다는 감상론적 북한 붕괴론, 그리고 북한에 대한 무조건적, 무분별한 경제지원 주장에 대해 경종을 울린다. 루마니아와의 비교를 통해 경제실패에도 불구하고 북한 당국이 주민 반란을 진압하면서 공산주의 정권을 유지시킬 수 있는 배경에 관한 그의 설명 역시 한국과 국제 사회에 많은 식견을 제공한다.

마지막으로 남북한 관계, 또 북한의 실체에 관한 데이비드 강의 획기적 해석은 어떻게 평가할 수 있을까? 그의 접근법은 왈츠가 미국이나 소련이나 국제 체제 내에서의 행동은 마찬가지였고, 또 파키스탄의 핵무기 개발은 서남아시아 국제 평형 유지에 도움이 될 것이라는 설명과 비슷한, 국제 질서 내에서 각 행위자의 행동에 초점을 맞춘 신 현실주의적 분석의 형태를 띤다. 이 주장은 서방에서 통용되는 주류 해석이 과거 독일에 의한 두 번의 세계 대전을 '독일 문제(German Problem)'라는 용어로 낙인찍듯 북한이 모든 문제, 잘못의 근원이라는 접근에 대해 새로이 해석, 또는 반박하기 위해 제기된 것으로 보인다. 그런 해석에 관해 특별히 반대할 이유는 없다. 그것은 현실주의, 신 현실주의에서 이론적으로 말하는 가장 기본적 입장이고, 어느 특정 국가가 선하고 다른 국가는 악하다는 편견을 배제하기 때문이다. 또 현실적으로 그의 말대로 남북한 모두 전진배치를 유지하고 서로가 통일의 주도권을 갖기 위해 투쟁하는 것, 또 김일성 사후의 북한 외교, 안보가 변하지 않는 것도 사실이기 때문이다. 그렇지만 그의 설명과 관련된 몇 가지 의견을 제시할 필요가 있는데, 왜냐하면 그의 이론적 접근은 남북한 간의 과거, 현재, 미래에 대한 역사적, 현실적 왜곡을 유도하기 때문이다.

1990년대의 현실에서 남북한 관계와 북한 행태의 현재와 과거를 동일하게 바라보는 그의 주장은 사실과 상당히 다르다. 우선 한미 양국이 북한이 팽창, 공세적이라고 묘사하는 이유는 그것이 1990년대의 현상이라기보다는 냉전시대 지난 수십년 간 북한이 그런 태도를 유지한 데서 유래한다. 실제 냉전시기 내내 한국은 북한에 대해 수세적 자세를 유지했는데, 그것은 박정희 정부 시절 한국의 대북 관계는 선 건설, 후 통일이 기본 전략이었고 데탕트 시기 남북 대화 역시 본질적으로는 지구적 차원에서 미·소 대화가 진행되면서 지역 레벨에서 동서독 대화와 함께 동시 다발적으로 추진된 추가적 성격의 회담이라는 사실에서 나타난다. 그 당시 서울은 평양이 하루가 멀다하고 제기하는 온갖 종류의 회담, 또 군비통제 제안에 고개를 돌렸는데, 왜냐하면 그 당시 국력이 북한보다 아직은 특별히 나을 것이 없기 때문이었고, 동시에 국내적으로도 북한 전체주의와 같은 사상적 통일보다는 민주적 자유로 인해 사상 대결에 필요한 여론 결집이 상대적으로 어려웠기 때문이다. 그 당시 자유민주주의 고수를 원하는 한국은 국력 신장이 우선이라고 생각하고 있었을 뿐이다. 한국전쟁에 관한 그의 설명은 어떤가? 그것 역시 일정부분 편향성을 띤 것으로 보인다. 그는 한국전쟁이 서로 침략 가능성이 있는 상태에서 거의 불가피하게 발생했다는 뉘앙스로 말하지만 그것은 반드시 사실은 아니다. 그런 분위기가 있을 수는 있지만 그 당시 김일성의 침략은 분명히 의도적인 것으로 그가 스탈린과 마오쩌둥을 만나 전쟁에 관한 지원 약속을 받은 후 실행됐고, 그것은 소련이 붕괴되면서 기밀 해제된 문서를 통해 확실하게 밝혀진 바 있다. 그것은 그 이전까지 진보 성향 수정주의 학자들이 남침 유도설, 또 심지어 북침설을 주장하는 것이 사실이 아님을 밝히는 결정적 계기가 됐다. 1990년대에 북한이 남침 의사가 없다는 그의 주장은 사실일 수 있는데, 왜냐하면 풍전등화의 국가가 침략의 여유를 가질 수는 없기 때문이다. 북한의 테러는 전면전이 아니라 약자의 전략이라는 그의 분석은 오늘날 이슬람 테러분자들의 행위에서 일부 사실적 측면이 존재하지만, 과거 평양 당국의 한국에 대한 테러는 공격성향의 북한이 방어 위주의 서울을 괴롭히는 성격을 띠었다. 이것은 그 당시 한국의 국방을 책임졌던 당사자들이 북한에 대해 어떤 생각을 가졌는지를 살펴보면 그보다 더 이상 확실한 대답은 없을 것이다. 한마디로 그 당시 한국은 언제 북한이 남침해 올지를 알 수 없어 수십년 간 초긴장 상태에서 전력을 다해 안보를 지키는 완전히 방어적 심리를 갖고 있었고, 그것은 북한의 공격성이 얼마나 컸던가를 반증하는 중요한 증거이다. 한국이 평화적이라는 보통의 주장은 어떤가? 이미 지적했듯 평화는 기득권 국가의 이데올로기이지만, 냉전시대의 한국이 평화적이었던 것은 그런 세력균형상의 우위를 말하는 것이 아니라 그 당시 수세적 입장에서 전쟁, 또는 무력 충돌을 원치 않았다는 것을 의미한다. 그는 1990년대 한국의 군사력 균형이 국방의 여러 요소에 비추어 북한보다 더 유리하다고 말했는데, 경제가 발달해 많은 첨단 재래식 무기 체계로의 무장이 가능한 상태에서 그럴 수 있을 수도 있다. 그렇지만 그의 주장과는 달리 병력의 숫자, 또 군대의 단합은 매우 중요한데, 이것은 특히 한국에서 노블리스 오블리제를 실천해야 할 일부 기득권층의 병역 기피 현상, 또 그런 상태에서 모병제 주장이 등장하는 것에 비추어 더욱 그러하다. 과거 한때 군사 전문가들이 한국의 병력은 45만 수준 이하로 내려갈 경우 북한의 남침에 대비하기 어렵다고 말한 것은 그런 상황을 염두에 둔 분석일 것이다. 핵무기와 관련해 데이비드 강은 그것이 전략적으로 취약한 상황에서 생존을 위한 수단이라고 말했는데, 그런 측면이 있을 것이다. 그렇지만 핵무기이건 재래식 무기이건 공격과 방어는 동전의 양면이라는 것이 강조되어야 한다. 1990년대의 북한은 불리한 상황에서 핵을 개발한다고 선전적으로 말해 왔지만, 2018년 현재의 상황은 전혀 다르다. 처음 핵무기 개수가 소수였을 당시 한국이 북한에 대해 느끼는 위협은 상대적으로 적었지만 이제 수소폭탄 실험이 가시화된 상태에서 한국의 위기감은 말할 수 없이 고조돼 있다. 그는 또 핵무기는 정치적 무기이고 군사적 무기가 아니라고 말하지만, 이미 세계 역사는 핵무기가 군사적 용도로 사용될 수 있음을 보여준다. 만약 그것이 정말 정치적 무기라면 많은 질문에 대한 대답이 제시돼야 한다. 왜 냉전시기 미국과 소련은 핵 공포의 균형을 유지하려 노력했고, 왜 전략무기 제한협정에서 상한선을 만들었으며, 왜 제1차 전략무기감축협정에서 미국의 잠수함 발사 탄도미사일은 상대적으로 제외됐는지에 관해 대답할 수 있어야 한다. 왜 또 오늘날의 중국은 핵전력을 강화하기를 원하는지, 또 왜 일본의 정치인들은 도쿄가 보유한 플루토늄은 3만 개의 핵탄두를 만들 수 있는 양이고 또 일단 도쿄가 원하기만 하면 수개월 내에 핵탄두 3천 개를 제조할 수 있다고 말하는지, 왜 또 자유세계는 이슬람 테러집단이나 불량국가, 악의 축 국가의 핵무장에 반대하는지를 설명해야 할 것이다. 미국의 안보 공약이 확실한 한 북한의 핵무기는 힘을 발휘하지 못할 것이라는 그의 주장에 대해서는 그 말은 당연히 일리가 있지만, 동시에 한국 내에는 상당수준의 반미 정서가 존재하고 국제정치의 석학 브레진스키는 미국의 영향권에서 이탈할 나라로 대만, 그루지야, 한국을 꼽았으며 헌팅턴은 종국적으로 한반도는 중국의 영향권에 귀속될 것이라고 예측한 사실을 참고할 필요가 있을 것이다.

ㄱ

가이후 도시키(Kaifu Toshiki) 242
갈루치 미 국무 차관보 292
강석주 287
겐나디 주가노프(Gennady Zyuganov) 98,
  113
고르바초프(Mikhail Gorbachev) 11, 74
고이즈미 준이치로 254
그리고리 야블린스킨(Grigory Yavlinsky)
  104, 124
김영남 303
김영삼 대통령 292
김용순 311
김일성 294, 296
김정일 296

ㄴ

노부오 오카와라(Nobuo Okawara) 255
노태우 대통령 334
니콜라스 에버쉬타트(Nicholas Eberstadt)
  309, 334
니콜라이 차우셰스쿠(Nicolae Ceausescu)
  297, 340
니콜라이 트라프킨(Nikolai Travkin) 104

ㄷ

다니엘 벨(Daniel Bell) 62

달라이 라마(Dalai Lama) 27
덩샤오핑(Deng Xiaoping) 5, 153, 139, 165
데이비드 강(David Kang) 325
데이비드 렘닉(David Remnick) 118
데이비드 샴보우(David Shambaugh) 205
딕 체이니(Dick Cheney) 265
띤나술라논(Prem Tinsulanonda) 195

ㄹ

레오니드 쿠치마(Leonid Kuchma) 79
로버트 길핀(Robert Gilpin) 46
로버트 로스(Robert Ross) 205
로버트 저비스(Robert Jervis) 56
로스 먼로(Ross H. Munro) 206, 217
루스란 카스블라토프(Ruslan Khasbulatov)
  97, 104
루시안 파이(Lucian Pye) 302
류샤오치(Liu Shaochi) 153
류화칭(Liu Huaqing) 210
리처드 번스타인(Richard Bernstein) 206
리처드 베츠(Richard Betts) 56
리처드 사무엘스(Richard J. Samuels) 266
리콴유(Lee Kuan Yew) 194

ㅁ

마르코스(Ferdinand Marcos) 31

마오쩌둥 165
마이클 도일(Michael Doyle) 25, 228
마이클 린드(Michael Lind) 17
마커스 놀랜드(Marcus Noland) 309, 337
마틴 워커(Martin Walker) 63
매들린 올브라이트(Madeleine Albright) 29,
　51, 146
멀 골드만(Merle Goldman) 199
메드베데프(Dmitry Medvedev) 대통령 366
미야자와 기이치 253
미키 캔터(Mickey Kantor) 239
밀로셰비치(Slobodan Milosevic) 32

ㅂ
박정희 대통령 327
배리 아이크스(Barry W. Ickes) 130
벤저민 샤츠(Benjamin Schwarz) 50
보리스 베레조프스키(Boris Berezovsky)
　118
보리스 옐친(Boris Yeltsin) 73
브레진스키(Zbigniew Brzezinski) 375
블라디미르 지리노프스키(Vladimir
　Zhirinovsky) 104
블라디미르 포포프(Vladimir Popov) 134,
　358
블라디미르 푸디아테프(Vladimir Pudiatev)
　122
블라디미르 푸틴(Vladimir Putin) 99
비스마르크 368
빅토르 체르노미르딘(Viktor Chernomyrdin)
　122
빌 클린턴(Bill Clinton) 14

ㅅ
사담 후세인(Saddam Hussein) 22

새뮤얼 헌팅턴(Samuel P. Huntington) 56,
　375
세르게이 로고프(Sergey Rogov) 104
세르게이 키리옌코(Sergei Kiriyenko) 133
셴궈팡(Shen Guofang) 146
스테펜 월트(Stephen M. Walt) 46
스트로브 탈보트(Strobe Talbott) 30

ㅇ
아나톨리 추바이스(Anatoly Chubais) 118,
　125
아론 프리드버그(Aaron Friedberg) 334
아리스티드(Jean-Bertrand Aristide) 25
아베 신조 256
아서 슐레진저(Arthur Schlesinger, Jr.) 15
아키히토(Akihito) 일왕 149, 247
안드레이 사하로프(Andrei Sakharov) 121
안드레이 코지레프(Andrei Kozyrev) 103
알렉산드르 레베드(Aleksandr Lebed) 122
알렉산드르 루카셴코(Aleksandr
　Lukashenko) 78
알렉세이 아르바토프(Alexei Arbatov) 102,
　104
애치슨(Dean Acheson) 34
앤서니 레이크(Anthony Lake) 20, 346
야셩 황(Yasheng Huang) 191
에두아르드 세바르드나제(Eduard
　Shevardnadze) 81
에릭 헤긴보탐(Eric Heginbotham) 266
엘리 헥셔(Eli Hecksher) 271
예고르 가이다르(Yegor Gaidar) 95
왕단(Wang Dan) 180
왕멍(Wang Meng) 201
우노 소스케(Uno Soske) 247

원자바오(Wen Jiabao)　193

웨이징성(Wei Jingsheng)　180, 202

윈스턴 로드(Winston Lord)　298

윌리엄 네스터(William Nester)　275

윌리엄 오버홀트(William H. Overholt)　194

윌리엄 코헨(William S. Cohen)　146

윌리엄 페리(William J. Perry)　37, 348

이사하라 신타로(Ishihara Shintaro)　243,
　274, 368

ㅈ

자오쯔양(Zao Ziyang)　165, 199

장징궈(Chiang Ching-kuo)　142

장쩌민(Jiang Zemin)　26, 140

정주영 회장　312

제럴드 시갈(Gerald Segal)　193

제프리 가르텐(Jeffrey Garten)　25

조모 선다람(Jomo Kwame Sundaram)　134,
　358

조셉 그리코(Joseph Grieco)　46

조셉 나이(Joseph Nye)　21

조셉 슘페터(Joseph Schumpeter)　271

조지 W. 부시　154, 344

조지 H. W. 부시(George H. W. Bush)　12

조지 리스카(George Liska)　8, 351

조지 소로스(George Soros)　125

존 머샤이머(John J. Mearsheimer)　8, 56,
　206

존 틸릴리(John H. Tilelli)　319, 371

주룽지(Zhu Rongji)　173

지미 카터(Jimmy Carter)　23, 293

ㅊ

찰머스 존슨(Charlmers Johnson)　279

찰스 지글러(Charles E. Ziegler)　112

찰스 틸리(Charles Tilly)　372

창카이섹　143

천수이벤(Chen Shui-bian)　143

첸시통(Chen Xitong)　196

첸치천(Qian Qichen)　147

ㅋ

칼라 힐스(Carla Hills)　239

케네스 리버탈(Kenneth Lieberthal)　205

케네스 왈츠(Kenneth N. Waltz)　8

크리스토퍼 레인(Christopher Layne)　42

클라이드 프레스토위츠(Clyde Prestowitz)
　241

클리포드 개디(Clifford G. Gaddy)　130

ㅌ

토마스 쿤(Thomas Kuhn)　1

트럼프(Donald Trump) 대통령　206

ㅍ

패권안정론(hegemonic stability theory)　46

펑전(Peng Zhen)　200

폴 니츠(Paul Nitze)　51

폴 브라켄(Paul Bracken)　63

폴 케네디(Paul Kennedy)　14

프레데릭 대왕(Frederick the Great)　37

프레데릭 리스트(Frederick List)　271

피델 라모스(Fidel Ramos)　245

피터 카젠쉬타인(Peter Katzenstein)　255

ㅎ

하시모토 류타로(Hashimoto Ryutaro)   144

한동팡(Han Dongfang)   180

한스 모겐소(Hans J. Morgenthau)   5, 8

한스 블릭스(Hans Blix)   290

헬무트 콜(Helmut Kohl)   28

호소카와 모리히로(Hosokawa Morihiro)   242

황장엽   300, 370

후야오방   199

후진타오(Hu Jintao)   140

후쿠야마(Francis Fukuyama)   1

흐루시초프(Nikita Khrushchev)   13

사항색인

ㄱ

가격 인센티브 170

강대국의 흥망 225

강압외교(coercive diplomacy) 38

강제퇴역 연령 185

개입과 확대 20

개입정책(Engagement Policy) 309

걸프전 226

게이단렌(Keidanren) 261

경제 우선주의 258, 367

경제 제재 293

경제 중심적 속성 50

경제안보 257, 367

경제적 견제행동 273

경제적 민족주의 277

경제적 현실주의 368

계층 간 불평등 203

고고도미사일방어(THAAD) 148

고난의 행군 305

공공재(public goods, collective goods) 57

공산당 전체주의 185

공산당 정치국 210

공산주의 347

공산주의 소멸 2

공식 제국(official empire) 351

공화당 의회 216

과다대출 176

과두계급(oligarchs) 118

관료적 자본주의 182

구나시리(Kunashiri) 250

구조조정 회의 237

국가 미사일방어(NMD) 148

국가 배급제 300

국가 자본주의 181

국가 주석직 302

국민당(KMT) 142

국방개입 348

국방계획지침(DPG) 20

국방과 경제의 병진 300

국방비 증가 214

국방예산 161

국방현대화 155

국유기업(SOEs) 174, 189, 196, 213

국제 전략문제연구소(IISS) 160

국제원자력기구(IAEA) 23

국제정치사 368

국제주의 17, 68

국제통화기금(IMF) 47

국제평화 협력법 246

군국주의 사회 332

군무혁신(RMA) 162

군부 강경노선 213

군사력의 중요성 373

군사현대화 163, 228

군인의 나라 276

권위주의 독재 185

귀순자 303

극우 민족주의자 126

근대화증후군(modernization syndrome)
    182

근외(Near Abroad)외교 106, 355
글라스노스트 13
금강산관광 318
기둥산업(pillar industry) 177
기뢰 제거반 150, 261
기업 민영화 174
기초의회(local congress) 201
김대중 정부 297
김일성 우상화 훼손 304
김정일 정권 319

ㄴ

나고르노－카라바흐(Nagorno－Karabakh)
 78
나이보고서(Nye Report) 21
나진·선봉 지구 301
나카소네 내각 264
나토의 동진 345
나토의 확대 82
낙수효과(trickle－down) 60
난징 대학살 151
난징조약 207
남북 기본합의서 287
남북 전쟁 47
남북한 비핵화 공동선언 287
남순 강화 5
남중국해 222
남침 유도설 374
내각입법국 257
냉전 구조 315
냉전시대 1
넌－루가(Nunn－Lugar) 21, 58, 77, 344
노동 계약제 169
노동 관행 273

노동개혁 168
노무현 정부 318
노태우 정부 285
니미츠(Nimitz)호 141
니케이 지수 252

ㄷ

다극체제(multi－polarity) 87
다원주의 확산 180
다윈(Darwin)식 적자생존 65, 354
단극체제 49
단일통화 66
달라이라마 216
당 리스트(Party list) 127
당사자 원칙 295
당세포 187
대량살상무기 확산 214
대륙간탄도미사일(ICBM) 12
대만 통일 230
대만관계법(Taiwan Relations Act) 142
대만의 투자 167
대미 추종외교 243
대북한 제재 140
대약진 152
대외 경제개방 166
대중문화 183
대포동 2호 미사일 314
덤핑 175
데탕트 148, 152
델파이(Delphi) 240
도광양회 5, 164
도둑귀족 126
독립국가연합(CIS) 4, 75
독일 문제(German Problem) 373

동서독 통일 372
동시승리전략(Win‐Win Strategy) 22
동아시아 경제발전 166
동아시아 안보의 안정 223
두 개의 한국 341
드골 독트린 69
드브나 핵 연구소 286

ㄹ

라비(Lavi) 프로젝트 157
러시아 극동(Russian Far North) 108
러시아 문화 358
러시아 최고상(Order of Service to the
　Fatherland, First Degree) 99
러시아공화국(RSFSR) 74
러시아연방(Russian Federation) 75
레닌주의자(Leninist) 53
레이건 행정부 264
로마 정상회의 83
록히드(Lockheed) 스캔들 235
루블화 평가 절하 97
리쿠르트(Recruit) 스캔들 235

ㅁ

마드리드 정상회담 84
마르크스 이론 168
마르크스주의자(Marxist) 53
마셜센터(Marshall Center) 38
마스트리히트 조약 2, 49
마이너스 성장 252
맥아더 군사정부 275
맨체스터 학파 53
메이지 유신 47
메이지 일본 207

멜로스 대화(Melian Dialogue) 34, 348
멤버십 행동프로그램(MAP) 84
모병제 주장 374
모스크바 협정 22
무기 금수조치 140
무역 및 관세에 관한 일반협정(GATT) 23
무역장벽 174
무역흑자 173
무정부상태(anarchy) 56, 367
문명의 충돌 70, 225, 352
문민통제 256, 268
문호개방학파(Open Door School) 53
문화적 제국주의 352
문화혁명(1966) 153
미국 공화당 의회 198
미국식 경제 모델 66
미국에 의한 평화(Pax Americana) 350
미국의 국제적 주도권 20, 355
미국의 대중국 적자 167
미국의 절대 우위 285
미·북 고위급 회담 289, 294
미·북 평화협정 305
미사일 방어망 345
미소(smile) 외교 105
미신고 2개 군사시설 287
미·일 가이드라인 146
미·일 동맹의 강화 231
미·일 무역역조 235
미·일 샌프란시스코 평화조약 163
미주국방장관회의(Defense Ministerial of
　the Americas) 39
미·중 관계정상화 198
미·중 충돌 225
민간 부유층 계급 181

민족주의적 공산주의(National Marxism) 296

민족주의적 파시스트 국가 229

민주적 진전 199

민주적 평화 198, 349

민주주의재단(National Endowment for Democracy) 33

민주진보당(DPK) 143

ㅂ

바터제 131

박정희 정부 373

박정희 정부의 근대화 360

박정희식 권위주의 195

반군사적 국민여론 256

반군사적 사회여론 367

반체제 지식인 203

반혁명 분자 187

발전 지향적 권위주의 361

방사화학 실험실 287

방어적 민족주의 212, 362

방위비 분담금 322

방위산업체 161

방위정책 검토(DPRI) 245

방위협력 지침(Guidelines for Defense Cooperation) 145, 146

백화제방 153

밴스-오웬(Vance-Owen) 평화안 105

범대서양 공동체 18

범민족회의 333

법원의 역할 187

베이징 차관급 회담 311

베트남전쟁 208

벼랑외교(brinkmanship) 295

병역 기피 374

보수적 현상유지 220

보스니아 사태 32, 51, 60, 356

보통헌법 368

보호무역 정책 273

봉건사상 305

봉건사회 농노생활 372

부다페스트 OSCE 정상회담 109

부드러운 봉쇄(soft containment) 212

부르주아 5

부실대출 175, 253

부자세습 330

북대서양협력회의(NACC) 83, 111

북미자유무역협정(NAFTA) 24

북방 4개 도서 249, 366

북한 경제 337

북한 군사력 320

북한 농업 338

북한 붕괴설 307

북한의 위협 371

북한의 핵무기 개발 286

북한의 핵미사일 267

분리주의자 104

불공정 관행 237

불량국가(rogue state) 22, 213, 375

불평등의 치욕 208

붉은기 철학 무장운동 307

브레즈네프(Brezhnev) 독트린 11, 76

브뤼셀 정상회담 83

비공식 제국(unofficial empire) 351

비동맹 활동(Non-aligned Movement) 285

비전투 역할 확대 245

비전투 임무 365

비전향 장기수   295
비핵 3원칙   268, 280
빈부격차   178
빌헬름 2세의 독일   207

ㅅ

4개년 방위검토보고서(QDR)   52
사드 배치   370
사막의 폭풍(Desert Storm)   22, 155
사무라이 사회   278
사상 강화   306
사상진지 강화   306
사유재산 축적   170
사전 배치(pre-positioning)   40
사회계급의 분화   180
사회적 부패   196
사회적 불평등   181
사회주의 3대 진지   306
사회주의 시장경제   177, 182
사회주의 지상낙원   330
3년 상   303
3대 장애 제거   153
상인의 나라   276
상층 부르주아 계급   181
상하이 5국 협력회의   86, 345
상하이 공동성명   141, 198, 220
상하이협력기구(SCO)   152
상호확증파괴(MAD)   1, 12, 16, 369
생물학 무기   128, 320
생산대(Production)   169
생산대대(Production Brigade)   169
서구적 가치   2
서방선진 8개국(Political Group of Eight:
   G7+1) 회의   110

서양 제국주의   211
서유럽연합(WEU)   21
선 건설, 후 통일   373
선거의 제도화   126
선군정치   307
선별적 현실주의   352
선제공격   370
세계 무역블록   58
세계 제2위의 경제 대국   178
세계무역기구(WTO)   23
세계은행(IBRD)   48
세금 감면 제도   170
세력균형   353
셰일(Shale) 오일   354
소련 최고회의(Supreme Soviet of the
   Soviet Union)   74
소수 민족 문제   196
소외(alienation)   168
소프트 파워   34, 348, 371
수령 우상화 교육   332
수소폭탄   370
수입제한(import restriction)   61
순항미사일   228, 363
스즈키 내각   264
스탈린 독재   152
스톡홀름 국제평화연구소(SIPRI)   160
스페인 제국의 붕괴   368
스프래틀리(Spratly) 군도   151
승계정치   209
시장 개방 거부   277
시장경제 이식   348
시장경제 진전   171
시코탄(Shikotan)   250
식량 부족   299

신고립주의   15

신보수주의   361

신사고   11

신작전계획 5027   293

신중상주의   175, 277, 369

신중상주의 경제정책   60

신헌법   98

신 현실주의   367

실업률   174

실용주의(pragmatism)   165

실질적 당사자 원칙   316

실패한 국가(failed state)   318

12월주의자(Decembrist)   121

싱가포르 대화   142

싼샤(삼협곡) 댐(Three Gorges Dam)   186

쌍둥이 적자(twin deficit)   14

ㅇ

아랍 산유국   271

아마에(Amae)   279

아세안지역포럼(ARF)   39

아시아 경제위기   241

아시아인프라투자은행(AIIB)   349, 363

아시아재단(Asia Foundation)   33

아웅산 테러   320

아태 센터(Asia-Pacific Center)   38

아태지역 안정   144

아편전쟁   207

악의 축   370, 375

안보 공약   327

안보 딜레마   329, 366

안보 무임승차   279

양극화   181

언론의 역할   195

에너지개발기구(KEDO)   295

엘리트 계층의 이반   304

엘리트 그룹의 담합   272

역내 패권국   224

역사의 종언   1, 199

역사적 계속성   345

역사적 굴욕   214

연고주의   358

영해와 인근수역에 관한 법률   151

영향권(spheres of influence)   351

예맨 통일   371

예방국방(preventive defense)   37

옐친 행정부   344

5개 항의 합의   316

5대 불만과 3대 불안 심리   303

오렌지 혁명   79

오바마 행정부   231

오부치 게이조   250

올리가키(oligarchy)   96

와이즈맨 그룹(Wiseman Group)   281

완충국   341

외환 보유고   172

외환관리법 변경   171

외환보유고   196

외환위기   173

요시다(Yoshida) 독트린   236, 258, 275

우랄 기술학교(Ural Polytechnic Institute)   74

우루프(Urup)   250

욱일기(Rising Sun Flag)   150

워싱턴 합의(Washington Consensus)   94

원유 부족   300

위로부터의 정치발전   183

위협균형론   46, 349

윌리엄스버그   39
유교식(Confucian)   204
유교적 사회주의(Confucian Socialism)   305
유기체적 사회구조   302
유라메리카 공동주권   17
유럽연합(EU)   2
유엔 평화유지활동 법안(PKO Bill)   262
유일 초강대국   208
유치산업 보호   277
유훈통치   302
육상 자위대   246
6자회담   370
6차 장관급 회담   318
은둔의 지도자   303
의사당 포격   359
의회의 일방적 요구   216
이산가족 상봉   311
이스라엘－팔레스타인 평화협상   63
이슬람 사파비드(Safavid)   55
이슬람 테러집단   375
EU 통합   57
이중 봉쇄   349
이투루프(Iturup/Etorofu)   250
인간성의 불완전   346
인디펜던스(Independence)호   141
인민공사(People's Commune)   169, 170
인민무장경찰   160, 227
인민민주주의   347
인민의 영도자   306
인프라투자은행(AIIB)   349
인플레이션   95, 172
일·북 관계정상화   306
일본 교과서   151
일본 국내 정치의 보수화   149

일본 국수주의   278
일본 때리기(Japan Bashing)   275
일본 신당(Japan New Party)   254
일본 우경화   366
일본 제국주의   152
일본의 대미 무역흑자   237
일본의 대미 수출   238
일본의 독자노선 방지   145
일본의 부동산 투자   238
일제 식민 배상금   333
잃어버린 10년   236, 251, 253
잃어버린 20년   251
잉여이익   12

ㅈ
자력갱생   7
자민당－관료 연계   253
자발적 수출규제(VERs)   281
자본주의 맹아(sprout of capitalism)   153
자산 거품   176
자유민주주의   2
자유주의적 미국 경제   277
작전계획 5015   370
장거리 미사일 능력   312
장마당   370
장미혁명   82
장쩌민   140
재균형(Rebalance) 전략   231
재일 조총련   372
재정 거품   252
적화통일   331
전국인민대표대회(NPC)   200
전략무기 감축협정(START I)   154
전략무기 제한협정(SALT)   155

전략적 동반자관계(strategic partnership) 86

전면 핵실험금지협약(CTBT) 156

전역 미사일 방위체제 324

전인대 상무위원장 200

전투 임무 365

전환기 경제 338

접촉에 의한 변화 312

정보 공개법 254

정전협정 체제 무력화 시도 314

정책 네트워크(policy network) 278

정치과정의 투명성 214

정치발전 152

정치적 무기 329, 375

제1차 걸프전 3, 246

제1차 미북 고위급 회담 289

제1차 연평해전 314

제1차 전략무기 감축협정(START I) 21, 375

제2차 미·북 고위급 회담 290

제2차 연평해전 318

제2차 전략무기감축협정(START II) 21

제3세대 지도자 194

제3차 전략무기 제한협정(START III) 22

제4차 남북 장관급 회담 317

제5차 남북 장관급 회담 318

제국주의 350

제너럴 모터스(GM) 240

제네바 합의(Agreed Framework) 294, 334, 336

제도화(institutionalization) 182

제로섬 게임 60

제로섬 경쟁 56

조공관계 351

조공체제 208

조기 경보 징후목록 293

조명록 조선인민군 차수 297

조선 노동당 총서기직 302, 303

조지 W. 부시 행정부 206, 231, 317

조총련 333

조합주의 125, 128

주둔국 지위협정(SOFA) 245

주체 이데올로기 320

주체사상 296

주한 미 지상군 324

주한 미군 전술핵무기 326

주한미군 327

준 전시상태 288

중간지대(intermediate zone) 351

중국 공산당 183

중국 공산주의 188

중국 국방비 160

중국 무역 171

중국 민주주의 361

중국 붕괴 188

중국 붕괴 불가론 191

중국 붕괴론 191

중국식 민주주의 204, 362

중국식 사회주의(Chinese Socialism) 184

중국의 군사력 221

중국의 금융체계 176

중국의 부상 225

중기 방위계획(1996~2000) 150

중·대만 관계 141

중·러 선린우호조약 152

중·러 선린우호협력 협정 346

중·러 연합 해군훈련 152

중상주의적 현실주의(mercantile realism) 266, 271

중·소 국경분쟁(1969)   153

중·유럽 연대(Sino-European Entente)   19

중·인 국경분쟁   208

중화(Middle Kingdom) 사상   151

지식기반 경제   354

지식인 계급   180

지역위협   344

지적재산권   177

지휘통신 감시체계(C4ISR)   363

직업 선택의 권한   169

진주만 사건   34

짜르(Czar) 체제   100, 120

ㅊ

차등적 성장률(differential growth rate)   45

참수 작전   370

천안문 사태   4, 140, 182, 224, 270, 359

체첸 공화국   92

초강대국 깡패   192

최혜국지위(MFN)   27

충격요법   4

충성의 궐기 모임   307

ㅋ

카탈로니아 자치정부   353

칼스(CALS)   271

코소보사태   154

콘트라(contra guerrillas)   31

쿼터(quota)   281

크메르 루주(Khmer Rouge)   218

클린턴 독트린   64

클린턴-하시모토 공동성명   144, 248, 269

킬 체인   370

ㅌ

탄도미사일 방어(BMD)   148

탄저균   128, 320

탈규제   241

탈북자   304

탈소비에트 경제 불황   135

탈카르텔화   241

태자당   229

태평양전쟁   265

테네코(Tenneco)   240

테러와의 전쟁   355

통산산업성(MITI)   240

통일 한국   267

통화완화(quantitative ease)   251

트럼프 행정부   370

티르피츠 계획(Tirpitz Plan)   46

팀스피리트 훈련(T/S: Team Spirit)   327

ㅍ

파룬궁   188

파친코(pachinko) 사업   338

패권 안정론   349

패권(hegemony)   351

패권적 제국   207

패트리어트 미사일 대대   324

페레스트로이카   13

페리 보고서   314, 315

펠로폰네소스 전쟁   346

평양 정권   336

평화 공존론   152

평화로운 진화   198, 211

평화번영 정책   318

평화헌법   6, 256, 364, 367

평화헌법 수정   367

평화헌법 제9조   150, 243, 256

포용정책   310

포퓰리즘(populism)   68

푸룬제 사건   7, 302

풀뿌리 민주주의 선거   187

프라하의 봄   13, 347

프랑코 총통   185

프롤레타리아   5

플라자 협정(Plaza Accord)   239, 251

피보트(Pivot)   231

ㅎ

하나의 중국 원칙   141

하보마이(Habomai)   250

한국 배제전략   295

한국 전쟁   208, 218

한국 전쟁 휴전협정   295

한국의 자체 핵개발   370

한·미 군사동맹   319

한미 연합사령부   323

한·미·일 남방 삼각관계   299

한반도 안정   145

한반도의 전쟁 위기설   292

한반도의 평화   144

한반도 전쟁 가능성   292

한·일 갈등   267

항공모함 선단   154

해상 자위대   268

해상 자위대 기뢰 제거반   246

해외 공적개발 지원(ODA)   47

해외 팽창의 가능성   367

해외균형자(offshore balancer)   49

해외직접투자(FDI)   167, 173

해외투자 합작법   166

핵 공포의 균형   375

핵 군비경쟁   1, 14

핵 억지 공약   329

핵전쟁 사령부   336

햇볕정책(Sunshine Policy)   7, 309

행정절차법(Administrative Procedures Law)
   183

허상경제   132, 356

헤리티지 재단   134, 162

혁명군대(Revolutionary Army)   297

현대판 봉건사회   333, 371

현실주의   367

홉스적 세계   259

환율 평가절하   170

회색 지대(grey area)   351

획득교차서비스합의(ACSA)   145, 245

후견－피후견(patron－client) 관계   208

흐루시초프   152

흑묘백묘   165, 182

히노마루(Hinomaru)   150

히틀러의 제3제국   207

힘의 투사(power projection)   159

저자 약력

유찬열

연세대학교 이학사
미국 American University 비교정치학 석사
미국 Johns Hopkins University 국제정치학 박사

한국 국방연구원 선임연구원(1991-1996)
덕성여자대학교 정치외교학과 교수(1996-2018)
UC Berkeley 대학교 Visiting Scholar
한국 공공정책학회 회장
한국 국제정치학회 연구이사, 이사
서울신문 명예 논설위원
Marquis Who's Who in the World 등재
덕성여자대학교 명예교수

저서
국가의 이성: 국제 체제의 역사와 원리
세계 외교정책론(공저)
미국의 외교정책(공저)

연구 논문 및 보고서
The Survival Strategy of North Korea and a Road to the Unification of Korea, *Contemporary Security Policy*
Anti-American, Pro-Chinese Sentiment in South Korea, *East Asia: An International Quarterly*
North Korea's Resurgence and China's Rise: Implications for the Future of Northeast Asian Security, *East Asia: An International Quarterly*
21세기 국제체제와 미국의 준비 (국제정치 논총)
김정은 체제의 대내외 정책평가 (비교 민주주의연구) 등 50여 편

신문 및 잡지 기고
부시 행정부 대외정책 전망, 서울신문
북한 핵실험에 대한 현실주의적 시각, 미주 중앙일보
신뢰 흠집 나선 안 될 한미 우호, 세계일보
한미 FTA 국회비준의 의미, 헤럴드 경제
한미 동맹의 역사와 미래, 국방일보
불확실성의 세계정세와 한국의 선택, 서울신문
미중일 삼각파도와 우리의 항로, 서울신문
통일로 가는 좁은 문, 서울신문
약소국 우크라이나의 비애, 서울신문
일본의 역사 왜곡을 넘어서려면, 서울신문
국정원 논란에서 우려되는 점들, 국민일보 등 20여개 칼럼

강대국 패권경쟁과 남북한 관계 -1990년대 이야기-

초판발행   2018년 2월 20일
중판발행   2020년 3월 10일

지은이   유찬열
펴낸이   안종만·안상준

편 집   전채린
기획/마케팅   김한유
표지디자인   권효진
제 작   우인도·고철민

펴낸곳   (주) **박영사**
              서울특별시 종로구 새문안로3길 36, 1601
              등록 1959. 3. 11. 제300-1959-1호(倫)

전 화   02)733-6771
f a x   02)736-4818
e-mail   pys@pybook.co.kr
homepage   www.pybook.co.kr
ISBN   979-11-303-0533-2   93340

* 잘못된 책은 바꿔드립니다. 본서의 무단복제행위를 금합니다.
* 저자와 협의하여 인지첩부를 생략합니다.

정 가   27,000원